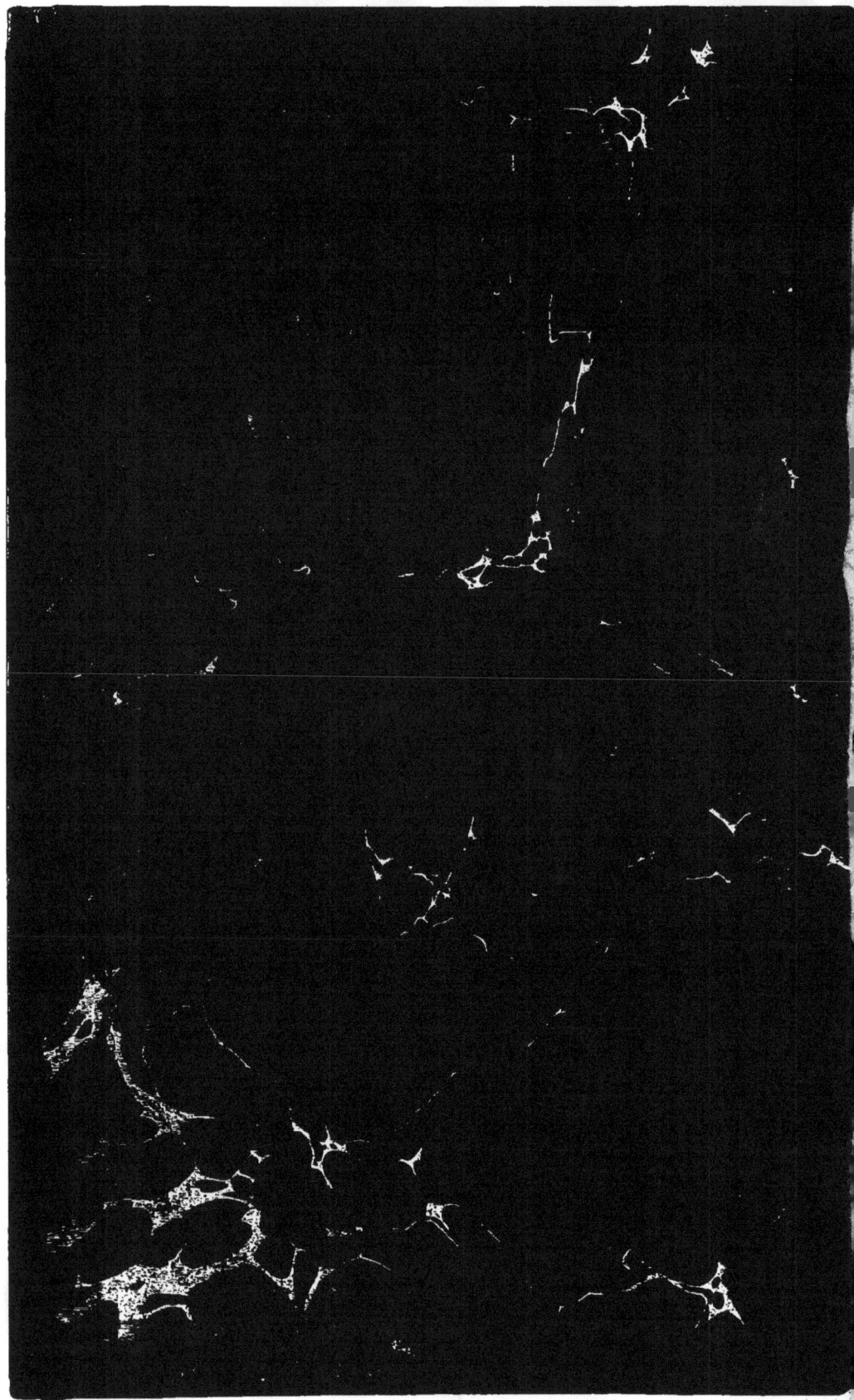

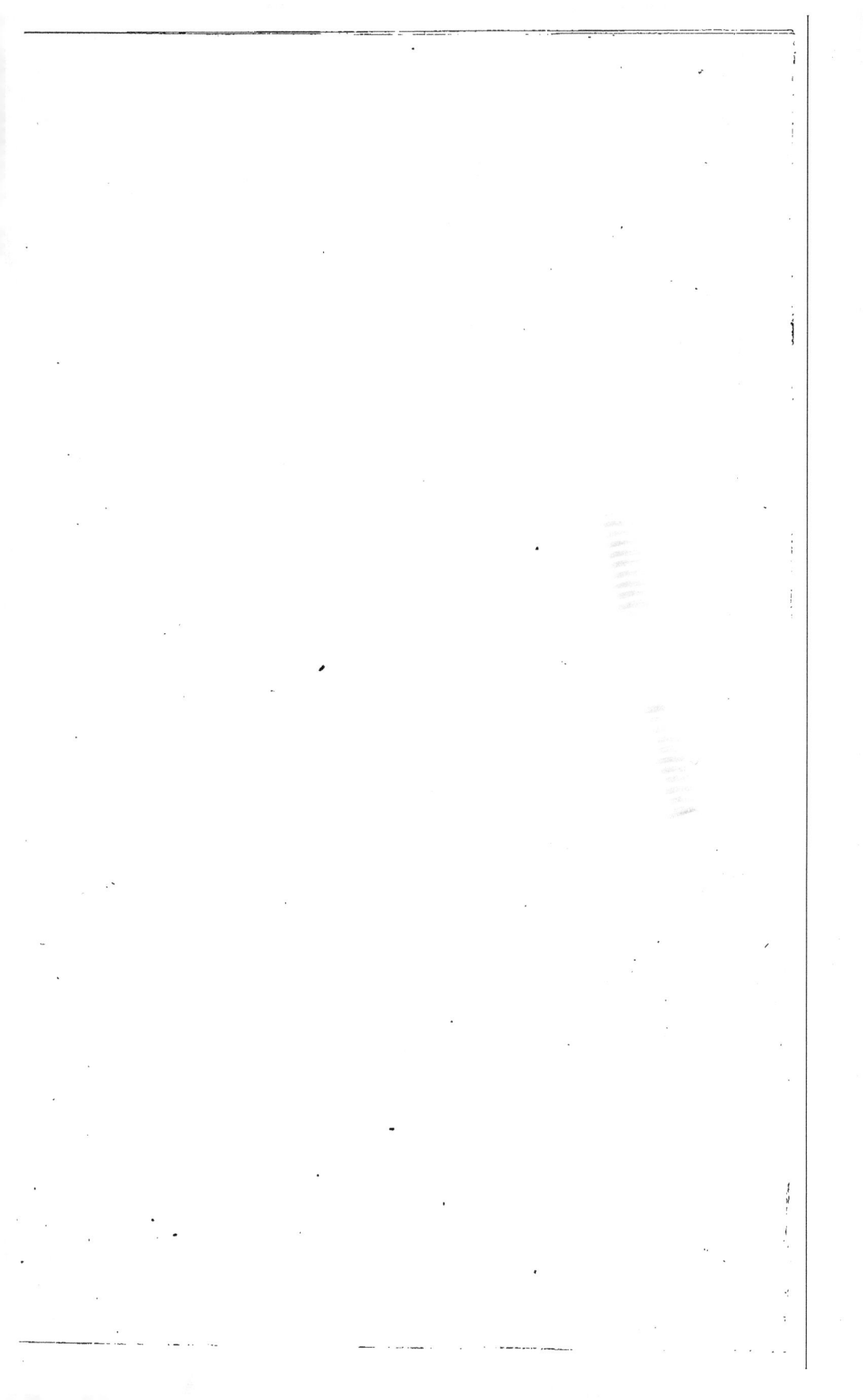

DE LA PROPRIÉTÉ DES MINES.

Chalon-sur-Saône, imprimerie de J. Dejussieu.

DE LA

PROPRIÉTÉ DES MINES

ET DE

SES CONSÉQUENCES,

D'APRÈS LES PRINCIPES DE LA LOI DU 24 AVRIL 1810,

Par P. REY, ancien Avoué,

Suppléant du Juge de paix à Chalon-sur-Saône,

Directeur du Contentieux des Établissements de Blanzy, du Creusot, de Montchanin, etc.

TOME PREMIER.

PARIS,

Chez ALLOUARD et KAEPPELIN, LIBRAIRES,

RUE PAVÉE St-ANDRÉ-DES-ARTS, 3.

CHALON-SUR-SAONE,

Chez J. DEJUSSIEU, IMPRIMEUR-LIBRAIRE,

—

1855.

PRÉFACE.

L'immense développement des chemins de fer, de la navigation et des manufactures, l'application de la vapeur à toutes les industries et les prodiges opérés dans les usines métallurgiques par l'emploi de la houille, font sentir le besoin de définir la *propriété des mines* et de déterminer *ses conséquences*.

La loi du 21 avril 1810, sur les mines, œuvre de Napoléon Ier, n'occupe pas dans la législation ni dans l'esprit des jurisconsultes le rang qui lui est dû en raison du *démembrement* qu'elle cause dans la propriété territoriale et des *restrictions* qu'elle apporte aux droits du propriétaire de la surface.

Elle est, selon nous, étroitement liée au code Napoléon, puisqu'elle se rattache au titre de la distinction des biens et de la propriété et qu'elle en complète la partie la plus importante, par la réalisation des modifications prévues et réservées en faveur des mines dans l'article 552 de ce code.

Quel en est le vrai caractère et dans quelle mesure déroge-t-elle au droit commun?

C'est là une vaste question dans laquelle se résume le travail que nous nous proposons d'entreprendre.

En général, on ne voit dans la loi des mines qu'un ensemble de dispositions réglementaires sur les recherches et sur l'exploitation des substances minérales; on n'en saisit pas toute la portée, et l'on est loin de soupçonner toutes les difficultés qu'elle présente dans l'application.

Ces difficultés nous ont été révélées par suite de la position que nous occupons depuis vingt années dans le contentieux de trois des plus grandes compagnies d'exploitation houillères du centre de la France.

Pour les résoudre nous avons été amené à faire une étude approfondie de la législation des mines, et après nous être convaincu que sur bien des points l'opinion générale s'est égarée, nous avons entrepris de ramener les esprits aux vrais principes de la loi.

C'est que, parfois incomplète dans ses formules et d'ailleurs avare de ces dispositions générales qui caractérisent, résument et éclairent, la loi du 21 avril 1810 demande, pour être bien comprise, à être étudiée dans son ensemble et interprétée d'après les motifs qui l'ont fait édicter.

Partant, l'application de cette loi a donné lieu à de graves erreurs; à ce sujet nous avons dû combattre l'opinion d'écrivains et de jurisconsultes éminents, et nous avons été dans la nécessité de demander aux tribunaux l'abdication de leur propre jurisprudence.

Nos efforts, après bien des défaites, ayant obtenu quelques succès, nous nous sommes demandé si, en publiant le résultat de notre travail, nous ne pourrions pas contribuer, dans notre modeste sphère, à établir la législation des mines sur une base solide et à mettre ainsi fin à de funestes divergences.

Tout en conservant le sentiment de notre insuffisance, nous avons pensé qu'on nous saurait peut-être quelque gré de cette nouvelle entreprise.

Mais nous déclarons tout d'abord qu'en écrivant cet ouvrage nous n'avons pas l'espoir de faire un travail digne du sujet que nous traitons, et que nous ne voulons amoindrir en rien l'utilité des écrits publiés sur les mines.

Nous désirons, dans la mesure de nos forces et avec la seule autorité d'une longue expérience, porter quelque lumière sur une législation pleine d'intérêt, ou tout au moins *réunir* et *signaler* les documents d'où peut jaillir la lumière.

Notre but est surtout d'ouvrir aux jurisconsultes une voie de réformation ; d'autres pourront après nous faire une œuvre complète, satisfait, quant à nous, de l'honneur d'en avoir préparé les matériaux et d'avoir aidé à régulariser la position de la propriété des mines.

On voit par là que nous nous adressons plus

spécialement aux jurisconsultes, aux écrivains et aux
magistrats, c'est-à-dire aux personnes qui s'occupent
de la législation des mines et qui sont appelées à
l'étudier et à en faire l'application.

Déjà nous avons émis nos idées dans des écrits
isolés et dans un premier travail dont la publication
n'a été faite qu'à l'occasion de litiges pendants.

Aujourd'hui nous entreprenons de le faire dans
un travail d'ensemble où les principes seuls seront
en cause et où il sera plus facile de les établir en les
appuyant les uns par les autres, d'après les réformes
que nous sommes parvenu à faire adopter par les
tribunaux.

Nous serons sobre de développements sur les points
incontestés ; mais nous nous étendrons plus particulièrement sur les points sujets à controverse ; car
c'est en cela que nous faisons consister le principal
intérêt de notre ouvrage.

Dans la discussion de chacun de ces derniers nous
avons tenu à réunir les monuments législatifs et de
jurisprudence, ainsi que les opinions des auteurs ;
aussi trouvera-t-on dans ce livre des répétitions et
des redites ; mais on comprendra qu'il ne peut guère
en être autrement dans un travail qui ne consiste
qu'à solliciter des réformes et à faire ressortir des
principes qui sont en opposition avec les traditions
et les idées reçües.

En terminant, nous dirons que si nous avons été

encouragé dans notre difficile tâche par quelques succès, parfois aussi nous avons subi des critiques bien vives pour avoir essayé de donner une interprétation nouvelle à la loi.

On nous a surtout blâmé, après avoir vu nos arguments repoussés une première fois devant tous les degrés de juridiction, d'être revenu à la charge et d'avoir présenté les mêmes principes à l'appréciation des mêmes magistrats.

Néanmoins, sur plusieurs points nous avons fini par triompher de l'opinion générale et ramené la jurisprudence de quelques tribunaux ; ainsi, nous avons fait admettre par une cour impériale, contrairement à sa jurisprudence consacrée par un arrêt solennel et par d'autres arrêts, que la concession d'une mine ne constitue une propriété immobilière nouvelle qu'en *concédant le tréfonds du sol* et qu'en *conférant une servitude* temporaire ou définitive sur la surface, moyennant les indemnités réglées conformément aux prescriptions des articles 6, 42, 43 et 44 de la loi de 1810.

Nous espérons que, cédant à cette première impulsion, le conseil d'État et la cour de cassation consacreront les mêmes principes et qu'ils entreront à leur tour dans la voie de réformation.

Soutenu par cet espoir, nous avons persisté dans notre entreprise, et, en dépit des difficultés de la lutte, nous combattrons avec un ferme courage, tant est grande notre confiance dans les principes que nous soutenons.

Puissions-nous atteindre bientôt le but vers lequel tendent nos persévérants efforts : le triomphe du droit et de la vérité !

Chalon-sur-Saône, le 1er Juin 1854.

PROPRIÉTÉ DES MINES

OU

PARTAGE HORIZONTAL DE LA TERRE

PAR LA

CONCESSION DU TRÉFONDS.

———◦·◄▰►·◦———

EXPOSÉ SOMMAIRE.

—

NAPOLÉON Ier a été aussi grand législateur que grand capitaine; il a doté la France d'un code qui, depuis cinquante ans, régit les personnes et les biens; code auquel il a donné son nom.

C'est à son génie qu'elle est encore redevable de la loi qui autorise le gouvernement à *créer* la propriété des mines par le *partage horizontal de la terre* et la concession du tréfonds.

Une propriété *nouvelle* est ainsi établie dans les régions souterraines; une propriété *distincte* et *séparée* de celle de la surface, rangée parmi les biens ordinaires et dont les produits sont devenus de première nécessité.

De façon qu'après la concession d'une mine deux

propriétés sont en présence dans le même périmètre, l'une *au-dessus* et l'autre *au-dessous ;* deux propriétés qui, en *droit* et en *fait*, ne diffèrent entre elles sous aucun rapport et qui sont régies par la même loi.

L'une, *composée de la surface*, continue à reposer sur la tête du propriétaire du sol : c'est celle du *Laboureur*.

L'autre, *comprenant le tréfonds*, passe entre les mains du concessionnaire de la mine : c'est celle du *Mineur*.

Ce partage a lieu moyennant une indemnité ou *soulte* qui est liquidée par l'acte de concession et qui est perçue annuellement par le propriétaire de la surface, sur le produit de la mine concédée.

Il n'y a entre ces deux propriétés ni droit ancien, ni droit nouveau, elles marchent parallèlement.

Toutefois, la loi du 21 avril 1810 sur les mines n'est pas aussi explicite que nous sur la séparation des deux propriétés ; elle ne définit pas la propriété des mines, et, aux articles 7, 8, 17, 19 et 21, elle se borne à dire :

« L'acte de concession donne la *propriété perpétuelle* de la mine, qui devient disponible et transmissible comme tous autres biens, et dont on ne peut être *exproprié* que dans les cas et selon les formes prescrites pour les autres propriétés.

» Une mine concédée est un *immeuble purgé* des droits des propriétaires de la surface, après l'accomplissement des formalités prescrites par la loi.

» Et cet immeuble forme une *propriété nouvelle*,

distincte de celle de la surface, sur laquelle tous droits de privilège et d'hypothèque peuvent être acquis comme sur les autres propriétés immobilières. »

Telles sont en substance les dispositions de la loi qui constituent la *propriété du sous-sol*.

Mais la co-existence de ces deux propriétés *distinctes*, l'une à la surface et l'autre au-dessous, ne se conçoit évidemment qu'à la condition d'un *partage horizontal* de la terre.

Cependant les propriétaires de la surface résistent à l'idée de ce partage horizontal de la terre ; ils soutiennent que la concession d'une mine ne donne que le droit d'extraire al substance minérale concédée, et que cette concession ne change en rien la nature de leurs droits, tant sur la surface que sur le tréfonds.

D'un autre côté, les tribunaux eux-mêmes et les auteurs ont tout d'abord refusé d'admettre cette division de la terre en deux propriétés distinctes, et même ceux qui l'admettent aujourd'hui ne s'en rendent pas un compte exact, ou tout au moins ils la perdent de vue dans l'application et en méconnaissent les conséquences.

Cette disposition des esprits a été la cause de graves erreurs. De là aussi des variations et des incertitudes dans la doctrine et dans la jurisprudence des tribunaux sur la plupart des questions nées du voisinage ou plutôt de la contiguïté de ces deux propriétés *superposées*.

Cependant, les dispositions de la loi sur les mines, longuement discutées, portent partout l'empreinte du

1

génie qui les a provoquées; l'esprit et la portée en deviennent évidents quand on consulte les précédents et les discussions préparatoires de cette loi.

Devant l'Assemblée constituante de 1789 , lors de la discussion de la loi du 28 juillet 1791 , sur les mines , une grave discussion s'engagea sur la question de savoir si le tréfonds était une dépendance du sol et si les mines devaient appartenir au propriétaire du sol.

Le rapporteur du projet de loi , M. Regnault d'Épercy, rappela que la terre, à l'origine des sociétés, n'appartint au premier occupant qu'à la charge de la culture , et que c'est par une possession continuelle, sans opposition , qu'il en a acquis la propriété; mais que cette propriété *ne pouvait avoir pour objet que la surface.*

Mirabeau , dans sa dernière improvisation à la tribune de cette assemblée, s'écriait :

« Je dis que la société n'a fait une propriété du sol qu'à la charge de la culture , et, sous ce rapport , le sol *ne s'entend que de la surface !* »

La loi qui intervint à cette époque fut plutôt une transaction entre les avis opposés qu'une décision franche , claire et précise sur la question.

Les mines furent mises à la disposition de la nation ; une préférence était bien accordée aux propriétaires de la surface , mais leur droit à cette préférence, lors de la concession , était subordonné aux moyens d'exploitation qu'ils présentaient et dont l'appréciation était réservée au gouvernement.

La concession ne donnait , même aux propriétaires

de la surface, que le droit d'exploiter la substance minérale concédée, et encore n'était-elle accordée que pendant *cinquante ans* au plus.

Le code Napoléon est ensuite venu poser le principe général de la propriété; l'article 552 en distingue deux sortes, celle du dessus et celle du dessous, qui sont *conditionnellement* réunies en ces termes :

« La propriété du sol emporte la propriété du *dessus* et du *dessous*.

» Le propriétaire peut faire *au-dessus* toutes les plantations et constructions qu'il juge à propos, sauf les EXCEPTIONS établies au titre *des servitudes ou services fonciers*.

» Il peut faire *au-dessous* toutes les constructions et fouilles qu'il jugera à propos, et tirer de ces fouilles tous les produits qu'elles peuvent fournir, sauf les MODIFICATIONS résultant des lois et règlements *relatifs aux mines* et des lois et règlements *de police*. »

Le droit absolu du propriétaire est donc soumis en certain cas à des *exceptions* et à des *modifications*, tant à la surface que dans le tréfonds.

Tels étaient les principes admis, lorsqu'on a présenté le projet de la loi du 21 avril 1810 sur les mines, tendant à la *création* d'une propriété nouvelle par la *séparation* du sol: c'était là une des *modifications* prévues et réservées dans la seconde disposition de cet article 552.

Dans des discussions parfois diffuses de ce projet de loi, au milieu de ces travaux tour à tour abandonnés et repris, et d'une foule de rédactions diverses qui se sont succédé pendant quatre années devant le conseil d'État, on reconnaît que c'est la parole de Napoléon qui a dirigé les esprits ; c'est elle qui a porté la lumière sur toutes les questions.

La pensée de la loi est presque exclusivement celle de l'Empereur, et cette pensée qui paraît n'avoir été acceptée par ses collaborateurs qu'avec une certaine résistance, se révèle tout entière lorsque, aux séances des 9 janvier et 13 février 1810, il dit :

« Il faut établir en principe que le propriétaire du dessus l'est aussi du dessous, *à moins que le* DESSOUS *ne soit concédé à un autre,* auquel cas il reçoit une indemnité (redevance), *à raison de la privation de jouissance du* DESSUS.

» Mais c'est à cette *redevance* que se borne ce droit lorsqu'il s'agit de l'exploitation des mines, et cette *restriction* nous place dans la *seconde disposition* de l'article 552 du code Napoléon *pour la séparation des* DEUX *propriétés.* »

D'un autre côté, M. le comte Regnault de St-Jean-d'Angély, conseiller d'État, orateur du gouvernement devant le Corps législatif (séance du 13 avril 1810), dans l'exposé des motifs de la loi, fit remarquer que le code Napoléon, article 552, pose, en quelque sorte, la *première pierre de la propriété des mines.*

Toutes ces circonstances ne démontrent-elles pas que la loi de 1810 réalise les modifications prévues dans l'article 552 du code Napoléon, et qu'après la concession d'une mine il y a complète séparation entre le *dessus* et le *dessous* de la terre ? Ce point

nous semble hors de doute, surtout après les paroles
de l'Empereur.

Il est vrai que l'article 552 sur lequel l'Empereur
s'est appuyé pour séparer les deux propriétés, ne dit
pas à quelle profondeur cesse la propriété du *dessus*,
ni comment s'opère le partage.

Mais en réalité ce n'est pas là une lacune. Car la
concession d'une mine comprend toute la substance
minérale concédée, *tant à la surface que dans le sein
de la terre*.

La loi ne détermine pas non plus les droits de la
propriété *du dessous* sur celle *du dessus*, ni quelles
sont les *conséquences* du partage. Ce sont là les deux
points fondamentaux sur lesquels nous avons cru
devoir plus particulièrement porter notre attention.

Lorsque le législateur a établi une propriété perpétuelle dans le tréfonds du sol, en disant qu'on ne
peut en être exproprié que dans les cas et selon
les formes prescrites pour les autres propriétés, il a
nécessairement entendu et voulu que le concessionnaire de cette propriété pût l'exploiter et jouir de
tous les droits inhérents à la propriété en général.

D'ailleurs, la raison, la justice et l'équité, sous-
entendues dans toutes les lois, indiquent assez que le
partage doit, autant pour cause d'*utilité publique* que
par *nécessité*, avoir pour conséquences :

1º De donner aux exploitants de mines le droit
d'*occuper* la surface du périmètre concédé pour
l'établissement de leurs travaux et l'exploitation de
leurs propriétés, sous les *restrictions* édictées par

la loi, par respect pour le domicile du propriétaire
de la surface à occuper.

2º D'*interdire* sur la surface, après la concession
de la mine, *dans l'étendue du même périmètre*,
toutes nouvelles entreprises nuisibles à l'exploitation
de la mine ou pouvant paralyser l'établissement des
travaux et en aggraver les charges.

3º D'accorder aux propriétaires de la surface, dont
on prend la propriété pour les travaux de mines, des
indemnités pour le préjudice qu'ils en éprouvent.

Il nous semble difficile de rejeter ces conséquences :
cependant il y a désaccord sur leur application, non-
seulement entre les auteurs, mais encore entre les
tribunaux. Les opinions des uns et les décisions des
autres se contredisent, et, jusqu'au sein d'un même
tribunal, les magistrats sont en dissidence.

Ainsi :

Sur le droit d'occupation, la disposition de la loi qui
autorise le propriétaire d'une clôture murée ou d'une
habitation à s'opposer à l'envahissement de certaines
parties de sa propriété, n'a pas été comprise.

On n'a pas saisi l'intention du législateur ; on ne
voit pas que cette disposition n'a pour but que de
restreindre l'exercice du droit d'occupation, et que
la restriction apportée à ce droit *ne peut être opposée
que par le propriétaire de la surface à occuper*.

Aussi, depuis trente années, la cour de cassation ,
partageant l'erreur commune, accorde au propriétaire
d'une clôture ou d'une habitation le droit d'interdire
chez ses voisins l'établissement de tous travaux de

mines, la simple construction d'*un magasin* ou la pose d'*une pompe*, jusqu'à 100 mètres de distance de sa clôture ou de son habitation ; et, d'un autre côté, les cours impériales et les auteurs sont divisés sur la question de savoir si c'est le propriétaire ou le voisin qui peut former opposition à l'occupation.

La cour impériale de Lyon, appelée la première à interpréter la disposition, objet de la controverse, avait, par arrêt du 30 août 1820, tracé la voie dans laquelle s'est engagée la cour de cassation.

Mais le 7 décembre 1849, elle reconnut qu'elle avait fait fausse route ; que la loi sur les mines ne donne au propriétaire d'une clôture aucun droit d'interdiction *sur la propriété de ses voisins*, et, en réformant ses propres arrêts, elle s'est ainsi placée en contradiction avec la cour de cassation.

En opérant cette réforme, la cour de Lyon n'a peut-être pas suffisamment élucidé la question ; elle n'a point fait ressortir l'intention du législateur, et en tous cas sa décision, déférée à la censure de la cour suprême, a été cassée par arrêt du 28 juillet 1852.

Malgré l'autorité de ce nouvel arrêt, nous persistons dans la réforme que nous sollicitons, et déjà, sur le renvoi de la cause devant la cour impériale de Dijon, nous avons été assez heureux pour voir nos efforts secondés par un arrêt solennel du 15 juillet 1853, lequel a confirmé la nouvelle jurisprudence de la cour de Lyon en résistant à celle de la cour suprême.

Toutefois, la cour de Dijon ne s'est pas non plus attachée à faire ressortir les motifs de la loi ; elle

aurait dû, selon nous, aller jusqu'à constater qu'une
permission de recherches, tout comme la concession
d'une mine, donne un *droit d'occupation* dans toute
l'étendue du périmètre permissionné ou concédé, et
poser en principe que le propriétaire d'une clôture ne
peut empêcher que l'*occupation de sa propriété*.

A ce moment cette cour était liée par la jurisprudence qu'elle avait adoptée; mais on verra plus loin
quels grands changements elle y a apportés depuis.

L'arrêt solennel de la cour de Dijon a été à son
tour déféré à la censure de la cour de cassation. Celle-ci
est appelée en ce moment à statuer sur le pourvoi,
toutes chambres réunies, et tout nous fait espérer
qu'à l'exemple de la cour de Lyon, elle réformera
sa jurisprudence. Nous croyons même qu'elle devrait
reconnaître son incompétence sur la question.

Sur la compétence des tribunaux ordinaires, en cas
d'opposition à l'occupation autorisée par le préfet, la
cour de cassation s'est prononcée *pour* et *contre* par
arrêts des 21 avril 1823 et 5 juin 1828.

Le conseil d'État, sur la même question, a, dans la
même année, *admis* et *rejeté* tour à tour cette compétence, par arrêts des 18 février et 3 décembre 1846.

Nous démontrerons que les lois qui ont fixé la
limite des pouvoirs administratifs et judiciaires sont
méconnues, lorsque les tribunaux, à l'exemple du
dernier arrêt de la cour de cassation, ordonnent la
suppression de travaux *autorisés ou commandés par
l'administration*.

Sur le statu-quo ou l'interdiction à la surface de

toutes constructions, travaux ou établissements préjudiciables au propriétaire du tréfonds, les dispositions de la loi de 1810 qui l'impliquent n'ont jamais été suivies.

Un arrêt solennel rendu par les chambres réunies de la cour impériale de Dijon, du 25 mai 1838, a décidé que la concession d'une mine ne donne que le droit d'exploiter la mine concédée, et que, *même* APRÈS *la concession*, les propriétaires de la surface peuvent y faire toutes les constructions et les travaux qui doivent en augmenter la valeur, creuser le sol pour y pratiquer des puits et des caves, lorsque ces constructions et ces travaux ont un but d'utilité réelle.

Un illustre magistrat, portant la parole devant la cour de cassation, en audience solennelle, a soutenu la doctrine de la cour impériale de Dijon et a dit également que le propriétaire de la surface, après la concession, conserve le droit de bâtir, de creuser à toute profondeur, de faire des irrigations, des réservoirs, des étangs, etc., et qu'il n'est privé que d'une seule chose, du droit de rechercher et d'extraire les matières minérales concédées.

Mais la cour suprême n'a pas admis cette doctrine; un arrêt solennel du 3 mars 1841 a reconnu que la concession d'une mine implique la concession du tréfonds et a déclaré que tous *travaux nuisibles à l'exploitation de la mine sont interdits à la surface*.

Cet arrêt ne fait d'ailleurs que confirmer un autre arrêt de la chambre civile, du 18 juillet 1837, qui a décidé que la protection accordée aux propriétaires

d'enclos ou d'habitations ne peut être appliquée aux
établissements *créés* APRÈS *la concession.*

Ne pas protéger les nouveaux établissements ou les
nouvelles constructions contre l'exploitation des mines
et interdire tous travaux nuisibles à cette exploitation,
c'est évidemment frapper d'interdit la propriété de la
surface; mais c'est là une conséquence généralement
méconnue.

Elle l'est, notamment dans l'interprétation de cette
disposition de la loi de 1810 qui renvoie à la loi
d'expropriation pour cause d'utilité publique, du
16 septembre 1807, pour l'estimation des *terrains
occupés* par les travaux de mines. Ce renvoi a soulevé
de graves discussions entre le gouvernement, la
cour de cassation et le conseil d'État; néanmoins il
n'a jamais été interprété et n'a jamais reçu son
exécution.

Il en est de même de cette autre disposition portant
que le terrain sera estimé au double de la valeur
qu'il avait *avant l'exploitation de la mine;* la cour
de cassation, par arrêt du 22 décembre 1852, a dit
qu'on doit entendre le double de la valeur *au moment
où le dommage est causé.*

Indemniser le propriétaire de la surface, valeur au
moment où le dommage lui est causé, c'est lui allouer
la *mieux value* donnée à sa propriété par de nouveaux
travaux faits, ou par de nouveaux établissements créés
depuis la concession ou l'exploitation de la mine.

C'est dès-lors autoriser implicitement les travaux
interdits par l'arrêt solennel de la cour suprême;

c'est aussi accorder implicitement la protection *refusée* par l'arrêt de la chambre civile, et c'est enfin se mettre en *contradiction* avec ces deux arrêts.

Pour éviter cette contradiction, nous pensons qu'il faut reconnaître qu'une mine *en exploitation* sur un point du périmètre est présumée en exploitation dans son entier, et que tout *nouveau champ* d'exploitation autorisé et établi sur la surface n'est que la continuation de cette même exploitation.

Nous pensons également que, du moment où la mine est en exploitation, la surface est grevée d'une servitude, et que de ce moment aussi on doit reconnaître qu'il est interdit au propriétaire de la surface de paralyser l'exploitation de la mine et d'en aggraver les charges par de nouveaux travaux ou de nouvelles constructions.

Sur la question des indemnités à payer au proprié-taire de la surface, une erreur inconcevable s'est introduite dans tous les esprits ; on a cru que la loi accordait le double de la valeur du préjudice causé, et jusqu'ici les exploitants de mines ont payé et ils paient encore le double de toutes espèces de préjudices causés par leurs travaux à la propriété de la surface.

Le rapporteur du projet de loi devant le Corps législatif a lui-même contribué à propager cette erreur, lorsqu'il a parlé d'une *double indemnité* pour dommage causé à la surface, tout en faisant remarquer que le *double prix*, en cas d'achat, *est adouci par l'application des règles établies par la loi de* 1807.

Nous avons d'abord essayé d'établir qu'une distinction doit être faite entre les dommages causés par l'occupation et ceux résultant des affaissements occasionnés par l'extraction souterraine, et nous avons ensuite cherché à démontrer que nulle part la loi du 21 avril 1810 n'accorde le double du préjudice causé par l'exploitation des mines.

En 1846, nous étions déjà parvenu à faire décider par le tribunal d'Autun qu'une distinction doit être établie entre l'*occupation* et les *dégâts* causés par les affaissements; mais elle ne fut admise ni par le tribunal de Chalon-sur-Saône, ni par la cour de Dijon, ni par la cour suprême, et la double indemnité fut maintenue pour toutes espèces de dommages causés aux propriétaires de la surface.

Quoique nous eussions échoué devant tous les degrés de juridiction, et quoique la cour de cassation eût encore, par un nouvel arrêt, confirmant une décision de la cour impériale de Riom, refusé d'admettre cette distinction, le nombre de toutes ces décisions n'a pas ébranlé notre conviction; nous n'avons pas moins persisté à soutenir que l'erreur prévalait de toute part.

Les principaux jurisconsultes de Paris, consultés à leur tour, ont fini par admettre la distinction; ils ont en conséquence reconnu que l'indemnité des dommages causés par accidents devait être réglée d'après le droit commun; mais en ce qui concerne le règlement de l'indemnité pour occupation de terrain, ils ont continué à croire que cette indemnité devait être élevée au double du préjudice réel.

Selon nous, c'était encore là un reste d'erreur. Fort de notre conviction, nous nous sommes adressé à l'un des honorables jurisconsultes dont nous venons de parler, pour lui soumettre les objections que nous avons élevées contre sa consultation et contre celles de ses confrères; après l'examen de nos arguments, il n'a point hésité à nous prêter l'appui de son talent pour les faire triompher (1).

Ce concours obtenu, nous avons ensuite demandé à la cour de Dijon d'abandonner la jurisprudence qu'elle avait adoptée d'accord avec la cour de cassation, et nos efforts ont été couronnés par un nouveau succès: dans son arrêt du 29 mars 1854, elle a consacré une distinction essentielle entre les dommages résultant de l'occupation et tous autres dommages, et elle a reconnu que le double de la valeur réelle des terrains occupés n'était qu'une indemnité à forfait de tous dommages occasionnés par l'occupation.

Cette fois, comme on le voit, la cour impériale de Dijon ne s'est point préoccupée de sa propre jurisprudence ni de celle de la cour de cassation; elle ne s'est inspirée que des principes de la loi, dont elle a fait une juste application.

---

(1) Voici sa réponse :

« *Paris*, 17 *novembre* 1853.

» La question que vous avez soulevée est NEUVE, *intéressante*, et je » crois fermement que la solution que vous proposez doit, *malgré les* » *préjugés contraires*, finir par triompher ; car elle est prise, et vous » l'avez parfaitement établi, dans le sens vrai des textes et dans l'esprit » bien compris de la loi.

» J'accepterai donc très-volontiers la proposition que vous me faites » de soutenir et défendre votre thèse.   Signé : SENARD. »

L'arrêt qu'elle a prononcé est digne de remarque ; nulle décision n'avait jusqu'alors consacré d'une manière aussi explicite les principes de la loi sur le *partage horizontal de la terre*, sur la concession de la propriété du tréfonds et sur le droit d'occupation.

Ces points fondamentaux que nous avons fait ressortir dans un écrit mis sous les yeux de la cour de Dijon, paraîtront, nous le croyons du moins, d'une telle évidence qu'ils seront généralement acceptés par les tribunaux et par l'administration.

Quant à la cour de cassation, nous ne doutons pas qu'elle ne suive ce mouvement et qu'à l'exemple de deux cours impériales elle ne réforme sa jurisprudence, et en somme nous espérons que, pour mettre fin à toutes controverses, elle admettra désormais les propositions suivantes :

La concession d'une mine opère *un partage horizontal de la terre,* en séparant le tréfonds de la surface, et elle confère la propriété perpétuelle du tréfonds.

La permission de recherches ou la concession d'une mine donne le droit d'occuper *temporairement* ou *définitivement* la surface nécessaire à l'établissement des travaux de mines dans l'*étendue du périmètre permissionné ou concédé*, et ce droit est soumis à certaines restrictions qui ne peuvent être opposées que par le propriétaire de la surface *à occuper.*

Les dispositions de la loi qui dérogent au droit commun ont pour objet de *favoriser* l'exploitation des mines *et non de créer un droit nouveau* au profit du propriétaire d'une clôture murée ou d'une habitation, sur les terrains de ses voisins.

Les contestations relatives à l'exercice du droit d'occupation, et en général toutes les questions concernant l'exploitation des mines, *en dehors du règlement des indemnités* pour dommages causés à la surface, sont de la compétence de l'autorité administrative.

La loi, dans la disposition qui renvoie, pour l'évaluation du prix des terrains occupés, aux règles établies par la loi du **16** septembre **1807**, titre XI, n'a pas eu pour objet *la nomination des experts ni le concours du préfet,* mais bien le *mode* à suivre pour l'évaluation des terrains *frappés d'interdit*.

La disposition de la loi portant que le terrain à acquérir sera toujours estimé au double de la valeur qu'il avait *avant l'exploitation de la mine,* doit s'entendre de l'exploitation *avant la concession* ou séparation du tréfonds, et non *au moment des travaux* qui causent le dommage.

Le double de la valeur du terrain occupé accordé par la loi pour l'indemnité d'occupation n'est qu'une indemnité à *forfait* et non le double de l'indemnité elle-même.

Enfin, les indemnités pour dégâts causés à la propriété de la surface *par les travaux* souterrains doivent être réglées d'après le droit commun.

Le conseil d'État nous semble aussi méconnaitre le partage horizontal de la terre et avoir oublié, dans son avis du 3 mai **1837** et dans ses décisions du

18 février 1846 et du 8 mars 1851, les idées-mères des créateurs de la loi de 1810 sur le but des publications d'une demande en concession ou en concurrence, sur la compétence des tribunaux et sur la dérivation du droit d'occupation.

Le gouvernement a fait également, selon nous, une fausse interprétation de la loi, lorsque, dans un arrêté du 7 juillet 1837, pris sur le rapport de M. le directeur-général des mines, il a dessaisi les tribunaux ordinaires du règlement des indemnités accordées pour l'occupation à la surface.

Plusieurs auteurs, et parmi eux des jurisconsultes, des professeurs de droit et des ingénieurs des mines, ont aussi commis de graves erreurs dans leurs écrits ; qu'il nous soit permis d'en citer quelques-unes.

M. Dufour, avocat au conseil d'État et à la cour de cassation (*Traité du Droit administratif*), partage l'opinion des auteurs qui accusent d'*inadvertance* le législateur de 1810, dans la disposition qui renvoie à la loi de 1807 pour l'estimation des terrains occupés par les travaux de mines ; il prétend que cette disposition doit être *réputée non écrite*.

C'est éluder la difficulté sans la résoudre : nous croyons au contraire qu'il faut s'en tenir au texte de la loi, expliqué et interprété par la discussion devant le conseil d'État (séances des 27 juin et 24 octobre 1809), par les observations du Corps législatif et par le rapport de M. de Girardin, et reconnaître que le renvoi à la loi de 1807 n'est inintelligible que parce qu'on refuse d'admettre l'interdiction à la surface.

M. Proudhon, doyen de la Faculté de Droit de Dijon, dans son traité : *De la Propriété*, en adoptant la jurisprudence trentenaire de la cour de cassation, mais en en faisant une fausse interprétation, dit que la concession ne comprend pas la mine qui se trouve au-dessous des bâtiments et des enclos, jusqu'à 100 mètres de distance.

N'est-ce pas là encore un de ces égarements qui sont inconcevables en présence de la disposition de la loi qui prévoit précisément le cas de travaux d'exploitation à faire sous *des maisons ou lieux d'habitation ou dans leur voisinage immédiat*, et qui oblige l'exploitant, s'il en est requis, à donner caution de payer tous dommages en cas d'accidents? C'est bien le cas de dire: une erreur conduit à d'autres erreurs.

M. Dupont, ingénieur au Corps impérial des Mines (*Traité pratique des Mines*), ne voit pas le droit d'occupation dans la concession ; en s'appuyant sur la décision du conseil d'État du 8 mars 1851, il le fait dériver des dispositions de la loi qui en règlent l'indemnité, et dit que ce droit ne s'étend pas jusqu'à autoriser l'établissement d'un chemin de fer sur la surface sans une loi ou un décret.

Nous établirons que le droit d'occupation est inhérent à une permission de recherches ou à une concession de mines, qu'il autorise tous travaux en général, chemins de fer, constructions, etc., et que l'indemnité allouée n'en est que la condition préalable.

M. Peyret-Lallier, avocat, ancien député (*Traité sur la Législation des Mines*), d'accord en cela avec

2

l'arrêt solennel de la cour impériale de Dijon,
du 25 mai 1838, soutient que la concession d'une
mine ne donne que le *droit d'exploiter la substance
minérale* concédée, et il va jusqu'à dire que le propriétaire de la surface, en conservant après la concession
le droit de bâtir au-dessus de la mine, n'est tenu à
la réparation d'aucun dommage, quand même sa
construction causerait un préjudice au concessionnaire par des éboulements dans les galeries.

Si cette doctrine eût prévalu, c'eût été la violation
la plus flagrante de la loi, qui accorde sa protection
à toutes les propriétés; mais on a vu qu'elle a été
condamnée par la cour de cassation en audience
solennelle, et, tout récemment encore, par la cour
de Dijon *elle-même*.

Ajoutons que le *droit* et le *devoir* de l'administration
sur les mesures de sûreté sont méconnus, en ce qu'on
ne voit pas que c'est à elle de prévenir les *abus* et les
accidents dans les exploitations des mines.

Enfin, la loi sur la compétence des juges de paix
est violée lorsqu'on traduit les propriétaires de mines
devant les tribunaux civils ou correctionnels, sur une
demande qui n'excède pas 200 francs, ou lorsqu'il
s'agit de dommages causés aux champs, fruits et
récoltes, ou d'une simple contravention à un arrêté
administratif.

D'autres parties de la législation appellent également
une réforme, notamment celles relatives à la responsabilité personnelle en cas d'accidents graves.

Si dans cet exposé nous avons, par des exemples

remarquables, fait connaître les incertitudes, les contradictions et les erreurs que nous avons rencontrées, ce n'a point été par la pensée de nous livrer au vain plaisir d'une critique contre les décisions de la haute magistrature et les doctrines d'écrivains éminents.

Nous n'avons voulu que constater l'état de la législation et de la jurisprudence sur les mines, justifier l'urgence des réformes que nous sollicitons et démontrer le but, l'utilité et même l'importance du travail que nous avons entrepris.

Et si nous avons parlé de succès, de luttes soutenues et à soutenir, c'est afin de préparer nos lecteurs à nos idées, quelque téméraires qu'elles puissent leur paraître.

Du reste, nous ne nous présentons pas en adversaire, on verra, au contraire, que souvent nous nous prévalons, en dehors des textes de la loi, de la jurisprudence de la cour de cassation et des cours impériales, et que sur bien des points nous empruntons l'opinion des auteurs dont nous combattons certaines doctrines.

En définitive, nous avons voulu démontrer que la législation sur les mines nécessite l'étude la plus sérieuse, non-seulement à cause de l'importance de la matière, mais à cause des nombreuses erreurs qu'il s'agit d'y redresser, et nous avons essayé de répondre au besoin que nous constatons, en attendant que le gouvernement fasse de son côté ce que les circonstances exigent.

Notre travail sera divisé en deux volumes et en trois parties ; en voici le résumé :

PREMIÈRE PARTIE.

La première partie se compose d'un titre préliminaire dans lequel se trouvent rapportés :

1º La loi du 21 avril 1810 sur les mines ;

2º La discussion sur les principales dispositions du projet de cette loi devant le conseil d'État, et les paroles de l'Empereur sur le *partage horizontal* de la terre et ses conséquences ;

3º L'exposé des motifs du projet de loi, par M. le comte Regnault de Saint-Jean-d'Angély, conseiller d'État, Commissaire du gouvernement devant le Corps législatif ;

4º Le rapport sur le même projet de loi, par M. le comte Stanislas de Girardin, membre du Corps législatif ;

5º La jurisprudence solennelle de la cour de cassation, refusant la protection de la loi du 21 avril 1810 aux établissements créés à la surface *après* la concession de la mine et interdisant tous travaux nuisibles à l'exploitation de la mine dans l'étendue du périmètre concédé ;

Précédée des arrêts des cours de Lyon et de Dijon, attaqués et cassés, ainsi que des débats solennels qui ont eu lieu devant la cour suprême ;

Suivie d'une dissertation de M. Dalloz sur la séparation des deux propriétés et d'un arrêt de la cour impériale de Dijon consacrant les principes relatifs au partage *horizontal* de la terre, à la *concession du tréfonds* et au droit d'*occupation* sur la surface.

DEUXIÈME PARTIE.

La deuxième partie se divise en douze titres dont voici l'intitulé et le sommaire :

1º *Richesses souterraines.*

La terre renferme dans son sein des masses de substances minérales ou fossiles qui sont classées par la loi du 21 avril 1810 sous les trois qualifications de : *Mines*, *minières* et *carrières*.

Les mines ne sont pas des accessoires du sol ; elles n'en ont jamais fait partie, et à leur découverte elles sont à la disposition du gouvernement qui les concède à un titulaire de son choix.

Les minières sont au contraire une dépendance du sol ; néanmoins elles ne peuvent être exploitées sans une autorisation du préfet, qui détermine les règles à suivre, et, à défaut par les propriétaires de les exploiter, une permission peut être accordée aux maîtres de forges.

Les carrières sont aussi une dépendance du sol ; elles s'exploitent à ciel ouvert ou par des galeries souterraines, sans autorisation ; mais l'exploitation par galeries est soumise à la surveillance et aux mesures de sûreté indiquées aux articles 47, 48 et 50 de la loi du 21 avril 1810.

2º *Principes généraux sur la propriété.*

La société fait ses lois, les change ou les modifie selon ses besoins ; la loi crée la propriété dont elle assure seule la possession, et nul ne peut se dire propriétaire de l'objet dont il est détenteur, si sa possession ne lui est garantie par la loi.

La propriété des mines, avant sa concession, est un problème ; elle ne prend naissance que par l'acte du gouvernement qui sépare le tréfonds de la surface par un partage horizontal de la terre ; mais, par l'acte de concession, la mine concédée est considérée comme propriété nouvelle, rangée parmi les propriétés ordinaires, et le droit commun est applicable à cette propriété comme à tous autres biens.

Le droit d'occupation sur la surface pour l'établissement des travaux d'exploitation, fondé sur la nécessité, est conféré par la permission de recherches ou par la concession de mines, sous les *restrictions* édictées par la loi du 21 avril 1810 et moyennant les indemnités fixées *à forfait* par la même loi.

Le *statu-quo ou l'interdiction* de la surface dérive du respect qui est dû à toute propriété et du droit accordé à tout propriétaire de pouvoir exploiter son héritage, même en cas d'enclave, moyennant indemnité envers son voisin.

3° *Obligations et droits des propriétaires de mines concernant les constructions, travaux ou établissements du propriétaire de la surface.*

Le cautionnement exigé du propriétaire de la mine, lorsque ses travaux arrivent sous des maisons ou lieux d'habitation ou dans leur voisinage immédiat, et la réparation des dommages causés par les affaissements de terrain, *ne s'appliquent qu'à ce qui existait* AVANT *la concession de la mine.*

Lorsque les constructions, travaux ou tous autres établissements, créés par le propriétaire de la surface *après* la concession de la mine, *paralysent* l'exploitation de celle-ci ou *la rendent plus onéreuse,* le propriétaire de la mine *a le droit d'en demander la suppression* et de réclamer le préjudice causé par les nouveaux ouvrages.

4º *Recherches des mines.*

Les recherches de mines ne peuvent être faites que par les propriétaires du sol, chacun dans sa propriété, ou de son consentement, ou qu'en vertu d'une permission du gouvernement accordée à un explorateur.

La permission du gouvernement, même la concession, subissent des restrictions à la surface, par respect pour le domicile et ses *attenances;* elle ne donne pas le droit d'établir des travaux dans les lieux prohibés, sans le consentement du propriétaire de la surface *nécessaire aux recherches ou à l'exploitation.*

L'exploration du propriétaire du terrain ou du permissionnaire du gouvernement s'arrête devant la découverte de la mine, ni l'un ni l'autre ne peut l'exploiter sans une concession : la découverte ne confère aucun droit à l'inventeur, le gouvernement en dispose dans l'intérêt de la société.

L'étendue de la mine que la découverte a fait connaître, est constatée par un plan dressé en triple expédition et par un tracé correspondant à des points immuables à la surface servant de limite à la propriété souterraine.

5º *Demande en concession d'une mine.*

La demande en concession d'une mine ne peut être formée qu'après la découverte et que lorsqu'une exploitation provisoire en a fait connaître l'existence et l'étendue.

Le tracé et la demande sont affichés et publiés pendant quatre mois dans toutes les communes dont tout ou partie du territoire est compris en dedans des limites données au périmètre de la propriété *tréfoncière* à concéder.

6º *Concession d'une mine.*

La concession d'une mine opère un partage horizontal de la terre et entraîne la concession du tréfonds du sol, et le tréfonds devient une propriété distincte de celle de la surface.

L'acte de concession d'une mine est un titre *attributif* de propriété; il contient toutes les énonciations et les stipulations ordinaires aux actes *translatifs* de propriété et *purge* tous les droits des propriétaires de la surface sur le tréfonds.

La propriété d'une mine n'est définitivement constituée que lorsque toutes les formalités d'affiches et de publications qui doivent précéder et suivre la concession ont été régulièrement accomplies dans toutes les communes sous lesquelles elle s'étend.

7º *Redevance et impôt envers l'État, et redevance et indemnité envers les propriétaires de la surface.*

L'État perçoit sur l'exploitation des mines deux sortes d'impôts : *une redevance fixe,* calculée sur l'étendue du périmètre concédé, et l'*impôt foncier* sur le revenu annuel ou produit net de l'extraction de la mine, lequel sert de base pour déterminer la valeur de la propriété souterraine.

Les propriétaires de la surface perçoivent aussi deux sortes d'indemnités : une redevance fixe sur les produits de la mine, réglée par l'acte de concession de la mine, et l'indemnité d'occupation *temporaire* ou *définitive* fixée par la loi sur une base à forfait.

8º *Application du droit commun aux dommages causés par les travaux souterrains.*

Les dommages causés à la surface par les affaissements, suite de l'extraction souterraine, sont réparés d'après les principes du droit commun.

9º *Surveillance de l'administration sur les mines.*

L'administration, par les ingénieurs des mines ou autres agents placés sous les ordres des préfets, exerce une surveillance de police sur l'extraction souterraine ; c'est elle qui autorise les travaux utiles et qui interdit ceux qui sont dangereux, et c'est elle aussi qui est chargée de prévenir les *abus* et les *accidents.*

Les arrêtés préfectoraux *interdisant* les travaux de mines ou *prescrivant* les mesures de sûreté, ne sont

exécutoires qu'après l'approbation du ministre compétent, si l'exécution n'en a pas été provisoirement
ordonnée.

Les contraventions *aux arrêtés administratifs* sur
les mesures de sûreté sont *constatées* dans la forme
prescrite aux articles 93 et suivants de la loi du
21 avril 1810, et les prescriptions de l'autorité sont
exécutées d'office, sauf l'application du droit commun
contre les contrevenants, pour la *poursuite* et pour
la *peine*.

Les contraventions *aux dispositions de police du
personnel*, édictées par le décret du 3 janvier 1813 et
par l'ordonnance du 26 mars 1843, sont *constatées*,
poursuivies et *jugées* conformément au titre X de la
loi du 21 avril 1810, et le délai pour la récidive est
réglé par le code forestier.

10° *Responsabilité en cas d'accidents dans l'exploitation des mines*.

Les propriétaires de mines, exploitants et directeurs
des travaux de mines, sont tenus de se conformer aux
prescriptions des règlements et de l'autorité administrative, et lorsque des accidents graves surviennent,
faute de s'y être conformés, ils sont, aux termes de
l'article 22 du décret de 1813, passibles des peines
édictées dans les articles 319 et 320 du code pénal.

Les ouvriers mineurs, maîtres-mineurs, sous-
directeurs et directeurs de travaux de mines, même
les propriétaires de mines, sont également responsables, aux termes du droit commun, des accidents

qu'ils ont occasionnés par leur maladresse, imprudence, inattention ou négligence ; mais seulement lorsqu'un fait ou un ordre personnel leur est reproché.

11º Compétence administrative et judiciaire en matière de mines.

Le préfet, sauf recours au ministre compétent et au conseil d'État, est seul juge sur tout ce qui a rapport aux recherches ou à l'exploitation des mines, même pour le règlement des indemnités entre les *explorateurs* et les propriétaires du sol.

Les tribunaux ordinaires ne sont appelés à statuer que sur les questions de propriété et le règlement des indemnités entre les propriétaires du tréfonds et de la surface, et sur la répression des contraventions et des délits.

La compétence des juges de paix s'applique aux propriétaires du tréfonds comme aux propriétaires de la surface, notamment pour dommages causés aux champs, fruits et récoltes, à quelque somme que la demande puisse s'élever, et elle s'applique encore aux contraventions de police *administrative*.

12º Liquidation des dépens sur le règlement des indemnités et hypothèque judiciaire.

Les dépens faits sur le règlement des indemnités dues par les exploitants de mines pour occupation ou pour dommages causés par les affaissements de terrain, *doivent être liquidés* conformément aux règles établies par la loi d'expropriation pour cause d'utilité publique, pour être supportés, d'*après la différence* existante entre la somme offerte et celle demandée, conformément au troisième paragraphe de l'article 40 de la loi du 3 mai 1841.

Les jugements qui règlent ou qui fixent l'indemnité *annuelle* pour occupation *temporaire*, ne peuvent conférer l'hypothèque judiciaire sur les biens des exploitants que pour ce qui est échu et non payé ; ces derniers, payant d'avance le prix annuel d'occupation, peuvent, comme tout autre débiteur, invoquer la maxime : *Qui a terme, ne doit rien.*

TROISIÈME PARTIE.

La troisième partie comprend un *appendice*, dans lequel nous rapporterons :

La loi du 28 juillet 1791, les autres lois, les décrets, instructions, règlements et circulaires relatifs aux mines et qui se rattachent au plan de notre entreprise.

PREMIÈRE PARTIE.

TITRE PRÉLIMINAIRE.

DOCUMENTS LÉGISLATIFS ET JUDICIAIRES SUR LA PROPRIÉTÉ
DES MINES ET SUR SES CONSÉQUENCES.

Loi du 21 avril 1810 sur les mines. — Discussion devant le conseil
d'État des principales dispositions de cette loi sur la propriété des
mines, et observations du Corps législatif. — Exposé des motifs,
par M. Regnault de Saint-Jean-d'Angély, conseiller d'État et orateur
du gouvernement. — Rapport de M. Stanislas de Girardin devant le
Corps législatif. — Jurisprudence *solennelle* de la cour de cassation,
sur l'*inviolabilité* de la propriété des mines, précédée de divers
documents, notamment d'un réquisitoire de M. le procureur général
Dupin, et suivie d'un arrêt de la cour impériale de Dijon sur le
partage horizontal de la terre.

Toutes les difficultés que la loi du 21 avril 1810
présente dans l'interprétation de ses principales dispositions, proviennent de ce qu'on n'est pas d'accord
sur la nature ni sur l'étendue des droits et des privilèges qui sont accordés par la concession d'une mine.

Les dispositions de la loi ne sont pas en effet assez
explicites pour établir que la propriété d'une mine
comprend le tréfonds du sol et que ce tréfonds passe

entre les mains du concessionnaire de la mine, moyennant une redevance perçue sur le produit de la mine en conformité des articles 6 et 42.

On n'a pas vu jusqu'ici qu'en *divisant* ce qui jusqu'à la séparation du tréfonds n'*avait formé qu'une seule propriété*, le législateur accorde, pour l'exploitation de la mine, le droit d'occuper temporairement ou définitivement la surface *sur laquelle doivent s'étendre les travaux extérieurs*, moyennant d'autres indemnités à régler sur une base fixe, d'après les articles 43 et 44.

Et l'on ne voit pas que cette division et ces indemnités ont pour résultat d'*interdire au propriétaire de la surface* tous travaux, clôtures ou constructions, ou tous établissements pouvant *nuire* à l'exploitation de la mine, en *aggraver* les charges ou *paralyser* le droit de servitude sur la surface du tréfonds concédé.

Mais, dès que ces principes seront généralement admis, la propriété des mines ne sera plus un problème; elle sera perpétuelle comme celle du sol, et l'on sera forcé de reconnaître que toute la surface *séparée du tréfonds* est frappée d'interdit ou condamnée au *statu-quo*.

Pour établir ces points importants de la législation des mines, nous avons réuni dans ce titre préliminaire les documents qui interprètent et complètent au besoin les dispositions de la loi de 1810.

Ces documents doivent être consultés avec la plus grande attention; ils servent de base au droit et à la vérité que nous cherchons à faire prévaloir, et ils forment dès-lors la partie la plus utile de notre livre, à cause des précieux renseignements que nous avons puisés dans l'ouvrage de M. LOCRÉ.

I.

TEXTE DE LA LOI DU 21 AVRIL 1810 SUR LES MINES.

La loi du **21** avril **1810**, sur les mines, fut et restera, a dit un auteur, une des gloires du gouvernement impérial ; elle a été décrétée par le Corps législatif à la majorité de deux cent trente voix contre onze et a été promulguée le 1er mai suivant.

TITRE 1er.

Des Mines, Minières et Carrières.

ART. 1er.

Les masses de substances minérales ou fossiles renfermées *dans le sein de la terre ou* EXISTANTES A LA SURFACE, sont classées, relativement aux règles de l'exploitation de chacune d'elles, sous les trois qualifications de mines, minières et carrières.

ART. 2.

Sont considérées comme mines celles connues pour contenir en filons, en couches ou en amas, de l'or, de l'argent, du platine, du mercure, du plomb, du fer en filons ou couches, du cuivre, de l'étain, du zinc, de la calamine, du bismuth, du cobalt, de l'arsenic, du manganèse, de l'antimoine, du molydène, de la plombagine ou autres matières métalliques, du soufre, du charbon de terre ou de pierre, du bois fossile, des bitumes, de l'alun et des sulfates à bases métalliques.

Art. 3.

Les minières comprennent les minerais de fer dits d'alluvion, les terres pyriteuses propres à être converties en sulfate de fer, les terres alumineuses et les tourbes.

Art. 4.

Les carrières renferment les ardoises, les grès, pierres à bâtir et autres, les marbres, granits, pierres à chaux, pierres à plâtre, les pouzzolanes, le trass, les basaltes, les laves, les marnes, craies, sables, pierres à fusil, argiles, kaolin, terres à foulon, terres à poterie, les substances terreuses et les cailloux de toute nature, les terres pyriteuses regardées comme engrais, le tout exploité à ciel ouvert ou avec des galeries souterraines.

TITRE II.

De la propriété des mines.

Art. 5.

Les mines ne peuvent être exploitées qu'en vertu d'un acte de concession délibéré en conseil d'État.

Art. 6.

Cet acte règle *les droits* des propriétaires de la surface *sur le produit des mines* concédées.

Art. 7.

Il donne la propriété *perpétuelle* de la mine, laquelle est dès-lors *disponible* et *transmissible* comme tous autres biens, et dont on ne peut être exproprié que dans les cas et selon les formes prescrites pour les autres propriétés, conformément au code Napoléon et au code de procédure civile.

Toutefois, une mine ne peut être vendue par lots ou parlagée, sans une autorisation préalable du gouvernement, donnée dans la même forme que la concession.

ART. 8.

Les mines sont *immeubles*.

Sont aussi *immeubles*, les *bâtiments*, *machines*, *puits*, *galeries*, et autres travaux *établis à demeure*, conformément à l'article 524 du code civil.

Sont aussi immeubles par destination, les chevaux, agrès, outils et ustensiles servant à l'exploitation.

Ne sont considérés comme chevaux attachés à l'exploitation, que ceux qui sont exclusivement attachés aux travaux intérieurs des mines.

Néanmoins, les actions ou intérêts dans une société ou entreprise pour l'exploitation des mines seront réputés meubles, conformément à l'article 529 du code civil.

ART. 9.

Sont meubles, les matières extraites, les approvisionnements et autres objets mobiliers.

TITRE III.

Des actes qui précèdent la demande en concession de mines.

SECTION PREMIÈRE.

De la recherche et de la découverte des mines.

ART. 10.

Nul *ne peut faire* des recherches pour découvrir des mines, enfoncer des sondes ou tarières sur un terrain *qui ne lui appartient pas* (1), que du consentement du propriétaire de la surface, ou avec l'autorisation du gouvernement, donnée après

_____

(1) Mais il le peut sur un terrain qui lui appartient.

avoir consulté l'administration des mines, à la charge d'une préalable indemnité envers le propriétaire, et après qu'il aura été entendu.

ART. 11.

Nulle *permission* de recherches, ni *concession* de mines *ne pourra*, sans le consentement formel du propriétaire de la surface, *donner* le *droit* (1) *de faire* des sondes et d'ouvrir des puits ou galeries, ni celui d'établir des machines ou magasins dans *les* enclos murés, cours ou jardins, ni dans *les* terrains attenant aux habitations ou clôtures murées, dans la distance de cent mètres desdites clôtures ou des habitations.

ART. 12.

Le propriétaire pourra faire des recherches, sans formalité préalable, dans les lieux réservés par le précédent article, comme dans *les autres parties* de sa propriété (2); mais il sera obligé d'obtenir une concession avant d'y établir une exploitation. Dans aucun cas, les recherches ne pourront être autorisées dans un terrain déjà concédé.

SECTION II.

De la préférence à accorder pour les concessions.

ART. 13.

Tout Français ou tout étranger naturalisé ou non en France, agissant isolément ou en société, a le droit de demander et peut obtenir, s'il y a lieu, une concession de mines.

---

(1) C'est la permission ou la concession qui donne ce droit sur toute la surface du périmètre permissionné ou concédé.

(2) Cet article confirme le droit du propriétaire jusqu'à la découverte de la mine, mais en lui interdisant les recherches quand le tréfonds est concédé, c'est-à-dire dans un terrain déjà concédé.

ART. 14.

L'individu ou la société doit justifier des facultés nécessaires pour entreprendre et conduire les travaux, et des moyens de satisfaire aux redevances, indemnités qui lui seront imposées par l'acte de concession.

ART. 15.

Il doit aussi, le cas arrivant de travaux à faire sous des maisons ou lieux d'habitation, sous d'autres exploitations, ou dans leur voisinage immédiat, donner caution de payer toute indemnité, en cas d'accident : les demandes ou oppositions des intéressés seront, en ce cas, portées devant nos tribunaux et cours (1).

ART. 16.

Le gouvernement juge des motifs ou considérations d'après lesquels la préférence doit être accordée aux divers demandeurs en concession, qu'ils soient propriétaires de la surface, inventeurs ou autres.

En cas que l'inventeur n'obtienne pas la concession d'une mine, il aura droit à une indemnité de la part du concessionnaire ; elle sera réglée par l'acte de concession.

ART. 17.

L'acte de concession fait après l'accomplissement des formalités prescrites, *purge,* en faveur du concessionnaire, *tous les droits des propriétaires de la surface* et des inventeurs ou de leurs ayant-droit, chacun dans leur ordre, après qu'ils ont été entendus ou appelés légalement, ainsi qu'il sera ci-après réglé.

---

(1) Cet article 15 ne prescrit pas le cautionnement au *double de la valeur* des objets.

Art. 18.

La valeur des droits résultant en faveur du propriétaire de la surface, en vertu de l'art. 6 de la présente loi, *demeurera réunie* à la valeur de ladite surface, et sera affectée avec elle aux hypothèques prises par les créanciers du propriétaire.

Art. 19.

Du moment où une mine sera concédée, même au propriétaire de la surface, cette propriété *sera distinguée* de celle de la surface et désormais *considérée comme propriété nouvelle*, sur laquelle de nouvelles hypothèques pourront être assises, sans préjudice de celles qui auraient été ou seraient prises *sur la surface et la redevance*, comme il est dit à l'article précédent.

Si la concession est faite au propriétaire de la surface, ladite redevance sera évaluée pour l'exécution dudit article.

Art. 20.

Une mine concédée pourra être affectée, par privilège, en faveur de ceux qui, par acte public et sans fraude, justifieraient avoir fourni des fonds pour les recherches de la mine, ainsi que pour les travaux de construction ou confection de machines nécessaires à son exploitation, à la charge de se conformer aux articles 2103 et autres du code civil, relatifs aux privilèges.

Art. 21.

Les autres droits de privilège et d'hypothèque pourront être acquis sur la propriété de la mine, aux termes et en conformité du code civil, comme sur les autres propriétés immobilières.

TITRE IV.

Des Concessions.

SECTION PREMIÈRE.

De l'obtention des Concessions.

ART. 22.

La demande en concession sera faite par voie de simple pétition adressée au préfet, qui sera tenu de la faire enregistrer, à sa date, sur un registre particulier, et d'ordonner les publications et affiches dans les dix jours.

ART. 23.

Les affiches auront lieu pendant quatre mois, dans le chef-lieu du département, dans celui de l'arrondissement où la mine est située, dans le lieu du domicile du demandeur, et dans toutes les communes dans le territoire desquelles la concession peut s'étendre. Elles seront insérées dans les journaux de département.

ART. 24.

Les publications de demandes en concession de mines auront lieu devant la porte de la maison commune et des églises paroissiales et consistoriales, à la diligence des maires, à l'issue de l'office, un jour de dimanche, et au moins une fois par mois pendant la durée des affiches. Les maires seront tenus de certifier ces publications.

ART. 25.

Le secrétaire-général de la préfecture délivrera au requérant un extrait certifié de l'enregistrement de la demande en concession.

Art. 26.

Les demandes en concurrence et les oppositions qui y seront formées seront admises devant le préfet, jusqu'au dernier jour du quatrième mois, à compter de la date de l'affiche. Elles seront notifiées, par actes extrajudiciaires, à la préfecture du département, où elles seront enregistrées sur le registre indiqué à l'article 22. Les oppositions seront notifiées aux parties intéressées, et le registre sera ouvert à tous ceux qui en demanderont communication.

Art. 27.

A l'expiration du délai des affiches et publications, et sur la preuve de l'accomplissement des formalités portées aux articles précédents, dans le mois qui suivra, au plus tard, le préfet du département, sur l'avis de l'ingénieur des mines, et après avoir pris des informations sur les droits et les facultés des demandeurs, donnera son avis et le transmettra au ministre de l'intérieur.

Art. 28.

Il sera définitivement statué sur la demande en concession par un décret délibéré au conseil d'État.

Jusqu'à l'émission du décret, toute opposition sera admissible devant le ministre de l'intérieur ou le secrétaire-général du conseil d'État. Dans ce dernier cas, elle aura lieu par une requête signée et présentée par un avocat au conseil, comme il est pratiqué pour les affaires contentieuses; et, dans tous les cas, elle sera notifiée aux parties intéressées.

Si l'opposition est motivée sur la propriété de la mine acquise par concession ou autrement, les parties seront renvoyées devant les tribunaux et cours.

ART. 29.

L'étendue de la concession sera déterminée par l'acte de concession : elle sera limitée par des points fixes pris à la surface du sol, et passant par des plans verticaux menés de cette surface dans l'intérieur de la terre à une profondeur indéfinie, à moins que les circonstances et les localités ne nécessitent un autre mode de limitation.

ART. 30.

Un plan régulier de la surface, en triple expédition, et sur une échelle de dix millimètres pour cent mètres, sera annexé à la demande.

Ce plan devra être dressé ou vérifié par l'ingénieur des mines, et certifié par le préfet du département.

ART. 31.

Plusieurs concessions pourront être réunies entre les mains du même concessionnaire, soit comme individu, soit comme représentant une compagnie, mais à la charge de tenir en activité l'exploitation de chaque concession.

SECTION II.

Des obligations des propriétaires de mines.

ART. 32.

L'exploitation des mines n'est pas considérée comme un commerce, et n'est pas sujette à patente.

ART. 33.

Les propriétaires de mines sont tenus de payer à l'État une redevance fixe et une redevance proportionnelle au produit de l'extraction.

Art. 34.

La redevance fixe sera annuelle, et réglée d'après l'étendue de celle-ci : elle sera de 10 francs par kilomètre carré.

La redevance proportionnelle sera une contribution annuelle à laquelle les mines seront assujetties sur leurs produits.

Art. 35.

La redevance proportionnelle sera réglée, chaque année, par le budget de l'État, comme les autres contributions publiques : toutefois elle ne pourra jamais s'élever au-dessus de cinq pour cent du produit net. Il pourra être fait un abonnement pour ceux des propriétaires de mines qui le demanderont.

Art. 36.

Il sera imposé en sus un décime pour franc, lequel formera un fonds de non-valeur, à la disposition du ministre de l'intérieur, pour dégrèvement en faveur des propriétaires de mines qui éprouveront des pertes ou accidents.

Art. 37.

La redevance proportionnelle sera imposée et perçue comme la contribution foncière.

Les réclamations à fin de dégrèvement ou de rappel à l'égalité proportionnelle seront jugées par les conseils de préfecture. Le dégrèvement sera de droit quand l'exploitant justifiera que sa redevance excède cinq pour cent du produit net de son exploitation.

Art. 38.

Le gouvernement accordera, s'il y a lieu, pour les exploitations qu'il en jugera susceptibles, et par un article de l'acte de concession, ou par un décret spécial délibéré en conseil d'État pour les mines déjà concédées, la remise en tout ou partie du paiement de la redevance proportionnelle, pour le temps qui sera jugé convenable; et ce, comme encouragement, en raison de la difficulté des travaux : semblable remise pourra aussi être accordée comme dédommagement, en cas d'accident de force majeure qui surviendrait pendant l'exploitation.

Art. 39.

Le produit de la redevance fixe et de la redevance proportionnelle formera un fonds spécial, dont il sera tenu un compte particulier au trésor public, et qui sera appliqué aux dépenses de l'administration des mines, et à celles des recherches, ouvertures et mises en activité des mines nouvelles, ou au rétablissement des mines anciennes.

Art. 40.

Les anciennes redevances dues à l'État, soit en vertu de lois, ordonnances ou règlements, soit d'après les conditions énoncées en l'acte de concession, soit d'après les baux et adjudications au profit de la régie du domaine, cesseront d'avoir cours, à compter du jour où les redevances nouvelles seront établies.

Art. 41.

Ne seront point comprises dans l'abrogation des anciennes redevances, celles dues à titre de rente, droits et prestations quelconques, pour cession de fonds, ou autres semblables, sans déroger toutefois à l'application des lois qui ont supprimé les droits féodaux.

Art. 42.

Le droit attribué par l'article 6 de la présente loi aux propriétaires de la surface sera réglé à une somme déterminée par l'acte de concession.

Art. 43.

Les propriétaires de mines sont tenus de payer les indemnités dues au propriétaire de la surface *sur le terrain* duquel ils *établiront* leurs travaux.

Si les travaux entrepris par les explorateurs, ou par les propriétaires de mines, ne sont que passagers, et si le sol où ils ont été faits peut être mis en culture au bout d'un an, comme il l'était auparavant, l'indemnité *sera réglée au double de ce qu'aurait produit net le terrain endommagé (par l'occupation)* (1).

Art. 44.

Lorsque l'occupation des terrains, pour la recherche ou les travaux des mines, prive les propriétaires du sol de la jouissance du revenu au-delà du temps d'une année, ou lorsqu'après les travaux, les terrains ne sont plus propres à la culture, on peut exiger des propriétaires des mines l'acquisition des terrains à l'*usage* de l'exploitation. Si le propriétaire de la surface le requiert, les pièces de terres trop endommagées ou dégradées (*par l'occupation*) sur une trop grande partie de leur surface, devront être achetées en totalité par le propriétaire de la mine.

L'évaluation du prix sera faite, quant au mode, suivant les règles établies par la loi du 16 septembre 1807, sur le dessèchement des marais, etc., titre XI; mais le terrain à acquérir sera toujours estimé au double de la valeur qu'il *avait avant l'exploitation de la mine* (2).

(1) Cet article n'accorde que le double de ce qu'aurait produit net la parcelle occupée, pour toute indemnité *à forfait.* C'est une *base fixe.*

(2) Le double prix n'est pas réglé par la loi de 1810; l'article 44 se borne à dire dans quel cas l'achat peut être exigé; il renvoie à la loi de 1807, et dit que le double ne sera payé que d'après la valeur du terrain *avant* l'exploitation de la mine.

ART. 45.

Lorsque, par l'effet du voisinage, ou pour toute autre cause, les travaux d'exploitation d'une mine occasionnent des dommages à l'exploitation d'une autre mine, à raison des eaux qui pénètrent dans cette dernière en plus grande quantité ; lorsque, d'un autre côté, ces mêmes travaux produisent un effet contraire, et tendent à évacuer tout ou partie des eaux d'une autre mine, il y aura lieu à indemnité d'une mine en faveur de l'autre ; *le règlement s'en fera par experts* (1).

ART. 46.

Toutes les questions d'indemnités à payer par les propriétaires de mines, à raison des recherches ou travaux *antérieurs à l'acte de concession*, seront décidées conformément à l'article 4 de la loi du 28 pluviôse an 8.

TITRE V.

De l'exercice de la surveillance sur les mines par l'administration.

ART. 47.

Les ingénieurs des mines exerceront, sous les ordres du ministre de l'intérieur et des préfets, une surveillance de police pour la conservation des édifices et la sûreté du sol.

ART. 48.

Ils observeront la manière dont l'exploitation sera faite, soit pour éclairer les propriétaires sur ses inconvénients ou son amélioration, soit pour avertir l'administration des vices, abus ou dangers qui s'y trouveraient.

---

(1) Cet article fait suite à l'article 15 ; les dommages causés par accidents sont réglés à dire d'experts.

Art. 49.

Si l'exploitation est *restreinte* ou *suspendue*, de manière à inquiéter sur la sûreté publique ou le besoin des consommateurs, les préfets, après avoir entendu les propriétaires, en rendront compte au ministre de l'intérieur, pour y être pourvu ainsi qu'il appartiendra.

Art. 50.

Si l'exploitation compromet la sûreté publique, la conservation des puits, la solidité des travaux, la sûreté des ouvriers mineurs ou des habitations de la surface, il y sera pourvu par le préfet, ainsi qu'il est pratiqué en matière de grande voirie, et selon les lois.

TITRE VI.

Des concessions ou jouissances des mines antérieures à la présente loi.

§ 1er.

Des anciennes concessions, en général.

Art. 51.

Les concessionnaires antérieurs à la présente loi deviendront, du jour de sa publication, propriétaires incommutables, sans aucune formalité préalable d'affiches, vérifications de terrain, ou autres préliminaires, à la charge seulement d'exécuter, s'il y en a, les conventions faites par les propriétaires de la surface, et sans que ceux-ci puissent se prévaloir des articles 6 et 42.

Art. 52.

Les anciens concessionnaires seront, en conséquence, soumis au paiement des contributions, comme il est dit à la section II du titre IV, articles 33 et 34, à compter de l'année 1811.

§ 2.

Des exploitations pour lesquelles on n'a pas exécuté la loi de 1791.

ART. 53.

Quant aux exploitants des mines qui n'ont pas exécuté la loi de 1791 , et qui n'ont pas fait fixer, conformément à cette loi, les limites de leurs concessions , ils obtiendront les concessions de leurs exploitations actuelles, conformément à la présente loi ; à l'effet de quoi les limites de leurs concessions seront fixées sur leurs demandes ou à la diligence des préfets , à la charge seulement d'exécuter les conventions faites avec les propriétaires de la surface, et sans que ceux-ci puissent se prévaloir des articles 6 et 53 de la présente loi.

ART. 54.

Ils paieront, en conséquence, les redevances comme il est dit à l'article 52.

ART. 55.

En cas d'usages locaux, ou d'anciennes lois, qui donneraient lieu à la décision de cas extraordinaires , les cas qui se présenteront seront décidés par les actes de concession ou par les jugements de nos cours et tribunaux, selon les droits résultant pour les parties des usages établis , des prescriptions légalement acquises ou des conventions réciproques.

ART. 56.

Les difficultés qui s'élèveraient entre l'administration et les exploitants , relativement à la limitation des mines, seront décidées par l'acte de concession.

A l'égard des contestations qui auraient lieu entre des exploitants voisins, elles seront jugées par les tribunaux et cours.

TITRE VII.

Règlement sur la propriété et l'exploitation des minières, et
sur l'établissement des forges, fourneaux et usines.

SECTION PREMIÈRE.

Des minières.

ART. 57.

L'exploitation des minières est assujettie à des règles
spéciales.

Elle ne peut avoir lieu sans permission.

ART. 58.

La permission détermine les limites de l'exploitation, et les
règle sous les rapports de sûreté et de salubrité publiques.

SECTION II.

De la propriété et de l'exploitation des minerais de fer d'alluvion.

ART. 59.

Le propriétaire du fonds sur lequel il y a du minerai de fer
d'alluvion, est tenu d'exploiter en quantité suffisante pour
fournir, autant que faire se pourra, aux besoins des usines
établies dans le voisinage avec autorisation légale : en ce cas,
il ne sera assujetti qu'à en faire la déclaration au préfet du
département ; elle contiendra la désignation des lieux : le préfet
donnera acte de cette déclaration, ce qui vaudra permission
pour le propriétaire, et l'exploitation aura lieu par lui sans
autre formalité.

ART. 60.

Si le propriétaire n'exploite pas, les maîtres de forges auront
la faculté d'exploiter à sa place, à la charge : 1° d'en prévenir
le propriétaire, qui, dans un mois, à compter de la notification,

pourra déclarer qu'il entend exploiter lui-même; 2° d'obtenir
du préfet la permission, sur l'avis de l'ingénieur des mines,
après avoir entendu le propriétaire.

ART. 61.

Si, après l'expiration du délai d'un mois, le propriétaire ne
déclare pas qu'il entend exploiter, il sera censé renoncer à
l'exploitation; le maître de forges pourra, après la permission
obtenue, faire les fouilles immédiatement dans les terres incultes et en jachère; et, après la récolte, dans toutes les
autres terres.

ART. 62.

Lorsque le propriétaire n'exploitera pas en quantité suffisante, ou suspendra ses travaux d'extraction pendant plus d'un
mois, sans cause légitime, les maîtres de forges se pourvoi-
ront auprès du préfet pour obtenir la permission d'exploiter à
sa place.

Si le maître de forges laisse écouler un mois sans faire usage
de cette permission, elle sera regardée comme non avenue,
et le propriétaire du terrain rentrera dans tous ses droits.

ART. 63.

Quand un maître de forges cessera d'exploiter un terrain,
il sera tenu de le rendre *propre à la culture* ou d'*indemniser
le propriétaire.*

ART. 64.

En cas de concurrence entre plusieurs maîtres de forges
pour l'exploitation dans un même fonds, le préfet déterminera,
sur l'avis de l'ingénieur des mines, les proportions dans
lesquelles chacun d'eux pourra exploiter, sauf le recours au
conseil d'État.

Le préfet réglera de même les proportions dans lesquelles chaque maître de forges aura droit à l'achat du minerai, s'il est exploité par le propriétaire.

Art. 65.

Lorsque les propriétaires feront l'extraction du minerai pour le vendre aux maîtres de forges, le prix en sera réglé entre eux de gré à gré, ou par des experts choisis ou nommés d'office, qui auront égard à la situation des lieux, aux frais d'extraction et aux dégâts qu'elle aura occasionnés.

Art. 66.

Lorsque les maîtres de forges auront fait extraire le minerai, il sera dû au propriétaire du fonds, et avant l'enlèvement du minerai, une indemnité qui sera aussi réglée par experts, lesquels auront égard à la situation des lieux, aux dommages causés, à la valeur du minerai, distraction faite des frais d'exploitation.

Art. 67.

Si les minerais se trouvent dans les forêts royales, dans celles des établissements publics ou des communes, la permission de les exploiter ne pourra être accordée qu'après avoir entendu l'administration forestière. L'acte de permission déterminera l'étendue des terrains dans' lesquels les fouilles pourront être faites : ils seront tenus, en outre, de payer les dégâts occasionnés par l'exploitation, et de repiquer en glands ou plants les places qu'elle aurait endommagées, ou une autre étendue proportionnelle déterminée par la permission.

Art. 68.

Les propriétaires ou maîtres de forges ou d'usines exploitant les minerais de fer d'alluvion, ne pourront, dans cette exploi-

tation, pousser des travaux réguliers par des galeries souterraines, sans avoir obtenu une concession, avec les formalités
et sous les conditions exigées par les articles de la section Iʳᵉ
du titre III et les dispositions du titre IV.

ART. 69.

Il ne pourra être accordé aucune concession pour minerai
d'alluvion, ou pour des mines en filons ou couches, que dans
les cas suivants :

1° Si l'exploitation à ciel ouvert cesse d'être possible, et si
l'établissement de puits, galeries et travaux d'art est nécessaire.

2° Si l'exploitation, quoique possible encore, doit durer
peu d'années, et rendre ensuite impossible l'exploitation avec
puits et galeries.

ART. 70.

En cas de concession, le concessionnaire sera tenu toujours :
1° de fournir aux usines qui s'approvisionneraient de minerai
sur les lieux compris en la concession, la quantité nécessaire
à leur exploitation, au prix qui sera porté au cahier des charges
ou qui sera fixé par l'administration ; 2° d'indemniser les
propriétaires au profit desquels l'exploitation avait lieu, dans
la proportion du revenu qu'ils en tiraient.

SECTION III.
Des terres pyriteuses et alumineuses.

ART. 71.

L'exploitation des terres pyriteuses et alumineuses sera
assujettie aux formalités prescrites par les articles 57 et 58,
soit qu'elle ait lieu par les propriétaires des fonds, soit par
d'autres individus qui, à défaut par ceux-ci d'exploiter, en
auraient obtenu la permission.

Art. 72.

Si l'exploitation a lieu par des non-propriétaires, ils seront assujettis, en faveur des propriétaires, à une indemnité qui sera réglée de gré à gré ou par experts.

Section IV.

Des permissions pour l'établissement des fourneaux, forges et usines.

Art. 73.

Les fourneaux à fondre les minerais de fer et autres substances métalliques, les forges et martinets pour ouvrer le fer et le cuivre, les usines servant de patouillets et bocards, celles pour le traitement des substances salines et pyriteuses, dans lesquelles on consomme des combustibles, ne pourront être établis que sur une permission accordée par un règlement d'administration publique.

Art. 74.

La demande en permission sera adressée au préfet, enregistrée le jour de la remise sur un registre spécial à ce destiné, et affichée pendant quatre mois dans le chef-lieu du département, dans celui de l'arrondissement, dans la commune où sera situé l'établissement projeté, et dans le lieu du domicile du demandeur.

Le préfet, dans le délai d'un mois, donnera son avis, tant sur la demande que sur les oppositions et les demandes en préférence qui seraient survenues; l'administration des mines donnera le sien sur la quotité du minerai à traiter; l'administration des forêts, sur l'établissement des bouches à feu en ce qui concerne les bois, et l'administration des ponts-et-chaussées, sur ce qui concerne les cours d'eau navigables ou flottables.

ART. 75.

Les impétrants des permisssions pour les usines supporte-
ront une taxe une fois payée, laquelle ne pourra être au-dessous
de 50 francs, ni excéder 300 francs.

SECTION V.

Dispositions générales sur les permissions.

ART. 76.

Les permissions seront données à la charge d'en faire usage
dans un délai déterminé ; elles auront une durée indéfinie, à
moins qu'elles n'en contiennent la limitation.

ART. 77.

En cas de contraventions, le procès-verbal dressé par les
autorités compétentes sera remis au procureur près le tribunal,
lequel poursuivra dans les formes prescrites ci-dessus, article 67, la révocation de la permission, s'il y a lieu, et l'application des lois pénales qui y sont relatives.

ART. 78.

Les établissements existants sont maintenus dans leur
jouissance, à la charge par ceux qui n'ont jamais eu de permission obtenue précédemment, d'en obtenir une avant le
1er janvier 1813, sous peine de payer un triple droit de
permission, pour chaque année pendant laquelle ils auront
négligé de s'en pourvoir et continué de s'en servir.

ART. 79.

L'acte de permission d'établir des usines à traiter le fer,
autorise les impétrants à faire des fouilles, même hors de leurs
propriétés, et à exploiter les minerais par eux découverts, ou
ceux antérieurement connus, à la charge de se conformer aux
dispositions de la section II.

Art. 80.

Les impétrants sont aussi autorisés à établir des patouillets, lavoirs et chemins de charroi sur les chemins qui ne leur appartiennent pas ; *mais sous les restrictions portées en l'article 11* ; le tout à charge d'indemnité envers les propriétaires du sol, et en les prévenant un mois d'avance.

TITRE VIII.

SECTION PREMIÈRE.

Des Carrières.

Art. 81.

L'exploitation des carrières à ciel ouvert a lieu sans permission, sous la simple surveillance de la police, et avec l'observation des lois ou règlements généraux ou locaux.

Art. 82.

Quand l'exploitation a lieu par galeries souterraines, elle est soumise à la surveillance de l'administration, comme il est dit au titre V.

SECTION II.

Des Tourbières.

Art. 83.

Les tourbes ne peuvent être exploitées que par le propriétaire du terrain ou de son consentement.

Art. 84.

Tout propriétaire actuellement exploitant, ou qui voudra commencer à exploiter des tourbes dans son terrain, ne pourra continuer ou commencer son exploitation, à peine de 100 francs d'amende, sans en avoir préalablement fait la déclaration à la sous-préfecture et obtenu l'autorisation.

ART. 85.

Un règlement d'administration publique déterminera la direction générale des travaux d'extraction dans le terrain où sont situées les tourbes, celle des rigoles de dessèchement, enfin toutes les mesures propres à faciliter l'écoulement des eaux dans les vallées et l'attérissement des entailles tourbées.

ART. 86.

Les propriétaires exploitants, soit particuliers, soit communautés d'habitants, soit établissements publics, sont tenus de s'y conformer, à peine d'être contraints à cesser leurs travaux.

TITRE IX.

Des Expertises.

ART. 87.

Dans tous les cas prévus par la présente loi, et autres naissant des circonstances où il y aura lieu à expertise, les dispositions du titre XIV du code de procédure civile, articles 303 à 323, seront exécutées.

ART. 88.

Les experts seront pris parmi les ingénieurs des mines, ou parmi les hommes notables et expérimèntés dans le fait des mines et de leurs travaux.

ART. 89.

Le procureur près le tribunal sera toujours entendu, et donnera ses conclusions sur le rapport des experts.

ART. 90.

Nul plan ne sera admis comme pièce probante dans une contestation, s'il n'a été levé ou vérifié par un ingénieur des mines. La vérification des plans sera toujours gratuite.

ART. 91.

Les frais et vacations des experts seront réglés et arrêtés, selon les cas, par les tribunaux : il en sera de même des honoraires qui pourront appartenir aux ingénieurs des mines ; le tout suivant le tarif qui sera fait par un règlement d'administration publique.

Toutefois, il n'y aura pas lieu à honoraires pour les ingénieurs des mines, lorsque leurs opérations auront été faites soit dans l'intérêt de l'administration, soit à raison de la surveillance et de la police publiques.

ART. 92.

La consignation des sommes jugées nécessaires pour subvenir aux frais d'expertise, pourra être ordonnée par le tribunal contre celui qui poursuivra l'expertise.

TITRE X.

De la police et de la juridiction relatives aux mines.

ART. 93.

Les contraventions des propriétaires de mines exploitants, non encore concessionnaires, ou autres personnes, aux lois et règlements, seront dénoncées et constatées comme les contraventions en matières de voirie et de police.

ART. 94.

Les procès-verbaux contre les contrevenants seront affirmés dans les formes et délais prescrits par les lois.

ART. 95.

Ils seront adressés en originaux aux procureurs près les tribunaux, qui seront tenus de poursuivre d'office les contrevenants devant les tribunaux de police correctionnelle, ainsi

qu'il est réglé et usité pour les délits forestiers , et sans préjudice des dommages-intérêts des parties.

ART. 96.

Les peines seront d'une amende de 500 francs au plus , et
de 100 francs au moins ; double , en cas de récidive , et d'une
détention qui ne pourra excéder la durée fixée par le code de
police correctionnelle.

II.

DISCUSSION DE LA LOI DU 21 AVRIL 1810 ET OBSERVATIONS DU CORPS LÉGISLATIF.

Le premier projet de la loi du 21 avril 1810 fut
présenté au conseil d'État le 1er février 1806 , et , le
22 mars suivant , l'Empereur Napoléon Ier posa des
bases qui furent renvoyées à l'examen , à la section
de l'intérieur.

La discussion demeura suspendue jusqu'au 21 octobre 1808 , et fut interrompue de nouveau jusqu'au
4 avril 1809.

A partir de cette dernière époque, elle occupa les
séances des 8 avril ; 24 et 27 juin ; 1er, 4 , 8 , 11 et
15 juillet ; 10 , 17 , 24 et 31 octobre ; 4 , 7 , 11 et
18 novembre 1809 ; 9 et 18 janvier , 3 , 13 et
24 février 1810.

Et à la dernière séance du 24 février , l'Empereur
ordonna que le projet adopté fût communiqué au
président de la commission de l'intérieur du Corps
législatif.

La commission présenta ses observations le 17

mars 1810, et, dans la séance du conseil d'État du 24 même mois, le conseil délibéra sur les observations.

En rapportant, d'après M. Locré (*Législation des Mines*), la discussion du projet de la loi du 21 avril 1810, devant le conseil d'État, et les observations du Corps législatif, nous suivrons l'ordre chronologique des séances, mais en supprimant les séances étrangères à l'objet de notre travail.

Séance du 1er Février 1806, sous la présidence de l'EMPEREUR.

M. le comte FOURCROY, au nom de la section de l'intérieur, présente un projet de loi sur les mines, dont l'impression est ordonnée et dont la discussion est ajournée.

Séance du 22 Mars 1806, sous la présidence de l'EMPEREUR.

M. le comte REGNAULT de Saint-Jean-d'Angély fait lecture du projet de loi sur les mines, présenté dans la séance du 1er février.

L'EMPEREUR dit que, quoique les mines soient, comme les autres biens, susceptibles de tous les droits que donne la propriété, ce ne sont cependant pas des propriétés de la même nature que la surface du sol et les produits qui en naissent. Ces sortes de propriétés doivent être régies par des lois particulières, et ceux-là seuls peuvent s'en prétendre propriétaires, à qui la loi défère cette qualité.

Mais, *au-delà*, la propriété des mines doit RENTRER *entièrement* sous le droit commun; il faut qu'on puisse les vendre, les donner, les hypothéquer, d'après les mêmes règles qu'on aliène ou qu'on engage un immeuble quelconque; il faut aussi que les contestations qui s'élèvent à ce sujet soient renvoyées devant les tribunaux.

A l'égard des concessionnaires actuels, pour les placer dans le système général, on ne peut se dispenser de les déclarer propriétaires incommutables. Le gouvernement concédera au même titre les mines qui ne le sont pas encore, à la charge de les administrer en bon père de famille.

Si le concessionnaire est en même temps propriétaire de la superficie, il ne lui sera point permis d'aliéner la mine séparément (1).

Si le possesseur *cesse d'exploiter,* il sera traduit devant les tribunaux, qui, après avoir vérifié les faits, *prononceront la déchéance.*

En conséquence, l'EMPEREUR renvoie le projet à la section pour le revoir et présenter une rédaction nouvelle conforme aux principes qu'il vient de poser.

Séance du 21 Octobre 1808, sous la présidence de l'EMPEREUR.

M. le comte FOURCROY, au nom de la section intérieure, présente une seconde rédaction du projet de loi sur les mines, d'après les bases posées dans la séance du 22 mars 1806.

L'EMPEREUR dit que le projet de loi doit reposer sur les bases suivantes :

Il faut d'abord poser clairement le principe que la mine fait partie de la propriété de la surface.

On ajoutera que cependant elle ne peut être exploitée qu'en vertu d'un acte du souverain.

La découverte d'une mine *crée* une propriété nouvelle ; un acte du souverain devient donc nécessaire pour que celui qui a fait la découverte puisse en profiter, et cet acte en réglera aussi l'exploitation ; mais comme le propriétaire de la surface

---

(1) L'EMPEREUR modifia son opinion à *la séance du* 13 *février* 1810, à laquelle il dit que le propriétaire du sol et de la mine *réunis* pourrait vendre UNE des DEUX *propriétés.*

a des droits sur cette propriété nouvelle, l'acte doit aussi les liquider.

On *lui donnera*, à titre de redevance, une *part dans les produits :* cette part sera mesurée sur l'étendue de la surface dont il est propriétaire.

On *lui donnera*, en outre, une *indemnité* pour la partie du fonds que l'exploitation lui enlève, et l'on fera entrer dans l'évaluation la plus-value que la découverte de la mine ajoute au fonds, en défalquant les frais d'exploitation et l'intérêt des capitaux (1).

Quant à ce qui concerne l'invention de la mine, on doit bien se garder d'accorder au premier brouillon, au premier aventurier qui se présentera, le droit de faire des recherches : la prudence exige que, préalablement, il y ait un avis du conseil des mines, homologué par le ministre, qui déclare qu'en effet la mine existe et qu'il y a lieu de faire des fouilles.

Au surplus, la loi ne doit poser que des *principes généraux*, dont l'acte fera l'application suivant les circonstances.

L'Empereur renvoie le projet à la section pour le rédiger d'après ces bases.

Séance du 4 Avril 1809*, sous la présidence de l'*Empereur.

L'Empereur se fait rendre compte du projet de loi sur les mines, présenté, dans la séance du 24 octobre 1808, par M. le comte Fourcroy.

Il charge la section de l'intérieur de revoir ce projet, et ajourne la discussion.

Séance du 8 Avril 1809*, sous la présidence de l'*Empereur.

M. le comte Fourcroy, au nom de la section intérieure, reproduit la rédaction du projet de loi sur les mines, présenté

---

(1) Cette opinion a été modifiée : la seconde disposition de l'article 44 de la loi dit le contraire.

dans la séance du 21 octobre 1808, et que, dans la séance du 4 avril, la section avait été chargée de revoir.

M. le comte REGNAULT de Saint-Jean d'Angély dit que les principales difficultés portent sur l'article 6, qui est ainsi conçu :

« Le droit de posséder et d'exploiter les mines s'acquiert » par une concession du gouvernement, accordée à *perpétuité*, » avec les formes et sous les conditions prescrites au titre IV, » section II. »

Elles naissent de ce que le conseil veut que le propriétaire de la surface ait part aux bénéfices de l'exploitation, même lorsqu'il n'exploite pas.

Il a été tenu des conférences chez le ministre de l'intérieur, sur les moyens d'organiser l'application de ce principe, et l'on a reconnu qu'il est impossible d'y parvenir.

L'EMPEREUR demande quels sont ces obstacles.

Le MINISTRE DE L'INTÉRIEUR répond qu'on ne peut qu'obliger ceux qui exploitent d'acheter la superficie, ou d'admettre le propriétaire au partage avec eux.

Or, l'exploitation des mines est tellement dispendieuse, et le produit en est tellement incertain, que les concessionnaires ne voudront pas acheter, surtout si la concession est temporaire ; que si, à défaut d'achat, on les force de donner une part de bénéfices au propriétaire, on se jette dans des embarras inextricables pour déterminer ce partage.

L'EMPEREUR dit qu'il est facile de faire cesser tous ces obstacles : qu'on décide en général qu'il sera payé une redevance au propriétaire. L'acte de concession *en réglera la quotité* d'après les circonstances (1).

La propriété est le droit d'user ou de ne pas user de ce qu'on possède. Ainsi, dans la rigueur des principes, le propriétaire

(1) Cette observation a en effet levé les obstacles sur le règlement de la redevance accordée par l'article 6 de la loi.

du sol devrait être libre de laisser exploiter, ou de ne pas laisser exploiter ; mais puisque l'intérêt général oblige de déroger à cette règle à l'égard des mines, que du moins le propriétaire ne devienne pas étranger aux produits que sa chose donne ; car alors il n'y aurait plus de propriété.

Au reste, personne, sans doute, ne soutiendra que le propriétaire de la superficie ne soit aussi propriétaire du fonds.

M. le comte REGNAULT de Saint-Jean d'Angély dit que la section de l'intérieur toute entière est d'avis qu'une mine devienne la propriété de celui qui l'exploite. Personne n'oserait se livrer à une semblable entreprise, si le propriétaire de la superficie devait seul en profiter.

L'EMPEREUR dit que, d'après le code Napoléon, la propriété du sol emporte la propriété du *dessus* et du *dessous*.

M. le comte REGNAULT de Saint-Jean-d'Angély dit qu'une mine est une propriété nouvelle qui n'appartient qu'au gouvernement, et qui n'est pas soumise aux règles ordinaires.

L'EMPEREUR dit qu'une mine est de la même nature qu'une carrière de pierres et un cours d'eau, lesquels appartiennent à celui dans le sol duquel ils se trouvent.

M. le MINISTRE DE L'INTÉRIEUR propose, pour rendre hommage au principe que le CHEF *du gouvernement* vient de rappeler, d'accorder au propriétaire de la superficie *un* ou *deux* sous par arpent. Son Excellence est persuadée que, si la *redevance* était plus haute, personne ne voudrait entreprendre l'exploitation des mines.

L'EMPEREUR dit que, si le propriétaire du dessus ne l'est pas du dessous, il ne lui est absolument rien dû ; que s'il l'est, il faut lui donner une part plus sérieuse dans les bénéfices, et la fixer par l'acte de concession (1).

_____

(1) Si l'on eût accordé au propriétaire une part sérieuse dans les produits de la mine, il eût été obligé de fournir, *sans indemnité*, le terrain nécessaire à l'établissement des travaux d'exploitation.

M. le comte de SÉGUR dit que, chez tous les peuples, les mines sont une propriété publique. C'est par cette raison que tous les actes portant permission d'exploiter ont toujours établi une redevance au profit de l'État, et que l'Assemblée constituante n'avait accordé qu'une indemnité au propriétaire chez qui l'on ouvrait la mine, et non une part dans les bénéfices : *elle ne le considérait que comme propriétaire de la superficie*.

L'EMPEREUR dit que, *dans ce système*, il faudrait du moins déterminer *à quelle profondeur cesse cette propriété* de la superficie (1) ; car autrement, sous prétexte de faire des fouilles, on pourrait *couper* la racine des arbres et *ravager* toutes les plantations.

M. le comte DEFERMON dit que le code Napoléon désigne les biens qui sont des propriétés publiques, et n'y comprend pas les mines.

Au surplus, il serait indispensable de décider *à quelle profondeur cesse la propriété privée* (2), afin que le conseil des mines ne puisse pas prétendre arbitrairement qu'un propriétaire a creusé trop avant dans son propre sol.

M. le comte BERLIER dit qu'on pourrait attribuer une redevance proportionnelle au propriétaire, sans établir entre lui et le concessionnaire une association forcée, ce qui serait contre les principes. Mais ce n'est pas là ce qu'on propose ; il ne s'agit que d'établir une redevance fixe, qui sera déterminée par l'acte de concession. Or, cette redevance ne saurait être

---

(1) L'Empereur, en cédant à l'évidence, ne s'arrête qu'à la question de savoir à quelle profondeur cessera la propriété du sol.

(2) La séparation du tréfonds est consacrée par l'article 19 de la loi ; mais on n'a pas déterminé la profondeur à laquelle cesse la propriété du sol. C'était là une question très-importante qui n'a point été résolue et qui est subordonnée à la profondeur du gîte de la mine.

refusée; car certainement le propriétaire du dessus l'est aussi du dessous, et ne doit pas être dépouillé des fruits du dessous sans recevoir une indemnité.

On objectera que les entrepreneurs peuvent ne pas obtenir des bénéfices et se trouver au contraire en perte.

Cela est vrai, mais alors ils seront dégagés de la redevance.

M. le comte Regnault de Saint-Jean-d'Angély dit qu'on ne pourrait assujettir à ce système ceux qui exploiteraient d'après les anciennes lois, aux termes desquelles *il n'était point payé de redevance* aux propriétaires; qu'il y aurait donc deux législations sur les mines.

M. Defermon dit que, parce que la loi nouvelle ne rétroagira pas, et que ce qui existe demeurera sous l'empire de la loi ancienne, il ne s'ensuit pas que la matière sera régie par deux législations différentes.

M. le comte Regnault de Saint-Jean-d'Angély fait observer que, si l'on cesse de regarder les mines comme des propriétés publiques, il n'y aura plus de motif pour les assujettir à une redevance envers l'État, et qu'ainsi l'administration des mines perdra une ressource qui lui est nécessaire.

L'Empereur dit qu'il faut d'abord se bien fixer sur le caractère d'une concession.

On trouve dans une instruction donnée par le ministre de l'intérieur, le. . . . . des définitions et des règles sur la fouille des mines, qui conduiraient à reconnaître *le propriétaire du dessous* pour *propriétaire de la surface.* Il faut, au contraire, maintenir le principe du code Napoléon, afin qu'on ne vienne pas ouvrir dans la propriété d'autrui et la ravager arbitrairement.

Une mine est une propriété nouvelle susceptible d'être concédée.

Les règles de la concession doivent sans doute être établies dans l'esprit de *favoriser l'exploitation des mines*, mais sans nuire au droit de propriété.

Que le concessionnaire et le propriétaire du sol *soient donc entendus* contradictoirement ; que leurs intérêts *soient balancés et conciliés*, et que l'acte de concession *les détermine* (1).

M. le comte DEFERMON dit que, puisqu'il est possible de régler la redevance que le concessionnaire paie à l'État, il l'est certainement aussi de fixer celle qu'il devra payer au propriétaire.

M. le comte REGNAULT de Saint-Jean-d'Angély dit que, si l'on établit cette redevance, il faut que du moins *elle soit fixe*, comme l'a proposé M. le comte Berlier.

L'EMPEREUR ordonne que le projet soit discuté article par article.

M. le comte FOURCROY fait lecture du titre Ier : *des mines, minières et carrières*, et du titre II : de la propriété et de l'exploitation (2).

M. le comte FOURCROY fait lecture du titre III : *des actes qui précèdent la demande en concession des mines*.

La section 1re : *de la recherche et de la découverte des mines*, est soumise à la discussion.

L'article 13 *est* DISCUTÉ. Il est ainsi conçu :

« ART. 13, *correspondant à l'art.* 10 *de la loi*. Nul ne peut faire des recherches pour découvrir des mines, enfoncer des sondes ou tarières SUR un terrain *qui ne lui appartient pas* (3), que du consentement du propriétaire ou avec l'autorisation du gouvernement, et à la charge d'indemnité envers le propriétaire. »

(1) Le propriétaire est en effet appelé, en vertu des articles 24 et 25. Le conseil d'État règle ensuite les droits des parties.

(2) La discussion du titre II est sans intérêt ; ses articles ne donnent lieu à aucune controverse.

(3) C'est reconnaître que le propriétaire du terrain a le droit de faire des recherches dans son propre terrain.

M. le comte BÉRENGER demande que le consentement du propriétaire *soit toujours exigé*, afin qu'on ne puisse pas, en vertu d'une autorisation quelconque, fouiller les propriétés des citoyens.

M. le comte REGNAULT fait observer qu'il faut cependant pouvoir vaincre la résistance d'un propriétaire qui s'oppose à une découverte utile (1).

L'EMPEREUR dit qu'on peut exiger que l'autorisation soit donnée par le préfet, d'après l'avis du conseil des mines, portant qu'il est probable qu'une mine se trouve dans le terrain qu'on demande à fouiller, et à la charge d'indemniser le propriétaire.

L'article 14 *est* ADOPTÉ sans observations, dans les termes suivants :

« ART. 14, *correspondant à l'art. 11 de la loi*. Nulle PERMISSION de recherches, ni CONCESSION de mines ne *pourra*, sans le consentement formel du propriétaire du sol, *donner* le DROIT (2) de *faire* des sondes et d'*ouvrir* des puits ou galeries, ni CELUI d'*établir* des machines ou magasins dans LES enclos murés, cours ou jardins, ni dans LES terrains attenant aux habitations ou clôtures murées, dans la distance de cent mètres desdites clôtures ou des habitations. »

L'article 15 *est* DISCUTÉ. Il est ainsi conçu :

« Art. 15, *correspondant à l'art. 12 de la loi*. Le propriétaire pourra faire des recherches, sans formalités préalables, dans les lieux réservés par le précédent article ; mais il sera obligé d'obtenir une concession avant d'y établir une exploitation. »

---

(1) La résistance a été respectée dans les lieux clos et leurs dépendances.

(2) La *permission*, ni la *concession* ne peut donner le *droit* de faire même un *sondage* ou un *magasin* dans les lieux réservés, sans le consentement du propriétaire de *la surface* NÉCESSAIRE aux recherches ou à l'exploitation.

M. le comte BÉRENGER dit que le propriétaire doit avoir le droit de faire des recherches dans *toutes ses propriétés*, qu'elles soient ou qu'elles ne soient pas murées.

L'article *est* ADOPTÉ *avec cet amendement.*

La section II : *de la préférence à accorder pour la concession*, est soumise à la discussion.

Les articles 16 et 17, correspondant aux articles 13 et 14 de la loi, sont adoptés (1).

L'EMPEREUR dit que plus il y réfléchit, plus il trouve exacte la définition qui qualifie les mines de propriété nouvelle : il faut que l'acte de concession PURGE *toutes les* PROPRIÉTÉS *antérieures*, celles de la superficie, et même celles de l'inventeur.

M. le comte FOURCROY fait lecture du titre IV : *des concessions.*

La section Ire : *de l'obtention des concessions*, est soumise à la discussion.

La section II : *des obligations des concessionnaires*, est soumise à la discussion.

Les articles 32, 33, 34, 35, 36 et 37 *sont* DISCUTÉS. Ils sont ainsi conçus :

« ART. 32, *correspondant aux articles* 33 *et* 34 *de la loi.* Les concessionnaires de mines sont tenus de payer à l'État des redevances, etc..... »

« ART. 36, *correspondant à l'art.* 43 *de la loi.* Les concessionnaires sont tenus de payer les indemnités dues aux propriétaires de la surface. »

« ART. 37, *correspondant à l'art.* 43 *de la loi.* Si les travaux entrepris par les explorateurs ou par les concessionnaires de mines ne sont que passagers, et si le sol où ils ont été faits

_____

(1) Inutile de rapporter les articles adoptés et qui ne donnent lieu à aucune controverse.

peut être mis en culture au bout d'un an, l'indemnité *sera réglée au* DOUBLE *de ce qu'aurait* produit net le terrain endommagé. »

« L'indemnité sera toujours évaluée *comme pour* 25 *ares*, même dans le cas où le dommage s'étendrait sur une surface moindre (1). »

Les articles 32, 33, 34, 35, 36 et 37 sont renvoyés à la section.

Les articles 38 et 39 *sont* DISCUTÉS. Ils sont ainsi conçus :

« ART. 38, *correspondant à l'art.* 44 *de la loi*. Lorsque l'occupation des terrains pour la recherche ou les travaux de mines prive les propriétaires du sol de la jouissance du revenu au-delà du temps d'une année, ou lorsque, après les travaux, les terrains ne sont plus propres à la culture, les propriétaires peuvent exiger des concessionnaires l'acquisition du terrain dont ces derniers *auront* BESOIN. »

« ART. 39, *correspondant à l'art.* 44 *de la loi*. L'évaluation du prix sera faite au *triple* de la valeur. Le terrain à acquérir devra toujours être *compté pour* 25 ares, lors même que la surface à acquérir sera plus petite (2). »

M. le comte DEFERMON voudrait que le concessionnaire fût obligé d'acheter la totalité du terrain, si le propriétaire l'exigeait.

M. le comte REGNAULT de Saint-Jean-d'Angély dit que ce serait rendre la condition de l'entrepreneur beaucoup trop dure que de l'obliger à faire une acquisition dont une partie lui deviendrait inutile.

Les deux articles sont ajournés.

(1) En outre du règlement sur le double, on voulait encore que l'indemnité fût toujours réglée sur 25 ares ; ce qui indique *un forfait sur le double* de ce qu'aurait produit net la parcelle occupée.

(2) Sur l'achat, on voulait le règlement sur le *triple du prix de la parcelle* comptée pour 25 ares ; c'était encore là un forfait sur la valeur matérielle du terrain, et non une triple indemnité (voir les observations du Corps législatif, ci-après).

Les articles 40, 41, 42 et 43 *sont* ADOPTÉS sans observations dans les termes suivants :

« ART. 40, *correspondant à l'art. 45 de la loi.* Lorsque, par l'effet du voisinage, ou pour toute autre cause, les travaux d'exploitation d'une mine occasionnent des dommages à l'exploitation d'une autre mine, à raison des eaux qui pénètrent dans cette dernière en plus grande quantité; lorsque, d'un autre côté, ces mêmes travaux produisent un effet contraire et tendent à évacuer tout ou partie des eaux d'une mine, il y aura lieu à indemnité d'une mine sur l'autre : le règlement s'en fera par experts. »

« ART. 41, *correspondant à l'art. 46 de la loi.* Toutes les questions d'indemnités à payer par les concessionnaires seront instruites et décidées administrativement, et portées en dernier ressort au conseil d'État. »

« ART. 42, *supprimé dans la séance du 27 juin ci-après.* Outre les redevances et les indemnités ci-dessus, les concessionnaires de mines sont tenus d'exécuter leurs travaux dans les formes voulues par l'acte de concession et par les lois et règlements sur les mines. »

« ART. 43, *supprimé dans la séance du 13 février ci-après.* Ils demeurent, pour tous ces travaux, sous la direction et la surveillance de l'administration des mines. »

M. le comte FOURCROY fait lecture du titre V ; *de l'action de l'administration publique des mines.*

M. le comte FOURCROY fait lecture du titre VI : *de la déchéance et de l'expropriation forcée* (1).

M. le comte FOURCROY fait lecture du titre VII : *des concessions ou jouissances de mines antérieures à la présente loi.*

L'article 66 *est* DISCUTÉ. Il est ainsi conçu :

« ART. 66, *correspondant aux art. 51 et 52 de la loi.*

_____

(1) Ces DEUX *titres* V et VI ont été retranchés plus tard.

Ceux qui, avant la promulgation de la présente loi, ont obtenu des concessions de mines, sont conservés dans leurs droits. Il ne sera rien innové à leur égard avant l'expiration des concessions qui leur ont été accordées : la redevance proportionnelle établie par la présente loi ne sera point exigée d'eux : ils paieront la redevance fixe, à moins que, par le titre même de leur concession, ils n'aient été assujettis à l'observation des lois à intervenir sur les mines.

» A l'expiration de leur concession, ils auront de droit la préférence pour la continuation, à la charge de se soumettre à l'exécution des dispositions portées dans la présente loi. »

L'article est renvoyé à la section (1).

Séance du 20 Juin 1809, sous la présidence de l'ARCHICHANCELIER.

M. le comte FOURCROY présente une nouvelle rédaction du projet sur les mines, d'après les amendements arrêtés dans la séance du 8 avril (2).

Séance du 24 Juin 1809, sous la présidence de l'ARCHICHANCELIER.

M. le comte FOURCROY fait lecture du titre III : *des actes qui précèdent la demande en concession des mines.*

La section Ire : *de la recherche et de la découverte des mines*, est soumise à la discussion.

L'article 15 *est* DISCUTÉ. Il est ainsi conçu :

« ART. 15, *correspondant à l'art. 13 de la 2me rédaction et à l'art. 10 de la loi.* Nul ne peut faire des recherches pour découvrir des mines, enfoncer des sondes ou tarières sur un terrain qui ne lui appartient pas, *que du consentement du propriétaire* ou avec l'*autorisation* du gouvernement, donnée

(1) La discussion ou l'adoption des articles qui suivent est sans intérêt.

(2) Nous supprimons la discussion sur les deux premiers titres dont les articles sont aujourd'hui très-explicites.

après avoir consulté l'administration des mines, à la charge d'une *préalable* indemnité envers le propriétaire, et après l'avoir entendu. »

M. le chevalier VINCENT MARNIOLA dit que si l'on ne donnait pas pour règle aux experts que le propriétaire doit être indemnisé de toutes les pertes actuelles et subséquentes que les recherches lui font éprouver, les experts pourraient ne lui accorder que le dédommagement des fruits ou des semences détruites par les fouilles, et que cependant il ne sera pas toujours couvert; car il est possible que les travaux faits SUR *son terrain* en changent la nature et en détruisent les produits. Tel serait le cas où l'on aurait ravagé ses prairies.

M. le comte TREILHARD dit que l'article n'a pour objet que d'établir le principe de l'indemnité, et que les *bases* (1) d'après lesquelles *elle* doit être évaluée, sont fixées dans d'autres articles.

M. le comte REGNAULT de Saint-Jean-d'Angély dit qu'ELLES le sont par l'article 44 (*devenu le 43ᵐᵉ de la loi*) (2).

M. l'ARCHICHANCELIER dit que l'observation de M. le chevalier Vincent sera discutée avec les articles auxquels elle se rapporte.

L'article *est* ADOPTÉ.

Les articles 16, 17 et 18 *sont* ADOPTÉS sans observations, dans les termes suivants :

« ART. 16, *supprimé à la séance du 24 février, ci-après.* Si le propriétaire consent à faire lui-même les recherches dans la direction et suivant les règles qui sont établies par l'administration, il aura la préférence. »

---

(1) On posait le principe d'UNE indemnité, d'une *simple* indemnité, quand M. Treilhard répondit que les BASES en étaient fixées dans d'autres articles.

(2) M. Regnault ajouta que ces BASES étaient fixées à l'article 43, et de là il résulte donc que le doublement de cet article n'est qu'une *base à forfait* pour le règlement de l'indemnité.

« ART. 17 et 18, correspondant aux art. 14 et 15 de la 2ᵐᵉ rédaction et aux articles 11 et 12 de la loi, sont les mêmes (voir à la séance du 8 avril 1809). »

La section II : *de la préférence à accorder pour les concessions,* est soumise à la discussion.

Les articles 19 et 20 *sont* ADOPTÉS sans observations. *Ils correspondent aux articles 13 et 14 de la loi.*

L'article 21 *est* DISCUTÉ. Il est ainsi conçu :

« ART. 21, *correspondant à l'article 16 de la loi* (1). Le gouvernement juge des motifs ou considérations d'après lesquels la préférence doit être accordée aux divers demandeurs en concession, propriétaires de la surface, inventeurs ou autres. »

NOTA. La discussion n'offre point d'intérêt ; du reste, l'article 16 de la loi est très-clair, quelle qu'ait été sa discussion.

L'article 22 *est* DISCUTÉ. Il est ainsi conçu :

« ART. 22, *correspondant à l'art. 17 de la loi.* L'acte de concession, fait après l'accomplissement des formalités prescrites, PURGE, en faveur du concessionnaire, tous les droits des propriétaires de la surface et des inventeurs, *après* qu'ils ont été appelés légalement, par affiche ou autrement, ainsi qu'il sera ci-après réglé. »

M. le comte DEFERMON dit que, sans doute, la section entend que l'acte de concession ne *purgera* les droits du propriétaire et de l'inventeur que pour l'avenir, *et respectera les droits* ANTÉRIEURS.

M. le comte REGNAULT de Saint-Jean-d'Angély répond que cela ne peut pas faire de difficulté.

M. le comte DEFERMON dit que, néanmoins, il convient de s'en expliquer.

M. le comte RÉAL fait observer que les droits des créanciers hypothécaires inscrits portent à la fois sur le fonds et sur le tréfonds. Il demande s'ils seront aussi réglés par l'acte de concession.

M. le comte Regnault de Saint-Jean-d'Angély répond que c'est l'intention du projet. L'invention d'une mine découvre à la société une propriété nouvelle, et l'acte de concession la constitue.

Il faut donc qu'il la constitue sous tous les rapports ; qu'il règle tous les droits nouveaux dont elle sera affectée ; autrement, et s'il reste à cet égard la moindre incertitude, on tombe dans des embarras inextricables.

En conséquence, la section *propose de* purger *tous les droits anciens*, d'appeler à cet effet le propriétaire et ses créanciers, lesquels se paieront sur ce qui lui reviendra ; d'étendre cette règle à l'inventeur et à ses créanciers, et de maintenir les créanciers de l'un et de l'autre lorsqu'ils n'auront pas été appelés.

M. le comte Defermon dit qu'il ne peut y avoir de difficulté que sur la rédaction qui n'exprime pas suffisamment ces idées.

M. le comte Boulay propose d'ajouter à ces mots : *des propriétaires de la surface,* ceux-ci : *et de leurs ayants-droit.*

M. le comte Regnault de Saint-Jean-d'Angély dit que l'addition doit aussi être appliquée à l'inventeur, *parce qu'il découvre aussi une propriété* immobilière, et qu'il peut se faire que, par un contrat aléatoire, il ait donné des hypothèques *dans le cas* où il ferait une découverte. Ces sortes de contrats doivent être maintenus ; ils ont l'avantage d'appeler des fonds dans l'entreprise.

M. le comte Réal admet cette extension, pourvu que les créanciers du propriétaire soient préférés à ceux de l'inventeur.

M. le comte Regnault de Saint-Jean-d'Angély, pour exprimer cette idée, propose d'ajouter : *chacun dans leur ordre.*

M. le chevalier Vincent Marniola dit que souvent l'acquéreur d'un terrain l'achète plus cher, par la considération qu'il renferme une mine ; que des tiers, dans la même persuasion, lui prêtent des sommes plus fortes que cet immeuble pourrait garantir s'il était réduit à la valeur d'un bien ordinaire; que cependant la sûreté sur laquelle ils ont dû compter leur échappe en grande partie si la mine sort des mains du propriétaire libre et dégagé de toute hypothèque.

M. le comte Regnault de Saint-Jean-d'Angély dit que cela peut arriver quand le propriétaire refuse de réaliser sa propriété; que ce fait tourne naturellement contre le créancier à peu près comme celui du propriétaire qui laisse dégrader et périr un édifice sur lequel il a donné hypothèque; que si le créancier ne veut pas s'exposer à ce hasard, il doit se réserver le droit de forcer le propriétaire à user du bénéfice de la loi et à mettre la mine en valeur.

M. le comte Berlier dit qu'en effet le créancier qui ne prend pas ces précautions, suit la foi du débiteur.

L'observation de M. le chevalier Vincent n'a pas de suite.

M. le comte Jaubert observe que la section distingue deux sortes de propriétés, *celle du* dessus et *celle du* dessous, et qu'elle suppose que les droits du propriétaire de la surface pourront, à l'égard du fond, se réduire à une simple indemnité. Il demande quels seront ceux des créanciers hypothécaires relativement à cette indemnité : sera-t-elle affectée à leurs hypothèques, ou ne seront-ils, sous ce rapport, que créanciers chirographaires ?

M. le comte Regnault de Saint-Jean-d'Angély dit que les mines sont des propriétés nouvelles qui n'existent que par l'acte de concession; qu'elles n'ont pas pu être grevées d'hypothèques avant leur existence; que, du moment qu'elles sont établies, les droits que l'acte y donne au propriétaire de la superficie s'identifient avec cette dernière propriété, deviennent par cette raison immobiliers, et se trouvent en conséquence affectés avec la superficie aux créances hypothécaires.

M. l'ARCHICHANCELIER dit qu'il faut prendre garde qu'un débiteur de mauvaise foi, qui voudra frauder ses créanciers, *leur soustraira le* TRÉFONDS, en obtenant une concession, même sans intention et sans espérance de réussir, et réduira leurs hypothèques à la surface qui deviendra d'*une* VALEUR *à peu près* NULLE lorsqu'elle sera *séparée du* TRÉFONDS (1).

Il faudrait donc avoir soin d'expliquer que, dans le cas où la concession est accordée au propriétaire, ses créanciers ont le droit de faire procéder cumulativement à l'adjudication de la superficie et à celle du tréfonds, et qu'il en est de même ainsi, malgré l'acte du gouvernement, quand la concession a été donnée à un tiers sur une demande simulée et frauduleuse.

M. le comte REGNAULT de Saint-Jean-d'Angély dit que les créanciers hypothécaires, dont les droits sont antérieurs à la découverte, doivent certainement les exercer sur le tout, quand le propriétaire a fait les recherches avec ses propres deniers. Mais, quand il ne les a faites qu'à l'aide d'emprunts, il semble nécessaire et juste de donner la préférence à ceux qui lui ont prêté des fonds pour cette entreprise.

Au surplus, il conviendrait de faire de cette matière des hypothèques, relativement aux mines, l'objet d'un chapitre particulier.

M. l'ARCHICHANCELIER pense aussi que les règles sur l'hypothèque des mines doivent être classées à part; mais il faut s'attacher à les rédiger dans la vue de prévenir les fraudes et les simulations auxquelles peut donner ouverture le système qui ne fait exister la propriété des mines que depuis la découverte, et qui la sépare de la propriété de la superficie.

_____

(1) L'observation de M. l'Archichancelier est digne de remarque ; on arrive à l'interdiction de la surface par la séparation du tréfonds.

Il ne peut en être autrement, du moment que l'exploitant de mines doit respecter les lieux clos, et que la même protection ne peut pas être accordée aux constructions *créées* APRÈS *la concession*, ainsi que la Cour suprême l'a décidé en *audience solennelle*.

M. le comte Regnault de Saint-Jean-d'Angély admet que, depuis le jour de la découverte, les créanciers hypothécaires antérieurs pourront prendre inscription.

M. le comte Treilhard dit que, dans l'état actuel de la législation, l'hypothèque étant spéciale, il n'est pas possible que les créanciers hypothécaires prennent inscription sur une propriété qui n'a commencé à exister que depuis leur titre, et qui, par cette raison, ne pouvait leur être affectée.

Cependant, l'hypothèque ne pouvant exister que par un nouveau contrat, il en résultera que des créanciers, vrais ou faux, mais postérieurs à la découverte, se feront donner des titres et viendront prendre inscription à l'exclusion des créanciers antérieurs.

M. l'Archichancelier dit que, si les hypothèques générales étaient encore admises, l'opinion de **M.** le comte Regnault serait fondée; mais que, dans le système de la spécialité, on ne peut l'admettre sans déroger aux principes généraux, et il renvoie à la section l'article et les observations auxquelles il a donné lieu.

M. le comte Fourcroy fait lecture du titre IV : *des concessions*.

La section 1re : *de l'obtention des concessions*, est soumise à la discussion.

L'article 23 *est* discuté. Il est ainsi conçu :

« Art. 23, *correspondant à l'article* 23 *de la loi*. Toutes demandes en concession seront affichées et publiées, *pendant quatre mois,* dans le chef-lieu du département, dans celui de l'arrondissement où la mine est située, dans le lieu du domicile du demandeur, et dans toutes les communes dans le territoire desquelles la concession peut s'étendre. »

M. le comte Regnault de Saint-Jean-d'Angély prévient le conseil que cet article apporte un léger changement à la législation actuelle. La loi du 28 juillet 1791 exigeait que les affiches demeurassent apposées pendant six mois. Une loi postérieure a réduit ce délai à deux mois. La section a cru devoir adopter un terme moyen.

M. le comte DEFERMON demande que la publication soit justifiée par un certificat du maire.

M. le comte JAUBERT voudrait que l'on appliquât ici les formes de *publications* ÉTABLIES par le code de procédure civile *pour la vente des objets saisis*, et particulièrement la disposition qui ordonne l'insertion dans les journaux (1).

M. le comte REGNAULT de Saint-Jean-d'Angély dit que tous ces amendements doivent être reportés à l'article 27.

Séance du 27 Juin 1809, sous la présidence de l'ARCHICHANCELIER.

La section II du titre IV: *des obligations des concessionnaires*, est soumise à la discussion.

L'article 34 *est* DISCUTÉ. Il est ainsi conçu :

« ART. 34, *correspondant aux art. 33 et 34 de la loi*. Les concessionnaires de mines sont tenus de payer à l'État une redevance fixe et une redevance proportionnelle......

L'article 43 *est* ADOPTÉ sans observations, dans les termes suivants :

« ART. 43, *correspondant à l'article 43 de la loi*. Les concessionnaires sont tenus de payer les indemnités dues aux

---

(1) L'observation de M. *Jaubert* indique la portée des publications et des affiches prescrites par les articles 24 et 25 de la loi. Il voulait les mêmes formalités que pour les ventes sur saisie, afin qu'il fût bien constaté que les propriétaires ont été régulièrement mis en demeure de former toutes oppositions ou de demander des réserves sur la *modification* apportée à leurs droits SUR *la surface* (voir ci-devant, page 75, 1er alinéa).

propriétaires de la surface SUR *le terrain* duquel ils établiront leurs travaux.

L'article 44 *est* DISCUTÉ. *Il correspond avec la seconde disposition de l'article* 43 *de la loi.*

M. le comte DEFERMON dit que des travaux, même passagers, *peuvent entraîner des* DÉGRADATIONS dont le propriétaire ne se trouverait pas indemnisé *par une somme* DOUBLE *du produit* qu'il eût retiré de son terrain. C'est ce qui arriverait, par exemple, si les concessionnaires lui coupaient des arbres (1).

M. le comte REGNAULT de Saint-Jean-d'Angély dit qu'on a pourvu à ce cas par les articles 45 et 46, *correspondant, l'un à la première disposition de l'article* 44, *et l'autre à la seconde du même article* 44 *de la loi.*

M. le chevalier VINCENT MARNIOLA reproduit l'observation qu'il a faite dans la séance du 24 juin 1809 (sur l'article qui correspond à l'article 10 de la loi). Il dit que certains travaux, qui n'empêchent pas que le terrain ne soit encore propre à la culture, le rendent cependant impropre au genre d'exploitation que le propriétaire y avait établi. Il se peut, par exemple, que les excavations pratiquées sous des prairies les dessèchent à jamais, et cependant alors les articles 45 et 46 (44, 1re et 2e dispositions) *ne reçoivent pas d'*APPLICATION.

M. le comte REGNAULT de Saint-Jean-d'Angély demande si l'on veut obliger les concessionnaires à acheter toujours le terrain lorsque le propriétaire l'exige.

M. le comte DE CESSAC pense que cette disposition serait juste et nécessaire.

---

(1) Cette observation indique non-seulement que le double n'est qu'une base à forfait, mais encore que les dommages ou dégradations dont il est parlé dans l'article 44 de la loi n'ont rapport qu'à l'occupation, soit pour l'établissement de travaux passagers ou de longue durée.

M. l'ARCHICHANCELIER dit que, si elle est adoptée, il ne faut plus que le prix soit payé TROIS fois la valeur.

M. le comte REGNAULT de Saint-Jean-d'Angély propose de décider que le concessionnaire achètera, non le terrain entier, mais la partie SOUS *laquelle* se fait l'exploitation, et que le prix *sera réglé conformément à la loi du* 16 *septembre* 1807.

L'article est renvoyé à la section (1).

Les articles 45, 46 et 47, *correspondant aux articles* 44, 1re et 2me dispositions, *et* 45 *de la loi, sont* ADOPTÉS sans observations.

Séance du 1er *Juillet* 1809, *sous la présidence de l'*ARCHICHANCELIER.

M. le comte FOURCROY fait lecture du titre V, intitulé : *Action de l'administration publique sur les mines.*

La section Ire : *de l'exercice de la surveillance sur les mines par l'administration*, est soumise à la discussion.

(L'article discuté correspond aux articles 47 et 48 de la loi.)

La section II : *de la vacance par l'abandon de la mine*, est soumise à la discussion.

(1) La proposition de faire acquérir le terrain SOUS *lequel* se fait l'exploitation a été rejetée par la section de l'intérieur.

L'article 43 n'a rapport qu'au terrain SUR *lequel* sont établis les travaux, et non au terrain endommagé par l'extraction souterraine.

L'article 44, sur un nouveau projet présenté à la séance du 10 octobre 1809, revint à celle du 24 même mois ; mais sa nouvelle rédaction n'obligeait à acquérir que le terrain SUR *lequel* l'occupation se prolongerait au-delà du temps d'une année, ou que le terrain qui serait dégradé par l'occupation, soit du terrain ou des terrains à l'USAGE de l'exploitation.

La proposition de M. Regnault de Saint-Jean-d'Angély, tendante à faire acquérir la partie de terrain SOUS *laquelle* se fait l'exploitation, a donc été rejetée, puisqu'elle n'a pas été admise dans la nouvelle rédaction adoptée à la séance du 24 octobre 1809.

(Voir à la séance du 24 *octobre* 1809, *ci-après, ou dans* LOCRÉ, *page* 205.)

La section III : *de la vacance par la cessation de l'exploitation de la mine*, est soumise à la discussion.

M. le comte FOURCROY fait lecture du titre VI : *de la déchéance et de l'expropriation forcée.*

(La plupart des articles discutés ont été supprimés.)

Séance du 4 Juillet 1809, *sous la présidence de l'*ARCHICHANCELIER.

M. le comte FOURCROY fait lecture du titre VI : *des concessions ou jouissances des mines, antérieures à la présente loi.*

M. le comte DEFERMON fait observer que l'Empereur a formellement déclaré qu'il est dans son intention que toutes les mines soient soumises aux mêmes charges que les autres propriétés, et que *tous les biens soient placés sous la même loi.*

(La discussion s'engage ensuite sur les minerais de fer.)

Séance du 8 Juillet 1809, *sous la présidence de l'*ARCHICHANCELIER.

(Discussion sur les terres pyriteuses et sur les fourneaux.)

Séance du 11 Juillet 1809, *sous la présidence de l'*ARCHICHANCELIER.

M. le comte FOURCROY fait lecture du titre IX : *des expertises,* et du titre X : *des tourbières.*

(La discussion n'offre aucun intérêt.)

Séance du 15 Juillet 1809, *sous la présidence de l'*ARCHICHANCELIER.

M. le comte FOURCROY fait lecture du titre XI : *de la propriété et de la jouissance des mines, minières et carrières appartenant à l'État.*

(La discussion de cette séance est sans objet pour notre travail.)

Séance du 10 Octobre 1809, *sous la présidence de l'*ARCHICHANCELIER.

M. le comte FOURCROY présente une nouvelle rédaction du projet de loi sur les mines.

(À cette séance, M. le comte Defermon proposait d'accorder au propriétaire la faculté d'exploiter la mine, sans permission, au-dessus de 100 pieds, c'est-à-dire, de la surface jusqu'à 100 pieds de profondeur.)

M. le comte Fourcroy, afin de prouver combien les exploitations à la surface sont destructives, fait observer que c'est parce qu'on les a employées pour l'antimoine, que cette substance est devenue rare. Quand on se borne à gratter la terre et qu'on néglige les filons qu'on rencontre, la mine est perdue.

M. le comte Pelet dit : C'est ruiner les propriétaires que de les empêcher de fouiller leurs fonds, et cependant le projet leur impose des peines s'ils se le permettent.

M. le comte Regnault de Saint-Jean-d'Angély répond que le projet n'*empêche pas* les propriétaires de faire des recherches dans leur terrain ; qu'il les oblige *seulement à prendre* une concession avant que d'exploiter : il n'y aurait plus d'ensemble, si chacun pouvait exploiter sans obtenir une concession.

M. le comte Pelet dit qu'il est loin de prétendre que l'exploitation ne doive pas être surveillée; mais il ne faut pas, par cette raison, empêcher les entreprises de naître. Pour rechercher les mines, il faut fouiller. L'obligation d'obtenir une simple permission suffirait pour assurer la surveillance.

La proposition de M. le comte *Pelet* est rejetée.

M. l'Archichancelier dit que, dans des observations qui lui ont été remises sur l'article 15, *correspondant à l'art. 11 de la loi*, on demande que la disposition ne soit pas étendue *aux enclos construits depuis l'exploitation commencée.*

M. le comte de Ségur objecte que cette limitation empêcherait de clore dans l'étendue de six lieues carrées.

M. le comte Regnault de Saint-Jean-d'Angély ajoute qu'elle permettrait aux concessionnaires de placer un puits au milieu d'un parc nouvellement clos, s'ils y trouvaient plus de commodité pour les déblais et sans qu'il y eût nécessité absolue.

M. l'Archichancelier dit qu'il n'entend pas défendre l'observation, qu'il se borne à la rappeler.

M. le comte Regnault de Saint-Jean-d'Angély fait observer

que les inconvénients seraient d'autant plus grands que les concessions sont perpétuelles.

M. L'ARCHICHANCELIER dit que le système de la loi de 1794 est plus favorable à la propriété, et qu'on ferait bien de s'y arrêter. Mais on lui reproche qu'il resserre une branche considérable de richesses nationales.

Faut-il donc tout sacrifier à cette considération ?

Qu'arrivera-t-il si le nouveau système ne marche pas ?

On élaguera par des décisions, des instructions, des avis, toutes les dispositions qui gênent, c'est-à-dire toutes celles qui sont en faveur de la propriété ; ainsi, la propriété sera ruinée, précisément pour avoir été trop protégée (1).

*Séance du 17 Octobre 1809, sous la présidence de l'*ARCHICHANCELIER.

(La discussion des articles porte sur la redevance envers l'État.)

*Séance du 24 Octobre 1809, sous la présidence de l'*ARCHICHANCELIER.

(Continuation de la discussion sur les redevances fixe et proportionnelle envers l'État.)

A cette séance, par suite du renvoi ordonné à celle du 27 juin 1809, sur la question de savoir si l'exploitant de mine serait tenu d'acquérir le terrain sous *lequel* il exploite, deux autres articles, correspondant à l'article 44, furent présentés et adoptés, ainsi qu'il suit :

« ART. 49. *Lorsque l'*OCCUPATION *des terrains* pour la recherche ou les travaux des mines prive les propriétaires du sol de la jouissance du revenu au-delà du temps d'une année, ou, lorsqu'après les travaux les terrains ne sont plus propres à la culture, les propriétaires peuvent exiger des *concession-*

(1) Cette discussion justifie l'arrêt *solennel* de la cour de cassation, rapportée n° 5 ci-après, et elle démontre que la question de l'interdiction a été agitée, et qu'on a reconnu la nécessité de refuser la protection de l'article 11 aux constructions *créées* APRÈS *la concession.*

naires (1) l'acquisition des terrains à l'USAGE *de l'exploitation.* Si le propriétaire le requiert, les pièces de terre trop endommagées ou dégradées sur une trop grande partie de leur surface, devront être achetées en totalité par le *concessionnaire* (2). »

« ART. 50. L'évaluation du prix sera faite suivant les règles établies par la loi du 16 septembre 1807, sur le dessèchement des marais, etc., titre XI. Le terrain à acquérir sera toujours compté pour 25 ares, lors même que la parcelle à acquérir sera plus petite (3). » (Adoptés.)

Séance du 31 *Octobre* 1809 *, sous la présidence de l'*ARCHICHANCELIER.

(La discussion du titre V, intitulé: *de l'action de l'administration sur les mines,* est reprise.)

Séance du 4 *Novembre* 1809 *, sous la présidence de l'*ARCHICHANCELIER.

(La discussion sur les anciennes concessions et sur les fourneaux est également reprise.)

Séance du 7 *Novembre* 1809 *, sous la présidence de l'*ARCHICHANCELIER.

(La discussion porte sur l'extraction des minerais et sur la permission des maîtres de forges.)

Séance du 11 *Novembre* 1809 *, sous la présidence de l'*ARCHICHANCELIER.

(La discussion concerne les expertises, la police et la juridiction relatives aux mines.)

M. l'ARCHICHANCELIER ordonne le renvoi du projet à la

(1 et 2) L'achat ne peut être exigé que du *concessionnaire* et non de l'explorateur ou *permissionnaire*, et encore que du terrain à l'USAGE de l'exploitation; mais, quand il ne s'agit que de l'indemnité annuelle, l'article 43 parle des *explorateurs* tout aussi bien que des propriétaires.

(3) Cette dernière rédaction ne parlait plus que de l'achat, d'après les règles établies par la loi de 1807. Le double prix: *valeur* AVANT *l'exploitation de la mine*, a été ajouté par la commission du Corps législatif. (Voir ci-après les observations de cette commission à la suite des séances du conseil d'État.)

section de l'intérieur pour présenter une nouvelle rédaction conforme aux observations faites dans le cours de la discussion.

Séance du 18 *Novembre* 1809, *sous la présidence de l'*EMPEREUR.

M. le comte FOURCROY, d'après le renvoi fait à la section de l'intérieur, dans la séance du 11 novembre, présente une nouvelle rédaction du projet de loi sur les mines.

L'EMPEREUR dit qu'il faut poser en principe que les mines sont des biens dont la propriété ne s'acquiert que par concession ; que le propriétaire y a des droits ; que ces droits sont réglés par l'acte portant concession de la mine.

M. l'ARCHICHANCELIER aimerait mieux qu'on déclarât le propriétaire de la surface propriétaire de la mine, à la charge de l'exploiter.

L'EMPEREUR dit que ces idées sont trop métaphysiques. Au surplus, dans la pratique, ces deux systèmes ont le même résultat, puisque, par l'acte de concession, les droits du propriétaire sont assurés.

Du reste, il y a un très-grand intérêt à imprimer aux mines le cachet de la propriété foncière. Si l'on n'en jouissait que par concession, en donnant à ce mot son acception ordinaire, il ne faudrait que rapporter le décret qui concède, pour dépouiller les exploitants ; au lieu que, si ce sont des propriétés, elles deviennent inviolables. L'Empereur lui-même, avec les nombreuses armées qui sont à sa disposition, ne pourrait néanmoins s'emparer d'un champ, car violer le droit de propriété dans un seul, c'est le violer dans tous.

Le SECRET ici est donc de faire des mines de *véritables* propriétés, et de les rendre par là SACRÉES dans le *droit* et dans le *fait*.

On doit regarder les mines comme des choses qui ne sont pas encore nées, qui n'existent qu'au moment *où elles sont*

PURGÉES *de la propriété de la surface*, et qui, à ce moment même, deviennent des propriétés par l'effet de la concession.

De ce moment aussi *elles se* CONFONDENT *avec les autres propriétés*.

M. le comte GASSENDI prend la liberté de faire observer que, cependant, on retire la concession quand le concessionnaire cesse d'exploiter.

L'EMPEREUR dit qu'on ne lui ôte la mine que parce qu'il ne remplit pas les conditions sous lesquelles il en était devenu propriétaire (1).

M. le comte DEFERMON pense qu'on rendrait l'idée de l'Empereur si l'on disait que les mines sont des propriétés publiques qui ne deviennent des propriétés particulières que par la concession du gouvernement.

L'EMPEREUR dit que, avant la concession, les mines ne sont pas des propriétés, mais des biens.

M. le comte REGNAULT de Saint-Jean-d'Angély dit que l'idée de M. Defermon rentre dans la rédaction de la loi de 1791, qui déclarait que les mines sont à la disposition du gouvernement.

L'EMPEREUR dit que la question n'a pas été traitée sous l'Assemblée constituante. Aujourd'hui, il faut l'approfondir.

Qu'est-ce d'abord que le droit de propriété?

C'est non-seulement le droit d'user, mais encore le droit d'abuser. Il faudrait appliquer ces mêmes principes aux mines, si les mines étaient des propriétés; mais jusqu'à ce qu'une mine existe par l'effet d'une concession, ce n'est qu'un *bien*, qu'une *chose*, à laquelle le propriétaire de la surface a un droit éventuel dans le cas où il s'agirait de l'exploiter.

---

(1) La mine doit être en exploitation à partir de la concession, sans interruption ni restriction. (Art. 49 de la loi.)

Ce n'est donc qu'après la concession que les mines *rentrent* sous la règle commune.

On reprend la discussion de la cinquième rédaction présentée dans la séance du 18 novembre 1809.

L'EMPEREUR dit, sur l'article 5, qu'il est contradictoire de déclarer que les mines n'appartiennent à personne, et que cependant le propriétaire de la surface y a droit.

M. le comte JAUBERT dit qu'on éprouvera toujours quelques embarras, tant qu'on ne rattachera pas le projet à l'article 552 du code Napoléon.

Cet article, en donnant au propriétaire de la surface le droit de tirer des fouilles qu'il fait sur son terrain tous les produits qu'elles peuvent fournir, ajoute : *sauf les* MODIFICATIONS *résultant des lois et règlements relatifs aux* MINES.

Il ne s'agit donc plus que de fixer ces *modifications* qui restreignent la propriété du dessous.

En conséquence, M. le comte *Jaubert* présente les quatre articles suivants :

» ART. 1er. Les *modifications* réservées par l'article 552 du code Napoléon, en ce qui concerne les mines, sont *déterminées* ainsi qu'il suit :

» ART. 2. Les mines ne peuvent être exploitées qu'en vertu d'un règlement d'administration publique.

» ART. 3. Lorsque le propriétaire de la surface a obtenu la permission d'exploiter la mine, la propriété du dessus *et* du dessous reste confondue sur sa tête.

» ART. 4. L'exploitation ne peut être accordée à un autre qu'au propriétaire de la surface, qu'à la charge par l'impétrant de lui payer une juste indemnité, et alors l'impétrant devient plein propriétaire de la mine ; cette propriété se concède, se transmet et s'acquiert, d'après les règles du code Napoléon, comme la propriété des autres biens. »

M. le comte REGNAULT de Saint-Jean-d'Angély dit que M. *Jaubert* se reporte au premier point de la discussion.

D'ailleurs, son système aurait l'inconvénient de *ruiner* la propriété. Si, par exemple, on concédait le dessous de plusieurs lieues, les propriétaires de la surface cesseraient de l'être dans toute cette étendue (1).

M. le comte BOULAY pense qu'il serait prudent de s'abstenir de toute définition, de n'insérer dans le projet que les articles d'exécution.

L'EMPEREUR dit qu'il faut établir en principe que le propriétaire du dessus l'est aussi du dessous, à moins que le dessous *ne soit concédé à un autre,* auquel cas il reçoit une indemnité *à raison de la privation de la jouissance du dessus* (2).

Au reste, il serait utile, avant d'aller plus loin, de savoir quelle est la législation des autres états de l'Europe (3).

(1) La proposition de M. *Jaubert* n'était cependant que la détermination des *modifications* prévues et réservées dans l'article 552, et nous ne concevons pas qu'elle ait été combattue par M. *Regnault* de Saint-Jean-d'Angély, quand, dans l'exposé des motifs de la loi devant le corps législatif, à la séance du 13 avril 1810, nous voyons qu'il s'est exprimé ainsi :

» En établissant les principes de la propriété, le code Napoléon, article 552, avait, en quelque sorte, posé la *première pierre* d'un autre monument législatif sur lequel devait reposer le grand intérêt de l'exploitation des mines. . . . » (LOCRÉ, page 376.)

(2) L'observation de l'EMPEREUR indique encore que la concession du tréfonds conduit à la privation de la jouissance de la surface, et c'est pour cette raison qu'il insistait pour l'indemnité qui a été établie à l'article 6 de la loi et réglée par l'acte de concession, en vertu de l'article 42.

(3) Il était tellement reconnu en principe qu'après la concession du tréfonds la surface serait sinon ruinée, du moins dépréciée dans toute l'étendue du partage entre le dessus et le dessous, que l'EMPEREUR fit suspendre la discussion pour savoir ce qui se fait dans les états voisins.

L'EMPEREUR charge la section de l'intérieur de faire un rapport sur cet objet.

Ajournement de la suite de la discussion.

Séance du 18 *Janvier* 1810, *sous la présidence de l'*EMPEREUR.

M. le comte REGNAULT de Saint-Jean-d'Angély fait lecture d'un mémoire des exploitants des mines de charbon de terre dans le département de Jemmapes, et des observations du conseil des mines sur ce mémoire.

M. le comte RÉAL dit qu'aucun des exploitants dans le département de Jemmapes n'est d'avis qu'on puisse considérer le propriétaire du *dessus* comme propriétaire du *dessous;* ils auraient plutôt une idée contraire, parce que le DESSOUS est une *propriété plus* CONSIDÉRABLE que la surface (1).

L'EMPEREUR dit que si les propriétaires de mines sont en possession, soit en vertu d'actes particuliers, soit par les lois du pays, ils ont raison de réclamer contre la disposition qui oblige le mineur à payer une redevance au propriétaire de la surface.....

Il est également inutile de déterminer à l'avance l'étendue des concessions; c'est le gouvernement qui fait les concessions, il sera toujours le maître de restreindre ou d'étendre les limites; il ne faut pas se lier par des dispositions de la loi.

On doit toujours avoir présent à l'esprit l'avantage de la propriété; ce qui défend le mieux le droit du propriétaire, c'est l'intérêt individuel; on peut s'en rapporter à son activité....

Si donc un pays entier désire de continuer un mode d'exploitation en usage depuis longtemps, puisqu'il n'en naît aucun inconvénient pour le bien public, on doit croire que cette exploitation est utile, avantageuse, lucrative; il faut la maintenir.

---

(1) Cette discussion démontre l'incertitude qui existait sur les droits des propriétaires de la surface et la difficulté qu'il y avait de séparer le tréfonds de la surface. C'était un *secret*, disait l'Empereur.

La LOI *sur les mines doit avoir pour objet de* FAVORISER *les exploitants ;* s'ils réclament universellement, il vaut mieux rester dans l'état où nous sommes, *car l'intention du* CHEF *du gouvernement est de* FAVORISER *les mineurs*, et non de gêner leurs travaux (1).

M. le comte DARU dit qu'en Allemagne, où les ingénieurs français ont étudié, les grandes mines sont en régie ; on fait tourner au profit de l'exploitation ses produits, mais ce ne peut être la manière d'agir d'une entreprise particulière ; ainsi, il faut laisser au mineur les profits qu'il a droit d'attendre des capitaux qu'il sacrifie.

L'EMPEREUR dit que la législation doit toujours être *en faveur* du concessionnaire ; il faut qu'il ait du bénéfice dans ses exploitations, parce que, sans cela, il abandonnera ses entreprises ; il faut lui laisser une grande liberté, parce que tout ce qui gêne l'usage de la propriété déplaît aux citoyens.

Séance du 3 *Février* 1810, *sous la présidence de l'*EMPEREUR.

M. le comte REGNAULT de Saint-Jean-d'Angély présente le rapport qu'il a été chargé de rédiger dans la séance du 9 janvier dernier, *sur la législation des mines en Europe.*

Ce rapport est ainsi conçu :

Dans tous les États de l'Allemagne, dans la Suède et dans presque toute l'Europe septentrionale, la législation sur les mines est à peu près la même.

Le propriétaire du terrain reçoit pour indemnité :

En SUÈDE, moitié du profit.

En SAXE et en PRUSSE, un soixantième.

En BOHÈME, dans le HARTZ et en NORWÈGE, un trente-deuxième.

---

(1) Cette observation indique que jamais il n'a été question d'accorder une double indemnité.

En Hongrie, il est payé d'après une taxe du terrain qui lui est pris.

La contribution payée au souverain s'élève à peu près au cinquième du produit.

Le droit régalien, suite ou conséquence du système féodal, subsiste en Angleterre....

L'Empereur dit qu'il importe de se fixer avant tout sur la question principale :

Si les mines sont des propriétés dont on use comme de toutes les autres propriétés, il ne faut pas de règles particulières.

Si l'on ne peut pas leur donner pleinement ce caractère, il faut rentrer dans l'ancien système des concessions.

M. le comte Regnault de Saint-Jean-d'Angély pense qu'il doit toujours y avoir une concession, et que cette concession doit être perpétuelle.

L'Empereur dit que personne ne prétend qu'il ne faille pas de concession ; qu'on veut seulement que la mine concédée devienne une propriété libre et dont le propriétaire puisse user *comme de tout autre bien.*

*Séance du 13 Février 1810, sous la présidence de l'*Empereur.

M. le comte Regnault de Saint-Jean-d'Angély, d'après le renvoi fait à la section de l'intérieur, dans la séance du 3 présent mois, présente la sixième rédaction du projet de loi sur les mines.

Cette rédaction *est* discutée.

L'Empereur dit que le code Napoléon, en employant ces expressions : *le propriétaire du dessus l'est aussi du* dessous, a voulu consacrer le principe qu'en France les terres ne sont sujettes à aucun droit régalien ou féodal, et laisser ainsi toute latitude au propriétaire ; cependant le code excepte de cette disposition les fouilles de mines , parce que les propriétés du sol et de la mine *ne sont pas* INHÉRENTES.

La concession forme une propriété nouvelle, et même , dans la main du propriétaire du sol , le droit d'exploiter est une richesse nouvelle ; dès-lors, il faut, à son égard, se servir des mêmes expressions qu'à l'égard de tout autre concessionnaire ; il lui faut aussi un acte qui lui confère ce droit et lui donne la propriété de la concession ; cette mesure est dans son intérêt; car , propriétaire du sol et de la mine réunis , il peut cependant vouloir ne conserver qu'UNE des DEUX *propriétés*.

Il peut vouloir les séparer, en vendre; il faut donc qu'il ait un titre qui réglera le sort de celui qui deviendra propriétaire du sol ou de la mine.

Par conséquent, lorsque le propriétaire du sol obtiendra la permission d'exploiter, l'acte de concession n'en devra pas moins déterminer la *redevance imposée à la mine* en faveur du sol ; le propriétaire semble la payer *à lui-même*, et cela est vrai tant qu'il réunit les DEUX *objets*.

Mais si on ne règle pas la redevance par l'acte de concession, si le propriétaire vend la mine , il faudra qu'il revienne au Conseil obtenir ce règlement; son acte de concession resterait donc jusque-là incomplet ; il serait empêché de vendre et peut-être exposé à remettre en discussion les *conditions de la concession* (1).

_____

(1) Les *conditions* de la concession. Les propriétaires de la surface , pour la plupart, ignorent le but des affiches et des publications prescrites par les articles 24 et 25 de la loi , et ils ignorent qu'en échange de la modification apportée à leurs propriétés , ils ont droit à une indemnité qui doit être réglée par l'acte de concession, en vertu des articles 6 et 42 de la loi, et moyennant laquelle leurs droits sur le tréfonds sont PURGÉS , conformément à l'article 17.

M. le comte JAUBERT pense que le code Napoléon, en accordant la propriété du *dessus* et du *dessous*, n'astreint le propriétaire de la mine et du sol qu'à demander un acte qui règle son mode d'exploitation ; par conséquent, les *deux objets* lui appartenaient, et la richesse de la mine, quoiqu'elle ne fût point encore exploitée, a pu être envisagée par les créanciers du sol comme le gage de leur créance, de telle sorte qu'ils ont un droit déjà acquis dont ils ne peuvent être privés par l'effet d'une concession faite à un tiers.

L'EMPEREUR dit que les créanciers ont un droit tant que la mine n'est pas concédée ; mais que, lorsqu'elle vient à l'être, *ils n'ont plus de* DROIT *que sur la* REDEVANCE, car la concession dépend de la volonté du gouvernement, et les créanciers ne peuvent forcer à la donner.

Ainsi se concilient les deux dispositions du code Napoléon qui accordent au propriétaire du dessus la propriété du dessous, et font une modification à la généralité des conséquences de ce principe.

Pour ce qui est relatif aux mines, le droit de prélever une REDEVANCE *sur les produits de la mine* dérive de la qualité de propriétaire du dessus ; mais c'est à la *redevance* que se borne ce droit lorsqu'il s'agit d'une exploitation de mine, et cette RESTRICTION nous place dans la seconde disposition de l'article 552 du code Napoléon (1).

M. le comte REGNAULT de Saint-Jean-d'Angély fait observer que le conseil a reconnu que le sol et la mine formaient, dans

_____

(1) L'EMPEREUR finit par reconnaître que la *restriction* apportée au droit de la surface n'était que l'application de la seconde disposition de l'article 552 du code Napoléon.

La proposition faite par M. Jaubert, à la séance du 10 janvier 1810, sur les modifications de l'article 552, a donc été admise par l'Empereur.

la main du propriétaire du sol, DEUX *propriétés* tellement distinctes, qu'on lui accorde la faculté de constituer des hypothèques spéciales sur chacune; le bailleur de fonds, pour l'exploitation, aura la préférence sur le créancier qui aurait pour gage le sol avant l'ouverture de la mine, encore bien que le titre de ce dernier fût antérieur au sien.

Le CONSEIL arrête que les sections II et III formeront un titre séparé.

M. le comte REGNAULT de Saint-Jean-d'Angély fait lecture du titre III : *des actes qui précèdent la demande en concession des mines.*

La section Iʳᵉ : *de la recherche et de la découverte des mines*, est soumise à la discussion.

Les articles 15 et 16 *sont* ADOPTÉS.

ART. 15; il correspond à l'article 10 de la loi.

ART. 16 ; il correspond à l'article 11 de la loi.

L'article 17, correspondant à l'article 12 de la loi, *est* DISCUTÉ.

M. le comte RÉAL demande si la prohibition de former des ouvertures à une certaine distance des lieux clos ou des maisons, empêche de poursuivre la recherche SOUS *ces lieux*, lorsque l'ouverture a été pratiquée à la distance prescrite par la loi.

M. le comte REGNAULT de Saint-Jean-d'Angély pense qu'il doit être permis de suivre le filon dans toute sa direction ; les règlements ne l'ont jamais prohibé : *les* ACCIDENTS *sont peu à redouter*, parce que les galeries sont à une grande profondeur.

C'est dans de pareilles circonstances que la surveillance des ingénieurs des mines est nécessaire; on a cru devoir interdire les ouvertures des puits à une distance des maisons, mais on n'a pas voulu défendre de suivre la fouille dans tous sens ; c'est ce qui s'est pratiqué dans tous les temps, et aucune réclamation ne s'est encore élevée contre cet usage.

M. le comte DEFERMON dit que cette question est cependant d'une grande importance pour les mines de houille dont souvent les substances sont à la surface du sol, et qui n'exigent pas d'excavations.

L'EMPEREUR dit que, pour prévenir toute entreprise *nuisible aux* VOISINS, on pourrait astreindre l'exploitant à donner caution des dommages que son entreprise peut occasionner, toutes les fois qu'un *propriétaire* VOISIN craindrait que les fouilles ne *vinssent* ÉBRANLER les fondements de ses édifices, tarir les eaux dont il a l'usage, ou lui causer quelque tort; il pourrait former opposition aux travaux, et la contestation serait portée devant les tribunaux.

L'article *est* ADOPTÉ.

La section **II** : *de la préférence à accorder pour les concessions*, est soumise à la discussion.

M. le comte JAUBERT, *sur les articles* 21 *et* 22, *correspondant aux articles* 17 *et* 18 *de la loi*, fait observer que les droits des créanciers du propriétaire du sol, sur la mine découverte, ne sont pas assez déterminés.

M. le comte REGNAULT de Saint-Jean-d'Angély dit que si l'hypothèque accordée au créancier est spéciale, elle n'a pu être donnée que sur le sol, avant la découverte de la mine, puisque, jusque-là, la propriété, son existence, sa valeur, étaient incertaines; ce créancier n'a pas d'hypothèque sur la mine, qui est une propriété nouvelle. Avait-il une hypothèque générale? Il ne peut y avoir que celles des femmes ou des mineurs; le créancier a un droit sur la redevance, *parce qu'elle est* REPRÉSENTATIVE *de la propriété du* DESSUS.

M. le comte PELET demande si le propriétaire de la surface, qui n'est pas concessionnaire de l'exploitation, et qui, par conséquent, n'a plus droit qu'à une redevance, pourra vendre séparément le sol et la redevance.

M. le comte Regnault de Saint-Jean-d'Angély dit que, par l'art. 22 (18 de la loi), la redevance est jointe à la propriété du terrain.

M. l'Archichancelier dit que la redevance devrait être considérée comme un service foncier; la mine mise en œuvre est une propriété grevée d'une servitude au profit du propriétaire supérieur.

M. le comte Treilhard pense qu'on doit laisser au propriétaire le droit de vendre la redevance, sauf les droits des créanciers, et même laisser aux concessionnaires le droit de s'affranchir de la redevance, en en remboursant le capital.

L'Empereur approuve l'opinion émise par M. Treilhard.

Les deux articles sont adoptés avec cet amendement.

Les articles 23, 24 et 25 (*art.* 19, 20 *et* 21 *de la loi*) *sont* ADOPTÉS sans observations.

(Le reste de la discussion n'offre aucun intérêt.)

*Séance du 24 Février 1810, sous la présidence de l'*Empereur.

M. le comte Regnault de Saint-Jean-d'Angély, d'après le renvoi dans la séance du 13 février, présente la septième rédaction du projet de loi sur les mines (1).

L'Empereur ordonne que le projet soit communiqué au président de la commission intérieure du Corps législatif.

(1) Ce dernier projet ne donne lieu à aucune discussion; mais, pour la première fois, paraît l'article 15 de la loi, ainsi conçu:

« ARTICLE 15. Il (l'exploitant) doit aussi, le cas arrivant de travaux à faire sous des maisons ou lieux d'habitation, *sous d'autres exploitations ou dans leur voisinage immédiat, donner caution de payer toutes indemnités,* EN CAS D'ACCIDENTS: *les demandes ou oppositions des intéressés seront, en ce cas, portées devant nos tribunaux et cours.* »

Les indemnités prévues par cet article sont réglées par experts, ainsi que le prescrit l'article 45, parce que les articles 43 et 44 *ne peuvent être appliqués* AUX ACCIDENTS.

OBSERVATIONS

De la commission du Corps législatif, du 17 mars 1810.

TEXTE DES OBSERVATIONS.

La commission chargée de l'examen du projet de loi sur les mines, délibéré en conseil d'État, dans la séance du 24 février 1810, et communiqué le 26 même mois,

Déclare à l'unanimité qu'elle est entièrement d'accord avec le conseil sur les principales bases du projet.

La commission ne diffère d'opinion avec le conseil que sur des dispositions secondaires, et particulièrement sur les articles 12, 43 et 44. C'est-à-dire que nous ne rapporterons que les observations faites sur ces trois articles :

« ART. 12. Le propriétaire pourra faire des recherches, sans formalités préalables, dans les lieux réservés par le précédent *article ;* mais il sera obligé d'obtenir une concession avant d'y établir une exploitation. Dans aucun cas, les recherches ne pourront être autorisées dans un terrain déjà concédé. »

ADOPTÉ, en ajoutant après le mot *article*, ceux-ci : *comme dans toutes les parties de sa propriété.*

Ce qu'on propose d'ajouter est conforme à l'intention manifestée dans le projet.

« ART. 42 (*43 de la loi*). Si les travaux entrepris par les
» explorateurs ou par les propriétaires de mines ne sont que
» passagers, et si le sol où ils ont été faits peut être mis en
» culture au bout d'un an, comme il l'était auparavant, l'in-
» demnité sera réglée au double de ce qu'*aurait produit* NET
» le TERRAIN *endommagé.* L'indemnité sera toujours évaluée
» comme pour 25 ares, même dans le cas où le dommage
» s'étendrait sur une surface moindre. »

ADOPTÉ, en supprimant tout ce qui suit le mot : *endommagé.*

On propose cette suppression, parce qu'il suffit, *pour l'indemnité* du propriétaire, qu'il reçoive le double du produit net du TERRAIN *endommagé*.

C'est une BASE (1) *fixée* par l'usage général, et que la loi du 28 juillet 1791 avait adoptée.

Il serait d'ailleurs injuste d'assujettir l'exploitant à payer une double indemnité pour 25 ares, tandis que, le plus souvent, il n'en aurait endommagé que quelques centiares.

« ART. 43 (*44 de la loi*). Lorsque l'occupation des terrains
» pour la recherche ou les travaux des mines prive les pro-
» priétaires du sol de la jouissance du revenu au-delà du
» temps d'une année, ou lorsque, après les travaux, les terrains
» ne sont plus propres à la culture, on peut exiger des pro-
» priétaires des mines l'acquisition des terrains à l'usage de
» l'exploitation. Si le propriétaire de la surface le requiert,
» les pièces de terre trop endommagées ou dégradées sur une
» trop grande partie de leur surface devront être achetées en
» totalité par le propriétaire de la mine. »

ADOPTÉ, en ajoutant l'alinéa suivant :

Le TERRAIN *à acquérir sera toujours estimé au double de la valeur qu'il avait* AVANT *l'exploitation de la mine.*

L'addition proposée paraît devoir satisfaire les propriétaires de la surface.

« ART. 44 (*44 de la loi*, 2me §). L'évaluation du prix
» sera faite suivant *les* RÈGLES *établies* par la loi du 16 sep-
» tembre 1807, sur le dessèchement des marais, etc.,
» titre XI. Le terrain à acquérir sera toujours compté pour
» 25 ares, lors même que la surface à acquérir sera plus
» petite. »

(1) Le Corps législatif, comme MM. Treilhard et Régnault de Saint-Jean-d'Angély, qualifie de *base* fixe le *doublement* accordé par l'article 43 pour le réglement de l'indemnité *annuelle d'occupation*.

7

A supprimer.

On demande la suppression de cette disposition, parce qu'elle devient inutile si les articles proposés sont adoptés. On a cru qu'il y aurait trop d'inconvénients d'assujettir les exploitants à acquérir à un prix double de la valeur, 25 ares, lorsqu'ils n'ont besoin que de quelques perches, soit pour OUVRIR *un chemin*, soit pour *creuser* une fuite d'eau (un fossé).

Dans les expropriations forcées pour cause d'utilité publique, on ne paie que le TERRAIN *nécessaire*, et au prix ordinaire. L'exploitation des mines tient en quelque sorte à l'utilité publique.

D'ailleurs, les mines, devenant des *propriétés* FONCIÈRES, sont placées, comme les autres, sous l'ÉGIDE *du code Napoléon*, et l'article 682 de ce code parle seulement d'une indemnité proportionnée au dommage causé.

Ces considérations ont engagé la commission à ne pas aller au-delà de la double indemnité et du double prix (1).

ADOPTION DU CONSEIL D'ÉTAT.

*Séance du 24 Mars 1810, sous la présidence de l'*ARCHICHANCELIER.

M. le comte REGNAULT de Saint-Jean-d'Angély rend compte des observations de la commission du Corps législatif.

Les changements proposés sont adoptés. (Mais le renvoi à la loi de 1807 pour l'évaluation du prix d'achat est maintenu.)

(1) Double indemnité ou double prix, c'est là une fausse expression, parce que le double de l'un, comme le double de l'autre, n'est qu'une *base adoptée* pour le règlement de l'indemnité ou du prix à *forfait*.

III.

EXPOSÉ DES MOTIFS DE LA LOI DU 21 AVRIL 1810.

Le 13 avril 1810 , M. le comte Regnault de Saint-Jean-d'Angély , conseiller d'État et orateur du gouvernement devant le Corps législatif , y a fait l'exposé des motifs de la loi du 21 avril 1810 , en ces termes :

Il est pour les empires des époques mémorables où le progrès des lumières , les besoins de la société , le changement des mœurs , la variation des rapports commerciaux , l'intérêt des manufactures et des arts , commandent une reconstruction entière de l'édifice des lois nationales.

Ainsi, le siècle de Louis XIV vit paraître les ordonnances nombreuses qui régularisèrent toutes les parties du droit civil, toutes les branches de l'administration , qui statuèrent sur tous les intérêts du monarque et des sujets, sur tous les droits de l'État et des citoyens.

Il appartenait à un règne plus glorieux encore que celui de Louis-le-Grand , à une époque où le temps, l'expérience et le malheur même ont étendu les lumières , fortifié le jugement et mûri les grandes pensées, de voir préparer , rédiger , publier des codes nouveaux, nécessaires après tant de changements, après la proclamation successive de tant de vérités et d'erreurs, des codes nouveaux, trésors de législation , où sont renfermées les richesses de tous les siècles, les conceptions de tous les sages, les travaux de tous les peuples, et qui , appropriés à l'état actuel de la grande nation, sont les garants immortels de la propriété, de l'ordre , de la justice, de la paix publique , du perfectionnement des arts, de l'accroissement de l'industrie et bientôt de la prospérité du commerce.

En établissant les principes de la propriété, le code Napoléon, art. 552, avait, en quelque sorte, posé *la première pierre* d'un autre monument législatif, sur lequel devait reposer le grand intérêt de *l'exploitation des mines*, de ces richesses sans cesse élaborées dans le sein de la terre, sans cesse recherchées par l'industrie, sans cesse versées dans la société pour satisfaire à ses besoins et accroître sa richesse.

C'est cette loi, devenue plus nécessaire, mais plus difficile par la multiplication, la diversité, l'étendue, l'importance des intérêts sur lesquels elle statue; c'est cette loi, Messieurs, que nous vous apportons.

Elle a été préparée par de longues recherches sur les principes suivis, en pareille matière, dans les temps anciens et modernes, et par l'examen des inconvénients de la législation actuelle de la France et des pays réunis. Je vous présenterai d'abord le résultat de ce travail préparatoire.

Je vous exposerai ensuite comment, en respectant, avec le droit romain et le code Napoléon, le droit du propriétaire de la surface, le conseil a été amené à consacrer le principe de la propriété incommutable des mines dans les mains des concessionnaires, à leur imprimer le caractère de biens patrimoniaux pour garantir la conservation, l'activité, le succès des exploitations diverses.

Enfin, je vous montrerai comment l'action de l'administration générale, et d'une administration spéciale des mines, agira sur ces nouvelles propriétés, sans gêner le possesseur dans l'exercice de son droit et même de sa volonté, en usant de l'ascendant des lumières et non de l'influence de l'autorité, en persuadant sans contraindre.

Les détails de la loi se trouveront indiqués, expliqués, justifiés, dans ces trois principales divisions que je vais reprendre successivement.

Première Partie. — *De la législation antérieure et actuelle en Europe et en France.*

Selon l'ancien droit romain, le propriétaire de la surface l'était de toutes les matières métalliques renfermées dans le sein de la terre.

Depuis, et sous les empereurs, on put exploiter des mines dans le fonds d'autrui, puisque la loi régla la redevance à payer en ce cas. Elle était d'un dixième au profit du propriétaire, et d'un dixième au profit du fisc.

Dans la partie septentrionale de l'Europe, où se trouvent les mines les plus abondantes, la législation sur les mines a dû occuper davantage les gouvernements.

Le droit des propriétaires, la prétention des seigneurs féodaux, l'intérêt de l'exploitation, sont les mobiles divers qui ont dirigé la législation ; tantôt l'un des motifs l'emportant sur l'autre, tantôt se balançant pour satisfaire à tous les intérêts.

Mais le résultat auquel on est arrivé dans le dernier siècle est presque uniforme dans les états voisins.

En Prusse, l'ordonnance de 1772 réserve au domaine le droit d'exploiter ou de concéder toutes les mines. La concession réserve un droit au propriétaire du sol.

En Hongrie, l'ordonnance de Maximilien désigne toutes les mines *comme biens de la chambre royale*, et défend d'en ouvrir sans l'autorisation du souverain.

En 1781, l'empereur Joseph, dans son règlement sur les mines, consacre formellement le même principe.

En Bohême, le droit régalien, également consacré, a été cédé aux États, à la charge d'accorder des concessions, ainsi qu'il est dit à l'article premier de l'ordonnance de Joachimsthal.

En Autriche, l'ordonnance de Ferdinand établit le même principe qu'en Hongrie.

En Saxe, la loi distingue les mines de houille des autres mines. Celles-là ne sont pas sujettes au droit régalien qui est établi pour toutes les autres. Cependant, nulle exploitation, même des houillères, ne peut avoir lieu sans la *permission* et la *concession* du souverain.

En Hanôvre, en Norwège, la loi dispose comme l'ordonnance de Joachimsthal que j'ai déjà citée pour la Bohême.

En Suède, pays que la nature semble avoir voulu consoler par ses richesses minérales d'être si maltraité sous d'autres rapports, toutes les mines appartiennent à la couronne.

En Angleterre, le droit d'entamer la surface du terrain, non-seulement pour exploiter les mines, mais encore les carrières, se nomme *Royalti,* et appartient au souverain. Guillaume le céda à ses officiers sur les terres qu'il leur donna. Il a été l'objet de diverses transactions qui l'ont fait changer de main, mais il est toujours resté indépendant de la surface.

En Espagne, les mines sont considérées comme propriété publique.

En France, jusqu'en 1791, la législation n'a jamais été ni bien solennelle, ni bien régulière, parce que les tribunaux n'ont jamais pris connaissance des affaires de mines, exclusivement traitées au conseil du roi.

Là, les lois étaient modifiées par des décisions particulières; le crédit, la faveur, l'intrigue, faisaient obtenir et révoquer successivement les mêmes concessions, et l'Assemblée constituante, quand elle s'occupa de cette partie de la législation, était convaincue que les mines étaient devenues la proie des courtisans, se jouant également des droits du propriétaire de la surface et de ceux des inventeurs.

Toutefois, on tenait pour constant, avant 1791, que les mines, en France, étaient une propriété domaniale.

La loi de juillet 1791 fut le résultat d'une discussion solennelle, la dernière que Mirabeau ait éclairée de son savoir et influencée par son éloquence.

Vous connaissez, Messieurs, ses dispositions principales; je n'en rappellerai que quelques-unes pour faire apercevoir qu'elles furent plutôt une transaction entre des avis opposés qu'une décision franche, claire et précise sur des questions controversées.

En effet, l'article premier met les mines, etc., *à la disposition de la nation,* ce qui suppose que le gouvernement en disposera selon l'intérêt de la société; et l'article 3 attribue une préférence aux propriétaires de la surface, ce qui exclut pour le gouvernement la liberté de la disposition. Puis vient l'article 10, qui subordonne le droit des propriétaires à l'examen de leurs moyens d'exploitation, c'est-à-dire fait résulter l'exercice d'un droit positif, de la décision arbitraire d'un fait.

L'article 19 accorde la préférence aux concessionnaires anciens pour une concession nouvelle, après l'expiration de la leur; et cependant le droit du propriétaire de la surface était menaçant sans cesse, prêt à le dépouiller si on le reconnaissait, ou méconnu si on respectait le droit du concessionnaire.

Aussi cette loi de 1791, dans les premières années de sa publication, avait été presque inexécutée, et les mines étaient dans toute la France sans surveillance, sans activité, pour ainsi dire sans produits, lorsque le comité de salut public, forcé, pour se défendre, de rassembler tous les moyens, toutes les ressources, de réunir tous les efforts, tous les talents, créa, en l'an II, une administration des mines.

Comme tous les établissements utiles de cette fameuse époque, l'institution du conseil des mines fut l'ouvrage de quelques savants précieux, qui ne se sont distingués que par leurs services, et qui n'ont échappé à la proscription que par le besoin que l'on avait d'eux.

Il fut spécialement l'ouvrage de ce Fourcroy, que les sciences et les arts ont pleuré, qui fut également distingué par son éloquence et son savoir, et qui, si la mort ne l'eût enlevé à la patrie, aux conseils du prince et à l'amitié, porterait aujourd'hui la parole devant vous, et traiterait bien mieux le sujet dont je vous entretiens.

Ce conseil eut la plus heureuse influence sur la réunion de toutes les ressources qui pouvaient fournir aux armées françaises les moyens de défense et de succès. Les mines furent exploitées, les usines mises en activité, et de ce premier mouvement, désordonné d'abord, comme tout ce qui s'opérait dans ces temps de troubles, résultèrent, quand la secousse eut cessé, des connaissances théoriques plus étendues, des connaissances pratiques plus positives, enfin le sentiment du besoin, de la nécessité d'une amélioration.

Le conseil des mines profita des travaux de M. Sage, ce Nestor de la métallurgie, premier fondateur de l'école des mines ; des sujets furent formés en assez grand nombre, et par leur moyen l'administration porta les lumières et la surveillance sur cette partie trop longtemps négligée.

Mais l'imperfection de la législation de 1791 offrait tantôt des obstacles, tantôt des lacunes, plus sensibles encore depuis la réunion des départements voisins de l'Escaut et du Rhin.

Le ministre de l'intérieur essaya de remédier aux embarras sans cesse renaissants, en publiant, le 18 messidor an 9, une instruction fort détaillée, réglant un grand nombre de cas non prévus, et modifiant par de nombreuses interprétations les dispositions positives de la loi de 1791.

L'administration générale des mines a marché pendant quelque temps, à l'aide de ces palliatifs dont on n'a pas tardé à sentir l'insuffisance.

Le principal inconvénient était l'incertitude dans laquelle

était chaque exploitant sur la permanence de sa jouissance, sur la nature de sa propriété.

Obligé d'agir administrativement, le ministère pouvait blesser des droits sur lesquels il n'était pas toujours assez éclairé, et les capitaux se dirigeaient avec hésitation vers des entreprises trop peu garanties par la loi.

D'un autre côté, les nombreuses exploitations des riches départements du Nord n'étaient pas régularisées; les droits des sociétés charbonnières qui n'avaient pas exécuté la loi de 1791, restaient incertains, attaqués par des voisins jaloux, par des intrigants avides, par des concurrences spécieuses.

Il fallait un terme à ces embarras de l'administration, à ces inquiétudes des propriétaires, à cette confusion de droits, à cette multitude de prétentions.

Une loi nouvelle était demandée par l'opinion générale; le ministre la fit rédiger, la section de l'intérieur l'examina et la refondit dans de longues conférences où elle appela les hommes les plus éclairés. Elle fut portée au conseil, discutée et établie sur les bases que je vous ai indiquées en commençant et que je vais développer dans la seconde partie.

DEUXIÈME PARTIE. — *Premier but de la loi, concilier les principes de la propriété avec les garanties nécessaires aux exploitants des mines.*

Les mines sont-elles une propriété domaniale, ou sont-elles la propriété de celui auquel appartient la surface sous laquelle elles sont cachées? Telle est la question depuis longtemps controversée et sur laquelle les meilleurs esprits sont partagés.

Sans entrer dans le détail des raisonnements à l'appui de chacun des systèmes, je vous ferai simplement connaître le résultat des longues discussions qui ont eu lieu.

On a reconnu, d'un côté, qu'attribuer les mines au domaine public, c'était blesser les principes consacrés par l'art. 552 du code Napoléon, dépouiller les citoyens d'un droit consacré, porter atteinte à la grande charte civile, premier garant du pacte social.

On a reconnu, de l'autre, qu'attribuer la propriété de la mine à celui qui possède le dessus, c'était lui reconnaître, d'après la définition de la loi, le droit d'user et d'abuser, droit destructif de tout moyen d'exploitation utile, productif, étendu ; droit opposé à l'intérêt de la société, qui est de multiplier les objets de consommation, de reproduction de richesse ; droit qui soumettrait au caprice d'un seul la disposition de toutes les propriétés environnantes de nature semblable ; droit qui paralyserait tout autour de celui qui l'exercerait, qui frapperait de stérilité toutes les parties de mines qui seraient dans son voisinage.

De ces vérités, on a déduit tout naturellement cette consé-quence, que les mines n'étaient pas une propriété ordinaire à laquelle pût s'appliquer la définition des autres biens et les principes généraux sur leur possession, tels qu'ils sont écrits dans le code Napoléon.

Et cependant, pour que les mines soient bien exploitées, pour qu'elles soient l'objet des soins assidus de celui qui les occupe, pour qu'il multiplie les moyens d'extraction, pour qu'il ne sacrifie pas à l'intérêt du présent l'espoir de l'avenir, l'avantage de la société à ses spéculations personnelles, il faut que les mines cessent d'être des propriétés précaires, incer-taines, non définies, changeant de main au gré d'une législa-tion équivoque, d'une administration abusive, d'une police arbitraire, de l'inquiétude habituelle de leurs possesseurs.

Il faut en faire des PROPRIÉTÉS *auxquelles toutes les* DÉFINITIONS *du code Napoléon puissent s'appliquer.*

Il faut que ces masses de richesses, placées sous de nombreuses fractions de la superficie du territoire, au lieu de
rester divisées comme cette superficie même, deviennent, par
l'intervention du gouvernement et en vertu d'un acte solennel,
un ensemble dont l'étendue sera réglée, qui soit distinct du
sol, qui soit en quelque sorte une création particulière.

Dans cette CRÉATION, le droit du propriétaire de la surface
ne doit pas être méconnu ni oublié; il faut au contraire qu'il
soit consacré pour être PURGÉ, *réglé*, pour être *acquitté*,
afin que la propriété que l'acte du gouvernement désigne,
définit, limite et CRÉE en vertu de la loi, soit d'autant plus
invariable, plus *sacrée*, qu'elle aura plus strictement satisfait
à tous les droits, désintéressé même toutes les prétentions.

Ainsi les mines seront désormais une *propriété* PERPÉTUELLE,
disponible, transmissible, lorsqu'un acte du gouvernement
aura consacré cette propriété par une concession qui réglera
le droit de celui auquel appartient la surface.

Tout se concilie dans ce système : l'intérêt de l'État, l'intérêt
des exploitants, l'intérêt des propriétaires du sol.

Les mines changent sur-le-champ de valeur dans l'opinion
comme dans les transactions sociales; les capitaux s'y portent
avec sécurité, et conséquemment avec abondance.

La *vente,* la *donation,* la *succession* de cette partie considérable de la richesse territoriale et commerciale à la fois,
devient soumise à des RÈGLES *communes à toutes les*
propriétés.

La loi sur les mines RENVOYANT *au droit* COMMUN *sur*
TOUTES *les règles* des intérêts particuliers, on est débarrassé,
pour sa rédaction, de toutes les difficultés que présentaient les
exceptions multipliées et l'action de la juridiction administrative, tantôt trop active, tantôt trop lente, et jamais aussi
parfaitement tranquillisante que celle des tribunaux ordinaires.

Ce PRINCIPE *une fois découvert* et *établi*, les conséquences en découlent sans effort, et le système entier de la loi se *présente avec* CLARTÉ.

Pour reprendre tous les objets que cette loi sur les mines doit embrasser, celle que nous vous présentons traite de toutes les substances renfermées dans le sein de la terre ou existantes à sa surface, sous trois grandes divisions : 1° *les mines;* 2° *les minières ;* 3° *les carrières.*

Aux mines SEULES *s'appliquent les* PRINCIPES *nouveaux* que je viens d'établir.

Des mines.

Concédées par un acte délibéré au conseil, elles seront, comme je l'ai dit, des *propriétés* IMMOBILIÈRES *nouvelles*, associées à toute l'*inviolabilité*, toute la *sainteté* des anciennes.

Tout ce qui sert à leur exploitation fera partie de l'IMMEUBLE *même*.

Toutefois, ces associations par actions pour exploiter les mines, seront permises, et les actions seront meubles : détermination juste autant que prévoyante, et propre à réunir, pour faciliter les grands travaux, tous les intérêts et toutes les intentions.

Mais, avant que la concession puisse s'accorder, de nombreux préliminaires s'offrent à la pensée, et doivent être soumis à des règles.

Rechercher les mines est un travail qui doit être encouragé ; il le sera : qui doit être surveillé ; et, en le permettant, l'administration ne le perdra pas de vue ; elle écartera les recherches des maisons, des enclos, où le propriétaire doit trouver une LIBERTÉ entière et le RESPECT pour l'*asile de* SES *jouissances* domestiques.

Désintéressé par la redevance à laquelle il a droit, le propriétaire n'a plus à la concession ce droit de préférence, l'une des inconséquences les plus remarquables de la loi de 1791.

Juge entre les prétendants, estimateur impartial de leurs droits comme de leurs moyens, le gouvernement prononce entre tous les concurrents, et assure à l'inventeur, s'il ne l'emporte pas, l'indemnité qui lui est due.

L'*acte* de concession DONNE *la propriété* LIBRE, et, si je puis ainsi parler, *vierge*, au concessionnaire désigné, parce que tous les intéressés, inventeurs et propriétaires de la surface sont appelés, et que leurs droits sont réglés par l'acte même.

Le système des hypothèques est adopté comme pour les autres propriétés. Des privilèges qui auront aujourd'hui une base solide, peuvent être établis, et faciliteront les grandes entreprises.

Les concessions devaient être demandées aux préfets, et l'ordre des demandes si important n'était pas constaté ; leur date n'était pas invariable ; les délais pour y statuer n'étaient pas fixés ; le mode d'opposition n'était pas solennel : de là, des erreurs et même des abus.

Le titre IV remédie à tous les inconvénients révélés par l'expérience, et ne laisse plus rien ni à la faveur, ni à l'arbitraire.

Le *maximum* de l'étendue de la concession n'est pas fixé par la loi nouvelle comme dans celle de 1791. Il sera réglé par les convenances ; et la jurisprudence actuelle du conseil, qui est de multiplier les concessions, en ne les accordant pas trop vastes, sera sûrement maintenue.

Les limites des concessions seront, en règle générale, fixées verticalement.

. Cette règle, toutefois, sera susceptible d'exception *lorsque les circonstances et les localités l'exigeront*.

La dérogation au seul principe raisonnable en matière d'exploitation et de limitation des mines, est une concession accordée aux demandes, ou plutôt aux préjugés et aux habitudes très-funestes d'un des départements de la France, celui de Jemmapes ; puissent ses sociétés charbonnières, éclairées par l'administration, instruites par l'expérience, revenir à de meilleurs usages, à une exploitation plus utile, concilier leurs intérêts, les confondre pour les améliorer, et surtout s'affranchir du tribut que l'intrigue, la chicane et les gens d'affaires lèvent depuis trop longtemps sur leur industrie !

Redevance sur les mines.

L'exploitation des mines, considérée jusqu'ici comme un commerce, était sujette au droit de patentes.

Aucune redevance n'était due à l'État, selon la loi de 1791.

Seulement, quelques droits domaniaux étaient payés à la régie de l'enregistrement dans les pays réunis, et même elle avait donné à ferme, par adjudication ou de gré à gré, l'exploitation de plusieurs mines.

Toutes ces redevances, tous ces prix de ferme cesseront désormais d'être acquittés.

Les mines seront soumises à deux redevances.

L'une, fixe, sera de 10 fr. par kilomètre carré de l'étendue de la concession.

L'autre, proportionnelle, sera une redevance annuelle, juste tribut que la *propriété* doit à l'État ; mais tribut réduit au moindre taux, puisqu'au lieu de s'élever au cinquième, il ne pourra excéder le vingtième du produit net ; tribut qui ne sera jamais onéreux, puisque le gouvernement peut en exempter dans les cas où il le jugera convenable ; tribut qui pourra être payé par abonnement, et qui aura, comme *les autres impositions*, ses fonds de dégrèvement et de non-valeur.

A cette charge de la concession envers l'État, se joignent :

1° La RÉTRIBUTION au propriétaire de la surface sous le terrain duquel on exploite;

2° Les INDEMNITÉS à ceux dont on est obligé de PRENDRE la *propriété* pour *creuser* les puits, *faire* l'extraction, *déposer* les matières.

Les RÈGLES de ces indemnités sont *établies* de manière à DÉSINTÉRESSER *les propriétaires,* sans GREVER la condition des *exploitants.*

Ces règles pour les concessions nouvelles avaient paru d'abord ne pas devoir s'appliquer aux concessions anciennes. On avait conçu l'idée de les laisser jouir pendant la durée fixée par leur titre, et de remettre à son expiration pour les faire rentrer dans la règle commune.

Une pensée plus généreuse les appelle à jouir sur-le-champ du bienfait de la loi, leur en impose même l'heureuse obligation, et généralise ainsi, au grand avantage des intéressés, l'application de la loi : ce qui donnera ainsi plus de simplicité, de facilité et de force à l'action de l'administration.

La loi va plus loin : elle appelle aux mêmes prérogatives ceux qui n'ont pas exécuté encore la loi de 1791, qui n'ont que des exploitations et non pas de concessions, à la charge de se mettre en règle et d'obtenir, par un décret de S. M. en son conseil, le titre régulier qui leur manque.

Les uns et les autres paieront à l'État, en devenant ainsi propriétaires, les nouvelles redevances dont nous venons de parler; mais ils ne paieront aucunes redevances aux particuliers propriétaires de la surface, parce que la jouissance, sans le paiement de ce droit, est établie, et qu'il n'est pas juste de donner à la loi un effet rétroactif.

Vous voyez, Messieurs, quel immense avantage la loi que nous vous apportons présente aux nombreux exploitants des mines répandues sur le territoire français.

C'est, j'ose le dire, un don généreux qui leur est fait, et
vous pouvez le mesurer sur l'opinion commune qui porte à
40 millions le produit annuel des mines métalliques et
houillères de France, dont le capital pourrait, d'après cela,
s'évaluer à 800 millions.

Ce sont des propriétés d'une telle valeur, précairement tenues,
temporairement possédées, qui, à compter d'aujourd'hui,
deviennent des biens patrimoniaux, héréditaires, protégés par
la loi commune, et dont les tribunaux seuls peuvent prononcer
l'expropriation.

Carrières et tourbières.

La troisième classe des substances désignées au titre Ier,
peut être exploitée sans concession, ni permission.

Elle ne doit pas l'être sans surveillance, ni sans déclaration.

On sait combien l'imprévoyance a occasionné d'accidents,
de malheurs, dans l'exploitation des carrières.

Celle des tourbes a souvent porté l'insalubrité et la mort
dans une étendue considérable de pays, devenus et marécageux
et indesséchables par des fodiations profondes où les eaux
séjournent, et qui exhalent, pendant l'été, des miasmes
putrides et mortifères.

Lorsque l'extraction de la tourbe aura lieu désormais, ce
sera d'après un plan donné même aux propriétaires, et surtout
aux communes, de manière à assurer l'écoulement des eaux
et le dessèchement du terrain tourbeux.

Après avoir établi les règles de la propriété, de l'exploitation,
de la jouissance, de l'usage de ces trois classes de richesses,
dont la valeur va s'augmenter par une législation meilleure,
il restait à parler de l'action de l'administration sur leur
ensemble ; c'est l'objet de la troisième partie.

C'est surtout aux départements réunis au nord de la France,

que cette législation procurera des avantages immenses, dont les habitants paieront sûrement le souverain et la patrie par le bon usage du bienfait, par la prompte régularisation de tout ce qu'il y a d'illégal dans l'état actuel de leurs exploitations, et par un sentiment plus vif de reconnaissance et de dévouement.

Minières.

J'ai peu de chose à dire sur cette partie de la loi.

Elle embrasse les substances qui se trouvent à la superficie de la terre ; et, quant au minerai de fer, dit d'alluvion, elle ne contient que les dispositions perfectionnées de la loi de 1791.

Elle règle, en outre, les cas de concurrence où la taxe de la répartition du minerai est nécessaire, consacrant ainsi la jurisprudence que le besoin avait fait adopter au conseil.

L'exploitation des terres pyriteuses ou alumineuses a donné lieu à une section nouvelle, qui rend commune à cette branche de commerce et d'industrie, qui prend une utile et grande activité, la nécessité des permissions déjà voulues pour le traitement du minerai de fer.

Ainsi, la loi qui, pour les mines, exige une concession et crée une propriété, n'exige, pour les minières, qu'une permission, et n'accorde que l'usage ou l'emploi temporaire et conditionnel de leurs produits ; différence sagement conçue et motivée sur la diversité des substances et la différence de leur exploitation.

TROISIÈME PARTIE. — *De l'action de l'administration sur les mines.*

L'action de l'administration sur les mines est réduite aux plus simples termes, elle est renfermée dans le strict besoin de la société.

Le corps des ingénieurs des mines, dont l'organisation

8

définitive suivra nécessairement de près la publication de cette loi, portera partout des lumières et des conseils, sans imposer des lois, sans exercer aucune contrainte sur la direction des travaux.

Ils n'auront d'action que pour prévenir les dangers, pourvoir à la conservation des édifices, à la sûreté des individus.

Ils éclaireront les propriétaires et l'administration, ils rechercheront les faits, les constateront et ne statueront jamais.

Ce droit est réservé aux *tribunaux* ou à l'*administration*.

Il est réservé aux *tribunaux*, dans tous les cas de contravention aux lois : eux seuls peuvent prononcer des condamnations; et cette garantie, Messieurs, doit être d'un grand prix à vos yeux.

Ce droit est réservé *à l'administration*, si la sûreté publique est compromise, ou si les exploitations, restreintes, mal dirigées, suspendues, laissent des craintes sur les besoins des consommateurs.

En ce cas, la concession jadis était révoquée. Un tel système est incompatible avec celui de la propriété des mines.

Il y sera pourvu, s'il se présente, sur le rapport du ministre de l'intérieur, comme aux cas extraordinaires et inhabituels que la législation ne peut prévoir.

Et si, ultérieurement, le besoin d'une règle générale se fait sentir, elle ne sera établie qu'après que l'expérience aura répandu sa lumière infaillible sur cette question fort difficile à résoudre, de savoir comment on peut concilier le droit d'un citoyen, sur sa propriété, avec l'intérêt de tous.

J'ai dit que toutes les contraventions aux lois sur les mines seraient portées aux tribunaux.

Les procureurs de S. M. sont tenus de les poursuivre d'office, et cette importante disposition est encore une garantie donnée aux utiles et grandes exploitations, contre les exploitations

frauduleuses par lesquelles, pour un gain modique et temporaire, des cultivateurs aveuglés détruisent la valeur de leur
champ, le rendent à jamais infécond, ou en font le réceptacle
des eaux malsaines qui répandent la putridité dans l'atmos-
phère.

Espérons que les magistrats feront leur devoir, et que ce
désordre qui a nui au progrès des exploitations régulières,
qui a détourné de s'y livrer, cessera sous le règne de la législation nouvelle que nous vous présentons.

J'en ai parcouru toutes les parties, je vous en ai exposé,
Messieurs, les principes et les conséquences.

Les résultats importants à toutes les époques doivent l'être
davantage encore à celle où nous nous trouvons.

A la bonne et féconde exploitation des mines et des houilles
se lient non-seulement de grands avantages en économie
administrative, mais encore d'immenses avantages politiques,
la possibilité d'un grand accroissement de puissance pour
l'État.

Le combustible minéral peut remplacer le bois, si nécessaire
à nos grandes constructions civiles, militaires et maritimes.

Des canaux nombreux amèneront des départements septen-
trionaux, dans ceux du centre et dans la capitale, les abondants
produits de ces riches houillères, qui rendront une partie des
bois à une autre destination.

En ce moment la France va voir s'ouvrir ces urnes destinées
à remplir le lit de ce canal de Saint-Quentin, qui joint la Seine
à l'Escaut, et mettra bientôt en commun les produits de tant
de belles contrées, étonnées et heureuses de leurs jouissances
et de leurs richesses nouvelles.

Pendant que nos bois s'amoncelleront dans nos chantiers,
pour construire des vaisseaux, nos forges, nos fonderies,
abondamment pourvues de charbons de terre, multiplieront les

fers de tous échantillons, les armes de toute espèce, les projectiles de tous les calibres, destinés à compléter nos armements maritimes, les moyens de défense pour nos côtes, les moyens de vaincre pour nos armées.

Ainsi se prêteront un mutuel secours la législation civile et la politique; ainsi se perpétueront, par les succès insensibles, mais durables, d'une administration sage, les succès éclatants et glorieux de nos armées.

IV.

RAPPORT SUR LE PROJET DE LA LOI DU 21 AVRIL 1810.

Le 21 avril 1810, M. le comte Stanislas de Girardin, membre du Corps législatif et rapporteur de la commission de l'intérieur, a fait le rapport de la loi du 21 avril 1810, en s'exprimant ainsi :

L'exposé des motifs du projet de loi sur les mines développe avec clarté, méthode et précision, le système entier de la loi : il en fait ressortir les avantages, en justifie les dispositions, et apprend, relativement à la législation des mines, tout ce qu'il importait de savoir.

L'orateur du gouvernement, chargé de vous présenter cet exposé, l'a fait avec ce talent fécond, facile et brillant qui étonne même les personnes le plus à portée d'en être habituellement témoins. Il a donc laissé peu de chose à dire sur un sujet dont il a traité toutes les parties. Aussi, pour éviter les répétitions toujours fatigantes, lorsqu'elles sont inutiles, votre commission d'administration intérieure se bornera uniquement à vous soumettre l'analyse des articles du projet, et j'essaierai de vous faire connaître comment ils ont été discutés, dans quel sens nous les avons entendus, quels avantages ou quels inconvénients nous avons cru y apercevoir.

Le titre Ier du projet renferme quatre articles. Ce sont des nomenclatures fort étendues. Nous ne nous sommes pas dissimulé, qu'en général il y a de l'inconvénient à faire entrer des détails minutieux dans une loi ; mais nous avons considéré que le système entier du projet sur lequel vous allez délibérer, repose sur la classification des substances qui en font l'objet. Il fallait donc nommer toutes ces substances , pour les ranger ensuite dans leurs divisions respectives.

La première renferme les mines proprement dites , c'est-à-dire les matières métalliques et les charbons de terre ou de pierre. Les dispositions nombreuses et importantes qui leur sont applicables, remplissent les titres II et suivants, et les deux paragraphes du titre VI.

Le minerai de fer, dit d'alluvion , les terres alumineuses , et les terres pyriteuses propres à être converties en sulfates de fer, appartiennent à la seconde division. Le titre VII contient les dispositions qui les concernent, et traite aussi de l'établissement des fourneaux , forges et usines.

Les tourbes, les terres pyriteuses d'engrais, toutes les pierres , marnes et autres matières semblables, sont rangées dans la troisième division. Le titre VIII leur est consacré.

Les deux derniers titres de la loi renferment des dispositions applicables à la totalité du projet.

Je dois, Messieurs, vous faire connaître les diverses discussions auxquelles le titre II a donné lieu. La question tendant à établir à qui doit être la propriété des mines , devait nécessairement en amener de très-étendues.

La réponse la plus ordinaire à cette question est, que les mines doivent appartenir aux propriétaires de la surface.

Cette opinion , soutenue par beaucoup d'hommes éclairés , a été consacrée par le droit romain.

Il s'agit d'examiner si elle est fondée.

Peut-on contester au propriétaire d'un champ le droit d'y fouiller, d'y creuser des fossés, des puits, d'en tirer de la pierre?

Si ces droits résultent de celui de propriété, nul autre que lui ne peut les exercer sur son terrain, sans son consentement formel.

Ces droits sont, sans doute, incontestables, et si leur exercice suffisait pour exploiter des mines, la question serait résolue en faveur des propriétaires de la surface.

L'opinion de ceux qui veulent consacrer en principe que les mines font partie de la propriété du sol, a été victorieusement réfutée par Mirabeau ; qu'il nous soit permis de vous rappeler ces paroles pleines de sens et de force, les dernières proférées par lui à la tribune de l'Assemblée constituante (1).

Pour éclaircir la question que nous discutons, il faut, avant tout, se faire une idée bien nette de ce qu'est une mine, et s'en mettre, si l'on peut s'exprimer ainsi, le plan sous les yeux, par la pensée.

Les mines sont des couches de combustibles, ou des filons de substances métalliques, qui se prolongent quelquefois sur une étendue de plusieurs myriamètres, et qui s'enfoncent diversement dans le sein de la terre, jusqu'à des profondeurs indéfinies.

Pour exploiter une mine avec avantage, d'une manière régulière et durable, il faut la *traiter en masse*, ou dans des *sections* d'une certaine étendue, réglées sur le *gisement* et les *allures* des couches ou des filons. Il faut faire abstraction des limites de la surface, et surtout de la direction de ces limites, qui ne peuvent jamais être en rapport avec celles qu'il faut établir autour d'une exploitation.

La largeur et l'inclinaison d'un filon varient et changent;

(1) Voir au titre deuxième, chapitre 1er, section 1re.

il se subdivise quelquefois en portions qui s'écartent, se réunissent et se ramifient en plusieurs filets ; et si le terrain dans lequel on suivait le filon vient à changer de nature, l'espérance s'évanouit, les dépenses restent, et le moyen de les couvrir a disparu.

Le minerai se trouve aussi en amas ; mais il serait superflu d'entrer ici dans des détails qui ne sont pas nécessaires pour amener la solution de la question que nous traitons. Il suffit de voir le filon qui renferme le minerai, parcourir, dans la profondeur de la terre, une étendue considérable, pour prouver qu'il n'est pas divisible de sa nature, et qu'il embrasse, dans sa marche incertaine et variée, des propriétés divisées à l'infini entre les propriétaires de la surface. Quel est parmi eux celui qui doit avoir la propriété de ce filon ? Sera-ce celui qui parviendra le premier à l'atteindre? Mais, du moment où il croit le saisir, il lui échappe, et il est sous la propriété voisine ; tous ses droits sont alors perdus : pour les recouvrer, les associera-t-il avec des droits limitrophes, et ces propriétaires, en poursuivant leurs richesses souterraines, s'uniront-ils ensuite avec tous ceux qu'ils rencontreront dans leur marche? parviendront-ils à lever toutes les oppositions, à concilier tous les intérêts ? Il est permis d'en douter, car l'exploitation d'un filon ne présente pas les mêmes avantages dans toute son étendue ; il peut être abondant dans un point et stérile dans un autre. Un seul opposant, parmi ces nombreux propriétaires, peut retarder et même empêcher l'exploitation d'une mine, et nuire ainsi, par son entêtement ou son intérêt mal entendu, à l'intérêt général de la société. Je suppose tous les propriétaires d'une surface qui recèle une ou plusieurs mines, également d'accord pour les exploiter; il faut commencer, avant d'entreprendre une exploitation régulière, par y consacrer d'immenses capitaux ; les propriétaires fonciers en ont bien rarement de disponibles, et s'ils en avaient, ils aimeraient bien mieux, sans doute, en faire usage pour améliorer leur sol par des engrais ou une culture plus soignée, que de les employer à rechercher des richesses toujours douteuses et toujours très-coûteuses à extraire.

Les capitalistes peuvent seuls se livrer à des opérations hasardeuses, et courir les chances toujours inséparables des grandes entreprises.

Ce qu'il faut réunir de capitaux pour établir des travaux réguliers, est considérable; ce qu'il faut en dépenser avant d'obtenir un produit, est immense. L'on assure que la compagnie qui exploite les mines d'Anzin, a travaillé pendant vingt-deux ans avant de parvenir à extraire du charbon, et a dépensé plus de seize millions pour établir toutes les machines nécessaires à leur exploitation. Cette somme, toute forte qu'elle est, cessera peut-être, Messieurs, de vous paraître exagérée, lorsque vous parcourrez la série des travaux à faire pour exploiter une couche ou un filon dans toute son étendue. Non-seulement il faut creuser des puits à une profondeur de plus de trois à quatre cents mètres, il faut pratiquer des galeries qui, partant du fond des puits, se dirigent horizontalement jusque dans les couches ou les filons de la mine, les percer à travers les rochers, et employer toujours, pour parvenir à les étayer, les plus beaux arbres des forêts. Il faut encore les préserver d'être inondées; épuiser les eaux par des pompes à feu, dont la moindre coûte plus de 100 mille francs à établir; les faire écouler par des canaux toujours très-dispendieux à construire; entretenir par des ventilateurs, dans toute l'étendue des travaux, une circulation vive et continuelle de l'air atmosphérique; il faut enfin se préserver du méphitisme de l'air qui asphyxie tout-à-coup les ouvriers, qui incendie et détruit si souvent, par des explosions comparables à la foudre, les établissements les plus anciens et les mieux fondés.

La dépense de ces travaux, qui exigent tous les genres de connaissances, et dans les sciences et dans les arts, est encore augmentée lorsqu'il s'agit d'exploiter des mines métalliques, et cette dépense, comme on doit être forcé d'en convenir, ne peut être faite par les seuls propriétaires de la surface; si la direction des filons, toute aussi certaine que leur étendue, a servi à prouver qu'ils ne devaient point appartenir aux propriétaires de la surface, les frais de leur exploitation ont démontré que les mines abandonnées à ces propriétaires ne seraient point exploitées, ou le seraient d'une manière peu profitable pour eux, et extrêmement nuisible à l'intérêt général, qu'il ne faut pas perdre de vue un seul instant dans le cours de cette discussion.

De ce qui vient d'être établi il résulte que les mines étant la propriété de tous, ne sont réellement celle de personne, et doivent conséquemment entrer dans le domaine de l'État. Il est nécessaire aussi qu'elles en fassent partie pour qu'elles soient exploitées. Cette exploitation est tellement coûteuse, que je pourrais citer beaucoup de pays où le gouvernement seul est en état d'en supporter les frais.

Les compagnies assez puissantes pour entreprendre l'exploitation des mines, n'existent que dans les états riches et florissants.

Lorsque, dans tous les pays, la volonté des hommes est d'accord sur un point, il faut en chercher la raison dans la nature des choses.

Les mines, effectivement, sont uniformément placées dans toutes les contrées de la terre, les avantages qui résultent de leur exploitation y sont également appréciés; elles ont dû dès-lors être assujetties à une législation presque uniforme, et l'on a déclaré partout que les mines étaient des propriétés domaniales.

Ce principe, il est vrai, n'a pas été consacré par la loi du

28 juillet 1791 ; mais elle est arrivée au même but, en les
mettant à la disposition de la nation.

Les auteurs du projet soumis aujourd'hui à votre délibération,
paraissent aussi avoir reconnu avec votre commission :

Que la société crée seule la propriété dont elle seule assure
l'exercice ;

Qu'elle peut le régler ou le restreindre, suivant son plus
grand avantage.

Elle l'abandonne dans toute sa plénitude, lorsqu'elle en retire le plus grand bénéfice.

Le même motif l'engage à le resserrer dans certaines circonstances.

Ainsi, elle oblige le propriétaire à céder tout ou partie de sa
possession, lorsqu'elle est réclamée au nom de l'utilité générale.

Pour soutenir un siège, on détruit les faubourgs d'une
ville, des maisons sont démolies pour rectifier l'alignement
d'un grand chemin, des moulins abattus pour faciliter le
dessèchement d'un marais ou l'écoulement des eaux.

C'est pour le profit de la communauté qu'elle soumet à de
certaines règles le droit de propriété.

L'origine et l'exercice de ce droit ont donc pour résultat le
bien-être du corps social.

Puisqu'il exerce, dans certains cas, une surveillance active
sur les productions territoriales, ne devait-il pas aussi chercher
le meilleur mode d'extraire les richesses disséminées dans le
sein de la terre ?

N'est-il pas de son intérêt, et conséquemment de l'intérêt de
tous, de les en tirer pour les faire entrer dans la circulation ?
N'est-ce pas un moyen assuré d'augmenter la richesse commune par de nouveaux capitaux ?

Celui de SÉPARER *les mines* de la surface paraissait présenter le plus d'avantages.

Cette manière d'envisager la question a eu pour résultat la CRÉATION d'*une propriété* NOUVELLE.

A qui cette propriété doit-elle appartenir?

Si elle était inséparable de la surface, elle serait à tous les propriétaires du sol, et conséquemment à personne.

Cette propriété serait comme une terre sans produit, puisqu'elle ne serait pas cultivée.

Pour qu'elle le soit, il est nécessaire que le gouvernement en dispose.

Mais enfin, à qui la *propriété des mines doit-elle* APPARTENIR?

L'opinion de votre commission, Messieurs, est qu'*elle doit être à l'*ÉTAT.

Elle présume que le projet l'eût dit nettement, s'il eût précédé le code Napoléon.

Le déclarer positivement eût été blesser une de ses dispositions fondamentales.

Attaquer la loi civile est toujours une chose fâcheuse. C'est ce qu'on a voulu éviter, et l'on a bien fait.

« La propriété du sol (aux termes de l'art. 552 du code » Napoléon) emporte la propriété du dessous.

» Le propriétaire peut faire au-dessous toutes les construc- » tions et fouilles qu'il jugera à propos, et tirer de ces fouilles » tous les produits qu'elles peuvent fournir, sauf les modifica- » tions résultant des lois et règlements relatifs aux mines. »

Prononcer que les mines sont des propriétés domaniales, c'eût été annuler l'article 552, et non le modifier.

Cette modification offrait un PROBLÈME DIFFICILE à résoudre; il a été résolu de la manière la plus satisfaisante, puisqu'elle est la plus utile à l'intérêt de la société; il l'a été en *déclarant que les mines ne peuvent être exploitées qu'en vertu d'un acte de concession délibéré au conseil d'État; mais cet acte réglera les droits des propriétaires de la surface sur le produit des mines concédées.*

Cette reconnaissance formelle des droits des propriétaires est une modification qui concilie le code Napoléon et le projet.

Ces droits des propriétaires de la surface, maintenus et reconnus par l'article 6, ne pourront être réglés sans beaucoup de précaution ; ils ont paru offrir d'abord à votre commission des difficultés dans l'exécution. Elle a remarqué qu'il y aurait des embarras toujours renaissants pour constater sous quelle propriété se fait l'exploitation ; que même il est souvent impossible de déterminer, dans une exploitation en grand, ce qui provient des points divers de la concession. Mais l'article 42 du projet, qui explique l'article 6, porte que le droit attribué aux propriétaires de la surface sera réglé à une somme déterminée par l'acte de concession, et le titre même sur lequel elle sera fondée préviendra ainsi toute contestation ultérieure.

Comme ce droit ne doit être stipulé que pour les mines à ouvrir, attendu que la loi ne peut avoir d'effet rétroactif, il est naturel de prévoir qu'il s'établira, entre le demandeur d'une concession et les propriétaires du terrain, une sorte de transaction dont le gouvernement sera, en dernière analyse, le modérateur suprême. C'est à une assemblée composée de propriétaires, c'est au Corps législatif qu'il appartient, surtout, d'apprécier la sagesse d'une disposition qui est un hommage rendu au droit de propriété.

Les concessions à perpétuité ne sont pas une chose nouvelle ; il en existe en Hongrie, en Bohême, en Autriche, et même en France.

Si l'on consulte les ordonnances du royaume, on y verra que les concessions y sont considérées comme devant être perpétuelles. Les lettres patentes des rois, ou les octrois des grands maîtres des mines, concèdent presque toujours les mines à perpétuité. Cependant, il est notoire que la possession des exploitants était rarement de longue durée, et l'Assemblée cons-

tituante elle-même, qui avait proclamé tant de fois l'inviolabilité des engagements, a cru pouvoir, par la loi de 1791, restreindre toutes les concessions à cinquante années.

Vous aurez, sans doute, saisi, Messieurs, la différence que
nous venons d'établir entre une concession, même perpétuelle,
et la propriété de la mine. La concession n'est proprement
qu'une autorisation, un bail, un privilège; elle donne le droit
d'appliquer son travail, ses capitaux, son industrie, à l'exploitation d'une mine dont la propriété réside en d'autres mains.

Toutes les concessions étaient jadis soumises à des conditions
plus ou moins onéreuses; elles pouvaient être révoquées dans
certains cas.

Les concessionnaires étaient assujettis à un mode d'exploitation déterminé par des règlements, et surveillés par des
agents de l'autorité.

Les mines concédées à perpétuité n'étaient donc pas de véritables propriétés; mais, du moment où la loi proposée sera
publiée, toutes les mines du royaume exploitées légitimement,
en vertu de droits acquis, deviennent, entre les mains de ceux
qui les exploitent, des PROPRIÉTÉS PERPÉTUELLES, et PROTÉGÉES
et GARANTIES *par le code* Napoléon.

Les mines concédées à l'avenir, recevront le même caractère
par l'acte de concession. Ce caractère de propriété aura l'avantage inappréciable de donner aux exploitants cet esprit de
prévoyance, de conservation et de perfectionnement qui semble
appartenir exclusivement aux propriétaires.

A l'instant donc où la loi sera publiée, les concessionnaires
deviennent propriétaires incommutables; leur propriété est entièrement détachée de la surface. Une propriété séparée de la
surface est une conception absolument neuve.

Les *mines sont* IMMEUBLES, pour la sécurité de leurs possesseurs.

Les actions en sont meubles pour leur avantage.

L'article 516 du code Napoléon leur est applicable comme à toutes les autres propriétés.

Elles sont transmissibles comme les autres biens ; elles offrent des facilités pour emprunter, puisqu'elles peuvent être grevées d'hypothèques.

Un motif d'intérêt général réclamait l'article 8. Les saisies atteignent tout ce qui est mobilier ; cependant la vente des chevaux, agrès, outils et ustensiles arrêterait tout-a-coup l'exploitation, et causerait, par cela seul, des pertes irréparables.

Les chevaux employés non dans les travaux inhérents à l'exploitation, mais dans les services secondaires, ont été exceptés de cette disposition et réputés meubles.

La vente d'une mine, soit forcée, soit volontaire, ne peut se faire par lots ou portions détachées, si ce n'est avec l'autorisation préalable du gouvernement. C'est une conséquence du motif qui a déterminé à faire de la mine une propriété distincte de la propriété de la surface.

Avant de pouvoir demander des concessions, il faut s'occuper des moyens de connaître l'existence des mines, et conséquemment travailler à les découvrir. Le titre III que nous allons examiner, comprend dans ces deux sections tous les actes qui précèdent la demande en concession de mines. Le même respect pour la propriété, dont le titre précédent a offert tant de preuves, se retrouve dans toutes les dispositions de la première section de celui-ci.

Le propriétaire peut faire des RECHERCHES *dans son terrain, c'est un* DROIT *qui* DÉRIVE *de la propriété* (1).

----

(1) Cette déclaration *solennelle* a été méconnue par la jurisprudence de la cour de cassation, par plusieurs cours impériales, et par quelques auteurs.

On ne comprend pas la défense qui serait faite à un propriétaire de rechercher un trésor, une mine, dans sa propriété, fût-elle adossée contre un palais !

Le gouvernement peut aussi, par un motif d'intérêt général, en *accorder la permission* à d'autres, à la charge d'une indemnité préalable en faveur du propriétaire, et *dont les* BASES *sont fixées* par les articles 45 et suivants du projet.

Cependant, ni cette permission de recherche, ni même la propriété de la mine acquise conformément à la présente loi, n'autorisent jamais à faire des fouilles, des travaux ou établissements d'exploitation, sans le consentement formel du propriétaire, dans SES *enclos* murés, *cours* ou *habitations*, et dans SES *terrains* ATTENANT *auxdites habitations* ou *clôtures* murées (1), dans un rayon de cent mètres.

Vous jugerez sans doute, Messieurs, que le *respect* pour le DOMICILE *d'un citoyen* commandait cette RESTRICTION; elle ne comprend pas d'ailleurs les galeries d'écoulement ou d'exploitation que la disposition des lieux ou de la mine obligerait à prolonger sous terre, dans une profondeur telle que la solidité des édifices ne pourrait en être compromise.

La dernière disposition de l'article 12 interdit toutes recherches dans un terrain déjà concédé.

Des recherches qui auraient pour objet la mine concédée, *seraient une entreprise sur la* PROPRIÉTÉ *d'autrui;* s'il existait, dans un terrain déjà concédé, une mine inconnue, tous les motifs se réunissent pour en attribuer exclusivement la recherche au concessionnaire de la première.

Le gouvernement s'étant réservé exclusivement, par la seconde section du titre III, le droit de concéder les mines, a dû

_____

(1) Si l'article 11 lui-même, si les paroles de M. Regnault de Saint-Jean-d'Angély laissaient le moindre doute sur le propriétaire qui peut donner le consentement ou le refuser, le rapport de M. de Girardin le ferait cesser. En effet, l'interprétation donnée à l'article 11, par M. de Girardin, le jour même de l'adoption de toute la loi, ne permet pas de douter sur celui qui peut autoriser les fouilles dans sa propriété.

se donner toute latitude pour accorder des concessions à ceux qui offriraient le plus de moyens d'en tirer parti ; à ceux qui réuniraient beaucoup de capitaux à beaucoup de connaissances, et auxquels des succès passés donneraient la presque certitude des succès à venir.

Il appelle même les étrangers à ce concours ; ils sont admis à jouir des richesses nouvelles, et à recevoir des propriétés lorsqu'ils offriront l'assurance de les faire valoir.

Vous aurez remarqué, sans doute, Messieurs, combien cette disposition est libérale et politique. Elle engage des hommes éclairés à venir se fixer parmi nous, et leur présente des avantages capables de les décider à nous apporter leurs capitaux et leur industrie.

Quiconque a les facultés nécessaires, peut donc obtenir une concession, en justifiant qu'il peut donner caution de payer toute indemnité en cas d'accidents causés par ses travaux, soit à des habitations, soit à d'autres exploitations voisines.

Votre commission avait pensé qu'il convenait d'assurer la préférence au propriétaire de la surface, quand son terrain est d'une étendue propre à former une exploitation. Son but était d'exciter les propriétaires à faire des recherches dans leurs fonds ; et, comme toute mine n'a d'accès et d'issue que par des puits creusés à travers le sol, et par des chemins ouverts sur la surface pour arriver à la voie publique, c'était aux yeux de la commission une raison de plus d'accorder cette préférence ; car, s'il s'agissait de disposer d'un terrain enclavé dans un héritage, il semble que le propriétaire de cet héritage aurait la préférence pour le cultiver.

D'autres considérations ont motivé la rédaction qui vous est soumise. Le gouvernement, en se réservant le pouvoir de statuer entre les concurrents, loin d'exclure aucun des motifs de préférence qui viennent d'être développés, se réserve au contraire de les peser tous, et de ne l'accorder qu'à celui qui en réunira le plus en sa faveur.

Il y a, en effet, dans ces sortes de demandes, un concours si varié de circonstances, qu'il paraît préférable de laisser à l'autorité la faculté de les apprécier.

Celui qui, par des recherches autorisées, a découvert une mine, paraît, sans doute, avoir des titres à la préférence. Cependant il y aurait eu de l'inconvénient à obliger le gouvernement à la lui donner; mais s'il la lui refuse, il lui assure une indemnité.

Pour saisir l'esprit des autres articles de la section du projet que nous discutons, il faut se reporter à l'article 552 du code Napoléon; la loi proposée RÉALISANT *la modification* PRÉVUE *par cet article même,* fait de la mine une *propriété* DISTINCTE *de celle de la surface;* mais, pour ne pas préjudicier aux droits acquis, la mine, qui est détachée de cette surface, est grevée en sa faveur d'une rente foncière, affectée de toutes les hypothèques et charges qui grevaient le sol. Désormais, et jusqu'au rachat opéré légalement, cette rente restera attachée à la superficie.

Les formalités à suivre pour obtenir des concessions sont établies par le titre IV : il est divisé en deux sections; l'une traite de l'obtention des concessions, et l'autre des obligations des propriétaires de mines.

Les dispositions qui tracent les règles à suivre pour demander et obtenir une concession, cesseront de paraître minutieuses, si on réfléchit que, dans une matière aussi importante, il était nécessaire de prescrire aux demandeurs et aux autorités elles-mêmes une marche assurée qui servît de garantie contre les surprises et les autres abus; et, puisque ces règles sont nécessaires, puisqu'elles conviennent à toutes les parties de la France indistinctement, et qu'elles sont applicables dans tous les temps, il valait mieux, comme on l'a fait, les établir

9

par une loi que de les renvoyer à des règlements à faire,
dont l'instabilité seule est toujours un inconvénient.

A la lecture de ce titre, votre attention, Messieurs, s'est
attachée, sans doute, aux dispositions importantes contenues
dans l'art. 28. Les demandes en concurrence pour une concession ne peuvent être adressées directement au ministère
de l'intérieur, ni au conseil d'État. La marche administrative
et la disposition expresse de l'article 22 veulent qu'elles soient
soumises d'abord au préfet du département. Il en est autrement
des oppositions : il convenait qu'elles fussent admissibles tant
que le conseil d'État n'a pás prononcé sur la concession.

La loi ne détermine pas l'étendue qu'une concession peut
avoir ; elle s'en rapporte à cet égard au gouvernement, et l'article 33 renferme d'ailleurs une disposition qui ne permet pas
de craindre qu'elles soient jamais d'une trop grande étendue.

L'article 29 est susceptible de quelques développements, et
nous allons vous les présenter.

Les digues connues par les mineurs et les gens de l'art,
sous le nom d'*epontes*, dont toute concession doit être entourée
pour prévenir l'affluence des eaux étrangères, seront ordinairement verticales. Cependant la loi autorise les digues inclinées,
quand les circonstances et les localités l'exigeront.

Quoique cet article soit clair en lui-même, il sera difficile-
ment entendu par ceux qui ne seront pas versés dans l'exploitation des mines.

Les couches de mines se prolongent du levant au couchant,
dans une étendue de plusieurs myriamètres ; elles s'enfoncent
ordinairement du nord au midi, et quelquefois du midi au nord.

Au levant et au couchant, les digues sont toujours verticales :
on ne saurait empêcher cette direction, et le charbon qu'elles
renferment est soustrait pour toujours à la consommation.

Au nord et au midi, on évite cette perte en prenant pour

digue le rocher qui se trouve entre deux couches ; et quand par un bienfait inappréciable de la providence, les couches sont inclinées vers le midi ou vers le nord, la digue qui sépare deux exploitations est inclinée comme les couches elles-mêmes.

Ce mode d'exploitation présente un avantage d'un grand prix, puisqu'il économise, chaque année, le charbon qui suffirait à l'approvisionnement d'une grande ville.

Dans plusieurs mines, le même mode a été suivi pendant des siècles. Il serait maintenant physiquement impossible d'y substituer des digues verticales, puisqu'elles se trouveraient ouvertes jusqu'à deux ou trois cents mètres de profondeur, dans tous les endroits où elles traverseraient des couches déjà exploitées.

Louis XIV, après avoir conquis le Hainault, y établit des intendants qui furent chargés d'observer les exploitations des mines de charbon. Dans leurs rapports, ils louent l'activité des exploitants, et ils attribuent la prospérité des exploitations à la division *des charbonnages* en plusieurs sociétés, qui, émules les unes des autres, travaillent de concert à atteindre le meilleur mode d'exploitation.

Ce fut, d'après les rapports de MM. Fauthier, Bernier et Bagnole, que Louis XIV fit rendre l'arrêt du conseil du 13 mai 1698.

Ces mines, encore en pleine activité aujourd'hui, sont, comme alors, divisées en un grand nombre de compagnies.

Réunir ces compagnies en une seule, ce serait nuire à l'intérêt public. Jusqu'ici, tout le charbon a été exploité, tandis qu'une compagnie unique abandonnerait les couches peu productives, pour suivre exclusivement l'exploitation de celles qui le sont davantage ; mais un plus grand inconvénient encore serait que cette compagnie pût hausser à sa volonté le prix du charbon, et faire peser tous les inconvénients du monopole sur les consommateurs, au nombre desquels les manufactures se présentent au premier rang.

Le dernier article de la section première du titre IV porte que toute concession d'une mine est faite à la charge de tenir l'exploitation en activité. Cela découle de la nature même des choses. On ne doit concéder une mine qu'à celui qui s'engage à en faire l'exploitation.

La section II du titre IV concerne les obligations des propriétaires de mines. Nous allons vous rendre compte des observations auxquelles la discussion de cette partie du projet a donné lieu.

L'exploitation des mines n'est pas considérée comme un commerce, et n'est pas sujette à patente. Cette déclaration était nécessaire pour fixer la compétence des tribunaux ordinaires et soustraire les sociétés formées pour l'exploitation des mines à l'empire du code de commerce, à la solidarité des dettes et à la contrainte par corps.

La redevance fixe empêchera, comme nous l'avons déjà fait observer, les demandes de concessions trop étendues, et cela seul est un grand bien; elle servira à fixer et à conserver les limites des mines. Votre commission pense, quoique cela ne soit pas dit dans le projet, que, quand plusieurs concessions auront été accordées sous la même surface, la redevance fixe sera répartie entre tous les concessionnaires. Cette observation sera appréciée, sans doute, par le gouvernement, et l'on peut s'en rapporter à sa justice.

La redevance proportionnelle est déterminée, chaque année, par le budget de l'État.

Les produits de ces deux redevances ne sont pas considérés comme faisant partie des finances de l'État; ils en sont séparés par l'art. 39, qui leur assigne une destination spéciale, en les affectant aux dépenses de l'administration des mines exclusivement. C'est une garantie qui doit rassurer pleinement les exploitants actuels et tous ceux qui se livreront à l'avenir à ce genre d'industrie.

Qu'il nous soit permis, Messieurs, d'arrêter encore quelques moments votre attention sur ce point important.

S'il est juste que les propriétaires de mines paient une redevance à titre de propriétaires, *il est nécessaire,* pour l'intérêt général, qu'*elle soit extrêmement* MODIQUE; car si elle était considérable, elle paralyserait ou anéantirait bientôt les anciennes exploitations et serait un obstacle à ce qu'il puisse s'en établir de nouvelles.

Il est reconnu que tout impôt qui pèse sur l'industrie est beaucoup plus nuisible qu'utile.

L'exploitant d'une mine n'a d'autre propriété que le fruit de son travail Lorsque la mine est abondante, il en tire, il est vrai, un profit qui le dédommage de l'intérêt de ses avances, mais ce profit est toujours balancé par des risques au moins proportionnés à l'étendue des bénéfices.

L'*exploitation des mines doit être* ENCOURAGÉE, car leurs productions sont incontestablement une richesse de plus pour la nation et une dépense de moins, puisqu'il faudrait acheter de l'étranger de quoi subvenir aux besoins de la société et des manufactures.

Nous sommes encore tributaires de l'étranger pour un quart environ du fer qui se consomme en France. Cependant les mines de fer répandues presque sur toute la surface du royaume, sont abondantes et inépuisables.

Il faut donc diriger l'industrie et les capitaux vers la fabrication du fer, et, pour y parvenir, *il faut* FAVORISER l'*exploitation du charbon de terre;* il faut lui procurer de l'écoulement dans l'intérieur, afin d'économiser le bois, et de le réserver pour l'usage des fourneaux et des forges.

La loi favorise cette exploitation, en garantissant qu'elle ne sera jamais assujettie aux contributions ordinaires , et que les taxes levées seulement pour couvrir les dépenses de l'administration , seront si peu considérables, qu'elles ne détourneront personne de continuer ou d'entreprendre l'extraction de la houille.

Quant à l'écoulement de ce combustible, il est facilité par l'entretien des routes anciennes ou la confection des routes nouvelles , par l'amélioration de toutes les navigations intérieures et l'ouverture de nouveaux canaux.

La circulation ou le transport au loin des charbons de terre procure bien d'autres avantages non moins précieux. C'est à l'usage général de ce combustible que la Belgique doit principalement l'état florissant de son agriculture. La cendre du charbon est un engrais pour les prairies naturelles et artificielles qui nourrissent un grand nombre de bestiaux, et les bestiaux , à leur tour, améliorent les terres et multiplient les engrais.

En favorisant la consommation de la houille , on ménage les engrais.

Une autre considération d'un grand poids exige encore que la taxe sur les charbons soit légère, afin que les étrangers ne trouvent aucun avantage à nous les fournir, et que nous puissions soutenir la concurrence au-dehors. Depuis l'instant où l'Escaut et la Meuse débouchent dans la mer du Nord, les charbons de terre des départements de l'Ourthe, de Sambre-et-Meuse et de Jemmappes peuvent être livrés, dans tous les ports de l'Ouest , à un prix sinon inférieur, au moins égal à celui des charbons étrangers.

La somme fixée, chaque année, par le budget, sera répartie entre les départements où il y a des mines en exploitation; elle sera imposée et perçue comme la contribution foncière, sans pouvoir néanmoins lui être assimilée ni par la quotité, ni par l'emploi de ses produits.

Le temps seul pourra établir l'égalité proportionnelle d'une manière équitable; mais, comme dans les premières années, les dépenses de l'administration des mines seront, sans doute, fort modérées, les contribuables n'en souffriront pas sensiblement.

La loi permet les abonnements, mais sans préjudicier à l'égalité proportionnelle que le gouvernement conservera toujours comme le moyen le plus sûr de prévenir les surtaxes et les réclamations.

Les perquisitions et les recherches dans les registres des exploitants ne peuvent avoir lieu, et s'ils sont quelquefois dans le cas de les produire au conseil de préfecture, pour établir leurs réclamations, cela sera volontaire de leur part, et n'aura lieu que rarement; cette présentation de registres offre, dans cette circonstance, peu d'inconvénients, tandis qu'il y en aurait eu de très-graves pour le commerce, s'il avait fallu les laisser parcourir par tous les agents des contributions publiques.

Votre commission ne s'est pas dissimulé la difficulté qu'il y aura pour les réclamants de faire constater le produit net de l'exploitation; mais elle a considéré qu'il valait mieux encore admettre cette mesure que de n'en établir aucune. Il ne faut pas perdre de vue que c'est dans un conseil déjà instruit par la notoriété des pertes ou des bénéfices des exploitations, que les réclamations seront discutées et jugées. Un corps permanent, formé d'éléments paternels, se procurera, par des voies indirectes, mais sûres, les connaissances nécessaires pour asseoir des jugements équitables.

Un fonds de non-valeur était une chose utile à établir, et un décime pour franc, prélevé sur la redevance proportionnelle, est destiné à le former.

Le ministre de l'intérieur en disposera comme étant à portée de connaître les pertes et accidents que pourraient éprouver les propriétaires de mines.

Le gouvernement, par une disposition pleine de justice et de prévoyance, se réserve de faire, dans certains cas, la remise de tout ou partie de la redevance proportionnelle. Cette remise pourra être faite, à titre d'encouragement, à de nouveaux ou à d'anciens concessionnaires.

Les articles 40 et 41 du projet renferment des dispositions importantes, qui prouvent jusqu'à quel point le gouvernement veut favoriser les exploitations de mines. Les redevances dues à l'État cesseront à compter du jour où les redevances nouvelles seront établies. La loi excepte seulement de cette abolition les rentes et prestations qui, sans être entachées de féodalité, procèdent de concession de fonds, ou d'autre cause équivalente.

Les articles 43 et 44 règlent les indemnités auxquelles les exploitants sont soumis pour les dommages causés à la surface du sol.

La loi imprimant aux mines le *caractère de la propriété* FONCIÈRE, il semble, au premier aperçu, qu'on aurait pu leur appliquer l'article 682 du code Napoléon, ainsi conçu :

« Le propriétaire dont les fonds sont enclavés, et qui n'a » aucune issue sur la voie publique, peut réclamer un passage » sur les fonds de ses voisins, pour l'exploitation de son héri- » tage, à la charge d'une *indemnité proportionnée aux* » *dommages* qu'il peut occasionner. »

Les mines, en effet, sont doublement enclavées : le corps de la mine est dans le sein de la terre. On ne peut y arriver que par des puits ; et ces puits eux-mêmes, dont l'emplacement est toujours indiqué d'une manière absolue par le *gisement* ou l'*allure* de la mine, sont ordinairement dans l'intérieur des terres.

Cependant votre commission a pensé, comme le conseil d'État, qu'on ne pouvait se borner à une simple indemnité proportionnée au dommage.

Le passage pour la culture des terres étant une servitude réciproque, l'équité n'exigeait que la simple indemnité du dommage.

Mais, dans l'exploitation des mines, il n'y a pas de réciprocité entre le propriétaire de la surface et le propriétaire de la mine.

Sous ce rapport, il était donc juste de doubler l'indemnité, et même le prix du terrain, en cas d'achat.

L'article 22 de la loi du 28 juillet 1791 fixait aussi l'indemnité au double du dommage; mais, en cas d'achat, le prix ne s'élevait pas au-dessus de la valeur estimative.

Néanmoins, votre commission n'a pas cru devoir demander que cette dernière disposition de la loi de 1791 fût conservée. Elle a pensé que l'intérêt de l'agriculture, et le respect dû à la plus ancienne comme à la plus précieuse des propriétés, exigeaient que les exploitants fussent contraints, pour leur propre intérêt, d'y causer le moins de dommage possible; c'est pourquoi l'obligation d'acheter le terrain au double de sa valeur leur a été imposée.

Au reste, cette disposition, un peu rigoureuse peut-être, est ADOUCIE *par l'application des* RÈGLES *établies dans la loi du 16 septembre 1807.*

Toutes les *questions d'indemnités ou d'achats,* dont il vient d'être parlé, *sont de la compétence des* TRIBUNAUX *et* cours, puisque ce sont des contestations entre des *propriétaires* VOISINS, à raison de leurs droits *respectifs* de propriété.

Les contestations auxquelles peuvent donner lieu des travaux autorisés par le gouvernement, et antérieurs à l'acte de concession, sont de la compétence administrative, conformément à l'article 4 de la loi du 28 pluviôse an 8.

Les mines n'étant pas et ne pouvant pas être considérées comme des propriétés ordinaires, devaient être assujetties à des règles particulières et soumises à une surveillance de la part de l'administration. La manière dont elle doit être exercée est fixée par le titre V.

Les dispositions que ce titre renferme ont paru à votre commission être en harmonie avec tous les principes consacrés dans le projet.

« En général (ce sont les paroles d'un sage et vertueux » magistrat), les hommes sont assez clairvoyants sur ce qui » les touche. On peut se reposer sur l'énergie de l'intérêt per- » sonnel du soin de veiller sur la bonne culture. La liberté » laissée aux cultivateurs et aux propriétaires fait de grands » biens et de petits maux. L'intérêt public est en sûreté quand, » au lieu d'avoir un ennemi, il n'a qu'un garant dans l'intérêt » privé. »

Les conseils que les ingénieurs donneront aux exploitants seront d'autant plus efficaces, qu'ils n'auront pas le caractère de l'autorité et du commandement.

Ils seront les intermédiaires par lesquels les lumières de l'expérience, recueillies et épurées au sein de l'administration générale, parviendront jusqu'aux exploitants. On s'adressera à eux avec confiance; l'on eût redouté leurs visites, s'ils avaient apporté des ordres ou des directions absolues; on les verra arriver avec satisfaction dans les établissements, quand on saura qu'ils ne s'y présentent que comme des observateurs bienveillants ou des amis éclairés.

Les travaux souterrains, en général, et surtout les exploitations de mines, doivent être sous la surveillance et sujets à l'action de la police, à cause des accidents dont ces travaux sont quelquefois la cause. Les diverses dispositions du titre dont nous vous rendons compte sont des conséquences nécessaires de ce principe.

Mais cette surveillance et cette action de la police donneraient lieu à des abus, si les exploitants pouvaient être jugés sans avoir été entendus, ou si l'instruction préalable pouvait se faire sans l'intervention des préfets. Vous aurez remarqué, Messieurs, que toutes ces mesures protectrices se trouvent dans le projet.

Pour terminer notre rapport sur la première partie de la loi relative aux mines proprement dites, il nous reste à rendre compte du titre VI.

Nous avons déjà montré les avantages qui résultaient pour l'État de l'exploitation des mines. Elles multiplient les matières premières, augmentent la masse des richesses en circulation ; elles emploient une infinité d'ouvriers ; elles apportent l'abondance et couvrent de populations nombreuses des lieux que la nature paraissait avoir destinés à être inhabités. Ces bienfaits envers la société sont le résultat des anciennes exploitations ; ne pas le reconnaître, c'eût été de l'ingratitude ; ne pas les récompenser, c'eût été manquer de générosité. Ainsi les mines concédées deviendront de plein droit, et par l'effet immédiat de la publication de la loi, des propriétés incommutables. Elles seront assujetties aux deux redevances, comme les mines qui seront concédées à l'avenir.

Ne craignez pas, Messieurs, que les mots *concessions* ou *concessionnaires* puissent faire naître des incertitudes ou des difficultés.

L'esprit de cette disposition est facile à saisir ; il a pour but d'imprimer le caractère de la propriété aux mines ouvertes et exploitées à titre légitime. Or, quand l'esprit de la loi est évident, il est aisé alors d'en fixer le véritable sens. Votre commission a eu recours aux ordonnances des rois et aux instructions du ministre de l'intérieur, des 18 brumaire et 18 messidor de l'an IX, pour bien entendre la loi de 1791.

En parcourant les ordonnances, elle a reconnu que les actes

de l'autorité des contrôleurs-généraux des finances et des grands-maîtres sur intendants des mines, qui ont accordé des exploitations, sont qualifiés indistinctement d'*octroi, privilèges, arrêts, lettres-patentes, concessions, permissions*.

Depuis 1698 jusqu'à 1744, tous les propriétaires ont été autorisés à ouvrir des mines de charbon dans leurs terrains, ou d'en permettre à d'autres l'ouverture et l'exploitation.

La loi du 28 juillet 1791 a respecté les exploitations légitimement établies d'après les lois ou les actes de l'administration publique ; et, voulant les maintenir toutes, elle s'est servie des expressions générales de *concessions* ou *concessionnaires*.

Cette loi a été publiée dans les départements réunis pour y opérer les mêmes effets qu'en France. Dans ces nouveaux départements, les mots *concessions* et *concessionnaires* renfermaient donc aussi tous les actes et toutes les sources légitimes d'où provient le droit d'exploiter une mine.

C'est dans le même sens et dans les mêmes vues générales que le ministre de l'intérieur a employé et expliqué le mot *concession* dans les deux instructions dont nous venons de parler.

Ces observations paraissent ne pas laisser de doute sur le sens et l'étendue des mêmes mots, *concessions* et *concessionnaires*, employés dans le paragraphe Ier du titre VI.

L'art. 53 a fixé longtemps l'attention de votre commission. Permettez-nous de vous rappeler les dispositions de la loi de 1791, auxquelles il se rapporte.

L'art. 4 ordonne aux concessionnaires dont la concession excéderait l'étendue de six lieues carrées, de les faire réduire à cette étendue par les directions des départements.

L'art. 26 leur ordonne de remettre aux archives du département un état contenant la désignation des lieux où sont situées les mines qu'ils font exploiter, la nature de la mine, le nombre d'ouvriers, les quantités de matières extraites, et de renouveler cette déclaration d'année en année. Cette dernière disposition est tirée de l'article II de l'arrêt du conseil du 14 janvier 1744, et l'article III de l'arrêt du 19 mars 1783.

Votre commission s'est convaincue par la lecture des paragraphes 6 et 16 de l'instruction du 18 messidor an 9, que la loi de 1791 n'impose pas d'autres obligations aux concessionnaires maintenus dans leurs droits.

En rapprochant ainsi l'article 53 du projet des articles 4 et 26 de la loi de 1791, les autorités qui en feront l'application y trouveront la règle de leur conduite; il résulte, au reste, de l'ensemble et de l'esprit général de la loi nouvelle, que tous les concessionnaires et exploitants qui n'ont pas déposé aux archives de la préfecture les plans de la surface et de la limitation de leurs mines, les titres et autres preuves de la légitimité de leurs exploitations, devront les fournir à l'effet de faire reconnaître les limites de leurs concessions.

La dernière partie de l'article 53 donne une nouvelle garantie que les articles 6 et 42 de la loi ne seront appliqués qu'*aux concessions* NOUVELLES.

L'on ne pouvait y astreindre les anciens concessionnaires sans donner à la loi un effet rétroactif; mais ils auraient pu, sans injustice, y être assujettis à l'expiration de la durée de leurs concessions : ils accueilleront donc avec reconnaissance les dispositions d'une loi libérale, qui, de fermiers qu'ils étaient, les rend désormais propriétaires, et qui a voulu même les soustraire aux contestations dont la difficulté de fixer les sommes à payer aux propriétaires de la surface eût été l'inépuisable source. Mais, s'il existait des conventions entre eux et les propriétaires, loin d'être abolies, elles sont, au contraire, positivement maintenues. L'on a été généreux envers les concessionnaires, et juste envers les propriétaires. Ils n'auront point à se plaindre, puisque leur condition restera la même ; et, si celle des exploitants est améliorée, elle ne l'est que pour l'intérêt de tous ; et, comme membre de la société, ils en retireront aussi un avantage.

En procédant à la reconnaissance des limites, on rencontrera sans doute des difficultés. Si c'est entre les exploitants, elles seront jugées par les tribunaux ordinaires ; si l'exploitant réclamait des limites contestées par l'administration, ce sera alors le gouvernement qui prononcera d'après l'acte de concession.

Ici se termine le rapport de votre commission sur les six premiers titres du projet. Il est temps de passer aux objets compris dans la seconde division sous la dénomination générique de *minières*. C'est la matière du titre VII.

Nous n'aurons pas beaucoup d'observations à faire sur ce titre ; les dispositions en sont claires et conformes, à peu de choses près, à celles contenues dans la loi de 1791.

Nous avons eu l'honneur, Messieurs, de vous faire observer, en commençant ce rapport, que les mines ne pouvaient faire partie de la propriété de la surface ; et l'argument le plus fort en faveur de ce système, est qu'elles ne sont pas divisibles de leur nature ; mais ce raisonnement n'est pas applicable aux mines superficielles désignées sous le nom de *minières* ; et, si vous avez reconnu qu'on a dû détacher les mines proprement dites de la propriété du sol, parce qu'elles sont formées dans un système naturel qui n'a aucun rapport avec les divisions des terrains qui les couvrent, et parce que leur exploitation doit se faire en grand, vous reconnaîtrez aussi que les minières, placées ou à la surface du sol ou presque immédiatement au-dessous de la couche végétale, pouvant être exploitées sans de grands travaux et sans compromettre en rien les ressources de l'avenir, doivent rester à la disposition du propriétaire de la superficie.

Les minières étant des productions du sol, ne devaient pas être assujetties aux redevances établies par le projet, puisque le sol dont elles sont le plus souvent l'unique produit, paie déjà la contribution foncière. Mais, comme les minières sont aussi des richesses nationales qu'il importe de ménager, leur exploitation ne peut avoir lieu sans permission et sera assujettie à des règles spéciales. Elles sont fixées par les différentes sections du titre VII; nous les examinerons successivement.

Les fourneaux et les forges, plus nécessaires et plus productifs dans un État que les mines des métaux les plus précieux, doivent être alimentés de minerai de fer. C'est sur cette considération que portent les principales dispositions du titre VII.

Les trois derniers articles de ce titre concernent les concessions de mines de fer. La loi de 1791 n'en parle pas; mais des motifs d'intérêt général exigeaient que le projet autorisât les concessions des mines de fer, lors même qu'elles proviennent d'alluvions, si l'exploitation ordinaire des propriétaires ou des maîtres de forges était sur le point de tarir, et qu'il fallût des travaux d'art pour assurer le service ordinaire des fourneaux. Les articles 68 et 69 expriment clairement quand on devra demander une concession et quand il y aura lieu de l'accorder.

Toutefois, le projet assujettit le gouvernement qui accordera une concession de mines de fer, à régler par l'acte de concession ou par le cahier des charges la quantité de minerai que le concessionnaire devra fournir aux usines destinées à le traiter, et le prix qu'il pourra en exiger. La sagesse de cette disposition est facile à saisir. Le gouvernement étant le plus grand consommateur des produits des forges, a, sous ce rapport, un immense intérêt à maintenir le prix du fer à un taux modéré ; et, pour y parvenir, il devait se réserver de fixer la valeur du minerai dans l'acte de concession.

Les terres pyriteuses et alumineuses restent aussi à la

disposition du propriétaire du terrain. Il n'est soumis, pour en pouvoir tirer parti, qu'à la demande d'une permission et à suivre les règles qui lui seront prescrites sous les rapports de sûreté et de salubrité publiques. Ces dispositions sont contenues dans les articles 71 et 58 du projet.

La section IV du titre VII traite de l'établissement des forges, fourneaux et usines.

On ne peut les établir sans la permission du gouvernement. Deux motifs puissants ont dicté cette disposition, conforme, d'ailleurs, aux lois antérieures et à ce qui s'observe généralement dans tous les états de l'Europe. Le premier, c'est que le cours d'eau considéré comme action motrice, est toujours réservé au gouvernement; le second, c'est que les établissements de même nature établis avec l'autorisation du gouvernement sont, par là, sous sa protection spéciale. Cependant ils seraient bientôt sans valeur et sans utilité, si chacun pouvait, de son propre mouvement, former d'autres établissements qui absorberaient les matières premières, ou consommeraient le combustible.

Pour obtenir la permission d'établir des usines, l'on ne sera assujetti qu'au paiement d'une taxe modérée, puisqu'elle ne pourra être au-dessous de 50 fr. et au-dessus de 300 fr.

La section 5 ne présente qu'un seul article qui mérite de fixer votre attention.

Les propriétaires d'usines en activité sont astreints à représenter la permission qui a dû leur être accordée, ou d'en obtenir une qui leur sera délivrée en payant la taxe déterminée.

Votre commission avait pensé d'abord que plus une usine était ancienne, plus on devait présumer qu'elle avait été légitimement établie; et dans ce cas, il est assez rare que la permission primitive se retrouve. Mais elle a reconnu ensuite qu'il importe aux possesseurs d'usines de se munir d'un acte du gouvernement qui, en confirmant leurs droits, soit pour eux une nouvelle garantie; et, comme l'administration peut établir une échelle de proportion depuis 50 fr. jusqu'à 300 fr., elle pourra, quand elle le trouvera juste, tempérer ce que cette disposition paraît avoir de rigoureux.

Le titre VIII est consacré aux *carrières* et *tourbières*, qui forment la troisième et dernière division du projet.

Les dispositions de ce titre n'enlèvent pas au propriétaire de la surface le droit qu'il a de disposer de toutes les substances comprises dans cette division. Elles prescrivent seulement certaines règles, sous les rapports essentiels de la sûreté et de la salubrité publiques.

Nous ne parlerons ici que des tourbes.

Au premier aperçu, on pourrait envisager les règles prescrites par rapport aux tourbes comme des entraves à l'exercice du droit de propriété.

Mais votre commission, après un examen approfondi, s'est convaincue qu'elles sont dictées par une sage prévoyance, et dans l'intérêt même des propriétaires.

L'existence des tourbes suppose que le fond est marécageux; qu'il a été couvert, pendant des siècles, par des eaux stagnantes qui ont imprégné le terrain de miasmes putrides. Pour extraire la tourbe, il faut enlever la couche de terre neuve qui la couvre, et comprimer ses exhalaisons. L'extraction faite, l'eau prend la place de la tourbe enlevée; elle croupit faute d'écoulement et occasionne souvent des fièvres contagieuses. C'en est assez pour justifier toutes les dispositions de la section II qui traite spécialement des tourbières.

Il nous reste à parler des deux derniers titres qui renferment des dispositions générales applicables aux trois divisions du projet.

Le titre IX, qui traite des expertises, est conforme aux dispositions générales du code de procédure civile.

10

En discutant l'article 90, nous avons fait observer qu'il n'est applicable qu'aux plans qui seront levés à l'avenir et à ceux qui peuvent être vérifiés. La disposition de l'article est sage, mais elle ne doit pas empêcher que les plans levés anciennement et longtemps avant l'établissement du conseil des mines et des ingénieurs, ne soient admis parmi les preuves des parties.

Le titre X renferme quelques dispositions sur la police et la juridiction relatives aux mines. Elles sont claires ; elles découlent des principes consacrés dans le corps du projet et ne demandent de notre part ni développement, ni observations.

Nous avons parcouru les trois divisions du projet ; nous vous avons rendu compte des observations qu'a fait naître la discussion des articles les plus importants de ce projet ; il ne nous reste plus qu'à vous soumettre les motifs principaux qui ont décidé votre commission à en voter l'adoption.

Le but d'une bonne loi sur les mines doit être d'en multiplier les exploitations.

L'ancienne législation en était fort éloignée.

Ce but n'a point été non plus atteint par la loi de 1791.

Elle s'en est écartée, soit pour les mines ouvertes, soit pour les mines à ouvrir.

Presque toutes les concessions étaient à perpétuité.

La propriété de la mine n'en était pas la conséquence, mais il en résultait le droit de l'exploitation sans limitation de temps.

Cette durée indéfinie a été restreinte à 50 années par la loi de 1791.

Les engagements contractés entre l'État et les concession-naires ont été rompus.

Ce manque de foi a fait disparaître la confiance.

L'exploitation des mines s'est ralentie.

La propriété de ces sortes d'entreprises est attachée à l'abondance des capitaux ; ils ont pris une autre direction.

Ces entreprises ont donc été sinon détruites, au moins fortement ébranlées par la loi même qui devait contribuer à les consolider.

La loi, dont une disposition porte atteinte à des droits acquis, laisse sans garantie ceux qui sont conservés par elle.

Cette disposition plaçait les concessionnaires dans la position d'un fermier dont le bail serait révocable à volonté.

Cela suffit, Messieurs, pour vous faire apercevoir le préjudice qu'elle portait à ce genre d'industrie.

Cette disposition était injuste envers les anciennes concessions à perpétuité ; envers les nouvelles, elle était imprévoyante.

Elle introduisit un abus dont les conséquences furent extrêmement fâcheuses.

C'était celui de ne permettre d'exploitation qu'à quarante mètres au-dessous de la superficie.

Elle laissait ainsi aux propriétaires du dessus la faculté de creuser jusqu'à cette profondeur, pour extraire du minerai et de la houille.

Cette faculté a multiplié les exploitations irrégulières, qui sont nuisibles à ceux qui les entreprennent et funestes à l'intérêt public, rendent impossibles les travaux réguliers, compromettent ceux qui seraient commencés, et fixent à jamais dans le sein de la terre des richesses à l'extraction desquelles elles mettent d'insurmontables obstacles.

Les inconvénients de la loi de 1791, indiqués par des hommes versés dans l'art d'exploiter les mines, furent constatés par l'expérience.

Ils sont écartés par la loi soumise à votre sanction. Elle rétablit, pour les consolider à jamais, des droits violés par celle de 1791.

Les droits résultant de la propriété du sol, définis par

l'article 552 du code Napoléon, sont réservés par le projet, et cette réserve, qui concilie la loi sur les mines avec le code Napoléon, l'associe en quelque sorte à ses hautes destinées.

Les mines, entièrement séparées de la surface, deviennent une PROPRIÉTÉ *nouvelle.*

Les concessionnaires s'attacheront d'autant plus à en multiplier les produits, qu'ils sont délivrés de l'inquiétude d'être troublés dans leur jouissance; ils perfectionneront des travaux dont ils sont appelés à recueillir les fruits et à transmettre les avantages à leurs héritiers.

La propriété des mines sera RÉGIE *par le* DROIT *commun, comme* TOUTES *les autres propriétés.*

Le gouvernement, qui connaît et apprécie la toute-puissance de l'intérêt particulier, s'en rapporte presque exclusivement à lui pour l'exploitation des mines.

L'action de l'administration des mines se bornera pour ainsi dire à offrir les résultats de l'expérience et les conseils de la sagesse.

Les dépenses de cette administration, instituée principalement pour l'avantage des propriétaires des mines, seront payées par eux.

Les taxes auxquelles ils seront assujettis, seront légères et n'auront pas d'autre destination.

Ils en ont pour garants la justice du gouvernement et son intérêt.

La loi proposée imprimera une activité nouvelle à toutes les anciennes exploitations, et l'on en verra beaucoup d'autres se former.

Les capitaux se porteront avec abondance dans ces établissements, parce qu'ils offriront plus d'avantages aux capitalistes, et leur assureront plus de garanties.

La valeur des actions s'augmentera, puisque leur gage sera plus certain et leur bénéfice plus considérable.

La loi soumise à votre sanction est donc la meilleure de celles qu'on a publiées jusqu'à présent sur les mines. Elle est libérale dans son ensemble, généreuse dans son application, et juste dans toutes ses parties.

Si cette loi obtient votre assentiment, comme il nous est permis de l'espérer, nous osons, Messieurs, vous garantir qu'elle sera favorablement accueillie dans toutes les parties de la France, et la reconnaissance publique vous récompensera d'en avoir pressenti l'heureuse influence.

J'ai l'honneur, Messieurs, de vous proposer, au nom de votre commission d'administration intérieure, de convertir en loi le projet sur les mines.

V.

JURISPRUDENCE SOLENNELLE DE LA COUR DE CASSATION

SUR LA PROPRIÉTÉ DES MINES.

La jurisprudence solennelle de la cour de cassation sur la propriété des mines a été provoquée par les faits et par les circonstances qui suivent.

En 1825, le gouvernement a concédé la mine de Couzon, et, en 1826, il a autorisé l'établissement du chemin de fer de Lyon à Saint-Étienne.

Le tracé du chemin de fer a été fait dans le périmètre de la concession de la mine : la compagnie de ce chemin a exproprié les propriétaires de la surface, sans se préoccuper des propriétaires concessionnaires du tréfonds.

En 1829, sur une pétition de la compagnie du chemin de fer, un arrêté du préfet de la Loire est venu interdire l'exploitation de la mine au-dessous et aux abords du chemin de fer.

Les concessionnaires de la mine, par suite de l'interdiction d'une partie du périmètre de leur concession, intentèrent une action en dommages-intérêts contre la compagnie du chemin de fer, et cette action fut accueillie par le tribunal de Saint-Étienne.

Appel de la part de la compagnie du chemin de fer, et arrêt de la cour impériale de Lyon, en date du 12 août 1835, réformant le jugement du tribunal de Saint-Étienne et déboutant les concessionnaires de la mine de leur demande en dommages-intérêts, par les motifs :

Que, dans tout le territoire sous lequel gisent des mines concédées par le gouvernement, celui-ci conserve le droit d'y établir, d'y ouvrir telles voies publiques qu'il juge nécessaires ou utiles ; que l'interdiction du préfet n'a pas les caractères d'une expropriation pour cause d'utilité publique, donnant droit à indemnité contre le gouvernement, et que la compagnie du chemin de fer, comme subrogée au droit du gouvernement, a eu le droit d'établir son chemin sans indemnité pour les concessionnaires de la mine (1).

Pourvoi en cassation.

Me Lacoste, avocat des concessionnaires de la mine, a soutenu le pourvoi en cassation devant la chambre civile, et a dit :

Que si la propriété de la mine est soumise à des mesures de police, ces mesures ne font pas perdre aux mines les prérogatives inhérentes au droit de propriété ; que les règlements

(1) Voir l'arrêt ci-après, page 156.

administratifs qui défendent aux concessionnaires de pousser leurs fouilles trop près des habitations et des grandes routes , ces mesures ne sont restrictives du droit de propriété qu'à l'égard de ce qui *existait* LORS *de la concession,* et qu'il ne peut en être ainsi à l'égard des édifices ou établissements *créés* DEPUIS *la concession* (1).

Me PIET , avocat de la compagnie du chemin de fer , a conclu au rejet du pourvoi en cassation , en disant :

Qu'une route peut être assimilée à un enclos où l'exploitation peut être interdite sans que le concessionnaire puisse se plaindre ; que c'est en vain qu'on soutient que les dispositions restrictives de l'article 11 de la loi de 1810 ne sont applicables qu'au cas où les constructions *existaient* déjà lors de la concession , parce que la loi protège les nouvelles constructions comme les anciennes , et que les unes et les autres sont entourées de la même protection , sans indemnité au profit du concessionnaire de la mine (2).

La cour de cassation , chambre civile , par arrêt du 18 juillet 1837, en faisant une distinction entre les nouvelles et les anciennes constructions , a cassé l'arrêt de la cour de Lyon et a renvoyé la cause et les parties devant la cour impériale de Dijon , par les motifs :

Que le concessionnaire d'une mine , auquel il est interdit d'exploiter une partie du périmètre de sa propriété , éprouve une véritable éviction dont il doit être indemnisé ; que rien dans la loi ne lui impose l'obligation de subir la perte d'une partie de sa concession par la *création* d'un établissement *nouveau,* sans une juste indemnité , et que l'article 11 de la loi de 1810

(1) Voir la plaidoirie ci-après , page 159.
(2) Voir la plaidoirie ci-après , page 163.

ne peut être appliqué aux établissements *formés* APRÈS *la concession* (1).

La cour impériale de Dijon, toutes les chambres réunies, par arrêt du 25 mai 1838, a réformé de nouveau le jugement du tribunal de Saint-Étienne et a repoussé l'action des concessionnaires de la mine, par les motifs :

Que les droits inhérents à la propriété de la surface restent entiers ; que, même après l'acte de concession d'une mine, les propriétaires de la surface peuvent y faire toutes les *constructions* et les *travaux* qui doivent en augmenter la valeur, creuser le sol pour pratiquer des puits et des caves ; que l'État conserve aussi le droit d'établir les chemins et les canaux que réclament les besoins de l'industrie et de l'agriculture, et que ces nouvelles constructions demeurent environnées, comme les anciennes, de toutes les mesures de protection et de conservation prévues par les articles 11, 15, 47 et 50, si les travaux entrepris *ont un but d'utilité réelle* (2).

Nouveau pourvoi en cassation.

M. Dupin, procureur général, dans son réquisitoire devant toutes les chambres réunies de la cour de cassation, a conclu au rejet du pourvoi dirigé contre l'arrêt solennel de la cour impériale de Dijon, en soutenant :

Que le propriétaire du sol conserve tous les droits qu'il avait avant la concession de la mine ; qu'il conserve le droit de maintenir toutes ses constructions et d'en établir de nouvelles, de creuser des puits artésiens ; qu'il suffit qu'il n'attaque pas la mine, seul objet de la concession ; que l'intention du légis-

(1) Voir l'arrêt ci-après, page 164.
(2) Voir l'arrêt ci-après, page 166.

lateur n'a pas été d'imposer le *statu quo* à la superficie, et
que si la surface était frappée d'interdiction, les habitants ne
pourraient plus se multiplier et s'agglomérer; on défendrait de
construire des églises, parce que les clochers chargeraient trop
la mine, d'établir des cimetières pour y ensevelir les morts,
parce qu'il faudrait creuser le terrain, et l'État serait destitué
du droit de sillonner ce territoire par de nouvelles routes; que ce
serait, a ajouté M. le procureur général, le désert imposé dans
tout le périmètre de la concession, à moins d'indemnité envers
le concessionnaire de la mine (1).

La cour de cassation, toutes les chambres réunies
en audience solennelle, a, par arrêt du 3 mai 1841,
adopté la jurisprudence de sa chambre civile, et elle
s'est refusé d'admettre que les propriétaires de la surface et l'État pussent, après la concession de la mine,
établir de nouvelles constructions ou créer de nouveaux travaux, de nouvelles routes, ni creuser le sol
pour y pratiquer des puits et des caves, alors même
qu'ils auraient *un but d'utilité réelle*, s'ils sont nuisibles à l'exploitation de la mine; que, dans ce cas, ils
ne sont permis que pour cause d'*utilité publique*, et
que moyennant une indemnité envers le propriétaire
de la mine, par les motifs :

Que l'article 7 de la loi du 21 avril 1810 déroge au droit
qui est conféré au propriétaire du sol par l'article 552, et fait
de la mine concédée une propriété perpétuelle, disponible et
transmissible comme tous autres biens, dont le propriétaire ne
peut être exproprié que dans les cas et selon les formes prescrites pour les autres propriétés; que *tout* propriétaire, lorsqu'il
est obligé de subir l'éviction de sa propriété, ou privé de sa jouis-

(1) Voir le réquisitoire ci-après, page 171.

sance ou de ses produits, pour cause d'utilité publique, a droit à une indemnité, mais que, pour le propriétaire de la mine, elle ne doit pas être préalable; que les mesures de sûreté prescrites par l'article 50 de la loi de 1810, n'altèrent en rien le droit de propriété du concessionnaire de la mine et ne lui impose pas l'obligation de subir la perte d'une partie de sa concession *par la création d'un établissement nouveau*, sans une juste indemnité, et que, postérieurement à la concession, le propriétaire de la surface n'a pas le droit de pratiquer *des travaux nuisibles* à l'exploitation de la mine, dans l'étendue de son périmètre, sans violer l'article 7 de la loi de 1810 et les articles 545 et 1382 du code Napoléon (1).

M. DALLOZ, vol. 1841, 1.165, en rapportant le réquisitoire du procureur général et l'arrêt solennel de la cour de cassation, nous dit que la cour a dû pousser jusqu'à ses dernières conséquences le principe que la mine concédée constitue une propriété nouvelle, distincte et séparée de la surface, en disant :

Que, si les bâtiments et constructions qui *existaient* avant la concession doivent être conservés, le propriétaire de la surface ne peut impunément, après la concession, faire de nouveaux travaux et réclamer en leur faveur le même privilège que pour les ouvrages anciens, parce qu'il doit respecter la propriété de la mine, tout autant que le concessionnaire doit respecter la sienne ; que si donc il lui cause un préjudice, soit en *aggravant* les charges primitives de la mine, soit en causant des éboulements ou des inondations dans la mine, il devra les réparer, et réciproquement; et que le système de M. le procureur général ne pouvait être accueilli par les chambres réunies de la cour de cassation (2).

(1) Voir l'arrêt ci-après, page 179.
(2) Voir la dissertation ci-après, page 181.

En présence de ce grave et solennel débat, on ne peut contester ni dénier que la question d'interdiction ou de *statu quo* n'ait été discutée et examinée, à deux fois, devant la cour de cassation, ni que la cour impériale de Dijon n'ait, en audience solennelle, reconnu elle-même que les propriétaires de la surface, après l'acte de concession d'une mine, ne pouvaient établir des constructions ou faire des travaux pouvant augmenter la valeur de leurs propriétés, creuser le sol pour pratiquer des puits et des caves, qu'autant que les travaux entrepris auraient *un but d'utilité réelle;* on ne peut nier non plus que la cour de cassation, dans son audience solennelle, n'ait imposé pour condition que ces travaux *ne fussent pas nuisibles* à l'exploitation de la mine dans toute l'étendue de son périmètre.

Ces deux arrêts solennels ont donc reconnu et consacré le principe; ils ne diffèrent que dans la *condition* imposée aux nouveaux travaux ou aux nouvelles constructions.

Mais pour faire apprécier à nos lecteurs la discussion qui a eu lieu sur le droit de la propriété des mines, nous leur rapportons :

1° L'arrêt de la cour impériale de Lyon ;

2° Les plaidoiries devant la cour de cassation ;

3° L'arrêt de la chambre civile de la cour de cassation ;

4° L'arrêt solennel de la cour impériale de Dijon ;

5° Le réquisitoire de M. le procureur-général Dupin;

6° L'arrêt solennel de la cour de cassation ;

7° La dissertation de M. Dalloz.

8° La nouvelle jurisprudence de la cour impériale de Dijon , suivie de quelques observations sur la propriété des mines.

§ 1er.

Arrêt de la cour impériale de Lyon, du 12 août 1835.

LA COUR; — En ce qui touche l'appel de la compagnie du chemin de fer :

Attendu , en fait, que la concession du périmètre houiller , dit de Couzon, qui fut accordée aux sieurs Allimand , Bernard et compagnie, extracteurs associés , parties intimées , par ordonnance royale du 17 août 1825, n'avait précédé ainsi que de dix mois l'autre ordonnance royale du 27 juin 1826, d'après laquelle les sieurs Seguin frères, Biot et compagnie, ou la compagnie pour qui ils agissaient, demeurèrent définitivement concessionnaires du chemin de fer de Saint-Étienne à Lyon par Saint-Chamond , Rive-de-Gier et Givors ; chemin de fer pour le tracé duquel de longs travaux avaient déjà eu lieu auparavant, et qui, suivant le tracé définitif approuvé ultérieurement le 4 juillet 1827, après toutes les publications requises, sans aucune opposition ni réclamation quelconque de la part des intimés, a eu sa direction souterraine sur une ligne assez prolongée, au travers du périmètre houiller dit de Couzon, à eux concédé antérieurement , comme il est dit ci-dessus ;

Attendu que , par acte authentique du 1er avril 1832, la compagnie du chemin de fer traita avec la défunte dame Du Roseil, représentée aujourd'hui par le sieur Du Roseil , son fils , partie intervenante , et que celle-ci vendit à la compagnie du chemin de fer, *mais sous l'expresse réserve du tréfonds*, c'est-à-dire *de la redevance* (1) qui pourrait lui appartenir comme propriétaire de la surface d'une partie du périmètre houiller concédé aux intimés, tout l'espace de terrain qu'il serait nécessaire de prendre dans sa propriété pour le passage souterrain ou à ciel ouvert du chemin de fer, d'après le tracé qui avait été définitivement adopté ;

(1) Cette réserve indique le droit du concessionnaire , car s'il n'eût pu exploiter au-dessous de la surface vendue pour l'établissement du chemin de fer, pourquoi aurait-il payé la redevance imposée à la mine ?

Attendu que c'était fort peu de temps auparavant, qu'à la date du 8 février de la même année 1828, les sieurs Allimand, Bernard et compagnie, parties intimées, avaient obtenu de M. le préfet de la Loire, en leur qualité de concessionnaires dudit périmètre houiller de Couzon, l'autorisation d'ouvrir un nouveau champ ou puits d'exploitation, puits dit de Saint-Lazare, qui est celui par lequel leurs travaux d'exploitation s'avancèrent bientôt dans le périmètre à eux concédé jusqu'à une distance très-rapprochée de la ligne souterraine du chemin de fer ;

Attendu que de tels travaux ayant paru tendre ouvertement à compromettre la sûreté et l'existence même du chemin de fer, un arrêté pris par le préfet du département de la Loire, le 25 novembre 1829, ensuite d'une pétition des appelants et d'un rapport des ingénieurs des mines, interdit aux intimés, concessionnaires des mines de Couzon, toute continuation de leurs travaux d'exploitation, soit au-dessous du chemin de fer, soit au-delà de deux plans verticaux parallèles à l'axe de ce chemin, et distants dudit axe, l'un de trente mètres au nord, et l'autre de vingt mètres au midi ; sauf aux concessionnaires de Couzon (fut-il dit par le même arrêté) à se pourvoir par-devant qui de droit pour réclamer contre la compagnie du chemin de fer toutes et telles indemnités auxquelles ils pourront avoir droit, conformément aux lois ;

Attendu, enfin, que l'interdiction faite ainsi aux concessionnaires de Couzon d'exploiter une partie du périmètre à eux concédé, interdiction qu'ils entendent faire considérer comme une sorte d'expropriation pour cause d'utilité publique, à raison de laquelle la compagnie du chemin de fer, comme subrogée aux droits du gouvernement, devrait être tenue à une juste indemnité envers eux, est devenue en effet, sous ce rapport, l'objet d'une action en indemnité qui a été admise contre la compagnie du chemin de fer par le jugement dont est appel, rendu le 31 août 1833 ;

Attendu, en droit, que depuis la loi du 21 avril 1810, conformément aux articles 7 et 8, les mines de houille, quoique concédées à titre gratuit par le gouvernement, constituent bien pour les concessionnaires une propriété perpétuelle et immobilière, disponible et transmissible comme les autres biens, et dont on ne peut être exproprié que dans le cas et selon les formes prescrites relativement aux propriétés ; mais qu'un titre spécial de cette même loi soumet néanmoins ce genre de propriété qu'elle-même a créé, et qui est d'une nature toute particulière, à une surveillance continue de la part de l'administration, surveillance telle, suivant l'article 50, que si l'exploitation d'une mine compromet la sûreté publique, la conservation des puits, la solidité des travaux, la sûreté des ouvriers mineurs ou des habitants de la surface, il doit y être pourvu par le préfet comme il est pratiqué en matière de grande voirie et suivant les lois;

Attendu d'ailleurs que, dans tout territoire sous lequel gisent des mines quelconques qu'a concédées le gouvernement, celui-ci a toujours le pouvoir incontestable d'*y établir*, *d'y ouvrir*, comme partout ailleurs, *telles voies publiques* qu'il juge nécessaires ou utiles (1), et lesquelles même peuvent être de nature à favoriser le propre intérêt des concessionnaires de mines, en leur facilitant l'exploitation, le transport des matières par eux extraites;

Comme aussi que, dans le cas où les travaux d'exploitation de certaines mines, tels qu'ils sont poussés par les concessionnaires, tendent à s'avancer, ou sous le sol même des routes, ou à trop peu de distance d'icelui, et à compromettre ainsi la sûreté de la voie publique, l'exercice de la grande voirie, qui appartient à l'autorité administrative, doit bien alors consister à interdire la continuation des travaux d'exploitation auxquels les concessionnaires ont donné une si dangereuse direction, sans que d'un tel interdit, qui n'a pas du tout les caractères d'une expropriation pour cause d'utilité publique, puisse résulter pour eux aucun droit à indemnité contre le gouvernement, puisque la concession qu'ils ont obtenue de lui ne leur a été accordée qu'à la charge par eux de subir sans cesse, quant à la direction de leurs travaux, *la surveillance établie par l'article 50 de la loi précitée* (2);

Attendu que, par l'effet de la concession qu'a accordée le gouvernement aux parties appelantes, pour l'établissement d'un chemin de fer de Lyon à Saint-Étienne, ce chemin est devenu une nouvelle route publique établie à perpétuité, dont la compagnie doit procurer l'usage au public, d'une manière non interrompue, pour tous les transports qui peuvent s'y opérer;

Attendu qu'à raison de l'établissement d'un tel chemin, lequel, quoique établi par une compagnie de particuliers, et à leurs frais, n'en est pas moins une voie publique, comme si c'était le gouvernement qui l'eût établie lui-même, la compagnie a été subrogée, par son titre de concession, à toutes les obligations du gouvernement, de même qu'à tous ses droits;

Attendu qu'en vertu de cette subrogation, les appelants, concessionnaires du chemin de fer, ont eu et dû avoir, comme l'aurait eu le gou-

(1) Mais il ne le peut qu'en indemnisant le propriétaire de la mine comme le propriétaire de la surface, si la nouvelle voie publique lui est préjudiciable

(2) La cour de cassation a déclaré, dans son arrêt solennel, que cette surveillance n'altère en rien le droit de propriété du concessionnaire de la mine.

vernement, un droit d'expropriation pour cause d'utilité publique sur tous les terrains au travers desquels ledit chemin devait être dirigé, à la charge d'une juste et préalable indemnité envers les propriétaires ; qu'en effet, tel est bien le droit dont ils ont usé, et telle est aussi l'obligation qu'ils ont remplie à l'égard de la dame Du Roseil en particulier, laquelle se trouvait propriétaire de la surface d'une petite partie du périmètre houiller dit de Couzon, concédé précédemment aux intimés ;

Mais que, comme subrogés aux droits et aux obligations du gouvernement, ils ne sont pas plus que lui passibles d'indemnités envers les intimés, concessionnaires de ce même périmètre houiller, à raison de l'interdiction qui leur a été faite par l'autorité administrative de continuer à diriger leurs travaux d'exploitation soit au-dessous du chemin de fer, soit au-delà de deux plans verticaux d'une largeur déterminée, parallèles à l'axe d'icelui ; interdiction qui ne sera peut-être que temporaire, ou qui, du moins, pourra être restreinte, si on vient à reconnaître dans la suite qu'il ne soit pas nécessaire de la maintenir en tout ou en partie pour la sûreté du chemin de fer ; interdiction enfin qui, au lieu de pouvoir être considérée comme une expropriation pour cause d'utilité publique, n'a été, ainsi qu'il est dit ci-dessus, qu'un acte de surveillance et de voirie, une de ces mesures de haute police auxquelles tous les concessionnaires de mines quelconques sont perpétuellement soumis, soit par la nature et les énonciations de leurs titres de concession, soit par la loi qui a érigé ces sortes de concessions en propriétés privées.

Par ces motifs, la cour dit et prononce que la compagnie du chemin de fer est exemptée de toute indemnité envers les intimés, à raison de l'interdiction dont il s'agit.

§ 2.

Plaidoiries des Avocats devant la Chambre civile de la cour de cassation, sur le pourvoi contre l'arrêt de la cour de Lyon.

M. LACOSTE, pour les concessionnaires, a rappelé d'abord le principe de droit public consacré par l'art. 545 du code Napoléon et l'art. 9 de la charte, d'après lequel nul ne peut être contraint de céder sa propriété, si ce n'est pour cause d'utilité publique, et moyennant une juste et préalable indemnité. Il a reconnu ensuite qu'il pouvait y avoir intérêt public à ce que l'exploitation de la mine de Couzon soit interdite aux abords du chemin de fer ; mais il soutient que cette interdiction constitue une véritable expropriation, et que la propriété des mines n'est pas, quant aux conséquences de l'expropriation, placée par la loi dans une catégorie exceptionnelle, qui autorise l'expropriation sans indemnité.

Il y a expropriation, a-t-il dit, non seulement lorsque l'État ou ceux qui sont à ses droits s'emparent réellement d'une propriété pour l'utiliser, en y établissant une route, un canal, un édifice, mais encore lorsqu'ils apportent une *entrave à la jouissance*, un empêchement ou une prohibition de l'usage de la propriété, pour répondre à certaines nécessités d'intérêt public. Peu importe, en effet, l'usage que veut faire l'État ou une compagnie de la propriété dont ils interdisent la jouissance ; il suffit qu'il y ait *privation pour le propriétaire.*

Or, dans l'espèce, les concessionnaires de la mine se trouvent interdits du droit d'exploiter une partie du périmètre houiller qui leur a été concédé, et comme la propriété d'une mine n'a d'utilité, d'existence même, que par l'exploitation du minerai, il est bien certain que cette interdiction occasionne une perte réelle aux concessionnaires, perte qui équivaut à l'expropriation de ce que la concession leur attribuait, puisque défendre d'exploiter, c'est nécessairement révoquer la concession.

D'ailleurs, cette interdiction provenant de la nécessité d'établir le chemin de fer, *de lui faire une base solide au moyen du* MASSIF *sous lequel il n'est pas permis d'exploiter*, il en résulte que les concessionnaires de la mine perdent leur propriété pour constituer celle du chemin de fer, *qui profite ainsi de la privation* IMPOSÉE *aux propriétaires de la mine.*

Vainement dirait-on que le chemin de fer n'occupe pas le massif dont l'exploitation a été interdite, que la conservation de ce massif n'est qu'une mesure de sûreté et de police ; le motif de la mesure importe peu, c'est le résultat qu'il faut voir et qu'il faut apprécier par la cause qui l'a produit. Or, que le chemin de fer occupe ou non le terrain dont les propriétaires de la mine se trouvent privés ; que la dépossession ait lieu, non pour servir d'assiette au chemin de fer, mais pour le consolider, et par mesure de police, la dépossession n'en est pas moins certaine, et s'il y a dépossession, il doit y avoir indemnité.

Mais en supposant que l'expropriation ne soit pas absolue, qu'elle n'ait pour effet qu'une interdiction momentanée de la jouissance, le droit à l'indemnité serait le même, *parce qu'il est de principe que* TOUT *préjudice porté à autrui doit être réparé* (1).

_____

(1) La cour de cassation (chambre civile et toutes les chambres réunies) a admis TOUS ces principes. (Voir aux § 3 et 6 ci-après.)

C'est à tort qu'on opposerait l'article 544 du code Napoléon, d'après lequel nul ne peut faire de sa propriété un usage prohibé par les lois et règlements.

En effet, si l'interdiction partielle de la mine a été ordonnée, ce n'est pas parce que l'exploitation était contraire aux lois et règlements, mais parce que cette exploitation pouvait être nuisible au chemin de fer.

Il n'existe, abstraction faite de la nouvelle entreprise du chemin de fer, aucune loi de police et de sûreté, aucune loi politique qui interdise aux propriétaires de la mine de fouiller le sol de leur périmètre, là où passe le chemin.

Si donc, là où passe le chemin, l'autorité administrative impose une limite à l'exploitation, elle ne le fait pas pour obéir à des lois de police et de sûreté, mais pour la plus grande utilité du chemin de fer; le dommage est donc causé, non dans l'intérêt de la sûreté publique, et en exécution des lois de police qui doivent modifier l'exercice de la propriété, mais dans l'intérêt du chemin de fer; d'où la conséquence que l'interdiction donne lieu à indemnité, même en la considérant comme temporaire.

Il ne pourrait y avoir dérogation à ces règles, applicables à toutes propriétés en général, que si la propriété d'une mine *avait dans sa nature quelque chose d'exceptionnel qui* EXCLUT, en cas d'expropriation perpétuelle ou temporaire, *l'application des principes du droit commun.* Or, l'article 7 de la loi du 21 avril 1810 DÉCIDE *précisément le contraire* (1): d'après cet article, « le concessionnaire a la propriété » perpétuelle de la mine, laquelle est dès-lors disponible et transmis- » sible comme tous les autres biens, et dont on ne peut être exproprié » que dans les cas et selon les formes prescrites pour les autres propriétés, » conformément au code Napoléon et au code de procédure civile. »

En présence de cette disposition si claire et si nette, *on se tromperait si on voulait créer à la propriété des mines une position particulière,* soit à raison de ce que le propriétaire du dessus étant le propriétaire du dessous, la propriété de la mine serait une restriction à la propriété de la surface, de telle sorte que la mine devrait être considérée comme asservie à la surface, soit à raison de ce que la mine est une propriété concédée, soit à raison des mesures de police auxquelles elle est sou- mise à cause du danger de son exploitation.

La propriété d'une mine n'est point une RESTRICTION de la propriété

---

(1) C'est en effet ce qui a été reconnu, d'*abord*, par l'arrêt de la chambre civile, et ensuite par l'arrêt solennel de la cour de cassation. (V. pages 161 et 179 .)

de la surface. Sans doute il est de principe que celui qui possède le dessus, possède le dessous ; *mais ce principe a des bornes ;* aussi la loi du 21 avril 1810 dispose-t-elle, dans son article 19, que, « du moment » où une mine est concédée, même au propriétaire de la surface, cette » propriété est distinguée de celle de la surface, et désormais considérée » comme *propriété* NOUVELLE. »

La propriété des mines est une propriété concédée ; mais la concession n'est pas gratuite, *puisque le concessionnaire est tenu à une redevance ;* il ne dépend donc pas du concédant de révoquer la concession ou d'y apporter des entraves.

Cette propriété est soumise à des mesures de police ; mais ces mesures *ne font pas perdre aux mines les prérogatives* INHÉRENTES *au droit de propriété.*

Les mesures de police, quelles qu'elles soient, n'ont jamais d'autre but que celui d'empêcher un danger ; elles n'affectent le fond du droit en aucune façon ; et, sous ce rapport, les mines ont cela de commun avec toutes les propriétés en général, à l'égard desquelles la police est toujours plus ou moins en état de surveillance.

Si des règlements administratifs défendent aux concessionnaires de mines de pousser leurs fouilles trop près des habitations et des grandes routes, ces mesures ne sont restrictives du droit de propriété qu'à *l'égard de ce qui* EXISTAIT *lors de la concession;* on conçoit en effet que le concessionnaire n'ait pas à se plaindre de cette limitation de son droit, puisqu'elle fait la condition de la concession.

Mais il ne peut en être ainsi à l'égard des édifices ou établissements *créés* DEPUIS *la concession* (1), parce que la position du concessionnaire n'aurait jamais rien de certain.

On opposerait à tort que la loi ne distingue pas, et qu'elle défend en général toute exploitation aux abords d'une route ou d'un édifice ; mais c'est précisément parce que la loi ne parle pas d'établissements nouveaux à créer, que la disposition prohibitive d'exploiter ne peut profiter aux établissements nouveaux : cette prohibition est une dérogation au droit commun qui doit être restreinte à l'exception qu'elle crée.

Or, comme cette dérogation n'est fondée que sur le besoin de prévenir les dangers, il serait souverainement injuste qu'en créant ces dangers à cause d'une nouvelle entreprise profitable à quelqu'un, on pût ruiner ainsi le concessionnaire de la mine pour enrichir cette nouvelle entreprise.

---

(1) Ces principes ont été textuellement admis et consacrés par la cour de cassation.

Donc, sous aucun rapport, la propriété des mines *ne diffère des autres propriétés*. Il n'y a donc pas lieu d'admettre l'exception introduite par la cour royale de Lyon ; d'où il suit que cet arrêt, en refusant l'indemnité réclamée par les concessionnaires de la mine, à raison de l'expropriation par eux subie, a violé les principes relatifs à l'expropriation pour cause d'utilité publique et les articles 545 du code Napoléon et 9 de la charte.

M. PIET, pour la compagnie du chemin de fer, a soutenu que, dans l'espèce, il n'y avait pas eu expropriation, et, en invoquant les dispositions de l'article 11 de la loi de 1810, a dit : Celui qui accepte une concession de mines, se soumet nécessairement aux restrictions qui forment les conditions de son titre ; il ne peut donc se plaindre des conséquences plus ou moins préjudiciables qu'elles auront à l'égard de sa jouissance, ni surtout se prétendre privé d'un droit qu'il n'aura jamais eu.

Il suit de là que si, dans l'espèce, un arrêté préfectoral a interdit l'exploitation de la mine jusqu'à une certaine distance du chemin de fer, l'administration a fait usage, par cet arrêté, d'un droit de police expressément stipulé par la loi de 1810, usage qui, d'ailleurs, ne porte aucune atteinte aux droits reconnus par cette loi aux concessionnaires de mines ; car cette loi réserve aux propriétaires de la surface une zône de cent mètres autour de leurs enclos, habitations, etc. Or, une route peut certainement être assimilée à un enclos (1), de telle sorte que l'exploitation de tout ou partie de cette zône peut être interdite, sans que le concessionnaire puisse justement se plaindre.

En vain oppose-t-on que les dispositions restrictives de la loi de 1810 ne sont applicables qu'au cas où les constructions ou établissements à raison desquels il y a interdiction d'une partie de la mine, existaient déjà lors de la concession ; mais que si ces établissements sont postérieurs, ils doivent indemniser la mine du préjudice qu'ils lui causent. — La distinction est tout à la fois contraire au texte et à l'esprit de la loi : contraire au texte, car la disposition est conçue en termes absolus et parle des constructions en général, sans distinction d'époque ; contraire à l'esprit de la loi, car le législateur a voulu garantir la sûreté des propriétaires de la surface, et ce motif est commun à toutes les constructions antérieures ou postérieures à la concession.

---

(1) L'assimilation était exacte ; mais la cour de cassation a dit que les dispositions de l'article 11 de la loi de 1810 ne peuvent être appliquées aux établissements créés APRÈS *la concession.*

D'un autre côté, le législateur, par un esprit d'équité bien naturel, a dû asservir la mine à la surface, et non le sol à la mine; car c'était bien assez que, dans l'intérêt public, on privât le propriétaire du dessus de la propriété du dessous, sans qu'on le grevât d'une servitude *non œdificandi* au profit de la partie de propriété qu'on lui enlevait, ou qu'on l'exposât à ne pouvoir construire sans les dangers de trouble que prévoit l'article 11 de la loi de 1810.

Objecterait-on que le chemin de fer est pratiqué en souterrain et à une certaine profondeur, au lieu d'être placé à la superficie du sol? Mais cette circonstance est indifférente: en effet, la loi parle de la surface, non de la superficie; et elle entend par surface, en opposition avec la mine, non pas telle ou telle couche de terre, mais tout ce qui n'est pas la mine; le sol en général, en tant qu'il sert aux besoins de la vie, pour les communications et la circulation, comme pour la culture ou l'habitation.

La preuve que les constructions faites à une certaine profondeur sont comprises dans l'article 11, ainsi que celles qui se trouvent à la superficie, c'est qu'il ne viendrait certainement à l'idée de personne d'en contester l'application à des caves, quel qu'en fût l'abaissement.

D'ailleurs, puisque l'étendue de la prohibition ne varie pas à raison de la profondeur des constructions, et qu'elle peut être toujours de cent mètres, il n'y a pas plus de préjudice causé par les unes que par les autres, et conséquemment pas plus d'indemnité à accorder.

De ces raisons diverses il concluait que l'arrêt attaqué, en refusant l'indemnité réclamée par les concessionnaires de la mine, avait sainement appliqué la loi et les principes.

§ 3.

Arrêt de la Chambre civile de la cour de cassation, du 18 juillet 1837.

LA COUR; — Vu les articles 7 et 50 de la loi du 21 avril 1810, l'article 545 du code Napoléon et 9 de la charte:

Attendu que la loi du 21 avril 1810 déclare que les concessions de mines en confèrent la propriété perpétuelle, disponible et transmissible comme les autres biens immeubles, dont les concessionnaires ne peuvent être expropriés que dans les cas et selon les formes prescrites relativement aux autres propriétés;

Attendu que *tout propriétaire* a droit à une juste indemnité, non-seulement lorsqu'il est obligé de subir l'éviction entière et absolue de sa propriété, mais aussi lorsqu'il est privé de sa jouissance et de ses produits pour cause d'utilité publique ;

Attendu que l'exploitation d'une mine a pour objet l'exploitation de la matière minérale qu'elle renferme ; que le concessionnaire auquel cette exploitation est interdite *dans une partie du périmètre de la mine* pour un temps indéterminé, est privé des produits de sa propriété et *éprouve une véritable éviction* dont il doit être indemnisé ;

Attendu que le droit de surveillance réservé par l'article 50 de la loi de 1810 à l'autorité administrative sur l'exploitation des mines, n'altère en rien le droit de propriété du concessionnaire et ne lui impose pas l'obligation de subir la perte d'une partie de sa concession *par la* CRÉATION *d'un établissement nouveau* sans une juste indemnité ;

Attendu, en fait, qu'il est reconnu et constaté par l'arrêt attaqué que la concession de la mine de Couzon est antérieure à celle du chemin de fer, et qu'elle ne contient aucune clause qui oblige les demandeurs à céder une partie du terrain compris dans le périmètre de la mine pour établir le chemin de fer, sans indemnité ;

Attendu que l'arrêté du 29 novembre 1829, provoqué par les défendeurs, a été nécessité par la création du chemin de fer ; que ses dispositions n'auraient pas été portées si cette voie nouvelle et souterraine n'avait pas été établie dans la mine ; qu'ainsi il n'est pas un acte de police relatif à l'exploitation de la mine, mais une mesure d'administration prise dans l'intérêt du chemin de fer, et uniquement relative à sa consolidation ;

Attendu que l'article 11 de la loi de 1810 ne peut être appliqué aux établissements *formés* APRÈS *la concession* (1), et notamment aux routes souterraines pratiquées dans le périmètre de la mine ;

Attendu que les concessionnaires du chemin de fer de Saint-Étienne sont substitués tant aux droits qu'aux obligations de l'État et sont passibles de l'indemnité due à raison d'une éviction dont ils profitent ;

Attendu que le traité qu'ils ont passé le Ier avril 1818 avec la dame Du Roseil, propriétaire de la surface, n'a pu leur conférer aucun droit sur la propriété de la mine ;

Que l'arrêt attaqué, en refusant aux demandeurs toute indemnité pour les causes rappelées dans leur demande du 12 mars 1830, a violé les lois précitées ; — CASSE...

---

(1) La cour de cassation en déclarant que les dispositions de l'article 11 ne protègent pas les nouveaux établissements, prononce implicitement l'interdiction des nouvelles clôtures et de tout ce qui peut être préjudiciable ou nuisible à la mine dans l'étendue de son périmètre.

§ 4.

Arrêt solennel de toutes les chambres réunies de la cour Impériale de Dijon, du 25 mai 1838.

LA COUR: — Considérant que, dans l'état où se trouve la cause pardevant la cour royale de Dijon, le seul point à examiner est celui de savoir si les concessionnaires de la mine de houille de Couzon sont en droit de demander des dommages-intérêts à la compagnie adjudicataire du chemin de fer de Lyon à Saint-Étienne, à raison de ce que, par son arrêté du 25 novembre 1829, le préfet du département de la Loire a, dans l'intérêt de la sûreté publique, prohibé l'exploitation de la mine de houille de Couzon au-delà de leurs plans verticaux parallèles à l'axe du chemin de fer, et distants dudit axe, l'un au nord de 30 mètres, l'autre au sud de 40 mètres, dans toute la partie de la concession de Couzon traversée par le chemin de fer; — considérant que, bien que les concessionnaires du chemin de fer aient constamment soutenu que leurs travaux ont été exécutés avant que les concessionnaires de la houille eussent commencé leur exploitation, il est constant en fait que l'ordonnance de concession de la mine de houille est du 17 août 1825, tandis que l'ordonnance qui a approuvé l'adjudication du chemin de fer est du 17 juin 1827, et ce n'est que le 4 juillet suivant qu'une nouvelle ordonnance royale a adopté le tracé définitif de ce chemin, qui devait traverser l'intérieur de la montagne de Couzon dans une longueur d'environ 400 mètres; — que, d'après ces faits, il faut, avant tout, examiner quels sont, après la concession d'une mine, les droits réciproques des concessionnaires et du propriétaire de la surface ;

Considérant que la concession d'une mine qui, aux termes des art. 7, 19 et 34 de la loi de 1810, crée au profit du concessionnaire une propriété nouvelle, perpétuelle, distincte de celle de la surface, et soumise à une double contribution, ne donne cependant que le droit d'exploiter les substances minérales désignées dans l'acte de concession ;

Que les droits inhérents à la propriété primitive de la surface restent entiers, sous les modifications portées aux art. 43 et 44, qui *permettent* aux concessionnaires d'occuper (1), moyennant l'indemnité qu'ils fixent, les terrains *nécessaires* pour l'établissement des travaux de recherche

---

(1) Les articles 43 et 44 ne permettent rien; ils fixent les bases d'une indemnité à *forfait*. Le droit d'occupation est dans la permission de recherches ou dans la concession de la mine. (V. titre deuxième, chapitre III.)

et d'exploitation ; — qu'en effet, aucune autre disposition de la loi n'ayant limité les droits du propriétaire du sol, on doit en conclure que ces droits restent tels qu'ils sont garantis par l'art. 544 c. Nap;. — que, s'il en était autrement, on arriverait à cette conséquence, que tous les terrains compris dans le vaste périmètre d'une concession où se trouvent souvent situées plusieurs communes, *seraient frappés d'interdiction* par le seul effet de l'ordonnance de concession ; que les propriétaires du sol ne pourraient plus, sans s'exposer à des pertes presque certaines, en augmenter la valeur par des constructions; qu'ainsi il y aurait une espèce d'expropriation prononcée contre eux sans aucune indemnité, *car celle fixée par les articles 6 et 44 n'est que la représentation de la valeur des substances minérales dont ils sont privés* (1);—qu'il serait contraire à tous les principes de donner à une loi exceptionnelle une extension qui n'est pas exprimée, et que le législateur, en créant une propriété nouvelle et à l'environnant de toutes les garanties nécessaires à son existence, a constamment manifesté son respect pour la propriété du sol ; et s'il a établi une exception par les articles 43 et 44, cette exception, qui était indispensable, confirmerait au besoin la règle générale.

Qu'ainsi, en se pénétrant des dispositions de la loi du 21 avril 1810 et de l'esprit qui les a dictées, on doit arriver à cette conclusion, que, *même* APRÈS *l'acte de concession* d'une mine, les propriétaires de la surface peuvent y faire *toutes les constructions et les travaux* qui doivent *en augmenter la valeur*, creuser le sol pour *pratiquer des puits et des caves;*

Que l'État conserve le droit d'établir les chemins et les canaux que réclament les besoins de l'industrie et de l'agriculture, et que ces nouvelles constructions demeurent environnées, comme les anciennes, de toutes les mesures de protection et de conservation prévues par les articles 11, 15, 47 et 50, à moins toutefois qu'il ne soit démontré que les travaux entrepris par des particuliers auraient été faits, non dans *un but d'utilité* RÉELLE (2), mais seulement pour gêner l'exploitation de la mine et lui porter préjudice, ce que le juge devait apprécier;

Considérant que les adjudicataires du chemin de fer de Lyon à Saint-Etienne sont devenus propriétaires de tout le terrain que ce chemin

(1) Par arrêt du 29 mars 1854, la cour de Dijon a reconnu que, moyennant la redevance fixée aux articles 6 et 42 de la loi du 21 avril 1810, la propriété souterraine était distincte et séparée de la propriété de la surface. (Voir au § 8 ci-après.)

(2) L'opinion de la cour de Dijon s'est modifiée dans son arrêt du 29 mars 1854. (Voir au § 8 ci-après.)

devait parcourir; qu'en cette qualité de propriétaires du sol, ils ont, comme tous autres, *eu le droit de le* couvrir *de constructions* (1); qu'à la vérité l'établissement d'un chemin de fer ou de tout autre chemin est, à raison de son étendue, de sa continuité et des mesures de sûreté qu'il peut nécessiter, une construction d'une espèce particulière, — que si, par des considérations spéciales, fondées soit sur l'état des travaux déjà existants, soit sur toute autre cause, l'État a cru devoir, dans les actes d'adjudication de plusieurs chemins de fer, imposer aux adjudicataires l'obligation d'indemniser les concessionnaires de mines dont ils traverseraient le périmètre; comme dans ce cas particulier aucune obligation de cette nature n'a été imposée dans le contrat d'adjudication du chemin de fer de Lyon à Saint-Étienne, les tribunaux ne pourraient, sans excéder les limites de leur compétence, faire une distinction qui n'est pas dans la loi, et leur décision à l'égard de ce chemin doit être la même qu'à l'égard de toutes autres constructions;

Considérant que, bien qu'il résulte de l'article 15 de la loi que l'exploitation d'une mine peut être poussée sous les maisons et lieux d'habitation, néanmoins le préfet, averti soit par les rapports des ingénieurs des mines, que l'article 47 charge d'une surveillance de police pour la conservation des édifices et la sûreté du sol, soit par les plaintes des propriétaires, doit, aux termes de l'article 50, prendre, comme en matière de grande voirie, des mesures pour empêcher que l'exploitation ne compromette la sûreté publique, la *conservation* des puits, la solidité des travaux, la sûreté des ouvriers mineurs ou *des habitations de la surface* (2);

Qu'il peut arriver qu'en agissant ainsi dans la limite de ses attributions, le préfet interdise l'exploitation, non-seulement sous les habitations ou autres constructions, mais même à une certaine distance, et que les concessionnaires se trouvent privés de la faculté d'exploiter une partie de la mine; — que, malgré le préjudice qu'ils éprouvent, on ne rencontre dans la loi aucune disposition qui rende le propriétaire de la surface passible de dommages et intérêts; — qu'une condamnation de cette espèce contre le propriétaire du sol consacrerait dans ce cas une véritable expropriation, puisque celui qui n'aurait fait qu'user d'un droit consacré par la loi, serait obligé de payer une indemnité;

(1) A la condition de ne pas **nuire** à la propriété de la mine, c'est-à-dire qu'autant que les nouvelles constructions ne lui seront pas préjudiciables.

(2) La cour de cassation a dit que la protection n'est accordée qu'à ce qui *existait* au moment de la concession. *(V. page 165, 5ᵐᵉ alinéa.)*

Considérant que les adjudicataires du chemin de fer devant, ainsi qu'on l'a dit, être assimilés à tous autres propriétaires de la surface, il n'y a pas de motifs pour les condamner à payer des indemnités qu'on ne pourrait réclamer au propriétaire d'une habitation ou de toute autre construction dont la sûreté aurait été garantie par un arrêté administratif;

Considérant que la circonstance que l'arrêté du 25 novembre 1829 a été provoqué par les concessionnaires du chemin de fer, est sans importance dans la cause; — que cet arrêté a été pris, en vertu de l'article 50 de la loi du 21 avril 1810, dans l'intérêt de la sûreté publique, ainsi que le préfet a eu soin de le rappeler dans ses motifs; — que du moment où le magistrat remplissait un devoir imposé par la loi, on doit tenir pour certain qu'il eût agi de même s'il eût été instruit par un rapport des ingénieurs des mines ou par tout autre renseignement; — que par cela seul que l'arrêté était une mesure de sûreté publique, il n'a pu dépendre de la volonté des adjudicataires du chemin de fer, qui d'ailleurs n'ont fait qu'user légalement de leur droit de propriété, de renoncer audit arrêté ou de le modifier; — que, dès-lors, ils ne doivent pas être responsables de ses suites;

Considérant que l'interdiction d'exploiter, prononcée par l'arrêté du 25 novembre 1829, ne peut être considérée comme une expropriation de partie de la mine de Couzon;

Que, s'il est vrai que, par suite de cet arrêté, les concessionnaires soient privés de l'exploitation de quelque partie de mines, l'arrêté ne prononce pas cette dépossession que la loi n'autorise qu'après le paiement d'une indemnité préalable et l'accomplissement des formalités prescrites par les lois sur la matière;

Que l'on ne doit voir dans l'arrêté qu'un règlement de police auquel sont soumises toutes les propriétés par les articles 544 et 552 du code Napoléon; — que, d'ailleurs, l'interdiction portée par le règlement pouvant dans la suite être rapportée en tout ou en partie, on ne peut dire que les concessionnaires de Couzon soient dépossédés par ce règlement; que l'on trouve une grande analogie dans la position des intimés et celle des propriétaires qui exploitent des carrières; — que, d'après les articles 6 et 7 du décret du 22 mars 1813, qui peut être rendu commun à toute la France, l'exploitation ne doit être poussée qu'à la distance de dix mètres des deux côtés des chemins, édifices et constructions quelconques, plus un mètre par mètre d'épaisseur des terres au-dessus de la masse exploitée; — qu'il est évident, d'après la rédaction du décret, que la prohibition s'applique aussi bien à l'égard des chemins et constructions qui existaient avant l'ouverture de la carrière qu'à l'égard de ceux qui auraient été établis à une époque postérieure; — qu'il est également certain que cette prohibition, qui prive l'exploitant d'une partie de sa carrière, a lieu sans aucune indemnité de la part de ceux qui auraient fait les constructions; — que la propriété d'une mine étant, comme toutes les autres, soumise aux règlements de police, et spécialement à ceux autorisés par le titre V de la loi du 21 mars 1810, on ne voit aucun motif pour créer, dans une position analogue, une différence entre le propriétaire de la mine et celui de la surface, et faire jouir le premier du privilège de recevoir une indemnité, tandis que le second en est privé.

Considérant qu'il reste à examiner si l'établissement du chemin dans l'intérieur de la montagne de Couzon doit apporter quelques modifications à la décision de la cour; — que d'abord il est certain, d'après les pièces du procès, que, dans aucune de ses parties, la voie souterraine ne touche la houille; — qu'à la vérité l'un des puits creusés à côté de la voie pour l'extraction du déblai a rencontré un filon de $0^m 80$ d'épaisseur; mais ce filon ne s'est point prolongé dans la voie ouverte, et les adjudicataires du chemin de fer ayant été condamnés à payer la valeur de la houille extraite, ils ont acquiescé à cette condamnation;

Considérant que la construction du chemin de fer, établi dans l'intérêt de la propriété du sol, ayant nécessité le percement de la montagne, cette opération accessoire aux travaux de la surface n'était pas plus en opposition avec les droits du concessionnaire que ne le serait le creusement d'une cave ou d'un puits dépendant d'une habitation, ou le prolongement souterrain d'une rigole pour l'assainissement du sol; — que la seule obligation que pouvait entraîner le percement de la montagne eût été le remboursement de la valeur de la houille extraite, si on en eût rencontré;

Considérant, au surplus, que l'établissement de la voie souterraine n'a aggravé en rien la position des intimés; que l'on est d'accord que, sur la longueur de onze cents mètres environ, sur laquelle le chemin traverse la concession de Couzon, quatre cents seulement se trouvent dans l'intérieur de la montagne; or, la prohibition d'exploiter étant la même pour la partie qui est à ciel ouvert que pour la partie souterraine, il s'ensuit que les concessionnaires de la mine n'ont aucun intérêt à se plaindre spécialement du percement de la montagne;

Considérant enfin qu'on argumenterait inutilement contre les appelants de ce qu'étant substitués aux droits de l'État, ils sont soumis à toutes ses obligations; qu'en effet il n'existe dans l'acte d'adjudication du chemin de fer aucune clause par laquelle l'État ait abandonné les droits attachés à la propriété du sol ; qu'il faudrait une disposition bien précise pour qu'on pût admettre qu'en concédant gratuitement une mine, l'État aurait renoncé, sous peine de dommages-intérêts, à faire jouir une grande étendue de pays des améliorations et de la prospérité qu'amènent les voies de communication ;

Par ces motifs, la cour, faisant droit sur l'appel interjeté par Seguin et consorts du jugement rendu par le tribunal de Saint-Étienne, le 31 août 1833, met ce dont est appel à néant, en ce que les experts ont été chargés, en outre de la mission qui leur a été donnée par le jugement du 9 juillet 1829, d'estimer le préjudice résultant de l'inhibition d'exploiter à la distance déterminée par l'arrêté préfectoral et de toutes les conséquences dudit arrêté, et par nouveau jugement renvoie les appelants de la demande formée contre eux par les consorts Allimand.

§ 5.

Réquisitoire de M. le procureur-général Dupin devant toutes les chambres réunies de la cour de cassation.

Messieurs, l'affaire sur laquelle vous êtes appelés à statuer est importante sous plusieurs rapports ; elle intéresse à la fois les mines et les chemins de fer, la condition générale de la propriété, la commodité et la sûreté publique. Chacun de ces intérêts, pris isolément, est grand en lui-même, mais la difficulté s'accroît surtout lorsqu'ils sont en conflit et qu'il s'agit de les concilier.

Deux systèmes sont en présence : l'un (c'est celui du premier arrêt rendu par la chambre civile) raisonne à l'égard de la mine comme à raison de la surface même, et tout, ainsi que le chemin de fer, doit indemniser la surface pour le terrain qu'il lui prend ; l'arrêt juge qu'il doit indemniser le second sol, c'est-à-dire la mine, de la gêne résultant pour elle des mesures de police que commande l'exécution du chemin.

Le second système reconnaît la propriété de la mine ; mais il nè la place pas sur la même ligne que la propriété de la surface. Celle-ci a conservé sa liberté ; la mine doit le support à toutes les édifications qui se font sur le sol ; c'est une condition de la concession ; elle ne peut donc se plaindre, alors même que, par suite, cette concession deviendrait moins avantageuse.

Ainsi la question est complexe, et ce sont les plus difficiles ; entre ces prétentions diverses, il faut démêler ce qu'il peut y avoir de vrai, de faux ou d'exagéré. C'est en cela surtout que consiste l'œuvre de la justice : *probo enim hanc esse justitiam, quæ suum cuique ità tribuit, ut non distrahatur ab ullius personæ justiore repetitione.* (L. 31, au Digeste, *depositi*); paroles qu'un jurisconsulte, contemporain et collègue de Pothier, me paraît avoir parfaitement traduites en disant : « On ne doit appeler justice que celle qui rend tellement à chacun ce » qui lui appartient, qu'elle sache distinguer ce qu'un droit plus puis- » sant exige d'elle. »

Sans contredit, le concessionnaire d'une mine en est propriétaire : mais il ne l'est pas *à priori*, c'est un nouveau venu. La concession est sa propriété, mais à deux conditions : la première, qu'il exploitera sans détérioration du droit qui continue d'appartenir au propriétaire de la surface au même titre qu'avant la concession, pour tout autre objet que la mine elle-même ; la deuxième, que ce sera aussi sans diminution des droits qui appartiennent à l'État, à titre de souveraineté pour tout ce qui regarde la police, la sûreté, l'administration de la surface et l'intérêt général du pays.

Sans contredit, toutes les propriétés sont également respectables ; mais elles ne sont pas toutes de même espèce, et l'on peut affirmer qu'il n'y a pas de propriété qui, pour son régime, ne soit assujettie à des conditions plus ou moins restrictives, absolues ou relatives, appro- priées à son origine, à sa nature, propres à son usage, à sa situation. On peut citer, par exemple, les usines, les établissements insalubres, les canaux, les chemins de fer, les cours d'eau, et la propriété litté- raire, si difficile à définir et à fixer.

La concession d'une mine est une propriété ; mais c'est une propriété d'une nature spéciale, qui a ses caractères particuliers et des condi- tions d'existence qui méritent d'être considérées à part. Dans l'origine, et à considérer le droit tel qu'il était chez les Romains, la propriété des mines n'était pas distinguée de la propriété du sol même. Ce fut seule- ment sous les empereurs que le fisc commença à concéder le droit d'exploiter les mines, à condition de payer un dixième du produit brut au trésor impérial, et un dixième au propriétaire de la surface. Nos rois de la première race en usèrent de même. La féodalité s'empara du droit de toucher la redevance ; dans les quatorzième et quinzième siècles la royauté s'en ressaisit ; dans le seizième siècle, elle fit plus, on dé- clara que les mines constituaient un droit régalien, et qu'elles faisaient partie du domaine de la couronne.

En 1791, la question fut agitée en principe ; on se demanda si les mines étaient une propriété publique ou privée ; on abolit le droit régalien sur les mines, mais on proclama l'intérêt et le droit qu'avait la société à empêcher que ces richesses ne restassent enfouies dans les entrailles de la terre; et la loi du 12 juillet, article 1er, dispose en ces termes : « Les mines et minières sont à la disposition de la nation, en ce sens seulement que ces substances ne pourront être exploitées que de son consentement et sous sa surveillance, à la charge d'indemniser le propriétaire de la surface. » L'article 3 réserve au propriétaire de la surface la préférence pour l'exploitation; mais cette disposition rendit la loi à peu près illusoire.

En 1810, après une discussion approfondie et très-remarquable, on rendit, le 21 avril, une loi qui forme le droit actuel sur les mines. Cette loi ne reconnaît le droit du propriétaire du sol sur les mines que pour lui accorder une indemnité dont le taux varie et est réglé par l'acte de concession, mais une indemnité définitive qui absorbe absolument et complètement pour le présent et pour l'avenir le droit à la mine, sans aucune préférence réservée au propriétaire pour l'exploitation.

En conséquence, les mines constitueront dans les mains du concessionnaire une propriété nouvelle, distincte et séparée de la surface, disponible, transmissible, susceptible d'hypothèque et garantie par la loi. Mais, si tels sont les caractères généraux de cette nouvelle propriété, gardons-nous de la confondre en tout point avec la propriété du sol, et ne méconnaissons pas les caractères particuliers qui résultent de la disposition expresse de la loi et de la situation inférieure de la mine par rapport au sol.

Ainsi, la première condition imposée à la mine est de supporter le sol et de ne rien faire qui puisse compromettre la sûreté de tous les édifices établis à la surface (art. 47 et 50).

La seconde, c'est que le concessionnaire de la mine, bien que propriétaire, n'a pas le *jus utendi et abutendi* qui sert à caractériser la propriété absolue; il faut qu'il use, il faut qu'il exploite; *c'est la condition expresse de la concession* (1); et s'il cesse d'exploiter, s'il refuse de contribuer aux travaux nécessaires pour la conservation de la mine, la loi du 27 avril 1838 autorise à faire ordonner sa dépossession.

Enfin, quoique, aux termes de la loi du 21 avril 1810, art. 7, la propriété de la mine soit transmissible, cependant elle ne peut pas, d'après le même article, être vendue par lots ou partagée sans une autorisation préalable du gouvernement, donnée dans la même forme que la concession.

Il est donc évident que la propriété des mines est un genre de propriété qui a ses conditions particulières d'existence.

(1) C'est aussi un *droit* dont il ne peut être privé.

Après avoir défini les droits du propriétaire de la mine, voyons maintenant quels sont les droits du propriétaire de la surface.

Avant la concession d'une mine, le propriétaire du sol était propriétaire du dessus et du dessous du fond et tréfonds à toute profondeur; il avait dès-lors le droit de bâtir, de creuser, d'extraire pierres, tourbes, matériaux divers; le droit d'amonceler les terres sur un point ou de les ravaler et de les aplanir, de faire des chemins pour faciliter les exploitations, les transports, les circulations; le droit de faire des irrigations, des réservoirs, des étangs; de creuser des puits artésiens et de produire la merveille dont nous venons d'être les témoins, d'aller, à la profondeur inouïe de 1,700 pieds et plus, chercher des eaux qui manquaient à son sol, de les appeler du sein de la terre à sa surface, et de s'en servir pour féconder sa terre et ajouter au bien-être de ses habitants (1).

Par la concession d'une mine, de quoi le propriétaire du sol est-il privé? d'une seule chose, du droit accordé à un tiers de chercher les matières minérales qui sont l'objet de la concession et de les extraire de leur gisement. Pour cet objet, et pour cet objet seul, le concessionnaire devra payer au propriétaire du sol une indemnité (art. 18 et 42), une indemnité *qui ne s'applique qu'à cela* (2).

Que si les travaux d'exploitation attaquent ou endommagent la surface par des creusements de puits pour descendre dans la mine ou par des dépôts de matières extraites, dans ce cas, c'est une autre indemnité pour cette cause toute nouvelle, distincte de la première, et pour cette nouvelle indemnité la loi de 1810 (art. 43 et 44) veut que l'indemnité soit du double du préjudice causé ou de la valeur expropriée; c'est pour ainsi dire le seul cas dans notre droit où il y ait ainsi une action *in duplum*.

Iu reste, le propriétaire primitif du sol conserve tous les droits qu'il avait avant la concession de la mine (3). Il ne faut pas se demander si quelque droit lui est accordé, il les avait tous; il faut seulement voir ce qui lui est strictement enlevé et se dire qu'il conserve le surplus au même titre qu'auparavant, aussi librement, aussi parfaitement, *optimo jure.*

En conséquence, il faut dire qu'il conserve non-seulement le droit

___

(1) Après la concession, le propriétaire du sol n'est plus propriétaire du tréfonds.

(2) Faut-il au moins pouvoir extraire la mine concédée, sans augmentation des charges primitives, ni restriction du droit d'exploitation.

(3) Erreur; l'indemnité remplace les droits concédés par le propriétaire du sol ou ceux qui sont concédés pour lui, et il ne peut plus disposer du tréfonds après sa concession. (Voir ci-après titre deuxième, chapitre II, intitulé: *Propriété des Mines.*)

de maintenir toutes les constructions établies à la surface au jour de la concession, mais le droit d'en établir de nouvelles; c'est là le droit de la surface, le droit essentiel de ceux qui l'habitent, le droit consacré par le code Napoléon dans ses art. 544 et 552. Il suffit qu'il n'attaque pas la mine, seul objet de la concession, seul objet distrait de son tréfonds, seul objet qu'il soit tenu de respecter.

Si un seul des autres droits du propriétaire de la surface lui était enlevé, il ne serait plus seulement privé de la mine, seule chose qu'on ait distraite de son fonds, et dont on l'ait indemnisé, mais le sol se trouverait asservi à la mine; ce serait une véritable servitude, *altiùs non tollendi, ampliùs non œdificandi*. La terre, en un mot, ne serait plus tenue de le porter. Une telle gêne, une telle dépréciation de la surface, s'il eût été dans l'intention du législateur de l'imposer au propriétaire du sol, eût exigé une seconde indemnité, une indemnité telle, par exemple, qu'on la règle pour les servitudes de places de guerre; mais aucune indemnité de ce genre n'est imposée aux concessionnaires des mines, parce qu'aucune servitude de ce genre n'est imposée par la concession au propriétaire de la surface.

Et en effet, si telle était la conséquence d'une concession de mine, qu'elle imposât le *statu quo* à la superficie, il n'en résulterait pas seulement un dommage privé par l'interdiction aux particuliers de bâtir; mais tout le périmètre, souvent très-étendu, d'une concession de mine serait frappé de la même interdiction. Les habitations ne pourraient plus se multiplier et s'agglomérer; on défendrait de construire une église, parce le clocher chargerait trop la mine; d'établir des cimetières pour y ensevelir les morts, parce qu'il faudrait creuser le terrain; l'État serait destitué du droit de sillonner ce territoire par des routes nouvelles; ce serait en un mot le désert imposé dans tout le périmètre de la concession, à moins que pour chaque œuvre nouvelle les particuliers, les communes, l'État, ne vinssent demander à prix d'argent le consentement des concessionnaires de la mine (1), qui exerceraient ainsi sur le sol une espèce de suzeraineté, ou plutôt de souveraineté.

Ou je m'abuse, ou telle ne peut pas être la condition de ceux qui habitent et exploitent le sol, c'est-à-dire de l'humanité toute entière, vis-à-vis des propriétaires souterrains des mines. Loin que la surface leur soit assujettie en aucune manière, c'est au contraire la mine qui, par le

---

(1) Le propriétaire de la mine doit être indemnisé quand, *pour cause d'utilité publique*, il est privé d'une partie de sa propriété. Ses droits ne sont pas moins sacrés que ceux du propriétaire de la surface.

seul fait de la situation des lieux, est assujettie de plein droit à toutes les conséquences qui résultent de l'infériorité de cette situation.

Ainsi, par le fait, le propriétaire de la mine est obligé de supporter toutes les infiltrations des eaux, pourvu que le propriétaire de la surface ne les aggrave pas malicieusement : *etenim malitiis non est indulgendum*, et *vice versâ;* le propriétaire de la mine ne peut rien faire qui absorbe, détourne ou fasse perdre au propriétaire de la surface le bénéfice des eaux dont il jouit, comme l'a jugé récemment la chambre des requêtes, en rejetant le pourvoi contre un arrêt qui l'avait ainsi décidé.

Mais la principale obligation des concessionnaires vis-à-vis du sol est de supporter ce qu'on peut appeler à bon droit le toit de la mine, véritable servitude, *oneris ferendi,* vis-à-vis du sol, dont la solidité, en effet, depend de l'accomplissement rigoureux de cette condition, et comme cette condition est naturelle, puisqu'elle résulte de la juste position des lieux, il s'ensuit qu'elle est absolue, perpétuelle, non limitée, et qu'elle implique la double obligation de ne pas miner sous les édifices et les chemins, ou de faire des travaux de consolidation. Le droit que nous invoquons ici résulte de la disposition générale des art. 639 et 640 du code Napoléon et de la disposition spéciale de la loi du 21 avril 1810, art. 44, 47 et 50.

Or, si telle est la condition générale et naturelle de la propriété des concessionnaires d'une mine, il en résulte que, si, par le fait de l'existence d'un édifice ou d'un chemin dont ils ne doivent pas compromettre la sûreté, ils éprouvent quelque restriction dans l'exploitation de leur concession, on ne leur doit pas pour cela d'indemnité, car on ne peut pas appeler dommage, dans le sens d'une réparation qui s'y attache, un préjudice de fait, qui est la conséquence d'un ngagement subi en présence d'un droit plus puissant qu'on est tenu de respecter. Indépendamment de ces droits incontestables, inhérents à la propriété du sol, au profit de ceux qui en sont demeurés propriétaires, l'État, de son côté, conserve ses droits généraux de police et d'administration; il les conserve à la surface, il les acquiert sur le monde nouveau créé par la mine, à raison de la surveillance qu'il est appelé à exercer sur les personnes qui exploitent et sur l'exploitation elle-même (articles 47 et 50 précités.)

L'État, comme les particuliers, conserve le droit de construire dans le périmètre de la concession, après qu'elle a eu lieu aussi bien qu'avant, tous les édifices publics sur les terrains qui lui appartenaient antérieurement ou qu'il juge à propos d'acquérir ensuite. Nous disons, il conserve ce droit, car en concédant la mine, il ne l'a pas abdiqué. Si donc son droit est demeuré intact; il peut, après comme avant la concession, ouvrir de nouvelles voies de communication, non pas seulement dans l'intérêt de la contrée, mais pour l'utilité publique; il peut ordonner des chemins de fer, soit qu'il les construise lui-même, soit qu'il cède à d'autres la mission de les exécuter en son lieu et place dans l'intérêt permanent et essentiel de la société. Il le peut par lui-même ou par d'autres, sans être assujetti à des conditions plus dures qu'avant la concession, c'est-à-dire que l'État ou les concessionnaires du chemin devront bien acheter les terrains à la surface, parce que la propriété de ces terrains n'a pas encore été acquise, et que la surface n'est pas tenue de supporter le chemin autrement qu'en cédant la place moyennant une vente préalable; mais l'État ou ses cessionnaires ne devront rien au *second sol, ou sol* de la mine, parce que la condition inhérente à la concession de la mine a été de supporter la surface et de ne jamais en compromettre la solidité.

Le caractère des réserves exprimées à cet égard dans les art. 11, 15, 47 et 50, étant général, absolu, d'ordre public, il est dans leur nature d'être perpétuelles; elles ne sont donc pas limitées aux édifices et aux chemins existant au jour de la concession; elles s'étendent providentiellement à tous les besoins publics, à toutes les survenances, et pourquoi? parce que ces survenances sont l'exercice du droit propre de la surface qui n'est pas asservie à la mine, tandis que la mine est assujettie à la surface; elle lui doit support.

Tels sont, à mon sens, Messieurs, les vrais principes de la matière, les principes fondamentaux, essentiels, que j'aimerais à voir consacrer par votre arrêt (1).

Après cette première partie de la discussion, M. le procureur-général répond aux principales objections. Il s'arrête surtout à la dernière, celle résultant de ce que le chemin de fer n'est pas seulement établi à la surface, mais de ce que, sur une longueur de 400 mètres sur 1100, il

---

(1) DALLOZ, 1841, 1, page 167, dit: « Il nous paraît résulter de cette théorie, 1° que l'État pourra traverser une mine par des chemins de fer; 2° que le propriétaire pourra bâtir au-dessus et au-dessous du sol, *comme auparavant*, pourvu qu'il agisse sans malice, *ex jure utendi et abutendi;* — qu'il pourra creuser des étangs, des puits artésiens, et renouveler ou tenter de renouveler *la merveille* de la plaine de Grenelle, c'est-à-dire inonder les galeries et rendre l'exploitation de la mine à peu près impossible..., et tout cela sans qu'aucune indemnité soit due aux concessionnaires de la mine qui seront, de plus, chargés de faire tous les travaux propres à garantir et même à assurer la solidité des constructions par lesquelles leur exploitation sera entravée ou paralysée. »

traverse le bas d'une montagne comprise dans le périmètre de la concession.

En effet, dit M. le procureur-général, on ne peut méconnaître ce que cette position a de particulier. Pour toute la partie du chemin établie à la surface, les arguments que nous avons fait valoir reçoivent leur application directe ; mais ici le chemin cesse de ramper à la surface ; il s'introduit en forme de tunnel dans les flancs d'une montagne qui se trouve au-dessus de la mine. Dans ce cas, n'est-il pas évident que l'intérieur de la montagne n'est plus la surface, et que, pour cette partie du moins, l'exploitation de la mine eût été sans péril pour la surface si le chemin ne s'était pas enfoncé lui-même au sein de la montagne, et n'était pas venu pour ainsi dire au devant de la mine.

Cela est si vrai, que, dans une partie du trajet, le chemin de fer a heurté la houille ; mais aussi il faut remarquer que les concessionnaires du chemin de fer, condamnés à payer une indemnité pour ce fait, s'y sont soumis en la payant effectivement ; nulle difficulté ne reste donc sur ce point.

Mais reste toujours l'ensemble du tunnel et l'argument que l'interdiction d'exploiter sous cette partie, ou de ne le faire qu'à l'aide de travaux confortatifs, a été occasionnée, non par l'usage naturel de la surface, mais par le fait extraordinaire de s'être enfoncé dans les flancs de la montagne, et d'avoir ainsi diminué de toute l'épaisseur de la montagne le sol qui couvrait la mine et qui mettait la surface à l'abri de tout accident.

Je n'hésiterai donc point à penser, en point de droit, qu'en raison de ce fait exceptionnel une indemnité serait due pour cette partie, s'il s'agissait de juger le fond. Mais l'arrêt attaqué l'a jugé, et en prononçant sur cette partie de la cause, ne l'a-t-il pas résolue en fait, ce qui la mettrait à l'abri de la cassation? Sans doute, cet arrêt repousse bien en général toute prétention à l'indemnité, par le principe pris du droit de la surface, mais pour ce qui regarde les 400 mètres de tunnel, il constate trois faits qui ont pour objet d'exclure l'indemnité et sur lesquels il appuie sa décision. Le premier, que dans aucune de ses parties le chemin ne touche la houille ; le deuxième, qu'il n'y avait encore aucune exploitation commencée sur la voie parcourue par le chemin ; le troisième, enfin, qui semble le plus fort à cause de la fermeté de l'assertion, est celui-ci : « Considérant au surplus que l'établissement de la voie souterraine n'aggrave en rien la position des intéressés. »

Or, la première condition pour qu'il y ait lieu à indemnité, c'est qu'il y ait préjudice, et cette condition étant déclarée ne pas exister en effet, tout prétexte à l'indemnité s'évanouit (1).

Vous apprécierez cette situation, Messieurs; elle est grave, elle mérite d'occuper toute votre attention, comme elle a occupé la nôtre.

Dans ces circonstances et par ces considérations, nous estimons qu'il y a lieu de rejeter le pourvoi (2).

§ 6.

Arrêt solennel de toutes les chambres réunies de la cour de cassation, du 3 mars 1811.

LA COUR; — Vu l'article 9 de la charte constitutionnelle et l'article 545 du code Napoléon, relatifs à l'indemnité due à ceux qui sont dépossédés de leur propriété pour cause d'utilité publique;

Vu aussi l'article 1382 du code Napoléon, d'après lequel tout fait quelconque de l'homme qui cause à autrui un dommage, oblige celui par la faute duquel il est arrivé à le réparer;

Vu enfin l'article 7 de la loi du 21 avril 1810 sur les mines:

Attendu que, par *dérogation à l'article* 552 du code Napoléon, cet article 7 déclare que les concessions de mines en confèrent la propriété perpétuelle;

Que cette propriété est disponible et transmissible comme les autres immeubles, *dont nul ne peut être exproprié* que dans les cas et selon les formes prescrites pour les autres propriétés, conformément au code Napoléon, c'est-à-dire sans indemnité;

Attendu que *tout propriétaire* a droit à cette indemnité, non-seulement lorsqu'il est obligé de subir l'éviction entière de sa propriété, mais

(1) M. DALLOZ dit : « Cette opinion de M. le procureur-général semble contraire à celle qu'il avait émise dans l'affaire des pharmaciens (33 1.341) et que les chambres ont admise. Voyez nos *observations eod.* et notre dictionnaire général, v°, action civ., n. 10 et suiv. »

(2) Si la théorie de M. DUPIN eût prévalu, les propriétaires de la surface eussent pu, par un vaste enclos, un parc ou tous autres établissements reconnus d'*utilité réelle*, paralyser l'exploitation d'une mine, et après l'exploitation, lorsque les propriétaires de la surface auraient été empêchés, *par les excavations*, de bâtir ou de creuser un puits ou une pièce d'eau, ils auraient en droit à des dommages-intérêts.

Aussi la cour de cassation, par son arrêt solennel, a PERSISTÉ dans la théorie contraire.

aussi lorsqu'il est privé de sa jouissance et de ses produits pour cause d'utilité publique ; que seulement, dans ce cas, l'indemnité n'est pas préalable ;

Attendu que la concession d'une mine a pour objet l'exploitation de la matière minérale qu'elle renferme ; que le concessionnaire auquel cette exploitation est interdite, pour un fait à lui étranger, sur une partie du périmètre de la mine, pour un temps indéterminé, est privé des produits de sa propriété et éprouve une éviction véritable dont il doit être indemnisé ;

Attendu qu'à la vérité l'article 50 de la loi du 21 avril 1810 confère à l'autorité administrative le droit de pourvoir par des mesures de sûreté publique à la *conservation* des puits, à la solidité des travaux de la concession et à la sûreté des habitations de la surface.

Mais que cette disposition n'altère en rien le droit de propriété du concessionnaire et ne lui impose pas l'obligation de subir la perte d'*une partie* de sa concession, *à raison de la* CRÉATION *d'un établissement nouveau*, sans une juste indemnité ;

Attendu que si, nonobstant la concession de la mine, les droits inhérents à la propriété de la surface restent entiers, conformément à l'article 544 du code Napoléon, il ne s'ensuit pas que le propriétaire de la surface ait le droit de pratiquer *des travaux* NUISIBLES *à l'exploitation* de la mine *dans l'étendue* de son périmètre ;

Et attendu qu'il n'est pas dénié en fait par l'arrêt attaqué que la compagnie du chemin de fer, dont la concession d'ailleurs est *postérieure* à l'établissement de la mine, a poussé ses travaux dans le périmètre de la mine sans que cette concession ait été soumise à aucune réserve en faveur du parcours du chemin de fer ; que, dès-lors, cette compagnie aurait porté atteinte directe à l'exploitation de la mine ; qu'elle se serait donc rendue passible d'une indemnité à évaluer à raison d'une éviction dont elle profiterait et d'une interdiction qui n'aurait pas été prononcée par l'autorité administrative, si cette nouvelle voie n'avait pas été établie ;

Que, néanmoins, l'arrêt attaqué a refusé aux demandeurs toute action en indemnité au sujet des interdictions prononcées par l'arrêté préfectoral du 25 novembre 1829 ;

Qu'en le jugeant ainsi, cet arrêt a faussement appliqué l'article 552 du code Napoléon, *mal interprété l'article 50 et formellement violé l'article 7 de la loi du 21 avril 1810*, ainsi que les articles 545 et 1382 du code Napoléon et l'article 9 de la charte constitutionnelle ;

Par tous ces motifs, la cour CASSE et ANNULE...

§ 7.

Dissertation de M. Dalloz à la suite de l'arrêt solennel de la cour de cassation.

Les importantes décisions rendues par les chambres réunies, contrairement au réquisitoire de M. le procureur-général Dupin, confirment pleinement la doctrine consacrée par le premier arrêt de cassation intervenu dans l'espèce. (Voy. 37. 1. 441.) — La cour a dû pousser jusqu'à ses dernières conséquences le principe reconnu par M. le procureur-général lui-même, que la mine concédée constitue une propriété nouvelle, distincte et séparée de la surface, disponible, transmissible, susceptible d'hypothèque et garantie par la loi. — Il est vrai que, relativement à cette propriété particulière, le *jus utendi et abutendi* se trouve modifié par certaines dispositions de la loi, édictées dans le but d'assurer la solidité du sol. Ainsi, par exemple, la mine ne peut être exploitée de manière à compromettre la sûreté des édifices de la surface, et l'autorité administrative a le droit, dans l'intérêt de la sûreté publique, d'interdire l'exploitation jusqu'à une certaine distance de ces édifices. Mais ces modifications du droit de propriété, introduites dans un but de police et de sûreté publique, ne doivent pas plus l'altérer dans son essence que les règlements de voirie n'altèrent le droit de propriété des édifices de la surface qui y sont soumis: l'analogie est complète.

Les bâtiments et constructions qui existaient dans le périmètre de la concession avant qu'elle ait été faite, doivent être conservés; c'est là une charge de la propriété que cette concession a pour effet de créer, et dès-lors le concessionnaire ne pourra se plaindre des mesures administratives qui tendent à protéger ces constructions, car il a dû prendre les choses dans l'état où elles se trouvaient, avec toutes les servitudes déjà établies.

A cet égard le concessionnaire n'est pas dans une position différente de celle de tout acquéreur qui achète un immeuble grevé de servitudes (1).

Mais est-ce à dire que le propriétaire de la superficie pourra impunément faire de nouveaux travaux après la concession et réclamer en leur faveur le même privilège que pour les ouvrages anciens ? Non, il

(1) Le propriétaire de la surface est dans la position du propriétaire qui a vendu le tréfonds de sa propriété; il ne peut augmenter les servitudes sur la propriété de la mine.

doit respecter la propriété de la mine, de même que le concessionnaire doit respecter la sienne ; *il se trouve désormais en présence d'un tiers dont les droits ne sont pas moins certains, moins légitimes que les siens propres.*

Si donc il lui cause un préjudice, *soit en aggravant* illégitimement les charges primitives de la mine, *soit en causant par son fait* des éboulements ou des inondations dans la mine, il devra les réparer en vertu de l'art. 1382 c. Nap.; *réciproquement*, les travaux d'extraction de la mine ne pourront nuire à la surface sans qu'il en résulte une action en dommages-intérêts contre le concessionnaire. — Tout cela est parfaitement dans l'esprit de la loi du 21 avril 1810, et il suffit de lire le rapport qui a précédé cette loi pour s'en convaincre.

Mais, dit-on, tout le périmètre de la mine, et il peut comprendre plusieurs lieues, sera donc frappé d'une interdiction perpétuelle de bâtir?

Cette objection séduit au premier abord. Cependant, comme à sa faveur on réclame un droit qui n'irait à rien moins qu'à faire périr, au gré du superficiaire, le droit de propriété que la loi de 1810 a consacré au profit des concessionnaires de la mine, elle doit être écartée à cause de sa trop grande portée.

En effet, supposez que celui-là conserve la faculté de bâtir à la surface sans indemnité au profit de ceux-ci, et de frapper d'interdit l'exploitation de la mine dans toute l'étendue de la zône que comportera l'existence des bâtiments, et vous arriverez aisément à reconnaître que cette exploitation sera exposée *à subir toutes les entraves que le superficiaire voudra lui imposer*, entraves qui seront toujours, on peut le supposer, en raison directe de la richesse de la mine.

De sorte que, pour s'en affranchir, les concessionnaires, grevés déjà d'impôts envers l'État et d'indemnités envers le propriétaire du sol, devront s'attendre à payer encore à ce dernier de nouvelles et plus lourdes indemnités, car elles seront arbitraires et indéfinies.

Et s'ils persistent à vouloir user du droit illimité de bâtir qu'on réclame en leur faveur, et même de pousser ses travaux jusque dans le sein de la mine, des exploitations vastes et dispendieuses, qui touchent si directement aux sources de la prospérité publique qu'on les regardait naguère encore comme un droit régalien, pourront être paralysées, anéanties, suivant le bon plaisir du propriétaire du sol.

Or, il suffit, ce semble, d'énoncer un pareil résultat pour faire sentir que le système de M. le procureur-général ne pouvait être accueilli par les chambres réunies de la cour.

Que si la condition du propriétaire de la surface peut paraître, dans certains cas, rigoureuse, il ne faut pas oublier non plus, 1º que ces cas seront rares, accidentels, et partant ne doivent pas l'emporter sur un droit permanent et certain; 2º que ce propriétaire reçoit des exploitants une indemnité fixée eu égard à l'importance de la concession; 3º que cette indemnité ne subit aucune diminution, quelle que soit la dépréciation ultérieure des terrains; d'où résulte, par contre, que la position des exploitants ne doit pas être aggravée; 4º enfin, que rien ne s'oppose à ce que le superficiaire fasse toutes les constructions qui seront en harmonie avec l'état de solidité dans lequel le sol doit être maintenu par les exploitants. D'un autre côté, on ne doit pas perdre de vue que si le législateur a accordé aux concessionnaires quelques privilèges, l'expérience prouve qu'il n'a pas trop fait pour encourager l'exploitation dispendieuse des mines, car bien des compagnies se ruinent ou n'obtiennent que de faibles bénéfices.

Du reste, et en raison du droit éminent, primitif, non limité d'une manière certaine par la loi de 1810, du propriétaire de la surface, peut-être y aurait-il quelques raisons de reconnaître en principe qu'il conserve la faculté de bâtir, à charge de ne point paralyser le droit des concessionnaires et de leur payer une indemnité proportionnée au dommage qu'ils peuvent ressentir de l'exercice de cette faculté, indemnité qui sera immédiate et les obligera à faire tous les travaux souterrains nécessités par les excavations ou la diminution de solidité du sol, si le dessous est déjà exploité ou en cours d'exploitation; indemnité qui pourra être différée jusqu'à ce que les travaux d'exploitation aient été poussés jusqu'à l'approche des bâtiments nouveaux, parce que ce n'est qu'alors que les concessionnaires éprouveront un préjudice...

Mais on comprend aisément que les idées que nous énonçons ici et celles qui ont été produites dans ce grave débat, ne présentent pas un ensemble assez complet, assez fortement rattaché au système général de la loi et à chacune de ses dispositions, assez mis à découvert dans ses conséquences éloignées, pour que les magistrats aient pu avec sûreté préférer au système fort simple que la chambre civile avait déjà consacré, le système aventureux et si funeste à l'industrie qu'on lui proposait.

Remarquons, en terminant, que l'arrêt semble ne faire aucune distinction pour le cas où les travaux d'utilité publique sont souterrains ou établis à la surface: *il suffit qu'il en résulte un préjudice* pour les concessionnaires de la mine.

§ 8.

Nouvelle jurisprudence de la cour impériale de Dijon.

La cour impériale de Dijon vient de réformer sa jurisprudence sur l'interprétation et sur l'application des articles 43 et 44 de la loi du 21 avril 1810 ; elle a, dans un arrêt très-remarquable, rendu le 29 mars 1854, posé les véritables principes sur la propriété des mines.

Et elle a reconnu que la concession d'une mine divise la terre et opère un partage horizontal, en déclarant qu'après la concession d'une mine il y a DEUX *propriétés* distinctes et séparées dans un même périmètre :

L'une, *composée de la surface,* continuant à reposer sur la tête du propriétaire du sol ;

L'autre, *comprenant le tréfonds,* passant entre les mains du concessionnaire de la mine, moyennant indemnités réglées conformément aux prescriptions des articles 6 et 42 de la loi précitée.

La cour a eu à examiner les deux questions suivantes :

Les articles 43 et 44 de la loi du 21 avril 1810 accordent-ils le double du préjudice causé par l'occupation des travaux de mines établis sur la surface ? — Rés. nég.

Les dispositions de ces articles 43 et 44 sont-elles applicables pour fixer les dommages-intérêts résultant d'effondrements et de fissures causés par l'extraction souterraine ? — Rés. négativement.

Et pour la solution de ces questions, elle a dit :

Sur la première question ,

» Considérant qu'il suffit de lire avec attention la loi du 24 avril 1810 pour demeurer convaincu que le législateur a entendu, en ce qui concerne les terrains renfermant des gisements métalliques, constituer DEUX *propriétés* distinctes et séparées : l'une, *composée de la surface* continuant à reposer sur la tête du propriétaire du sol ; l'autre, *comprenant le tréfonds* passant entre les mains du concessionnaire de la mine, moyennant indemnités réglées conformément aux prescriptions des articles 6 et 42 de la loi précitée ;

» Qu'en *divisant*, ainsi qu'il l'a fait, *ce qui jusque-là n'avait formé qu'une seule propriété,* le législateur a dû prévoir et a réellement prévu que, pour l'exploitation de la mine, le concessionnaire serait obligé d'*occuper,* soit *temporairement,* soit *définitivement,* une partie de la surface sur laquelle devaient s'étendre ses recherches, s'ouvrir ses puits et ses galeries, se former ses dépôts de mines et s'établir les chemins nécessaires à son exploitation ;

» Qu'en présence de cette nécessité et afin d'échapper aux lenteurs si préjudiciables de l'expropriation pour cause d'utilité publique, *il a déterminé d'une manière* FIXE et pour tous les cas, quels qu'ils fussent, la règle d'après laquelle seraient évaluées les indemnités dues au propriétaire de la surface, soit pour *occupation* temporaire, soit pour *prise de possession définitive* ;

» Que tel a été le but des art. 43 et 44 de la loi du 24 avril 1810 ; qu'aux termes de ces articles, le propriétaire de la surface doit recevoir, en cas d'occupation temporaire, le double du revenu net, et en cas d'occupation définitive, le double de la valeur vénale, sans qu'il soit loisible aux tribunaux d'augmenter cette indemnité ou de la réduire, selon qu'elle leur paraîtrait inférieure ou supérieure à la valeur du préjudice éprouvé ;

» Qu'on doit d'autant moins hésiter à le décider ainsi, qu'il est hors de doute que le législateur, en élevant l'indemnité au double de la valeur vénale ou du produit, a pris en considération la dépréciation que l'occupation même temporaire d'une parcelle pouvait faire éprouver au surplus du domaine, et que c'est précisément ce genre de préjudice, toujours très-difficile à apprécier, qu'il a entendu régler à forfait ;

» Considérant que ces principes, si clairement exprimés dans les articles 43 et 44 de la loi du 21 avril 1810, ont été méconnus par les experts Suchet, Zolla et Bertrand, et par le jugement du 27 juillet dernier qui a homologué leur rapport et qui s'en est dès-lors approprié les erreurs ;

» Qu'en effet les experts, après avoir déterminé le revenu net des terrains occupés par la compagnie, ont ensuite ajouté 50 pour 100 à leur évaluation., comme indemnité de la dépréciation éprouvée par le domaine en général ;

Que le tribunal, en doublant cette évaluation déjà augmentée de 50 pour 100, a accordé aux consorts Fricaud une indemnité triple, contrairement à la prescription des art. 43 et 44, qui fixent par un *véritable forfait* l'indemnité au double du revenu net ou de la valeur vénale ;

» Que, sous ce premier rapport, le jugement du 27 juillet dernier doit être réformé.

Sur la deuxième question :

» Considérant qu'il résulte clairement des articles 43 et 44 de la loi du 21 avril 1810, que le législateur, en les édictant, n'a eu en vue que le règlement d'indemnité due au propriétaire de la surface, par suite de l'*occupation* temporaire ou définitive des terrains dont le concessionnaire de la mine *prend* possession, soit pour continuer des recherches, soit pour les besoins de son exploitation ; qu'étendre les dispositions de ces articles à l'évaluation du préjudice que le propriétaire de la surface peut éprouver par suite d'accidents survenus dans le cours de l'exploitation, serait en faire *une fausse application* et dépasser le but que le législateur s'est proposé ;

» Qu'il importe de remarquer que, si l'indemnité due au propriétaire de la surface dans le cas d'occupation, a pu être basée sur le produit net des terrains, c'est parce qu'il s'établit, par la force même de la loi et par le seul fait de la prise de possession, une sorte de location au profit du concessionnaire, dont il n'y avait plus qu'à déterminer le prix ;

» Mais qu'on ne comprendrait pas qu'une indemnité annuelle, basée sur le produit net, pût être accordée au propriétaire de la surface lorsque son terrain n'est pas occupé par le concessionnaire de la mine, lorsqu'il ne cesse pas de le détenir légalement, bien qu'il ne puisse en tirer aucun profit, lors enfin que le préjudice qu'il éprouve provient d'une toute autre cause que celle de la dépossession ;

» Que si la superficie vient à être détruite ou endommagée par suite d'effondrements et de fissures, ou simplement dépréciée, il faut, sans contredit, que le préjudice qui en résulte pour le propriétaire du sol soit largement réparé ; qu'il est facile de le faire sans s'écarter des principes du droit commun et sans recourir à une législation exceptionnelle, d'autant moins applicable qu'il ne s'agit dans ce cas ni d'occupation prise en vue de bénéfice à faire, ni de régler une indemnité dont le concessionnaire pourrait toujours s'affranchir en rendant les lieux à leur ancienne destination ;

» Que le droit commun sera même généralement plus favorable au propriétaire de la surface que le droit exceptionnel invoqué par les consorts Fricaud ;

» Qu'il est certain, en effet, que des dommages-intérêts

fixés au double du produit net des terrains soustraits à la culture par suite d'effondrements ou de fissures, seraient souvent insuffisants pour indemniser complètement le propriétaire de la surface du préjudice que de tels accidents lui occasionnent et de la dépréciation qui en résulte pour son domaine;

» Que c'est donc à tort que les premiers juges ont évalué les dommages-intérêts dûs aux consorts Fricaud pour préjudice résultant d'éboulements, de fissures et de dépréciation, d'après les bases posées par les articles 43 et 44 de la loi du 21 avril 1810, et qu'ils ont converti ces dommages-intérêts en une rente annuelle;

» Que, sous ce second rapport, la sentence du 27 juillet dernier doit encore être réformée;

Jusqu'ici nulle décision de la justice ne s'était exprimée avec autant de clarté, de précision, sur les droits qui sont conférés par la concession d'une mine, notamment sur le droit d'occupation, en déclarant que le législateur a dû prévoir et qu'il a réellement prévu que, pour l'exploitation de la mine, le concessionnaire serait obligé d'*occuper* temporairement ou définitivement la surface sur laquelle il ouvre ses puits et ses galeries, et établit ses magasins et ses chemins.

Nous pouvons même ajouter, sans crainte d'être contredit, que l'arrêt de la cour impériale de Dijon est un monument de jurisprudence qui servira de guide à la législation sur les mines, dans les principes qu'il consacre, à savoir :

1° Que la propriété des mines *comprend* le tréfonds du sol.

2° Qu'en *divisant* la terre horizontalement, la loi

donne au concessionnaire de la mine le DROIT D'OCCUPER *temporairement* ou *définitivement* la surface pour ses recherches ou pour son exploitation..

3° Que la loi détermine d'une manière *fixe* et *à forfait* l'indemnité d'occupation temporaire ou définitive.

4° Que l'indemnité d'*occupation* ne peut être appliquée *aux accidents* survenus dans le cours de l'exploitation.

Sur le *premier point*, la cour de Dijon semble abandonner complètement la jurisprudence de son arrêt solennel du 25 mai 1838, et reconnaître que la concession de la mine impose le *statu quo* (1) à la surface, c'est-à-dire qu'elle oblige le propriétaire de la surface à respecter la propriété *tréfoncière*, tout autant que le concessionnaire doit respecter la sienne, parce qu'il se trouve en présence d'un *nouveau voisin* dont les droits ne sont pas moins certains ni moins légitimes que les siens, et qu'en cela elle paraît avoir adopté la jurisprudence solennelle de la cour de cassation.

Sur le *deuxième point,* en déclarant que la loi confère un *droit d'occupation* sur la surface, pour les recherches ou pour l'exploitation des mines, la cour de Dijon justifie l'arrêt solennel qu'elle a rendu le 15 juillet 1853, contrairement à la jurisprudence de la cour de cassation, sur l'interprétation de l'article 11 de la loi de 1810 (2).

(1) Voir ci-après, titre deux, chapitre IV.
(2) Voir ci-après, titre deux, chapitre III.

Sur le *troisième point*, la cour de Dijon a décidé que les articles 43 et 44 de la loi de 1810 ne fixent qu'une *base à forfait* pour le règlement de l'indemnité qu'ils accordent, et que le double qu'ils allouent n'est qu'un *véritable forfait* qui ne peut être ni augmenté, ni diminué par les tribunaux, selon qu'il leur paraîtrait que l'indemnité est inférieure ou supérieure à la valeur du préjudice causé.

Sur le *quatrième point*, la cour de Dijon s'est placée en contradiction avec sa propre jurisprudence et avec celle de la cour de cassation, en décidant que les articles 43 et 44 précités ne sont point applicables aux dommages causés par l'extraction souterraine, à la suite d'un affaissement ou d'une fissure de terrain à la surface.

Mais, alors que la cour impériale de Dijon adopte la jurisprudence solennelle de la cour de cassation sur les principes et les droits de la propriété des mines, la chambre des requêtes de cette cour s'éloigne de cette même jurisprudence solennelle dans un arrêt du 22 décembre 1852 (1).

Telle est la contradiction qui existe sur l'application de la loi du 21 avril 1810, indépendamment du conflit qui s'est élevé entre le gouvernement, la cour de cassation et le conseil d'État, sur la seconde disposition de l'article 44 de cette loi et sur l'application de la loi du 16 septembre 1807 (2).

---

(1) Voir ci-après, titre huitième.
(2) Voir ci-après, titre deuxième, chapitre IV.

DEUXIÈME PARTIE.

TITRE PREMIER.

RICHESSES SOUTERRAINES.

La terre renferme dans son sein des masses de substances minérales ou fossiles qui sont classées, par la loi du 21 avril 1810, sous les trois qualifications de : *mines*, *minières et carrières*. — Les mines ne sont pas des accessoires du sol ; elles n'en ont jamais fait partie, et à leur découverte elles sont à la disposition du gouvernement qui les concède à un titulaire de son choix. — Les minières sont au contraire une dépendance du sol ; néanmoins elles ne peuvent être exploitées sans une autorisation du préfet, qui détermine les règles à suivre ; et à défaut par les propriétaires de les exploiter, une permission peut être accordée aux maîtres de forges. — Les carrières sont aussi une dépendance du sol ; elles s'exploitent à ciel ouvert ou par des galeries souterraines, sans autorisation, mais l'exploitation par galeries est soumise à la surveillance et aux mesures de sûreté indiquées aux articles 47, 48 et 5 de la loi du 21 avril 1810.

CHAPITRE Ier.

SUBSTANCES MÉTALLURGIQUES ET FOSSILES.

Les substances métallurgiques et fossiles qui sont renfermées dans le sein de la terre, sont désignées par la loi du 21 avril 1810 sous les trois qualifications de : *mines*, *minières et carrières*.

Ces substances sont-elles une dépendance du sol?

L'article 552 du code Napoléon, en donnant au propriétaire du sol le droit de faire dans son propre sol toutes les fouilles qu'il juge à propos et de tirer de ces fouilles tous les produits qu'elles peuvent fournir, semble résoudre la question affirmativement; mais le droit accordé se trouve tout aussitôt modifié quand il s'agit des mines.

Le propriétaire du sol ne peut exploiter les mines sans une concession, et la concession peut être accordée à un autre qu'au propriétaire du sol; dans ce cas, le concessionnaire a un *droit d'occupation* sur la surface.

La concession de la mine, moyennant les indemnités fixées par la loi, donne le *droit de creuser* des puits, de faire des galeries, d'établir des magasins, de tracer et d'ouvrir à la surface des chemins, dans toute l'étendue du périmètre concédé, sous les seules restrictions édictées par l'article 11 de la loi du 21 avril 1810.

Et comme conséquence du droit d'occupation et du droit de fouilles accordés au concessionnaire, il est interdit au propriétaire de la surface de faire des fouilles dans le tréfonds de sa propriété, ni d'établir au-dessus des constructions nuisibles à l'exploitation de la mine.

Mais cette interdiction n'existe qu'après la concession du tréfonds, et jusqu'à cette concession il peut creuser et fouiller dans toutes ses propriétés, comme il peut y élever toutes constructions et en augmenter la valeur par de nouveaux travaux, sans limites autres que celles de son droit de propriété.

CHAPITRE II.

DES MINES.

Sont considérées comme mines toutes les substances minérales ou fossiles désignées par la loi de 1810, à son article 2.

Les mines ne sont pas un *accessoire* de la propriété du sol, elles n'en ont jamais fait partie ; il n'est pas de droit naturel qu'elles suivent la propriété de la surface. La possession des mines, soit dans l'occupation primitive du sol, soit dans la transmission, a toujours été distincte du sol.

M. REGNAULT d'Epercy, rapporteur à l'Assemblée constituante du projet de loi sur les mines du 28 juillet 1791, disait :

« La source de toute propriété dérive dans le principe d'un partage ou d'un travail constamment appliqué par le *premier occupant* sur un objet, sans aucune opposition.

» Cette propriété, ainsi acquise, n'a pu devenir transmissible que par la garantie de la société : les particuliers ne possèdent rien que *par la loi*, ils ne peuvent en jouir que d'une manière qui convienne à la société.

» Si, dans l'origine des sociétés, la propriété n'a pu s'établir que par un partage ou par un travail, il est constant qu'elle ne peut avoir pour objet que *la surface des terres*, dont la culture assurait à tous les individus leur subsistance et celle de leurs troupeaux.

» Elle ne peut pas s'étendre *sur les mines* que la terre renfermait dans son sein, et qui y restèrent ignorées longtemps après l'établissement de la société, parce que les besoins n'en avaient pas encore demandé l'exploitation. »

MIRABEAU, prêtant son concours au rapporteur du projet de loi, soutint aussi que la propriété *du sol* ne s'entend que *de la surface*, et démontra que les mines ne sont pas des *accessoires* de la surface.

Dans une vigoureuse et brillante argumentation, l'orateur s'écriait :

« Veut-on examiner si les mines sont essentiellement des propriétés privées, dépendantes de la surface qui les couvre?

» Je dis que la société n'a fait une propriété du sol qu'à la charge de la culture ; et, sous ce rapport, le sol ne s'entend que de la surface.

» Je dis que, dans la formation de la société, on n'a pu regarder comme propriété que les objets dont la société pouvait alors garantir la conservation. Or, comment aurait-on pu empêcher qu'à 1200 pieds au-dessous d'un fonds on n'exploitât la mine que le propriétaire du sol aurait prétendu lui appartenir?

» Je dis que si l'intérêt commun et la justice sont les deux fondements de la propriété, l'intérêt commun et l'équité n'exigent pas que les mines soient des accessoires de la surface.

» Je dis que l'intérieur de la terre n'est pas susceptible d'un partage ; que les mines, par leur nature irrégulière, le sont encore moins ; que, quant à la surface, l'intérêt de la société est que les propriétés soient divisées ; que, dans l'intérieur de la terre, il faudrait encore les réunir, et qu'ainsi la législation qui admettrait deux sortes de propriétés comme accessoires l'une de l'autre, et dont l'une serait inutile par cela seul qu'elle aurait l'autre pour base et pour mesure, serait absurde.

» Je dis que l'idée d'être maître d'un torrent ou d'une rivière qui répond sous la terre à la surface de nos champs, me paraît aussi singulière que celle d'empêcher le passage d'un ballon dans l'air, qui répond aussi, à coup sûr, au sol d'une propriété particulière.

» Je dis que la prétention de regarder les mines comme un accessoire de la surface et comme une véritable propriété est certainement très-nouvelle ; car je voudrais bien savoir si quelque acheteur s'est jamais avisé de demander une diminution de prix ou de faire casser une vente *parce qu'il aura découvert qu'une mine a été fouillée sous le sol qu'il a acheté :* il pourrait cependant soutenir qu'il avait droit à tout, et qu'en achetant le sol *il voulait pénétrer au fond de la terre.*

» Enfin, je dis qu'il n'est presque aucune mine qui réponde physiquement au sol de tel propriétaire. La direction oblique d'une mine de l'est à l'ouest la fait toucher dans un très-court espace à *cent propriétés différentes.* »

Cette dernière observation de Mirabeau était sans réplique ; elle indiquait l'impossibilité d'accorder la propriété d'une mine à *cent propriétaires différents,* puisque le partage en était impossible (1).

Aussi la loi qui intervint alors, loi du 28 juillet 1791, fut plutôt une transaction entre les avis opposés qu'une décision franche : son article 1er mettait les mines à la disposition de la nation, et son article 3 attribuait une préférence aux propriétaires du sol ; puis venait l'article 10 qui subordonnait le droit des propriétaires à l'examen de leurs moyens d'exploitation, dont le gouvernement était le seul appréciateur.

Quant à la concession accordée par le gouverne-

(1) Le 2me § de l'article 7 de la loi du 21 avril 1810 interdit le partage d'une mine ou sa vente par lots.

ment, elle ne donnait que le droit d'exploiter la mine pendant 50 ans.

Est ensuite venu le code Napoléon, qui, à son article 552, n'accorde au propriétaire du sol la propriété du dessus et du dessous que *sauf les* MODIFICATIONS *résultant des lois et règlements relatifs aux mines.*

Et c'est dans cet état de la législation sur la propriété des mines que la loi du 21 avril 1810 a établi, à son article 19, une complète séparation entre la propriété de la surface et la propriété de la mine, et a déclaré que, par l'acte de concession, la mine concédée serait une *propriété nouvelle,* distincte de celle de la surface.

Ainsi donc, jamais la propriété des mines n'a fait partie de la propriété du sol, soit avant la loi du 28 juillet 1791, soit après cette loi, soit en vertu de l'article 552 du code Napoléon, et d'ailleurs toute incertitude cesse en présence de la loi du 21 avril 1810 qui en fait une propriété nouvelle.

CHAPITRE III.

DES MINIÈRES.

Les minières sont désignées dans l'article 3 de la loi et sont une dépendance ou accessoire du sol.

Elles sont exploitées par les *propriétaires du sol* ou par les *maîtres de forges;* mais leur exploitation est assujettie à des règles spéciales, et cette exploitation, même par les propriétaires du sol, ne peut avoir lieu sans une permission du préfet, qui détermine les règles à suivre.

Dans les cas prévus par l'article 69 de la loi de 1810, les minières *deviennent concessibles*, et, lorsqu'elles sont concédées, elles forment des propriétés distinctes et séparées de la surface.

SECTION 1re.

Exploitation des minières par le propriétaire du sol.

Le propriétaire du fond SUR *lequel* il y a du minerai de fer d'alluvion est tenu d'exploiter en quantité suffisante pour fournir, autant que faire se peut, aux besoins des usines établies dans le voisinage, avec autorisation légale.

Il n'est, dans ce cas, assujetti qu'à en faire la déclaration au préfet du département, en faisant connaître la désignation des lieux ; le préfet donne acte de cette déclaration, ce qui vaut permission pour le propriétaire, et l'exploitation a lieu par lui sans autre formalité.

Lorsque les propriétaires font l'extraction du minerai pour le vendre aux maîtres de forges, le prix en est réglé entre eux de gré à gré ou par des experts choisis ou nommés d'office, qui ont égard à la situation des lieux, aux frais d'extraction et aux dégâts qu'elle a occasionnés.

SECTION 2.

Exploitation des minières par les maîtres de forges.

Si les propriétaires n'exploitent pas, les maîtres de forges ont la faculté d'exploiter à leur place, à la charge : 1º d'en prévenir les propriétaires, qui, dans un mois à compter de la notification, pourront déclarer qu'ils entendent exploiter eux - mêmes ; 2º d'obtenir du préfet la permission, sur l'avis de l'ingénieur des mines, après avoir entendu les propriétaires.

Et si, après l'expiration du délai d'un mois, les propriétaires ne déclarent pas qu'ils entendent exploiter, ils sont censés renoncer à l'exploitation.

Dans ce cas, les maîtres de forges pourront, après la permission obtenue, faire les fouilles immédiatement dans les terres incultes et en jachères ; et, après la récolte, dans toutes les autres terres.

De même, si les propriétaires n'exploitent pas en quantité suffisante ou suspendent leurs travaux d'extraction pendant plus d'un mois, sans cause légitime, les maîtres de forges se pourvoient auprès du préfet pour obtenir la permission d'exploiter à leur place.

Mais, dans ce second cas, les maîtres de forges doivent faire usage de la permission dans le mois, sinon elle est regardée comme non avenue, et les propriétaires des terrains rentrent dans tous leurs droits.

Et quand les maîtres de forges cessent d'exploiter, ils sont tenus de rendre les terrains propres à la culture ou d'indemniser les propriétaires.

Si les minerais se trouvent dans les forêts impériales, dans celles des établissements publics ou des communes, la permission de les exploiter ne pourra être accordée qu'après avoir entendu l'administration forestière.

L'acte de permission déterminera l'étendue des terrains dans lesquels les fouilles pourront être faites.

Les maîtres de forges seront tenus de *payer les dégâts* occasionnés par l'exploitation et de repiquer en glands ou plants les places qu'elle aura endommagées, ou une autre étendue proportionnelle déterminée par la permission.

La permission d'exploiter les minières n'étant qu'un acte administratif, la loi, à son article 80, supplée au droit d'occupation qui résulte de la permission de recherches ou de la concession des mines, et accorde aux maîtres de forges le droit d'établir des lavoirs, patouillets et chemins de charroi, en ces termes :

« Art. 80. |Les impétrants (maîtres de forges) sont aussi
» autorisés à établir des *patouillets, lavoirs* et *chemins* de
» charroi sur les chemins qui ne leur appartiennent pas,
» *mais sous les* RESTRICTIONS *portées* en l'article 11 (1) ; le tout
» à charge d'*indemnité* envers les propriétaires du sol, et en
» les prévenant un mois d'avance. »

Cette disposition indique l'objet de l'article 11 de la loi de 1810 ; il *restreint* le *droit* d'*occupation* des maîtres de forges, en désignant les lieux qui sont affranchis de l'occupation autorisée pour l'exploitation des mines et des minières.

---

(1) Cette disposition indique que l'article 11 n'est qu'une restriction au DROIT d'*occupation* pour l'établissement des lavoirs, patouillets et chemins, comme il n'est aussi qu'une restriction au DROIT d'*occupation* pour l'établissement des puits, machines ou magasins, ou au DROIT *de faire des sondes.*

Section 3.

Concession des minières.

Dans l'exploitation des minières, les propriétaires ou les maîtres de forges exploitant les minerais de fer d'*alluvion*, ne peuvent pousser des travaux réguliers par des galeries souterraines sans avoir obtenu une concession.

Mais il ne peut être accordé aucune concession pour minerai de fer d'alluvion ou pour les mines en filons ou couches, que dans les cas suivants:

1° Si l'exploitation à ciel ouvert cesse d'être possible, et si l'établissement de puits, galeries et travaux d'art est nécessaire.

2° Si l'exploitation, quoique possible encore, doit durer peu d'années, et rendre ensuite impossible l'exploitation avec puits et galeries.

En cas de concession, le concessionnaire est tenu : 1° de fournir aux usines qui s'approvisionneraient de minerai sur les lieux compris en la concession, la quantité nécessaire à leur exploitation, au prix qui est porté au cahier des charges ou qui est fixé par l'administration ; 2° d'indemniser les propriétaires au profit desquels l'exploitation avait lieu, dans la proportion du revenu qu'ils en tiraient.

Pour la demande en concession des minerais de fer d'alluvion, on suit les mêmes formalités que pour celles en concession de mines, et le concessionnaire des minerais a le même DROIT d'*occupation* sur la surface que le concessionnaire de mines, pour l'exploitation de sa propriété.

CHAPITRE IV.

DES CARRIÈRES.

Les *carrières* sont indiquées dans l'article 4 de la loi ; elles sont une dépendance du sol, et elles ne s'exploitent que par le propriétaire, à ciel ouvert ou avec galeries souterraines.

SECTION 1re.

Exploitation des carrières à ciel ouvert.

L'exploitation des carrières à ciel ouvert a lieu sans permission, sous la simple surveillance de la police, et avec l'observation des lois ou règlements généraux ou locaux.

Cette exploitation peut avoir lieu dans toute la surface de la propriété de l'exploitant, sans *réserve*, ni *restriction*, sauf cependant les mesures de sûreté ordonnées dans l'intérêt des propriétés voisines ; mais le propriétaire, en respectant la chose d'autrui, peut fouiller et exploiter dans sa propriété une carrière, et il peut ainsi établir des précipices jusque contre la clôture de son voisin, en se conformant aux lois ou règlements généraux ou locaux.

Et quand il ouvre une carrière ou quand il sonde son terrain, nul n'a le droit de s'y opposer, ni de lui demander ce qu'il recherche dans le tréfonds de sa propriété, si de son œuvre il ne résulte ou ne peut résulter aucun préjudice réel pour le voisin, propriétaire d'une clôture.

La raison en est très-simple : quand il s'agit de l'exploitation d'une carrière, il n'y a que le propriétaire qui puisse l'exploiter ou autoriser son exploitation ; tandis que, pour les mines, le droit de fouilles ou d'exploitation peut être accordé par le gouvernement, sous les restrictions édictées par l'article 11 de la loi du 21 avril 1810.

Mais cet article 11 n'accorde sa protection qu'au propriétaire du terrain *sur lequel* le DROIT d'*occupation* est exercé ; il ne peut être invoqué par le voisin dont la propriété n'est protégée que par le droit commun, que lorsqu'une atteinte y est portée ou quand un accident est à craindre. Dans ce cas, toute l'exploitation peut être interdite.

La loi, en accordant à un tiers, dans un but d'utilité publique, la permission de fouiller la propriété d'autrui, ou en concédant le tréfonds du sol, a prévu que le permissionnaire ou le concessionnaire serait obligé d'*occuper* une partie de la surface ; et, pour éviter les abus de l'occupation, elle a désigné les lieux qui ne peuvent être *grevés de cette servitude.*

SECTION 2.

Exploitation des carrières par galeries souterraines.

Quand l'exploitation des carrières a lieu par galeries souterraines, elle est soumise à la surveillance indiquée aux articles 47, 48 et 50 de la loi de 1810.

Les ingénieurs des mines exercent une surveillance

de police pour la conservation des édifices et la sûreté
du sol, et lorsque l'exploitation compromet la sûreté
publique, la solidité des travaux, la sûreté des ouvriers
mineurs ou des habitations de la surface, il y est
pourvu par le préfet, ainsi qu'il est pratiqué en matière
de grande voirie et selon les lois.

Toutes ces prescriptions de la loi indiquent suffisamment que le voisin de l'exploitation d'une carrière
ne peut s'opposer aux travaux que lorsqu'un danger
ou péril est à craindre, parce que tout propriétaire,
là où la société n'est pas intéressée, a le droit d'user
et d'abuser de sa propriété.

Mais jusqu'ici il n'est entré dans l'idée d'aucun propriétaire de bâtiments ou de clôtures de s'inquiéter
de ce que son voisin fait *au-delà*, ni de lui interdire
de sonder son propre sol, d'y établir des machines ou
magasins, et même d'y pratiquer des fouilles pour
rechercher ou extraire quoi que ce soit.

Si la loi veut que, lorsqu'une carrière s'exploite par
galeries, les ingénieurs des mines exercent une surveillance de police pour la conservation des édifices et
la sûreté du sol, elle n'exige point que cette exploitation se fasse à 100 mètres de la clôture du voisin.

Et lorsque l'exploitation a lieu à ciel ouvert, rien ne
s'oppose à ce que la tranchée ait lieu tout près de la
propriété voisine, eût-elle une clôture murée, dès que
le voisin n'est atteint ni directement, ni indirectement
dans son droit de propriété.

En définitive, nous en concluons que l'article 11 de
la loi du 21 avril 1810 ne peut être d'aucune applica-

tion en ce qui concerne l'exploitation des carrières, parce que cette loi n'autorise ni *permission* de recherche, ni *concession* de CARRIÈRES, dans le tréfonds de la propriété d'autrui, pouvant permettre d'occuper cette propriété pour l'établissement de travaux à la surface, et parce que cet article ne restreint que le droit d'occupation conféré par la *permission* de recherches ou la *concession* de MINES, législation spéciale et tout-à-fait *exceptionnelle*.

Aussi ne comprenons-nous pas les arrêts de la justice qui ont accordé *au propriétaire d'une clôture* le droit de s'opposer à ce que, *sur la propriété voisine*, il y soit établi un *magasin* ou une machine, ou fait un *sondage* ou un puits, alors que l'article 11 ne prohibe que l'occupation en certains cas, et seulement à défaut du consentement du propriétaire de *la surface à occuper*.

Nous renvoyons d'ailleurs nos lecteurs au chapitre III du titre deuxième, où la question du droit d'occupation est traitée.

TITRE DEUXIÈME.

PRINCIPES GÉNÉRAUX SUR LA PROPRIÉTÉ.

La société fait ses lois, les change ou les modifie selon ses besoins ; la loi crée la propriété, dont elle assure seule la possession, et nul ne peut se dire propriétaire de l'objet qu'il détient si sa possession ne lui est garantie par la loi. — La propriété des mines, avant sa concession, est un problème ; elle ne prend naissance que par l'acte du gouvernement qui sépare le tréfonds de la surface par un partage horizontal de la terre ; mais, par l'acte de concession, la mine concédée est considérée comme propriété nouvelle, rangée parmi les propriétés ordinaires, et le droit commun est applicable à cette propriété comme à tous autres biens. — Le droit d'occupation sur la surface, pour l'établissement des travaux d'exploitation, *fondé sur la nécessité*, est *conféré* par la permission de recherches ou par la concession de mines, moyennant l'indemnité *fixée à forfait* dans les articles 43 et 44 de la loi du 21 avril 1810, et *restreint* par l'article 11 de la même loi. — Le *statu quo* ou l'interdiction de la surface dérive du respect qui est dû à toute propriété et du droit accordé à tout propriétaire de pouvoir exploiter son héritage, même en cas d'enclave, moyennant indemnité envers son voisin.

CHAPITRE 1er.

LA SOCIÉTÉ FAIT SES LOIS, ET LA LOI CRÉE LA PROPRIÉTÉ.

La société fait ses lois, les change ou les modifie selon ses besoins : la loi crée la propriété, dont elle assure seule la possession, et nul ne peut se dire propriétaire de l'objet qu'il détient si sa possession ne lui est garantie par la loi.

« Lorsqu'on assiste par la pensée au berceau des sociétés, a dit un savant jurisconsulte, on arrive à un état où la terre entière offrait une possession commune ; dans cet état, qu'on a appelé communauté négative, chaque chose appartenait à tous, nul objet n'était en propre à personne ; le premier qui s'emparait d'une chose, y appliquait par son travail l'empreinte de sa personnalité ; ce droit cessait avec la possession ou l'occupation.

» La propriété est l'œuvre de la société constituée, l'expression des besoins de stabilité que la civilisation développe. Quoiqu'elle n'ait pu être établie et déclarée transmissible que par la loi civile, elle n'est pas moins l'élément le plus vivant et le plus essentiel de toute société. L'âge, qui éteint ou affaiblit toutes les passions dans le cœur de l'homme, ne fait qu'y accroître celle de la propriété ; on ne peut espérer ni ordre, ni prospérité là où elle n'est pas protégée. »

Dans un ordre de choses où tout se déplace périodiquement, se transforme, et où les besoins d'une époque deviennent insuffisants pour une autre, on ne peut supposer une perpétuelle immutabilité ; de là vient la nécessité pour la société de changer ses lois et de les modifier dans un but d'utilité publique.

Or, l'utilité publique, dans ses allures aventureuses, exigeantes, parce qu'elle suit les progrès incessants de la civilisation, ne veut pas toujours que l'on puisse disposer d'une manière absolue des choses que l'on possède, et les intérêts privés doivent fléchir dans certaines circonstances, c'est-à-dire quand il s'agit de l'utilité générale. Le propriétaire est alors soumis à une restriction qui modifie profondément ses droits, car il peut être contraint de céder tout ou partie de sa propriété, ou tout ou partie de sa jouissance, moyennant une juste et préalable indemnité.

Les modifications dont parle l'article 552 du code Napoléon permettent un *démembrement* du droit du propriétaire du sol, et ces modifications sont formulées dans la loi de 1810 sur les mines.

Ainsi, le propriétaire du sol doit subir la séparation du tréfonds de sa propriété, lorsque l'intérêt général l'exige, moyennant l'indemnité réglée par l'acte de concession en vertu des articles 6 et 42 de la loi du 21 avril 1810; il doit également céder une partie de sa propriété à la surface lorsque l'exploitation des mines l'exige, moyennant une autre indemnité fixée *à forfait* par les articles 43 et 44 de la même loi.

Cette double obligation a pour conséquence naturelle d'interdire de changer la nature du sol, si les nouveaux travaux sont nuisibles à l'exploitation de la mine; c'est, en un mot, l'*interdiction* imposée à la surface, s'il peut résulter du changement un préjudice pour l'exploitant. (Voir au chapitre IV du présent titre.)

Quelque rigoureuses que soient les prescriptions de la loi, dussent-elles même blesser les intérêts privés ou individuels, on doit s'y soumettre; les tribunaux, en interprétant son texte et son esprit, n'ont plus qu'à en faire une saine et juste application.

CHAPITRE II.

PROPRIÉTÉ DES MINES CONCÉDÉES.

La propriété des mines concédées, étant un démembrement des droits du propriétaire du sol, est en fait comme en droit une propriété ordinaire, régie par le droit commun.

En *fait*, parce que sa concession divise la terre et opère un partage entre le dessus et le dessous, et ce qui, jusqu'à la séparation du tréfonds, n'avait formé qu'une seule propriété, constitue deux propriétés parfaitement distinctes et séparées : l'une, *composée de la surface*, continuant à reposer sur la tête du propriétaire du sol; l'autre, *comprenant le tréfonds*, passant dans les mains du concessionnaire, moyennant l'indemnité fixée par la loi (1).

En *droit*, parce que l'article 8 de la loi du 21 avril 1810 déclare que les mines sont des immeubles, et que l'article 19 de la même loi fait de la mine concédée une propriété nouvelle, distincte de celle de la surface.

Du jour de la concession de la mine, deux propriétés immobilières existent dans un même périmètre, dans un même carré, l'une à la surface et l'autre dans le tréfonds, c'est-à-dire l'une sur l'autre.

La séparation du sol et du *tréfonds* est un axiôme général et absolu; toutefois, la loi ne détermine pas à quelle profondeur cesse la propriété de la surface; elle ne contient que des articles d'exécution et se borne à dire que les mines ne peuvent être exploitées qu'en vertu d'un acte de concession délibéré au conseil d'État (art. 5); que cet acte règle les droits du propriétaire de la surface sur les produits de la mine

(1) Voir page 185.

(art. 6 et 42), et que l'acte de concession, fait après les formalités prescrites, *purge*, en faveur du concessionnaire, les droits du propriétaire de la surface (art. 17).

Et si le propriétaire du sol, avant la concession du tréfonds, peut faire des recherches dans toutes les parties de sa propriété, après la concession il ne peut plus les faire; ce serait fouiller la propriété d'autrui.

Aussi M. de Girardin, dans son rapport sur la loi, a dit :

« La dernière disposition de l'article 12 interdit *toutes recherches* dans un terrain déjà concédé.

» Des recherches qui auraient pour objet la mine concédée, seraient une entreprise sur la propriété d'autrui; s'il existait, dans un terrain déjà concédé, *une mine inconnue*, tous les motifs se réunissent pour en attribuer exclusivement la recherche au concessionnaire *de la première*. (1) »

Le propriétaire de la surface ne peut donc exploiter la mine sans une concession, ni faire des recherches *dans un terrain déjà concédé*.

Mais la loi n'accorde pas seulement le droit d'exploiter la mine; elle concède le tréfonds du sol en disant, dans son article 12 : « Dans aucun cas, les recherches ne pourront être autorisées *dans un terrain* déjà concédé; » et toutes contraventions sont, aux termes de l'article 96 de la loi, punies d'une amende de 100 à 500 francs, sauf, en cas de récidive, le double et la détention, d'après la durée fixée par le code de police correctionnelle.

---

(1) Voir page 127, 4me et 5me alinéa.

14

Après la concession du tréfonds du sol, le propriétaire de ce sol ne peut non plus faire aucuns travaux, ni établir aucunes constructions *nuisibles* à l'exploitation de la mine, dans toute l'*étendue de son périmètre* (1).

Mais en compensation il reçoit une indemnité ou redevance imposée à la propriété de la mine par l'acte de concession, en vertu des articles 6 et 42 de la loi du 21 avril 1810, et il reçoit encore une indemnité d'occupation réglée conformément aux articles 43 et 44, lorsque les travaux d'exploitation de la mine sont établis sur la surface.

La propriété de la mine, moyennant ces diverses indemnités, acquiert des droits sur la propriété de la surface, et celle-ci, par la force des choses comme par nécessité, est asservie à la propriété du tréfonds et perd de sa valeur (2).

Ceci dit, il nous reste à démontrer :

1º Que la concession du tréfonds divise et sépare la terre au moyen d'un partage horizontal, et que de ce partage il résulte que, s'il y a DEUX *propriétés* distinctes, il y a également DEUX *propriétaires* dont les droits sont égaux.

2º Que le droit commun s'applique à toutes les propriétés, à la propriété du tréfonds comme à la propriété de la surface.

3º Que les modifications apportées au droit commun par la loi du 21 avril 1810 ont été édictées en faveur de l'exploitation des mines, dans le but de concilier

(1) Voir page 180, 4me alinéa.
(2) Voir page 74, 4me alinéa et suivants.

les intérêts des deux propriétés et de faciliter les rapports des deux propriétaires voisins.

Ces propositions feront l'objet des trois sections qui vont suivre.

SECTION 1re.

Séparation du tréfonds ou partage horizontal de la terre.

La séparation du tréfonds ou partage horizontal de la terre est un fait qui s'accomplit par la concession de la mine, fait qui ne peut être contesté, du moment que la loi reconnaît et déclare que DEUX *propriétés distinctes* existent dans un même périmètre, l'un à la surface et l'autre dans le tréfonds.

On ne peut séparer ce qui constitue une seule propriété sans faire deux parts distinctes, et ces deux parts ne peuvent être distinctes qu'en désignant ce qui *compose* l'une et ce que *comprend* l'autre.

La cour impériale de Dijon, dans son arrêt du 29 mars 1854, en déclarant que l'une se compose de la surface, et que l'autre comprend le tréfonds du sol, a reconnu qu'il y a une complète séparation entre le dessus et le dessous, et cette séparation conduit naturellement à un partage horizontal de la terre.

Mais à quelle profondeur cesse la propriété de la surface? La loi ne le dit pas; elle se borne à interdire les fouilles dans un terrain concédé, parce que ce serait fouiller la propriété d'autrui, et cette lacune dans la loi crée toutes sortes de difficultés quand il s'agit de rechercher quels sont les droits de chacun des deux propriétaires *co-partageants*.

On s'était cependant préoccupé, dans le sein du conseil d'État, lors de la discussion de la loi, de la question de savoir à quelle profondeur cesserait la propriété de la surface, et nous voyons, notamment à la séance du 8 avril 1809, sur une observation de M. le comte de Ségur, tendant à établir une séparation entre la propriété de la mine et la propriété de la superficie, que l'empereur Napoléon Ier fit observer qu'il faudrait au moins établir à quelle profondeur elle cesserait.

Voici cette observation :

« Dans ce système, il faudrait du moins déterminer *à quelle profondeur* CESSE *cette propriété de la superficie;* car, autrement, sous prétexte de faire des fouilles, on pourrait couper la racine des arbres et ravager toutes les plantations (1). »

M. le comte DEFERMON, à la même séance, dit à son tour :

« Au surplus, il serait indispensable de décider *à quelle profondeur* CESSE *la propriété privée,* afin que le conseil des mines ne puisse pas prétendre arbitrairement qu'un propriétaire a creusé *trop avant* dans son propre sol (2). »

M. le comte JAUBERT, à la séance du 24 juin, faisant remarquer que le projet de loi distinguait *deux sortes de propriétés :* celle du *dessus* et celle du *dessous,* et que ce projet supposait que les droits du propriétaire de la surface, *à l'égard du tréfonds,*

---

(1) Voir page 63, 2e alinéa.
(2) Voir page 63, 4e alinéa.

devaient se réduire à une simple indemnité, demanda quels seraient les droits des créanciers hypothécaires du propriétaire sur cette indemnité.

M. le comte REGNAULT de St-Jean d'Angély répondit que l'indemnité s'*identifiait* avec la surface, et qu'en devenant *immobilière* elle se trouvait affectée avec la surface aux créances hypothécaires.

M. L'ARCHICHANCELIER, présidant cette séance, fit, à la suite de la réponse de M. Régnault, une observation qui indique combien il entrait dans la pensée des auteurs de la loi de *séparer* le tréfonds de la surface et d'établir deux propriétés ; il dit :

« Il faut prendre garde : un débiteur de mauvaise foi, qui voudra frauder ses créanciers, leur *soustraira le tréfonds* en obtenant une concession, même sans intention et sans espérance de réussir, et réduira leurs hypothèques à la surface, qui deviendra d'une *valeur à peu près* NULLE lorsqu'elle sera *séparée du tréfonds* (1). »

Si la surface *séparée* du tréfonds devient d'une valeur à peu près nulle, on ne peut donc pas contester la *séparation*, puisqu'elle rend la surface de *nulle* valeur.

M. le comte JAUBERT, à la séance du 9 janvier 1810, proposa de déterminer les *modifications* prévues et réservées par l'article 552 du code Napoléon en faveur de l'exploitation des mines (2).

---

(1) Voir page 75, 1ᵉʳ alinéa.
(2) Voir page 86, les quatre derniers alinéa.

M. le comte Regnault de St-Jean d'Angély repoussa la proposition de M. Jaubert, en disant :

« Le système de M. Jaubert aurait l'inconvénient de *ruiner* la propriété; si, par exemple, *on concédait le* DESSOUS *de plusieurs lieues*, les propriétaires cesseraient de l'être dans toute cette étendue (1). »

M. le comte Boulay admit au contraire la proposition de M. Jaubert, en faisant observer :

« Qu'il serait prudent de s'abstenir de toute définition, de n'insérer dans le projet que *des articles d'exécution* (2). »

L'Empereur, qui présidait à la discussion, accueillit la proposition de M. Jaubert; mais il en ajourna la discussion, afin de savoir quelle était la législation des mines des autres États de l'Europe, et dit :

« Il faut établir en principe que le propriétaire du dessus l'est aussi du dessous, *à moins que le* DESSOUS *ne soit* concédé à un autre! auquel cas, il reçoit une indemnité à raison de la privation *de la jouissance du* DESSUS (3)!

» Au reste, il serait utile, *avant d'aller plus loin*, de savoir quelle est la législation des autres États de l'Europe (4). »

M. le comte Regnault de Saint-Jean-d'Angély, à la séance du 3 février 1810, fit un rapport sur la législation des mines des autres États de l'Europe.

L'Empereur, à la séance du 10 février 1810, interprétant les dispositions de l'article **552** du code Napoléon, posa le principe de la propriété des mines et la déclara *propriété nouvelle*, déclaration

(1) Voir page 87, 2e alinéa.
(2) Voir page 87, 3e alinéa.
(3) Voir page 87, 4e et 5e alinéa.
(4) Voir page 90, dernier alinéa, et page suivante.

qui est inscrite dans l'article 19 de la loi. Reproduisons ses paroles :

« Le code Napoléon, en employant ces expressions : « *Le propriétaire du* DESSUS *l'est aussi du* DESSOUS, » a voulu consacrer le principe, qu'en France les terres ne sont sujettes à aucun droit régalien ou *féodal*, et laisser ainsi toute latitude au propriétaire ; cependant, le code *exempte* de cette disposition *les fouilles des mines,* parce que les propriétés du sol et de la mine ne sont pas *inhérentes !*

La concession forme une *propriété nouvelle*, et même, dans la main du propriétaire du sol, le droit d'exploiter est une *richesse nouvelle ;* dès-lors il faut, à son égard, se servir des mêmes expressions qu'à l'égard de tout autre concessionnaire ; il faut aussi *un acte* qui lui confère ce droit et lui donne la *propriété de la concession ;* cette mesure est dans son intérêt ; car, propriétaire du *sol* et de la *mine* RÉUNIS, il peut cependant vouloir ne conserver qu'UNE des DEUX *propriétés.*

» Il peut vouloir les séparer, en vendre *une ;* il faut donc qu'il ait un titre qui réglera le sort de celui qui deviendra propriétaire du *sol* ou de la *mine.*

» Par conséquent, lorsque le propriétaire du sol obtiendra la permission d'exploiter, l'*acte de concession* n'en devra pas moins déterminer la redevance *imposée à la mine* en faveur du sol ; le propriétaire semble la payer à lui-même, et cela est vrai tant qu'il réunit les DEUX *objets.*

» Mais si on ne règle pas la redevance par l'acte de concession, si le propriétaire *vend la mine*, il faudra qu'il revienne au conseil pour obtenir ce règlement ; son acte de concession resterait donc jusque-là incomplet ; il serait empêché de vendre, et peut-être exposé à voir remettre en discussion *les conditions* de la concession (1). »

(1) Voir page 92, 2ᵉ alinéa.

Les principes de la propriété des mines furent posés, cette fois, de manière à ne laisser aucun doute sur la séparation du tréfonds et sur les droits du propriétaire de la mine concédée.

Et, sur une observation de M. le comte *Jaubert*, concernant les créanciers hypothécaires de la surface, l'EMPEREUR ajouta :

« Les créanciers ont un droit tant que la mine n'est pas concédée ; mais, lorsqu'elle vient à l'être, *ils n'ont plus de* DROIT *que sur la* REDEVANCE, car la concession dépend de la volonté du gouvernement, et les créanciers ne peuvent le forcer à la donner.

» Ainsi se concilient les DEUX *dispositions* du code Napoléon qui accordent au propriétaire du *dessus* la propriété du *dessous*, et font une *modification* à la généralité des conséquences de ce principe.

» Pour ce qui est relatif aux mines, le droit de prélever *une redevance* sur les produits de la mine *dérive de la qualité du propriétaire du* DESSUS ; mais c'est à la redevance que se borne ce droit lorsqu'il s'agit d'une exploitation de mine, et cette *restriction* nous place dans la seconde disposition de l'art. 552 du code Napoléon. »

Toute l'Assemblée s'inclina devant des principes si nettement posés par l'Empereur, même M. le comte Regnault de Saint-Jean-d'Angély, qui avait repoussé la proposition de M. Jaubert.

Mais qu'on le remarque bien, les droits du propriétaire du sol, après la concession du tréfonds, ne se bornent plus qu'à la redevance ; et cette *restriction*, ajoutait l'Empereur, *nous place dans la seconde disposition de l'article 552 du code Napoléon.*

Ainsi donc, moyennant la redevance, les droits du propriétaire du sol sont modifiés : *il n'a plus la propriété* DU DESSOUS !

M. le comte JAUBERT fit une dernière observation sur les droits des créanciers, quant à la redevance M. Regnault de Saint-Jean-d'Angély répondit :

« Le créancier a un droit sur la *redevance,* parce qu'elle est *représentative de la propriété du* DESSUS ! »

Représentative de la propriété DU DESSUS ! Cette observation confirme celle de M. l'archichancelier sur les conséquences de la séparation du tréfonds.

Enfin, sur la nature de la redevance, à savoir si elle pourrait être séparée de la propriété de la surface, M. le comte Treilhard répondit :

« On doit laisser au propriétaire le droit de vendre la redevance, sauf les droits des créanciers, et même laisser aux concessionnaires le droit de s'affranchir de la redevance en remboursant le capital. »

L'EMPEREUR donna son approbation à l'opinion émise par M. Treilhard, et tout fut terminé, soit sur la séparation des deux propriétés, soit sur les droits respectifs des deux propriétaires.

Mais, du moment que la propriété souterraine n'a jamais appartenu au propriétaire de la surface, et que celui-ci perçoit néanmoins une redevance annuelle et perpétuelle sur les produits de la mine, il est évident que cette redevance doit s'appliquer à la dépréciation apportée à la propriété de la surface par sa séparation du tréfonds.

Et quoique la loi ne dise pas à quelle profondeur

cesse le droit du propriétaire de la surface, on n'en doit pas moins conclure que les deux propriétaires ne peuvent se causer un préjudice sans une juste indemnité, par application des articles 1382 et suivants du code Napoléon.

Que si le propriétaire de la mine cause, par ses excavations trop rapprochées de la surface, un préjudice quelconque à ce dernier, en desséchant ses récoltes ou en donnant lieu à des affaissements ou fissures de terrain, en tarissant les eaux dont il a besoin, etc., etc., il en devra la réparation à dire d'experts.

Si, au contraire, le propriétaire de la surface, par de nouveaux établissements, constructions ou clôtures, ou en creusant trop avant dans le tréfonds ou en dirigeant ses eaux dans la mine, causait, à son tour, un préjudice quelconque au propriétaire de la mine, il en devrait également la réparation à dire d'experts.

Et même si les nouveaux travaux ou les nouvelles constructions n'étaient pas autorisés ou reconnus d'une utilité générale (1), le propriétaire de la mine aurait le droit de les faire supprimer ou de les faire considérer comme non avenus, en payant le terrain valeur qu'il avait avant l'exploitation ou concession de la mine, mais en ne le payant que d'après cette valeur.

Nous examinerons au chapitre IV du présent titre la question d'interdiction ou du *statu quo* à la surface.

(1) Voir page 95, 3ᵉ et 4ᵉ alinéa.

SECTION 2.

Application du droit commun à la propriété des mines.

Le droit commun, d'après la règle générale, s'applique à toutes les propriétés et régit tous les biens, sauf les exceptions apportées par la loi ; et, comme rien n'exclut de cette règle la propriété des mines, elle se trouve naturellement placée sous la règle commune.

D'un autre côté, aux termes de l'article 8 de la loi du 21 avril 1810, la propriété des mines est un immeuble considéré par l'article 19 comme propriété nouvelle, que l'article 7 déclare disponible et transmissible comme tous autres biens.

La cour de cassation, chambre des requêtes, par arrêt du 20 décembre 1837, a classé la propriété des mines parmi les propriétés ordinaires, et a consacré ce principe en ces termes :

« Attendu que la loi du 21 avril 1810, article 7, range les mines concédées *parmi les propriétés* ORDINAIRES et déclare qu'elles sont disponibles et transmissibles comme tous autres biens ; qu'il en résulte que les concessionnaires ont le droit d'en disposer de la manière la plus absolue, sauf les prohibitions par les lois et règlements.

» Que ces prohibitions, *qui forment exception* à la règle générale, doivent être clairement établies et NE *peuvent être étendues* d'un cas à un autre... »

Un arrêt de la chambre civile, du 18 juillet 1837, avait déjà décidé que le propriétaire d'une mine a une propriété ordinaire, et qu'il a droit, *comme tout propriétaire*, à une juste indemnité quand il subit l'éviction d'une partie de sa concession.

Un autre arrêt solennel, du 3 mars 1841, cassant une décision solennelle de la cour impériale de Dijon, a confirmé tous ces principes.

Cependant un arrêt de la chambre des requêtes, du 22 décembre 1852, est venu se placer en contradiction avec sa propre jurisprudence et semble entièrement opposé à la jurisprudence de la chambre civile et de l'arrêt solennel du 3 mars 1841.

Ce dernier arrêt de la chambre des requêtes décide que les articles 43 et 44 de la loi du 21 avril 1810 ne distinguant pas entre le droit d'occupation pour les recherches ou les travaux de mines, *et le cas de simples dommages*, comme fissures, affaissements ou dégradations causés à un terrain par les travaux intérieurs de la mine, on ne doit pas non plus *distinguer* pour la réparation du préjudice, et que dans les deux cas l'indemnité doit être déterminée par *la loi spéciale* de la matière, *et non par les règles ordinaires du droit commun.*

Voici les motifs de cet arrêt :

« Attendu que ces articles (43 et 44) *ne distinguent pas* entre l'occupation des terrains pour la recherche et les travaux de mines et le cas de destruction et de dégradation d'un terrain causées par les travaux intérieurs de la mine ;

» Que, dans ce dernier cas, il y a, comme dans le premier, *occupation* du terrain d'autrui par le fait de l'exploitation de la mine et privation pour le propriétaire de la surface de son terrain; que le résultat étant le même, l'indemnité doit donc être aussi la même, et telle qu'elle est déterminée par *la loi spéciale* de la matière, *et non par les règles ordinaires du droit commun.* »

Les motifs de cet arrêt sont en contradiction avec ceux de l'arrêt du 20 décembre 1837 et avec les principes admis et consacrés antérieurement par la cour de cassation, soit à la chambre des requêtes, soit à la chambre civile, soit en audience solennelle de toutes les chambres réunies (1).

Mais si la cour de cassation, par son arrêt du 22 décembre 1852, refuse l'application du droit commun à la propriété des mines, la cour de Dijon l'accorde par le sien du 29 mars 1854 (2); et, chose à remarquer, la cour impériale de Dijon, après avoir été la première à faire une fausse application des articles 43 et 44 de la loi du 21 avril 1810, et tracé la voie suivie par la cour de cassation sur l'application de ces articles, a été aussi la première à en faire une plus saine interprétation et une plus juste application, en abdiquant sa propre jurisprudence et en se plaçant ainsi en contradiction avec ses propres arrêts et avec ceux de la cour de cassation.

La cour de Dijon a fait sur les articles 43 et 44 ce que la cour impériale de Lyon a fait elle-même sur l'article 11 de la même loi.

La cour de Lyon a été la première à faire une fausse

(1) Voir pages 164 et 179.
(2) Voir page 184 et suivantes.

interprétation de l'article 11 ; la cour de cassation l'a suivie dans cette voie par une jurisprudence de 30 années, et, par arrêt du 7 décembre 1849, la cour de Lyon a réformé sa jurisprudence et s'est placée en contradiction avec les arrêts de la cour suprême.

Qu'on nous permette ici une réflexion : Ces oscillations des cours de Dijon et de Lyon sur l'application de la loi de 1810 révèlent les difficultés de la matière, causées par sa nature exceptionnelle, et le retour de ces cours respectables aux vrais principes, par le sacrifice de leur propre jurisprudence, prouve une fois de plus, à l'honneur de la magistrature française, qu'elle n'hésite pas à réformer elle-même ses propres erreurs et à placer au-dessus de tout la justice et la vérité.

L'arrêt de la cour impériale de Lyon, du 7 décembre 1849, a été cassé le 28 juillet 1852; mais la cour impériale de Dijon, par arrêt solennel du 15 juillet 1853, a confirmé la dernière jurisprudence de la cour de Lyon sur l'article 11.

A son tour, l'arrêt solennel de la cour de Dijon a été déféré à la censure de la cour de cassation, qui, cette fois, est appelée à donner, en audience solennelle, une solution définitive sur la question de savoir si le propriétaire d'une clôture murée peut empêcher, sur un terrain qui ne lui appartient pas, le droit d'occupation qui est accordé à l'exploitant de mines par la permission de recherches ou par la concession de mines.

Nous espérons que la cour suprême imitera les

cours impériales de Dijon et de Lyon ; qu'elle réformera également sa jurisprudence sur l'article 11, et qu'elle posera des principes nouveaux, en reconnaissant :

1o Que, s'il est interdit au propriétaire du sol, après la concession d'une mine, de fouiller dans le tréfonds de sa propriété, l'interdiction ne peut être opposée aux concessionnaires de la mine devenus propriétaires du tréfonds ;

2o Que les modifications apportées aux droits des propriétaires de la surface par la concession d'une mine, modifications prévues et réservées dans l'article 552 du code Napoléon, en faveur de l'exploitation des mines, ne peuvent être opposées à celui qui recherche ou qui exploite les mines en vertu d'une permission de recherches ou d'une concession ;

3o Que l'article 11 de la loi du 21 avril 1810 ne *restreint* que le *droit d'occupation* qui est accordé par la permission de recherches ou par la concession de mines, à défaut du consentement formel du propriétaire de la surface, et que cet article ne confère d'ailleurs aucun droit au propriétaire d'une clôture murée ou d'une maison sur la propriété de son voisin, et ne peut lui conférer celui d'empêcher un sondage, un puits, un magasin ou l'établissement d'une machine sur un terrain qui ne lui appartient pas (1).

Quant à l'arrêt de la cour impériale de Dijon,

(1) Voir au chapitre III du présent titre.

du 29 mars 1854, il n'a point été attaqué en cassation ; nous espérons encore, sur l'application et sur
l'interprétation des articles 43 et 44 de la loi du
21 avril 1810, que la cour de cassation réformera la
jurisprudence de son arrêt du 22 décembre 1852 et
qu'elle adoptera la nouvelle jurisprudence de la cour
de Dijon sur les principes qu'elle a posés sur la propriété des mines.

C'est-à-dire qu'elle reviendra à son ancienne jurisprudence et qu'elle reconnaîtra, ainsi qu'elle l'avait
fait par son arrêt du 20 décembre 1837, que la
propriété des mines est rangée parmi les propriétés
ordinaires, et que le droit commun lui est applicable
comme aux autres propriétés.

A l'appui de notre opinion et *de nos espérances,*
il nous suffira de rappeler :

En premier ordre, le langage de Napoléon Ier devant
le conseil d'État.

A la séance du 22 mars 1806, lorsque, en parlant
de la propriété des mines avant la concession, il disait :

« Mais, *au-delà,* la propriété des mines doit *rentrer entièrement* sous le droit commun, afin qu'on puisse la vendre, la
donner, l'hypothéquer, d'après *les mêmes règles* qu'on aliène
ou qu'on engage *un immeuble* quelconque. Il faut aussi que
les contestations qui s'élèvent à ce sujet soient renvoyées
devant les tribunaux (1). »

Puis, à la séance du 18 novembre 1809, il posait
en ces termes les principes de la propriété des mines :

« Il y a un très-grand intérêt à imprimer aux mines *le*

_____

(2) Voir page 58, finale du dernier alinéa.

cachet de la propriété FONCIÈRE. Si l'on n'en jouissait que par concession, en donnant à ce mot son acception ordinaire, il ne faudrait que rapporter le décret qui concède, pour dépouiller les exploitants au lieu que, si ce sont des propriétés, *elles deviennent inviolables.*

» L'Empereur lui-même, avec les nombreuses armées qui sont à sa disposition, ne pourrait, néanmoins, s'emparer d'un champ; car violer le droit de propriété dans un seul, c'est le violer dans tous.

» Le SECRET ici est donc de faire des mines de *véritables* propriétés, et de les rendre par là sacrées dans le *droit* et dans le *fait.*

» On doit regarder les mines comme des choses qui ne sont pas encore nées, qui n'existent qu'au moment où elles sont PURGÉES *de la propriété de la surface*, et qui, à ce moment même, deviennent des propriétés par l'effet de la concession.

» De ce moment aussi *elles se* CONFONDENT *avec les autres propriétés.*

A la même séance, l'Empereur ajoutait:

« Ce n'est donc qu'après la concession que les mines *rentrent sous la règle commune.*

En deuxième ordre, les observations de la commission du Corps législatif, sur les articles 43 et 44 de la loi, à l'occasion du règlement des indemnités d'occupation à la surface:

« Dans les expropriations forcées pour cause d'utilité publique, dit-elle, on ne paie que le terrain *nécessaire* et au prix ordinaire. L'exploitation des mines tient en quelque sorte à l'utilité publique; d'ailleurs, les mines, en devenant des propriétés *foncières*, sont placées, comme les autres, *sous l'égide du code Napoléon....* (1) »

(1) Voir page 98, 2me et 3me alinéa.   15

En troisième ordre, l'exposé des motifs de la loi, devant le Corps législatif, par M. Regnault de Saint-Jean-d'Angély, qui s'exprimait ainsi :

« Il faut en faire des propriétés auxquelles *toutes les définitions* du code Napoléon puissent s'appliquer (1).

» La *vente*, la *donation*, la *succession* de cette partie considérable de la richesse territoriale et commerciale à la fois, deviennent soumises à des *règles communes à toutes les propriétés*.

» La loi sur les mines *renvoyant au droit commun* sur toutes les règles *des intérêts particuliers*, on est débarrassé, pour sa rédaction, de toutes les difficultés que présentaient *les exceptions* multipliées et de l'action de la *juridiction administrative*, tantôt trop active, tantôt trop lente, et jamais aussi parfaitement tranquillisante que celle des *tribunaux ordinaires*.

» Ce principe, une fois découvert et *établi*, les conséquences en découlent sans effort, et le système entier de la loi se présente avec clarté (2).

» Concédées par un acte délibéré au conseil, les mines seront des propriétés *immobilières* nouvelles, associées à toute l'inviolabilité, toute la sainteté des anciennes (3). »

En quatrième ordre, le rapport de la loi devant le Corps législatif, par M. Stanislas de Girardin. Après avoir annoncé que les concessionnaires de mines ont une propriété entièrement séparée de la surface, le rapporteur résume sa pensée dans les deux propositions suivantes :

« Une propriété séparée de la surface est une conception

(1) Voir page 106, dernier alinéa.
(2) Voir page 107, avant et dernier alinéa, et le suivant, page 108.
(3) Voir page 108, 4me alinéa.

absolument neuve. Les mines sont immeubles pour la sécurité de leurs possesseurs (1).

» Les mines, entièrement séparées de la surface, deviennent une propriété nouvelle; la propriété des mines sera régie par le droit commun, comme toutes les autres propriétés (2). »

En cinquième ordre , l'instruction ministérielle du 3 août 1810, réglant et interprétant l'exécution de la loi du 21 avril 1810 sur la compétence des tribunaux ordinaires, où nous lisons:

« Toutes discussions relatives à la propriété des mines, minières et carrières; toutes celles ayant pour objet l'acquittement des indemnités fixées par le décret de concession ou *permission* d'exploiter, ainsi que les dédommagements pour dégâts occasionnés à la surface des terrains, sont du ressort des tribunaux ordinaires. »

D'après les documents qui précèdent, il ne pouvait y avoir aucune équivoque sur l'application du droit commun, et cependant diverses contradictions se sont élevées sur ce point.

Un conflit existe entre le gouvernement, la cour de cassation et le conseil d'État, sur le renvoi à la loi de 1807, prescrit par la seconde disposition de l'article 44 de la loi de 1810, dont voici le texte:

« L'évaluation du prix (du terrain occupé) sera fait, quant au mode, *suivant* les RÈGLES *établies* par la loi du 16 septembre 1807, sur le dessèchement des marais, etc., TITRE XI; mais le terrain à acquérir sera toujours estimé au double de la valeur qu'il avait avant l'exploitation de la mine. »

(1) Voir page 125, avant et dernier alinéa.
(2) Voir page 148, 1er et 3me alinéa.

Le titre **XI** de la loi du **16** septembre **1807**, *objet du renvoi*, porte :

« *Des indemnités aux propriétaires pour* OCCUPATION *de terrains.* »

» *Art.* 48. Lorsque, pour exécuter un dessèchement, l'ouverture d'une nouvelle navigation, un pont, il sera question de *supprimer les moulins et autres usines*, de les déplacer, modifier, ou de réduire l'élévation de leurs eaux, la nécessité en sera constatée par les ingénieurs des ponts et chaussées. Le prix de l'estimation sera payé par l'État, lorsqu'il entreprend les travaux ; — lorsqu'ils sont entrepris par des CONCESSIONNAIRES (1), le prix de l'estimation sera payé avant qu'ils puissent faire cesser le travail des moulins et des usines.

» Il sera d'abord examiné si l'établissement des moulins et usines est légal, ou si le titre d'établissement ne soumet pas les propriétaires à voir démolir leurs établissements sans indemnité, si l'utilité publique le requiert.

» *Art.* 49. Les *terrains* NÉCESSAIRES pour l'*ouverture* des canaux et rigoles de *dessèchement,* des canaux de navigation, de *routes*, de *rues*, la formation de places, et *autres travaux reconnus d'une utilité* GÉNÉRALE, seront payés à leurs propriétaires, et à dire d'experts, d'après leur valeur *avant* l'entreprise, et *sans* NULLE *augmentation* du prix d'estimation.

» *Art.* 50. Lorsqu'un propriétaire fait *volontairement* démolir sa maison, lorsqu'il *est forcé* de la démolir pour cause de vétusté, il n'a droit à indemnité que pour la valeur du terrain délaissé, si l'*alignement* qui lui est donné par les autorités compétentes le force à reculer sa construction.

Art. 51. Les maisons et bâtiments dont il serait *nécessaire* de faire démolir et d'enlever une portion pour cause d'utilité publique légalement reconnue, seront acquis en entier, si le propriétaire l'exige ; sauf à l'administration publique ou aux communes à revendre les portions de bâtiments ainsi acquises et qui ne seront pas nécessaires pour l'exécution du plan. La concession par le propriétaire à l'administration publique ou à la commune, et la revente, seront effectuées d'après un décret rendu en conseil d'État sur le rapport du ministre de l'intérieur, dans les formes prescrites par la loi.

(1) Il s'agit des *concessionnaires* pour les travaux de dessèchement, et non des concessionnaires de mines.

» *Art*. 52. Dans les villes, les ALIGNEMENTS *pour l'ouverture* des nouvelles rues, pour l'élargissement des anciennes qui ne font point partie d'une grande route, ou pour tout autre objet d'utilité publique, seront donnés par les maires, conformément au plan dont les projets auront été adressés aux préfets, transmis avec leur avis au mínistre de l'intérieur, et arrêtés en conseil d'État.

» En cas de réclamations de tiers intéressés, il sera de même statué en conseil d'État sur le rapport du ministre de l'intérieur.

» *Art*. 53. Au cas où, par les ALIGNEMENTS *arrêtés*, un propriétaire pourrait recevoir la faculté de s'avancer sur la voie publique, il sera tenu de payer la valeur du terrain qui lui sera cédé. Dans la fixation de cette valeur, les experts auront égard à ce que le plus ou le moins de profondeur du terrain cédé, la nature de la propriété, le reculement du reste du terrain bâti ou non bâti loin de la nouvelle voie, peut ajouter ou diminuer de valeur relative pour le propriétaire.

» Au cas où le propriétaire ne voudrait point acquérir, l'administration publique est autorisée à le déposséder de l'ensemble de sa propriété, en lui payant la valeur telle qu'elle était avant l'entreprise des travaux. — La cession et la revente seront faites comme il a été dit en l'article 51 ci-dessus.

» *Art*. 54. Lorsqu'il y aura lieu en même temps *à payer une* INDEMNITÉ à un propriétaire pour terrains occupés, et à recevoir de lui une plus-value pour des avantages acquis à ses propriétés restantes, il y aura compensation jusqu'à concurrence, et le surplus seulement, selon les résultats, sera payé au propriétaire ou acquitté par lui.

» *Art*. 55. Les *terrains* OCCUPÉS pour prendre les matériaux néces-saires aux routes ou aux constructions publiques, pourront être payés aux propriétaires comme s'ils eussent été pris pour la route même.

» Il n'y aura lieu à faire entrer dans l'estimation la valeur des maté-riaux à extraire que dans les cas où l'on s'emparerait d'une carrière déjà en exploitation : alors, lesdits matériaux seront évalués d'après leur prix courant, abstraction faite de l'existence et des besoins de la route pour laquelle ils seraient pris, ou des constructions auxquelles on les destine.

» *Art*. 56. Les experts pour l'évaluation des indemnités relatives à une occupation de terrain, dans les cas prévus *au présent* TITRE, seront *nommés*, pour les objets de *travaux de grande* VOIRIE, l'un par le propriétaire, l'autre par le préfet; et le tiers-expert, s'il en est besoin, sera de droit l'ingénieur en chef du département. Lorsqu'il y aura des

CONCESSIONNAIRES (1), un expert sera nommé par le propriétaire ou par le *concessionnaire*, et les experts par le préfet.

» Quant aux *travaux des* VILLES, un expert sera nommé par le propriétaire ; un par le maire de la ville ou de l'arrondissement pour Paris, et le tiers-expert par le préfet.

» *Art.* 57. Le contrôleur et le directeur des contributions donneront leur avis sur le procès-verbal d'expertise, qui sera soumis par le préfet à la délibération du conseil de préfecture ; le préfet pourra, dans tous les cas, faire une nouvelle expertise. »

M. le ministre des travaux publics, sur la proposition de M. le directeur général des ponts-et-chaussées et des mines, a, par un arrêté du 7 juillet 1837, révoqué la circulaire ministérielle du 3 août 1812, dans la disposition qui renvoie devant les tribunaux ordinaires le règlement de toutes les indemnités à payer pour travaux *postérieurs* à la concession, et prescrit l'application des articles 56 et 57 de la loi du 16 septembre 1807.

Cet arrêté est motivé sur ce que c'est aux conseils de préfecture qu'il appartient de régler les indemnités dues aux propriétaires de la surface occupée, en exécution des articles 10 et 43 de la loi du 21 avril 1810, et sur ce que c'est à ces mêmes conseils, en exécution de l'article 44 de la même loi, que doit s'adresser le concessionnaire de mines pour être mis en possession d'un terrain compris dans le périmètre de sa concession, et nécessaire à son exploitation. Au surplus, nous transcrivons ici les motifs et le dispositif de cet arrêté :

« Sur le RAPPORT *du conseiller* d'État, directeur-général des ponts-et-chaussées et des mines...

_____

(1) Les *concessionnaires* désignés ici sont ceux auxquels les travaux de desséchement sont concédés, et il ne s'agit nullement des concessionnaires de mines.

» Vu la section B (instruction ministérielle du 3 août 1810), ainsi conçue :

» Toutes discussions relatives à la propriété des mines, minières, » usines et carrières, toutes celles ayant pour objet *l'acquittement des* » *indemnités* par le décret de concession ou de permission, ainsi que » les contestations sur *les dédommagements* pour dégâts occasionnés à » la surface des terrains, *sont du ressort des tribunaux* ORDINAIRES. »

« Vu les articles 10, 43 et 44 de la loi du 21 avril 1810, portant... ;

» Vu les lois des 28 pluviôse an VIII, 17 septembre 1807, 8 mars 1810 et 7 juillet 1833 ;

» Vu *l'avis du conseil général des mines*, du 21 août 1837 ;

» Considérant que les dispositions précitées de la loi du 21 avril 1810 sont corrélatives entre elles; que le règlement des indemnités dues aux propriétaires du sol par les explorateurs ou concessionnaires de mines pour travaux de recherches ou d'exploitation, et les mises en possession de terrains pour travaux d'art, doivent, aux termes de ces dispositions, être faits dans les formes prescrites par le titre XI de la loi du 16 septembre 1807 ;

» Que les modifications apportées à la loi du 16 septembre 1807, par les lois des 8 mars 1810 et 7 juillet 1833, n'ont point dessaisi les conseils de préfecture de la connaissance des questions d'indemnités ou d'occupations de terrains en matière de mines, que la loi du 21 avril 1810 leur a attribuée ;

» Qu'en effet la loi du 8 mars 1810 n'a eu pour but que de régler ce qui concerne les expropriations pour cause d'utilité publique ; qu'elle ne s'applique point au cas où des propriétaires se trouvent seulement obligés de souffrir l'occupation de leurs terrains et peuvent toujours, s'ils le veulent, en conserver la propriété ; que ces derniers cas ont continué d'être régis, selon leur nature, soit par la loi du 16 septembre 1807, soit par celle du 28 pluviôse an VIII ; et que, d'autre part, la loi du 7 juillet 1833 n'a fait que tracer de nouvelles règles de procédure pour les matières que régissait la loi du 8 mars 1810, et qu'elle n'a point changé la juridiction.

» Considérant qu'en fait de mines, il n'y a jamais *expropriation* du sol, mais simplement occupation de terrain ; que si, dans les circonstances prévues par l'article 44 de la loi du 21 avril 1810, la propriété du terrain peut passer entre les mains du concessionnaire de la mine, ce n'est pas, comme dans les cas déterminés par les lois des 8 mars 1810 et 7 juillet 1833, par une expropriation du propriétaire et contre son gré, mais au contraire par la volonté de celui-ci, parce qu'il le requiert;

» Que, par conséquent, la loi du 16 septembre 1807 est restée applicable à tout ce qui concerne les règlements d'indemnités dues par les
explorateurs ou concessionnaires de mines aux propriétaires sur les
terrains desquels ils portent leurs travaux, et les occupations de ces
terrains par des concessionnaires ;

Qu'ainsi c'est aux conseils de préfecture qu'il appartient de régler les
indemnités qui peuvent être dues à un propriétaire du sol, en exécution
des articles 10 et 43 de la loi du 21 avril 1810, par un explorateur de
mines qui a obtenu du gouvernement la faculté d'étendre ses recherches
sur des terrains de ce propriétaire, ou par un concessionnaire dont la
concession englobe ces terrains et qui y entreprend des travaux ;

» Que c'est pareillement aux conseils de préfecture, en exécution de
l'article 44 de la même loi, que doit s'adresser un concessionnaire de
mines pour être mis en possession d'un terrain compris dans le périmètre
de sa concession, et nécessaire pour un travail d'art, soit passager, soit
permanent ;

ARRÊTE ce qui suit :

« Les dispositions de la section B, § 1er de l'instruction ministérielle
du 3 août 1810, sont rapportées en ce qui concerne l'exécution des
articles 10, 43 et 44 de la loi du 21 avril 1810, comme ayant fait à cet
égard *une fausse* interprétation de cette loi. »

M. le directeur général des mines, par circulaire
du 5 novembre 1837, adressa ampliation de cet arrêté
aux préfets et aux ingénieurs des mines, avec ordre
de s'y conformer. Nous croyons utile de reproduire
en entier cette circulaire :

« MONSIEUR LE PRÉFET, les personnes qui entreprennent des recherches de mines, et les concessionnaires qui exploitent les gîtes qui leur
ont été concédés, sont tenus, aux termes de la loi du 21 avril 1810,
de payer des indemnités aux propriétaires des terrains sur lesquels ils
établissent leurs travaux.

» L'instruction du 3 août, qui a eu pour objet de pourvoir à l'exécution de la loi, porte, dans sa dernière section, que toutes les discussions concernant ces sortes d'indemnités sont du ressort des *tribunaux*
ORDINAIRES.

» *Il y a eu* ERREUR *dans cette indication*. En effet, les affaires dont
il s'agit rentrent exclusivement dans la compétence des conseils de
préfecture.

» D'après l'article 10 de la loi, nul ne peut faire des recherches pour découvrir des mines, enfoncer des sondes ou tarières sur un terrain qui ne lui appartient pas, que du consentement du propriétaire de la surface, ou avec l'autorisation du gouvernement, donnée après avoir consulté l'administration des mines, à la charge d'une préalable indemnité envers le propriétaire et après qu'il aura été entendu.

» L'article 43 énonce pareillement que les concessionnaires de mines doivent payer les indemnités au propriétaire sur le terrain duquel ils établiront leurs travaux.

» Cet article ajoute que si les travaux entrepris par les explorateurs ou par les propriétaires de mines ne sont que passagers, et si le sol peut être mis en culture au bout d'un an, l'indemnité sera réglée au double de ce qu'aurait produit net le terrain endommagé.

» Enfin, l'article 44 dispose que si l'occupation de terrain pour recherches ou exploitations prive les propriétaires du sol de la jouissance du revenu au-delà d'une année, ou si, après les travaux, les terrains ne sont plus propres à la culture, ces propriétaires auront la faculté d'exiger de l'auteur des recherches ou de l'exploitant qu'il achète les pièces de terre trop endommagées ou dégradées. Ce même article porte que l'évaluation du prix sera faite, quant au mode, suivant les règles établies par le titre XI de la loi du 16 septembre 1807, sur le dessèchement des marais, mais que le terrain à acquérir sera toujours estimé au double de sa valeur.

» Toutes ces dispositions sont corrélatives entre elles. Les articles 10 et 43 posent le principe que des indemnités sont dues ; le second paragraphe de l'article 43 et l'article 44 déterminent d'après quelles bases ces indemnités seront réglées, dans quel cas le propriétaire de la surface pourra exiger qu'on lui achète son terrain. Enfin, le second paragraphe de l'article 44 indique comment il sera procédé dans ces diverses circonstances ; il porte que l'on suivra les règles établies par le titre XI de la loi du 16 septembre 1807.

» Cette dernière loi, au titre dont il est question, statue que, lorsqu'il s'agit de terrains nécessaires pour l'ouverture de canaux et rigoles de dessèchement, ou de terrains pour l'ouverture de canaux de navigation, de routes, etc., le conseil de préfecture règlera, soit le prix de ces terrains, si la cession en doit être exigée des propriétaires, soit le montant des indemnités à payer, lorsqu'ils ne devront être occupés que temporairement.

» Ainsi, c'est aux conseils de préfecture (déjà saisis par la loi du 28 pluviôse an VIII de la connaissance des demandes et contestations

relatives aux indemnités dues aux particuliers à raison de fouilles opérées sur leurs terrains pour la confection de chemins, canaux et autres
ouvrages publics) que la loi du 21 avril 1810, en se référant à la loi du
16 septembre 1807, a attribué le règlement des indemnités qui seraient
à payer pour des travaux de mines, et l'évaluation du prix des terrains,
lorsqu'il y a lieu à obliger l'explorateur ou le concessionnaire à en faire
l'achat.

» Cela ressort non-seulement du texte de la loi, mais encore des
discussions qui l'ont précédée. Lorsque le projet fut communiqué à la
commission du Corps législatif, cette commission demanda la suppression de l'article 44 et celle de l'article 46, qui renvoie expressément
aux conseils de préfecture la décision des questions d'indemnités à
payer par les propriétaires de mines pour recherches ou travaux faits
par des tiers antérieurement à l'acte de concession ; elle proposait de
le remplacer par une disposition unique, portant que toutes les questions d'indemnités à payer par les propriétaires de mines ou explorateurs
seraient jugées par les tribunaux et cours. Le conseil d'État conserva
ces deux articles, ou du moins il ne fit à l'article 44 que quelques
modifications qui ne touchaient point à l'ordre des juridictions, maintenant ainsi positivement celle qu'il avait précédemment proposée et
qui a été instituée par la loi. L'intention formelle a donc été de réserver
aux conseils de préfecture le règlement de ces diverses indemnités.

» La loi du 16 septembre 1807 a, il est vrai, été modifiée en plusieurs
points par deux lois subséquentes, par la loi du 8 mars 1810 et par
celle du 7 juillet 1833. Mais la loi du 7 juillet 1833 n'a fait que tracer
de nouvelles règles de procédure pour les matières que régissait la loi
du 8 mars 1810 ; elle n'a point changé les juridictions. Quant à la loi
du 8 mars 1810, elle a réglé tout ce qui concerne l'expropriation pour
cause d'*utilité publique;* elle a déterminé ce qui aurait lieu lorsque, par
un motif d'intérêt général, la propriété du sol serait ôtée à ceux qui la
possèdent. Elle ne s'applique point au cas où des propriétaires se
trouvent seulement obligés de souffrir l'occupation de leurs terrains,
et peuvent toujours, s'ils le veulent, en conserver la propriété. Ces
derniers cas ont continué d'être régis, selon leur nature, soit par la
loi du 16 septembre 1807, soit par celle du 28 pluviôse an VIII. La
jurisprudence est formelle à cet égard ; elle est établie par plusieurs
arrêts du conseil d'État, qui ont décidé que, lorsqu'une indemnité est
demandée comme dédommagement pour l'occupation momentanée d'un
terrain sur lequel des fouilles et extractions ont été effectuées, et non
comme le prix d'un fonds dont l'expropriation aurait été ordonnée pour

cause d'utilité publique, la fixation de cette indemnité doit être faite par le conseil de préfecture, conformément aux règles prescrites par les articles 55 et 56 de la loi du 16 septembre 1807.

» En matière de mine, il n'y a pas expropriation du sol, mais simplement occupation momentanée du terrain. Ce terrain reste à son propriétaire ; une partie de la jouissance lui est seulement ôtée pour un temps plus ou moins long, et elle lui est rendue quand les travaux de recherches ou d'exploitation sont épuisés. Si, dans certaines circonstances, lorsque les travaux durent plus d'une année ou rendent le sol impropre à la culture, la propriété peut passer entre les mains de l'exploitant, ce n'est pas, comme dans les cas prévus dans les lois du 8 mars 1810 et 7 juillet 1833, par une expropriation du propriétaire, contre son gré, c'est au contraire par la volonté de celui-ci, parce qu'il l'exige; c'est lui qui, usant de la faculté que lui confère l'article 44 de la loi du 21 avril 1810, force l'exploitant à acheter le terrain.

» La loi du 16 septembre 1807 *est donc restée applicable* aux règlements de ces indemnités et aux occupations de terrains en matière de mines.

» AINSI; *c'est aux conseils de préfecture* à fixer les indemnités qui peuvent être dues à un propriétaire du sol, en exécution des articles 10 et 43 de la loi du 21 avril 1810, par un explorateur de mines qui a obtenu du gouvernement la faculté d'étendre ses recherches sur des terrains appartenant à ces propriétaires, ou par un concessionnaire qui y entreprend des travaux.

» Pareillement, *c'est aux conseils de préfecture*, qu'en vertu de l'art. 44 de la même loi et des articles 56 et 57 de la loi du 16 septembre 1807, un concessionnaire de mines doit s'adresser pour être mis en possession d'un terrain compris dans le périmètre de sa concession, et nécessaire pour un travail d'art, soit passager, soit permanent.

» L'instruction du 3 août 1810 *ayant indiqué à* TORT *une autre juridiction*, ayant fait ainsi *une fausse interprétation* des dispositions de la loi du 21 avril, en ce qui concerne les articles 10, 43 et 44, M. le ministre des travaux publics, de l'agriculture et du commerce, a, sur ma proposition, pris un arrêté qui *rapporte* les dispositions de la section B, § 1er, de cette instruction, relatives à ces articles.

» J'ai l'honneur, M. le Préfet, de vous transmettre une expédition de cet arrêté.

» Je vous prie de m'en accuser réception, ainsi que de la présente circulaire dont j'adresse une ampliation à MM. les ingénieurs des mines. »

L'arrêté de M. le ministre et la circulaire de M. le

directeur général des mines provoquèrent d'abord un pourvoi en cassation contre un arrêt de la cour de Riom qui, contrairement à l'arrêté, n'avait pas prononcé son incompétence.

Le pourvoi était motivé sur excès de pouvoir et *violation* des règles de la compétence, contrairement aux prescriptions du 2me § de l'article 44 de la loi du 21 avril 1810 et du titre XI de la loi du 16 septembre 1807, et sur ce que les experts chargés d'estimer les dégâts auraient dû être nommés administrativement.

La cour de cassation, appelée à se prononcer sur le renvoi au titre XI de la loi de 1807, prescrit par l'article 44 de la loi de 1810, a décidé en effet que le renvoi *a pour objet* les articles 56 et 57 de la loi de 1807, mais qu'il doit être restreint *au cas où l'État se trouve avoir intérêt.*

Son arrêt est du 8 août 1839. Faisons en connaître les motifs :

» ATTENDU qu'en renvoyant l'*évaluation de l'indemnité*, quant au mode, à la loi du 16 septembre 1807, TITRE XI, l'article 44 de la loi du 21 avril 1810 *a eu pour* OBJET les articles 56 et 57, sur *la nomination* des experts et *le concours* du préfet ;

» Que cet article DÉROGE *au droit commun* et *aux* GARANTIES *judiciaires du* DROIT *de propriété* ;

» Que l'application doit, dès-lors, être *étendue* et RESTREINTE *aux cas où l'*ÉTAT *se trouve avoir intérêt* ; ce serait, en effet, une chose tout-à-fait contraire aux idées reçues en législation, en jurisprudence, en économie politique, de faire nommer un tiers-expert par le préfet, *entre deux particuliers* ; de permettre au préfet, dans tous les cas, de faire une nouvelle expertise et de faire régler entre particuliers, par le conseil de préfecture, une indemnité en argent, à raison de l'expropriation d'un immeuble ;

» Que dès-lors l'exception d'incompétence doit être rejetée. »

Cet arrêt fait, selon nous, une fausse application du renvoi à la loi du 16 septembre 1807, titre XI, parce qu'alors même que l'État aurait un intérêt, sa présence n'empêcherait pas que sa contestation ne fût une question de propriété ou d'indemnité entre propriétaires voisins, de la compétence des tribunaux ordinaires.

Nonobstant la restriction apportée au renvoi, par la cour de cassation, la question d'indemnité a été soumise ensuite au conseil de préfecture de Saône-et-Loire, qui, par arrêté du 5 septembre 1845, s'est déclaré compétent et a statué par défaut.

Le tribunal d'Autun, saisi à son tour de la même question, entre les mêmes parties, rejeta le déclinatoire qui avait été proposé, par jugement du 5 novembre 1845, en ces termes :

« ATTENDU que le conseil de préfecture de Saône-et-Loire, par son arrêté, rendu le 5 septembre dernier, par défaut, contre le sieur Ponelle, a non-seulement nommé un expert en son nom et même un tiers-expert pour estimer le dommage à lui causé par les fouilles des consorts Lahore, mais encore a, par son art. 2, envoyé provisoirement en possession les consorts Lahore de la carrière du sieur Ponelle et du passage de 5 mètres de largeur qu'ils ont demandé sur les fonds de ce propriétaire; attendu que Ponelle a formé tierce opposition audit arrêté depuis la signification qui lui en a été faite;

» Attendu, relativement à l'indemnité due à Ponelle, qu'elle doit avoir lieu pour des travaux postérieurs à la concession des mines accordée à la société Terme-Kalb et compagnie, qui l'ont cédée aux consorts Lahore; que l'art. 46 de la loi du 21 avril 1810 sur les mines ne donne au conseil de préfecture que le droit de décider les questions d'indemnité pour travaux *antérieurs* à l'acte de concession ; que, conséquemment, celle dont il s'agit dans la cause, les travaux étant *postérieurs* à ladite concession, rentrait dans les attributions du tribunal civil d'Autun, ainsi que l'ont décidé de nombreux arrêts de cours royales et même de cassation; que, dès-lors, il serait compétent pour en connaître;

» Attendu, relativement aux derniers points décidés par le même arrêté, que l'art. 11 de la même loi défend expressément de faire des sondes et d'ouvrir des puits ou galeries sans le consentement formel du propriétaire de la surface, dans les terrains attenant aux habitations et clôtures murées, dans la distance de 100 mètres d'icelles ; que, dans le cas particulier, il est allégué que la carrière dans laquelle des fouilles ont été et doivent être faites par les consorts Lahore, est à une distance moindre de l'habitation du sieur Ponelle ; que, d'un autre côté, l'art. 15 de ladite loi veut que les demandes ou oppositions des intéressés soient, en ce cas, portées devant les tribunaux et cours ; que, d'après ces deux textes positifs, le tribunal serait aussi compétent pour statuer sur les deux chefs dont il s'agit, le droit de passage en question n'étant que l'accessoire du droit accordé aux consorts Lahore d'explorer la carrière dudit Ponelle ;

» Mais, attendu qu'il est de principe fondamental que les autorités administratives et judiciaires sont indépendantes les unes des autres, et que l'autorité judiciaire ne peut prononcer sur des matières qui ont déjà été décidées par l'autorité administrative, lors même que la décision a été incompétemment rendue, jusqu'à ce qu'elle ait été annulée par l'autorité qui l'a prononcée ou par l'autorité administrative supérieure ; que le tribunal ne peut donc statuer actuellement sur les chefs de demandes qui lui sont soumis, quoiqu'il soit compétent pour y prononcer.

» Le tribunal, statuant sur l'incompétence, tout en reconnaissant qu'il est compétent pour statuer sur les questions décidées par l'arrêté du 5 septembre 1845, surseoit à prononcer sur ces questions jusqu'à ce que l'arrêté dont il s'agit ait été rétracté ou annulé par l'autorité administrative. »

Un arrêté de conflit fut pris par M. le préfet, et la question du renvoi fut soumise au conseil d'État.

M. le ministre des travaux publics défendit son arrêté du 7 juillet 1837 devant le conseil d'État et présenta les observations suivantes :

« L'AFFAIRE, a dit M. le ministre, me paraît ne pouvoir en aucune façon concerner l'autorité judiciaire. Les occupations de terrains pour travaux de mines n'ont rien de commun avec les expropriations. Elles sont régies par les art. 43 et 44 de la loi sur les mines du 21 avril 1810, qui se réfère, quant au mode de procéder pour le règlement des indemnités dues en pareil cas, à la loi du 16 sept. 1807, sur le dessèchement des marais. Aux termes desdits articles, il n'y a point dépossession du propriétaire, mais simple occupation temporaire.

» *Le terrain ne change point de mains; il est seulement occupé* pendant un certain temps pour les besoins de l'exploitation, ou si le propriétaire s'en dessaisit, c'est parce qu'il oblige lui-même l'exploitant, ainsi que l'art. 44 de la loi lui en laisse la faculté, à en faire l'acquisition quand l'occupation doit durer plus d'une année ou rendre le sol impropre à la culture.

» Or, c'est un principe reconnu que, pour constituer l'expropriation, il faut une dépossession réelle, forcée et perpétuelle. De nombreux arrêts du conseil d'État ont décidé que, lorsque des indemnités sont demandées comme dédommagement pour des occupations temporaires de terrains, et non comme le prix d'un fonds dont l'expropriation aurait été ordonnée. pour cause d'utilité publique, la fixation desdites indemnités doit être faite par les conseils de préfecture, conformément aux lois des 28 pluviôse an VIII et 16 septembre 1807.

» La question a été particulièrement agitée lors de la discussion de la loi sur l'expropriation, du 7 juillet 1833. L'on demandait à comprendre dans ses dispositions les extractions de matériaux, les occupations momentanées de terrains pour ces extractions. Il fut répondu que déjà ces matières étaient réglées par une législation spéciale; qu'elle devait continuer de les régler; qu'elle suffisait à tous les besoins et à la garantie des divers intérêts.

» La loi du 3 mai 1841 a laissé, à cet égard, les choses dans les mêmes termes; comme celles du 8 mars 1810 et du 7 juillet 1833, elle ne s'est occupée que des expropriations pour cause d'utilité publique. Les discussions qui ont précédé la rédaction de la loi sur les mines, et la date même de cette loi, sont en outre une preuve manifeste que le législateur a voulu maintenir la juridiction des conseils de préfecture.

» Dans l'un des projets, on avait proposé de remplacer les art. 43 et 44 par une disposition qui aurait renvoyé aux tribunaux toutes les questions d'indemnités à *payer par les explorateurs* ou concessionnaires de mines. La proposition n'a point été admise par le conseil d'État; il a conservé les deux articles qui ont ensuite été adoptés par le Corps législatif, et la loi a été rendue postérieurement à celle du 8 mars. N'est-il pas évident que, si elle eût voulu appeler l'intervention des tribunaux, c'est à cette dernière loi qu'elle se serait référée, tandis qu'elle renvoie textuellement à la loi de 1807, expliquant ainsi de la manière la plus formelle ce qu'elle a entendu.

» Il est vrai que l'instruction ministérielle du 3 août 1810 n'avait pas fait ces distinctions ; qu'elle avait supposé que toutes les contestations pour dédommagements à raison des dégâts causés à la surface étaient dans les attributions de l'autorité judiciaire.

» Mais il est bien reconnu qu'il y a eu erreur dans cette indication, et un arrêté de mes prédécesseurs, du 7 octobre 1837, a rappelé, sur ce point, à l'exécution des règles de la matière. Ces règles sont entièrement administratives. C'est à l'administration qu'il appartient de statuer sur ce qui concerne l'exploitation des mines.

« Lorsqu'elles sont concédées, le concessionnaire se trouve, en vertu de son titre qui lui a assigné un certain périmètre, investi du droit d'occuper les terrains compris dans ces limites et dont il a besoin pour établir ses travaux.

» Le DROIT d'occupation est la conséquence indispensable de la concession, la condition sans laquelle il serait impossible au concessionnaire d'exploiter. Seulement, dans l'usage de ce droit, il est tenu de se conformer aux clauses du cahier des charges, et, en conséquence, d'adresser au préfet le projet des travaux qu'il se propose d'entreprendre, avec l'indication des terrains où ces travaux s'opéreront.

» Le préfet, sur le rapport des ingénieurs, approuve ou modifie ce projet, suivant qu'il doit assurer la bonne exploitation et l'aménagement des mines, ou qu'il présente quelques-uns des inconvénients ou dangers énoncés tant dans le titre 5 de la loi du 21 avril 1810 que dans les titres 2 et 3 du décret du 3 janvier 1813 sur la police souterraine. Son arrêté implique de lui-même autorisation de prendre possession des terrains nécessaires. Il est ensuite procédé pour le règlement des indemnités conformément au mode déterminé par la loi du 16 septembre 1807, à laquelle les art. 43 et 44 se réfèrent.

» Lorsque le propriétaire a désigné son expert, que le concessionnaire a fait choix du sien, le préfet nomme un tiers-expert, puis soumet, avec l'avis du directeur des contributions, le procès-verbal d'expertise à la délibération du conseil de préfecture (art. 55, 56 et 57 de la loi de 1807).

» Et, d'après les art. 43 et 44 précités de la loi de 1810, les indemnités sont réglées au double de ce qu'aurait produit le terrain endommagé ; pareillement, le prix de ce terrain, si le propriétaire en réclame l'acquisition, est fixé au double de la valeur.

» Par là, tout est concilié, et les intérêts des concessionnaires et ceux des propriétaires. Les dispositions, les formes qui sont prescrites, donnent à chacun les garanties désirables. Mais il est évident qu'il ne peut y avoir aucune intervention des tribunaux dans ces sortes de procédure, que tout est ici de la juridiction exclusive de l'autorité administrative.

» Sans doute, il y a d'autres circonstances, en matière de mines, où les tribunaux sont appelés à connaître de demandes d'indemnités. Ces cas sont même assez nombreux, et c'est à eux que s'applique le titre 9, qui traite des expertises en général. Mais là où des règles et une juridiction particulière ont été fixées, comme dans les art. 43 et 44 et dans l'art. 46, on ne saurait s'en écarter.

» Dans l'espèce actuelle, M. Ponelle a, entre autres motifs, appuyé le refus de laisser occuper son terrain sur ce que cette pièce de terre est à moins de cent mètres de son habitation. Comme il ne s'agit en ce moment que de la question de conflit, ce n'est pas le lieu de discuter celle de savoir quelles sont les distances qui doivent exister entre les fouilles et les habitations.

» J'observerai uniquement que l'habitation de M. Ponelle est séparée par un chemin public du terrain que les concessionnaires demandent à fouiller, et que; dès-lors, l'art. 11 de la loi qui interdit de faire des sondages sans le consentement du propriétaire de la surface, d'ouvrir des puits ou galeries, établir des machines ou magasins dans les enclos murés, cours ou jardins, et dans les terrains attenant aux habitations ou clôtures murées, dans la distance de cent mètres desdites habitations ou clôtures, ne paraît pas être applicable. Puisqu'en effet la loi dit: « Les terrains attenants, » cela suppose qu'il doit y avoir contiguïté entre ces terrains et l'habitation pour que le propriétaire de la surface puisse empêcher les travaux. »

Ces observations étaient sans nul doute très-judicieuses sur plusieurs points; mais elles ne pouvaient détruire les dispositions législatives, ni renverser la barrière établie par l'article 46 de la loi de 1810 entre l'autorité judiciaire et l'autorité administrative, à savoir que cet article ne soumet au conseil de préfecture que les questions d'indemnités à raison des recherches ou travaux *antérieurs* à l'acte de concession.

C'est en effet ce qui a été décidé par le conseil

16

d'État, par son arrêté du 18 février 1846, dont la
teneur suit :

LOUIS-PHILIPPE, etc.; — Vu la loi du 21 avril 1810, art. 11 et 15, 43,
44, 46, 87 et suiv.; — Vu les ordonnances royales des 1er juin 1828 et
19 mars 1831 :

Considérant que l'action pendante devant le tribunal civil d'Autun,
entre le sieur Ponelle et les sieurs Lahore et consorts, a un double
objet : que, d'une part, le sieur Ponelle demande que, d'après l'art. 11
de la loi du 21 avril 1810, il soit interdit aux concessionnaires des
schistes bitumineux de Surmoulin d'occuper, sans son consentement,
le champ dit de la Carrière, qui lui appartient, attendu que ce champ,
attenant à son habitation, en est distant de moins de cent mètres ; que
les sieurs Lahore et consorts soutiennent que l'article précité ne peut
recevoir son application dans l'espèce, parce que le champ de la Carrière
serait séparé de l'habitation du sieur Ponelle par un chemin public ;
que, d'autre part, ledit sieur Ponelle demande : 1o que, au cas où son
opposition ne serait pas admise, le tribunal ordonne une expertise pour
fixer l'indemnité qui lui serait due à raison de l'occupation du champ
de la Carrière ; 2o qu'il lui soit alloué aussi une indemnité à raison du
dommage que l'exploitation des sieurs Lahore et consorts causerait à
un autre champ qui est également sa propriété.

Sur le premier chef de demande : — Considérant que les oppositions
formées par des particuliers aux travaux des concessionnaires de mines,
en vertu de l'art. 11 de la loi du 21 avril 1810, doivent être portées
devant l'*autorité judiciaire*, d'après les règles générales de la matière et
conformément à l'art. 15 de la loi précitée ;

Sur le second chef de demande : — Considérant que l'art. 46 de la loi
du 21 avril 1810 ne soumet à la décision des *conseils de préfecture* les
questions d'indemnité à payer aux propriétaires de la surface des mines
que lorsqu'il s'agit de travaux faits, *avant toute concession*, en vertu
d'autorisations administratives ; qu'il résulte de la combinaison des
art. 43, 44, 87 et suiv. de ladite loi que ces mêmes questions doivent
être portées devant l'*autorité judiciaire* lorsqu'il s'agit des travaux
postérieurs à la concession, et effectués par le concessionnaire *en vertu
des droits de* PROPRIÉTÉ qu'il tient de ladite concession ;

Art. 1er. L'arrêté de conflit pris le 12 novembre 1845, par le préfet
de Saône-et-Loire, est annulé.

Cette décision repousse l'application des articles 56
et 57 de la loi du 16 septembre 1807, sans donner

une solution à la question du renvoi ; elle ne fait qu'augmenter l'embarras et confirmer l'opinion des auteurs qui suppriment le renvoi et qui déclarent qu'il est le résultat d'une inadvertance des rédacteurs de la loi.

D'après l'opinion générale, il faut ou appliquer le renvoi aux articles 56 et 57 précités, ou le supprimer et le déclarer non écrit dans la loi.

M. DUFOUR, avocat au conseil d'État et à la cour de cassation, dans son *Traité du Droit administratif*, T. 3, page 641, nous dit :

« L'article 56 de la loi de 1807 confie l'évaluation des indemnités dues pour occupation de terrains à des experts nommés, l'un par le concessionnaire, l'autre par le propriétaire, et le tiers-expert par le préfet ; et l'article 57 de la même loi déclare que le contrôleur et le directeur des contributions donneront leur avis sur le procès-verbal d'expertise ; qu'il sera soumis par le préfet à la délibération du conseil de préfecture, et que le préfet pourra, dans tous les cas, faire faire une nouvelle expertise.

» Que faut-il penser du renvoi fait à ces dispositions ? L'administration en conclut qu'il faut s'attacher au texte de la loi de 1810, et que, par conséquent, le règlement de l'indemnité appartient au conseil de préfecture. (*Voy.* Circ. du Dir. gén. du 5 nov. 1837.)

» Quant à nous, nous n'hésitons point, de concert avec les plus graves auteurs, à nous élever contre une telle doctrine. (*Voy.* MM. Delebecque, T. 2, p. 72, n° 728 ; Delalleau, *de l'Expropriation*, 2ᵉ édit, n° 868.)

» Quoi de plus inconciliable, en effet, et avec la lettre et avec l'esprit de la loi ! Dans la lettre, comment supposer que l'art. 44 implique une attribution au conseil de préfecture de l'évaluation qu'il a en vue, alors que l'art. 46, qui suit de si près et dont l'unique objet est de régler la compétence en matière d'indemnités, ne concède au conseil de préfecture que le règlement de celles relatives aux travaux antérieurs à la concession !

» Que si l'on pénètre dans l'esprit de la loi, on comprend qu'il était sage d'attribuer à la juridiction administrative les questions d'indemnités à raison de l'utilité des travaux antérieurement faits, puisqu'elles ne

comportent pour ainsi dire que des appréciations d'art et sont pleinement étrangères à la propriété ; tandis qu'on se demande vainement à
quel titre on aurait enlevé aux tribunaux ordinaires les questions de
dommages prévues et régies par les art. 43 et 44.

» Quelle raison le législateur pouvait-il avoir de méconnaître ici le
respect dû à la propriété superficielle, qu'il s'était fait un devoir de
proclamer et de maintenir dans tous ses autres points de contact avec
les travaux d'exploitation, et notamment en réservant aux tribunaux
ordinaires l'application des art. 11 et 15?

» M. Delebecque, qui s'étonne avec M. Delalleau de ce renvoi à la loi
de 1807, exprimé dans l'art. 44, *n'hésite point à l'expliquer par une*
INADVERTANCE *du législateur*. Il suppose qu'en rédigeant l'art. 44 on
était sous l'influence d'une idée qui a été abandonnée lorsqu'on a expressément soumis, dans l'art. 87, toutes les expertises aux règles de la
procédure civile, et que c'est par oubli qu'on a négligé de revenir sur une
rédaction fautive.

» Nous ferons remarquer, à l'appui de cette idée, qu'avec la loi telle
qu'elle est conçue, on arrive à imposer aux expertises qui peuvent être
ordonnées par le conseil de préfecture, en vertu de l'art. 46, les règles
du code de procédure civile, tandis qu'on a les règles de la procédure
administrative pour celles dont il est parlé dans l'article 44. N'est ce
pas là encore une incohérence qui témoigne d'*une erreur de rédaction*
dans ce dernier article?

» La cour de cassation, appelée à se prononcer sur le sens de la
disposition que nous examinons, s'est exprimée ainsi dans un arrêt
du 8 août 1839 : « Attendu qu'en renvoyant l'évaluation de l'indemnité,
» quant au mode, à la loi du 16 septembre 1807, titre 11, l'article 44 de
» la loi du 21 avril 1810 *a eu pour objet* les art. 56 et 57 sur la nomina-
» tion des experts et le concours du préfet; que cet article DÉROGE *au*
» *droit commun et aux garanties judiciaires* du droit de propriété : que
» l'application *doit dès-lors être entendue et restreinte au cas où* l'ÉTAT
» *se trouve avoir* INTÉRÊT : ce serait, en effet, une chose tout-à-fait
» contraire aux idées reçues en législation, en jurisprudence, en
» économie politique, de faire nommer un tiers-expert par le préfet
» entre particuliers, de permettre au préfet, dans tous les cas, de faire
» faire une nouvelle expertise, et de faire régler entre particuliers, par
» le conseil de préfecture, une indemnité en argent, à raison de l'ex-
» propriation d'un immeuble. »

« Au premier abord, on est peut-être frappé de la réserve mentionnée
pour le cas où l'intérêt de l'État se trouverait en jeu. Mais, en définitive,

la négation de tout effet légal à la prétendue attribution résultant du
renvoi à la loi de 1807 n'en est pas moins très-parfaite ; la raison en est
que l'État ne peut, en aucun cas, avoir ses intérêts engagés dans la
question.

» Nous dirons donc, pour conclure sur cette question, qu'à notre avis
la disposition qui renvoie à la loi de 1807 *doit être* RÉPUTÉE *non
écrite !...* »

La conclusion de M. Dufour repose sur une erreur,
parce que le renvoi à la loi du 16 septembre 1807,
titre XI, n'existait pas dans la rédaction du projet de
loi de 1810 ; il n'y a été introduit que très-tardive-
ment sur la proposition de M. Regnault de Saint-Jean-
d'Angély, devant le conseil d'État, à la séance du
27 juin 1809.

M. LOCRÉ rend ainsi compte de la proposition :

« M. le comte Regnault de Saint-Jean-d'Angély *propose*
que le concessionnaire achètera non le terrain entier, mais la
partie sous laquelle se fait l'exploitation, et que le prix *en sera
réglé* CONFORMÉMENT *à la loi du* 16 *septembre* 1807.

» L'article (en discussion) est renvoyé à la section (1). »

La proposition fut admise par la section intérieure,
et l'article présenté à l'adoption du conseil d'État, à
la séance du 24 octobre 1809, fut adopté avec le
renvoi ; voici cet article :

« Art. 50. L'évaluation du prix sera faite suivant les règles
établies par la loi du 16 septembre 1807, sur le dessèchement
des marais, etc., titre XI. Le terrain à acquérir sera toujours
compté pour 25 ares, lors même que la parcelle à acquérir sera
plus petite (2). »

(1) Voir page 79, 2e et 3e alinéa.
(2) Voir page 83, 1er alinéa.

Cette rédaction, communiquée au Corps législatif, fut réduite à ceci :

« Le terrain à acquérir sera toujours estimé au double de la *valeur qu'il avait* AVANT *l'exploitation de la mine.* »

La suppression du surplus de la rédaction avait été demandée en ces termes :

« On demande la suppression de cette disposition, parce qu'elle devient inutile si les articles proposés sont adoptés. On a cru qu'il y aurait trop d'inconvénients d'assujettir les exploitants à acquérir à un prix ˉdouble de la valeur, 25 ares, lorsqu'ils n'ont besoin que de quelques perches.... »

Le Corps législatif voulait la suppression de l'article, devenu le 2ᵐᵉ § de l'article 44, et c'était conclure implicitement à la suppression du renvoi au titre XI de la loi du 16 septembre 1807, au moyen de la disposition portant : « que le terrain serait estimé *valeur* AVANT l'*exploitation de la mine,* » disposition qui est en harmonie avec celle de l'article 49 du titre XI de la loi de 1807 que nous reproduisons :

« Article 49. Les terrains NÉCESSAIRES *pour l'ouverture* des canaux et rigoles de dessèchement... *et autres travaux reconnus d'une utilité générale,* seront payés à dire d'experts, d'après leur *valeur* AVANT l'*entreprise (des travaux),* et sans nulle augmentation du prix d'estimation. »

Le conseil d'État supprima bien le minimum de 25 ares ; mais, tout en adoptant la disposition proposée : *valeur* AVANT l'*exploitation de la mine,* il maintint le renvoi, et il ne s'agit plus que de savoir auxquels des articles du titre XI de la loi de 1807 il s'adresse.

Mais dira-t-on que la proposition de M. Regnault de Saint-Jean-d'Angély, à la séance du conseil d'État du 27 juin 1809, est une *inadvertance ;* que le renvoi de la proposition à la section de l'intérieur, est une *inadvertance ;* que la rédaction proposée et acceptée à la séance du 24 octobre suivant est une *inadvertance;* que la suppression demandée et l'équivalent du renvoi proposé par le Corps législatif, est une *inadvertance*, et que le changement apporté dans la rédaction primitive et qui maintient le renvoi, est une *inadvertance?*

Une pareille objection serait insoutenable ; on ne saurait admettre ce cumul d'inattention, d'erreurs, de la part des orateurs du gouvernement et des grands corps de l'État, créateurs de la loi.

Il faut reconnaître au contraire que les documents que nous venons de rappeler sont autant de preuves établissant que le renvoi est chose sérieuse et doit être exécuté.

En outre de ces preuves et pour les corroborer, nous ferons remarquer que M. de Girardin, dans son rapport du 21 avril 1810, devant le Corps législatif, en parlant du prix d'achat des terrains occupés par les travaux de mines, et à l'occasion du double prix, donnait cette explication, après laquelle le doute n'est plus permis :

« Au reste, cette disposition, un peu rigoureuse peut-être, *est adoucie* par l'application *des règles établies* dans la loi du 16 septembre 1807 (1). »

_____

(1) Voir page 137, 6ᵉ alinéa.

Proclamons-le donc hautement! non, le renvoi
n'est pas une inadvertance ; il doit recevoir son exécution, et les propriétaires de mines sont en droit
d'exiger l'application des règles établies par la loi de
1807, du moment qu'elles sont un adoucissement au
double prix.

Cette opinion est diamétralement opposée à celle
de MM. Delebecque, Delalleau et Dufour. Les deux
premiers, selon nous, n'ont attaqué mal à propos
la loi et ses rédacteurs que parce qu'ils ne se sont
pas rendu un compte assez exact des éléments qui
ont formé notre conviction, et M. Dufour nous semble
avoir adopté avec trop de confiance ce qu'ont dit les
auteurs qui l'ont précédé dans la carrière.

Nous reviendrons sur cette question au § 2 de la
présente section, et nous y démontrerons que le renvoi a pour objet les articles 49 et 50 du titre XI de la
loi de 1807, comme adoucissement du double prix,
lorsque l'achat du terrain occupé est exigé.

Le renvoi de la seconde disposition de l'article 44
de la loi de 1810 n'est pas exécuté; il en est de
même de la finale de cette même disposition portant
« que le terrain sera estimé *valeur qu'il avait* AVANT
l'*exploitation de la mine.* »

La cour de cassation, dans son arrêt du 22 décembre 1852, dont nous avons déjà parlé, a supprimé
cette finale, en décidant qu'elle voulait dire : *valeur*
AU MOMENT *où le dommage est causé.*

Voici les motifs de sa décision :

« ATTENDU que si l'article (44) de la loi précitée porte que l'indemnité sera réglée au double de la *valeur qu'avait le terrain* **AVANT** *l'exploitation de la mine*, il faut entendre par ces expressions : l'exploitation au moment où le dommage a été causé, et non l'exploitation de la mine telle qu'elle existait à son origine. »

La cour de cassation nous semble méconnaître l'*indivisibilité* d'une concession de mine et la *permanence* de son exploitation, proclamées par les art. 7 et 49 de la loi de 1810.

Dire que la disposition *valeur que le terrain avait* AVANT *l'exploitation de la mine* doit s'entendre de la *valeur qu'il avait* AU MOMENT *du dommage causé*, c'est supprimer la disposition, parce qu'il est de droit commun que tout dommage doit être réparé *au moment* où il est causé;

Ce serait considérer cette disposition comme sans objet, et ce serait dire aussi qu'elle est *une inadvertance*, et du Corps législatif quand il l'a proposée, et du conseil d'État quand il l'a admise:

Ce serait enfin violer cette règle si juste en raison et en principe, que l'on ne doit rien supposer d'inutile dans une loi, et qu'on doit toujours en interpréter les dispositions de manière à leur faire produire un effet quelconque, plutôt que d'en faire une lettre morte et stérile.

Nous avons déjà fait remarquer que cette disposition finale du 2me § de l'art. 44 est en harmonie avec la disposition de l'article 49 du titre XI de la loi de 1807, et qu'on a ajouté dans cet article ces mots : *et sans nulle augmentation du prix d'estimation!*

Le législateur de 1810 a donc eu un double motif

dans le renvoi et dans la disposition valeur avant l'exploitation de la mine, et ce double motif vient appuyer
le *droit d'occupation* de l'exploitant de mines et le
statu quo imposé à la propriété de la surface.

Payer la valeur du terrain au moment où le droit
d'occupation est exercé, c'est payer les augmentations
données au terrain par les nouvelles constructions ou
les nouveaux travaux *créés* APRÈS *la concession de la
mine,* et c'est dès-lors accorder la protection de
l'article 11 aux nouvelles constructions.

On arriverait même à cette conséquence, que les
enclos, cours ou jardins créés *après* la concession,
pourraient empêcher le droit d'occupation et paralyser le droit d'exploitation de la propriété de la mine.

Au milieu de toutes ces contradictions, nous avons
étudié la loi du 21 avril 1810 dans toutes ses dispositions, dans la discussion devant le conseil d'État,
dans l'exposé des motifs, dans le rapport qui en a été
fait et dans toute la jurisprudence, et, profondément
convaincu que le chaos régnait dans l'application de
cette loi, nous avons songé à contribuer, autant que
nos forces nous le permettent, à le faire cesser. Pour
accomplir cette tâche nous essayons d'établir:

1º Que les tribunaux ordinaires sont seuls compétents sur toutes les questions d'indemnités et de propriétés entre *voisins,* et que le propriétaire d'une mine
n'est qu'un *voisin* du propriétaire de la surface;

2º Que le renvoi prescrit par le 2ᵐᵉ § de l'article 44
de la loi du 21 avril 1810 s'applique aux articles 49
et 50 du titre XI de la loi du 16 septembre 1807:

3º Que le tracé d'une concession de mine est assimilé au tracé d'alignement de tous travaux reconnus d'une utilité générale, et produit les mêmes effets ;

4º Que l'exploitation de la mine, après sa concession, est *indivisible* et *permanente* dans toute l'étendue de son périmètre ;

5º Que, lorsque la loi prend pour point de départ l'exploitation de la mine, elle entend l'exploitation à son origine ;

6º Que les conséquences de l'application du droit commun à la propriété des mines doivent avoir pour résultat de faire rapporter l'arrêté ministériel du 7 juillet 1837 et d'arriver à un changement de jurisprudence de la cour de cassation sur l'interprétation et l'application des principales dispositions de la loi du 21 avril 1810.

§ 1er.

Compétence des tribunaux ordinaires sur toutes les questions de propriété et d'indemnité entre propriétaires.

La compétence des tribunaux ordinaires s'applique sur toutes les questions de propriété et d'indemnité entre propriétaires, et le concessionnaire d'une mine, ayant une propriété ordinaire, est justiciable, comme tout propriétaire, des tribunaux ordinaires ; il est comme tout autre soumis à la règle commune.

L'article 7 de la loi du 21 avril 1810, en plaçant la propriété des mines au rang des propriétés ordinaires, ajoute qu'on ne peut en être exproprié que dans les cas et selon les formes prescrites pour les autres propriétés, conformément au code Napoléon et au code de procédure civile.

L'article 46 de la même loi, en disant que toutes les difficultés ou questions d'indemnités à payer par les propriétaires de mines, à raison de recherches ou travaux *antérieurs* à l'acte de concession, doivent être décidées conformément à la loi du **28** pluviôse an VIII, c'est-à-dire par les conseils de préfecture, établit une ligne séparative entre l'autorité administrative et l'autorité judiciaire.

En effet, si toutes les questions d'indemnités à payer pour recherches ou travaux *antérieurs* à l'acte de concession *sont de la compétence des conseils de préfecture*, et si une disposition législative a été édictée pour le déclarer, il est manifeste que cette disposition n'a été conçue que par exception au droit commun, et qu'elle indique même que les indemnités à payer pour recherches ou travaux *postérieurs* à l'acte de concession, *sont de la compétence des tribunaux ordinaires*.

L'article **8**, déclarant que les mines sont des immeubles, confirme par cela seul l'application du droit commun; et les articles **87** et **89**, voulant que, dans les cas prévus par la loi et tous autres où il y a lieu à expertise, les dispositions du code de procédure civile soient appliquées, que le procureur *près le tribunal* soit toujours entendu, commandent aussi cette application.

Mais, si nous recourons aux déclarations qui ont été

faites par les auteurs de la loi, notamment à ce qui
a été dit, soit par l'Empereur Napoléon Ier, soit par
l'un des commissaires du gouvernement, devant le
Corps législatif, soit par le rapporteur de la loi, nous
sommes fondé à nous étonner qu'en présence du
concours de tous ces documents, le moindre doute
ait pu s'élever sur la compétence des tribunaux
ordinaires.

L'EMPEREUR posait en principe, à la séance du
conseil d'État, du **22** mars **1806**, que les contestations
qui s'élèveraient après la concession, seraient renvoyées devant les tribunaux (**1**) ; quatre ans plus tard,
le **13** février **1810**, il reproduisit cette opinion, en
disant :

« Que, pour prévenir toute entreprise *nuisible aux* voisins,
on pourrait astreindre l'exploitant à donner caution des dommages que son entreprise peut occasionner, toutes les fois
qu'un *propriétaire* VOISIN craindrait que les fouilles ne
vinssent ébranler les fondements de ses édifices, tarir les eaux
dont il a l'usage *ou lui causer quelque tort ;* il pourrait former
opposition aux travaux, et la contestation serait portée *devant
les tribunaux.* (**2**). »

M. REGNAULT de Saint-Jean-d'Angély, à la séance
du Corps législatif du **13** avril **1810**, déclara à son
tour que la loi sur les mines renvoie au droit commun
sur toutes les règles des intérêts particuliers, pour
éviter la juridiction administrative, tantôt trop lente

---

(1) Voir page 58, finale du dernier alinéa.

(2) Les paroles de l'Empereur provoquèrent l'article 15, qui renvoie
devant les tribunaux ordinaires lorsque des accidents sont à craindre.

et tantôt trop active, et jamais aussi tranquillisante que celle des tribunaux ordinaires (1).

M. de GIRARDIN, à la séance du Corps législatif du 21 avril 1810, en expliquant les dispositions des articles 43 et 44 de la loi de 1810, sur les indemnités allouées au propriétaire de la surface, fut très-affirmatif sur la compétence des tribunaux ordinaires, en disant :

« Toutes les questions d'indemnités ou d'achat dont il vient d'être parlé sont de la compétence *des tribunaux et cours*, puisque ce sont des contestations entre *propriétaires* VOISINS, à raison de leurs droits respectifs de propriété. Les contestations auxquelles peuvent donner lieu des travaux autorisés par le gouvernement et *antérieurs* à l'acte de concession, sont de la compétence administrative, conformément à l'article 4 de la loi du 28 pluviôse an VIII. (2). »

Il résulte donc, soit de l'*esprit de la loi*, soit *de ses textes*, soit *des paroles de ses auteurs*, que les tribunaux ordinaires sont compétents sur toutes les questions d'indemnités ou d'achats à régler en vertu de la loi du 21 avril 1810, pour recherches ou travaux de mines *postérieurs* à l'acte de concession.

§ 2.

Renvoi au titre XI de la loi du 16 septembre 1807.

Le renvoi au titre XI de la loi du 16 septembre 1807, prescrit par le 2me § de l'article 44 de la loi du 16 septembre 1810, n'est pas compris; on n'en saisit

(1) Voir page 107, dernier alinéa.
(2) Voir page 137, 7me et 8me alinéa.

ni le but, ni l'intention du législateur, et le renvoi n'est pas exécuté.

On ne veut voir dans ce renvoi que l'application des articles 56 et 57 du titre indiqué, sans se préoccuper des autres articles du même titre, notamment des articles 49 et 50 qui semblent plus particulièrement désignés, et surtout l'article 49.

L'opinion générale s'est égarée, et de là est survenu le conflit qui s'est élevé entre les trois grands pouvoirs de l'Empire, à la suite duquel les jurisconsultes et les auteurs sont parvenus à supprimer le renvoi comme étant une *inadvertance* de la part des rédacteurs de la loi (1).

Nous avons démontré que ces jurisconsultes et ces auteurs se sont trompés; que le renvoi n'a été introduit dans la loi qu'à la suite d'un amendement renvoyé à la section intérieure et admis par elle, puis adopté par le conseil d'État, et maintenu ensuite après la confection entière de la loi (2).

Le renvoi a donc été introduit dans la loi en connaissance de cause, et il suffit d'ailleurs qu'il y soit écrit pour qu'il doive être exécuté.

Mais il est à remarquer que le renvoi ne s'adresse pas seulement au titre XI, mais bien à la loi sur le dessèchement des marais, ETC.; que *et cœtera* est une abréviation qui se rapporte aux canaux, rigoles, routes, rues et à la formation des places, c'est-à-dire

---

(1) Voir page 244, 2me alinéa.
(2) Voir page 245, 4me alinéa.

aux autres travaux reconnus d'une utilité générale, et que, par cette abréviation : *et cœtera*, le législateur a voulu indiquer tout ce qui est énuméré dans l'article 49 du titre XI de la loi de 1807.

On trouve encore, dans ce même article, ces mots : *valeur* AVANT *l'entreprise*, c'est-à-dire que les terrains *nécessaires* pour l'*ouverture* des canaux de dessèchement, des routes, des rues, des places et des autres travaux d'utilité publique, ne sont payés que d'après la valeur qu'ils avaient *avant* l'entreprise des travaux.

Mais, quant au renvoi, il est prescrit, et l'on doit opter entre les articles 49 et 50 et les articles 56 et 57, les uns et les autres faisant partie du titre XI de la loi de 1807 (1).

Il faut donc choisir entre ces articles, et il le faut parce que le renvoi doit être exécuté, et, pour qu'il le soit, il faut de toute nécessité l'appliquer aux art. 49 et 50, puisque le conseil d'État s'oppose à l'interprétation donnée au renvoi par le gouvernement, qui l'applique aux articles 56 et 57.

D'ailleurs, pourquoi donner la préférence à ces articles 56 et 57, quand tout semble indiquer et désigner les articles 49 et 50 ?

En effet, quand on se donne la peine de lire avec attention le renvoi et l'article 49, on arrive à reconnaître qu'il y a *similitude* parfaite entre les deux dispositions.

Les travaux de mines sont des travaux reconnus

(1) Voir pages 228, 229 et 230.

d'une utilité générale ; et, sous ce rapport, la disposition de l'article 49, qui porte que les terrains *seront payés à dire d'experts*, valeur *avant* l'entreprise et *sans nulle augmentation* du prix d'estimation, vient compléter le 1er et le **2me** § de l'article 44 de la loi de 1810.

La cour impériale de Dijon, dans son arrêt du 29 mars 1854, en renversant toute son ancienne jurisprudence, et en admettant des principes nouveaux, a fait l'application du renvoi à l'article 49.

Elle a décidé que le terrain occupé ne devait être payé qu'à dire d'experts et *sans nulle augmentation* de leur estimation, et que le *double de la valeur vénale* du terrain n'était qu'une base *à forfait*.

Voici les motifs de son arrêt sur ce point :

« Qu'en divisant ainsi qu'il l'a fait ce qui, jusque-là, n'avait formé qu'une seule propriété, le législateur a dû prévoir et a réellement prévu que, pour l'exploitation de la mine, le concessionnaire *serait obligé d'*OCCUPER, soit *temporairement,* soit *définitivement,* une partie de la surface sur laquelle devait s'*étendre* ses recherches, s'*ouvrir* ses puits et ses galeries, se *former* ses dépôts et s'*établir* les chemins nécessaires à son exploitation.

» Qu'en présence de cette nécessité et afin d'échapper aux lenteurs si préjudiciables de l'*expropriation pour cause d'utilité publique,* il a déterminé d'une manière *fixe* et pour tous les cas, quels qu'ils fussent, *la règle d'après laquelle seraient* ÉVALUÉES *les indemnités* dues au propriétaire de la surface, soit pour occupation temporaire, soit pour prise dè *possession définitive.*

» Que tel a été le but des articles 43 et 44 de la loi du

17

21 avril 1810; qu'aux termes de ces articles, le propriétaire de
la surface doit recevoir, en cas d'occupation temporaire, le
double du revenu net, et, en cas d'occupation définitive, *le
double de la valeur vénale*, sans qu'il soit loisible aux tribunaux *d'augmenter cette indemnité!…* »

Sans qu'il soit loisible aux tribunaux *d'augmenter
cette indemnité,* c'est-à-dire *sans nulle augmentation du
prix d'estimation !* C'est là ce que la cour impériale de
Dijon a voulu dire et ce qu'elle a *implicitement* dit
dans cet arrêt.

La cour de Dijon n'était point appelée à faire l'application du renvoi ; elle n'avait qu'à interpréter le double
prix accordé par le 2me § de l'article 44 de la loi
de 1810, et c'est par la force des choses, par l'évidence,
qu'elle a puisé ses arguments dans l'article 49 de la loi
de 1807.

La question du renvoi était traitée dans le travail
qui a été soumis à la cour, lors de cet arrêt, et c'est
sans intervenir directement dans le conflit sur la
question qu'elle a fait l'application implicite du renvoi
à l'article 49.

Quant à l'article 50, il trace le mode du règlement
de l'indemnité du terrain délaissé, lorsque l'*alignement*
donné par les autorités compétentes force le propriétaire du sol à *reculer* ses constructions ou à les
supprimer, quand elles sont un *obstacle* aux travaux
d'*alignement* ou quand elles sont *nuisibles* à l'exploitation de la mine.

Aussi il ne nous reste plus qu'à établir la *similitude*
qui existe entre le *tracé* d'une concession de mine et

le *tracé* d'alignement d'une *route*, d'une *rue*, d'une *place* ou de tous autres travaux reconnus d'une *utilité générale*.

L'erreur qui s'est introduite jusqu'ici sur l'application du renvoi vient de ce qu'on n'a jamais voulu *assimiler* les travaux de mines aux autres travaux d'utilité publique, et de ce que l'on accordait une double indemnité, d'après le droit commun, quand la loi n'accorde le double que comme base *à forfait* d'une simple indemnité.

§ 3.

Tracé d'une concession de mines.

Le tracé d'une concession de mines est soumis, par les articles **23** et **24** de la loi du **21** avril **1810**, à des formalités d'affiches et de publications beaucoup plus rigoureuses que le tracé d'alignement des autres travaux reconnus d'*une utilité générale*.

Ce tracé a pour objet non-seulement de délimiter l'étendue de la concession, mais encore de porter à la connaissance des propriétaires du sol les modifications à leurs droits demandées contre eux par la séparation du tréfonds.

Il en est du tracé d'une concession de mines comme du tracé d'alignement dont tout le monde connaît les conséquences; les propriétés comprises dans le tracé sont frappées d'interdit du jour où il a été approuvé par le conseil d'État, et la surface séparée du tréfonds devient d'une valeur à peu près nulle (1).

(1) Voir page 75, 1er *alinéa*.

A partir de l'approbation du conseil d'État, et après que la concession de la mine a été publiée, le propriétaire du sol ne peut plus fouiller dans le tréfonds, parce que ce serait fouiller la propriété d'autrui (1), et il ne peut plus également établir de nouvelles constructions ou créer de nouveaux établissements nuisibles à l'exploitation de la mine dans toute l'étendue du périmètre compris dans le tracé (2).

Mais, à partir de la même époque, le propriétaire du sol perçoit une indemnité sur les produits de la mine, et cette indemnité est annuelle et perpétuelle.

Sur les deux tracés, la loi prescrit la levée d'un plan servant à déterminer les limites des travaux projetés et à aider à l'intelligence des tracés.

M. DUBANTON, dans son traité intitulé : *Code de la grande voirie,* nous dit que, donner alignement, c'est tracer sur la voie publique *la ligne de démarcation* que doivent suivre les propriétés, édifices, murailles, haies, fossés, etc., soit qu'on projette une nouvelle route, une rue ou une place, soit qu'il ne s'agisse que de leur redressement; et, titre IIIme, page **24** et suivantes, il indique les formalités prescrites par la loi, après la levée des plans :

« Article 38. Lorsque les plans sont levés, le maire, après y avoir fait » *tracer* des projets d'*alignement*, les expose pendant huit jours dans » une salle de la mairie.

» Le public est prévenu de cette exposition par des affiches placardées » dans la commune.

(1) Voir page 127, 5e *alinéa*, et au 1er § de la 3me section du présent chapitre.

(2) Voir page 180, 4e *alinéa*.

» Art. 39. Chaque citoyen a le droit de réclamer, pendant ce délai,
» contre le projet d'*alignement*.

» Les réclamations sont adressées au maire, ou verbalement, ou par
» écrit. Le maire les consigne dans un procès-verbal qu'il rédige sans
» frais. Dans le cas où aucune réclamation n'a été faite, un procès-
» verbal le constate également.

» Art. 40. Le conseil municipal donne son avis sur les réclamations
» présentées contre les projets d'alignement. Le maire, le sous-préfet et
» le préfet y joignent chacun le leur ; après quoi, les plans, ainsi que les
» pièces constatant que toutes les formalités ont été remplies, sont
» envoyés au ministre de l'intérieur, et, sur son rapport, les alignements
» sont approuvés en conseil d'État.

» Art. 41. Si les formalités relatives à la publication des plans n'avaient
» pas été remplies, le décret d'approbation pourrait être attaqué par
» voie d'opposition devant le ministre, par toutes les parties intéressées.
» Il y serait statué en conseil d'État... »

La loi du **21 avril 1810**, à ses articles **29** et **30**, prescrit le tracé d'une concession de mines et la levée
d'un plan en triple expédition, dressé ou vérifié par
l'ingénieur des mines et certifié par le préfet, afin
d'établir l'étendue et les limites dans lesquelles les
travaux de mines sont projetés comme travaux
reconnus d'une utilité générale.

Et, pour démontrer la *similitude* qui existe entre
le tracé d'une concession de mines et le tracé des
autres travaux reconnus d'une même utilité, nous
rapportons ici les articles **22, 23, 24, 26, 27, 28, 29**
et **30** de la loi de **1810** :

« Art. 22. La demande en concession sera faite par voie de simple
pétition adressée au préfet, qui sera tenu de la faire enregistrer, à sa
date, sur un registre particulier, et d'ordonner les publications et
affiches dans les dix jours.

» Art. 23. Les affiches auront lieu pendant quatre mois, dans le
chef-lieu du département, dans celui de l'arrondissement où la mine es
située, dans le lieu du domicile du demandeur, et dans toutes les communes dans le territoire desquelles la concession peut s'étendre. Elles
seront insérées dans les journaux du département.

» Art. 24. Les publications de demandes en concession de mines auront lieu devant la porte de la maison commune et des églises paroissiales et consistoriales, à la diligence des maires, à l'issue de l'office, un jour de dimanche, et au moins une fois par mois pendant la durée des affiches. Les maires seront tenus de certifier ces publications.

» Art. 26. Les demandes en concurrence et les oppositions qui y seront formées, seront admises devant le préfet, jusqu'au dernier jour du quatrième mois, à compter de la date de l'affiche. Elles seront notifiées, par actes judiciaires, à la préfecture du département, où elles seront enregistrées sur le registre indiqué à l'article 22. Les oppositions seront notifiées aux parties intéressées, et le registre sera ouvert à tous ceux qui en demanderont communication.

» Art. 27. A l'expiration du délai des affiches et publications, et sur la preuve de l'accomplissement des formalités portées aux articles précédents, dans le mois qui suivra, au plus tard, le préfet du département, sur l'avis de l'ingénieur des mines, et après avoir pris des informations sur les droits et les facultés des demandeurs, donnera son avis et le transmettra au ministre de l'intérieur.

» Art. 28. Il sera définitivement statué sur la demande en concession, par un décret délibéré au conseil d'État.

» Jusqu'à l'émission du décret, toute opposition sera admissible devant le ministre de l'intérieur ou le secrétaire-général du conseil d'État. Dans ce dernier cas, elle aura lieu par une requête signée et présentée par un avocat au conseil, comme il est pratiqué pour les affaires contentieuses ; et, dans tous les cas, elle sera notifiée aux parties intéressées.

» Si l'opposition est motivée sur la propriété de la mine acquise par concession ou autrement, les parties seront renvoyées devant les tribunaux et cours.

» Art. 29. L'étendue de la concession sera déterminée par l'acte de concession : elle sera limitée par des points fixes pris à la surface du sol, et passant par des plans verticaux menés de cette surface dans l'intérieur de la terre, à une profondeur indéfinie, à moins que les circonstances et les localités ne nécessitent un autre mode de limitation.

» Art. 30. Un plan régulier de la surface, en triple expédition, et sur une échelle de dix millim. pour cent mètres, sera annexé à la demande. »

Le tracé d'une concession de mines sert donc, aux termes des articles **29** et **30** de la loi de **1810**, à établir l'étendue et les limites de la concession, et c'est

d'après ce tracé que la propriété de la mine est constituée et passe dans les mains du concessionnaire
institué par le gouvernement.

Aussi ce tracé est soumis à une éclatante publicité
qui appelle la concurrence et les oppositions; ces formes
nombreuses, sévères, n'ont été prescrites par la loi
qu'après avoir été discutées et approfondies au sein
d'une réunion d'hommes éminents.

Les formalités d'affiches et de publications ont donc
pour but principal de prévenir les propriétaires du
sol que le tréfonds de leurs propriétés, *compris dans
le tracé*, va être séparée de la surface, en vertu des
réserves prévues dans l'article 552 du code Napoléon,
moyennant l'indemnité allouée aux articles 6 et 42 de
la loi de 1810, *pour privation de jouissance à la
surface*, parce que la surface séparée du tréfonds
perd de sa valeur.

L'EMPEREUR Napoléon Ier, à la séance du conseil
d'État du 9 janvier 1810, dit :

« Il faut établir *en principe* que le propriétaire
du dessus l'est aussi *du dessous*, à moins que le
DESSOUS *ne soit concédé à un autre*, auquel cas il
reçoit *une indemnité à raison de la privation de la
jouissance* du DESSUS (1) ! »

Puis, à la séance du 13 février suivant, l'Empereur
fit observer que le code Napoléon, en employant ces
expressions : *Le propriétaire du dessus l'est aussi du
dessous*, en a excepté les fouilles des mines, parce que,

_____

(1) Voir pages 87, 4me alinéa, et 75, 1er alinéa.

disait-il, les propriétés du sol et de la mine *ne sont pas inhérentes* (1).

Et M. Regnault de Saint-Jean-d'Angély, à la même séance, fit remarquer, en réponse à une observation de M. Jaubert, que si les créanciers inscrits sur le sol ont un droit sur la redevance, ou indemnité imposée à la mine, ce n'est que parce qu'elle est *représentative de la propriété* DU DESSUS.

Les conséquences de la séparation du tréfonds d'avec la surface sont tellement graves pour la propriété *du dessus*, que M. Jaubert, à la séance du conseil d'État du **24** juin **1809**, proposa d'appliquer aux affiches et aux publications *du tracé de la demande en concession d'une mine*, les formalités prescrites par le code de procédure civile *pour la vente des objets saisis* (2) !

Si la proposition de M. Jaubert n'a pas été admise, les formalités d'affiches et de publications n'en sont pas moins prescrites, à peine de nullité du décret de la concession et de révocation de la propriété concédée.

Ce point de droit a été reconnu et décidé :

1° Par un décret du **21** février **1814**, annulant une concession qui n'avait pas été précédée d'affiches dans toutes les communes (DALLOZ, Recueil périodique, **2**, page **770**).

2° Par une ordonnance du 13 mai 1818, qui, sur l'avis du conseil d'État, a déclaré non avenue la

---

(1) Voir page 91, 3me ligne.
(2) Voir page 77, 2e *alinéa*.

concession accordée à la Compagnie Féry-Lacombe, relativement aux mines situées sur la commune de Mimet, parce que la demande en concession n'avait pas été publiée et affichée dans cette commune.

Enfin, quant à la similitude que nous soutenons exister entre le tracé d'une concession de mines et le tracé de tous autres travaux reconnus d'une utilité générale, elle est encore confirmée par la finale du 2me § de l'article 44 de la loi du 21 avril 1810, portant que le terrain à acquérir sera toujours estimé *valeur qu'il avait avant l'exploitation de la mine,* parce que cette disposition indique, qu'après l'exploitation ou la concession du tréfonds, la valeur de la surface n'est plus ce qu'elle était ou eût été sans la concession du tréfonds ou l'exploitation de la mine.

Nous établirons tout-à-l'heure, en traitant de l'indivisibilité et de la permanence, que la disposition *valeur avant l'exploitation de la mine* doit s'entendre de *l'exploitation à son origine.*

§ 4.

Indivisibilité et permanence de l'exploitation d'une mine.

L'indivisibilité de l'exploitation d'une mine, ou la défense d'en faire le partage ou la vente par lots, est écrite dans le 2me § de l'article 7 de la loi du 21 avril 1810.

Sa permanence ou exploitation constante est imposée par l'article 49 de la même loi, déclarant qu'elle ne peut être suspendue, ni restreinte.

4° *Indivisibilité de l'exploitation de la mine.*

L'article 7 de la loi de 1810, 2me §, interdit en effet le partage et la vente par lots de la concession ou propriété de mines, sans une autorisation du gouvernement.

Les motifs qui ont fait interdire la division d'une exploitation ou concession de mines par une vente par lots ou par un partage, devaient s'appliquer, comme ils s'appliquent en effet, aux amodiations partielles, parce qu'elles ne sont qu'une division de l'exploitation.

Cependant, la cour de cassation, par arrêt du 20 décembre 1837, confirmant un arrêt de la cour impériale de Lyon, a décidé que l'article 7 de la loi de 1810 ne prohibe pas les amodiations par lots ou partielles.

Voici les motifs de son arrêt :

« Attendu que l'article 7 de la loi de 1810 ne prohibe que la vente par lots ou le partage des mines concédées, et exige, dans ce cas seulement, l'autorisation préalable du gouvernement ;

» Attendu que l'amodiation par lots ou partielle des mines n'entraîne point l'aliénation, vente ou partage de la propriété desdites mines ainsi amodiées ;

» Que les garanties, soit en faveur du gouvernement, soit en faveur des propriétaires de la superficie, sont les mêmes, puisque la propriété et la responsabilité reposent toujours sur la tête des concessionnaires primitifs ;

» Que ceux-ci, en consentant une amodiation qui *n'est au fond qu'un mode d'exploitation ou de jouissance*, ne peuvent soustraire les travaux des mines ni à la surveillance des agents de l'administration, ni à l'application des règlements ;

» Attendu qu'il résulte de ce qui précède qu'il y a entre l'amodiation par lots et la vente ou partage que prohibe l'article 7 précité, *des différences telles qu'on ne peut supposer que la prohibition s'étende d'un cas à un autre :* qu'ainsi, loin de violer ledit art. 7, l'arrêt attaqué en fait une juste interprétation. »

Le principe de l'indivisibilité a été méconnu par cet arrêt qui, en permettant les amodiations partielles, autorise la division ou le partage d'une exploitation de mines, parce qu'une amodiation par lots équivaut à la vente par lots ou au partage de la concession, puisque les substances minérales ne se reproduisent pas.

La loi, en prohibant la division par un partage ou par des aliénations partielles, a voulu qu'une mine ne formât qu'un seul corps indivisible, et ce n'est que dans son ensemble que la première disposition de l'article 7 la déclare aliénable, conformément aux règles ordinaires.

Mais, de ce que le législateur n'a prohibé ou parlé que de deux modes de division, il ne peut s'ensuivre que tout autre mode soit permis, parce que toute division doit être considérée comme défendue par le 2me § de l'article 7 de la loi.

MM. Troplong, Favard et Rolland de Villargues, et d'autres jurisconsultes fort estimés, professent la doctrine admise par l'arrêt du 20 décembre 1837 ; d'après eux, les mines sont susceptibles d'un louage *partiel*, comme les carrières.

Mais, à la suite d'une circonstance qui a fait admettre le pourvoi en cassation dirigé contre un arrêt de la cour impériale d'Aix, du 3 mai 1841, lequel, en statuant sur d'autres questions qui ont donné lieu à l'admission, avait validé des amodiations partielles, la chambre civile de la cour de cassation, par arrêt du 4 juin 1844, s'est prononcée, après des débats qui ont duré plusieurs audiences et un long délibéré en la chambre du conseil, contre la faculté d'amodier partiellement les mines, et elle a ainsi adopté une jurisprudence contraire à l'arrêt du 20 décembre 1837.

Suivent les motifs de l'arrêt du 4 juin 1844 :

« Attendu qu'aux termes de l'article 552 du code Napoléon, la propriété du sol n'emporte la propriété du dessous *que sauf les* MODIFICATIONS *résultant des lois et règlements relatifs aux mines;*

» Attendu qu'aux termes des articles 5, 7 et 16 de la loi du 21 avril 1810, la propriété des mines ne résulte que d'un acte de concession délibéré en conseil d'État;

» Attendu que le marquis de... et le comte de... étaient, en vertu de la concession qui leur a été faite collectivement, propriétaires indivis des mines concédées qui, d'après l'art. 7 précité de la loi du 21 avril 1810, ne pouvaient être vendues par lots ou partagées sans l'autorisation préalable du gouvernement;

» Attendu que l'amodiation ou le louage d'une mine concédée s'appliquant à des choses fongibles et qui se consomment par l'usage, à les substances *qui ne peuvent se reproduire*, constitue une aliénation, et, par conséquent, une aliénation partielle, lorsque le louage ou l'amodiation ne porte point sur la totalité de la concession;

» Que, d'ailleurs, le but de l'article 7 précité de la loi du 21 avril 1810 *a été d'empêcher la division de l'exploitation*, division qui résulterait des baux partiels;

» Que l'intérêt général du bon aménagement des gîtes et de la conservation des richesses minérales exige que la loi qui a pour objet de prévenir le morcellement si préjudiciable des exploitations, ne puisse pas être éludée par des amodiations partielles, lesquelles produiraient les mêmes effets que la vente par lot ou le partage proprement dit;

» Attendu que le droit de l'administration de faire cesser la *division de l'exploitation*, résultant d'un partage ou d'une amodiation, n'exclut pas celui de chacun des concessionnaires de se refuser à l'exécution d'actes et de conventions contraires à la disposition d'ordre public de l'article 7 précité de la loi du 21 avril 1810, et de faire prononcer la nullité desdits actes et conventions... »

Un autre arrêt de la même chambre, du 26 novembre 1846, a cassé un arrêt de la cour impériale de Lyon, du 13 mai 1842, qui avait maintenu des amodiations partielles.

Depuis ce dernier arrêt, la jurisprudence de la cour de cassation, tant à la chambre des requêtes qu'à la chambre civile, prohibe les amodiations partielles tout autant que les ventes par lots ou le partage, et l'*indivisibilité* de l'exploitation d'une concession de mines est définitivement reconnue et consacrée.

2° *Permanence de l'exploitation de la mine.*

L'article 49 de la loi du 21 avril 1810, en défendant de *restreindre* ou de *suspendre* l'exploitation d'une mine, ne laisse aucun doute sur le devoir et l'obligation du concessionnaire ; il est tenu de maintenir ses travaux en activité constante.

L'Empereur Napoléon Ier, à la séance du conseil d'État du 22 mars 1806, insista pour qu'il en fût ainsi, en disant :

« Si le possesseur (le concessionnaire de la mine) cesse d'*exploiter*, il sera traduit devant les tribunaux, qui, après avoir vérifié les faits, prononceront la déchéance (1). »

M. Regnault de Saint-Jean-d'Angély, dans l'exposé des motifs qu'il fit du projet de la loi sur les mines, devant le Corps législatif, à la séance du 13 avril 1810, déclara que deux causes pouvaient amener la révocation de la concession ; l'une réservée à l'appréciation des tribunaux, l'autre réservée à l'administration :

« Ce droit, dit-il, est réservé aux *tribunaux* ou à l'*administration*.

(1) Voir page 59, 3e alinéa.

» Il est réservé aux *tribunaux*, dans tous les cas de contraventions aux lois : eux seuls peuvent prononcer des condamnations ; et cette garantie, Messieurs, doit être d'un grand prix à vos yeux.

» Ce droit est réservé à l'*administration*, si la sûreté publique est compromise, ou si les exploitations, *restreintes*, mal dirigées, *suspendues*, laissent des craintes sur les besoins des consommateurs.

» En ce cas, la concession jadis *était révoquée*. Un tel système est incompatible avec celui de la *propriété* des mines.

» Il y sera pourvu, s'il se présente, sur le rapport du ministre de l'intérieur, comme aux cas *extraordinaires* et inhabituels que la législation ne peut prévoir.

» Et si, *ultérieurement*, le besoin d'une règle générale se fait sentir, elle ne sera établie qu'après que l'expérience aura répandu sa lumière infaillible *sur cette question fort difficile à résoudre*, de savoir comment on peut concilier le droit d'un citoyen, sur sa propriété, avec *l'intérêt de tous* (1) ! »

La prévision ne tarda pas à se réaliser. Dès 1811, le ministre de l'intérieur proposa au conseil d'État un projet de décret sur la question ; mais, pendant les discussions prolongées sur de nouvelles rédactions ou contre-projets, arrivèrent les événements militaires et politiques, et tout fut négligé et oublié.

Mais le gouvernement, en accordant une concession de mines, impose ses conditions ; il oblige le concessionnaire à maintenir les travaux d'exploitation en activité constante par une clause ainsi conçue :

« Le concessionnaire tiendra les travaux de mines *en activité constante*, et ne pourra les suspendre sans une cause reconnue légitime par l'administration (2). »

Et par un autre article du cahier des charges, le

___

(1) Voir page 114, 3me alinéa.

(2) Cette condition est imposée par l'article 10 du cahier des charges de la concession que nous rapportons à la troisième section du présent chapitre.

concessionnaire est prévenu que, s'il *restreint* ou *suspend* son exploitation sans cause reconnue légitime, sa concession sera révoquée, s'il y a lieu, sauf réserves des droits des tiers.

Ces conditions remplissaient une lacune *volontaire* laissée par le législateur ; mais, en 1837, une occasion s'étant offerte pour reprendre les projets abandonnés, un projet de loi a été présenté sur le retrait des concessions pour compléter la loi de 1810.

M. SAUZET, chargé du rapport de ce projet devant la chambre des députés, parlant de la loi du 28 juillet 1791, a dit :

« Aucune loi n'a porté plus loin le respect de la propriété privée sur les mines ; elle *restait l'accessoire du sol.*

» Le propriétaire de la surface était préféré pour leur exploitation s'il le demandait, et cependant, pour lui comme pour tout autre, *le défaut d'exploitation, c'était la* DÉCHÉANCE.

» Cette loi produisit des effets fâcheux, par suite même de son respect exagéré pour la propriété du sol. Ces effets devaient se produire avec plus de force dans un pays où la législation facilite la *division indéfinie* de la propriété.

» Les exploitations se disséminèrent à l'infini. Les divisions de la propriété souterraine suivirent le sort de la division de la surface, quoique la division des couches ne présentât aucun rapport avec la superficie : il s'ensuivit des exploitations mal entreprises et des frais multipliés sans mesure.

» Ces abus amenèrent la législation de 1810, qui créa, *dans l'intérêt public,* la propriété spéciale et distincte des mines.

» Le propriétaire de la surface n'eut plus de droit de préférence : la propriété souterraine ne dut plus se morceler à l'exemple du sol, et le choix des concessionnaires, comme les limites de la concession, fut attribué au gouvernement.

» Il serait bien étrange qu'une loi instituée pour réprimer les abus de la propriété privée les eût rendus plus dangereux et plus intolérables encore. On ne comprendrait pas que la législation qui dépouillé le propriétaire primitif des conséquences de son droit d'accession sur la propriété souterraine, précisément parce qu'il pourrait n'en pas user ou en user mal, concédât à un nouveau venu, librement choisi et gratuitement favorisé, un droit de non usage et d'abus que l'*intérêt de la société* ne peut laisser à personne et qu'elle l'affranchit en tout cas de la déchéance que la loi de 1791 avait infligée même au premier propriétaire de la chose.

» **La** loi de 1810, dans son origine et dans son ensemble, repousse une telle pensée ; *créée pour assurer l'exploitation des mines* DANS L'INTÉRÊT PUBLIC, elle ne peut souffrir que l'*intérêt public en soit privé* par ceux-là même qu'elle y a préposés.

» Le génie de Napoléon était trop prévoyant pour laisser la législation désarmée : la loi de 1810 consacra par des textes formels le droit d'intervention de l'autorité dans les mines.

» L'art. 31 autorise un concessionnaire à posséder deux concessions, mais à condition que chacune d'elles sera constamment exploitée. Ce principe de l'exploitation en activité est donc l'essence de la loi.

» Les articles 47, 48, 49, établissent le droit de l'administration.

» L'art. 47 se réfère au droit de police.

» L'art. 48 autorise les ingénieurs à visiter les exploitations sous le rapport de l'art ; ils doivent éclairer les concessionnaires sur leurs fautes et l'autorité sur les abus ;

» Et comme de tels avis ne peuvent rester illusoires, l'art 49 dispose que, *si l'exploitation est restreinte ou suspendue* de manière à compromettre *la sûreté publique* ou les besoins des consommateurs, il en sera rendu compte par le préfet au ministre de l'intérieur, pour être par lui statué ainsi qu'il appartiendra.

» Ainsi, quand les mines sont menacées, l'autorité suprême intervient : elle juge s'il y a lieu d'ordonner et ce qu'il y a lieu d'ordonner. Le principe fondamental est donc posé : LE CONCESSIONNAIRE *doit exploiter dans l'intérêt public ; et si l'intérêt public est compromis*, le gouvernement le protège par des mesures dont l'opportunité et la nature sont déterminées par lui.

» Il ne faut donc plus songer à confondre les mines avec les propriétés ordinaires, dont le maître use ou abuse à son gré. Le concessionnaire *a reçu un dépôt*, il doit le féconder, et l'État qui le lui confia, veille toujours pour l'y contraindre. Il ne reste plus qu'à savoir quel doit en être le moyen.

» Il faut trouver un moyen efficace. La loi ne conseille pas, elle ordonne : elle n'ordonne rien en vain ; la plus déplorable des lois serait une loi impuissante, et ce serait un étrange anachronisme que de supposer un esprit d'impuissance aux lois de 1810.

» Cela posé, il a paru impossible à votre commission de trouver ailleurs que *dans la dépossession du concessionnaire* RÉCALCITRANT un moyen d'exécution efficace. Il n'est pas difficile d'établir, d'ailleurs, que ce moyen est le plus rationnel, le plus légitime et le seul véritablement utile à tous les intérêts qu'il s'agit de protéger. »

Le rapport de M. Sauzet explique et interprète l'article 49 de la loi de 1810 et démontre que, d'après le principe fondamental, le concessionnaire doit exploiter dans l'intérêt de la société ; qu'il n'a reçu qu'un dépôt, qui doit être fécondé par lui, et que l'État qui le lui confia, veille toujours pour l'y contraindre.

En effet, l'autorité surveille les travaux et les dirige, puisqu'ils ne peuvent être ni augmentés, ni restreints ou abandonnés sans une autorisation donnée par le préfet, sur le rapport des ingénieurs des mines (1).

---

(1) Voir les articles 5, 6 et 9 du cahier des charges de la concession rapportée à la 3ᵐᵉ section du présent chapitre, ainsi conçus :

Art. 5. *Il ne pourra être procédé à l'ouverture de puits ou galeries, partant du jour pour être mis en communication avec des travaux existants, sans une autorisation du préfet, accordée sur la demande du concessionnaire et sur le rapport des ingénieurs des mines.*

Art. 6. Lorsque le concessionnaire voudra ouvrir un nouveau champ d'exploitation, il adressera à ce sujet au préfet un plan se rattachant au plan général de la concession, et un mémoire indiquant son projet de travaux, le tout dressé conformément à ce qui est prescrit par l'article 3 ci-dessus. Le préfet, sur le rapport des ingénieurs des mines, approuvera ou modifiera ce projet.

Art. 9. Le concessionnaire ne pourra abandonner aucune portion notable des ouvrages souterrains sans en avoir prévenu le préfet trois mois à l'avance, pour l'exécution des dispositions prescrites par les articles 8 et 9 du règlement de police souterraine du 3 janvier 1813, et sans que l'abandon ait été autorisé, sur le rapport de l'ingénieur des mines, par le préfet, lequel statuera sur la demande avant l'expiration du délai ci-dessus.

18

M. d'ARGOUT, dans son rapport devant la chambre
des pairs, sur le même projet de loi, en examinant la
question du retrait de la concession, dit ensuite :

« Au fond, cette question est très-simple; il est même
inutile de rechercher si la législation spéciale des mines en
donne la solution : c'est dans le *droit commun*, c'est dans le
respect dû aux contrats, loi générale qui régit l'*universalité
des propriétés* et *la société toute entière*, que nous trouvons
cette solution.

» Si cette question a paru d'abord obscurcie par quelques nuages, c'est
parce qu'elle n'a pas été envisagée sous son véritable point de vue. On
a parlé d'expropriation pour cause d'utilité publique, de biens vacants
ou tombés en déshérence : il n'y a rien de tout cela.

» L'exploitation pour *cause d'utilité publique* s'exerce sur un propriétaire qui jouit conformément à son titre, et elle ne s'exerce que pour
changer la nature de la propriété et pour l'affecter à un usage public. Il
n'y a pas vacance ; car, lorsqu'une concession est résiliée, la mine
retourne au domaine qui en avait fait la concession, et cette mine ne
peut être considérée comme un bien sans maître. Il n'y a pas déshérence,
car le propriétaire n'est pas mort, et il veut conserver sa propriété.

» De quoi s'agit-il donc en réalité ? De la résiliation d'un contrat dont
la clause fondamentale a été violée. Cette règle ne souffre aucune
exception.

» Un particulier achète un bien, il n'en acquitte pas le prix ; le vendeur
poursuit l'acheteur en annulation de la vente, et l'annulation est prononcée. Des baux emphytéotiques, des contrats de locaterie perpétuelle
sont chaque jour résiliés pour des causes analogues ; des donations
sont révoquées lorsque le donataire n'en remplit pas les conditions.

» Or, qu'est-ce qu'une concession ? Un contrat par lequel le gouvernement confère gratuitement à certains particuliers des biens d'une
valeur souvent très-considérable, mais sous la condition formelle *de les
exploiter dans l'intérêt général de la société*.

» Cette obligation d'une exploitation *non interrompue* au bénéfice des
consommateurs est le prix d'acquisition ; elle constitue une rente à
servir perpétuellement au public, *sous peine de perdre la propriété*, car
le concessionnaire ne peut prétendre à garder la chose sans en acquitter
le prix.

» Ce n'est donc pas parce que les mines sont des propriétés d'une nature particulière qu'elles sont susceptibles de révocation, c'est au contraire parce que la loi de 1810 les a rangées *parmi les propriétés* ORDINAIRES (1).

» Tous les arguments produits pour démontrer que ces propriétés ont été mises sous la protection du *droit commun*, aboutissent effectivement à prouver qu'elles sont révocables lorsque le concessionnaire a violé son contrat.

» Certes, personne n'ira jusqu'à affirmer que la loi de 1810 a fait davantage ; qu'elle ne s'est pas bornée à couvrir les concessionnaires de *l'égide du droit commun* (2), mais encore qu'elle les a placés au-dessus de ce même droit commun, en leur accordant le privilège de s'affranchir impunément des clauses du titre de la propriété.

» Pour prouver que les concessions ne peuvent être résiliées, il faudrait établir que la loi de 1810, *contrairement au droit commun*, a voulu créer un contrat d'une nature tout exceptionnelle, contrat qui serait perpétuellement obligatoire pour l'une des parties, et ne lierait jamais l'autre.

» Mais il n'existe dans cette loi aucune trace de ce monstrueux privilège, et une pareille prétention serait aussi exorbitante qu'insoutenable. »

A la suite de ces deux rapports, la loi proposée a été sanctionnée les 27 avril et 4 mai 1838.

La propriété d'une mine doit donc, sous peine de révocation, être en exploitation *constante*, c'est-à-dire sans *interruption* à partir de sa concession, et elle est présumée en exploitation dans toute l'étendue de son périmètre, qui ne forme qu'une seule propriété indivisible.

Et, du moment qu'une exploitation de mines est *indivisible* et qu'elle doit être *permanente*, il en résulte que, lorsque la loi dit : *valeur* AVANT l'*exploitation de la mine*, elle doit nécessairement s'entendre de l'exploitation à son origine, soit *provisoire, soit définitive.*

(1) Voir page 219, 1er alinéa de l'arrêt.

(2) Voir page 98, 4me alinéa.

L'examen de cette proposition fait l'objet du paragraphe suivant.

§ 5.

Origine de l'exploitation de la mine concédée.

L'origine de l'exploitation de la mine concédée date du moment où le droit de recherches s'arrête, et ce droit s'arrête devant la découverte ; mais l'exploitation légale ne peut commencer que du jour de la concession de la mine ou que du jour qu'une autorisation d'exploitation provisoire a été accordée. Dans ce cas, l'exploitation précède la concession, et l'origine de l'exploitation date de l'autorisation.

Une mine n'est découverte que lorsqu'on en connaît l'allure et la richesse, et toute demande en concession doit être rejetée si une exploitation provisoire et régulière n'a pas établi le gisement ou l'allure de la mine.

Le 2 février **1834**, M. le ministre des travaux publics a rendu une décision dans ce sens.

M. RICHARD (*Législation des Mines*, page 198) nous dit :

« La loi de 1810 veut que les recherches et la découverte du gîte précèdent toujours non-seulement la concession, mais même la demande.

» En effet, il n'y a rien encore à concéder, il n'y a pas de concession à demander là où la présence d'une mine n'est pas constatée.

» Et il faut non-seulement qu'il soit prouvé que la mine existe, mais aussi que des explorations préalables en aient fait connaître les principales allures dans le sein de la terre, afin que l'on puisse fixer les limites de la concession et déterminer les clauses à imposer au concessionnaire.

« A ces motifs tirés de la nature même des choses se joignent des considérations d'intérêt public : il est arrivé quelquefois que des personnes qui avaient obtenu des concessions sans que l'existence du gîte fût connu, ont abusé du titre qu'elles avaient entre leurs mains en induisant des tiers en erreur pour obtenir des capitaux. »

Le gouvernement accorde des autorisations pour exploiter, tantôt avec la faculté de vendre les produits, tantôt avec défense de les vendre.

Au premier cas, celui de vendre, l'autorisation impose l'obligation de payer la redevance due au propriétaire de la surface.

M. de CHEPPE a publié dans les *Annales* des mines des dissertations sur les questions que fait naître l'exécution de la loi ; il puise le droit du gouvernement de disposer des matières minérales dans le décret du 6 mai 1811, qui a indiqué les mesures à prendre relativement *aux exploitations que l'intérêt public fait tolérer*, lorsqu'il y a empêchement à ce qu'une concession soit immédiatement accordée.

« Agir contrairement à ces principes, dit M. de Cheppe, ce serait arrêter les explorations que des particuliers veulent entreprendre, et empêcher le développement de l'industrie.

» D'un autre côté, on peut dire qu'opérer des extractions sur un gîte minéral, en vendre les produits, c'est véritablement établir une sorte d'exploitation ; car c'est mettre ce gîte en valeur, en retirer les profits.

» Les vrais travaux de recherches, ceux qui servent effectivement et uniquement à explorer une mine, ne donnent jamais lieu à des produits réels : tels sont les sondages, les tranchées des puits et galeries, percées dans le roc stérile pour arriver aux couches métallifères.

» Quelquefois on donne, mais improprement, le nom de recherches aux fouilles pratiquées dans une mine mise déjà à découvert pour en observer l'allure et pour juger de sa richesse. Ces fouilles, que, d'après leur destination, on devrait plutôt appeler *travaux de reconnaissance*, bien que tenant sous un certain rapport de la nature des recherches, ne sont plus des travaux de recherche proprement dits. Il arrive souvent qu'elles donnent des produits assez abondants, et que par le fait elles constituent une exploitation : en principe, il faudrait donc qu'il y eût concession pour qu'on pût les opérer.

Toutefois, des motifs d'utilité publique peuvent les faire autoriser, lorsque, par exemple, il y a doute sur les dispositions de la mine découverte, et que l'on a besoin d'être plus complètement éclairé pour concéder le gîte de la manière la plus avantageuse à l'intérêt général ; ou encore, lorsque des obstacles dont on ne prévoit pas le terme empêchent de disposer de la mine, et que pourtant il importe de livrer immédiatement aux consommateurs les produits obtenus.

» Mais ce sont là des circonstances qu'il appartient à l'autorité administrative d'apprécier ; c'est elle qui doit décider s'il convient de permettre la continuation des travaux et la vente des matières extraites, en faisant usage de la facilité qui lui est laissée par le décret du 6 mai 1811. (7ᵐᵉ vol. des *Annales*, page 593.) »

Aussi une ordonnance royale du 14 septembre 1839, insérée dans le même recueil, t. 16, page 737, en accordant à M. Durand-Cœur l'autorisation de faire la recherche d'un gîte de sulfure d'antimoine dans les communes de Violay et de Sainte-Colombe, lui a refusé la permission de vendre les produits qui proviendraient de ses explorations, par le motif que le minerai d'antimoine étant de nature à se conserver sans détérioration sur les haldes ou dans les magasins, il n'y aurait pas lieu à en permettre la vente.

Il semble résulter de là que ce n'est que dans les circonstances exceptionnelles, telles que celles où une substance se détériorerait si elle n'était pas immédiatement employée, que la permission de vendre est accordée.

M. REGNAULT de Saint-Jean-d'Angély, à la séance du conseil d'État du 24 juin 1809, fit remarquer qu'il était rare que les premiers travaux de recherches conduisissent à la découverte de la mine.

« On ne la trouve, disait-il, qu'après des recherches longues et infructueuses, entreprises à grands frais, et ensuite abandonnées par plusieurs compagnies successives... (1). »

Nous ne rapportons ce qui a été dit par M. Regnault de Saint-Jean-d'Angély que pour faire remarquer à notre tour combien il est souvent difficile de distinguer les recherches de l'exploitation.

Mais, quand il s'agit de l'exploitation des mines de fer, la concession n'est accordée que dans les cas suivants :

« 1° Si l'exploitation à ciel ouvert cesse d'être possible, et si l'établissement de puits, galeries et travaux d'art est nécessaire ;

» 2° Si l'exploitation, quoique possible encore, doit durer peu d'années, et rendre ensuite impossible l'exploitation avec puits et galeries (2). »

Et comme la loi n'établit aucune distinction entre les mines, on est forcé, dans ce cas, de reconnaître que l'exploitation précède la concession.

M. COTELLE, *dans son cours de droit administratif* sur la constatation préalable à la concession *des gîtes minéraux*, commence par rappeler la circulaire du 3 août 1810, portant qu'il n'y a lieu *à concession* que pour les mines *exploitées*, et pour les mines nouvellement découvertes, que lorsque le gisement

---

(1) LOCRÉ, page 107.

(2) Art. 69 de la loi de 1810.

des couches minérales *est reconnu* et qu'il y a certitude d'une *exploitation utile,* et il ajoute :

« Lorsqu'un corps de fonctionnaires aussi instruit, aussi zélé que celui des ingénieurs des mines, est appelé à connaître à fond d'une opération très-importante en elle-même, à en suivre de près *la marche,* à l'éclairer de ses avis et de ses conseils, *en s'intéressant au succès,* le public sera naturellement porté à investir de toute sa confiance des résultats placés sous la sauvegarde de l'examen approfondi, de l'approbation des fonctionnaires les plus compétents.

» Mais si les produits d'une mine *véritablement découverte* peuvent promettre l'avenir le plus riche à ses propriétaires, l'administration aura un premier écueil à éviter, celui d'autoriser, par la publicité inhérente à l'instruction d'une demande en concession de mines, les assertions de ceux qui spéculeraient sur la crédulité publique, en créant des actions pour l'exploitation d'une mine, *lorsque son existence serait fabuleuse* (1).

» Sous ce rapport, le gouvernement a bien le droit d'exiger des demandeurs en concession de lui prouver, non pas seulement qu'ils ont rencontré dans un terrain quelques affleurements de mines, mais encore qu'une mine y existe en profondeur, et que, selon toute apparence, elle présentera un gîte susceptible *d'une exploitation sérieuse et utile.......*

» Enfin, comme on a trop souvent abusé de la simple apparence d'une découverte de mines pour créer des actions industrielles, l'administration s'est vue dans l'obligation de refuser même de publier les demandes en concession, tant qu'il ne serait pas justifié *qu'il y eût matière à concession.* »

Voici la circulaire de M. le directeur général des mines du 31 octobre 1837 :

« Le but des publications et affiches est d'appeler les propriétaires du sol, et en général les tiers qui peuvent y avoir intérêt, à faire valoir les observations ou réclamations qu'ils auraient à produire ; ce serait induire le public en erreur que de lui donner à penser qu'un gîte est reconnu, lorsqu'il ne l'est pas encore.

» Toutes les formalités que la loi du 21 avril 1810 et le décret du 18 novembre suivant ont prescrites, montrent que la première condition à remplir est de justifier *qu'une mine existe.*

(1) M. COTELLE nous rappelle les concessions de Saint-Berain.

» Un plan régulier de la surface, dressé ou vérifié par l'ingénieur des mines, et certifié par le préfet du département, doit être jointe à la demande ; *ce plan ne saurait être levé ou ne serait qu'illusoire* tant que l'on ignore si le sol recèle effectivement un gîte concessible.

» Les ingénieurs *en chef* sont chargés, par le décret du 18 novembre 1810, de rédiger des projets d'affiches : cette désignation des ingénieurs *en chef* fait assez voir qu'on n'a point entendu que ces affiches fussent une chose de pure forme. L'intervention de ces fonctionnaires était superflue s'il n'y avait eu de leur part aucun examen à faire, si aucune notion n'eût été à fournir par le demandeur ; si, en un mot, par cela qu'une demande, quelle qu'elle fût, était présentée, l'affiche était de droit. »

Ainsi, il faut de toute nécessité que des recherches sérieuses aient été faites, et que, par une exploitation *provisoire*, le gîte de la mine ait été reconnu et constaté. C'est là un point sur lequel tout le monde est d'accord.

Mais jusqu'ici on ne s'est préoccupé que du point de savoir à qui doivent appartenir les produits de l'exploitation *provisoire*, parce qu'on n'a pas compris les dispositions du 2me § de l'article 44 de la loi du 21 avril 1810, renvoyant pour l'évaluation des terrains occupés à la surface par l'exploitation à la loi du 16 septembre 1807, titre XI, et disant : « *Mais le terrain à acquérir sera toujours estimé au double de la valeur qu'il avait* AVANT *l'exploitation de la mine.* »

D'où il suit que, contrairement à la jurisprudence de la cour de cassation, *la valeur qu'il avait* AVANT *l'exploitation de la mine* doit s'entendre de l'exploitation à son origine (1).

Et de quelle exploitation la loi parlerait-elle, si ce n'était de l'exploitation de la mine *à son origine* ?

(1) Voir page 248, le dernier alinéa.

Nous avons vu que l'exploitation de la mine est *indivisible* et que la première condition de la concession de la mine est d'être en exploitation *permanente*, et nous venons de voir qu'une exploitation *provisoire* doit précéder la concession.

Nous avons vu encore dans ce qui a été dit par M. de Cheppe, *Annales des mines,* que le gouvernement *autorise* des exploitations de mines avant la concession, avec ou sans autorisation de disposer des produits de l'exploitation.

Nous avons vu enfin que, lorsqu'il y a autorisation de vendre les produits, l'indemnité allouée au propriétaire de la surface par l'article 6 de la loi du 21 avril 1810, est acquittée, et que, dans ce cas, l'exploitant est soumis à toutes les obligations du concessionnaire.

D'un autre côté, il a été *irrévocablement* décidé par deux arrêts successifs, l'un de la chambre civile, et l'autre de toutes les chambres réunies de la cour suprême, qu'à partir de la concession de la mine, les droits des propriétaires de la surface sont modifiés, et que les constructions ou les établissements *créés* POSTÉRIEUREMENT *à la concession,* ne jouissent pas de la protection accordée par l'article 11 de la loi de 1810 à ce qui *existait* AVANT *la concession.*

Ces deux arrêts, en refusant la protection accordée par l'article 11 aux constructions ou aux établissements *formés* APRÈS *la concession*, donnent une solution à la question.

Plus de doute, dès-lors, sur ce que la loi entend par

cette disposition : « *Valeur qu'il avait* AVANT *l'exploitation de la mine;* » elle veut que l'exploitant ne paie le terrain dont il a besoin que d'après la valeur qu'il avait *avant* l'exploitation *provisoire* ou *définitive*, ou au moins *avant* la concession, puisque de cette époque l'exploitant paie la redevance imposée à la mine en vertu des articles 6 et 42 de la loi de 1810.

Ces deux arrêts ont encore décidé que, lorsque les travaux établis ou créés à la surface *postérieurement* à la concession, sont autorisés comme travaux reconnus d'une utilité générale, le propriétaire de la mine a droit à une indemnité à raison du préjudice que ces travaux lui font éprouver (1).

Ainsi, lorsque la loi dit que le terrain à acquérir sera estimé valeur qu'il avait avant l'exploitation de la mine, elle entend l'exploitation qui a précédé ou suivi la concession de la mine ; c'est-à-dire, de l'*exploitation à son origine* (2).

Nous reviendrons sur cette question en traitant la question d'interdiction ou de *statu quo* à la surface après la concession de la mine, et en démontrant que les expressions, valeur avant l'exploitation de la mine, sont synonymes de valeur avant la concession de la mine, c'est-à-dire valeur avant la concession du tréfonds (3).

---

(1) Voir page 149 et suivantes.

(2) Voir page 181 et suivantes.

(3) Voir page 75, 1er *alinéa*. La disposition *valeur* AVANT *l'exploitation de la mine* a un double but : faire payer le terrain avant sa dépréciation, et ne le faire payer que d'après la valeur qu'il avait avant la concession du tréfonds ; ce qui indique le *statu quo* à la surface dès que le tréfonds

§ 6.

Conséquences de l'application du droit commun à la propriété des mines.

L'application du droit commun à la propriété des mines a pour conséquence d'établir implicitement que la loi du **21** avril **1810** est une *exception* au droit commun ; et, comme toute exception doit être *restreinte* aux seuls cas prévus par la loi, on doit, sur le silence de celle-ci, appliquer la règle générale.

La cour de cassation, par son arrêt du **20** décembre **1837**, a fait l'application de ce principe en décidant que les prohibitions qui forment *exception* à la règle générale *doivent être clairement établies*, et ne peuvent être étendues d'un cas à un autre (**1**).

Toute analogie doit être repoussée, étant de règle élémentaire que les exceptions sont de droit étroit.

Et nous avons fait remarquer, en traitant de l'indivisibilité d'une exploitation de mine, que MM. Troplong, Favart et Rolland de Villargues, et d'autres jurisconsultes fort estimés, *en professant la rigueur du principe sur les exceptions*, soutiennent que les mines sont susceptibles d'un louage *partiel*, comme les carrières, parce que l'article **7** de la loi de **1810** ne prohibe que la vente par lots ou le partage d'une mine.

Mais la cour de cassation, par autres arrêts des **4** juin **1844** et **26** novembre **1846**, reconnaissant que le but de l'article **7** précité de la loi du **21** avril **1810**

---

(1) Voir page 219, avant-dernier alinéa.

a été d'empêcher la division de l'exploitation de la mine, division qui résulterait des baux partiels, a étendu la prohibition aux amodiations partielles, en décidant que la défense de diviser une exploitation de mines était d'ordre public.

Cette dernière jurisprudence fait exception au principe qui veut que toute *dérogation* au droit commun soit plutôt restreinte qu'étendue.

Dans sa dernière jurisprudence, la cour de cassation n'a eu en vue que l'intérêt général du bon aménagement des gîtes et de la conservation des richesses minérales, et elle a déclaré que le droit de l'administration de faire *cesser la division d'une exploitation de mines,* résultant d'un partage ou d'une amodiation, n'exclut pas celui des concessionnaires de se refuser à l'exécution d'actes contraires à la disposition d'ordre public de l'article 7.

Quoi qu'il en soit, il ne résulte pas moins de ce débat que les exceptions apportées par la loi du 21 avril 1810, *si elles ne sont pas d'ordre public,* doivent être circonscrites aux cas prévus, indépendamment de la juste interprétation qui doit en être faite.

À la section 3 qui va suivre, nous examinerons les modifications apportées au droit commun par les lois et règlements relatifs aux mines.

SECTION 3.

Modifications apportées au droit commun par les lois et règlements relatifs aux mines.

Les modifications apportées au droit commun par

les lois et règlements relatifs aux mines, ont été prévues
et réservées dans l'article 552 du code Napoléon,
ainsi conçu :

« La propriété du sol emporte la propriété du DESSUS et du DESSOUS.

» Le propriétaire peut faire *au dessus* toutes les plantations et constructions qu'il juge à propos, *sauf les exceptions* établies au titre des
servitudes ou services fonciers.

» Il peut faire *au dessous* toutes les constructions et fouilles qu'il
jugera à propos, et tirer de ces fouilles tous les produits qu'elles
peuvent fournir, *sauf les modifications* résultant des LOIS ET
RÈGLEMENTS *relatifs aux mines*, et des lois et règlements de police. »

La loi du **21 avril 1810** est en effet venue *modifier*
les droits du propriétaire du sol en lui faisant défense,
à ses articles 5 et 12, d'*exploiter* les mines qui peuvent
exister dans le tréfonds de sa propriété sans une
concession du gouvernement, et de *fouiller* dans un
terrain déjà concédé.

« Art. 5. Les mines ne peuvent être exploitées qu'en vertu
d'un acte de concession délibéré en conseil d'État.

» Art. 12. Le propriétaire pourra faire des recherches, sans
formalité préalable, dans les lieux réservés par le précédent
article, comme dans les autres parties de sa propriété, mais
il sera *obligé d'obtenir une concession* avant d'y établir une
exploitation.

Dans aucun cas, les recherches ne pourront être autorisées
dans un terrain déjà concédé. »

La défense d'exploiter la mine *sans une concession,*
et celle de faire des recherches *dans un terrain déjà
concédé*, sont formelles dans les deux cas ; et la simple
réparation du dommage causé, par application des
articles 1382 et suivants du code Napoléon, eût été
insuffisante pour réprimer *un délit*, dans le silence du
code d'instruction criminelle et du code pénal.

Le titre X de la loi du 21 avril 1810 *règle* le mode des poursuites et *prononce* une peine contre les exploitants *non concessionnaires*.

Ce titre se compose de quatre articles, et il est ainsi conçu :

« Art. 93. Les contraventions des propriétaires de mines exploitants *non encore concessionnaires*, ou autres personnes, aux *lois et règlements,* seront dénoncées et constatées comme les contraventions en matière de voirie et de police.

» Art. 94. Les procès-verbaux contre les contrevenants seront affirmés dans les formes et délais prescrits par les lois.

» Art. 95. Ils seront adressés en originaux aux procureurs près les tribunaux, qui seront tenus de poursuivre d'office contre les contrevenants devant les tribunaux de police correctionnelle, ainsi qu'il est réglé et usité *pour les délits forestiers,* et sans préjudice des dommages-intérêts des parties.

» Art. 96. Les peines seront d'une amende de 500 francs au plus et de 100 francs au moins ; au double, en cas de *récidive,* et d'une détention qui ne pourra excéder la durée fixée par le code de police correctionnelle (de 5 ans). »

Arrêtons-nous un instant sur les dispositions de l'article 93 , et voyons quels sont les contrevenants passibles des peines édictées dans l'article 96.

« Les contraventions des propriétaires de mines exploitants *non encore concessionnaires*, ou autres personnes , *aux lois et règlements ,* seront dénoncées et constatées... »

Ou autres personnes exploitant sans concession , c'est-à-dire que l'article 93 ne désigne que les contraventions des personnes non concessionnaires, et l'article 95 veut que les contrevenants soient poursuivis *ainsi qu'il est réglé et usité* POUR LES DÉLITS FORESTIERS.

La loi assimile les exploitations illicites aux *délits forestiers*; dans l'un comme dans l'autre cas les contrevenants ou les délinquants s'approprient ce qui ne leur appartient pas, les uns du *charbon*, et les autres du *bois*.

Ces dispositions n'ont été édictées qu'en l'absence de mesures répressives dans la loi commune, pour contraindre au respect de la propriété de la mine.

Mais ces dispositions sont si claires et si précises, que M. de Girardin, dans son rapport sur la loi de 1810, a dit:

« Le titre X renferme quelques dispositions sur la police et la juridiction relatives aux mines. Elles sont claires; elles découlent des principes *consacrés dans le corps du projet* et ne demandent de notre part ni développement, ni observations (1). »

Le titre X de la loi de 1810 n'a donc été édicté que pour réprimer les exploitations illicites, en les assimilant *aux délits forestiers*.

Ainsi, quiconque exploite les mines sans concession, qu'il soit ou non propriétaire du sol, est puni, *la première fois,* d'une amende de 100 à 500 francs, et, en cas de *récidive*, au double et à la prison, dont la durée peut s'élever jusqu'à cinq années, sans préjudice de dommages-intérêts dans les deux cas.

Telles sont les dispositions législatives de 1810.

(1. Voir page 146, 2me alinéa.

L'acte de concession crée et constitue la propriété d'une mine, et dès-lors cette propriété n'existe que du jour de sa concession.

Cet acte contient la plupart des conditions qui sont imposées par la loi et par les règlements administratifs, et toutes doivent être exécutées par le concessionnaire, sous peine de résolution ou de révocation de la concession.

Mais, à partir de sa concession, la propriété d'une mine doit être respectée tout autant que celle de la surface, et de ce moment les modifications apportées aux droits du propriétaire du sol ont pour objet principal de le priver du tréfonds et d'imposer *une servitude* à la surface.

Pour que nos lecteurs puissent se bien pénétrer des droits concédés et des conditions imposées, nous mettons sous leurs yeux un décret de concession et le cahier des charges y annexé, et nous en résumons à la suite toutes les stipulations.

DÉCRET D'UNE CONCESSION DE MINES, DU 17 NOVEMBRE 1853.

Art. 1er. Il est fait concession à M. Gilbert-François Charleuf des mines de houille comprises dans les limites ci-après définies, commune de Saint-Eugène-la-Platte, arrondissement d'Autun, département de Saône-et-Loire.

Art. 2. Cette concession, qui sera désignée sous le nom de concession des Petits-Châteaux, comprend une étendue superficielle de sept kilomètres trente-trois hectares; elle est délimitée ainsi qu'il suit, conformément au plan joint à la présente ordonnance :

Au nord-ouest, par une ligne droite tirée de l'angle nord-ouest du domaine d'Essanges à l'angle du nord de l'huilerie du Grand-Thély;

19

Au sud-ouest, par une ligne droite tirée de l'huilerie du Grand-Thély à l'angle nord-est du moulin de la Folie.

Au sud-est, par une ligne droite tirée du moulin de la Folie à l'angle nord-est du domaine de Ravelont;

Au nord-est, par une ligne droite tirée du domaine de Revelont à Essanges, point de départ.

Art. 3. Il n'est rien préjugé sur l'exploitation des gîtes de tout minerai étranger à la houille, et spécialement des minerais de fer carbonaté lithoïde qui peuvent exister dans l'étendue de la concession de houille des Petits-Châteaux. La concession de ces gîtes de minerai sera accordée, s'il y a lieu, après une instruction particulière, soit au concessionnaire des mines de houille, soit à d'autres personnes. Les cahiers des charges des deux concessions régleront, dans ce dernier cas, les rapports des deux concessionnaires entre eux pour la conservation de leurs droits mutuels et pour la bonne exploitation des deux substances.

Art. 4. Le DROIT *attribué* au propriétaire de la surface *par l'article* 6 de la loi du 21 avril 1810, *sur le* PRODUIT *des mines* concédées, est réglé à une *rente annuelle* de 10 centimes par hectare de terrain COMPRIS *dans la concession.*

Cette rétribution sera applicable toutes les fois qu'il n'existera pas à ce sujet de CONVENTIONS antérieures entre le concessionnaire et les propriétaires de la surface.

S'il existe de telles conventions, elles seront exécutées, pourvu toutefois qu'elles ne soient pas contraires aux règles qui seront prescrites, en vertu du présent acte de concession, pour la conduite des travaux souterrains, dans la vue d'une bonne exploitation. Dans le cas opposé, lesdites conventions ne pourront donner lieu entre les parties intéressées qu'à une action en indemnité, et la rétribution restera déterminée ainsi qu'il est dit au commencement du présent article.

Art. 5. Le concessionnaire paiera en outre au propriétaire de la surface les indemnités déterminées par les articles 43 et 44 de la loi du 21 avril 1810, pour les dégâts et non-jouissance de terrains occasionnés par l'exploitation des mines.

Art. 6. L'indemnité due pour droit d'invention, en vertu de l'article 16 de la loi précitée, est fixée à quinze cents francs. Cette somme sera payée par M. Charleuf à qui de droit, à moins qu'il ne soit reconnu que le droit d'invention a été compris dans la vente qui lui a été faite le 22 mars 1822.

Art. 7. Le concessionnaire demeure tenu de se conformer aux décisions qui pourraient être *rendues par le conseil de préfecture*, en exécution de l'article 46 de la loi du 21 avril 1810, *sur toutes les questions d'indemnités* à payer par lui à raison de *recherches* ou *travaux* ANTÉRIEURS *au présent acte de concession*.

Art. 8. Le concessionnaire paiera à l'État, entre les mains du receveur de l'arrondissement d'Autun, les redevances fixe et proportionnelle établies par la loi du 21 avril 1810, conformément à ce qui est déterminé par le décret du 6 mai 1811.

Art. 9. Le concessionnaire se conformera exactement aux conditions du cahier des charges qui est annexé à la présente ordonnance, et *qui est considéré comme en faisant partie essentielle*.

Art. 10. Il y aura particulièrement lieu à l'exercice *de la surveillance de l'administration des mines*, en exécution des articles 47, 49 et 50 de la loi du 21 avril 1810 et du titre II du règlement du 3 janvier 1813, si la propriété de la concession vient à être transmise d'une manière quelconque par le concessionnaire, soit à une seule personne, soit à une société. Le cas échéant, le titulaire de la concession sera tenu de se conformer exactement aux conditions prescrites par l'acte de concession.

Art. 11. À toutes les époques où la concession sera possédée par une société, cette société sera tenue de désigner, par une déclaration authentique faite au secrétariat de la préfecture, celui de ses membres ou de toute autre personne à qui elle aura donné les pouvoirs nécessaires pour correspondre en son nom avec l'autorité administrative, et en général pour la représenter vis-à-vis de l'administration, tant en demandant qu'en défendant.

Art. 12. Dans le cas prévu par l'article 49 de la loi du 21 avril 1810, où l'exploitation serait restreinte ou suspendue sans cause reconnue légitime, le préfet assignera au concessionnaire un délai de rigueur qui ne pourra excéder six mois, et, faute par ledit concessionnaire de justifier, dans ce délai, de la reprise d'une exploitation régulière et des moyens de la continuer, il en sera rendu compte, conformément audit article 49, à notre ministre du commerce et des travaux publics, qui nous proposera, s'il y a lieu, dans la forme des règlements d'administration publique, la révocation de la présente concession, sous toute réserve des droits des tiers.

Art. 13. La présente ordonnance *sera publiée* et *affichée* aux frais du concessionnaire, dans la commune de Saint-Eugène-la-Platte et dans toutes les autres communes sur lesquelles s'étend la concession.

Cahier des charges de la concession.

Art. 1er. Dans le délai de trois mois, à dater *de la notification* de l'ordonnance de concession, *il sera planté des bornes sur tous les points servant de limites à la concession* où cette mesure sera reconnue nécessaire. L'opération aura lieu aux frais du concessionnaire, à la diligence du préfet et en présence de l'ingénieur des mines, qui en dressera procès-verbal. Expéditions de ce procès-verbal seront déposées aux archives de la préfecture du département de Saône-et-Loire et à celles de la mairie de la commune de Saint-Eugène-la-Platte.

Art. 2. Dans le délai d'un an, à dater de la même époque, le concessionnaire fera ouvrir un puits à cent mètres de distance horizontale du puits existant au nord de Saint-Eugène, et sur l'aval pendage des gîtes houillers, par rapport auxdits puits.

L'approfondissement de ce second puits sera continué, SANS INTERRUPTION, jusqu'à la rencontre de la couche de houille déjà reconnue par le premier puits, à 50 mètres de profondeur.

Une galerie d'allongement sera ouverte de chaque côté du second puits, et poursuivie sur la direction de la couche jusqu'à une distance de cinq mètres au moins.

Art. 3. Lorsque les travaux prescrits ci-dessus auront été exécutés, et au plus tard dans un délai de deux ans, à dater de la notification de l'acte de concession, le concessionnaire adressera au préfet du département les plans et coupes de la mine, dressés sur l'échelle d'un millimètre et divisés en carreaux de dix en dix millimètres. Ces plans seront accompagnés d'un mémoire indiquant le mode circonstancié des travaux que le concessionnaire se proposera de suivre pour l'exploitation des gîtes. L'indication de ce mode de travaux sera aussi tracée sur les plans et coupes.

Art. 4. Sur le vu de ces pièces, et sur le rapport des ingénieurs des mines, le préfet autorisera l'exécution du projet des travaux, s'il n'en doit résulter aucun des inconvénients ou dangers *énoncés dans le titre V de la loi du 21 avril 1810, ou dans les titres II et III du décret du 3 janvier 1813*, et si le projet assure aux mines une *exploitation régulière et* DURABLE, en se coordonnant convenablement, s'il y a lieu, soit avec la marche des exploitations voisines, soit avec l'exécution des travaux qui pourraient être ultérieurement prescrits par l'administration dans l'intérêt général. Dans le cas contraire, le préfet apportera au projet les modifications nécessaires, d'après les motifs ci-dessus indiqués, avant d'en autoriser l'exécution, sauf recours, s'il y a lieu, devant le ministre du commerce et des travaux publics.

Art. 5. *Il ne* POURRA *être procédé à l'ouverture de puits ou galeries*, partant du jour pour être mis en communication avec des travaux existants, *sans une autorisation du préfet*, accordée sur la demande du concessionnaire et sur le rapport des ingénieurs des mines.

Art. 6. Lorsque le concessionnaire voudra ouvrir un nouveau champ d'exploitation, il adressera à ce sujet au préfet un plan se rattachant au plan général de la concession, et un mémoire indiquant son projet de travaux, le tout dressé conformément à ce qui est prescrit par l'article 4 ci-dessus. Le préfet, sur le rapport des ingénieurs des mines, approuvera ou modifiera ce projet, ainsi qu'il est dit à l'article 4.

Art. 7. Chaque année, dans le courant de janvier, le concessionnaire adressera au préfet les plans et coupes des travaux exécutés dans le cours de l'année précédente. Ces plans, dressés à l'échelle d'un millimètre, de manière à pouvoir être rattachés aux plans généraux désignés dans les articles précédents, et renfermant toutes les indications mentionnées auxdits articles. seront vérifiés, s'il y a lieu, par les ingénieurs des mines.

Art. 8. Dans le cas où des circonstances imprévues, ou l'approfondissement des mines, obligeraient à apporter des modifications aux modes d'exploitation qui auront été déterminés conformément aux articles précédents, il y sera pourvu de la manière indiquée auxdits articles, sur la proposition du concessionnaire ou sur la proposition des ingénieurs des mines, mais toujours après que les uns et les autres auront été entendus.

Art. 9. Le concessionnaire ne pourra abandonner aucune portion notable des ouvrages souterrains sans en avoir prévenu le préfet trois mois à l'avance, pour l'exécution des dispositions prescrites par les articles 8 et 9 du règlement de police souterraine du 3 janvier 1813, et sans que l'abandon ait été autorisé, sur le rapport de l'ingénieur des mines, par le préfet, lequel statuera sur la demande avant l'expiration du délai ci-dessus.

Les ouvertures au jour de puits ou galeries qui deviendraient inutiles, seront solidement comblées ou bouchées par le concessionnaire, ou à ses frais, suivant le mode qui sera prescrit par le préfet, sur la proposition de l'ingénieur des mines, et à la diligence des maires des communes sur le territoire desquelles les ouvertures seront situées.

Art. 10. Le concessionnaire tiendra les travaux des mines *en activité* CONSTANTE, *et ne pourra les* SUSPENDRE *sans cause reconnue légitime* par l'administration.

Art. 11. Le concessionnaire devra exploiter de manière à ne pas compromettre la sûreté publique, celle des ouvriers, la conservation des mines, et de manière à pourvoir aux besoins des consommateurs.

Il se CONFORMERA *à cet effet aux instructions* qui lui seront données *par l'administration et par les* INGÉNIEURS *des mines*, d'après les observations auxquelles *la visite et la surveillance des mines* pourront donner lieu.

Art. 12. Le concessionnaire sera tenu de placer à l'orifice des puits d'extraction ou d'épuisement des machines en quantité et de force suffisante pour pourvoir aux besoins de la consommation et pour assécher convenablement les travaux. Les machines d'extraction seront toujours garnies d'un frein en bon état.

Art. 13. La houille menue et les débris susceptibles de s'enflammer spontanément dans l'intérieur des mines seront transportés au jour, au fur et à mesure de l'avancement des travaux, à moins d'une autorisation spéciale du préfet, délivrée sur le rapport des ingénieurs des mines.

Art. 14. *Le concessionnaire sera tenu* DE SE CONFORMER aux mesures qui seraient *prescrites par l'administration* POUR PRÉVENIR *les dangers* résultant de l'inflammation du gaz hydrogène (*grisou*) et de son *explosion* dans les mines, *et de supporter les charges* qui pourront à cet effet lui être *imposées.*

Art. 15. *En exécution de l'article* 14 de la loi du 21 avril 1810, le concessionnaire ne pourra confier la direction de ses mines qu'à *un individu qui aura justifié de la capacité suffisante pour bien conduire les travaux.* Conformément à l'article 25 du décret du 3 janvier 1813, il ne pourra employer, en qualité de maîtres mineurs ou de chefs d'ateliers souterrains, que des individus qui auront travaillé au moins pendant trois ans dans les mines comme mineurs, boiseurs ou charpentiers, ou des élèves de l'école des mineurs de Saint-Étienne, ayant achevé leurs cours d'études et pourvus d'un brevet du directeur général des mines.

Aux termes de l'article 26 du décret de 1813, le concessionnaire n'emploiera que des mineurs et ouvriers porteurs de livrets.

Art. 16. En exécution des décrets des 18 novembre 1810 et 3 janvier 1813, le concessionnaire tiendra constamment en ordre et à jour sur chaque mine :

1° Les plans et coupes des travaux souterrains dressés sur l'échelle d'un millimètre pour mètre ;

2° Un registre constatant l'avancement journalier des travaux et les circonstances de l'exploitation dont il sera utile de conserver le souvenir, telles que : l'allure des gîtes, leur épaisseur, la qualité des houilles, la nature du toit et du mur, le jaugeage des eaux affluentes dans la mine, etc., etc., et les changements notables qui peuvent survenir dans toutes ces choses ;

3° Un registre de contrôle journalier des ouvriers employés aux travaux extérieurs et intérieurs ;

4° Un registre d'extraction et de vente.

Il communiquera ses registres et plans *aux ingénieurs des mines* EN TOURNÉE, afin que ces ingénieurs puissent y inscrire les procès-verbaux, *observations et instructions* dont il est fait mention dans le décret du 3 janvier 1813.

Le concessionnaire transmettra en outre au préfet, dans la forme c aux époques qui lui seront indiquées, l'état certifié de ses ouvriers et celui des produits extraits dans le cours de l'année précédente.

Art. 17. En cas de refus, de négligence ou d'inexactitude de la part du concessionnaire en ce qui concerne l'exécution des dispositions de l'article précédent, le préfet fera lever les plans et prendre les renseignements nécessaires par un ingénieur des mines ou par un autre agent commissionné par lui.

Le préfet pourra également ordonner la levée d'office des plans que le concessionnaire n'aurait pas fournis en exécution de l'article 7 ci-dessus, ou dont l'inexactitude aurait été reconnue par les ingénieurs des mines·

Art. 18. Si le concessionnaire n'exécutait pas les travaux de reconnaissance ou d'aménagement prescrits par l'article 2 du présent cahier de charges; s'il n'adressait pas au préfet, dans les délais prescrits, les plans, coupes et mémoires explicatifs, exigés par l'article 3 ; *enfin, s'il ne suivait pas le mode d'exploitation qui aura été autorisé* conformément à ce qui est spécifié aux articles 4 et 6, ses exploitations seraient regardées comme pouvant compromettre la sûreté publique ou la conservation de la mine, *et il y serait pourvu en exécution de l'article 50 de la loi du 21 avril 1810.*

En conséquence, dans chacun de ces cas, la contravention *ayant été constatée par un procès-verbal de l'ingénieur des mines,* la mine sera mise *en surveillance spéciale,* et il sera placé, aux frais du concessionnaire, un garde-mine ou tout autre préposé, nommé par le préfet, à l'effet de lui rendre un compte journalier de l'état des travaux, et de proposer telle mesure de police qu'il jugera nécessaire. Sur ces propositions et sur le rapport de l'ingénieur des mines, le préfet *pourra ordonner l'exécution des travaux reconnus nécessaires* à la sûreté publique ou à la conservation de la mine et la suspension ou l'interdiction des ouvrages reconnus dangereux, sauf à en rendre compte immédiatement au ministre du commerce et des travaux publics (1).

_____

1· Les dispositions de l'article 10 du décret du 3 janvier 1813 autorisent les mêmes mesures.

Art. 19. Les frais auxquels donnera lieu l'application des articles précédents seront réglés administrativement, et le recouvrement en sera poursuivi comme il est prescrit en matière de grande voirie. En cas de contestation, il sera statué par le conseil de préfecture.

Art. 20. Le concessionnaire ne pourra pratiquer aucun travail souterrain à une distance moindre de 20 mètres des plans verticaux par lesquels la concession est limitée au sud-ouest et au sud-est. En conséquence, il laissera intact, sur chaque couche de houille, en dedans desdites limites, un massif de houille de 20 mètres d'épaisseur au moins. Ce massif ne pourra être traversé ou entamé par un ouvrage quelconque que dans le cas où le préfet, après avoir entendu les propriétaires des concessions limitrophes et pris l'avis de l'ingénieur des mines, aurait autorisé ledit ouvrage et prescrit le mode suivant lequel il devra être exécuté.

Il en sera de même pour le cas où l'utilité des massifs ayant cessé, un arrêté du préfet pourra autoriser chacun des deux concessionnaires à exploiter la partie qui lui appartiendra.

Art. 21. Dans le cas où le gouvernement reconnaîtrait nécessaire à la sûreté ou à la prospérité de la concession ou des concessions voisines, de faire exécuter des travaux d'art souterrains ou extérieurs communs à plusieurs exploitations, tels que voie d'aérage, galerie d'écoulement, grands moyens d'épuisement des eaux, etc., le concessionnaire sera tenu de souffrir l'exécution de ces travaux dans l'étendue de sa concession.

Art. 22. Dans le cas où il serait reconnu nécessaire à l'exploitation de la présente concession ou d'une concession limitrophe, de mettre en communication les mines des deux concessions pour l'aérage ou pour l'écoulement des eaux, ou d'ouvrir dans un point quelconque de la présente concession une galerie destinée au service des mines de la concession voisine, les concessionnaires seront tenus de souffrir l'exécution des ouvrages qui auraient de telles destinations. Ces ouvrages seront ordonnés par le préfet sur le rapport des ingénieurs des mines, les propriétaires des deux concessions ayant été entendus. Dans ce cas, il pourra y avoir lieu à une indemnité d'une mine en faveur de l'autre, et le règlement s'en fera par experts, d'une manière analogue à ce qui est ordonné par l'article 45 de la loi du 21 avril 1810, pour les travaux servant à l'évacuation des eaux d'une mine dans une autre mine.

Art. 23. Il sera pourvu à l'établissement des travaux ci-dessus désignés par un règlement d'administration publique, après que les parties intéressées auront été entendues. Ce règlement déterminera la proportion dans laquelle le concessionnaire des mines de Saint-Eugène-la-Platte devra contribuer aux frais d'établissement, et le recouvrement des dépenses aura lieu comme en matière de contributions directes, le tout conformément aux règles prescrites par la loi du 4 mai 1813, (14 floréal an XI).

Art. 24. La conservation des travaux mentionnés aux trois articles précédents sera placée sous la surveillance spéciale des ingénieurs des mines du département, lesquels devront rédiger et présenter au préfet les devis des dépenses d'entretien jugées nécessaires. Ces dépenses seront réparties entre les concessionnaires intéressés par un arrêté du préfet, et le montant en sera recouvré comme celui des frais de premier établissement.

Art. 25. Si des gîtes de minerais étrangers à la houille, et spécialement des gîtes de fer carbonaté lithoïde, compris dans l'étendue de la concession houillère de Saint-Eugène-la-Platte, sont exploitées légalement par les propriétaires du sol, ou deviennent l'objet d'une concession particulière accordée à des tiers, le concessionnaire des mines de houille sera tenu de souffrir les travaux que l'administration reconnaîtrait utiles à l'exploitation desdits minerais, ou même, si cela est nécessaire, le passage dans ses propres travaux; le tout, s'il y a lieu, moyennant indemnité, qui sera, selon le cas, réglée de gré à gré ou à dire d'experts, ou renvoyée au jugement du conseil de préfecture, en exécution de l'article 46 de la loi du 21 avril 1810.

Art. 26. En cas d'abandon total des mines ou de renonciation à la concession, le concessionnaire devra en prévenir le préfet, par pétition régulière, au moins six mois à l'avance, afin qu'il soit pris les mesures nécessaires soit pour sauver les droits des tiers par la publication qui sera faite de la demande, soit pour la reconnaissance complète et la conservation, ou, s'il y a lieu, l'abandon définitif des travaux.

L'acte de concession d'une mine et le cahier des charges qui y est annexé forment un contrat ordinaire, un contrat synallagmatique entre l'État et le concessionnaire.

Les remarques importantes à faire sur cet acte ont rapport : à l'établissement de la propriété de la mine ; à la concession du tréfonds, à la mise en possession du concessionnaire ; aux droits accordés au propriétaire de la surface ; à la direction des travaux d'extraction de la mine ; aux instructions et aux mesures de sûreté ; à la police du personnel des mines, et à la permanence des travaux d'exploitation.

Établissement de la propriété de la mine.

La propriété de la mine concédée est définie, dans l'article 2 de la concession, par sa *situation*, par son *étendue* superficielle et par ses *limites*, et l'article 1er du cahier des charges prescrit une plantation de bornes, comme s'il s'agissait de fixer les limites d'une propriété ordinaire.

Concession de la mine.

La concession de la mine, d'après l'article 25 du cahier des charges, entraîne la concession du tréfonds : cette concession est telle, que le gouvernement se trouve dans la nécessité de stipuler, dans l'acte de concession, des réserves en faveur d'autres minerais étrangers à la houille concédée et d'obliger le concessionnaire à souffrir les fouilles qui seraient faites pour les recherches ou pour l'exploitation de ces autres gîtes.

Mise en possession du concessionnaire.

La mise en possession du concessionnaire de la mine doit, aux termes de l'article 13 de la concession, être précédée de publications et d'affiches dans toutes les communes sur lesquelles s'étend la concession de la mine.

Droits accordés au propriétaire de la surface.

Par la concession du tréfonds, la propriété de la surface étant grevée d'une servitude qui impose le *statu quo* et frappe d'*interdit* toute la surface de la concession , sous *les* RESTRICTIONS édictées dans l'article 11 de la loi du 21 avril 1810 , les propriétaires de cette surface perçoivent en compensation une redevance annuelle sur les produits de la mine , en vertu des articles 6 et 42 de cette loi. Elle est fixée à l'article 4 de la concession , et ceux des propriétaires qui sont obligés de souffrir l'occupation des travaux de la mine reçoivent encore UNE *indemnité* dont les bases sont fixées à forfait par les articles 43 et 44 de la même loi.

L'application des articles 11 , 43 et 44 de la loi ont donné lieu jusqu'ici à de grandes controverses ; les motifs de la redevance accordée par les articles 6 et 42 ont été faussement interprétés ; on ne voit pas que cette redevance *associe* le propriétaire de la surface à l'exploitation des mines , comme s'il avait vendu le tréfonds pour en extraire la mine.

Direction des travaux d'extraction de la mine.

D'après les articles 4 , 5 et 6 du cahier des charges , le concessionnaire ne peut , sans une autorisation du préfet , établir un nouveau champ d'exploitation , ni même procéder à l'ouverture d'un puits ou d'une galerie partant du jour , pour être mis en communication avec les travaux existants.

Cette autorisation est accordée à la demande du concessionnaire , après vérification des pièces et du plan général de la concession et sur le rapport des ingénieurs des mines , qui proposent les modifications , *s'il y a lieu.* Le préfet statue ensuite , sauf le recours des parties intéressées au ministre des travaux publics.

Instructions et mesures de sûreté.

Le concessionnaire est tenu, aux termes des art. 11 et 14 du cahier des charges, de se conformer aux *instructions* qui lui sont données par l'administration et par les ingénieurs des mines, et aux *mesures* de sûreté qui lui sont prescrites pour la *conservation* des puits, la *solidité* des travaux, la *sûreté* publique et *celle des ouvriers*, notamment pour *prévenir* les dangers résultant de l'*inflammation* du gaz hydrogène (grisou) et de son explosion.

Si le concessionnaire ne se conforme pas aux instructions qui lui sont données, ou s'il n'exécute pas les travaux prescrits, l'article 18 du cahier des charges autorise l'exécution des travaux et dit qu'il y sera pourvu, en vertu de l'article 50 de la loi du 21 avril 1810, sur le rapport des ingénieurs des mines, soit par la mise en *surveillance spéciale* de la mine, soit par la *suspension* ou l'*interdiction*, sauf à en rendre compte *immédiatement* au ministre.

Les contraventions résultant de l'inexécution des mesures prescrites, doivent, aux termes de l'article 10 du décret du 3 janvier 1813, être constatées par procès-verbaux des ingénieurs, gardes-mines, etc., et s'*il n'est survenu aucun accident*, les contrevenants ne sont passibles que des peines de simple police, d'après le droit commun. Mais si la négligence des mesures de précaution a donné lieu à des accidents, l'article 22 du même décret renvoie pour l'application, s'il y a lieu, des articles 319 et 320 du code pénal.

Police du personnel des mines.

Le concessionnaire, en exécution des articles **15** et **16** du cahier des charges, et en conformité des articles **14** de la loi du **21** avril **1810**, **25** et **26** du décret du 3 janvier **1813**, ne peut *confier* ses travaux qu'à un individu qui a justifié d'une capacité suffisante; il ne peut aussi *employer* pour maîtres mineurs ou chefs d'ateliers souterrains que des individus qui ont travaillé pendant trois ans dans les mines, ou des élèves de l'école des mines pourvus d'un brevet, et, pour ouvriers mineurs, que des individus porteurs de livrets.

Il doit, conformément aux décrets des **18** novembre **1810** et 3 janvier **1813**, tenir constamment en ordre et à jour : 1º les plans et coupes des travaux ; 2º Un registre constatant l'avancement journalier des travaux ; 3º un registre de contrôle journalier des ouvriers ; 4º un registre d'extraction, et exhiber ces plans et registres aux ingénieurs des mines.

Les ingénieurs sont tenus de *veiller* à la sûreté des *hommes* et des choses, de *signaler* à l'autorité les *vices*, *abus* ou *dangers* qui sont à leur connaissance, et de *prévenir* les exploitants par une instruction *transcrite sur le registre* prescrit par l'article 6 du décret du 3 janvier **1813**.

C'est de cette manière qu'ils doivent *aider* et *éclairer* de leurs *lumières* et de leur *expérience* les exploitants ou directeurs des travaux de mines, sous les peines édictées à l'article 31 du décret précité.

Permanence des travaux d'exploitation.

Les travaux d'exploitation de mines doivent, d'après

l'article 10 du cahier des charges, et conformément à l'article 49 de la loi du 21 avril 1810, être tenus en *activité constante*, et ils ne peuvent être *suspendus*, ni *restreints* sans cause reconnue légitime par l'administration, sous peine de *révocation* de la propriété concédée, ajoute l'article 12 de l'acte de concession.

Cette condition est imposée dans l'intérêt de la société ; son inexécution entraîne la peine la plus forte, le retrait de la concession.

En résumé, les modifications apportées au droit commun par les lois et règlements relatifs aux mines s'appliquent aux propriétaires de mines comme aux propriétaires du sol, et tournent à l'avantage des uns et des autres, sans nuire aux droits concédés, ni empêcher ou restreindre l'exploitation de la mine.

Mais la concession de la mine entraîne la concession du tréfonds du sol, et ce point est hors de doute en présence des réserves qui sont faites par le gouvernement, dans toutes les concessions de houille, en faveur d'autres gîtes de minerais étrangers à la houille.

L'article 25 du cahier des charges de la concession, que nous avons rapportée, est ainsi conçu :

« Si des gîtes de minerais étrangers à la houille, et spécia-lement des gîtes de fer carbonaté lithoïde, compris dans l'étendue de la concession houillère de Saint-Eugène-la-Platte, sont exploités *légalement* par les propriétaires du sol, ou deviennent l'objet d'une concession particulière accordée à des tiers, le concessionnaire des mines de houille *sera tenu de souffrir les travaux* que l'administration reconnaîtrait utiles à l'exploitation desdits minerais, ou même, si cela est nécessaire, le passage dans ses propres travaux ;

» Le tout, s'il y a lieu, moyennant indemnité qui sera, selon le cas, réglée de gré à gré ou à dire d'experts, ou renvoyée au jugement du conseil de préfecture, en exécution de l'article 46 de la loi du 21 avril 1810. »

Le concessionnaire *est tenu de souffrir les travaux*, c'est-à-dire qu'il est tenu de souffrir les recherches et l'exploitation d'autres mines, si l'administration en reconnaît l'utilité.

Il y a donc concession du tréfonds par la concession de la mine, et toute dénégation est impossible en présence de la finale de l'article 12 de loi du 21 avril 1810 et des réserves qui sont faites par le gouvernement dans l'intérêt des recherches et de l'exploitation d'autres gîtes de mines : ce sont là deux points importants à remarquer.

Avant la concession du tréfonds, tout propriétaire du sol a le droit de fouiller sa propriété, en vertu de l'article 552 du code Napoléon, droit confirmé et maintenu par l'article 12 de la loi du 21 avril 1810, et ce droit ne cesse, pour lui, que pour passer dans les mains du concessionnaire du tréfonds.

Après la concession de la mine, le propriétaire *du sol* n'est plus propriétaire que *de la surface*.

La loi le qualifie de propriétaire de la surface dès qu'il y a concession du tréfonds du sol, et sa propriété *de la surface* est encore grevée d'une servitude dans toute l'étendue de la concession, sous les seules *restrictions* édictées dans l'article 11 de la loi précitée.

Mais ces restrictions n'autorisent pas le propriétaire d'une maison ou d'une clôture murée à prohiber l'établissement des travaux de mines sur le terrain de son voisin. C'est ce que nous démontrerons en traitant du DROIT d'*occupation*, qui appartient à tout concessionnaire ou explorateur de mines, malgré la jurisprudence contraire de la cour de cassation.

Les restrictions de l'article 11 de la loi de 1810 n'ont donc été édictées que contre le DROIT d'*occupation* que donne la permission de recherches ou la concession de la mine, et elles ne peuvent être invoquées que par le propriétaire de la surface *à occuper*, et non par le propriétaire de la surface *voisine* de l'occupation.

CHAPITRE III.

DROIT D'OCCUPATION A LA SURFACE.

Le droit d'occupation à la surface, ou servitude légale, inhérent à une permission de recherches ou à une concession de mines, est généralement méconnu, et ne paraît avoir été remarqué que par la cour impériale de Dijon, dans un arrêt du 29 mars 1854, dont nous parlerons tout-à-l'heure.

On ne voit pas dans le droit accordé par le gouvernement de rechercher ou d'exploiter les mines, celui d'établir à la surface tous les travaux nécessaires et partout où le besoin de l'exploration ou de l'exploitation l'exige.

On ne voit pas non plus qu'il peut être exercé dan toute l'étendue du périmètre permissionné ou concédé, et que la loi le prohibe seulement dans le domicile et les dépendances ou jouissances domestiques du propriétaire de la *surface à occuper*.

D'autre part, il est soumis à une autorisation du préfet, sur le rapport des ingénieurs des mines, et le propriétaire de la surface ne peut être dépossédé de sa propriété sans qu'au préalable l'indemnité allouée par la loi ne lui ait été payée.

Les droits concédés au propriétaire de mines sur le tréfonds du sol, en grevant la surface de la concession du DROIT d'*occupation*, frappent d'interdit cette même surface, parce que, sans l'interdiction au-dessus de la mine, le droit d'occupation serait souvent paralysé par de nouvelles clôtures ou de nouveaux établissements *créés* APRÈS *la concession* du tréfonds.

La concession du tréfonds et le droit d'occupation à la surface modifient les droits du propriétaire du sol et *restreignent* sa jouissance, soit par l'interdiction dont est frappée la surface concédée, soit même par l'expropriation, moyennant les indemnités accordées en vertu des articles 6, 42, 43 et 44 de la loi du 21 avril 1810.

Le propriétaire de la surface, par la concession de la mine, est réputé avoir concédé lui-même le tréfonds de sa propriété, moyennant les indemnités fixées par la loi.

D'après cette espèce de présomption du droit concédé, il ne peut rien faire qui puisse en priver le concessionnaire, même *indirectement*, sans se rendre passible de dommages-intérêts; c'est ce qui a été décidé par l'arrêt solennel de la cour de cassation, du 3 mars 1841, confirmant l'arrêt de la chambre civile du 18 juillet 1837 (1).

Mais les droits concédés sont tellement mal appréciés, que le conseil d'État et plusieurs auteurs puisent le droit d'établir un chemin (2) et tous autres travaux établis à la surface (3) dans les articles 43 et 44 de la loi du 21 avril 1810, comme conséquences des indemnités qu'ils allouent.

De là surgissent de toute part des erreurs et des contradictions sur l'interprétation et sur l'application de l'article 11 de la même loi, et le *statu quo* est alors faussement appliqué (4); on oppose au propriétaire de la mine les modifications apportées aux droits des propriétaires du sol par la concession du tréfonds.

En effet, depuis trente ans la jurisprudence de la cour de cassation accorde au propriétaire d'une clôture murée ou d'une habitation, en vertu de cet article 11, le droit d'imposer le *statu quo* sur tous les terrains qui entourent sa propriété, jusqu'à 100 mètres de distance, en *interdisant* sur des propriétés qui ne lui appartiennent pas un simple sondage ou l'ouverture d'un puits, la pose d'une machine ou la construction d'un *magasin*.

---

(1) Voir page 164, dernier alinéa, et page 179, dernier alinéa et suivants.

(2) Le conseil d'État, dans un arrêté du 8 mars 1851, a décidé que les articles 43 et 44 de la loi du 21 avril 1810 n'accordent le droit d'établir des chemins que dans le périmètre d'une concession.

(3) M. Dupont, *Traité pratique de la jurisprudence*, T. 1, page 535, dit qu'il faut chercher le droit d'établir des travaux à la surface dans les articles 43 et 44 de la loi de 1810 (voir ci-après).

(4) Voir à la 8me section du chapitre iv qui suit.

Plusieurs cours impériales ont résisté et résistent encore à cette jurisprudence ; celle de Dijon, dans un arrêt solennel rendu par toutes les chambres réunies, le 15 juillet 1853, a de nouveau refusé de s'y soumettre.

Quant aux auteurs et aux jurisconsultes, ils sont divisés sur la question ; mais ni les cours, ni les auteurs, ni les jurisconsultes ne nous semblent avoir compris que la permission de recherches ou la concession de mines donne un droit d'occupation que l'article 11 a pour but de restreindre, et ils ont examiné ou résolu la question en dehors des véritables principes (1).

L'arrêt solennel de la cour impériale de Dijon, du 15 juillet 1853, tout en résistant à la jurisprudence de la cour de cassation, ne consacre même pas le droit d'occupation (2), si important pour les exploitants de mines.

Et c'est dans le but d'amener les esprits à une plus saine interprétation et à une plus juste application de l'article 11 précité, que nous examinerons en quatre sections :

1º Les droits inhérents à une permission de recherches ou à une concession de mines ;

2º L'étendue du droit d'occupation à la surface ;

3º Les formalités préalables à l'exercice du droit d'occupation, l'autorisation du préfet et l'indemnité au propriétaire de la surface à occuper.

(1) Voir les motifs des uns et des autres, aux 2e et 3e § de la 4e section du présent chapitre.

(2) Voir cet arrêt à la 4e section, § 2me, du présent chapitre.

4º Les restrictions apportées au droit d'occupation, l'incompétence de l'autorité judiciaire, la jurisprudence, l'opinion des auteurs et des jurisconsultes, et la solution à donner à l'interprétation de l'article 11 de la loi de 1810.

SECTION 1re.

Droits inhérents à une permission de recherches ou à une concession de mines.

Les droits inhérents à une permission de recherches ou à une concession de mines autorisent le permissionnaire ou le concessionnaire à établir, *temporairement* ou *définitivement,* sur la surface, des bâtiments, machines, puits, galeries et autres travaux nécessaires à l'exploration ou à l'exploitation des mines.

Et ces bâtiments, machines, puits, galeries et tous autres travaux sont déclarés immeubles par l'article 8 de la loi de 1810, lorsqu'ils ont été établis à demeure.

Pour rechercher ou pour exploiter les mines, il faut *faire* des sondes, *ouvrir* des puits ou des galeries, *établir* des machines ou magasins, et *pratiquer* des chemins sur *la surface* du périmètre permissionné ou concédé.

De là naît la *nécessité* d'occuper, soit *temporairement,* soit *définitivement,* une partie de la surface pour l'établissement des travaux (1).

Il est vrai que la loi du 21 avril 1810 est muette sur

(1) Voir page 185, 4me alinéa.

les droits qui sont conférés *sur la surface* par la permission de recherches ou par la concession de mines ; mais le droit d'occupation sur la surface ne saurait être méconnu, ni contesté aux exploitants de mines, en présence des articles 8, 11, 43 et 44 de cette loi.

En effet, l'article 8 de la loi de 1810 déclare immeubles les travaux d'exploitation qui sont établis à demeure sur le terrain d'autrui.

« Sont aussi IMMEUBLES, dit cet article, les bâtiments, machines, puits, galeries et AUTRES *travaux* établis à DEMEURE, conformément à l'article 524 du code Napoléon. »

Cette déclaration implique naturellement le droit d'établir à *demeure*, sur la surface, tous les bâtiments, machines, puits, galeries et autres travaux nécessaires aux recherches ou à l'exploitation.

Mais la loi, en accordant le droit d'occupation ou d'*expropriation*, devait, ainsi qu'elle l'a fait, apporter une *restriction* à l'exercice de ce droit, en éloignant l'établissement des travaux de recherches ou d'exploitation de mines de l'*asile* des jouissances domestiques du propriétaire de la surface *à occuper* (1).

Dans ce but, M. de Girardin, comme rapporteur du projet de la loi du 21 avril 1810 devant le Corps législatif, en parlant des droits qui sont conférés par la permission de recherches ou par la concession d'une propriété de mines, disait :

« Ni cette permission de recherches, ni même la propriété de la mine acquise conformément à la présente loi, n'*autorisent* jamais à faire des fouilles, des travaux ou établissements d'exploitation, *sans le consentement formel du propriétaire*, dans SES *enclos murés, cours*

_____

(1) Voir page 108, dernier alinéa.

ou *habitation* et dans SES *terrains attenant* auxdites habitations ou clôtures, dans un rayon de 100 mètres.

» Vous jugerez sans doute, Messieurs, que le *respect pour le domicile* d'un citoyen commandait CETTE RESTRICTION (1). »

Cette *restriction* a en effet été apportée au droit de la permission et de la concession dans l'article 11 de la loi de 1810, en ces termes :

« NULLE *permission* de recherches, NI *concession* de mines, NE POURRA, *sans le consentement formel du propriétaire de la surface,* DONNER LE DROIT de *faire* des sondes et d'*ouvrir* des puits ou galeries, ni CELUI d'*établir* des machines ou magasins, dans LES *enclos* murés, *cours* ou *jardins*, ni dans les *terrains attenant* aux habitations ou clôtures murées, dans la distance de 100 mètres desdites clôtures ou habitations. »

Par cette disposition, « *nulle permission, ni concession* NE *pourra* DONNER *le droit de* FAIRE... *dans les enclos murés, etc.,* » il est manifeste que la permission ou la concession *donne un droit* en dehors des enclos murés, etc., et que le législateur, en édictant l'article 11 de la loi de 1810, n'a apporté qu'une *restriction* au droit d'occupation du permissionnaire ou du concessionnaire de mines.

D'autre part, avant l'exercice de ce droit, l'article 10 de la loi du 21 avril 1810, pour le permissionnaire, et l'article 545 du code Napoléon, pour le concessionnaire, imposent l'obligation de payer une indemnité au propriétaire de la surface *sur laquelle* le droit d'occupation est exercé, d'après le principe général que nul ne peut être contraint de *céder* SA *propriété* sans être indemnisé.

Il y a, nous l'avons déjà dit, deux sortes d'occupations : l'occupation *temporaire* et l'occupation *définitive*,

(1) Voir page 127, 2ᵉ et 3ᵉ alinéa.

et la loi de 1810, aux articles 43 et 44, établit deux modes de règlement de l'indemnité.

L'article 43 porte :

« Les propriétaires de mines sont tenus de payer les indemnités dues au propriétaire de la surface SUR *le terrain duquel* ils établiront leurs travaux. »

En ajoutant :

« Si les travaux entrepris par les explorateurs ou par les propriétaires de mines *ne sont que passagers*, et si le sol où ils ont été faits peut être mis en culture *au bout d'un an*, comme il l'était auparavant, l'indemnité sera réglée au double de ce qu'aurait produit net le terrain endommagé. »

Vient ensuite l'article 44 portant :

« LORSQUE L'OCCUPATION *des terrains*, pour la *recherche* ou les *travaux* de mines, prive les propriétaires du sol de la jouissance du revenu au-delà du temps d'une année, ou lorsqu'*après les travaux*, les terrains ne sont plus propres à la culture, on peut exiger des propriétaires de mines l'acquisition des terrains à l'USAGE *de l'exploitation*.

» L'évaluation du prix sera faite, quant au mode, suivant les règles établies par la loi du 16 septembre 1807, sur le dessèchement des marais, etc., titre XI ; mais le terrain à acquérir sera toujours estimé au double de la valeur qu'il avait *avant l'exploitation de la mine.* »

Ces deux articles règlent l'indemnité à payer au propriétaire de la surface SUR *laquelle* les travaux sont établis, et cette indemnité est différente, selon que l'occupation est *passagère* ou qu'elle dure plus d'une *année*.

Cette disposition : « *lorsque l'*OCCUPATION *des terrains*, » nous semble ne laisser aucun doute sur le droit d'occupation, d'autant mieux qu'après une occupation *annale*, le propriétaire de la surface peut exiger l'expropriation de la parcelle occupée, et il peut aussi ne recevoir, pendant toute la durée de l'occupation, que l'indemnité annuelle.

Enfin, la cour impériale de Dijon, dans son arrêt du 29 mars 1854 (1), a dit que le législateur de 1810, en *divisant* la propriété territoriale *horizontalement*, a dû *prévoir* et qu'il a réellement *prévu* que, pour l'exploitation de la propriété souterraine, le propriétaire serait obligé d'occuper *temporairement* ou *définitivement* la surface nécessaire à l'établissement de ses travaux.

Cet arrêt, sur ce point, s'exprime ainsi :

« Qu'en DIVISANT, ainsi qu'il l'a fait, *ce qui*, jusque-là, *n'avait formé qu'une* SEULE *propriété*, le législateur *a dû prévoir et a réellement prévu* que, pour l'exploitation de la mine, le concessionnaire *serait obligé d'*OCCUPER, soit *temporairement*, soit *définitivement*, une partie de *la surface* SUR *laquelle* devait s'étendre ses recherches, s'*ouvrir* ses puits et ses galeries, se *former* ses dépôts et s'*établir* les chemins NÉCESSAIRES *à son exploitation* (2). »

Dans cet arrêt, la cour impériale de Dijon consacre le droit d'occupation qu'elle avait méconnu jusqu'alors ; elle ne distinguait même pas l'indemnité d'occupation d'avec le simple dommage causé à la surface par l'extraction souterraine.

La cour de cassation, par arrêt du 22 décembre 1852, a refusé d'établir cette distinction, en disant que les articles 43 et 44 de la loi du 21 avril 1810 ne distinguent pas entre l'occupation et le cas de dégradation causée par les travaux intérieurs, et que dans les deux cas il y a occupation et privation pour le propriétaire (3).

(1) Voir cet arrêt, page 181, et nos observations, pages 185 et suivantes.

(2) Voir page 185, 4me alinéa.

(3 Voir page 220, les deux derniers alinéa.

Cependant l'occupation à la surface est l'exercice d'un droit dont l'indemnité est réglée sur une base fixe par les articles 43 et 44, tandis que les dégradations causées par les travaux souterrains sont un délit qui ne prive pas le propriétaire de l'objet dégradé et dont le préjudice est régi par le droit commun.

Mais, en outre du droit d'occupation inhérent à une permission de recherches ou à une concession de mines, le concessionnaire de la mine, en devenant *propriétaire du tréfonds*, peut encore se prévaloir des dispositions de l'article 682 du code Napoléon, comme tout autre propriétaire dont la propriété est enclavée.

Écoutons M. de Girardin, à l'occasion des indemnités réglées aux articles 43 et 44 de la loi de 1810 :

« La loi imprimant aux mines *le caractère de la propriété* FONCIÈRE, il semble, au premier aperçu, qu'on aurait pu leur appliquer l'article 682 du code Napoléon.

» Les mines, en effet, sont doublement enclavées : le corps de la mine est dans le sein de la terre. On ne peut y arriver que par des puits, et *ces puits* EUX-MÊMES, *dont* l'EMPLACEMENT est toujours *indiqué d'une manière* ABSOLUE *par le gisement* ou *l'allure* de la mine, SONT *ordinairement dans* l'INTÉRIEUR *des terres.*

» Cependant, votre commission a pensé, comme le conseil d'État, qu'on ne pouvait se borner à une simple indemnité proportionnée au dommage. »

L'observation de M. de Girardin ne tendait, on le voit, qu'à motiver le changement du règlement de l'indemnité, mais il n'en résulte pas moins que l'article 682 accorde la *servitude légale de passage* à la propriété souterraine comme à la propriété de la surface.

TOULLIER, publié par *Duvergier*, 6me édition, no 556, sur l'article 682 du code Napoléon, dit :

« LE DROIT *de passage* accordé aux fonds *enclavés* qui n'ont pas d'issue sur la voie publique, EST FONDÉ *sur la nécessité*. Le même principe a fait étendre ce droit à d'autres cas où la nécessité l'exige.

» La loi du 28 juillet 1791 accordait aux concessionnaires de mines les *chemins*, *passages* NÉCESSAIRES à leur exploitation, non-seulement sur les fonds de ceux dans le terrain desquels la mine *est découverte*, mais encore sur celui des voisins, à la charge d'indemniser les propriétaires.

» C'est une servitude légale de passage, fondée sur l'intérêt public attaché à l'exploitation des mines. »

Du reste, comme la propriété souterraine *est rangée parmi les propriétés* ORDINAIRES (1), il n'y a aucun motif pour refuser l'application de l'article 682 du code Napoléon à la propriété d'une mine, lorsqu'elle est enclavée, c'est-à-dire lorsque le *dessus* n'appartient pas au propriétaire du *dessous*.

Un *arrêté* du préfet de la Loire, du 11 juillet 1837, après avoir visé la pétition des concessionnaires des mines de *Chanay*, à l'effet d'être autorisé à établir un chemin ; le plan des lieux ; l'avis des ingénieurs ; les observations et l'opposition des *propriétaires d'une partie du terrain* SUR *lequel le chemin était projeté ;* l'ordonnance de concession ; les lois sur les mines, et *spécialement l'article* 682 *du code Napoléon*, a autorisé les concessionnaires à établir le chemin demandé.

Voici la teneur de cet arrêté :

« Le PRÉFET de la Loire ; vu la pétition du concessionnaire des mines de Chanay, pour être autorisé à établir un chemin de communication entre le puits Molina et la route départementale no 7 ;

» Vu le plan des lieux ;

_____

(1) Voir, page 219, un arrêt de la cour de cassation qui l'a décidé textuellement.

» Vu l'avis de MM. les ingénieurs des ponts-et-chaussées sur le raccordement de cette communication avec la grande route ;

» Vu les OBSERVATIONS et RÉCLAMATIONS présentées par MM. Granjon-Payet et Neyron, propriétaires d'une partie du *terrain* SUR *lequel* le chemin projeté serait ouvert, et les plans qui les accompagnent ;

» Vu le rapport de M. l'ingénieur en chef des mines, du 5 du courant ;

» Vu l'ordonnance de concession des mines de houille de Chanay ;

» Vu les lois sur les mines, des 28 juillet 1791 et 21 avril 1810 ;

» VU L'ARTICLE 682 *du code civil ;*

» Considérant que le CHEMIN *de service* que se propose d'établir le concessionnaire de Chanay, dans le but de rattacher son puits Molina à la route départementale n° 7, est nécessaire, parce que ce puits est enclavé au milieu de prairies et de terres, et que la grande route est la voie la plus rapprochée, réunissant de bonnes conditions de viabilité *dans l'intérêt public*, dépendant de l'exploitation houillère à former par ledit puits ;

» Considérant qu'il n'existe point de chemins à chars, comme le disent les opposants, entre le puits Molina et le puits St-Jean ; que, d'ailleurs, la ligne la plus courte du même puits Molina au chemin de Reveux à Méons, aurait une trop forte pente, et que ce dernier chemin demanderait des modifications pour être mis en bon état de viabilité ;

» Arrête : Art. 1er. Le concessionnaire des mines de Chanay *est autorisé à établir*, conformément au plan qu'il a produit et qui demeure annexé au présent, UN CHEMIN de communication entre le PUITS *Molina* et la *route* départementale n° 7. Cette autorisation est donnée aux conditions suivantes :

1° De faire *régler et de payer* aux propriétaires des terrains les indemnités auxquelles ils ont droit d'après les articles 43 et 44 de la loi du 21 avril 1810 ;

2° D'établir le règlement de ces indemnités *préalablement* à l'ouverture dudit chemin ;

3° De prendre les dispositions convenables pour ne pas occasionner des dommages à la propriété contiguë au chemin ;

4° Le raccordement du chemin avec la route devra arriver au niveau de l'accottement de celle-ci ;

5° La continuité du fossé sera conservée au moyen d'aqueducs.

Les propriétaires du terrain se sont pourvus contre

cette décision devant le ministre, qui, après examen de la question, a rejeté le pourvoi et a maintenu la décision du préfet, par arrêté du 30 août 1838.

Le directeur-général des mines, en faisant connaître la décision du ministre, a adressé aux ingénieurs des mines, le 6 septembre suivant, une circulaire ainsi conçue :

« Il n'est pas besoin, pour qu'un concessionnaire puisse ouvrir un chemin, que l'enclave soit absolue, *au sens de l'article* 682 *du code civil;* si les chemins qui existent ne sont pas propres aux charrois, s'ils se trouvent impraticables pour le service de l'exploitation, il y a *enclave* dans l'acception du mot, en matière de mines.

» Car la loi veut que les gîtes minéraux soient exploités d'une manière conforme à ce que demande l'*intérêt public,* que leur exploitation puisse prendre tous les développements qu'elle comporte, et que, par conséquent, le concessionnaire ait les moyens de les lui donner. Cela a été clairement expliqué dans l'exposé des motifs de la loi du 21 avril 1810, et ressort des discussions qui avaient eu lieu dans le conseil d'État sur les articles 43 et 44.

» Ainsi l'ont également jugé plusieurs fois les tribunaux dans votre département, notamment en 1826, au sujet des mines de Gourde-Marin. On conçoit, en effet, qu'une voie de communication qui a pu suffire jusqu'alors à un bien rural, à un héritage ordinaire, soit complètement insuffisant pour l'exploitation d'un gîte minéral, et que, par conséquent, les conditions qui déterminent l'enclave pour les mines ne peuvent être les mêmes que pour les autres propriétés.

» *C'est à l'autorité administrative,* AU PRÉFET, *qu'il appartient,* comme le reconnaissait pareillement le tribunal de Saint-Étienne, d'EXAMINER, sur le rapport des ingénieurs, *s'il y a ou non nécessité d'ouvrir le chemin* et de délivrer la permission, *lorsque cette* NÉCESSITÉ *est constatée.*

» Le droit du concessionnaire d'exécuter les travaux *dans* TOUS *les* TERRAINS *que* COMPREND son périmètre, *sauf les*

RÉSERVES *portées en l'article 11 de la loi,* relativement aux distances auxquelles il doit se tenir des enclos et des édifices, DÉRIVE *de cette loi même et de l'*ACTE *de sa concession.*

» C'est une servitude qui est imposée aux propriétaires du sol, et en dédommagement de laquelle on leur assure UNE REDEVANCE et DES INDEMNITÉS.

» Mais, d'après les règles de la matière, reproduites dans les clauses des concessions et des cahiers des charges, c'est le préfet qui autorise les divers travaux d'exploitation.

» Le concessionnaire lui adresse un projet. Ce magistrat, sur le rapport des ingénieurs, le modifie ou l'approuve ; *c'est donc à lui à* AUTORISER *l'ouverture d'un chemin,* quand il lui est démontré que cette voie de communication *est indispensable* à l'exploitation de la mine. »

L'arrêté préfectoral et la circulaire du directeur-général établissent également que le concessionnaire ou propriétaire de mines a un proit d'occupation, indépendamment de son droit de servitude légale de passage.

« C'est à l'autorité administrative, au préfet, dit la circulaire, qu'il appartient d'examiner, sur le rapport des ingénieurs, *s'il y a nécessité* d'ouvrir le chemin et de délivrer la permission. »

Il en est de même lorsqu'il s'agit de procéder à l'ouverture des puits ou galeries partant du jour, ou d'ouvrir un nouveau champ d'exploitation.

Ainsi, parmi les conditions imposées, se trouve toujours celle de n'entreprendre aucuns travaux *extérieurs* avant d'en avoir soumis *le projet* au préfet, avec l'indication des terrains où les travaux s'opéreront et avant d'en avoir obtenu l'autorisation.

Une autre obligation est encore imposée aux explorateurs et aux propriétaires de mines, c'est celle de payer *avant la prise de possession*, aux propriétaires de la surface *sur laquelle* ils établiront leurs travaux, l'indemnité réglée d'après la base fixée à l'article 43 de la loi de 1810.

L'article 545 du code Napoléon s'applique au propriétaire de mines, comme l'article 10 de la loi de 1810 s'applique à l'explorateur ; la loi oblige l'un et l'autre à l'indemnité préalable avant de s'emparer de la propriété d'autrui pour y établir leurs travaux.

Le DROIT *concédé* ou *permis* par le gouvernement, en vertu de la loi de 1810, ne peut donc être exercé sans une autorisation du préfet et sans qu'au préalable les propriétaires des terrains à occuper n'aient été indemnisés.

Un arrêt de la cour impériale de Bourges, du 20 avril 1831, confirmatif d'un jugement rendu par le tribunal de Nevers, le 14 janvier 1829, a en effet décidé que *les propriétaires de mines* ne peuvent, sans payer préalablement l'indemnité, s'emparer des terrains sur lesquels ils doivent établir leurs travaux ; et que lorsque l'indemnité n'a pas été payée avant les travaux, le montant doit en être réglé d'après le droit commun, c'est-à-dire *de tout leur préjudice causé*.

Voici les motifs de cette décision :

« Considérant qu'*aux termes de l'*ARTICLE 545 *du code Napoléon*, nul ne peut être contraint de céder sa propriété, si ce n'est pour cause d'*utilité publique* et moyennant une juste et *préalable* indemnité ;

» Que la loi du 21 avril 1810, sur les mines, *ne contient aucune* DÉROGATION *à ce principe ;*

» Qu'il est même formellement exprimé dans l'article 10 ; que s'il n'est pas reproduit dans les articles 43 et 44, ce n'est sans doute qu'à cause de l'inutilité de la répétition d'un principe devenu de droit commun ;

» Qu'il a été consacré de nouveau par l'article 10 de la charte ;

» Considérant que l'administration des mines de Decise l'a cependant méconnu, en s'emparant de plusieurs héritages appartenant à M. Pinet, sans lui avoir payé ni même offert un *dédommagement* PRÉALABLE ;

» Qu'elle allègue vainement avoir sommé M. Pinet de nommer un expert, à l'effet de régler l'indemnité à lui due, puisque, *dans les actes extra-judiciaires qu'elle représente*, il n'est fait aucune mention d'indemnité *préalable*, et que l'administration l'entendait si peu de cette manière, qu'elle s'est mise en possession sans avoir *légalement* fait fixer l'indemnité due à M. Pinet et sans lui en avoir *offert* le montant ;

» Que, plus vainement encore, l'administration voudrait faire considérer la mine dont elle est concessionnaire comme une propriété enclavée, et les fouilles et excavations faites à la surface du terrain comme un simple passage de la nature des servitudes prévues par l'article 682 du code Napoléon, et non sujet à l'indemnité préalable, puisque cette indemnité de passage est prescriptible ;

» Qu'il n'y a aucun point de contact ou de rapprochement entre les deux termes de comparaison, et qu'il suffit de remarquer quelle est la différence entre l'établissement du puits, dont la durée est indécise, et le passage dans un héritage, qui, le plus souvent, ne laisse point de traces sensibles, pour démontrer combien est fausse l'application que fait à sa cause l'administration des mines de l'article 682 du code Napoléon ;

» Considérant que les conclusions reconventionnelles prises par l'administration des mines, et tendantes à la nomination d'experts pour estimer le dédommagement dû à M. Pinet, changeant entièrement la demande principale, sont, par cela même, inadmissibles ;

» Que M. Pinet ne réclame *que des dommages-intérêts* pour l'emparement illégal de sa propriété par l'administration des mines, et que, *le fait étant constant*, la demande est suffisamment justifiée ; mais qu'à défaut de BASES *précises et certaines* pour la fixation de ces *dommages-intérêts*, il est indispensable d'en soumettre l'appréciation à un débat contradictoire (1).

» En conséquence, sans s'arrêter ni avoir égard aux exceptions, fins

---

(1) Il semble inutile de recourir à un débat contradictoire lorsque l'étendue du terrain à occuper a été déterminée, parce que le taux des mercuriales sert de base pour fixer l'indemnité. (Voir ci-après à la 3e section du présent chapitre.)

et conclusions de l'administration des mines, dont elle est déclarée déboutée, la condamne aux dommages-intérêts envers M. Pinet, à DONNER PAR ÉTAT. »

Le débat portait sur la question de savoir si l'indemnité serait réglée d'après l'article 43 de la loi de 1810 ou d'après le droit commun, c'est-à-dire de TOUT le préjudice causé.

. Contrairement aux offres du propriétaire de mines qui ne voulait payer l'indemnité que d'après les bases fixées par l'article 43, le droit commun a été appliqué, et l'indemnité a été accordée de *tout* le préjudice causé à la propriété occupée, sans autorisation et sans indemnité préalable.

La cour impériale de Dijon, par arrêt du **28 avril 1847**, avait adopté une jurisprudence contraire quant à l'indemnité préalable, en décidant qu'elle ne doit pas être exigée des *propriétaires* de mines, et que cette obligation n'est imposée que lorsqu'il s'agit de faire des recherches avant la concession de la mine.

Voici les motifs de cet arrêt sur ce point :

« Considérant que l'indemnité préalable *ne* PEUT *être exigée* par le propriétaire de la surface que dans le cas prévu par l'article 10 de la loi du 21 avril 1810, c'est-à-dire quand il s'agit de faire des recherches avant la concession. »

Mais, par autre arrêt du **12 août 1853**, la cour impériale de Dijon a réformé elle-même sa propre jurisprudence, en évitant toutefois de parler d'indemnité préalable.

Cependant les propriétaires de la surface avaient motivé leurs conclusions ainsi :

« Attendu qu'il est de principe incontestable, écrit dans l'article 545 du code Napoléon, que nul ne peut être contraint de céder sa propriété *sans une* JUSTE *et* PRÉALABLE *indemnité*;

21

» Attendu que ce principe a été spécialement admis, en matière de mines, dans l'article 10 de la loi du 21 avril 1810 ;

» Attendu que, CONTRAIREMENT A CE PRINCIPE, la société des mines de houille de... s'est emparée d'un héritage appartenant aux consorts Berrier, soit pour ouvrir un puits, soit pour y pratiquer des chemins... »

Et c'est sur ces motifs ou griefs que la cour a rendu son arrêt en ces termes :

« Considérant qu'en s'emparant du terrain des sieurs... et consorts, sans même les prévenir par un AVERTISSEMENT PRÉALABLE, la compagnie de... n'a pas seulement contrevenu à la loi spéciale dont elle *invoque les dispositions* aujourd'hui, mais a audacieusement violé le droit de propriété placé sous la sauve-garde de la loi commune ;

» Que la juste protection *accordée par la législation de* 1810 à l'industrie des mines ne saurait donc servir d'excuse ou seulement d'interprétation à la conduite tenue par les intimés, et que par le seul fait de leur entreprise violente et du trouble qu'ils ont apporté à la possession des appelants, *ils ont encouru les dommages-intérêts réclamés par ces derniers dans leurs conclusions* SUBSIDIAIRES ;

» Considérant que si depuis l'indue prise de possession de leur propriété, les consorts.... ont consenti à s'arranger amiablement avec la compagnie, si cela était possible, on ne peut voir *dans ce consentement conditionnel* rien qui ressemble à un abandon de leur droit ou à une ratification de l'acte dont ils se plaignent ;

» Que les dispositions conciliantes qu'ils ont montrées, *autorisent seulement* les magistrats à ne pas prononcer contre la compagnie la suspension de ses travaux, et à confier à des experts l'appréciation des dommages sur l'importance desquels les parties n'ont pu s'entendre ;

» Considérant que l'enlèvement des terres qui auraient été ou qui seraient employées à la fabrication de gazons ou de briques, ne constitue qu'un accessoire de l'exploitation de la mine (1) et doit être renvoyé à l'examen des experts comme l'un des éléments du travail dont ils seront chargés ;

» Considérant qu'il est convenable de réserver les dépens pour y être statué après l'expertise.

» Par ces motifs, la cour, ayant égard à l'appellation tranchée....

---

(1) La cour de Dijon consacre ici un point important, à savoir que les exploitants de mines, après autorisation et paiement de l'indemnité, peuvent entreprendre tous les travaux nécessaires à leur exploitation ou qui en sont l'accessoire.

» *Réformant* QUANT A CE, et par nouveau jugement :

» Dit que les experts détermineront dans leur rapport *les dommages-intérêts* dûs aux appelants *pour indue prise de possession* des terrains qui leur appartiennent *et pour tous autres préjudices à eux causés*, même EN DEHORS *des bases fixées* par les articles 43 et 44 de la loi du 21 avril 1810. »

Par cet arrêt, la cour impériale de Dijon semble n'exiger qu'un *avertissement ;* mais il est évident qu'elle a implicitement décidé que l'indemnité devait être préalable, parce que le défaut d'avertissement n'est rappelé dans le premier *considérant* de l'arrêt que comme *second reproche* adressé à la compagnie propriétaire ou concessionnaire de mines.

Deux principes ont été consacrés par les cours de Bourges et de Dijon : l'indemnité doit être préalable à l'occupation, et l'indemnité ne doit pas être du double du préjudice causé.

Mais, qu'on le remarque, la cour de Dijon alloue des dommages-intérêts en dehors des bases fixées par les articles 43 et 44 de la loi de 1810, lorsque l'occupation n'a pas été précédée du paiement de l'indemnité ou d'un avertissement.

Et si, préalablement à l'exercice du droit d'occupation ou droit de rechercher et d'exploiter les mines, ce qui est la même chose, il faut une autorisation du préfet et indemniser le propriétaire de la surface *sur laquelle* les travaux seront établis, le droit d'occupation devient dès-lors incontestable.

Mais l'on ne saurait voir ce droit ni dans l'autorisation du préfet, ni dans le paiement de l'indemnité ; il est dans l'acte du gouvernement qui permet les recherches ou qui concède la mine.

Un arrêté du conseil d'État, du 8 mars 1851, pose cependant en principe que le droit d'occupation du concessionnaire de mines dérive des articles 43 et 44 de la loi du 21 avril 1810, en décidant que ces articles ne donnent le droit d'établir un chemin de fer que dans le périmètre de la mine concédée.

Les motifs de cet arrêté sont ainsi conçus :

« Considérant que le préfet du Puy-de-Dôme a autorisé la compagnie concessionnaire des mines de La Vernade à construire un chemin de fer sur des parcelles de terrain *situées* EN DEHORS *du périmètre* de sa concession ;

» Considérant que *les articles* 43 et 44 de la loi du 21 avril 1810 ne *sont* APPLICABLES qu'*aux surfaces* COMPRISES *dans le périmètre* des mines concédées ;

» Que, dès-lors, le préfet du Puy-de-Dôme, en accordant à la compagnie Arnoux l'autorisation ci-dessus mentionnée, A EXCÉDÉ LES LIMITES DE SES POUVOIRS, etc. »

On le voit, le conseil d'État a fait ressortir les pouvoirs des préfets des articles 43 et 44 de la loi de 1810 ; il fait résulter de ces articles le droit d'occupation dans le périmètre de la concession.

Un auteur distingué dans la pratique des mines commet la même erreur. Dans un ouvrage du plus haut mérite, qui vient de paraître (1), M. Étienne DUPONT, ingénieur au Corps impérial des mines, directeur de l'école des maîtres-ouvriers mineurs d'Alais, nous dit :

« La loi de 1810 a imprimé aux mines le caractère de la propriété foncière ; d'où il suit que lorsqu'un puits ou une galerie de mine n'a aucune issue sur la voie publique, le concessionnaire pourrait, si la loi

(1) *Traité pratique de la jurisprudence*, T. 1, page 535.

des mines ne lui donnait pas la faculté d'ouvrir un chemin extérieur, invoquer le bénéfice de l'article 682 du code civil. Mais pour invoquer cet article il faut qu'il y ait enclave absolue, il faut qu'il n'y ait *aucune issue sur la voie publique;* s'il existe un chemin tortueux ou en mauvais état, le propriétaire ne peut plus réclamer le bénéfice de cet article.

» De pareilles conditions ne peuvent pas satisfaire, c'est évident, aux besoins de l'industrie des mines. Si les chemins qui aboutissent à un puits ou à une galerie ne permettent, par exemple, que le transport à dos de mulet ; s'ils ne sont pas des chemins à charroi, ou bien s'ils sont par trop difficiles et dégradés, ils sont incompatibles avec une bonne exploitation des mines, chose qu'a voulu garantir la loi de 1810.

» Ce n'est donc pas dans l'article 682 du code civil qu'il faut chercher le droit, pour les concessionnaires, d'ouvrir des chemins extérieurs convenables à l'exploitation des mines, c'est dans les articles 43 et 44 de la loi. Ces articles ne mentionnent pas, il est vrai, d'une manière explicite les chemins extérieurs, ils parlent seulement (1) en termes généraux de *l'occupation des terrains pour la recherche ou les travaux des mines;* mais cela suffit pour motiver l'ouverture des chemins : et, en effet, *les travaux des mines* ne consistent pas seulement dans le percement des puits ou galeries ; il y a les dépendances immédiates et indispensables de l'exploitation souterraine qui rentrent nécessairement dans ces travaux ; ces ouvrages ou dépendances comprennent les machines d'extraction et d'épuisement, les haldes et magasins de dépôt pour les minerais et outils, les canaux ou rigoles servant à conduire les eaux d'épuisement, et enfin les chemins extérieurs qui servent à porter aux mines les matériaux nécessaires et à exporter les produits extraits. Ces dépendances sont tellement liées à l'exploitation des mines, que vouloir empêcher leur établissement, serait rendre l'exploitation impossible.

» La conclusion de cette analyse est celle-ci, que les concessionnaires *pourront* OCCUPER, *en vertu* des articles 43 et 44, et *moyennant la* DOUBLE *indemnité* (2), les terrains nécessaires à l'établissement des chemins extérieurs autorisés par l'administration comme dépendances indispensables de l'exploitation des mines. D'une part, le paiement des terrains au double de leur valeur, et, d'autre part, la nécessité d'une

---

(1) Les articles 43 et 44 n'accordent rien; ils règlent les indemnités d'occupation.

(2) M. DUPONT *partage l'erreur générale; il voit une double indemnité dans les articles 43 et 44, et il en conclut que ces articles accordent le droit d'occupation.*

autorisation administrative, seront, pour les propriétaires du sol, une garantie suffisante que les concessionnaires ne pourront pas sillonner la surface de chemins inutiles.

» L'interprétation que nous donnons des articles 43 et 44 est pleinement conforme aux paroles suivantes, prononcées par le comte de Girardin au Corps législatif :

« *Les articles 43 et 44* RÈGLENT *les indemnités auxquelles les exploi-*
» *tants sont soumis pour les dommages causés à la surface du sol* (1).

» La loi imprimant aux mines le caractère de la propriété foncière,
» il semble, au premier aperçu, qu'on aurait pu leur appliquer l'ar-
» ticle 682 du code civil, ainsi conçu :

» Le propriétaire dont les fonds sont enclavés, et qui n'a aucune issue
» sur la voie publique, peut réclamer un passage sur les fonds de ses
» voisins pour l'exploitation de son héritage, à la charge d'une
» *indemnité proportionnée au dommage* qu'il peut occasionner.

» Les mines, en effet, *sont doublement enclavées;* le corps de la mine
» est dans le sein de la terre. On ne peut y arriver que par des puits,
» et ces puits eux-mêmes, dont l'emplacement est toujours indiqué
» d'une manière absolue par le gisement ou l'allure de la mine, sont
» ordinairement dans l'intérieur des terres.

» Cependant votre commission a pensé, comme le conseil d'État,
» qu'on ne pouvait se borner à une simple indemnité proportionnée au
» dommage.

» Le passage pour la culture des terres étant une servitude réciproque,
» l'équité n'exigeait que la simple indemnité du dommage.

» Mais dans l'exploitation des mines *il n'y a pas de* RÉCIPROCITÉ
» entre le propriétaire de la surface et le propriétaire de la mine.

» Sous ce rapport, il était donc juste de DOUBLER *l'indemnité* (2) et
» même le prix du terrain, en cas d'achat.

» L'article 22 de la loi du 28 juillet 1791 fixait aussi l'indemnité au
» double du dommage ; mais, en cas d'achat, le prix ne s'élevait pas au-
» dessus de la valeur estimative.

» Néanmoins, votre commission n'a pas cru devoir demander que
» cette dernière disposition de la loi de 1791 fût conservée. Elle a

(1) Ce premier paragraphe n'a pas été rapporté par M. DUPONT; nous avons jugé utile de l'ajouter, parce qu'il indique que les articles 43 et 44 ne RÈGLENT que les indemnités, et qu'ils n'ont pas d'autre portée.

(2) Ou M. de Girardin a employé une expression qui a mal rendu sa pensée, ou il a été donné à cette expression une signification qu'elle n'a pas, parce que l'article 43 n'accorde que le double de ce qui a été endommagé, comme base d'une simple indemnité.

» pensé que l'intérêt de l'agriculture et le respect dû à la plus ancienne
» comme à la plus précieuse des propriétés exigeaient que les exploi-
» tants fussent contraints, pour leur propre intérêt, d'y causer le moins
» de dommage possible ; c'est pourquoi l'obligation d'acheter le terrain
» au double de sa valeur a été imposée.

» *Au reste, cette disposition, un peu rigoureuse peut-être, est*
» ADOUCIE *par l'application des règles établies dans la loi du 16 sep-*
» *tembre* 1807 (1). »

« Il ressort clairement de ces paroles, ajoute M. Dupont, que le
législateur a assimilé, pour l'indemnité, les occupations de terrains
pour foncement de puits et celles pour l'ouverture des chemins extérieurs qui servent à traverser *la double enclave* renfermant les mines
au sein de la terre ; or, les prescriptions des articles 43 et 44 sont indivisibles, et si le concessionnaire en supporte les charges pour le taux
de l'indemnité, il doit en avoir les avantages au point de vue du droit
d'occupation ; d'où découle pour lui la faculté d'occuper les terrains
nécessaires à un chemin de charroi conduisant à l'entrée d'une mine,
après une autorisation administrative, comme celle d'occuper l'emplacement d'un puits.

» Rappelons à ce sujet que cette faculté donnée aux concessionnaires
de mines n'est pas nouvelle ; elle était écrite dans la loi de 1791, et les
articles 21 et 22 de cette loi mentionnent *les chemins* parmi les ouvrages que les concessionnaires peuvent établir sur les propriétés des
tiers, moyennant indemnité. De même, dans l'ancienne législation
française, le droit du concessionnaire de mines comprenait la faculté
d'ouvrir les *voyes, passages* et *chemins* nécessaires à l'exploitation. On
peut en voir un exemple dans l'extrait déjà cité d'un édit de Louis XII,
daté de juillet 1514, portant concession de mines d'argent, plomb,
cuivre et autres métaux, aux sieurs Pierre et Jean de Besze frères. Et
quant aux règlements généraux sur les mines, ils mentionnent aussi
pareil droit pour les exploitants. Ainsi, l'édit d'Henri IV, de mai 1604,
porte qu'il sera pris par le seigneur haut-justicier « un quarantième
» denier pour tout droit, et sans qu'il puisse prétendre aucune autre
» chose davantage, à la charge encore d'assister lesdits entrepreneurs de
» *passages et chemins commodes* pour leur travail, et de toutes autres
» commodités, et d'être privés à jamais dudit droit et grâce, tant lesdits

(1) Ce dernier paragraphe a encore été ajouté par nous pour démontrer que le
double prix est ADOUCI, et que M. de GIRARDIN, sur l'article 44, a reconnu que
le double prix, *sans nulle augmentation*, alors qu'il ne porte que sur la partie de
terrain occupée, ainsi qu'il est prescrit à l'article 49 de la loi du 16 septembre 1807,
n'est point une double indemnité (Voir page 137, 6ᵐᵉ alinéa.)

» hauts - justiciers que fonciers, s'ils font refus de laisser faire les
» ouvertures et *chemins nécessaires* pour lesdites mines. »

» Il existe un exemple remarquable de cette application du droit des
concessionnaires, dans le système de la loi de 1810, d'ouvrir les chemins de charroi nécessaires à l'exploitation. Cet exemple, relatif aux
mines de Chanay (Loire), a été cité par M. de Cheppe, qui l'a accom-
pagné d'un commentaire complet sur la question.

» En 1837, les concessionnaires de la mine de Chanay, voulant ouvrir
un chemin de charroi pour conduire à un puits situé au milieu des
terres, furent arrêtés par deux propriétaires, les sieurs Granjon et
Payet, qui se refusaient à toute conciliation.

» De leur côté, ces derniers prétendirent que la concession de Chanay
ne se trouvait pas dans le cas d'enclave déterminé par l'article 682 du
code civil, et qu'il existait des voies de communication pour arriver à
la grand'route.

» Le préfet de la Loire, sur l'avis de l'ingénieur des mines, reconnut
qu'il suffisait que les voies existantes dans une concession n'aboutissent
pas à un puits d'extraction ou fussent hors d'état de lui servir, comme
c'était le cas dans l'espèce, pour que le concessionnaire fût autorisé à
ouvrir un nouveau chemin, conformément aux articles 43 et 44 de la
loi, et il prit, le 11 juillet 1837, un arrêté qui autorisait le chemin
projeté (1).

» Les sieurs Payet et Granjon se sont pourvus contre cet arrêté
devant le ministre ; mais leur réclamation a été rejetée par une décision
du 30 avril 1838, qui a maintenu l'arrêté du préfet de la Loire.

» La doctrine adoptée par l'administration en cette circonstance est
conforme à celle que les tribunaux ont professée plusieurs fois, et
M. de Cheppe cite à cet égard une décision relative à la mine du Gourd-
Marin. En 1836, une contestation étant survenue entre les concessionnaires de cette mine et un propriétaire de la surface, le tribunal de
Saint-Étienne décida que les concessionnaires n'étaient pas fondés à
invoquer l'article 682 de la loi civile, attendu que leur puits avait une
issue sur la voie publique, bien qu'elle eût été déclarée par les experts
impraticable pour les produits de la mine ; mais en même temps le
tribunal renvoya les concessionnaires à se pourvoir devant l'administration, pour obtenir l'autorisation d'ouvrir le chemin en question.

___

(1) Voir cet arrêté à la page 315. Il ne *vise* ni ne *s'appuie* sur les articles 43 et
44 pour autoriser le chemin ; il puise le droit du propriétaire de la mine *dans*
l'article 682 *et dans la concession.*

» La doctrine émise par le tribunal de Saint-Étienne est pleinement conforme à celle que nous avons exposée. »

Quelle que soit la doctrine émise par le tribunal de Saint-Étienne, elle ne peut empêcher l'article 682 d'accorder le droit au passage à tout héritage enclavé, ni faire qu'un chemin *impraticable* soit un chemin, et nous pensons que si ce tribunal a renvoyé les concessionnaires à se pourvoir devant l'administration pour obtenir l'autorisation d'ouvrir un chemin, il a simplement décidé qu'il appartenait au préfet, *sur l'avis de l'ingénieur des mines*, de régler le chemin et ses conditions; autrement il y aurait mal jugé, et rien de plus.

Mais si nous recourons à l'arrêté du préfet qui est ensuite intervenu et que nous avons rapporté à la page 315, nous y voyons que cet arrêté vise entre autres :

1° La pétition du concessionnaire ;

2° Les *observations* des propriétaires de la surface, appelés à faire valoir leur droit d'opposition ou de *restriction*;

3° L'avis de l'ingénieur des mines ;

4° L'acte de concession et la loi sur les mines ;

5° L'*article* 682 *du code Napoléon.*

Et qu'il n'est fait mention des articles 43 et 44 que pour prescrire le paiement de l'indemnité préalable.

Quant aux paroles de M. le comte de Girardin sur l'application des articles 43 et 44, on ne peut y voir que ceci :

Les articles 43 et 44 RÈGLENT *les indemnités.* La

loi imprimant aux mines le caractère de la propriété
foncière, l'article 682 du code Napoléon eût pu recevoir son application pure et simple ; mais, dans l'exploitation des mines, le PASSAGE n'étant pas *réciproque*
on ne pouvait se borner à la simple indemnité du
dommage.

C'est là tout ce qui a été dit par M. de Girardin sur
la dérogation apportée à l'article 682, et l'on ne peut
en conclure que les articles 43 et 44 aient complètement
dérogé à cet article, quand, au contraire, tout démontre qu'ils ne modifient que l'indemnité, en la
doublant, lorsque le droit d'occupation ou de passage
est exercé pour l'exploitation des mines.

M. de Girardin, en parlant d'une double indemnité,
faisait allusion à l'indemnité accordée par l'article 682,
lequel n'accorde que le simple dommage occasionné
par le passage.

Le passage pour la culture des terres n'*exproprie*
ni ne *dépossède* le propriétaire de la surface, tandis
que le droit d'occupation ou de passage pour
l'exploitation des mines entraîne la *dépossession* et
l'*expropriation* de la parcelle occupée, au détriment
du surplus de la propriété.

Quant au droit d'établir un chemin de fer à la
surface du périmètre de la mine, M. DUPONT (1), en
s'appuyant sur l'arrêté du conseil d'État du 8 mars 1851,
dont il n'a pas sans doute saisi les motifs, est d'avis
qu'un chemin de fer ne peut être établi qu'en vertu
d'un décret ou d'une loi.

(1) T. 1, page 540 et suivantes.

Voici ce qu'il dit à ce sujet :

« On sait qu'il existe à l'intérieur des mines des chemins de fer
destinés au roulage des matières minérales, et disons même à ce sujet
que c'est dans les mines que les premières voies de ce genre ont pris
naissance(1).

» Au sujet de ces voies de fer on est amené naturellement à se poser
la question suivante : un concessionnaire pourra-t-il obtenir l'autorisation d'ouvrir un chemin de fer extérieur, en vertu des articles 43 et
44, comme il peut le faire pour un chemin de charroi ?

» La question a été résolue administrativement par la négative dans
les circonstances suivantes :

» Un arrêté du préfet du Puy-de-Dôme, du 8 octobre 1847, avait
autorisé la compagnie Arnoux, concessionnaire des mines de houille de
La Vernade, à occuper, pour l'établissement d'un chemin de fer extérieur, des terrains situés dans le périmètre d'une concession voisine,
dite de la Roche.

» La compagnie, propriétaire de cette dernière concession, s'est
pourvue en conseil d'État contre cet arrêté.

» Le conseil l'a annulé par un arrêt du 8 mars 1851, motivé comme
il suit :

« Considérant que le préfet du Puy-de-Dôme a autorisé la compagnie
» concessionnaire des mines de La Vernade à construire un chemin de
» fer sur des parcelles de terrain situées en dehors du périmètre de
» sa concession ;

» Considérant que, aux termes de l'article 3 de la loi du 3 mai 1841,
» aucun chemin de fer ne peut être exécuté qu'en vertu d'une autori-
» sation émanée soit du pouvoir législatif, soit du chef du pouvoir
» exécutif ;

» Considérant que les articles 43 et 44 de la loi du 21 avril 1810 (2)
» ne sont applicables qu'aux surfaces comprises dans le périmètre des
» mines concédées ;

» Considérant que les dispositions de l'article 80 sont restreintes aux
» permissions délivrées en vertu du titre VII de la loi ;

(1) Les premiers chemins à rails établis en Europe ont été construits vers le
milieu du dix-septième siècle, pour l'exploitation des houillères de Newcastle-sur-
Tyne. (Nich. Wood, *Traité pratique des Chemins de fer*, page 5.)

(2) Le conseil d'État voit aussi le DROIT d'*occupation* dans les articles 43 et 44,
au lieu de le voir dans l'acte de concession donnant le droit et imposant l'obliga-
gation d'exploiter la mine, et de reconnaître que ces articles ne s'appliquent qu'à
l'indemnité, *lorsque* l'OCCUPATION *est exercée*.

» Que, dès-lors, le préfet du Puy-de-Dôme, en accordant à la com-
» pagnie Arnoux l'autorisation ci-dessus mentionnée, a excédé les
» limites de ses pouvoirs, etc. »

« Dans le cas présent, il s'agissait d'étendre le chemin de fer hors de
la concession, et comme les articles 43 et 44 ne s'appliquent qu'au
périmètre concédé, les concessionnaires devaient être inévitablement
condamnés; mais en aurait-il été de même s'il se fût agi uniquement
d'un chemin de fer compris dans le périmètre concédé? La teneur du
précédent arrêt porte à le croire, puisque, parmi les motifs invoqués,
le conseil a formulé celui-ci, que, d'après les termes de l'article 3 de
la loi du 3 mai 1841, aucun chemin de fer ne peut être exécuté qu'en
vertu d'une autorisation émanée soit du pouvoir législatif, soit du
chef du pouvoir exécutif.

» L'article 3 de la loi invoquée dit, en effet, qu'une ordonnance
suffira pour autoriser l'exécution des chemins de fer d'embranchement
de moins de 20,000 mètres de longueur, tandis qu'il faudra une loi pour
tous les autres chemins de fer. *Mais n'est-il pas bien rigoureux d'appliquer ces prescriptions aux chemins de fer* EXTÉRIEURS *aux mines*,
compris à l'intérieur des périmètres concédés?

» Les chemins de fer extérieurs aux mines construits par les concessionnaires ne sont habituellement que le prolongement des chemins de
fer intérieurs; ils ont la même largeur que ces derniers, largeur de
1 mètre environ, bien différente de celle des autres voies de ce genre
destinées aux voyageurs, laquelle est de 1^m 44, ce qui ne permet pas
de les confondre avec celles-ci; les premiers sont donc une dépendance
de l'exploitation des mines, dépendance aussi immédiate au moins que
les chemins de charroi, auxquels l'administration étend l'application
des articles 43 et 44.

» Supposons une galerie de mine dont l'entrée est à 200 mètres des
bords d'une route ou d'un canal, où les concessionnaires ont établi leur
entrepôt: faudra-t-il forcer les exploitants à décharger les minerais à
l'entrée de la galerie, pour les transporter à 200 mètres par un chemin
de charroi, alors qu'un petit chemin de fer de la même largeur que
celui de la galerie permettrait d'opérer le transport des minerais, sans
déchargement, à un prix cinq à six fois moindre?

» Faudra-t-il forcer le concessionnaire à faire déclarer d'utilité
publique ce chemin de 200 mètres de longueur?

» Une loi sera nécessaire dans ce système pour autoriser ce chemin,
quelque faible que soit son parcours, attendu que ce n'est pas un
chemin d'embranchement: c'est ce qui résulte de la déclaration faite

par le ministre, M. Teste, à la chambre des Pairs, lors de la discussion de la loi de 1841.

» Prenons encore l'hypothèse suivante, qui trouve de fréquentes applications dans la pratique : une mine est ouverte sur une montagne, et il s'agit de transporter les minerais à quelques centaines de mètres de là, dans la vallée, sur le bord d'une route ; si l'on établit un chemin de fer et des plans inclinés automoteurs, le transport ne coûtera peut-être que 30 centimes par tonne ; si l'on fait une route carrossable au contraire, le parcours sera trois ou quatre fois plus long, et le transport pourra coûter 2 fr. la tonne ou davantage ; or, faudra-t-il forcer indirectement les exploitants à établir un chemin de charroi, en leur imposant l'obligation d'une loi pour l'établissement du chemin de fer?

» J'ajoute que la supposition que je fais n'est pas arbitraire, et les personnes qui s'occupent d'exploitation de mines reconnaîtront qu'elle est très-fréquente dans la pratique.

» On dira que ces obstacles n'empêchent pas les exploitants de mines, en France, d'établir des chemins de fer extérieurs, puisque ces chemins se construisent chaque jour, à la suite d'arrangements amiables avec les propriétaires du sol.

» A cela nous répondrons qu'il existe à notre connaissance bon nombre de chemins pareils qui avaient été projetés par les exploitants, et auxquels ceux-ci ont renoncé par suite des exigences des propriétaires de la surface, et par leur répugnance à provoquer l'émission d'une loi pour des travaux d'aussi mince importance ; quant aux chemins construits, leur établissement n'a pu se faire, dans beaucoup de cas, qu'après des sacrifices énormes de la part des exploitants pour satisfaire aux demandes des propriétaires.

» On a objecté aussi que les chemins de fer extérieurs, exigeant des ouvrages permanents et changeant le relief du sol, constitueraient, pour la propriété foncière, une servitude excessive, beaucoup plus lourde que celle résultant des chemins de charroi.

» A cela il faut répondre que le solde des terrains occupés et des dommages de tout genre, au double de leur estimation, indemniserait suffisamment la propriété superficielle.

» La faculté donnée au préfet d'autoriser, sauf recours au ministre, des chemins de fer extérieurs aux mines de même dimension que les chemins intérieurs et dans les limites des périmètres concédés, serait un puissant encouragement donné à l'exploitation des mines ; ce mode d'opérer rentrerait, du reste, dans le système de décentralisation administrative adopté par le gouvernement dans ces derniers temps.

» Ajoutons que les intérêts des propriétaires du sol seraient suffisamment sauvegardés par l'obligation de payer au double les terrains occupés et les dommages de tout genre, et par la nécessité d'obtenir au préalable une autorisation du préfet.

» Telles sont les observations que nous soumettons respectueusement à l'administration supérieure, et qui nous ont été suggérées depuis longtemps par la vue des embarras où sont les exploitants de mines lorsqu'ils veulent ouvrir des chemins de fer extérieurs. »

Nous ne pouvons partager l'opinion de M. Dupont, ni admettre qu'une loi ou qu'un décret soit indispensable pour autoriser un chemin de fer, quand ce chemin doit être employé à l'usage de la mine et qu'il est établi dans le périmètre de la concession de l'exploitant.

Un chemin de fer employé au transport de la mine n'est toujours qu'un chemin de charroi ; et comme un chemin de charroi est nécessaire à l'exploitation de la mine, il importe peu que la voie soit en pierre ou en fer.

L'article 8 de la loi de 1810, en déclarant immeubles les bâtiments, machines, puits, galeries et TOUS *autres* travaux établis à demeure sur le terrain d'autrui, ne fait aucune exception, et, loin de là, il semble autoriser les chemins de fer dans sa disposition générale : *et tous autres travaux.*

L'article 3 de la loi du 3 mai 1841 sur lequel M. DUPONT s'appuie pour dire que *les chemins de fer* EXTÉRIEURS *aux mines* ne peuvent s'exécuter qu'en vertu d'une loi ou d'un décret, est ainsi conçu :

« Tous grands travaux publics, routes royales, canaux,
» *chemins de fer,* canalisation des rivières, bassins, etc., ne
» pourront être exécutés qu'en vertu d'une loi.

» Une ordonnance royale suffira pour autoriser l'exécution
» des routes départementales, celles des canaux et *chemins*
» *de fer d'embranchement* de moins de 20,000 mètres de
» longueur, des ponts et de tous autres travaux de moindre
» importance. »

Cet article fait partie d'une loi d'expropriation
forcée *pour cause d'utilité publique*; il désigne les
travaux qui ne peuvent être exécutés qu'en vertu
d'une loi ou d'un décret, notamment un *chemin de
fer* ou un *embranchement.*

Nous comprenons qu'il soit interdit de faire de
grands ou de petits travaux sur le terrain d'autrui sans
une loi ou sans un décret; mais, après la loi de 1810,
quelle loi pourrait venir autoriser de plus grands
travaux et accorder plus de droits au concessionnaire
d'une mine sur le terrain d'autrui?

L'arrêté du conseil d'État, du 8 mars 1851, rapporté
par M. Dupont, décide:

1° Qu'aucun chemin de fer ne peut être exécuté
qu'en vertu d'une autorisation du pouvoir législatif.

2° Que les articles 43 et 44 de la loi de 1810 ne
sont applicables qu'à la surface comprise dans le périmètre de la concession de la mine.

3° Que les dispositions de l'article 80 sont restreintes
aux permissions délivrées en vertu du titre VII de la
même loi.

Or, comme la décision du préfet du Puy-de-Dôme
autorisait l'établissement du chemin de fer *en dehors*
du périmètre de la concession de la mine, la révocation
de cette décision devait être prononcée.

Mais, qu'on le remarque, le conseil d'État a simplement décidé que le droit d'occupation des concessionnaires de la mine ne pouvait s'étendre au-delà
de leur concession sans une loi.

C'est là tout ce qui a été décidé, et cette décision
n'est que la confirmation du droit d'occupation accordé
au propriétaire d'une mine dans le périmètre de sa
concession.

Le propriétaire de la mine, en payant les indemnités fixées aux articles 43 et 44, est subrogé au droit
du propriétaire de la surface ; et, en vertu de cette
subrogation, il peut établir un chemin de fer sur sa
propriété sans loi, ni décret.

D'ailleurs, l'article 3 de la loi du 3 mai 1841 ne
peut être opposé au propriétaire qui établit un chemin
de fer ou telle autre construction sur son propre
terrain, ni à celui qui est subrogé à ses droits.

Aussi pensons-nous que l'administration supérieure
n'a rien à ajouter aux pouvoirs des préfets, et que les
exploitants de mines, après une autorisation préfec-
torale, donnée sur l'avis de l'ingénieur des mines,
peuvent établir un chemin de fer sur toute l'*étendue*
du périmètre de leur concession, sous les restrictions
édictées par la loi.

Il serait d'ailleurs inouï, alors qu'il est constant que
le propriétaire de la mine a le droit d'établir des
bâtiments, de fouiller et creuser le sol, même de le
rendre impropre à la culture, il n'eût pas celui d'établir un chemin de fer, quand ce chemin a été reconnu
utile à son exploitation par le préfet.

SECTION 2.

Étendue du droit d'occupation à la surface.

L'étendue du droit d'occupation à la surface *comprend* tout le périmètre concédé pour les recherches ou pour l'exploitation d'une mine, et il n'y a d'autres *restrictions* à l'étendue de ce droit que celles apportées par l'article 11 de la loi du 21 avril 1810.

Tous les terrains compris dans l'étendue de la permission ou de la concession sont soumis à la servitude d'occupation; mais, à raison de cette servitude et sans qu'elle soit même exercée, les propriétaires de tous ces terrains ont droit à une redevance *annuelle* sur le produit de l'extraction de la mine concédée.

La loi du **21** avril **1810**, à l'article 6, les associe à l'exploitation de la mine; elle leur accorde une part sur le produit de l'extraction, et cette part est liquidée dans l'acte de concession en vertu de l'article 42 de la même loi.

La concession d'une mine est précédée d'un tracé (1) qui fixe l'étendue de son périmètre et qui a pour objet, sur les affiches et publications prescrites par la loi, d'avertir les propriétaires du sol de la modification qui sera apportée à leurs droits.

Après la concession, il est procédé au bornage, à la diligence du préfet, en présence de l'ingénieur des mines, qui en dresse procès-verbal, afin de déterminer l'*étendue* de cette propriété (2).

(1) Voir page 259 et suivantes.
(2) Voir page 292, art. 1er du cahier des charges.

M. de Girardin, dans son rapport devant le Corps
législatif, après avoir dit que les mines sont des couches de combustibles ou des filons de substances
métalliques qui se prolongent quelquefois sur une
étendue de plusieurs myriamètres, ajouta :

« Pour exploiter une mine avec avantage, d'une manière *régulière*
et *durable*, il faut la traiter en MASSE ou dans des sections d'UNE
CERTAINE ÉTENDUE, réglée sur le gisement et les allures des couches
et des filons. Il faut faire abstraction des limites de la surface, et
surtout de la direction de ces limites qui ne peuvent jamais être en
rapport avec celles qu'il faut établir AUTOUR d'une exploitation. »

Or si, pour exploiter une mine, il faut la traiter en
masse ou dans des sections d'une certaine *étendue*, il
faut aussi ouvrir des puits et des galeries, et établir à
la surface des machines ou magasins, ainsi que des
chemins, partout où l'exploitation l'exige.

Il faut, en un mot, que le droit d'occupation
puisse être exercé partout où il n'est pas prohibé,
et il s'étend sur toute la surface du périmètre de
la mine.

En interdisant le droit d'occupation sur certaine
partie de la surface, elle l'accorde implicitement sur
toutes les autres parties où elle ne l'interdit pas.

En un mot, le droit d'occupation est la règle
générale de la loi de 1810 dont l'article 11 est l'exception, et comme les exceptions sont de droit étroit,
elles ne peuvent être étendues au-delà de leurs
limites.

Notre proposition, mise en tête de cette section, est
donc justifiée : le droit d'occupation s'étend sur toute
la surface concédée.

SECTION 3.

Formalités préalables à l'exercice du droit d'occupation.

Les formalités préalables à l'exercice du droit d'occupation consistent dans une autorisation du préfet et dans le paiement de l'indemnité due au propriétaire de la surface sur laquelle les travaux projetés seront établis.

L'exploitant de mines, lorsqu'il a besoin d'ouvrir ou d'établir un nouveau champ d'exploitation ou de pratiquer quelques travaux accessoires, soit pour un chemin, soit pour former des dépôts, construire un magasin, etc., ne peut rien faire sans une autorisation préalable du préfet.

Tous travaux, puits ou galeries, *partant du jour* ou établis à la surface, doivent donc être autorisés par ce magistrat, après qu'il a vérifié, sur le rapport des ingénieurs, la nécessité ou l'utilité de ces travaux.

Une pétition, à cet effet, lui est adressée ; elle indique les terrains, leur nature, le n° du cadastre et l'étendue de la surface à occuper, et elle désigne les propriétaires des terrains.

On joint à cette pétition le plan de la surface demandée et des terrains adjacents.

On dénonce la demande au propriétaire de la surface, par exploit d'huissier, avec sommation d'en prendre communication.

Les pièces sont ensuite envoyées aux ingénieurs des mines ; l'ingénieur ordinaire fait son rapport et l'ingénieur en chef donne son avis, et le préfet accorde ou refuse l'autorisation demandée, ou y apporte, s'il y a lieu, les modifications qu'il juge nécessaires.

A l'appui de ce mode de procéder, nous rappellerons l'arrêté du préfet de la Loire, du 11 juillet 1837, que nous avons déjà fait connaître (1), autorisant l'occupation pour l'établissement d'un chemin, et nous rapportons deux autres arrêtés préfectoraux.

1° Un arrêté du préfet de l'Allier, du 17 février 1848, autorisant l'occupation d'un terrain pour l'ouverture d'un puits, ainsi qu'il suit :

« Vu une pétition présentée par le sieur Mony, fondé de pouvoirs des sieurs Rambourg frères, concessionnaires des mines de houille de Commentry, à l'effet d'être autorisé à occuper, pour l'établissement d'un nouveau puits d'extraction, partie d'une parcelle de terrain appartenant au sieur Andrivon, et qui figure sous le n° 564, section B du plan cadastral de la commune de Commentry ;

» Vu les plans produits à l'appui de ladite pétition ;

» Vu le rapport de M. l'ingénieur en chef des mines de notre département ;

» Vu les articles 15, 43, 44, 56 et 87 de la loi du 21 avril 1810 ;

» Vu l'instruction ministérielle du 3 août 1810, section B, § 1er ;

» Vu l'ordonnance royale du 18 février 1846, qui attribue à l'autorité judiciaire la connaissance des questions relatives aux indemnités dues pour occupation de terrain en matière de mines concédées ;

» Considérant que l'occupation du terrain du sieur Andrivon est commandée par le régulier développement des travaux de l'exploitation de Commentry, sur le prolongement (est) du gîte houiller ;

» Considérant que, de huit ares dont l'occupation est demandée, quatre seulement sont nécessaires pour l'emplacement du puits projeté ; mais que ce puits, ne devant être qu'à 40 mètres en arrière du chemin de Champfromenteau au bourg de Commentry, il y a lieu d'autoriser l'occupation des quatre autres ares du même terrain, afin de le relier audit chemin et de le placer ainsi à 100 mètres de distance de la tuilerie que possède le sieur Andrivon de l'autre côté de ce même chemin, à moins que ledit sieur Andrivon, dans un intérêt de moindre dommage

(1) Voir page 315.

pour sa propriété, ne consente à dispenser le sieur Mony de l'obligation
de placer son puits à la distance légale de 100 mètres;

» ARRÈTONS :

» ART. 1er. — Le sieur Mony, fondé de pouvoirs des sieurs Rambourg
frères, concessionnaires des mines de houille de Commentry, est
autorisé à occuper, pour l'établissement d'un nouveau puits sur le
prolongement (est) de la couche de ces mines, une étendue de huit ares
de terrain dans la parcelle nº 564, section B du plan cadastral de la
commune de Commentry, appartenant au sieur Andrivon, et ce, conformément au plan annexé à la minute du présent arrêté.

» ART. 2. — Dans le cas cependant où le sieur Andrivon déclarerait
autoriser le placement dudit puits sur le bord même du chemin de
Champfromenteau au bourg de Commentry, à une distance de sa tuilerie
moindre que 100 mètres, le sieur Mony devra prendre les quatre ares
nécessaires à l'emplacement de son puits sur le bord même dudit
chemin, et l'autorisation accordée par l'article précédent ne sera valable
que pour ces quatre ares.

» ART. 3. — En exécution de l'article 43 de la loi du 21 avril 1810,
il ne pourra être procédé par le sieur Mony à l'occupation du terrain
dont il s'agit qu'après ce règlement, au profit du sieur Andrivon,
d'une indemnité préalable à fixer au double de ce qu'aurait produit net
le terrain à occuper.

» ART. 4. — Le sieur Mony, pour faire fixer, sur expertise contradictoire, la quotité de cette indemnité et faire ordonner sa mise en
possession du terrain susdit, est renvoyé à se pourvoir devant le tribunal de première instance de Montluçon, dans les formes tracées par
le code de procédure civile.

» ART. 5. — Le propriétaire du terrain occupé aura à se pourvoir
devant le même tribunal dans le cas où, soit à raison d'une occupation
prolongée au-delà d'un an, soit à raison de dégradations qui auraient
rendu le sol impropre à la culture, il aurait à répéter des occupants
de nouvelles indemnités, ou bien entendrait user du bénéfice de l'art. 44
de la loi du 21 avril 1810, pour les contraindre à acquérir son terrain
au double de la valeur qu'il avait avant l'occupation.

» ART. 6. — Le présent arrêté sera notifié, par les soins de M. le
maire de la commune de Commentry, aux sieurs Mony et Andrivon;
une expédition en sera adressée à M. l'ingénieur en chef des mines, qui
demeure chargé d'en assurer l'exécution. »

Dans cet arrêté, le préfet n'a autorisé l'occupation

qu'à **100** mètres de la tuilerie du propriétaire de la surface.

2º Un arrêté du préfet de Saône - et - Loire , du 2 mai **1849**, autorisant l'occupation de terrains nécessaires au service de l'exploitation d'un puits :

« Vu la pétition en date du 14 février 1848 , par laquelle les conces-
» sionnaires de la mine de Blanzy demandent l'autorisation d'occuper
» pour le service du puits du Magny....

» Vu le plan joint à ladite demande ;

» Vu le certificat du maire de la commune de Saint-Vallier , en date
» du 28 mars 1848 , attestant que ces pièces sont restées déposées à la
» mairie pendant un mois , *et que, par voie d'AFFICHES et publications,*
» *les parties intéressées ont été invitées à en prendre* CONNAISSANCE;

» Vu le procès-verbal d'enquête, *lequel ne constate* AUCUNE *opposition* ;

» Vu les ordonnances... (de concession) ;

» Vu l'arrêté du 30 janvier 1847 , *qui autorise* l'OUVERTURE *du puits*
» *du* MAGNY;

» Vu les lois sur les mines...

» Considérant que les terrains dont il est question *sont* NÉCESSAIRES,
» soit pour assurer le service régulier du puits du MAGNY , soit pour
» faciliter l'écoulement de ses produits ; qu'ils ne se trouvent d'ailleurs
» *dans aucune des* EXCEPTIONS *prévues* par l'article 11 de la loi
» des mines ;

» Considérant que les propriétaires intéressés *n'ont point formé*
» d'OPPOSITION contre le projet des concessionnaires , et que ce projet
» est suffisamment justifié par la disposition du sol et les besoins de
» l'exploitation ;

» ARRÊTONS: *Art.* 1ᵉʳ. Les concessionnaires de la mine de houille de
» Blanzy *sont autorisés à* OCCUPER *pour le service du puits du* MAGNY
» *une* ÉTENDUE *de terrain à prendre, etc...* »

Une enquête *de commodo et incommodo* avait été ordonnée , et le préfet a constaté que les terrains à occuper ne se trouvaient dans aucune des exceptions prévues par l'article **11** de la loi.

Mais , soit dans l'arrêté du préfet de l'Allier , soit dans celui du préfet de Saône-et-Loire , les *restrictions* édictées dans l'article 11 de la loi du 21 avril 1810 sont *visées*, et la prise de possession des terrains n'a été autorisée qu'après qu'il a été constaté et reconnu que ces terrains ne se trouvaient dans aucune des *exceptions* prévues par cet article 11.

Dans l'arrêté du préfet de la Loire, les *observations* et *réclamations* des propriétaires de la surface ont été rejetées ; ce qui démontre la compétence de l'autorité administrative sur les restrictions apportées par l'article 11 (1).

Ces divers arrêtés ont imposé la condition de régler les indemnités préalablement à l'occupation.

Il est d'ailleurs de principe consacré dans toutes nos lois, que nul ne peut être contraint de céder sa propriété, même pour cause d'utilité publique, sans une juste et préalable indemnité.

Mais quand il s'agit de l'indemnité d'occupation, la loi a déterminé d'une manière fixe la règle d'après laquelle elle doit être évaluée.

Elle a voulu que cette indemnité pût être réglée sans expertise, en accordant le double de ce qu'aurait produit net le terrain endommagé.

Il suffit donc de constater ou de reconnaître ce que la parcelle du terrain à occuper eût produit net à son propriétaire, sans recourir à aucune autre appréciation de dommage qui peut résulter de l'occupation au surplus de la parcelle.

Pour fixer l'indemnité, telle qu'elle est allouée par

---

(1) Il y a même eu pourvoi devant le ministre (v. p. 316, dernier alinéa).

l'article 43 de la loi du 21 avril 1810, on procède
ainsi qu'il suit :

D'après la *nature* du terrain à occuper, sa *classe*
et son *étendue*, on arrive facilement à connaître ce
que la parcelle à occuper eût produit net; on double
ensuite ce produit, et ce double est évalué d'après
le taux des mercuriales.

On suit à cet égard ce qui est prescrit par le 2ᵐᵉ §
de l'article 3 de la loi du 25 mai 1838, lequel est
ainsi conçu :

« Si le prix principal du bail CONSISTE en DENRÉES ou prestations en nature, appréciables d'après les *mercuriales*,
l'ÉVALUATION sera faite sur celles du jour de l'échéance,
lorsqu'il s'agira du paiement des fermages; dans tous les
autres cas, ELLE aura lieu suivant les *mercuriales* du mois
qui aura précédé la demande. »

Lorsqu'il s'agit du règlement de l'indemnité allouée
par l'article 43 de la loi de 1810, l'espèce est la même,
et l'on ne saurait procéder autrement, puisque cette
indemnité a pour objet le paiement de la valeur de
denrées ou prestations en nature, appréciables d'après
le produit net de la parcelle dont l'étendue à occuper
est fixée par un arrêté préfectoral.

Mais, après que l'occupation a été régulièrement
autorisée contre le *propriétaire* de la surface à
occuper, à qui l'indemnité préalable doit-elle être
payée, si le terrain est grevé d'un usufruit ou affermé?

Et quel est le juge compétent pour statuer sur le
règlement de cette indemnité?

L'examen de ces propositions fera l'objet des trois
paragraphes.

§ 1er.

Droit de l'usufruitier à l'indemnité préalable.

Le droit de l'usufruitier à l'indemnité préalable est établi par la nature de cette indemnité qui n'est que la représentation de ce dont il sera privé par l'occupation de l'exploitant de mines.

La loi alloue au propriétaire du terrain sur lequel les travaux de mines s'établiront, le double de ce qu'aurait produit net le terrain endommagé.

A cet effet, le 2me § de l'article 43 de la loi de 1810 dit :

« Si les travaux entrepris par les explorateurs ou les propriétaires de mines ne sont que PASSAGERS, et si le sol où ils ont été faits peut être mis en culture au bout d'un an, comme il l'était auparavant, l'indemnité sera réglée au double de ce qu'aurait *produit net le terrain endommagé.* »

Ces dispositions se lient avec le 1er § de l'article 44 qui suit :

« Lorsque l'OCCUPATION des terrains, pour la recherche ou les travaux de mines, prive le propriétaire du sol de la JOUISSANCE DU REVENU au-delà du temps d'une année, ou lorsqu'après les travaux (même passagers) les terrains ne sont plus propres à la culture, on peut exiger des propriétaires de mines l'acquisition des terrains à l'USAGE de l'exploitation. »

Il faut distinguer ces deux dispositions et ne pas les confondre comme on le fait dans l'usage, parce que l'article 44 ne peut recevoir son application qu'après l'occupation des terrains et une occupation au moins d'un an, ou qu'à la cessation de l'occupation, si les terrains ne sont plus propres à la culture.

Mais, au moment de la prise de possession, l'indemnité à payer ne consiste que dans le double de ce qu'aurait produit net le terrain dont l'occupation est autorisée.

Cette indemnité est réglée à l'article 43, et tout le temps que dure l'occupation, le propriétaire *de la surface occupée*, ou ses ayant-droit, peut exiger l'indemnité annuelle sans demander l'achat de son terrain.

Il n'y a jamais lieu de faire l'application de l'article 44 à l'occasion de l'indemnité préalable, et c'est par erreur que les tribunaux et les auteurs confondent les articles 43 et 44, comme s'ils étaient indivisibles, alors qu'au contraire leurs dispositions sont parfaitement distinctes.

L'article 43 règle l'indemnité annuelle d'occupation, et l'article 44 détermine le cas où le propriétaire du terrain peut en exiger l'achat.

Quant au droit de l'usufruitier, il est de toute évidence, il ne peut faire l'objet d'un doute. C'est lui, lui seul, qui sera privé de la jouissance du revenu du terrain occupé, et ce doit être lui qui doit profiter des avantages qui peuvent résulter du double accordé par l'article 43, comme il doit supporter les désagréments qui peuvent résulter de l'occupation.

Ainsi, lorsque l'occupation a été régulièrement autorisée par l'autorité administrative et qu'il ne s'agit plus que du règlement de l'indemnité préalable, elle doit être payée à l'usufruitier du terrain à occuper, ou à son ayant-droit.

§ 2.

Droit du fermier à l'indemnité préalable.

Le droit du fermier à l'indemnité préalable ne saurait non plus lui être contesté; pour lui comme pour l'usufruitier, l'indemnité à payer n'est accordée qu'à raison de la privation *de la jouissance du revenu.*

Or, l'on vient de voir au § qui précède que les travaux de mines peuvent n'être que passagers; que le terrain occupé peut être remis en culture comme il l'était auparavant, et que l'acquisition ne peut en être exigée par le propriétaire que lorsqu'il a été privé de la jouissance du revenu au-delà du temps d'une année, ou qu'après les travaux, si le terrain est devenu impropre à la culture.

Et l'indemnité préalable n'étant que la représentation du revenu de la parcelle ou de la pièce à occuper, dont le fermier est provisoirement privé, il est manifeste que c'est à lui que cette indemnité doit être payée.

L'occupation de l'explorateur ou du concessionnaire ne résout pas le bail du fermier; ses obligations continuent envers son propriétaire, et c'est lui qui éprouve le préjudice résultant de l'occupation.

Le fermier doit donc être indemnisé, et pour l'être il doit recevoir le prix de l'occupation qui lui est imposée; c'est une espèce de *sous-location* qu'il est présumé consentir à l'exploitant de mines, moyennant l'indemnité fixée à forfait par l'article 43 de la loi du 21 avril 1810.

M. PEYRET-LALLIER, T. Ier, p. 521, n° 421, considère l'occupation pour les travaux de mines comme un bail. Voici ce qu'il dit :

« L'occupation du terrain étant une espèce de bail, le propriétaire doit, pour le paiement de l'indemnité *qui est représentative des produits du fonds*, jouir du privilége conféré par l'article 2102 du code Napoléon aux prix de ferme des biens ruraux, sur tous les objets mobiliers qui servent à l'exploitation, et sur ses produits. »

L'opinion de M. Peyret-Lallier est conforme aux dispositions de l'article **21** de la loi de **1810**, qui confère tous les droits de privilége et d'hypothèque sur la propriété de la mine, et au droit commun qui s'applique aux mines comme à toutes propriétés mobilières ou immobilières.

Lorsque le terrain *à occuper est affermé*, le fermier est dans la même position que le serait un usufruitier ; il est tenu, comme le serait celui-ci, de *souffrir* l'occupation du propriétaire de la mine ou de l'explorateur, après que les formalités voulues par la loi ont été remplies à son égard, c'est-à-dire après qu'il a été indemnisé.

Et le propriétaire, quand même il requerrait l'achat du terrain, en vertu de l'article **44**, ne pourrait priver le fermier de jouir du droit qui lui a été conféré par son bail, ni empêcher l'usufruitier de jouir de son usufruit.

Les termes de l'article **621** du code Napoléon sont formels à l'égard de l'usufruitier, et le droit du fermier ne saurait être méconnu.

Tout propriétaire a le droit de refuser la cession de

sa propriété, même pour cause d'utilité publique, s'il n'est préalablement indemnisé.

La propriété du fermier est dans ses récoltes, et nul n'a le droit de s'en emparer sans son consentement, pas même le propriétaire du sol, ni d'altérer le sol sans la juste réparation du préjudice causé.

Le propriétaire du sol, après qu'il a loué ou affermé sa propriété, ne peut plus en céder la jouissance à un autre ; il en est d'un champ comme d'un logement, il ne peut être sous-loué ou sous-affermé sans le consentement du locataire ou du fermier, et il ne peut non plus recevoir le prix de la sous-location en même temps qu'il reçoit la location ou fermage de son fermier.

Au fermier seul appartient donc le droit de s'opposer ou de consentir à l'occupation d'un champ qui lui a été affermé, comme à lui seul appartient l'indemnité d'occupation, tout le temps qu'il est privé de la jouissance qui lui a été cédée par son bail.

Ce que nous disons du fermier s'applique à l'usufruitier, car lui aussi a le droit de céder sa jouissance et de consentir un bail du champ dont il a l'usufruit.

§ 3.

Compétence du Juge de Paix des lieux du litige.

La compétence du juge de paix des lieux du litige résulte des dispositions de la loi du 25 mai 1838, en combinant les articles 1er, 3, 4 et 5, ainsi conçus:

« Art. 1er. Les juges de paix connaissent de toutes les actions purement personnelles ou mobilières, en dernier ressort, jusqu'à la valeur de cent francs, et, à charge d'appel, jusqu'à la valeur de deux cents francs.

» Art. 3. Les juges de paix connaissent, sans appel, jusqu'à la valeur de cent francs, et, à charge d'appel, *à quelque valeur que la demande puisse s'élever* :

» Des actions en paiement de loyers ou fermages ; des congés ; des demandes en *résiliation de baux*, fondées sur le seul défaut de paiement des loyers ou fermages ; des expulsions de lieux, et des demandes en validité de saisie-gagerie ; le tout, lorsque les locations verbales ou par écrit n'excèdent pas annuellement, à Paris, 400 francs, et 200 francs partout ailleurs.

» Si le prix principal du bail consiste en denrées ou prestations en nature, appréciables d'après les mercuriales, l'évaluation sera faite sur celles du jour de l'échéance, lorsqu'il s'agira du paiement des fermages ; dans tous les autres cas, elle aura lieu suivant les mercuriales du mois qui aura précédé la demande.

» Si le prix principal du bail consiste en prestations non appréciables d'après les mercuriales, ou s'il s'agit de baux à colons partiaires, le juge de paix déterminera la compétence, en prenant pour base du revenu de la propriété le principal de la contribution foncière de l'année courante multiplié par cinq.

» Art. 4. Les juges de paix connaissent, sans appel, jusqu'à la valeur de cent francs, et à charge d'appel, *jusqu'au taux de la compétence en dernier ressort* des tribunaux de première instance (1,500 francs) :

» 1° Des indemnités réclamées par le locataire ou fermier *pour non jouissance* provenant du fait du propriétaire, *lorsque le droit à une indemnité n'est pas contesté.*

» 2° Des dégradations et pertes, dans les cas prévus par les articles 1732 et 1735 du code Napoléon.

» Néanmoins, le juge de paix ne connaît des pertes causées par incendie ou inondation que dans les limites posées par l'article 1er de la présente loi.

» Art. 5. Les juges de paix connaissent également, sans appel, jusqu'à la valeur de cent francs, et, à charge d'appel, *à quelque valeur que la demande puisse s'élever* :

» 1° Des actions *pour* DOMMAGES *faits aux* CHAMPS, FRUITS *et* RÉCOLTES, soit par l'homme, soit par les animaux, et celles relatives à l'élagage des arbres ou haies, et au curage soit des fossés, soit des canaux servant à l'irrigation des propriétés ou au mouvement des usines, lorsque les droits de propriété ou de servitude ne sont pas contestés.

» 2° Des réparations locatives, etc.... »

Le juge de paix est d'abord compétent sur toutes

demandes dont le chiffre ne s'élève pas au-dessus de 200 francs, et il l'est encore, aux termes de l'article 5 ci-dessus n° 1, sur toutes les actions pour *dommages* faits aux champs, fruits et récoltes, à quelque valeur que la demande puisse s'élever.

Il est surtout compétent lorsqu'il ne s'agit que d'évaluer le dommage causé à un champ sur une étendue de quelques centiares (1) ou de quelques perches, soit pour ouvrir un chemin, soit pour creuser un fossé pour une fuite d'eau (2), et même pour quatre ou huit ares, comme pour l'occupation autorisée par le préfet de l'Allier (3).

En effet, en prenant pour base la plus grande étendue, celle huit ares, et en évaluant le produit même à 3 francs, soit à 300 francs l'hectare, les huit ares ne donneraient qu'un total de 24 francs qui, porté au double, n'atteindrait qu'un chiffre de 48 fr.

Mais, quand il s'agit d'une demande indéterminée, pour dommages faits aux champs, fruits et récoltes, l'article 5 de la loi du 25 mai 1838 a été d'une sage prévoyance en attribuant au juge de paix toutes les actions de cette nature ; elle empêche que, par une demande exagérée, l'affaire ne soit enlevée au juge le plus compétent dans ces sortes d'actions.

Quant à la compétence des juges de paix des lieux des litiges, voici ce que M. Amilhau a dit dans son rapport devant la Chambre des députés, le 6 avril 1838 :

« Il est à remarquer que les contestations relatives aux loyers

(1) Voir page 97, 3ᵐᵉ alinéa.
(2) Voir page 98, 2ᵐᵉ alinéa.
(3) Voir page 344, art. 1 et 2 de l'arrêté.

appartiendront principalement aux juges de paix des villes qui connaissent les usages et règles de cette matière, et que les questions sur les fermages, *plus souvent de fait* que de droit, seront dévolues aux juges de paix des cantons ruraux, *qui sont sur le lieu du litige* et ont sur ces matières *des lumières pratiques* dont beaucoup de personnes éclairées, dans les villes, se trouvent dépourvues (1). »

M. Girandeau, se fondant sur ce passage, en parlant de la compétence des juges de paix, dit ensuite :

« Nous ne terminerons pas nos observations sur cet article sans rappeler que les actions dont il s'occupe doivent toujours être portées devant le juge de paix *de la situation de l'immeuble* (2). »

On comprend du reste qu'il doit en être ainsi, parce que les juges de paix, par leurs connaissances personnelles sur toutes les questions de dommages faits aux champs, évitent des frais considérables aux parties, en se transportant sur le lieu du litige pour apprécier les offres et la demande, c'est-à-dire les prétentions respectives portées devant sa juridiction.

Il en est de même du bornage de la propriété de la mine, lorsqu'il s'agit d'indiquer à la surface la ligne séparative entre deux concessions contiguës.

« L'action en bornage qui est de droit commun, dit M. Peyret-Lallier (3), doit être portée, aux termes de l'article 6 de la loi du 25 mai 1838, devant le juge de paix.... »

D'où il suit que le juge de paix de la situation du terrain à occuper ou endommagé par les travaux souterrains, est seul compétent pour l'évaluation des indemnités à payer aux propriétaires de la surface.

---

(1) Chambre des députés, séance du 6 avril 1838.
(2) Commentaire raisonné de la loi du 25 mai 1838, page 44.
(3) T. Ier, page 463.

SECTION 4.

*Restrictions apportées au droit d'occupation par l'article 11
de la loi de 1810.*

Les restrictions apportées au droit d'occupation par
l'article 11 de la loi de 1810 sont diversement inter-
prétées et souvent mal appliquées ; la cour de cassation
voit dans cet article la création d'un droit nouveau en
faveur du propriétaire d'une clôture murée ou d'une
habitation.

Elle autorise, en vertu de cet article, le propriétaire
de cette clôture ou de cette habitation à prohiber
sur tous les terrains contigus à sa propriété, jusqu'à
100 mètres de distance, la construction d'un magasin,
la pose d'une machine ou d'une pompe, l'ouverture
d'un puits ou un simple sondage.

Et elle semble frapper d'interdit tous ces terrains et
y imposer le *statu quo.*

Le même principe s'appliquerait à tous les travaux
et à un simple passage comme à la construction d'un
magasin, s'ils doivent servir à une exploitation de
mines ou à des recherches.

Cependant, si nous recourons à la discussion de la
loi de 1810 sur l'article 11, séance du conseil d'État
du 13 février 1810, présidée par l'Empereur, nous
voyons que M. Réal a demandé si la *prohibition* de
former des ouvertures à une certaine distance des
lieux clos ou des *maisons* empêchera de poursuivre la
recherche sous *ces lieux?*

23

A cette question, M. Regnault de Saint - Jean - d'Angély répondit qu'il devait être permis de suivre le filon dans toute sa direction, et M. Defermon fit ensuite observer que la question était d'une grande importance pour les mines de houille dont les substances *sont souvent à la surface ;* puis, l'Empereur prononça ces paroles :

« Pour *prévenir* toute entreprise nuisible *aux* VOISINS , on pourrait ASTREINDRE l'*exploitant* à donner *caution* des dommages que son entreprise peut occasionner , toutes les fois qu'un *propriétaire* VOISIN craindrait que les *fouilles* ne vinssent *ébranler* les fondements de ses édifices , tarir les eaux dont il a l'usage, ou lui causer quelque tort (1). »

« *Astreindre* l'exploitant à donner caution , » c'est là tout ce que le *propriétaire* voisin peut demander et exiger lorsqu'il craint à bon droit que les fouilles ne viennent *ébranler* les fondements de ses édifices !

Et, séance tenante, l'EMPEREUR rédigea l'article 15 de la loi de 1810 , qui n'astreint en effet l'exploitant qu'à donner caution lorsque le cas arrive de faire des travaux sous *les maisons* ou *lieux d'habitation* des propriétaires de la surface.

Les dispositions de cet article 15 sont ainsi conçues :

« L'exploitant doit aussi, le cas arrivant de travaux à faire SOUS *des maisons* ou lieux d'*habitation* ou dans leur *voisinage* immédiat, DONNER *caution* de payer toutes indemnités *en cas d'accidents* : les demandes ou oppositions des intéressés seront, *en ce cas* , portées devant NOS *tribunaux et cours.* »

Dans ce mot *nos,* on reconnaît la main de l'Empereur, traçant lui-même les dispositions de cet article, comme s'il émanait du souverain et non du pouvoir législatif.

Mais l'article 15 autorise implicitement *les fouilles*

_____

(1) Voir page 94 , 1er et 2me alinéa.

et l'extraction de la mine jusque *sous* les maisons ou lieux d'habitation et dans leur *voisinage* IMMÉDIAT.

Si l'on compare ensuite les dispositions de l'article 11 avec celles de l'article 15, on acquiert la conviction que l'un ne restreint que le droit d'occupation, et que l'autre n'accorde qu'un cautionnement en certains cas ; mais que le propriétaire d'une clôture murée ou d'une habitation est sans droit d'opposition sur une propriété qui ne lui appartient pas.

D'abord, pour bien apprécier les dispositions de l'article 11, il ne faut pas les séparer de celles des articles 10 et 12, parce qu'elles s'enchaînent, se complètent, s'expliquent et se corroborent les unes par les autres ; il en est de même de toutes les autres dispositions de la loi de 1810, il faut lire toute la loi pour en bien comprendre le texte et l'esprit.

Les articles 10, 11 et 12 portent :

« Art. 10. Nul ne peut faire des recherches pour découvrir des mines, enfoncer des sondes ou tarières SUR *un terrain* qui ne lui appartient pas, *que du consentement du* PROPRIÉTAIRE DE LA SURFACE ou avec *l'autorisation du* GOUVERNEMENT, donnée après avoir consulté l'administration des mines, à la charge d'une préalable *indemnité envers le* PROPRIÉTAIRE, et après qu'il aura été entendu.

» Art. 11. NULLE *permission* de recherches, NI *concession* de mines, NE *pourra*, sans le consentement formel du propriétaire de la surface, DONNER LE DROIT de faire des sondes et d'ouvrir des puits ou galeries, NI CELUI d'établir des machines ou MAGASINS dans les enclos murés, cours ou jardins, NI *dans les* TERRAINS ATTENANTS aux habitations ou clôtures murées, dans la distance de 100 mètres desdites clôtures ou habitations.

» Art. 12. Le PROPRIÉTAIRE POURRA faire des recherches, sans formalité préalable, dans les lieux réservés par le précédent article, comme dans les autres parties de sa propriété ; mais il sera obligé d'obtenir une concession avant d'y établir une exploitation. Dans aucun cas, les recherches ne pourront être autorisées dans un terrain déjà concédé. »

Ces trois articles se résument ainsi :

Si l'on n'est pas propriétaire du terrain SUR *lequel* on veut faire des recherches, il faut le consentement, du *propriétaire* et non du *voisin*, ou une permission du gouvernement, et préalablement indemniser le *propriétaire* et non le *voisin*.

Mais, dans ce cas, ni la permission de recherches du gouvernement, ni la concession de la mine, ne peut donner le droit de *faire* ni d'*établir* aucuns travaux dans les lieux réservés par l'article 11 sans le consentement du *propriétaire* de la *surface* à occuper.

Et lorsqu'on est *propriétaire* et qu'on a obtenu une concession, on peut fouiller et exploiter dans toutes les parties de sa propriété *sans* le consentement, ni la permission de son *voisin*.

Deux cas seulement ont été prévus par la loi :

1º Celui où le gisement et les allures de la mine autorisent ou nécessitent le *placement* (1) des travaux, l'ouverture d'un puits de descente ou d'aérage, ou un simple sondage dans l'asile des jouissances domestiques du propriétaire de la surface ; dans ce cas il faut le consentement formel de ce propriétaire.

2º Celui où la direction des couches de la mine obligerait de conduire les travaux souterrains jusque SOUS *les maisons* ou *lieux d'habitation* ; dans ce cas, le propriétaire ne peut même pas empêcher les fouilles, il n'a droit qu'à un cautionnement pour le paiement des dommages, en cas d'accidents.

_____

(1) Voir page 136, avant-dernier alinéa.

Ce sont là tous les droits accordés aux propriétaires de la surface par les articles 11 et 15 de la loi de 1810.

Ensuite, si l'on examine une à une les prohibitions de l'article 11, il est facile de se convaincre que cet article ne prohibe et ne *restreint* que l'occupation de l'exploitant.

En effet, de quel droit le propriétaire d'une clôture ou d'une habitation pourrait-il empêcher, sur un terrain qui ne lui appartient pas:

Un *sondage,* qui consiste simplement à enfoncer une tarière de quelques centimètres de diamètre dans un terrain pour connaître ce qu'il y a dans le tréfonds?

Nous avouons qu'il nous est impossible de trouver, non pas une raison, mais le moyen de l'empêcher. Tout propriétaire est maître chez lui, et le propriétaire d'une maison ou d'un enclos n'a pas le droit de pénétrer chez son voisin ; dès-lors, comment saura-t-il s'il se fait un sondage?

Le saurait-il ; quelle serait son action relativement au sondage fait ou qui pourrait se renouveler? Le sondage ne laisse aucune trace et ne peut troubler en aucune manière le repos ou la tranquillité du voisin ;

Un *puits ;* mais tout propriétaire a le droit de creuser un puits sur son terrain pour en extraire de l'eau, la pierre, le plâtre ou le marbre, même le minerai.

Et le propriétaire de mines a un droit beaucoup plus étendu ; il peut non-seulement creuser un puits dans un jardin avec le consentement du propriétaire de ce jardin, mais il peut encore fouiller sous celui *du voisin,* sous son habitation, sans que celui-ci puisse s'y opposer; il ne peut exiger que le cautionnement prescrit par l'article 15 ;

UNE *machine;* il n'est jamais venu à l'idée d'un voisin d'interdire la pose d'une pompe ou d'une machine quelconque sur un terrain qui ne lui appartient pas.

UN *magasin;* qui donc oserait jamais interdire la construction d'un magasin sur la propriété de son voisin ?

Une maison peut servir de magasin, et cette maison peut même être établie sur le mur mitoyen ; et quand la maison sera construite, pourra-t-on empêcher d'y déposer la mine, la houille et toute espèce de produits, s'ils ne sont pas proscrits par les règlements de police ?

Ce voisin pourra-t-il empêcher davantage l'établissement d'autres travaux, les *dépôts* et les *chemins* de charroi, notamment un chemin de fer (1)? Est-ce que le chemin de fer d'un exploitant de mines est plus dangereux que ceux qui sillonnent le territoire de la France? Et ces chemins ne servent-ils pas au transport de toutes espèces de mines?

D'autre part, soit *avant* la loi de 1810, soit *pendant* sa discussion, soit *après* sa promulgation, il a toujours été entendu que le consentement exigé était celui du propriétaire des enclos murés, cours ou jardins et des terrains attenant aux habitations ou clôtures.

_____

(1) Voir page 330, dernier alinéa, et page 336, 4me alinéa et suivants.

Avant la loi de 1810, l'article 23 de la loi du 28 juillet 1791 portait :

« Les concessionnaires ne pourront ouvrir leurs fouilles dans LES enclos murés, ni dans LES jardins, cours ou vergers attenant aux habitations, dans la distance de 200 toises, que du consentement *des propriétaires de CES fonds.* »

Pendant la discussion de la loi de 1810, M. de Girardin, rapporteur du projet, disait :

« Ni cette permission de recherches, ni même la propriété de la mine, n'autorisent jamais à faire des fouilles, des travaux ou établissements d'exploitation, sans le consentement *du propriétaire*, dans SES *enclos* murés, cours ou habitations et dans SES *terrains* ATTENANT auxdites habitations ou clôtures, dans un rayon de 100 mètres. »

Après la promulgation de la loi de 1810, la circulaire ministérielle du 3 août 1810, interprétant les dispositions de l'article 11, a dit :

« Aucune permission de recherches ne peut être accordée pour faire des sondes, ouvrir des puits ou établir des machines dans LES *enclos* murés et dans LES *terrains* ATTENANT aux habitations, dans la distance de 100 mètres desdites clôtures ou habitations, qu'avec le consentement formel *du propriétaire.* »

Nulle difficulté en ce qui concerne les enclos murés et les cours ou jardins; on n'a jamais contesté au propriétaire *de ces fonds* le droit d'y permettre des fouilles.

La controverse n'existe qu'à l'occasion des terrains *attenant* aux habitations ou clôtures murées du voisin, et la question est de savoir si le consentement exigé par l'article 11 doit être donné par les propriétaires de la surface des terrains ou par les propriétaires voisins;

Ou si le mot *attenant* désigne une *attenance* ou dépendance des enclos murés ou des habitations.

Ce mot *attenant* a été employé pour désigner une dépendance, notamment :

1º Dans la loi sur la chasse, article 13, où il est dit :

« Celui qui aura chassé sur le terrain d'autrui sans son consentement, si ce *terrain est* ATTENANT *à une maison habitée*, sera puni.... »

2º Dans le code forestier, article 124, portant :

« Les arbres qui existeraient dans les lieux clos ATTENANT *aux habitations* et qui ne seront point aménagés en coupes réglées, ne seront point assujettis au martelage. »

3º Dans le concordat de 1801, article 72, ainsi conçu :

« Les presbytères et *les jardins* ATTENANTS, non aliénés, seront rendus aux curés et desservants. »

On ne saurait méconnaitre l'interprétation donnée au mot *attenant* dans ces trois articles ; il est de toute évidence qu'il désigne une dépendance de la *maison habitée*, des *habitations* ou des *presbytères*.

Dans le langage ordinaire, dans le notariat, au palais, on dit la maison et le clos *attenant,* pour désigner la *contiguïté* et la *dépendance* dans un seul mot.

On dit aussi une *attenance* pour indiquer que cela fait partie de l'objet principal.

Enfin, nous trouvons la même interprétation de ce mot jusque dans la littérature. Lafontaine a dit :

» Un amateur de jardinage,
» Demi-bourgeois, demi-manant,
» *Possédait* en certain village
» Un jardin assez propre et le clos ATTENANT. »

Ici encore il fallait que le demi-bourgeois, demi-manant *possédât* le jardin et le clos *attenant.*

Mais à quoi bon autoriser le propriétaire d'une clôture à interdire la construction d'un magasin ou un sondage sur un terrain qui ne lui appartient pas, lui qui ne peut empêcher les fouilles d'arriver jusque *sous* son habitation?

En outre de ces observations il nous reste à démontrer en quatre paragraphes :

1° L'incompétence de l'autorité judiciaire sur l'interprétation de l'article 11 de la loi de 1810 ;

2° La jurisprudence de la cour de cassation et des cours impériales sur cette interprétation ;

3° L'opinion des auteurs et des jurisconsultes sur la même interprétation ;

4° La solution à donner à la lutte qui existe sur ce point.

§ 1er.

Incompétence de l'autorité judiciaire sur l'interprétation de l'article 11 de la loi de 1810.

L'incompétence de l'autorité judiciaire sur l'interprétation de l'article 11 de la loi du 21 avril 1810 résulte des limites que la loi a tracées entre les pouvoirs administratifs et judiciaires.

La loi du 21 avril 1810 et les règlements administratifs donnent aux préfets le pouvoir d'autoriser tous les travaux de mines, et ces magistrats statuent sur l'interprétation de l'article 11 ou restrictions apportées au droit d'occupation, en même temps qu'ils autorisent les travaux.

L'autorité judiciaire n'intervient ensuite que lorsqu'il s'agit du règlement de l'indemnité à payer aux propriétaires de la surface à occuper, lorsqu'il y a difficulté sur le chiffre à payer.

Mais, lorsqu'il s'agit des travaux de recherches de mines, avant la concession, le règlement de l'indemnité comme l'autorisation sont, aux termes de l'article 46 de la loi de 1810, de la compétence de l'autorité administrative, et sous aucun rapport l'autorité judiciaire ne peut être saisie d'une difficulté.

Avant la concession, on fait cependant à peu près les mêmes travaux qu'après ; c'est-à-dire qu'on fait des sondages, on ouvre des puits, et l'on établit des machines ou des magasins, sans que l'autorité judiciaire ait à intervenir sur aucun point.

Après la concession, bien que rien ne soit changé quant aux travaux et au droit d'occupation, la loi veut néanmoins que le règlement des indemnités à payer aux propriétaires de la surface soit de la compétence de l'autorité judiciaire ; mais cette compétence ne s'étend pas au-delà.

La limite du pouvoir de l'autorité judiciaire en matière de mines est tracée dans l'article 15 de la loi de 1810 où, par une disposition spéciale, elle est appelée à contraindre l'exploitant, dans certains cas, à donner caution et à payer les indemnités.

Mais, qu'on le remarque, ce n'est que lorsqu'un accident est à craindre qu'un cautionnement peut être exigé, et les tribunaux ordinaires ne peuvent jamais interdire les travaux *autorisés* ou *commandés* par l'administration.

L'exploitation des mines est sous la surveillance

immédiate de l'administration, qui en a pour ainsi dire la direction et qui peut seule en ordonner la suspension ou l'interdiction.

Aussi, n'importe pour quelle cause, les travaux de mines ne peuvent être abandonnés sans une autorisation de l'administration, et les tribunaux ne peuvent ordonner contre l'exploitant que ce qu'il pourrait faire lui-même.

L'exploitant est tenu d'exécuter toutes les prescriptions de l'autorité administrative qui le protège et le surveille dans son exploitation.

Sur les restrictions édictées dans l'article 11 de la loi de 1810, nous ne voyons même pas comment la demande en destruction des travaux pourrait être portée devant l'autorité judiciaire, et comment une telle demande échapperait à la fin de non-recevoir qui se présente tout d'abord.

En effet, on a vu à la première section du présent chapitre qu'il est formellement interdit aux exploitants de mines de faire ou d'établir aucuns travaux à la surface sans une autorisation du préfet et sans avoir préalablement indemnisé le propriétaire de la surface à occuper.

On a vu aussi à la même section que les cours impériales de Bourges et de Dijon considèrent comme une entreprise violente tous travaux faits ou établis à la surface sans autorisation et sans règlement préalable de l'indemnité (1).

D'où il suit que si les formalités préalables à la prise

---

(1) Voir page 319, 3me alinéa et suivants, et page 322, 4me alinéa.

de possession des terrains n'ont pas été observées, l'exploitant de mines peut être poursuivi devant les tribunaux correctionnels pour violation du droit de propriété ; mais dans ce cas les restrictions édictées dans l'article 11 de la loi de 1810 n'auraient pas besoin d'être invoquées pour demander et pour obtenir la destruction de travaux indûment établis.

Si, au contraire, toutes les formalités préalables ont été remplies, autorisation et règlement de l'indemnité, il est de toute évidence qu'il y aurait une fin de non-recevoir insurmontable à opposer au propriétaire de la surface qui ne se serait pas pourvu contre l'arrêté administratif qui a autorisé les travaux et l'occupation, ou dont le recours contre l'arrêté aurait été rejeté.

Et si, d'autre part, il a reçu l'indemnité d'occupation des travaux, n'est-il pas présumé avoir consenti lui-même à l'occupation ?

En résumé, lorsque les travaux sont régulièrement autorisés, et surtout lorsque l'indemnité a été réglée, de quoi pourrait se plaindre le propriétaire de la surface ? Pourrait-il demander la suppression de travaux non-seulement autorisés et commandés par l'administration, mais approuvés par lui en recevant le prix de l'occupation.

M. Peyret-Lallier, *Traité sur la Législation des Mines*, t. Ier, page 521, nous dit avec raison :

« L'autorisation est donnée par l'administration après avoir reconnu l'*utilité* ou la *nécessité* de l'OCCUPATION d'un terrain pour les travaux d'exploitation de la mine.

» Elle peut être *explicite* ou *implicite*.

» Lorsque l'arrêté administratif autorise l'ouverture d'un puits sur un point déterminé, il en résulte *implicitement* l'autorisation d'*occuper* le terrain nécessaire au creusement et au dépôt des déblais.

» Quoique pourvu de l'autorisation, le concessionnaire ne peut commencer ses travaux qu'après avoir réglé et acquitté l'*indemnité due au propriétaire* ou fait des offres jugées suffisantes par le tribunal, et consigné la somme offerte. Telle est l'opinion de Proudhon, conforme à l'esprit de la loi.

» Dans ce cas, le tribunal ne peut refuser d'ordonner la mise en possession du concessionnaire, en liquidant *provisoirement* ou *définitivement* l'indemnité, ou en la faisant estimer par experts.

» L'autorité judiciaire statue sur les intérêts privés des parties ; mais lorsque les conditions imposées par la loi sont remplies, *il ne peut* SUSPENDRE *ni* PARALYSER *l'effet des actes de l'autorité administrative.* »

Ces principes ont été textuellement consacrés par un arrêt de la cour impériale de Dijon du 28 avril 1847, que nous rapportons ci-après ; déjà l'incompétence de l'autorité judiciaire avait été reconnue par les cours de Liége en 1813, de Lyon en 1820 et de Dijon en 1826.

Ces mêmes principes avaient d'abord été rejetés par la cour de cassation, par arrêt du 21 avril 1823 ; mais ils ont ensuite été admis par elle dans un autre arrêt du 5 juin 1828, rendu sous la présidence de M. Henrion de Pansey ; ajoutons cependant que ce dernier arrêt a été généralement méconnu, et que cette circonstance est probablement due au défaut d'étude spéciale sur la législation de la propriété *immobilière* des mines.

Mais ce qui doit servir de règle invariable pour déterminer la limite du pouvoir judiciaire, c'est que toute question *en dehors du règlement des indemnités* est de la compétence de l'autorité administrative, et que les tribunaux ordinaires ne sont appelés qu'à régler l'indemnité.

Voici au surplus quel est l'état de la jurisprudence des tribunaux sur ce point :

La première décision a été rendue par le tribunal de Liége le 20 octobre 1812 entre les sieurs Gehotte et Michel, et le sieur Ghiot. Gehotte et Michel prétendaient que les dégradations survenues à leurs maisons provenaient du voisinage trop rapproché de l'exploitation de mines de Ghiot, et ce tribunal a statué ainsi :

« Considérant qu'il ne s'agit pas d'une visite d'experts pour apprécier la valeur des dommages causés par suite des travaux dont on se plaint, mais d'une descente sur les lieux pour constater jusqu'où s'étendent les ouvrages d'exploitation du défendeur, et si ces ouvrages ont causé des dégradations aux habitations des demandeurs :

» Considérant que par l'article 47 de la loi du 21 avril 1810, les ingénieurs des mines sont établis afin d'exercer, sous les ordres du ministre de l'intérieur (aujourd'hui des travaux publics) et des préfets, une surveillance de police pour la conservation des édifices et la sûreté du sol ;

» Que par l'article 50 de la même loi il est statué que si l'exploitation compromet la sûreté des habitations de la surface, il y sera pourvu par le préfet ainsi qu'il est pratiqué en matière de grande voirie et selon les lois ;

» Qu'ainsi, d'après ces articles de la loi, cet objet appartient à l'autorité administrative ;

» Considérant que le deuxième chef des conclusions des demandeurs tend à ce que le défendeur soit tenu de donner libre accès à ses travaux et qu'il lui soit interdit toute exploitation sous les maisons en question ; que ce deuxième chef est évidemment subordonné au précédent et du ressort de la même autorité ;

» Considérant, quant aux dommages-intérêts, que s'il est dans l'attribution judiciaire de statuer sur les indemnités auxquelles peuvent prétendre les propriétaires de la surface, cependant les tribunaux ne peuvent le faire avec due connaissance et efficacité sans qu'au préalable le gouvernement et les autorités administratives qu'il constitue à cet effet n'aient déterminé si réellement la dégradation dont on se plaint provient des travaux de l'exploitation ;

» Que ce n'est que sur la production de ces actes qu'ils ont à prononcer.

si les exploitants se sont permis des extensions préjudiciables à des tiers, et si, en conséquence, ils doivent des dommages-intérêts ;

» Considérant que jusqu'ici on ne voit pas que l'autorité administrative ait constaté le fait; qu'*ainsi la demande en dommages-intérêts* EST PRÉMATURÉE ;

» LE TRIBUNAL se déclare INCOMPÉTENT sur les deux premiers chefs des conclusions des demandeurs; les renvoie à se pourvoir compétemment ; TIENT *la présente en* SURSÉANCE, *quant aux dommages-intérêts;* dépens réservés. »

La cour impériale de Liége, par arrêt du 25 mai 1813, en adoptant les motifs des premiers juges, a mis l'appellation au néant avec amende et dépens.

Le 30 août 1820, la cour impériale de Lyon, sur une demande en suppression d'un puits d'exploitation de mines, ouvert à moins de 100 mètres des habitations des demandeurs, s'est aussi déclarée incompétente en renvoyant ces derniers à se pourvoir devant l'autorité administrative.

Pourvoi en cassation, et arrêt du 21 avril 1823 qui casse celui de la cour de Lyon, par les motifs suivants :

« Attendu qu'il résulte évidemment des articles 15, 46 et 56, que les contestations élevées à raison des travaux postérieurs à la concession des mines, et relatifs à leur exploitation, doivent être portées devant les tribunaux ; et qu'il n'y a que les questions d'indemnités à payer à raison de recherches ou travaux antérieurs à la concession qui, aux termes précis de l'article 46, soient de la compétence de l'autorité administrative ;

» Et attendu que, dans l'espèce, les sieurs Dubouchet et Massadier ont demandé qu'*un puits* OUVERT, depuis l'acte de concession, fût bouché; qu'ainsi, en réformant le jugement qui avait condamné le marquis d'Osmond et compagnie à BOUCHER *ledit puits*, sauf auxdits sieurs Dubouchet et Massadier à se pourvoir devant l'autorité administrative, la cour impériale a violé les articles 11, 15, et 56, et faussement appliqué l'article 46 de la loi du 21 avril 1810 ; — CASSE. »

Contrairement à cet arrêt, la cour impériale de Dijon, par décision du 3 mai 1826, s'est aussi déclarée incompétente sur une demande en suppression de travaux de mines, dans les circonstances suivantes :

Une mine était exploitée par Jœsnin, Mazoyer et Cadot.

Raclet et Lachaume assignèrent les exploitants afin qu'ils eussent à cesser leurs travaux et à BOUCHER *leur puits*, en se fondant sur ce que l'excavation n'était pas de leur habitation à la distance prescrite par la loi, et ils avaient réclamé en outre 3000 francs de dommages-intérêts.

Les exploitants opposèrent l'incompétence du tribunal.

Le tribunal de Mâcon, par jugement du 10 avril 1826, rejeta le moyen d'incompétence, en se fondant sur l'article 15 de la loi de 1810, et au fond il ordonna la suppression des travaux et condamna les défendeurs aux dépens pour tous dommages-intérêts.

Sur l'appel, la cour de Dijon a infirmé et s'est déclarée incompétente.

Pourvoi en cassation, et arrêt du 5 juin 1828 qui confirme l'arrêt de la cour de Dijon en ces termes :

« Considérant que l'action portée par Raclet et Lachaume devant le tribunal de Mâcon n'avait d'autre objet que de faire interdire par l'autorité judiciaire, aux sieurs Mazoyer, Jœsnin et Cadot, l'exploitation d'une mine sur leur terrain, *autorisée par l'administration*, et que l'arrêt attaqué s'est conformé aux principes *sur la compétence judiciaire*, EN S'ABSTENANT *de connaître l'action* PORTÉE DEVANT ELLE par Raclet et Lachaume ;

» Considérant que l'autorité administrative avait néanmoins réservé aux parties qui éprouveraient des dommages par le fait des travaux, de recourir aux tribunaux à l'effet d'en obtenir la réparation ; mais que Raclet et Lachaume n'ont pas prétendu avoir éprouvé de dommages par le fait des travaux de leurs adversaires, et *les font résulter* UNIQUEMENT de l'exécution donnée à la décision administrative, ce qui rentrait dans la *question de compétence* JUSTEMENT appréciée dans l'arrêt ;

» Considérant, enfin, que le jugement de première instance avait réduit les dommages-intérêts à une simple condamnation de dépens contre Mazoyer, Jœsnin et Lachaume, n'ayant pas eux-mêmes interjeté appel du jugement sur ce chef, il n'était plus question de dommages-intérêts devant la cour royale ; — REJETTE. »

La question d'incompétence décidée par cet arrêt était la même que celle résolue contrairement par l'arrêt de la cour de cassation du 21 avril 1823. Dans les deux affaires il s'agissait de suppression de travaux de mines et de *boucher* un puits d'extraction, autorisés par l'administration, et il ne s'agissait non plus que de la question de savoir si les tribunaux pouvaient en ordonner la suppression sans violer les lois sur la compétence administrative.

Le principe consacré par l'arrêt du 5 juin **1828**, confirmant la jurisprudence de la cour impériale de Dijon, est que les tribunaux ne sont compétents que sur les questions d'indemnités.

Et lorsque les dommages-intérêts ne reposent *uniquement* que sur le fait de l'ouverture d'un puits ou de l'établissement de travaux à la surface dont l'examen du droit appartient à l'autorité administrative, la compétence de celle-ci ne peut être détournée au moyen de la réclamation de *prétendus* dommages.

La mission de la justice est de *réprimer,* tandis que celle de l'administration est de *prévenir,* et la question de compétence en cette matière est, selon nous, d'une très-grande importance.

Cette importance est telle, que si les attributions de l'administration n'étaient pas respectées, on arriverait à chaque instant à un conflit, et les décisions administratives seraient paralysées par l'autorité judiciaire.

Nous devons donc insister sur ce point et préciser les droits du propriétaire de la surface contre le propriétaire de la mine, et dire qu'ils sont au nombre de quatre, savoir :

1o Droit à une *redevance* sur le produit de la mine concédée, en vertu de l'article 6 de la loi.

24

2º Droit d'*interdire* l'occupation de sa propriété, soit pour un sondage, soit même pour l'établissement d'un magasin, à moins de 100 mètres de son habitation ou de sa clôture, en vertu de l'article 11.

3º Droit d'exiger la *caution* spécifiée par l'article 15, lorsque les travaux souterrains arrivent sous ses maisons ou lieux d'habitation, ou dans leur voisinage immédiat, et la *réparation* des dommages en cas d'accidents.

4º Droit aux *indemnités* fixées par les articles 43 et 44, lorsque les exploitants de mines établissent leurs travaux sur sa propriété.

Nous ne chercherons pas à démontrer que la liquidation de la *redevance* appartient à l'administration, en vertu de l'article 42, ni que la liquidation des *indemnités* est de la compétence des tribunaux.

Nous ne nous attacherons pas non plus à démontrer l'*impossibilité* que l'on rencontre de saisir les tribunaux sur les prescriptions de l'article 11, quand il s'agit de travaux autorisés par le préfet, et quand l'indemnité préalable a été liquidée ou payée au propriétaire *de la surface à occuper* (1).

Mais, indépendamment de cette impossibilité, nous avons encore établi que les préfets, avant d'autoriser l'établissement des travaux à la surface, sont appelés à vérifier la *distance* comme l'*utilité* des travaux par les soins des ingénieurs des mines; qu'ils ne les autorisent qu'en se conformant aux prescriptions de

(1) Voir page 363, 3ᵐᵉ alinéa.

l'article 11 et que sauf recours au ministre des travaux publics (1).

Écoutons M. Dupont dans les précieux renseignements qu'il a recueillis sur la compétence de l'administration, t. Ier, page 416 :

« Dès le 11 août 1808, un décret rendu au conseil d'État sur l'avis de la commission du contentieux, annulait un jugement du tribunal de Mons, relatif aux mines de Bossu, et déclarait qu'à l'AUTORITÉ ADMINISTRATIVE SEULE il appartient, soit d'AUTORISER les travaux *nécessaires* à l'exploitation des mines, soit de MAINTENIR ou de faire SUPPRIMER les ouvrages pratiqués *sans autorisation*.

» Depuis la promulgation de la loi de 1810, la compétence de l'administration à cet égard ne lui a pas été enlevée. Ainsi, un arrêt de la cour de cassation du 5 juin 1828, rendu dans l'affaire Raclet et Lachaume, contre Mazoyer et Jœsnin, a MAINTENU *la doctrine* de la cour de Dijon, qui avait DÉCIDÉ, par arrêt du 3 mai 1826, QU'IL N'APPARTIENT PAS à l'autorité judiciaire d'INTERDIRE l'exploitation d'une mine AUTORISÉE par l'administration et qui s'ÉTAIT ABSTENUE d'en connaître (2).

» Le même principe a été confirmé par l'ordonnance du 3 décembre 1846, relative aux mines de Giromagny, rendue dans les circonstances suivantes :

» Un arrêté du préfet du Haut-Rhin avait autorisé le sieur Collard à OUVRIR diverses galeries dans la propriété du sieur Fogle ; le sieur Collard FIT DES OFFRES D'INDEMNITÉ au propriétaire et requit le maire de la commune de constater l'état des lieux.

» Le sieur Fogle REFUSA LES OFFRES, et il actionna les ouvriers dudit Collard devant le juge de paix de Giromagny, qui condamna ces ouvriers à enlever les matériaux et déblais, à remettre les lieux dans leur état primitif et à payer des dommages-intérêts.

» Un jugement du tribunal civil de Belfort, du 12 août 1846, ayant maintenu la compétence du juge de paix et l'ordonnance du 3 décembre 1846, déclara non avenus le jugement du juge de paix et celui du tribunal de Belfort, comme il avait été fait par le décret du 11 août 1808 pour le jugement du tribunal de Mons.

(1) Voir divers arrêtés pages 316, 340 et 342, et la circulaire, page 317, faisant connaître une décision du ministre qui a statué sur un recours qui avait été exercé devant lui par les propriétaires de la surface à l'égard d'un chemin autorisé par le préfet.

(2) Voir, page 368, les faits et l'arrêt de la cour de cassation que nous avons rapportés.

Tous les cahiers de charges de concessions de mines contiennent la formule d'interdiction d'ouvrir tout puits, toute galerie et d'établir tous autres travaux sans une autorisation du préfet (1); et la loi du 27 avril 1838 ne se contente pas de poser ce principe, elle y joint une sanction pénale par l'article 8, portant :

« Tout PUITS, toute GALERIE ou tout AUTRE TRAVAIL d'exploitation ouvert en contravention aux lois ou règlements sur les mines, POURRONT AUSSI ÊTRE INTERDITS dans la forme énoncée dans l'article précédent (2), sans préjudice également des articles 93 et suivants de la loi du 21 avril 1810. »

L'instruction ministérielle du 29 décembre 1838, adressée aux préfets, rappelle aussi à ces magistrats que c'est à eux à faire *fermer* tous les travaux entrepris *illicitement*, et elle s'exprime en ces termes :

» Ainsi, toutes les fois que des travaux sont entrepris illicitement dans une concession, soit par des tiers qui viendraient troubler le concessionnaire, soit par le TITULAIRE lui-même ou des personnes qui se diraient ses amodiateurs, ses représentants, VOUS ÊTES AUTORISÉS A LES FAIRE FERMER D'OFFICE, sauf au procureur impérial à poursuivre ensuite, s'il y a lieu, les délinquants devant le tribunal de police correctionnelle.

La compétence de l'administration est donc évidente toutes les fois qu'il s'agit de faire *boucher* un puits, même lorsqu'il a été *ouvert* en contravention à l'article 11 de la loi de 1810 ou à toutes autres dispositions de la loi ou des règlements administratifs.

Disons cependant que le conseil d'État avait, anté-

(1) Voir page 293, art. 5 et 6.

(2) Cet article précédent est l'article 7, qui porte que la suspension de *tout* ou *partie* des travaux POURRA ÊTRE PRONONCÉE par le PRÉFET, sauf recours au ministre, et, s'il y a lieu, au conseil d'État.

rieurement à la décision du 3 décembre 1846, rapportée par M. Dupont, admis une jurisprudence contraire, par arrêté du 18 février précédent, en déclarant que c'était à l'autorité judiciaire qu'il appartenait de statuer sur les oppositions formées par des particuliers aux travaux des concessionnaires.

Cet arrêté est motivé ainsi :

« Considérant que les oppositions formées par des particuliers aux travaux des concessionnaires de mines, en vertu de l'article 11 de la loi du 21 avril 1810, doivent être portées devant l'autorité, D'APRÈS LES RÈGLES GÉNÉRALES DE LA MATIÈRE, et CONFORMÉMENT à *l'article* 15 de la loi précitée. »

Les règles générales de la matière dont a voulu parler le conseil d'État, résultent de l'accord unanime qui existe sur la compétence des tribunaux lorsqu'il s'agit de l'interprétation de l'article 11, parce qu'on ne voit pas qu'il ne *restreint* que l'occupation, ainsi qu'il est établi au § 4 de la présente section.

Car, il faut bien le reconnaître, toute la difficulté de compétence réside dans l'interprétation à donner à l'article 11.

Et si cet article n'est qu'une restriction aux travaux autorisés ou ordonnés par le préfet, l'incompétence des tribunaux est manifeste, et c'est à l'autorité administrative qu'il appartient de faire observer les prescriptions de l'article 11.

Les tribunaux ne viennent ensuite que pour régler l'indemnité d'occupation, s'il y a difficulté sur le règlement, et le même principe s'applique sur l'article 15.

« Ce n'est pas devant les tribunaux, dit M. Dupont (1), que le pro-

(1) T. 1er, page 307.

priétaire d'une maison d'habitation doit formuler son opposition à des travaux de mines *projetés* sous sa maison, comme le dernier mot de l'article 15 SEMBLE *le faire croire* au premier abord :

» Le recours devant les tribunaux, qui est ordonné par cet article, se rapporte EXCLUSIVEMENT aux demandes et contestations RELATIVES à la CAUTION que l'exploitant est tenu de fournir, et les tribunaux ne peuvent interdire les travaux sous les lieux habités qu'au cas où le concessionnaire né fournirait point la caution suffisante.

» C'est évidemment, ajoute-t-il, à l'autorité administrative, agissant sur l'avis des ingénieurs des mines, qu'il appartient de juger de ce que réclament les besoins d'une exploitation et de déterminer les mesures à prendre pour PRÉVENIR *les accidents* et GARANTIR la sûreté publique.

» C'est à l'autorité administrative que la police des mines appartient, aux termes de l'article 50 de la loi de 1810. »

Mais, sans chercher autre part pour faire la critique de l'ordonnance du 18 février 1846, il nous suffira de lui opposer celle du 3 décembre suivant (1) et le décret du 8 mars 1851 (2).

Ajoutons que l'ordonnance du 18 février 1846 est celle qui a donné lieu au *conflit* entre les trois grands pouvoirs de l'Empire (3), et que M. Dupont dit encore (4) :

« Le concessionnaire ou le représentant régulier des concessionnaires, lorsqu'il voudra obtenir l'autorisation d'ouvrir un nouveau champ d'exploitation, adressera sa pétition, avec l'indication du nombre de puits et galeries ou autres ouvrages projetés, et de leur position respective.

» Cette pétition sera dressée sur papier timbré; elle sera accompagnée des deux pièces suivantes :

» 1° Un plan dressé à l'échelle de un millimètre par mètre et divisé en carreaux de 10 en 10 millimètres, se rattachant au plan général

(1) Voir page 371, dernier alinéa.
(2) Voir page 324.
(3) Voir page 227, avant-dernier alinéa, et page 242, 3me alinéa.
(4) T Ier, page 419, 2me alinéa.

'd'exploitation, et indiquant le mode d'exploitation projeté, la position précise des PUITS OU GALERIES à OUVRIR, avec les contenances et les dispositions des terrains à acquérir pour les dépendances immédiates de l'exploitation future.

» On joindra à ce plan les coupes nécessaires pour l'intelligence du mode d'exploitation projeté, et, dans tous les cas, on fera bien d'y marquer par des cotes les hauteurs respectives des différents points remarquables, par rapport au niveau auquel se rapporte le plan général des travaux.

» 2º Un mémoire descriptif, indiquant avec détail le mode d'exploitation projeté, la relation du nouveau champ d'exploitation avec les anciens travaux et le système général d'aménagement, d'aérage et d'épuisement des eaux qu'on se propose d'établir.

» Le préfet, après avoir reçu ces pièces, les transmet à l'ingénieur des mines, QUI SE REND SUR LES LIEUX et dresse un rapport sur l'affaire.

» L'ingénieur EN CHEF donne son avis sur ce rapport, et le préfet prend un arrêté qui autorise l'OUVERTURE des travaux projetés, en ordonnant les MESURES TECHNIQUES indiquées par les ingénieurs, ou qui REFUSE l'autorisation, suivant les cas.

» Le concessionnaire à qui le préfet a refusé l'autorisation d'OUVRIR UN NOUVEAU CHAMP d'exploitation, ou qui ne la lui a accordée qu'à des conditions qui lui paraissent trop DURES et INACCEPTABLES, peut se pourvoir contre cet arrêté.

» Observons seulement que ce pourvoi doit être formé auprès du ministre des travaux publics et non au conseil d'État.

» En effet, le préfet, lorsqu'il prend un arrêté semblable, le fait en conséquence du décret de concession de la mine (1) ; or, l'exécution de ce décret a été confiée au ministre, et par le ministre au préfet.

» Et si le préfet, loin d'assurer l'exécution du décret, l'a rendue impossible par l'arrêté attaqué, cette faute ou cette erreur de l'administration ne peut être réparée que par l'autorité supérieure à celle du préfet, dans l'ordre hiérarchique.

» Ce principe, qui découle des règles fondamentales en matière administrative, a été consacré par le conseil d'État dans deux décrets, des 12 janvier 1812 et 18 janvier 1813, relatifs à l'exploitation des mines de lignite de Bize (Aude), par le sieur Champagne.

» Les concessionnaires de mines seront particulièrement soumis à obtenir une AUTORISATION *spéciale* de l'administration toutes les fois

(1) Voir page 293, art. 5 et 6.

qu'ils voudront pousser leurs travaux sous des maisons habitées ou dans leur voisinage.

» Les travaux de ce genre ne sont pas interdits d'une manière absolue ; il appartient à l'administration de les interdire suivant les cas, ou de les autoriser en ordonnant les mesures de précautions commandées par les circonstances.

» Cette obligation ne dispense pas les concessionnaires de fournir en pareil cas la caution prescrite par l'article 15 de la loi de 1810 ; les discussions qui pourraient surgir au sujet de cette caution devant être jugées par les tribunaux et cours.

» A L'APPUI *de ce qui précède, on pourrait* CITER UN GRAND NOMBRE D'EXEMPLES :

» Ainsi, le 21 octobre 1838, une déclaration ministérielle a approuvé un arrêté du préfet de la Loire qui autorisait, moyennant certaines conditions, des travaux projetés par les concessionnaires des mines de houille de Beaubrun, sous la ville de Saint-Etienne, malgré les oppositions de divers propriétaires.

» Une autre décision ministérielle, du 21 avril 1843, a autorisé l'exploitation des mines de Verchères-Feloin, sous le territoire de Rive-de-Gier, malgré différentes oppositions.

» Ces décisions consacrent un double principe, savoir :

» Le DROIT, pour les concessionnaires, d'exécuter des travaux sous les lieux habités, moyennant certaines conditions, et le DEVOIR pour eux de solliciter et d'obtenir une autorisation administrative avant d'entreprendre des travaux de ce genre. »

Le droit du propriétaire de mines de faire des travaux *sous les lieux habités* est donc hors de doute, lorsque l'administration les a autorisés.

Mais, dans ce cas, quels sont les droits du propriétaire de la surface ?

M. DUPONT (1) répond à cette question et dit : « Si les travaux lui paraissent devoir inévitablement menacer la solidité de son habitation, IL PEUT EN APPELER A L'ADMINISTRATION, pour qu'elle refuse l'autorisation de les étendre sous les lieux habités.

» S'ils sont autorisés, le propriétaire peut toujours demander que le concessionnaire fournisse caution, et dans le cas où la caution fournie

_____

(1) T. 1ᵉʳ, pages 305 et 306

lui paraîtrait insuffisante, IL PEUT EN APPELER AUX TRIBUNAUX et
cours chargés exclusivement de juger, aux termes de l'article 15, toutes
les contestations relatives soit à la CAUTION, soit à L'INDEMNITÉ.

    » Le propriétaire d'une maison d'habitation sous laquelle un conces-
sionnaire de mines veut étendre ses travaux, doit donc d'abord adresser
au préfet ses réclamations ou oppositions à cet égard ; si l'arrêté du
préfet passe outre à la réclamation du propriétaire et autorise les
travaux, celui-ci peut en appeler au ministre. »

Et du moment que l'administration a dans ses
attributions le droit d'*autoriser* ou d'*interdire* tous
travaux de mines, elle n'aurait pas son indépendance
et sa force pour les faire respecter si elle était
obligée de demander aux tribunaux les moyens de
faire exécuter ses actes ; elle serait absorbée par l'autorité judiciaire. Ce serait le renouvellement de ces
déplorables conflits dont les parlements et le pouvoir
du souverain offrirent si souvent des exemples.

L'administration a le droit de *régler*, de *disposer*,
d'*ordonner ;* elle constitue un pouvoir indépendant,
et elle a en elle-même les moyens de se faire obéir,
toutes les fois qu'elle veut faire un acte d'intérêt général.

Ce pouvoir est tellement absolu, qu'il n'est limité
par rien, lorsque les circonstances sont telles que
l'administration en fait usage dans des vues d'utilité
publique. Il s'exerce sur toutes les propriétés, sur toutes
les matières ; il ne doit s'arrêter devant aucun intérêt.

Et comme l'intérêt public est attaché à l'exploitation
des mines, il en résulte que, lorsqu'un arrêté préfectoral a autorisé quelques travaux, soit l'ouverture
d'un puits dans l'intérêt de cette exploitation, la
suppression, même la suspension, ne peut en être
ordonnée par les tribunaux.

Si le propriétaire de la surface réclame, il doit
d'abord s'adresser au préfet qui a ordonné ou permis
les travaux; s'il persiste, le recours est ensuite porté
devant le ministre compétent, et la décision du
ministre peut être soumise à l'Empereur en conseil
d'État, ainsi qu'il est prescrit à l'article 7 de la loi du
27 avril 1838, portant que la suspension de tout ou
partie des travaux peut être prononcée par le préfet,
sauf recours au ministre, et, s'il y a lieu, au conseil
d'État.

Tels sont les juges ordinaires et discrétionnaires du
recours administratif, telle est la hiérarchie qu'il faut
suivre; et la règle est tellement absolue, que le conseil d'État ne statue jamais sur le recours porté devant
lui contre un acte administratif, s'il n'a été soumis
préalablement au ministre; à moins d'exception
formelle.

Ainsi, par exemple, si l'acte administratif émane d'un
fonctionnaire sans droit, sans qualité, ou s'il est, par
tout autre motif, vicié d'excès de pouvoir ou d'incompétence, le recours peut être porté directement devant
le conseil d'État; mais, en aucun cas, l'annulation
de l'acte ne peut être prononcée par les tribunaux,
ni *directement*, ni *indirectement;* ils doivent s'*abstenir*.

Ces principes sont méconnus à l'endroit des travaux autorisés par un arrêté préfectoral, et la cour
de cassation elle-même ordonne, en vertu de l'article
11 de la loi de 1810, la *suppression* des travaux
autorisés par cet arrêté; elle voit dans cet article une
question de propriété entre voisins.

Néanmoins, la cour impériale de Dijon, dans un arrêt du 28 avril 1847, a encore décidé, et d'une manière beaucoup plus explicite, qu'un tribunal ne pourrait, sans *violer les lois* qui ont fixé la limite des pouvoirs administratifs et judiciaires, ordonner la destruction de travaux *autorisés* par un arrêté du préfet.

Voici les motifs de cet arrêt sur ce point :

« Considérant que, DANS TOUS LES CAS, un tribunal ne pourrait, sans VIOLER LES LOIS qui ont fixé la limite des pouvoirs administratifs et judiciaires, *ordonner la destruction* d'un chemin de fer dont la construction a été autorisée par arrêté du préfet de Saône-et-Loire du 30 novembre 1846. »

Cet arrêt tranche nettement la question ; dès que les travaux sont autorisés par un arrêté préfectoral, il n'appartient pas à l'autorité judiciaire d'en ordonner la suspension, ni la destruction.

Le point de droit décidé par la cour impériale de Dijon a été implicitement confirmé par le conseil d'État, dans son arrêté du 8 mars 1851, où il s'attribue le droit de contrôle sur les arrêtés préfectoraux en matière de mines, au lieu de renvoyer devant l'autorité judiciaire la demande en suppression d'un chemin qui avait été établi en vertu d'un arrêté préfectoral.

La circulaire ou instruction ministérielle du 3 août 1810, § 5, *action de l'autorité publique,* détermine également la compétence de l'autorité administrative par la séparation qu'elle établit entre les pouvoirs administratifs et judiciaires.

« L'exécution de la loi, dit-elle, présente DEUX SORTES D'ACTIONS *distinctes* de l'autorité publique.

» L'ACTION ADMINISTRATIVE, qui constate la NATURE de l'objet (concédé), en établit la PROPRIÉTÉ, la SURVEILLE et la PROTÈGE, sous le rapport de SURETÉ PUBLIQUE et de SURETÉ INDIVIDUELLE et sous celui des avantages commerciaux.

» L'ACTION JUDICIAIRE, qui a pour objet le *maintien des* DROITS *légitimes*, la répression des contraventions à la loi et qui prononce sur toutes les CONTESTATIONS *auxquelles* peut donner lieu LA PROPRIÉTÉ des mines. »

C'est ainsi que la direction générale des mines attribue tous les pouvoirs à l'autorité administrative pour ordonner l'exploitation des mines, la protéger et la surveiller, et ne réserve au pouvoir judiciaire que la *réparation* des dommages et la *répression* des délits, dans une circulaire du 10 mai 1843.

« C'est l'AUTORITÉ ADMINISTRATIVE, disait M. le directeur-général des mines, qui doit prescrire et faire EXÉCUTER D'OFFICE les mesures NÉCESSAIRES pour garantir la sûreté publique. L'ARTICLE 50 et les autres dispositions contenues dans le TITRE V de la loi de 1810 l'ont chargé de veiller à tout ce qui peut intéresser la conservation des hommes et des CHOSES.

» Mais en même temps, si le danger qui s'est manifesté provient d'une contravention, s'il y a eu infraction aux règlements, des poursuites doivent être exercées *devant les tribunaux pour la* RÉPARATION *des* DOMMAGES *et la* RÉPRESSION *des* DÉLITS.

» C'est ainsi que la loi du 27 avril 1838 donne aux préfets la faculté d'interdire tout travail d'exploitation contraire aux règlements sur les mines, sans préjudice également de l'application du titre X de la loi du 21 avril 1810. »

La question de compétence sur l'interprétation de l'article 11 dépend donc uniquement de l'examen des droits qu'il confère : est-il une *restriction* au droit d'occupation, ou règle-t-il l'exercice du droit de propriété entre les propriétaires de la surface?

Au premier cas, ce serait à l'administration qu'il appartiendrait de statuer, et au second, ce serait à l'autorité judiciaire de régler le droit de propriété.

Mais le plus souvent les tribunaux ordinaires sont saisis de toutes les difficultés sur les travaux de mines, sans examen de compétence, et le débat est accepté sans contestation sur ce point ; puis les magistrats décident sur le fond, sans examiner s'ils sont ou non incompétents.

§ 2.

Jurisprudence des tribunaux sur l'interprétation de l'article 11 de la loi de 1810.

La jurisprudence des tribunaux sur l'interprétation de l'article 11 de la loi de 1810 est des plus controversée ; une lutte s'est engagée sur les prescriptions de cet article entre la cour de cassation et les cours impériales de Dijon, Douai et Lyon, qui résistent à la jurisprudence de la cour régulatrice.

La cour impériale de Lyon a tracé la voie suivie par la cour de cassation, et, vingt-neuf ans après, elle a abandonné sa jurisprudence en se plaçant en contradiction et avec ses propres arrêts et avec ceux de la cour suprême.

La nouvelle jurisprudence de la cour impériale de Lyon, déférée à la censure de la cour suprême, n'a pas été admise et son arrêt a été cassé.

Mais, sur le renvoi ordonné devant la cour impériale de Dijon, cette cour, en audience solennelle, a confirmé la nouvelle jurisprudence de la cour de Lyon.

L'arrêt de la cour de Dijon a été à son tour déféré à la censure de la cour de cassation, qui, cette fois, est appelée, toutes les chambres réunies, à donner une solution définitive sur la question.

La question à décider sur le pourvoi dirigé contre l'arrêt solennel de la cour impériale de Dijon, est de savoir si l'article 11 de la loi de 1810 autorise le propriétaire d'une habitation ou d'une clôture à imposer le *statu quo* sur tous les terrains contigus à sa propriété, dans la distance de 100 mètres, alors même que ces terrains ne lui appartiennent pas.

Depuis trente ans la cour de cassation résout la question affirmativement, et la cour de Lyon la résolvait dans le même sens, lorsque les défendeurs actuels en cassation ont demandé à la cour de Lyon la réformation de sa propre jurisprudence.

Voici du reste les nombreuses décisions rendues par les cours impériales et par la cour de cassation, établissant la controverse de la jurisprudence sur l'article 11 ; nous les rapportons par ordre de dates.

Mais, on le remarquera, aucune d'elles ne parle du droit d'occupation, ni des restrictions apportées à ce droit.

1°

Arrêt de la cour impériale de Lyon du 30 août 1820.

« ATTENDU que l'article 11 de la loi du 21 avril 1810 n'est relatif qu'à *des mines qu'il s'agit de rechercher et de découvrir*, et nullement à des mines concédées dont l'exploitation est en activité ; qu'*à la vérité il est de toute évidence qu'il ne s'applique pas seulement*, comme l'avaient prétendu le marquis d'Osmond et les frères Croizier, *au propriétaire du fonds* même sur lequel le travail a eu lieu, *mais aussi aux propriétaires voisins*, parce que c'est à l'intérêt général de la propriété que la loi a voulu nécessairement pourvoir ; qu'ainsi Dubouchet et Massadier doivent s'imputer à eux-mêmes de n'avoir pas agi devant l'autorité administrative pendant les quatre mois qu'ont duré les formalités employées pour rendre publique la demande en concession ; qu'*au surplus, s'ils eussent été recevables à agir aujourd'hui, l'autorité administrative aurait été seule compétente pour connaître de leurs réclamations.* »

La cour de Lyon avait décidé en peu de mots sur trois grandes questions de droit : 1º en déclarant que les restrictions de l'article 11 ne s'appliquent pas aux propriétaires de mines ; 2º en reconnaissant que le propriétaire d'une clôture peut prohiber des travaux de mines sur un terrain qui ne lui appartient pas ; 3º en se déclarant subsidiairement incompétente.

2º

Arrêt de la cour de cassation du 21 avril 1823.

« La cour, vu les articles 11, 15, 46 et 56 de la loi du 21 avril 1810 ; statuant sur le premier moyen ;

» Attendu d'abord que, d'après les termes mêmes de l'article 11, non-seulement celui qui a obtenu la permission de rechercher et de découvrir une mine, mais encore celui qui, par un acte de concession, précédé de toutes les formalités voulues par la loi, a obtenu le droit de l'exploiter, ne peut ouvrir de puits dans la distance de 100 mètres de toutes habitations ou clôtures murées sans le consentement formel du propriétaire *de ces habitations* ou *clôtures*, encore bien que le fonds sur lequel l'ouverture serait faite appartînt à un autre que ce propriétaire ;

» Attendu ensuite qu'il est constant et non contesté que le puits dont il s'agit *a été ouvert* à une distance moindre de 100 mètres des habitations, bâtiments et enclos murés des sieurs Dubouchet et Massadier, sans qu'ils y eussent consenti. »

Par cet arrêt la cour de cassation décida, en confirmant la jurisprudence de la cour de Lyon, que le propriétaire d'une habitation ou d'une clôture peut empêcher l'établissement de travaux de mines sur les terrains qui ne lui appartiennent pas, s'ils sont à moins de cent mètres de distance de son habitation ou de sa clôture.

Mais elle rejeta le moyen d'incompétence par les motifs que nous avons rapportés au § précédent (1).

3°

Arrêt de la cour impériale d'Angers du 17 août 1825.

« ATTENDU que la loi du 21 avril 1810, dérogeant au droit commun par des considérations d'intérêt général, a pris en même temps le soin de donner des garanties à la propriété privée ;

» Que si, par exception à l'article 552 du code Napoléon, elle a autorisé les concessionnaires d'une mine à pousser les fouilles sous le terrain d'autrui, elle leur impose l'obligation de n'ouvrir les puits qu'à une distance déterminée par l'article 11 de la même loi ;

» Attendu qu'il est reconnu entre les parties que le puits ouvert par les appelants l'a été à moins de 100 mètres de l'habitation de l'intimé ;

» Adoptant au surplus les motifs des premiers juges. »

La cour impériale d'Angers dit fort peu de chose sur la question, mais elle s'appuie sur les motifs des premiers juges, que nous rapportons :

« Considérant que l'article 11 de la loi du 21 avril 1810 interdisait aux concessionnaires de mines d'établir leurs travaux sans le consentement formel des PROPRIÉTAIRES, dans une distance de 100 mètres de leurs CLÔTURES ou de leurs HABITATIONS ;

» Que le but de cette disposition était évident; qu'en effet des travaux tels que ceux qu'exigeait l'exploitation des mines étaient de nature à troubler la jouissance du propriétaire d'*un enclos adjacent* et à compromettre la solidité des constructions.

» Que cet inconvénient était le même, soit que le fonds sur lequel les travaux sont établis appartînt à celui qui s'en plaignait ou à une

(1) Voir page 368.

autre propriété ; qu'aussi la loi ne distinguait pas entre ces deux hypothèses ; que quand elle parlait du propriétaire *de la surface*, elle ne disait pas qu'il fallait que ce propriétaire fût tout à la fois celui des terrains clos et celui du fonds même sur lequel le travail avait lieu ;

» Que cette expression dans la loi dont il s'agissait, était constamment employée pour faire ressortir la séparation qu'elle établissait, en cas de concession de mines, entre la propriété des substances minérales enfouies dans la terre et qui sont à exploiter, et la propriété du sol réservé ;

» Que c'était à l'intérêt de cette dernière propriété que l'article 11 avait entendu pourvoir, et qu'il le faisait en termes généraux dont le *propriétaire* VOISIN pouvait réclamer l'application dans les cas prévus par cet article, aussi bien que celui à qui appartenait le terrain sur lequel l'exploitation avait été ouverte ;

» Considérant, en fait, que les puits dont il s'agissait avaient été ouverts à une distance bien moindre de 100 mètres des habitations, bâtiments et enclos murés. »

Ici, on le voit, le moyen d'incompétence ne fut ni proposé par les parties, ni soulevé d'office, et le droit du propriétaire *voisin*, consacré par la cour impériale d'Angers, fut confirmé de nouveau dans l'arrêt ci-après.

4°

Arrêt de la cour de cassation du 23 janvier 1827.

« ATTENDU que l'article 11 de la loi du 21 avril 1810 est conçu en termes généraux, et qu'il ne fait aucune distinction ; que, dès-lors, il repousse celle que les demandeurs ont cherché à établir entre le cas où le propriétaire d'un terrain clos est en même temps propriétaire du terrain sur lequel un puits a été ouvert par le concessionnaire d'une mine, à une distance moindre de 100 mètres des habitations et clôtures, et le cas où l'enclos et le terrain sur *lequel* le puits a été pratiqué appartiennent à deux propriétaires différents.

» Que, dans les deux cas, la prohibition prononcée par la loi est également applicable ; qu'en le jugeant ainsi, l'arrêt attaqué a fait une juste application de la loi précitée, et s'est en même temps conformé aux principes conservateurs des droits de propriété : — REJETTE. »

25

Le même jour, la cour de cassation rendit un autre arrêt dans les mêmes termes, confirmant un second arrêt de la cour impériale d'Angers.

5°

Arrêt de la cour impériale de Dijon du 24 janvier 1834.

« Considérant qu'en exploitant la mine de manganèse qui dépend d'un terrain *à eux appartenant*, les appelants n'ont fait qu'user de leur droit de propriété, conformément à l'article 552 du code civil ;

» Considérant que l'article 11 de la loi du 21 avril 1810, qui défend au concessionnaire de mines de faire aucun ouvrage dans la distance de 100 mètres des habitations ou clôtures murées appartenant à autrui, *ne peut être opposé au propriétaire exploitant son propre sol*, dont les droits sont au contraire réservés par l'article 12 de la même loi ;

» *Qu'ainsi la difficulté qui s'est élevée entre les parties* DOIT ÊTRE JUGÉE CONFORMÉMENT AU DROIT COMMUN ;

» Considérant que la jurisprudence et les auteurs décident également que celui qui, en creusant un puits sur son fonds, a détourné la source qui alimentait celui de son voisin, n'est point responsable du préjudice occasionné par cet événement, puisqu'il n'a fait que jouir du droit de propriété qu'il avait sur le fonds et tréfonds aussi bien que sur le sol, et qu'il n'a point d'ailleurs agi dans le but gratuit de nuire à autrui ;

» Que, dès-lors, etc. »

Cette fois encore, la question d'incompétence adoptée par la cour de Dijon dans son arrêt du 3 mai 1826, ne fut ni proposée, ni soulevée d'office ; mais ce fut cette cour qui, la première, résista à la jurisprudence de la cour de cassation, tandis que la cour de Lyon continuait de marcher dans la voie qu'elle avait tracée.

En effet, dans l'arrêt mentionné ci-après, nous voyons la cour de Lyon déclarer que l'article 11 de la loi de 1810 désigne sous le nom de propriétaire de la surface celui des enclos ou habitations.

6°

Arrêt de la cour impériale de Lyon du 25 juin 1834.

« Attendu que l'article 11 de la loi du 21 avril 1810 sur les mines prohibe expressément certains ouvrages de la part des concessionnaires et extracteurs, dans les enclos, cours ou jardins, et dans les terrains *attenant* aux habitations ou clôtures murées, si ce n'est à la distance de 100 mètres desdites clôtures et habitations ;

» Attendu que pour entendre sainement les expressions relatives au consentement exigé pour déroger à cette disposition, il suffit de remarquer, d'une part, que, dans divers articles de la même loi, on a désigné sous le nom de propriétaire *de la surface*, celui dont l'intérêt particulier, opposé à l'intérêt des concessionnaires ou exploitants, excite la sollicitude du législateur ; d'autre part, que, dans l'article 11, le législateur n'a eu d'autres vues que d'accorder une juste protection aux lieux clos et à l'asile de chaque citoyen ;

» Attendu que cette disposition est conçue en termes généraux ; qu'elle ne suggère aucune distinction entre le cas où le terrain *attenant* appartient au propriétaire de la clôture et celui où il appartient à un tiers, et qu'il n'est pas permis de distinguer où la loi ne distingue pas ;

» Attendu qu'ainsi il n'importe aucunement que le terrain dans lequel l'intimé a ouvert son puits et placé sa machine à vapeur, ne soit pas une *dépendance* de la propriété des appelants, et qu'il suffit que la distance fixée par la loi n'ait pas été observée ;

» Attendu, au surplus, que les appelants ne justifient point qu'il soit résulté pour eux un dommage réel de l'entreprise de l'intimé ;

» Attendu enfin que, dans les circonstances de la cause, il y a lieu de répartir les dépens entre les parties. »

Après cet arrêt vient celui de la cour impériale de Douai, du 5 décembre 1838, par lequel elle refuse de suivre la jurisprudence de la cour de Lyon, de la cour de cassation et de la cour d'Angers, pour suivre celle de la cour de Dijon.

Dans l'arrêt rapporté ci-après, la cour de Douai déclare que l'article 12 de la loi de 1810 maintient le propriétaire du sol dans tous ses droits jusqu'à la concession de la mine

7°

Arrêt de la cour impériale de Douai du 5 décembre 1838.

« Attendu que le propriétaire peut, en règle générale, faire sur son fonds tous travaux de recherches et de sondage qu'il juge à propos d'effectuer, et partout où bon lui semble, s'il n'en résulte aucun dommage pour autrui ;

» L'article 12 de la loi du 21 avril 1810 n'est en cela qu'un rappel au droit commun ;

» Que l'article 11 n'a eu d'autre but que d'apporter une RESTRICTION au droit exorbitant établi par l'article 10 ;

» Que de la combinaison de ces trois articles il résulte nécessairement que la réserve de 100 mètres de distance, imposée par l'article 11, ne s'applique qu'à celui qui agit en vertu de permission ou concession du gouvernement, et non au propriétaire qui se borne à de simples recherches sur son fonds, puisqu'il les peut faire, même dans les lieux réservés, sans la moindre formalité préalable, au dire de l'article 12 ;

» Qu'il en est de même de celui à qui le propriétaire a donné son consentement ;

» Que ce ne peut être, au plus, qu'en cas d'exploitation que la réserve de l'article 11 pourrait lui devenir applicable, parce qu'alors seulement l'autorisation du gouvernement lui devient nécessaire ;

» Attendu, en fait, qu'il ne s'agit au procès que de simples travaux de sondage ;

» Qu'on n'allègue aucunement qu'ils aient occasionné quelque dommage à la propriété voisine ; que dès-lors l'action de l'intimé est mal fondée. »

Si l'arrêt de la cour impériale de Dijon du 24 janvier 1834 n'a pas été déféré à la censure de la cour de cassation, celui de la cour de Douai l'a été et il a été cassé par l'arrêt qui suit.

8°

Arrêt de la cour de cassation du 1er août 1843.

« Attendu qu'en prohibant tous travaux de recherches ou de sondage dans les lieux et le périmètre qu'il détermine, l'article 11 de la loi du

21 avril 1810 ne fait aucune distinction entre les travaux de recherches ou de sondage qui auraient lieu avec le consentement du propriétaire de la surface et ceux qui seraient entrepris en vertu d'une autorisation du gouvernement;

» Que, dès-lors, au cas où des travaux de recherches ou de sondage sont effectués à la distance prohibée des enclos murés, cours, jardins ou habitations, sur un terrain qui n'appartient point au propriétaire de ces habitations ou lieux murés, il importe peu qu'il l'aient été du consentement du propriétaire du sol ou avec la permission du gouvernement;

» Que toutes recherches sont prohibées d'une manière absolue dans le périmètre déterminé par la loi, *sauf l'unique exception portée en l'article 12*;

» Que cette prohibition a été portée dans l'intérêt de la propriété bâtie ou murée, et dans le but de la préserver du voisinage de travaux qui pourraient en altérer la valeur ou troubler le repos de ses propriétaires;

» Qu'en admettant une distinction que la loi ne consacre pas, et en *autorisant* des travaux de recherches dans le périmètre réservé par la loi, sans le consentement des propriétaires des habitations ou enclos murés voisins, la cour royale de Douai a excédé ses pouvoirs et violé les dispositions des articles 11 et 12 de la loi, CASSE, etc.

Dans cet arrêt, et pour la première fois, la cour de cassation témoigne quelque incertitude dans l'interprétation de l'article 12 de la loi de 1810, et elle semble dire que le sondage ou le magasin peut être permis au propriétaire, mais qu'il ne peut l'autoriser.

L'article 12 porte en effet que le propriétaire peut faire des recherches dans toutes ses propriétés.

9°

Arrêt de la cour impériale de Lyon du 7 décembre 1849.

« Attendu que la loi sur les mines, en autorisant l'État, dans un but supérieur d'utilité publique, à disposer d'un tréfonds sans le concours du propriétaire de la surface, en permettant ainsi de déposséder le maître d'un fonds, sans son consentement, d'une partie de sa propriété, crée un droit exorbitant contraire aux principes qui assurent la propriété, légitime seulement par le besoin de protéger, dans l'intérêt du pays, une source précieuse de richesse publique ;

» Attendu qu'il était juste et naturel, en autorisant un tel droit, d'en tempérer l'exercice par tous les ménagements qui ne seraient pas essentiellement contraires au but de la loi ;

» Que c'était surtout en faveur du foyer domestique et de ses dépendances immédiates que ces ménagements étaient nécessaires, puisque c'est là surtout que le droit de propriété se montre jaloux, et que la liberté de possession a ses exigences les plus susceptibles ;

» Attendu que c'est pour ce but qu'a été édicté l'article 11 de la loi de 1810, lequel, en soumettant un domaine, sans la volonté du propriétaire, aux travaux d'extraction des mines, a voulu pourtant que ce droit exorbitant eût une limite, à savoir : l'habitation et une zône de 100 mètres autour de l'habitation ;

» Qu'ainsi l'article 11 a été posé comme un juste ménagement dû à celui dont on envahissait la propriété, comme une restriction à un droit exorbitant fait en faveur du propriétaire qui la subissait,

» Que cet article a eu pour objet de conserver la liberté du propriétaire sur ses propres fonds, autour de son domicile, mais non de lui attribuer un droit de servitude sur le fonds de son voisin ; d'assurer sa propre liberté, mais non de lui donner le droit d'attenter à celle d'autrui ;

» Attendu que l'établissement d'une servitude si onéreuse pour le voisin n'aurait aucune raison d'être ; car si la loi doit des ménagements au propriétaire envahi, elle ne doit à celui dont on ne touche pas le domaine d'autre protection que celle du droit commun ;

» Attendu que pour se convaincre de plus en plus que telle est bien la véritable interprétation de l'article 11, il faut rechercher la volonté de la loi dans les orateurs qui ont été ses organes officiels, dans les documents fournis par la législation précédente, et enfin dans les autres dispositions de la loi de 1810 :

» Attendu que M. Stanislas de Girardin, en présentant la loi sur les mines au nom de la commission législative, déclare expressément que l'article 11 s'applique au cas où les fouilles ont lieu dans les terrains du maître de la propriété bâtie ;

» Que telle était aussi la disposition formelle de la loi du 28 juillet 1791, qui a précédé celle de 1810 ;

» Que personne ne comprendra que, si le législateur eût voulu disposer d'une manière contraire à ce que la législation avait admis jus-

qu'alors, et établir une servitude nouvelle avec un caractère aussi
exorbitant, il se fût contenté des expresssions équivoques de l'article 11
de la loi de 1810;

» Attendu que cette interprétation est aussi la seule conséquence
rationnelle des autres dispositions de la loi de 1810;

» Qu'ainsi il résulte de l'art. 15, ainsi que de la doctrine et de la jurisprudence constantes sur ce point, que, si les ouvrages extérieurs sont
prohibés dans le périmètre fixé par l'article 11, les fouilles souterraines
peuvent y pénétrer librement; d'où il suit évidemment que l'article 11
n'a pas pour objet de protéger *la sûreté*, mais seulement *la liberté de
possession* du maître de la propriété bâtie; or, la loi n'a pas à protéger
la liberté de possession sur le terrain du voisin, c'est-à-dire sur un
terrain étranger où il n'a aucun droit de possession;

» Attendu que le texte de la loi, loin d'être opposé à cette doctrine,
en contient au contraire la confirmation;

» Que pour interpréter l'article 11 dans son texte, il ne faut pas le
séparer de l'article 12;

» Attendu que l'article 12 dispose que le maître de l'habitation sera
toujours libre de faire des fouilles dans les lieux réservés par l'article 11
et dans les autres parties de sa propriété;

» Qu'il suit de là, grammaticalement, que les lieux réservés par
l'article 11 font partie de la propriété du maître de l'habitation;

» Attendu que, quand il serait vrai que le texte de la loi fût muet sur
cette question, il n'en faudrait pas moins, dans le silence du législateur,
préférer la solution qui est conforme au droit commun, à la législation
précédente, à la pensée du législateur exprimée par ses organes légaux;
enfin, à l'intérêt public qui tend à restreindre autant que possible les
obstacles imposés à la libre exploitation des mines;

» Attendu, enfin et surabondamment, qu'il est constant en fait, dans
l'espèce, que la propriété bâtie est séparée par une route publique de la
propriété exploitée; et qu'ainsi même, dans le système contraire à celui
qui vient d'être exposé, il n'y aurait pas lieu à l'application de l'article 11,
puisque les terrains ne sont pas attenants;

» Adoptant, au surplus, les motifs des premiers juges, etc. »

A l'époque où fut rendu cet arrêt, la cour impériale
de Dijon était saisie de la même question, et, par
arrêt du 3 mai 1850, elle a réformé un jugement du
tribunal de Chalon-sur-Saône, en persistant dans une
jurisprudence contraire à celle de la cour de cassation.

10°

Arrêt de la cour impériale de Dijon du 3 mai 1850.

« Considérant que si le droit de propriété consacré par l'article 552 du code civil est absolu dans son principe, il n'en reste pas moins soumis aux modifications exigées par l'intérêt général et par les mesures d'ordre public ;

» Considérant que par cela même que les lois et règlements sur les mines *ne sont eux-mêmes qu'une exception à la règle*, il est d'autant moins permis d'en dépasser les termes et d'en étendre *arbitrairement* les limites ;

» Considérant que la loi du 21 avril 1810, tout en disposant au nom de la nation des richesses minérales que le sol de la France renferme, a voulu préserver la propriété des abus de l'expropriation qu'elle autorise, régler en même temps l'exercice du droit de concession qu'elle accorde ;

» Considérant que l'article 10 de cette loi interdit à qui que ce soit de faire aucunes recherches ou entreprises sur un terrain qui ne lui appartient pas sans le consentement du propriétaire *de la surface* ou sans l'autorisation du gouvernement ;

» Qu'il résulte de là que le propriétaire *de la surface* conserve son droit de propriété intact, à la condition d'en user dans l'intérêt qui a dicté la loi, et que si par négligence ou par tout autre motif il laisse enfouies dans son terrain des richesses qui doivent profiter à l'État ; que si, mis en demeure par l'intervention d'un tiers, il refuse à celui-ci une faculté devenue inutile entre ses mains, le gouvernement pourra suppléer alors à son consentement et revêtir un étranger de son droit, après informations et *indemnités préalables* ;

» Considérant qu'après avoir ainsi modifié le droit de propriété, la loi s'empresse, dans son article 11, de lui rendre toutes les garanties que comporte la position exceptionnelle qu'elle lui fait : « Nulle per-
» mission de recherches, dit-elle, ni concession de mines ne pourra,
» sans le consentement du propriétaire *de la surface*, donner le droit
» de faire des sondes et d'ouvrir des puits ou galeries, ni celui d'établir
» des machines ou magasins dans les enclos, cours ou jardins, ni dans
» les terrains *attenant* aux habitations ou clôtures murées, dans la dis-
» tance de 100 mètres desdites clôtures ou habitations. »

» Considérant que l'objet de cette disposition est de sauvegarder les intérêts les plus intimes, les plus précieux du propriétaire *de la surface* ;

de mettre à l'abri de tous troubles, de toutes entreprises, son habitation, ses jardins, ses dépendances; de lui assurer en un mot la jouissance paisible et complète de certaines propriétés spécialement réservées dans un rayon déterminé;

» Considérant qu'en interprétant la loi, même par ses termes grammaticaux, il est impossible de ne pas y voir une protection exclusivement accordée au propriétaire de la surface;

» Qu'en effet, bien que dans la construction de l'article les mots : *sans le consentement formel du propriétaire de la surface*, se trouvent encadrés dans le premier membre de la phrase, ils ne peuvent cependant signifier autre chose que ce qu'ils signifieraient s'ils étaient placés à la fin de l'article; dans l'un comme dans l'autre cas ils se rapportent évidemment à la généralité des propriétés qui s'y trouvent désignées;

» Considérant que l'intention du législateur à cet égard ne saurait d'ailleurs être douteuse;

» Qu'il n'a fait que confirmer en 1810 les dispositions de la loi du 28 juillet 1791, en restreignant seulement la limite donnée aux fonds réservés;

» Que c'est au propriétaire seul que Stanislas de Girardin et Regnault de Saint-Jean-d'Angély attribuaient la garantie de l'article 11 en présentant la loi de 1810 au Corps législatif;

» Que c'est en ce sens aussi que le ministre d'alors en ordonnait l'exécution (*par sa circulaire du 3 août 1810.* LOCRÉ, *page* 442);

» Considérant que si le droit de prohibition accordé par l'article 11 pouvait s'exercer par un autre que par le propriétaire, ce privilège exorbitant constituerait non-seulement une servitude sur le terrain qui y serait soumis, mais deviendrait une véritable expropriation dans un intérêt privé;

» Considérant que la loi qui a voulu protéger la propriété serait en contradiction flagrante avec elle-même si, pour la conservation des droits d'un propriétaire, elle créait en sa faveur des garanties attentatoires à la propriété d'autrui;

» Considérant que la volonté bien évidente du législateur se reproduit encore dans les dispositions de l'article 12 : « Le propriétaire, y est-il dit, pourra faire des recherches, sans formalités préalables, dans les lieux réservés par le précédent article comme dans les autres parties de sa propriété;

» Considérant que le droit de faire, accordé par l'article 12, n'est que le *complément* du droit d'opposition édicté par l'article 11, alors que la loi déclare que le propriétaire pourra l'exercer dans les lieux réservés, sans distinction, comme dans les autres parties de sa propriété, *il n'est pas permis de douter qu'elle ne considère les lieux réservés comme étant la propriété de celui à qui elle accorde le droit*, et qu'elle ne comprenne dans cette désignation *les terrains attenant* à l'habitation tout aussi bien que l'habitation ou les clôtures murées.

» Considérant qu'en fait les bâtiments, clôtures et dépendances de l'habitation de Thomasset (l'opposant), sont séparés par la grande route d'Autun à Mâcon de la propriété possédée et exploitée par la compagnie de Blanzy, et que même, dans le système de l'intimé, elles ne se trouveraient pas dans les conditions de l'article 11, puisqu'il n'y aurait pas contiguïté ;

» Considérant que les travaux souterrains entrepris sous la propriété de Thomasset ne sauraient d'ailleurs l'autoriser qu'à réclamer le cautionnement que l'article 15 de la loi de 1810 accorde au propriétaire *comme garantie* DES DOMMAGES *qui pourraient lui être causés.*

Il y eut pourvoi en cassation contre l'arrêt de la cour impériale de Lyon ; mais celui de la cour de Dijon n'a pas été attaqué.

L'arrêt de la cour de Lyon a été cassé par décision de la cour suprême, en date du 28 juillet 1852, par l'arrêt que nous allons transcrire.

11°

Arrêt de la cour de cassation du 28 juillet 1852.

LA COUR, vu l'article 11 de la loi du 21 avril 1810 ;

« Attendu que si l'article 552 du code Napoléon dispose que le propriétaire peut faire au-dessous de sa propriété toutes les fouilles qu'il jugera convenables et en tirer les produits, ce droit ne lui est accordé que SOUS LES MODIFICATIONS *résultant des lois* et règlements particuliers ;

» Attendu que la loi du 21 avril 1810 contient, pour la recherche et la découverte des mines, *des* DISPOSITIONS *spéciales qui* DÉROGENT *au droit commun* ;

» Attendu que l'article 11 de ladite loi dispose que nul ne peut, *sans le consentement formel du propriétaire* DE LA SURFACE, faire des sondes, ni ouvrir des puits dans les enclos murés, cours ou jardins, ni dans les terrains attenant aux habitations ou clôtures murées, dans la distance de cent mètres desdites clôtures ou habitations ;

» Attendu que cette prohibition est absolue et ne comporte d'exception que celle admise par l'article 12 en faveur du propriétaire ;

» Que l'article 11 ne fait point de distinction entre le cas où les terrains attenant aux habitations ou clôtures murées appartiendraient aux propriétaires desdites habitations ou clôtures murées :

» Que la loi a voulu, par cette disposition, que non seulement la sûreté, mais encore la tranquillité et les jouissances des propriétaires fussent respectées, et qu'elles ne le seraient pas si le concessionnaire d'une mine pouvait établir ses travaux d'exploitation à moins de cent mètres et jusqu'au pied de la clôture ou de l'habitation même du *propriétaire* VOISIN ;

» Attendu que *le mot* ATTENANT, employé dans l'article 11, n'emporte pas dans l'esprit de la loi de 1810 l'idée de propriétaire ni de dépendance immédiate de l'habitation ou clôture murée, mais seulement l'idée de voisinage, puisque c'est le voisinage des travaux, quel que soit le propriétaire du terrain attenant, qui peut porter atteinte à la jouissance de l'habitation ou en diminuer la valeur ;

» Qu'il est indifférent, dès-lors, que la propriété bâtie soit séparée par un chemin public de la propriété exploitée, puisque cette circonstance, loin de diminuer les inconvénients du voisinage, peut, en facilitant l'exploitation de la mine, aggraver le trouble dont la loi a voulu garantir le propriétaire de l'habitation ;

» Attendu que l'arrêt attaqué, en renvoyant les défendeurs à la cassation de l'action des demandeurs, par le motif que le puits d'exploitation avait été ouvert par les défendeurs *sur un terrain qui n'appartenait pas aux demandeurs*, et que d'ailleurs ce puits était séparé de la propriété bâtie des demandeurs par un chemin public, a faussement interprété l'article 552 du code Napoléon et violé l'article 11 de la loi du 21 avril 1810, CASSE, etc. »

La cour suprême, en cassant l'arrêt de la cour de Lyon, renvoya l'affaire devant celle de Dijon. Elle n'ignorait point alors quelle était la jurisprudence de cette cour, puisque ses arrêts défendaient celui de la cour de Lyon.

On est donc porté à croire qu'en renvoyant à la cour de Dijon, la cour suprême a voulu se réserver, en cas de décision contraire à sa jurisprudence, de statuer une seconde fois sur cette affaire pour donner une solution définitive et terminer une lutte si déplorable pour les parties.

12°

Arrêt solennel de la cour impériale de Dijon du 15 juillet 1853.

« Considérant que la question du procès est de savoir si, la compagnie concessionnaire des mines de houille de la Sibertière ayant obtenu du gouvernement l'autorisation d'ouvrir un puits de recherches et d'exploitation sur un terrain appartenant à M. de Rochetailler, *lequel n'y fait point opposition*, les consorts Nicolas et Descours, qui ne sont point propriétaires DE LA SURFACE SUR LAQUELLE le puits est ouvert, peuvent en demander la fermeture, comme étant établi à une distance moindre de cent mètres de leurs clôtures voisines ;

» Considérant que, les consorts Nicolas et Descours invoquant à l'appui de leur prétention les dispositions de l'article 11 de la loi du 21 avril 1810 sur les mines, leur prétention serait parfaitement fondée si, pour que les permissionnaires ou concessionnaires aient le droit de faire des sondes et d'ouvrir des puits dans les enclos murés, cours ou jardins, et dans les terrains attenant aux habitations ou clôtures murées, dans la distance de cent mètres desdites clôtures et habitations, ledit article 11 exigeait un consentement *autre que celui du propriétaire* DE LA SURFACE :

» Considérant que des termes mêmes de l'article 11 il résulte que le *consentement du propriétaire* DE LA SURFACE est le seul dont la condition soit formellement imposée aux permissionnaires ou concessionnaires ;

» Considérant que ces termes « *propriétaire* DE LA SURFACE » ne peuvent donner lieu à aucune équivoque, et que le sens en est précisé d'ailleurs de la manière la plus constante et la plus invariable par les articles 6, 10, 16, 17, 18, 19, 30, 42 et 43 de la même loi, qui tous n'appliquent incontestablement cette expression « *propriétaire* DE LA SURFACE » qu'à celui dont la surface est livrée aux travaux des permissionnaires ou concessionnaires ;

» D'où il suit que, en admettant exceptionnellement pour l'article 11 une distinction que la loi ne consacre pas, les tribunaux excèderaient leurs pouvoirs et violeraient la loi elle-même s'ils substituaient arbitrairement à ces mots textuels de l'article 11, *sans le consentement formel du propriétaire* DE LA SURFACE, ceux-ci : *sans le consentement des propriétaires des habitations ou enclos murés voisins*, lesquels ne seraient pas en même temps propriétaires DE LA SURFACE SUR LAQUELLE s'exercent ou prétendent s'exercer les travaux de recherches ou d'exploitation.

» Considérant que cette transformation d'un texte si clair et si précis serait d'autant plus périlleuse que, abstraction faite des entraves pouvant en résulter fréquemment pour des exploitations qui sont d'intérêt général autant que d'intérêt privé, elle aboutirait à ce résultat exorbitant de créer, par simple voie d'interprétation, une véritable servitude légale au profit de tous propriétaires d'habitations ou clôtures murées, voisines de terrains pouvant être recherchés ou exploités, encore même que ces propriétaires d'habitations ou clôtures murées ne soient point eux-mêmes propriétaires de surfaces comprises dans le périmètre des recherches ou concessions, tandis que rien, dans toute l'économie de la loi du 21 avril, 1810, n'indique que le législateur ait entendu réglementer, concilier et protéger d'autres intérêts que ceux soit de l'explorateur ou concessionnaire, soit du *propriétaire* DES TERRAINS soumis à l'exploration ou concession ;

» Considérant que du rapprochement et de la combinaison de l'article 11 avec les articles 10 et 12 il résulte encore évidemment que les restrictions édictées par l'article 11 ne sont point conçues dans l'esprit d'un règlement général de police et de sûreté publique, intérêts protégés par l'article 15, mais seulement en vue de la liberté du domicile et des jouissances domestiques ; PROTECTIONS et RESTRICTIONS qui ne sauraient s'étendre au-delà du domicile et de ses dépendances sans changer entièrement de caractère ;

» Que s'il s'agissait en effet d'*un règlement général*, il n'y aurait nul motif à l'exception écrite dans l'article 12 en faveur du propriétaire qui se livre à des recherches sur son propre terrain ; d'autant que, dans le système de la loi (art. 19), la propriété de la mine concédée même au propriétaire de la surface doit constituer une propriété nouvelle, absolument distincte et indépendante de la propriété de la surface ;

» Considérant, au surplus, que le même article 12, en déclarant que le propriétaire dont le consentement est formellement requis par l'art. 11, au regard des permissionnaires ou concessionnaires, pourra faire des recherches, sans formalités préalables, *dans les lieux réservés par le précédent article*, comme *dans les autres* parties de sa propriété, indique forcément que les *lieux réservés* doivent également appartenir soit au propriétaire qui veut user du droit de prohibition de l'article 11, soit au propriétaire qui veut user de la faculté de l'article 12 ; qu'ainsi, et dans l'un et l'autre cas, il faut être propriétaire de la surface explorée ou à explorer ;

» Considérant que si, pour détruire jusqu'à l'ombre d'un doute, on recherche l'intention du législateur, soit dans les organes officiels, soit dans la comparaison de la législation nouvelle avec la législation antérieure, on voit : 1° Que l'orateur de la commission du corps législatif, M. Stanislas de Girardin, explique que : « Ni la permission de recherches, » ni même la propriété de la mine acquise conformément à la présente » loi, n'autorisent jamais à faire des fouilles, travaux, etc., sans le » consentement du propriétaire, dans SES enclos murés, cours ou habi- » tations, et dans SES terrains *attenant* auxdites habitations ou clôtures » murées, dans un rayon de cent mètres ; 2° Que le mot attenant avait » déjà le même sens de *contiguïté et propriété réunies* dans la loi du » 12-28 juillet 1791, dont l'article 23 était ainsi conçu : « Les concession- » naires ne pourront ouvrir leurs fouilles dans les enclos murés, ni dans » les cours, jardins, *prés, vergers et vignes* attenant aux habitations, » dans la distance de deux cents toises, que du consentement des pro- » priétaires de ces fonds. »

» Qu'il n'y a entre la loi de 1791 et la loi de 1810 aucune différence essentielle, si ce n'est que la loi de 1810, en restreignant la zône de prohibition quant à son étendue, lui a donné, quant à la nature des cultures y comprises, une extension qui l'applique non plus seulement aux prés, vergers et vignes attenant aux habitations, mais à tout terrain, sans distinction, attenant aux habitations et clôtures murées ;

» Considérant, dès-lors, qu'entre le système des appelants qui n'appuie son interprétation de la volonté et de l'intention du législateur que sur de simples affirmations, et cette même volonté clairement manifestée par le texte de la loi, par le législateur lui-même et par la législation antérieure, il ne peut y avoir hésitation à maintenir que, au propriétaire seul DE LA SURFACE *explorée* ou *exploitée*, appartient le droit écrit dans l'article 11 de consentir ou de s'opposer aux travaux de recherche ou d'exploitation ;

» Considérant enfin et très-surabondamment qu'il est constant en fait, dans l'espèce, que la propriété bâtie est séparée par une route de la propriété exploitée, et qu'ainsi même encore, dans le système des appelants, l'attenance directe et matérielle n'existe pas. »

La cour impériale de Dijon, dans cet arrêt rendu

en audience solennelle, a résisté à la jurisprudence de la cour de cassation.

Mais si la cour de Dijon a clairement démontré que l'article 11 de la loi de 1810 n'est point conçu en termes généraux, et si elle a déclaré que le consentement exigé par cet article n'est et ne peut être que celui du propriétaire *de la surface* SUR *laquelle* les travaux de mines s'établissent, elle a néanmoins refusé de reconnaître le droit d'occupation et de voir dans l'article 11 *des restrictions* apportées à l'exercice de ce droit.

Ajoutons, en terminant, que la cour suprême est en effet appelée à statuer, *en audience solennelle*, sur le pourvoi admis contre l'arrêt *solennel* de la cour de Dijon, pour donner une solution définitive sur la question.

§ 3.

Opinion des auteurs et des jurisconsultes sur l'interprétation de l'article 11 de la loi de 1810.

L'opinion des auteurs et des jurisconsultes sur l'interprétation de l'article 11 de la loi de 1810 est aussi controversée que la jurisprudence des tribunaux.

Malgré qu'ils n'aient point vu que cet article 11 n'est qu'une restriction apportée au *droit d'occupation*, et que cette *restriction* ne peut être opposée que par le propriétaire de la surface à occuper, il leur a néanmoins fallu une conviction bien profonde pour résister à l'influence des arrêts uniformes de la cour de cassation.

Quant à ceux qui, au contraire, ont adopté la jurisprudence de la cour de cassation, ils disent fort peu de chose sur la question et se bornent à invoquer les arrêts de la cour suprême.

Mais, on le remarquera encore, ni les uns ni les autres ne parlent du droit d'occupation, ni de la restriction apportée à ce droit.

Nous allons énumérer successivement les noms des divers auteurs et jurisconsultes qui ont abordé cette question, en groupant d'une part les opinions contraires à la jurisprudence de la cour de cassation, et d'une autre les opinions qui ont adopté cette jurisprudence.

Citons d'abord, parmi ceux qui résistent à la cour suprême, MM. BAYON, vice-président du tribunal de Saint-Étienne (Loire); RICHARD, avocat, ancien sous-préfet; PEYRET-LALLIER, avocat, ancien député; JOUSSELIN, avocat à la cour de cassation; CLERGET-VAUCOULEUR, conseiller à la cour de Dijon, alors avocat; CHIFFLOT, avocat, ancien magistrat; DELACHÈRE, avocat; MORCRETTE, avocat; VERNIER, avocat, membre du Corps législatif, et PASCALIS, conseiller à la cour de cassation, alors avocat.

1°

Opinion de M. Bayon, dissertations publiées en 1823 et en 1852.

M. Bayon a traité deux fois la question, en 1823 et en 1852. Nous ne trouvons son premier travail que dans Dalloz, t. 10, au mot *mines*, page 391, où nous lisons :

« On a demandé si le propriétaire d'une habitation peut faire supprimer les travaux faits sur des terrains attenant à son habitation ou à sa clôture, mais qui ne lui appartiennent pas.

» La doctrine de la cour de cassation (arrêt de 1823) *conduirait* à une solution affirmative.

» Cependant, on a soutenu le contraire en se fondant sur ce que, dans l'exposé des motifs, l'orateur du gouvernement a présenté chaque habitation comme étant, dans le sens de l'article 11, *l'asile des jouissances domestiques*, et sur ce que l'on n'a aucun droit de réclamer *la liberté* sur un héritage voisin (Regnault de Saint-Jean-d'Angély). Telle est l'opinion développée dans une dissertation spéciale, par M. Bayon, juge au tribunal de Saint-Étienne. Par les mêmes raisons, ce magistrat pense que le propriétaire d'un fonds attenant à une clôture murée ou à une habitation ne peut se prévaloir de l'article 11, s'il n'est en même temps propriétaire de ces objets.

» Ce sentiment, ajoute M. Dalloz, paraît trouver quelque appui dans les discussions qui eurent lieu dans la commission du Corps législatif sur la rédaction de l'article 11. »

Dans son second travail, page 50 et suivantes, après avoir démontré que l'article 11 de la loi de 1810 n'est point conçu en termes généraux, M. Bayon s'exprime ainsi sur l'article 12 :

« De ces mots, *le propriétaire pourra faire des recherches dans les lieux réservés par l'article 11*, il suit nécessairement que les lieux réservés sont sa propriété, d'abord parce que ce n'est qu'en sa qualité *de propriétaire* qu'il peut, suivant cet article, faire des recherches dans *les lieux réservés*, et ensuite parce que si *les lieux réservés* étaient la propriété d'un autre, il n'aurait en aucune façon le droit de les explorer, et, encore moins, sans formalité préalable, faculté dont le propriétaire seul peut user.

» L'article ajoute: *comme dans les autres parties de sa propriété;* ces mots indiquent d'une manière plus évidente encore qu'il s'agit ici de la propriété dont les lieux réservés font partie. Il existe une liaison si intime, une corrélation si directe entre ce dernier membre de la phrase et le précédent, qu'il n'est pas permis de supposer que *les lieux réservés et les autres parties de sa propriété* dépendent de deux héritages différents.

» De là cette conséquence, que le propriétaire dont parle l'article 12 est bien le maître des habitations ou clôtures murées et des terrains attenants dans le rayon de cent mètres, au profit desquels la réserve est exclusivement établie.

» De là cette autre conséquence, qu'il n'y a de réservés que les

26

terrains appartenant au propriétaire des habitations ou clôtures murées, et que celui-ci ne peut dès-lors user du privilège de l'article 11 à l'égard des terrains qui sont la propriété d'un tiers.

» C'est ainsi que de conséquence en conséquence on arrive à la démonstration complète et rigoureuse de la proposition qui était à prouver, à savoir, que les articles 11 et 12 décident péremptoirement, par les termes dans lesquels ils sont rédigés, que le maître des habitations ou enclos murés n'a le droit d'interdire les travaux de mines sur un terrain qui joint ses habitations ou clôtures qu'autant qu'il est lui-même propriétaire de ce terrain.

» Cette opinion est au surplus partagée par MM. Richard et Peyret-Lallier (*Traités sur la législation des Mines*, publiés en 1838 et 1842), et je crois même pouvoir dire par M. Dalloz aîné (*Jurisprudence générale*, vº *Mines*), quoique ce jurisconsulte distingué ait apporté quelque hésitation à se prononcer d'une manière décisive en présence de la jurisprudence contraire et uniforme des cours d'appel et de la cour de cassation.

» Parmi les jurisconsultes étrangers, on peut citer MM. Gendebien père et Delneufcour, de Mons, et M. de Stoop, ancien premier avocat-général de la cour supérieure de Bruxelles (1).

» M. Proud'hon et M. Delebecque sont les seuls auteurs que je connaisse, qui se soient prononcés dans un sens opposé. Si je n'examine pas ici en détail les objections qu'ils ont développées, c'est que la discussion à laquelle je viens de me livrer en est, je crois, la réfutation la plus complète.

» Je ne puis toutefois me dispenser de présenter quelques observations, à propos de la citation que M. Delebecque a faite des notes manuscrites que M. Gendebien lui a communiquées, et de dire ensuite quelques mots du système adopté par M. Proud'hon.

» M. Gendebien père, célèbre avocat de Mons et actionnaire dans plusieurs sociétés houillères de la Belgique, était membre du Corps législatif de France en 1810. Il faisait partie de la commission d'administration intérieure de cette chambre au moment où la dernière rédaction du projet de loi sur *les mines* fut soumise *officieusement* par le conseil d'État à cette commission : ses connaissances profondes en législation et en pratique d'exploitation de mines ont jeté de vives lumières dans la discussion de cette loi.

---

(1) Nous eussions pu ajouter les noms de ces jurisconsultes parmi les honorables combattants de la jurisprudence de la cour de cassation, si leur opinion nous eût été connue.

« Rapporteur de cette commission, il a conservé la note des délibérations qui ont eu lieu dans son sein et dans les conférences qu'elle a
eues avec les commissaires du conseil d'État, et il en a confié l'extrait
manuscrit à M. Delebecque, qui l'invoque aujourd'hui en faveur de
son opinion.

« Mais M. Delebecque, en citant ce manuscrit, n'en a pas reproduit
dans son *entier* la partie concernant la question qui nous occupe, et
cette citation incomplète dénature tout-à-fait le sens de ce passage ; je
vais le transcrire tel qu'il m'a été transmis par M. Gendebien, à l'obli-
geance duquel je dois aussi la communication de plusieurs mémoires
et dissertations sur les mines :

« La commission d'administration intérieure, présidée par M. le comte
Stanislas de Girardin, avait proposé au conseil d'État la rédaction qui
suit : « Nulle permission de recherches, ni concession de mines ne
» pourra, sans le consentement du propriétaire de la surface, donner le
» droit de faire des sondes, d'ouvrir des puits ou galeries, ni celui
» d'établir des machines ou magasins dans les enclos murés, les habi-
» tations, cours et jardins, ni *dans les terrains contigus appartenant*
» *au propriétaire desdites habitations ou enclos murés, dans un rayon*
» *de cent mètres.* »

« La commission avait motivé sa proposition en ces termes : « La
» rédaction proposée semble exprimer plus clairement que, pour
» empêcher les recherches ou travaux d'exploitation dans la distance de
» cent mètres des clôtures, il faut que les propriétaires des habitations
» soient aussi propriétaires des cent mètres. »

» Dans les conférences qui eurent lieu entre des commissaires du
conseil d'État et du Corps législatif, sous la présidence du prince archichancelier, le changement proposé dans l'article 11 n'a pas été adopté :
M. le comte Regnault de Saint-Jean-d'Angély a motivé le rejet en ces
termes : *Quand un article ne laisse pas de doute, il serait superflu, il y*
aurait de l'inconvénient de rechercher une clarté surabondante en
multipliant les expressions.

» M. Regnault de Saint-Jean-d'Angély ne rejetait pas, comme on le
voit, le sens dans lequel la commission comprenait l'article 11 : il ne
repoussait la nouvelle rédaction que parce qu'il trouvait l'ancienne assez
claire, et *qu'il y aurait*, disait-il, *de l'inconvénient de rechercher une*
clarté surabondante en multipliant les expressions.

» M. Delebecque, au lieu de faire connaître textuellement la réponse
de M. Regnault de Saint-Jean-d'Angély, dont chacun aurait pu apprécier le sens et la portée, ajoute aussitôt, après avoir transcrit la nou-

velle rédaction et les motifs sur lesquels on l'appuie : « C'était là
» l'opinion de la commission du Corps législatif ; elle avait entendu
» dans ce sens l'article 11 ; mais ce n'était point là l'esprit dans lequel
» l'avaient rédigé les auteurs de la loi : aussi la modification proposée
» par le Corps législatif ne fut-elle pas accueillie par le conseil d'État
» qui persévérait dans son opinion ; l'article 11 resta tel qu'il avait été
» rédigé : ainsi, l'on rejeta l'opinion de la commission du Corps légis-
» latif, et il doit être prouvé maintenant que, d'après la loi de 1810,
» le propriétaire des maisons et enclos ne doit pas être propriétaire des
» cent mètres y attenant, pour être en droit d'interdire des travaux
» superficiaires dans ce rayon. »

» Il importait d'autant plus de révéler ce que cette citation avait d'incomplet, que M. Delebecque prête à l'organe du conseil d'État une
pensée tout-à-fait opposée à celle qu'il avait, ainsi que chacun est à
même d'en juger ; et il doit rester pour avéré que si la rédaction proposée
par la commission n'a pas été adoptée, c'est parce qu'elle a été considérée
comme *inutile ;* la première n'étant pas susceptible d'une autre interprétation, et non parce qu'elle aurait été *contraire* au sens que le conseil
d'État attachait à l'article 11.

» Mais le conseil d'État eût-il entendu la loi dans le sens erroné
que suppose M. Delebecque, il n'en est pas moins vrai que le Corps
législatif l'interprétait autrement.

» Sous le régime consulaire ou impérial, le rapporteur de la commission d'administration intérieure du Corps législatif était le seul
organe parlant de cette chambre muette : la commission substituée au
tribunal par le sénatus-consulte du 19 août 1807, pouvait seule déterminer le sens dans lequel elle proposait l'adoption ou le rejet d'une
loi, et comme tout amendement était interdit, si la loi était adoptée,
c'était évidemment parce que le Corps législatif en approuvait toutes
les dispositions dans le sens que la commission, par l'organe de son
rapporteur, avait assigné à chacune d'elles.

» Or, à la séance du Corps législatif du 21 avril 1810, M. de Girardin
disait dans son rapport : « J'essaierai de vous faire connaître comment
» les articles du projet ont été discutés, et *dans quel sens nous les
» avons entendus.* » Puis, en parlant de l'article 11, il s'exprimait ainsi
dans un passage déjà cité que je crois nécessaire de remettre sous les
yeux du lecteur : « Ni cette permission de recherches, ni la propriété
» de la mine n'autorise jamais à faire des travaux d'exploitation, sans le
» consentement formel du propriétaire, dans *ses enclos murés, cours*
» *ou habitations, et dans* SES TERRAINS *attenant* auxdites habitations
» ou clôtures murées, dans un rayon de cent mètres. »

» *Dans* SES TERRAINS *attenant auxdites habitations !...* il est impossible de s'exprimer avec plus de clarté, et de rendre plus palpable la pensée du législateur, le sens dans lequel il a voté la loi.

» Je passe maintenant à l'examen du système présenté par M. Proud'hon. »

M. Bayon rapporte ici ce qui est dit par **M. Proud'hon**, et il combat ensuite l'opinion du savant professeur, opinion que nous rapportons au n° 2 de la catégorie des auteurs et jurisconsultes qui appuient la jurisprudence de la cour de cassation.

2°

Opinion de M. Richard, Législation française sur les Mines, publiée en 1838.

M. Richard, page 156 et suivantes, développe ainsi cette opinion :

« L'article 10 exprime clairement que le propriétaire a droit de faire des recherches *dans sa propriété* ou de les faire faire sans autorisation : mais qu'à son refus de faire des recherches, il doit souffrir celles qui se feraient avec l'autorisation du gouvernement. L'article 12 confirme ce droit d'une manière formelle.

» Le propriétaire n'a besoin d'aucune autorisation. Ce n'est pas un droit de préférence qu'il a, c'est un droit absolu. Même les six premières rédactions de l'article 12 comprenaient une disposition ainsi conçue : « Si le propriétaire s'oblige à faire lui-même les recherches dans la » direction et suivant les règles qui auront été établies par l'adminis- » tration, il aura *la préférence.* » Cette disposition, qui rendait mal la pensée d'un amendement de M. Bérenger, que le propriétaire doit avoir droit de recherche dans toute sa propriété, avait disparu de la septième rédaction. Ce n'est que la commission du Corps législatif qui a ajouté : *comme dans les autres parties de sa propriété.*

» Il résulte de là que le propriétaire peut, en déclarant qu'il veut faire ou faire faire directement la recherche, peut empêcher qu'une permission soit accordée à un tiers. C'est pour constater son refus ou l'absence de réclamation, que les instructions ministérielles ordonnent de communiquer la demande en permission de recherche au propriétaire du sol, qui se trouve ainsi mis en demeure.

» Une limite a été posée par la loi à ce droit de recherches par des tiers dans la propriété d'autrui. Les recherches ont été écartées, sans que la discussion ait soulevé aucune difficulté, des maisons et des enclos, où le propriétaire doit trouver, suivant l'expression de l'exposé des motifs par M. Regnault (de.Saint-Jean-d'Angély), « Une liberté entière et le » respect pour l'asile de ses jouissances domestiques. » Cette restriction est exprimée dans les articles 11 et 12 de la loi, ainsi conçus :

« Nulle permission de recherches, *ni concession de mines*, ne pourra, » sans le consentement formel du propriétaire de la surface, donner le » droit de faire des sondes et d'ouvrir des puits ou galeries, ni celui » d'établir des machines ou magasins dans les enclos murés, cours ou » jardins, ni dans les terrains attenant aux habitations ou clôtures murées, » dans la distance de 100 mètres desdites clôtures et habitations. »

« Le propriétaire pourra faire des recherches, sans formalité préalable, » dans les lieux réservés par le précédent article, *comme dans les autres* » *parties* de sa propriété, mais il sera obligé d'obtenir une concession » avant d'y établir une exploitation. Dans aucun cas, les recherches ne » pourront être autorisées dans un terrain déjà concédé. »

« Dans le rapport présenté au Corps législatif par M. Stanislas de Girardin, au nom de la commission d'administration intérieure, le sens de cette restriction est expliqué dans les termes suivants : « Vous jugerez sans » doute que le respect pour le *domicile* d'un citoyen commandait cette » restriction : elle ne comprend pas d'ailleurs les galeries d'écoulement » ou d'exploitation que la disposition des lieux ou de la mine obligerait » à prolonger sous terre, dans une profondeur telle que la solidité des » édifices ne pourrait en être compromise. »

» Les paroles déjà citées de M. Regnault (de Saint-Jean-d'Angély), celles de M. Stanislas de Girardin et l'esprit même de toute la loi indiquent assez que la restriction apportée par les articles 11 et 12 au droit de recherches, en faveur du *domicile* des propriétaires de la surface, de l'*asile de leurs jouissances domestiques*, ne doit pas être étendue outre mesure. La loi veut respecter le droit du propriétaire, sans examen, dans son *intérieur*; mais elle ne veut pas et ne peut pas vouloir que le *caprice* ou l'avidité d'un propriétaire empêche des travaux utiles à l'exploitation des mines, alors que le dommage *réel* causé par ces travaux donnera lieu à une indemnité qu'on peut dire exagérée, comme nous le verrons ci-dessous.

» Aussi n'est-il pas exact de dire, comme l'a fait la cour royale de Lyon, dans un arrêt confirmé en ce point par la cour de cassation, que l'art. 11 « *a voulu pourvoir à l'intérêt général de la propriété.* » Cet article n'a évidemment en vue que l'intérêt de la jouissance intérieure. Ainsi, le propriétaire d'un terrain situé à moins de 100 mètres d'une habitation ou clôture murée, qui ne lui appartient pas, ne pourrait pas s'opposer aux ouvertures faites dans son terrain, en vertu d'une permission de recherches régulièrement obtenue, en se fondant sur le voisinage de l'habitation murée.

» Le propriétaire de la maison, du jardin ou de l'enclos, ne pourrait pas non plus s'opposer aux ouvertures faites sur le terrain voisin dans le rayon de 100 mètres, s'il n'était pas aussi *propriétaire de ce terrain voisin*. Tel nous paraît être le véritable sens de la loi ainsi expliqué dans une dissertation spéciale par M. Bayon, juge au tribunal de Saint-Étienne...... »

M. Richard se prononce ici contre la jurisprudence de la cour de cassation, notamment contre l'arrêt du 21 avril 1823, et il ajoute :

« Nous croyons que la cour de cassation n'a pas approfondi cette question lorsqu'elle a rendu l'arrêt que nous avons cité, et qu'elle n'a pas envisagé toutes les conséquences de son interprétation. Ce qui nous donne le droit d'émettre cette opinion, c'est que, dans l'espèce, la question de l'article 11 était très-secondaire; *la question* PRINCIPALE *était celle de la* COMPÉTENCE (1).

En effet, la question *principale* était celle de la *compétence*; il est fâcheux que M. Richard n'ait pas insisté sur ce point, et qu'il n'ait pas connu l'arrêt du 5 juin 1828 (2).

3°

Opinion de M. Peyret-Lallier, Traité sur la Législation des Mines, publié en 1842.

M. Peyret-Lallier, t. Ier, p. 216 et suivantes, critique la jurisprudence de la cour de cassation, comme contraire :

1° A la liberté des héritages consacrée par le droit commun :

(1) Voir page 367.
(2) Voir page 368.

2º Aux motifs de la loi de 1810 ;

3º A la disposition de la loi antérieure ;

4º Au but que le législateur s'est proposé.

« Quel que soit mon respect, dit-il, pour les décisions de la cour
suprême, je ne crois pas qu'elle ait saisi le véritable esprit de la loi.
L'interprétation qu'elle a adoptée me paraît contraire, 1º à la liberté des
héritages consacrée par le droit commun ; 2º aux motifs de la loi révélés
par les discussions et les rapports qui l'ont précédée ; 3º à la disposition
de la loi antérieure dont l'esprit n'a pas changé ; 4º au but que le législateur s'est proposé, de favoriser l'exploitation des mines. C'est ce que
j'espère pouvoir démontrer d'une manière satisfaisante.

» Le *droit commun* proclame la liberté entière des héritages. Il n'y a
de servitudes que celles qui dérivent de la situation des lieux, pour
l'écoulement des eaux, et celles qui sont établies par une disposition
formelle de la loi.

» D'après ce principe, le propriétaire d'un héritage voisin d'une maison
ou d'une clôture appartenant à un autre est maître d'y faire ou d'y
permettre des recherches, des ouvertures de puits, des établissements
de magasins ou machines ; il n'est soumis à demander une autorisation
préalable que lorsqu'il s'agit d'établissements dangéreux, insalubres
ou incommodes (décret du 15 octobre 1810). Sa propriété ne peut être
modifiée ou grevée de servitudes que dans les cas de nécessité prévus
par la loi, ou dans les cas d'utilité publique constatés par l'autorité
compétente. Si aucune disposition formelle de loi ne lui impose de
servitude, il a le droit de jouir et de disposer de ses fonds de la manière
la plus absolue.

» L'article 11 a-t-il imposé quelque servitude aux fonds voisins d'une
maison ou clôture ? Aucun des termes de cet article ne le suppose : au
contraire, il a pour but d'assurer, comme le dit l'orateur du gouvernement, *une liberté entière* au propriétaire de la surface. Or, cette
liberté est garantie tant au propriétaire des fonds voisins qu'à celui de
la clôture ou de la maison. Le législateur n'a pu ni voulu donner un
privilège à celui-ci au préjudice de celui-là. Les deux propriétés étaient
également respectables à ses yeux. L'un et l'autre méritaient sa protection.....

» Les *motifs de la loi* révèlent l'intention du législateur ; loin d'être
contraires ils maintiennent le principe de la liberté des héritages.

» Dans une dissertation sur la législation des mines, M. Gendebien,
jurisconsulte belge, qui a concouru à la confection de la loi de 1810,

nous apprend qu'il fut proposé une nouvelle rédaction pour exprimer plus clairement que l'interdiction des travaux de recherches ou d'exploitation, dans la distance de 100 métres, ne pourrait être réclamée que par celui qui posséderait tout à la fois les habitations ou clôtures et les terrains attenants dans cette distance ; mais que, dans les conférences qui s'établirent entre les commissaires du conseil d'État et ceux du Corps législatif, la rédaction proposée ne fut pas admise, par le motif que, *quand un article ne laisse pas de doute, il est superflu, et qu'il y aurait de l'inconvénient à rechercher une clarté surabondante, en multipliant les expressions.*

» Ainsi, dans la pensée des rédacteurs de la loi, le propriétaire dont le consentement est requis pour l'ouverture de puits ou l'établissement de machines ou magasins, est non le propriétaire des maisons ou clôtures, mais celui du fonds où ces travaux et magasins sont établis.

» Il n'est pas permis d'en douter, si on combine avec l'article 11 la disposition de l'article 12, ainsi conçu :

» Le propriétaire pourra faire des recherches, sans formalité préalable, dans les lieux réservés par le précédent article comme dans les autres parties de SA *propriété;* mais il sera obligé d'obtenir une concession avant d'y établir une exploitation.

» En expliquant que le propriétaire peut faire des recherches dans les lieux réservés comme dans les autres parties de *sa propriété,* c'est donc de sa propriété qu'a voulu parler le législateur dans l'article 11, et non de celle de ses voisins. Les terrains ne sont réservés, c'est-à-dire affranchis du désagrément des travaux de mine qu'autant qu'ils font partie de la propriété. S'ils n'en font point partie, il n'a point le droit de les pratiquer ou de s'y opposer ; il faut le consentement du propriétaire du fonds où les fouilles doivent avoir lieu.

» Les explications de la commission législative, présentées par M. de Girardin, confirment le véritable sens de la disposition.

» La *disposition des lois antérieures,* s'il restait encore des doutes sur le véritable sens de la loi, pourrait et devrait être consultée avec fruit. L'obscurité d'une disposition législative est dissipée par les expressions d'une loi antérieure, s'ils n'est pas établi que le législateur a eu l'intention de changer la première. Cette règle d'interprétation est proclamée par le jurisconsulte Paul, dans la loi 28. D. *de legibus. Posteriores leges ad priores pertinent, nisi contrariæ sint.* Lorsqu'il est possible d'expliquer une disposition obscure par les termes d'une loi précédente, le magistrat ne doit pas hésiter à adopter ce moyen d'en découvrir le véritable sens. Telle est la doctrine des jurisconsultes romains et français. Les lois s'interprètent les unes par les autres.

» Si les lois, dit Daumat, page 8, où il se trouve quelque doute ou
quelque autre difficulté, ont quelque rapport à d'autres lois qui puissent
en éclaircir le sens, il faut préférer à toute autre interprétation celle
dont les autres lois donnent l'ouverture.

» La loi du 28 juillet 1791 sur les mines nous offre ce secours.
L'article 23 contenait une disposition semblable à celle de l'article 11 ;
il était ainsi conçu : « Les concessionnaires ne pourront ouvrir leurs
» fouilles dans les enclos murés, ni dans les cours, jardins, vergers et
» vignes attenant aux habitations, dans la distance de 200 toises, que
» du consentement des *propriétaires de ces fonds*, qui ne pourront, dans
» aucun cas, être forcés de le donner.

» *Le but du législateur*, en admettant le régime des concessions, a été
de favoriser et d'encourager l'exploitation des mines, pour le développement des arts, du commerce et de l'industrie. Il a voulu assurer
aux concessionnaires les moyens d'exploiter les substances minérales ;
aux propriétaires du sol, une partie de leur terrain affranchie des
travaux de recherche et d'exploitation ; à la société en général, la possibilité de se procurer les minéraux dont elle a besoin. S'il dépendait
d'un propriétaire de maison ou de clôture d'empêcher l'ouverture d'un
puits ou l'établissement de machines ou magasins, non seulement dans
ses fonds, mais encore dans ceux de ses voisins, à la distance de
100 mètres, les exploitations de mines seraient souvent interrompues
et quelquefois impraticables. Que l'on se représente un pays où les propriétés sont fort divisées et cependant rapprochées les unes des autres,
comme elles le sont dans le territoire houiller de Saint-Etienne ; il
devient très-difficile d'y ouvrir des puits d'extraction aux points convenables, s'il dépend d'un propriétaire voisin de s'y opposer. La plus
grande partie du gîte minéral resterait enfouie et perdue pour la société.
Une pareille entrave serait contraire au but de la loi, qui a été d'assurer
l'exploitation des mines le plus complètement et le plus économique-
ment possible..... »

4°

*Opinion de M. Jousselin, Traité des Servitudes d'utilité publique,
publié en 1850.*

M. Jousselin, t. 2, p. 30 et suivantes, malgré sa
position d'avocat à la cour de cassation, a pris rang

parmi les auteurs qui combattent la jurisprudence de cette cour, et dit :

« La cour de cassation a décidé :

» Que l'article 11 est conçu en termes généraux, qu'il ne fait aucune » distinction, et que dès-lors il repousse celle que l'on chercherait à » établir entre le cas où le propriétaire d'un terrain clos est en même temps » propriétaire du terrain sur lequel un puits a été ouvert à une distance » moindre de 100 mètres des habitations et clôtures, et le cas où l'enclos » et le terrain sur lequel le puits a été pratiqué appartiennent à deux pro- » priétaires différents ; que, dans les deux cas, la prohibition prononcée » par la loi est également applicable. » (Arrêt du 1er août 1843.)

» Qu'on me permette d'exprimer mes doutes sur cette solution. Je fais remarquer d'abord que, si la disposition de l'article 11 est fondée sur le respect du domicile, on comprend jusqu'à un certain point que les héritages situés au-delà des clôtures et appartenant au maître de ces clôtures, soient considérés, dans une étendue déterminée, comme la continuation ou l'accessoire du domicile, et qu'ils participent ainsi à son privilège : mais on ne comprend plus aussi facilement que les terrains situés en dehors du domicile et appartenant à des tiers, soient considérés comme l'accessoire de ce domicile. J'ajoute que ces expressions de l'article 12, dont nous parlerons tout à l'heure : « Le *propriétaire* pourra faire des » recherches sans formalité préalable dans les lieux réservés par le » précédent article, comme dans les autres parties de sa propriété, » semblent indiquer que ces lieux, soit *intrà*, soit *extrà-muros*, appartiennent à un seul et même propriétaire ; ou bien, si l'on dit que ces mots « *le propriétaire* » désignent les propriétaires en général, il s'ensuivrait que le droit de faire des fouilles sur son propre terrain appartient aussi bien au propriétaire *extrà-muros* qu'au maître des habitations ou clôtures. Je termine en faisant observer que cette dernière interprétation résulte expressément du rapport de M. Stanislas de Girardin, dans lequel on lit : « Que les permissions de recherches n'autorisent » jamais à faire des fouilles sans le consentement formel du propriétaire, » dans ses enclos murés, cours ou habitations et dans *ses* terrains atte- » nant auxdites habitations ou clôtures murées, dans un rayon de 100 mètres. » Les mots « *ses* terrains attenants..... » paraissent trancher la question dans un sens opposé à celui qui a été adopté par la cour de cassation.

» Une autre difficulté est née des mots de l'article 11, « terrains *attenant* » aux habitations ou clôtures murées : » un champ situé dans la zône de 100 mètres, mais séparé des habitations ou clôtures murées par un chemin public, est-il compris dans la prohibition? Telle était la question du fond dans l'espèce d'un conflit sur lequel le conseil d'État a statué le 18 février 1846. Elle n'a pas été résolue par le conseil, puisque les conflits n'ont pour objet que la compétence ; mais au fond, eu égard à la signification précise du mot « *attenant* » qui implique la condition de contiguïté, il y a lieu de penser que l'article 11 n'était pas applicable dans ce cas particulier.

» L'article 12, dont nous avons déjà parlé incidemment, porte : « Le » propriétaire pourra faire des recherches, sans formalité préalable , » dans les lieux réservés par l'article 11 comme dans les autres parties » de sa propriété; mais il sera obligé d'obtenir une concession avant » d'y établir une exploitation. Dans aucun cas, les recherches ne » pourront être autorisées dans un terrain déjà concédé. »

» La seconde disposition de l'article 12 défend au propriétaire du sol de se livrer à une véritable exploitation de la mine, sous prétexte de recherches, et d'éluder par là l'application de l'article 16 qui institue le gouvernement juge des motifs ou considérations d'après lesquels la préférence doit être accordée aux divers demandeurs en concession, qu'ils soient propriétaires de la surface, inventeurs ou autres. C'est là aussi une abrogation formelle de la disposition de la loi du 12 juillet 1791, qui conférait au propriétaire du sol le droit d'exploiter à tranchée ouverte ou avec fosse et lumière jusqu'à 100 pieds de profondeur.

» Enfin, en déclarant que, dans aucun cas, les recherches ne pourront être autorisées dans un terrain déjà concédé, le dernier paragraphe de l'article 12 ne fait que mettre obstacle à des entreprises sur la propriété d'autrui, puisque, dans le système de la loi de 1810, la concession de la mine crée une propriété souterraine que la loi distingue de celle de la surface. »

5°

Opinion de MM. Chifflot, Clerget-Vaucouleur, Delachère, Morcrette et Vernier, consultation du 1er février 1850.

MM. Chifflot, Clerget - Vaucouleur, Delachère, Morcrette et Vernier, se sont refusé d'admettre la jurisprudence de la cour de cassation dans leur consultation délibérée à Dijon.

« L'article 552 du code civil, dit la consultation, détermine ainsi le droit de propriété quant à son étendue et les conséquences qui en résultent :

» *La propriété du sol emporte la propriété du dessus et du dessous.*

» *Le propriétaire peut faire au-dessus toutes les plantations et constructions qu'il juge à propos, sauf les exceptions, exceptions établies au titre des servitudes ou services fonciers.*

» *Il peut faire* AU DESSOUS *toutes les constructions et fouilles* qu'il jugera à propos, et tirer *de ces fouilles tous les produits qu'elles peuvent fournir,* sauf les modifications résultant des lois et règlements relatifs aux mines, et des lois et règlements de police.

» La loi du 21 avril 1810, concernant les mines, les minières et les carrières, *respecte* ce droit consacré par l'article 552 du code civil, tout en le *restreignant* dans son exercice.

» La protection accordée à la propriété ne pouvait en effet s'étendre au droit funeste de préjudicier à l'intérêt de la société ; et l'intérêt de la société exigeant que toutes les richesses ensevelies sous la terre fussent converties en valeurs actives, et qu'aucune de ces richesses ne fût perdue, il fallait pourvoir à l'exploitation des mines que le propriétaire de la surface était presque toujours dans l'impuissance d'exploiter par lui-même, avec ses seules ressources, d'une manière avantageuse pour la société.

» C'est ce qu'a fait la loi dont nous allons nous occuper.

» Cette loi statue sur une expropriation pour cause d'utilité publique, en ce qui concerne les mines.

» Pour la bien comprendre et l'interpréter sainement, il importe d'en connaître l'économie ; elle prohibe leur exploitation, si ce n'est en vertu d'un acte de concession délibéré en conseil d'État.

» Cet acte de concession règle les *droits* du propriétaire de la surface sur le produit, etc.

» Mais il n'était pas possible d'atteindre la mine, de l'exploiter sans porter atteinte à la surface, sans porter le trouble dans la possession du propriétaire.

» La loi y a encore pourvu par les articles 43 et 44. Si le propriétaire est obligé d'abandonner le sol qu'il cultivait, l'article 43 dit, etc.

» Mais la loi a poussé plus loin encore le respect de la propriété ; elle n'a pas voulu que le domicile, la sûreté, les jouissances du propriétaire éprouvassent aucune atteinte et qu'il fût exproprié contre son gré *du siège de son habitation et de ses dépendances.*

» C'est ce qu'elle a exprimé dans l'article 11.

» Le texte de cet article est suffisamment *clair* pour qui s'est donné la peine de lire toute la loi, mais il peut être *obscur* pour celui qui l'a isolé du surplus de la loi; et si la cour de cassation, par trois arrêts, a décidé que le siège d'une exploitation, l'ouverture d'un puits et l'établissement de magasins, ne pouvaient être établis à une distance moindre de 100 mètres des habitations et clôtures murées *dans les terrains attenant aux habitations ou clôtures murées*, sans le consentement formel du propriétaire desdites habitations ou clôtures murées, *encore bien que ces terrains attenants* NE LUI APPARTINSSENT PAS; si, par son dernier arrêt, 1er août 1843, la cour de cassation a décidé que *le permissionnaire ou le concessionnaire*, même avec le *consentement du propriétaire des terrains* attenant aux habitations et clôtures murées, ne pouvait établir le siège de son exploitation, ses puits et ses magasins sur ces terrains attenant aux habitations ou clôtures murées, dans la distance prohibée, sans avoir obtenu le consentement de leur propriétaire, quoique les terrains attenants *ne lui appartinssent pas*, c'est évidemment parce qu'on a manqué à l'obligation de lire toute la loi et d'en rapprocher les dispositions pour bien en connaître l'esprit et la portée.

» La cour de cassation, en effet, a transformé la loi et n'a vu dans son article 11 *qu'un règlement de police* dont tous les voisins, à moins de 100 mètres des puits et magasins établis, pouvaient réclamer l'observation rigoureuse, pourvu qu'ils eussent des habitations ou des enclos murés.

» Que si l'article 11 était un règlement de police, nous demanderions pourquoi on ne l'appliquerait point à l'exploitation à ciel ouvert des carrières de pierre, de plâtre et à l'exploitation des tourbières, qui, par les excavations qu'elles présentent, sont un danger tout aussi grand, si ce n'est davantage, pour les propriétés des voisins, et cet article n'y est cependant jamais appliqué; *chaque propriétaire*, à la charge d'indemniser son voisin du préjudice qu'il pourrait lui causer, *use de sa chose en toute liberté*.

» Que s'il était un règlement de police, pourquoi recevrait-il exception lorsque le concessionnaire est propriétaire *de la surface* du fonds dont il extrait la mine? Est-ce qu'alors les dangers dont on aurait voulu se préserver seraient moins grands? Non; on le prétendrait sans fondement.

» Cependant on lit dans l'article 12 de la loi de 1810, dans un article qui est, par son rapprochement de l'article 11, le rayonnement de la pensée du législateur:

» *Le propriétaire*, dit cet article 12, *pourra faire des recherches*,

» sans formalités préalables, *dans les lieux réservés* par le précédent
» article, comme dans les autres parties de sa propriété ; mais il sera
» obligé d'obtenir une concession avant d'y établir une exploitation. »

» Ainsi le propriétaire des terrains attenant à des habitations ou
clôtures, bien qu'il ne soit pas propriétaire des habitations ou enclos,
peut, en pleine liberté, ouvrir des puits sur *ces terrains attenants*, à
moins de 100 mètres de distance, et il le peut sans demander permission,
tant qu'il ne se livre qu'à des recherches ; mais s'il découvre la mine,
il ne peut l'exploiter qu'après avoir obtenu une concession.

» Pourrait-on dire que le propriétaire dont parle l'article 12 est celui
qui possède tout à la fois les habitations, enclos et les terrains attenants?
Cela serait inadmissible, car alors cet article serait sans objet, puisque
l'article 11 permet d'établir un siège d'exploitation dans les cours et
jardins des habitations, dans les enclos, et à plus forte raison dans les
terrains attenants, *avec le consentement formel du propriétaire*. L'on
conviendra que si le propriétaire peut *permettre à autrui* d'excaver le
terrain de ses habitations et d'y établir des magasins, il était assez
inutile d'ajouter qu'il pourrait faire, *pour son compte et dans son
intérêt*, ce qu'il pouvait AUTORISER *pour le compte et l'intérêt d'un
autre*, à la charge d'obtenir une *concession* après la découverte de
la mine.

» Ceci nous conduit à cette conclusion, que lorsque la loi, dans l'art. 11,
a parlé des terrains *attenant* aux habitations, cours, jardins ou clôtures
murées, pour y prohiber des recherches ou l'établissement d'une
exploitation de mines, *sans le consentement formel* du propriétaire,
elle a dit et voulu dire que ce consentement formel serait nécessaire
lorsque les terrains ATTENANTS *seraient une* DÉPENDANCE des habitations, cours, etc., et non lorsque ces terrains attenants appartiendraient
à un autre maître et qu'ils formeraient un fonds particulier.

» L'article 12, dans le sens que nous lui attribuons, et il ne peut en
avoir d'autre, détruit donc toute l'idée d'un *règlement de police*.

» Par l'article 11, le législateur a voulu qu'on respectât les habitations
et les terrains *adjacents* à ces habitations, que le propriétaire pourrait
avoir dessein de réunir plus tard par une clôture ; il a voulu que les
terrains *dépendants*, jusqu'à la distance de 100 mètres, fussent considérés comme s'ils y avaient déjà été réunis. Voilà ce qu'il a décidé, et
rien de plus.

» Maintenant, entrons plus profondément encore dans la question.

» La loi n'oblige-t-elle pas le propriétaire et n'est-il pas *contraint* de
laisser l'exploitation des mines s'établir sur ses fonds, à la charge par

le concessionnaire de l'indemniser dans les cas et de la manière prescrite par les articles 43 et 44?

» Et ne voyons-nous pas que l'article 11 n'établit qu'une *exception* à la règle générale en faveur des propriétaires d'habitations et *des terrains attenants*, que l'on considère comme *faisant partie*, comme étant *une dépendance* des habitations.

» A l'égard des habitations et des dépendances, la loi n'admet point l'expropriation *forcée;* elle n'oblige point, elle ne contraint point le propriétaire; il est libre de consentir ou de refuser sa dépossession, ou à la privation même provisoire de sa dépossession on ne peut lui faire accepter, tout avantageuses qu'elles puissent être, les indemnités qui sont accordées par les articles 43 et 44. Il faut *son consentement formel.*

» Sous un autre point de vue, quelles entraves n'apporterait-on pas à l'exploitation des mines, si, dans les périmètres d'une concession, chaque habitation, chaque enclos pouvait prohiber cette exploitation à toute distance moindre de 100 mètres! Certaines concessions deviendraient inutiles aux concessionnaires; ceux-ci ne pourraient ni explorer, ni exploiter.

» Enfin, quelle position ferait-on aux propriétaires *des terrains attenant* aux habitations ou enclos murés! CES TERRAINS NE SERAIENT-ILS PAS FRAPPÉS D'UNE ESPÈCE D'INTERDICTION et d'une *servitude* en faveur des possesseurs des maisons et enclos, puisque ce seul voisinage les rendrait INDISPONIBLES pour l'usage de la concession? » . . . .

. . . .

6°

Opinion de M. Pascalis, consultation du 18 février 1850.

M. Pascalis, alors ancien premier avocat-général près la cour de cassation, consulté sur la question, n'a pas hésité à se prononcer contre la jurisprudence de la cour à laquelle il avait appartenu; il l'a fait en ces termes :

« Évidemment déterminé par un motif principal, le respect du domicile, l'article 11 de la loi du 21 avril 1810 doit cesser de recevoir son application avec sa cause et sa raison d'être : « Nulle permission, y lisons-nous, » de recherches, ni de concession de mines, ne pourra, *sans le consen-* » *tement formel du propriétaire de la surface*, donner le droit de faire

» des sondes et d'ouvrir des puits ou galeries, ni celui d'établir des
» machines ou *magasins* dans les enclos murés, cours ou jardins, *ni*
» *dans les terrains* ATTENANT *aux habitations* ou clôtures murées, dans
» la distance de 100 mètres desdites clôtures ou des habitations. »

» D'après l'ensemble de cette disposition, le domicile ne s'entend pas
seulement du lieu où repose la famille, où elle prend ses repas et
trouve son coucher, c'est-à-dire la maison, le foyer ; le domicile comprend
les clôtures murées, les cours, les jardins et même un espace de 100
mètres *attenant aux habitations ou aux clôtures murées ;* dans ces lieux,
si voisins de l'habitation, la demeure habituelle se continue ; la famille
s'y trouve ou peut s'y trouver presque constamment présente. La loi n'a
donc pas voulu que les travaux d'exploration ou d'exploitation de
mines, travaux toujours dirigés par une intention de gain, vinssent l'y
troubler.

» Ce motif de la loi étant bien compris, l'interdiction de faire des *sondes*,
d'ouvrir des *puits* ou *galeries* dans les 100 mètres au-delà des habitations ou clôtures murées, ne peut arrêter ces travaux là où celui qui
s'y livre, loin de se trouver chez autrui, travaille dans son propre fonds
ou dans celui dont le maître lui a livré le libre accès.

» Le domicile étant le centre et la plus entière réalisation du droit de
propriété, là où la propriété fait défaut, les justes immunités du domicile
ne se conçoivent plus. Il ne peut y avoir, en effet, domicile dans des
lieux où les habitudes qu'il suppose ne pourraient se continuer sans
usurpation, ou n'existeraient qu'à titre de simple tolérance. C'est aussi
ce qu'a exprimé l'article 11 par ces mots qui régissent la disposition
entière : « Nulle permission de recherches, ni concession de mines ne
» pourra, *sans le consentement formel du propriétaire de la surface, etc.* »
Ainsi le législateur place en présence celui qui, cherchant la mine,
s'est mis en règle vis-à-vis du gouvernement, et le propriétaire de la
surface. Dans cet état de collision, il explique quel intérêt doit l'emporter sur l'autre. Hors des 100 mètres de l'habitation, le chercheur
ou l'exploitant de la mine entrera chez le propriétaire de la surface
malgré lui, à la charge d'indemnité ; dans les 100 mètres, c'est le droit
de superficie qui prévaudra. L'attribution même d'une indemnité sera
impuissante pour vaincre sa résistance, mais encore est-il indispensable
qu'un droit de superficie arrête et fasse obstacle. S'il n'existait pas, on
n'aurait nul besoin d'user de l'autorité que la puissance publique a
déléguée.

» La loi met sur la même ligne l'interdiction de creuser des puits,
faire des sondes, établir des machines *ou des* MAGASINS ; ce qui démontre

27

d'abord, pour le dire en passant, que, dans cet article 11, elle ne s'est nullement préoccupée de l'intérêt de police et de sûreté, intérêt auquel il est pourvu par les articles 15, 47, 48, 50. En effet, l'établissement d'un magasin ne peut, si rapproché qu'il soit des habitations et de leurs clôtures murées, faire courir le moindre danger dans l'intérieur de ces habitations et clôtures.

» Une autre induction résulte de cette énumération. La défense de former des magasins profitables à l'exploitation d'une mine se comprend, parce que de tels établissements encombrent la propriété là où le rapprochement de la demeure en rend la libre disposition plus précieuse. Mais si le maître de la maison ne possède pas la partie du sol sur laquelle il y aura magasin, il lui importera peu que l'on dépose sur ce sol de la houille ou du minerai. Il n'a pas plus droit et intérêt à s'en informer que si l'on y faisait reposer des planches, des pierres ou d'autres objets n'ayant aucun rapport avec la mine, comme produits ou comme matériaux. Il est donc vrai que la prohibition faite au propriétaire de la mine de pratiquer des MAGASINS sur les 100 mètres des clôtures et habitations n'est motivée qu'à une condition, c'est que ces 100 mètres ne lui appartiendront pas, et que sur cet espace, ainsi que sur l'habitation et la clôture, celui qui prétend faire obstacle à ses travaux justifiera au contraire de son droit de propriété.

» Les termes dans lesquels le même article s'explique au sujet de l'immunité du domicile étendu par-delà ses murs de clôture, soient encore à remarquer : « Ni dans les terrains *attenant* aux habitations ou » clôtures murées, dans la distance de 100 mètres au-delà desdites » clôtures ou habitations. »

» Lorsque la loi entend n'avoir égard qu'à la distance pour imposer certaines défenses, elle ne s'occupe que de cette distance même dans ses rapports avec l'objet qu'il s'agit de préserver d'un inconvénient ou d'un danger. Ainsi, on lira ce qui suit à l'art. 148 du code forestier : » Il est défendu de porter ou allumer du feu dans l'intérieur et *à la* » *distance de 200 mètres des forêts;* » et à l'article 458 du code pénal : » L'incendie des propriétés par des feux allumés dans les champs, *à* » *moins de 100 mètres des habitations, sera puni d'une amende de*, *etc.* »

» Si la loi des mines eût pareillement entendu faire abstraction du point de savoir à qui appartient la surface, la rédaction de l'article 11 serait conçue comme celle des dispositions qui viennent d'être citées, et elle eût été terminée par ces mots : « Ni dans la distance de plus de » 100 mètres au-delà desdites clôtures et habitations. Ce membre de phrase entier : « Dans les terrrains attenant aux habitations ou clôtures murées, » n'existerait pas, car il n'aurait pas de sens si le législateur n'eût porté sa pensée que sur la distance.

» Au contraire, l'intention qui l'a fait écrire devient claire et saillante, et la rédaction répond parfaitement à la pensée, en adoptant l'interprétation qui ressort de tout l'article. La loi s'est montrée toujours plus conséquente avec le but qu'elle veut atteindre, celui d'accorder protection seulement au domicile, en exigeant que l'espace de 100 mètres soit *attenant* aux habitations, ce qui n'est possible que s'il y a identité de propriétaire aussi bien que contiguïté physique. C'est en ce sens que l'on vend une maison, ses ATTENANCES et *dépendances*. »

Examinons maintenant les opinions des auteurs et jurisconsultes qui ont adopté la jurisprudence de la cour de cassation ; ce sont MM. DELEBECQUE, avocat-général à la cour d'appel de Bruxelles ; PROUDHON, doyen de la Faculté de Droit de Dijon ; COTELLE, professeur de droit administratif à la Faculté de Paris ; DUFOUR, avocat à la cour de cassation, et DUPONT, ingénieur au Corps impérial des mines.

1°

Opinion de M. Delebecque, Traité de la Législation des Mines, publié en 1836.

M. Delebecque, tome 2, page **116** et suivante, nos **779** et **780**, dit :

« On a agité la question de savoir si le propriétaire de la surface avait le droit d'empêcher tous travaux dans le rayon de cent mètres attenant aux habitations ou clôtures murées, alors même que sa propriété se bornerait à ces habitations ou terrains clos de murs et ne s'étendrait pas à ce terrain y attenant, dans l'étendue de cent mètres.

» D'abord, pour décider la question, puisqu'elle naît de l'application à faire de l'article 11 de la loi, il ne faut pas oublier que cette disposition n'a en vue que les travaux à faire à la superficie ; donc, s'il s'agit de travaux souterrains, on ne peut invoquer cette disposition, l'article 15 est seul applicable : qu'importe alors, quand il s'agit de l'art. 15, que le propriétaire des habitations et enclos soit ou non propriétaire des terrains y attenant dans le rayon de cent mètres ; en cas de danger , il pourra réclamer la caution ; en cas de danger imminent , faire interdire les travaux par mesure de police : la question sera donc ici toute de fait, et il suffira de juger si les travaux sont ou non assez rapprochés des habitations ou enclos pour lui donner le droit d'invoquer ou la caution ou la suspension de ces travaux.

» S'agit-il au contraire de travaux superficiaires, de puits à creuser, de magasins à établir, alors seulement la question peut présenter quelque difficulté ; mais, pour en donner la solution, il ne faut pas oublier la volonté de la loi. On a cru devoir interdire les ouvertures des puits à une certaine distance des maisons ; on a voulu écarter les recherches des maisons, des enclos où le propriétaire doit trouver une liberté entière et le respect pour l'asile de ses jouissances domestiques. Voilà ce que disait Regnault de Saint-Jean-d'Angély dans les discussions et dans son rapport.

» Ne semble-t-il pas d'après cela qu'il importe peu que le propriétaire des maisons et enclos soit aussi propriétaire des terrains dans le rayon de cent mètres ? car , s'il en était autrement , un permissionnaire ne pourrait-il établir ses travaux de recherche , seulement à quelques pieds des habitations et enclos ? et cependant la loi a voulu écarter ses recherches des enclos ; et certes , à moins de prétendre que par cela l'on voulait écarter les recherches de l'intérieur des maisons , il est impossible de croire que la loi serait observée si l'on pouvait creuser à un , deux ou trois pieds des murailles de l'enclos, des murs de l'habitation. Et cependant cette faculté devrait être accordée au permissionnaire, au concessionnaire, si l'on entendait la loi en ce sens, que la propriété des cent mètres et des lieux bâtis devrait résider sur la même tête.

» Qu'on remarque d'ailleurs que la loi accorde ici la faveur de sa protection aux seuls terrains bâtis ; que si elle défend tous travaux dans les cent mètres y attenant, ce n'est pas par respect pour ces cent mètres en eux-mêmes, mais toujours par respect pour la propriété bâtie ; et que c'est pour éviter toute contestation qu'elle a prescrit le terme qu'il serait défendu au permissionnaire, à l'exploitant, d'outrepasser ; il semblerait donc que ce point ne doit pas être l'objet d'un doute sérieux ; aussi, la question s'étant présentée devant la cour de cassation de France, elle a nettement décidé, par les arrêts des 21 avril 1823 et 23 janvier 1827, que la défense portée dans l'article 11 de la loi était générale et s'appliquait au cas où le propriétaire des maisons ou lieux clos ne serait même pas propriétaire des terrains dans le rayon de cent mètres y attenant : elle a décidé que, quand même il ne s'agirait que de simples travaux à la surface, d'un simple creusement et enfoncement de terre, ces travaux ne pouvaient être faits sans le consentement formel du propriétaire de ces habitations ou clôtures, encore bien que le fonds sur lequel l'ouverture serait faite appartînt à un autre que ce propriétaire.

» Cependant cette solution qui, d'après les discussions et l'esprit de la loi, nous paraissait bien simple et surtout conforme au vœu du législateur, a été combattue par une opinion contraire dans le royaume des Pays-Bas; le 14 mars 1826, a paru un arrêté royal qui décide la question dans un autre sens. Il est ainsi conçu :

« Considérant que l'article 11 de la loi précitée (du 21 avril 1810) » exige le consentement préalable du propriétaire de la surface, pour » pouvoir établir des travaux dans le rayon de cent aunes (cent mètres) :

» Que si le consentement devait être accordé par le propriétaire de » l'habitation ou clôture murée, la loi ne ferait pas mention du pro- » priétaire de la surface ;

» Qu'il résulte clairement du rapport explicatif annexé à la présen- » tation du projet de loi que le législateur n'a point eu l'intention » d'accorder au propriétaire de l'habitation ou clôture murée, qu'il » soit ou non propriétaire de la surface, la faculté d'empêcher les » travaux dans le rayon de cent aunes ;

» Que l'article 11 ne parle que des mines, sans faire mention des » minières et carrières, lesquelles peuvent toujours être exploitées par » le propriétaire de la surface, même en dedans du rayon de cent aunes ;

» Qu'il n'existe aucun motif pour ne point appliquer le même prin- » cipe aux mines, quand les terrains situés dans le rayon n'appartiennent » pas au propriétaire de l'habitation ou clôture murée, d'autant plus » que les articles 15, 47 et 50 de la loi garantissent les propriétaires de » bâtiments contre tout dommage éventuel, et qu'il n'est pas à présumer » que, dans les articles 11 et 12, le législateur ait eu encore en vue » d'assurer les intérêts des mêmes propriétaires ;

» Considérant en outre que, si le propriétaire d'un bâtiment avait la » faculté d'interdire l'établissement des travaux d'exploitation des » mines dans un rayon de cent aunes, même quand la surface comprise » dans ce rayon appartient à un tiers, il en résulterait un grand détri- » ment pour cette branche si importante de l'industrie nationale ;

» A ces causes, et en tant que de besoin, interprétant les dispositions » législatives dont il s'agit, nous déclarons que le droit d'empêcher » tous travaux dans un rayon de cent aunes n'appartient au propriétaire » d'une habitation ou clôture murée que pour autant qu'il est en même

» temps propriétaire de la surface, et qu'il ne peut exercer aucun droit
» d'interdiction sur les terrains qui ne font pas partie de sa propriété. »

» Nous n'examinerons point ici jusqu'à quel point un arrêté royal
aurait le droit de décider ainsi la question, soit qu'on le considère
comme disposition législative nouvelle ou seulement comme loi inter-
prétative; laissant à l'écart cette question, qui n'en est pas une dans
un gouvernement représentatif, voyons simplement si, à le juger d'après
ce que nous avons vu de la loi de 1810, cet arrêté s'est fondé sur son
véritable esprit: de ce que la loi parle à l'article 11 au propriétaire de
la surface, faut-il conclure qu'elle a entendu par cette expression autre
chose que le propriétaire des maisons ou enclos murés?

» Nous ne le pensons pas: la loi se sert toujours de cette expression
comme terme d'opposition avec les propriétaires des mines, les concessionnaires et les permissionnaires; qu'on lise attentivement l'article
11, et il sera évident pour tout le monde que par ces mots: « sans le
» consentement formel du propriétaire de la surface, » la loi entend ici le
propriétaire des enclos murés, cours et jardins; là, en effet, il est propriétaire de surface. L'arrêté royal semble reproduire une opinion déjà
exprimée par l'auteur de la brochure intitulée: *De l'enclos sur les Mines
concédées* (DELNEUFCOURT, p. 61), pour expliquer l'article 11.

» Le consentement requis, disait-il, est celui du propriétaire de la
surface; or, comment donnerait-il ce consentement s'il n'est pas propriétaire des cent mètres? L'article 12 dit encore que le propriétaire
pourra faire des recherches dans les lieux réservés, comme dans les
autres parties de sa propriété; or, les lieux réservés sont les enclos
et les cent mètres y attenant; donc, on suppose qu'il est aussi propriétaire des cent mètres.

» Dans cet article, la loi confirme au propriétaire du sol le droit
d'user, d'abuser de sa chose; elle lui donne le droit de fouiller dans
toute sa propriété; il fallait bien alors qu'elle le supposât propriétaire
des lieux réservés par l'article précédent. Que dit cet article 12? que le
propriétaire aura le droit de fouiller dans les lieux réservés par l'article
11, lorsqu'il en sera propriétaire, mais voilà tout.

» Et comme il s'agit là d'un cas tout autre que celui prévu par
l'article 11; que dans ce dernier article, en effet, on limite les droits
du permissionnaire en faveur du propriétaire de lieux bâtis ou murés,
en éloignant les travaux amenés à la superficie par l'exploitation ou les
recherches; tandis que dans l'article 12, au contraire, on limite les
droits du propriétaire du sol, en lui interdisant le droit d'exploiter
dans les lieux qu'il pourrait fouiller comme étant chose sienne; peut-on
rigoureusement argumenter d'un cas à un autre?

» On se méprend ensuite sur le véritable sens de l'article ; ce n'est pas parce qu'il est *propriétaire* des cent mètres que le propriétaire des *maisons et enclos* peut interdire les travaux dans les cent mètres y attenant, mais par la seule considération qu'il est *propriétaire* des *maisons et enclos,* et pour *respecter* la propriété de ces maisons et enclos : d'ailleurs, l'argumentation puisée dans le rapprochement des articles 11 et 12 est purement littérale ; et, pour lui accorder une grande force, il faudrait, ce qui est impossible, que l'on pût reconnaître une grande perfection dans la rédaction de la loi ; enfin, le but de la loi une fois connu, peut-on insister avec confiance sur l'interprétation qui ne résulterait que des *termes,* et de termes en contradiction manifeste avec ce but ?

» L'arrêté royal dit ensuite que les articles 15, 47 et 50 de la loi ayant garanti les propriétaires de bâtiments contre tout dommage éventuel, il n'est pas présumable qu'aux articles 11 et 12 elle ait eu encore en vue d'assurer les intérêts des mêmes propriétaires ; ici l'on n'a pas remarqué que les articles 15, 47 et 50 prévoyaient le cas de travaux souterrains, tandis que l'article 11 ne se rattache qu'à des travaux à la superficie.

» Enfin, et ce serait ici la raison la plus déterminante, la solution par l'arrêté résulte clairement, y est-il dit, du *rapport explicatif ?* Nous avons vu tous les éléments de conviction que l'on pourrait puiser dans les discussions et les discours des orateurs du gouvernement, Regnault de Saint-Jean-d'Angély et Stanislas de Girardin, et nous avons cru y trouver la preuve de l'opinion que nous avons émise.

» Ajoutons encore qu'un membre du Corps législatif, qui lui-même faisait partie de la commission chargée d'examiner le projet de loi, et dont les lumières étaient sans doute d'un grand secours dans la discussion, M. Gendebien, a bien voulu nous confier l'*extrait manuscrit* qu'il avait conservé des délibérations de cette commission ; d'après ce manuscrit (différent en ce point des observations produites par M. Locré, tome 9, page 45 et suivantes), la commission avait proposé de remplacer les termes de l'article 11 : « *Ni dans les terrains contigus* » *appartenant aux propriétaires desdites habitations ou enclos murés,* » *dans un rayon de cent mètres.* » Et pour justifier ce changement elle disait : « La rédaction proposée semble expliquer plus clairement que, » pour empêcher les recherches ou travaux d'exploitation dans la distance » de cent mètres des clôtures, il faut que les propriétaires des habita- » tions soient aussi propriétaires des cent mètres. » C'était là l'opinion de la commission du Corps législatif ; elle avait entendu dans ce sens l'article 11 ; mais ce n'était point là l'esprit dans lequel l'avaient rédigé

les auteurs de la loi : aussi la modification proposée par le Corps législatif ne fut-elle point accueillie par le conseil d'État qui persévérait
dans son opinion, n'ayant, lui, en vue que des travaux superficiaires ;
l'article 11 resta tel qu'il avait été rédigé.

» Ainsi l'on rejeta l'opinion de la commission du Corps législatif, et
il doit être prouvé maintenant que, d'après la loi de 1810, le propriétaire
des maisons et enclos ne doit pas être propriétaire des cent mètres y
attenant, pour être en droit d'interdire des travaux superficiaires dans
ce rayon. »

M. Delebecque a omis de dire le motif qui a fait
rejeter la proposition, ou il n'en a pas saisi la portée.
M. Regnault de Saint-Jean-d'Angély répondit :

» *Quand un article ne laisse pas de doute, il serait superflu, il y
aurait de l'inconvénient à rechercher une clarté surabondante en
multipliant les expressions !* »

Cette réponse était *une adhésion* et non un rejet ;
en effet il était superflu de changer la rédaction d'un
article qui ne restreint que l'occupation.

2°

*Opinion de M. Proudhon, Traité du domaine de Propriété,
publié en 1839.*

M. Proudhon, tome 2, page 409, après avoir transcrit l'article 11 de la loi de 1810, ajoute :

« L'application de cet article a causé plusieurs débats judiciaires :
pourquoi il importe d'en rechercher exactement le sens, pour pouvoir
en signaler les véritables conséquences. Reprenons-en les véritables
expressions.

» NULLE PERMISSION DE RECHERCHES, NI CONCESSION DE MINES, NE
POURRA. Il est évident, par ces expressions, que cette disposition
prohibitive de la loi ne s'applique pas seulement à la recherche, mais
encore à la *concession de la mine* (1), puisque ce texte s'exprime on ne

(1) C'est là une grave erreur, et cette erreur a conduit le savant professeur tout-à-
fait en dehors de la question. Voir, au n° 5 ci-après, la réfutation de M. Dupont.

peut plus clairement : d'où il résulte évidemment qu'il y a eu erreur de la part des écrivains qui ont supposé le contraire.

» SANS LE CONSENTEMENT FORMEL DU PROPRIÉTAIRE. Il faut donc un consentement positif de la part de ce propriétaire : d'où l'on doit tirer la conséquence que quand même ce propriétaire, gardant le silence, n'*aurait point formé d'opposition aux bureaux de l'administration*, *comme averti par les* PUBLICATIONS et AFFICHES *faites en exécution du* TITRE IV *de la loi*, *sur l'*ANNONCE *des demandes en concession de mines*, *on ne pourrait pas dire qu'il y a eu un consentement* FORMEL OU POSITIF *de sa part.*

» D'où il résulte que, dans ce cas tout-à-fait particulier, si, prenant le silence du propriétaire pour un consentement *formel* et *positif*, le Souverain avait accordé la mine à un autre, il aurait excédé ses pouvoirs en agissant contre le prescrit de la loi, et que le propriétaire pourrait, par la voie contentieuse, former opposition au décret de concession pour en obtenir la révocation.

» DU PROPRIÉTAIRE DE LA SURFACE. Mais quel est ce propriétaire de surface, sans le consentement duquel on ne peut faire ni recherche, ni *concession* de mine?

» Pour répondre à cette question il faut se rappeler que, comme nous l'avons dit plus haut, le droit commun en France est tel, qu'on peut, au moyen des formalités prescrites par la loi, faire partout des recherches de mines et en obtenir la concession dans les lieux où elles se trouvent, sans le consentement et même malgré les oppositions du propriétaire où l'on a fait la découverte.

» Il faut donc qu'il s'agisse ici de fonds placés en dehors du droit commun sur la recherche et la disposition des mines qu'ils peuvent renfermer et à l'égard desquels la loi a voulu placer, en ce qui touche à ce sujet exceptionnel, la maîtrise du propriétaire, même au-dessus de l'autorité souveraine de l'Empereur.

» Or, ce propriétaire nous est patemment signalé par les termes suivants où il est dit que nulle permission de recherche, ni concession de mines ne peuvent, *sans le consentement formel du propriétaire* DE LA SURFACE, donner le droit de faire des sondes et d'ouvrir des puits ou galeries, ni celui d'établir des machines ou MAGASINS dans les enclos murés, cours ou jardins, ni dans les terrains attenant aux habitations ou clôtures murées, dans la distance de cent mètres desdites clôtures ou habitations.

» Le consentement formel que la loi exige ici de la part du propriétaire n'est donc autre que celui du maître des enclos et habitations désignés dans ce texte.

» Et la PRÉROGATIVE que la loi lui accorde *ici* en dehors du droit commun EST TELLE, qu'elle S'ÉTEND même sur une zône de cent mètres de largeur ENTOURANT SON TERRAIN, quoiqu'il ne soit pas propriétaire des fonds enveloppés dans cette zône.

» Par cette disposition, nos législateurs ont voulu, pour l'agrément et les aisances des habitations voisines, créer une servitude négative en exécution de laquelle il est généralement interdit, même aux propriétaires des fonds situés dans la zône extérieure de cent mètres de largeur, d'y pratiquer des recherches de mines, comme encore d'EN OBTENIR LA CONCESSION, sans le consentement formel du propriétaire de la surface des habitations et clôtures murées.

» ET C'EST AINSI QUE L'A JUGÉ LA COUR DE CASSATION !... »

La cour de cassation n'a point jugé qu'il faille le consentement du propriétaire de la surface des habitations et clôtures, pour obtenir la *concession de la mine* qui se trouve *au-dessous* desdites habitations et clôtures, c'est là une erreur, et il est également inexact de dire que le souverain excèderait ses pouvoirs s'il accordait la concession de la mine *qui* EXISTE *sous les habitations*, les enclos et DANS *la zône* des 100 mètres, parce que la concession comprend toute la mine qui existe dans le périmètre concédé.

3°

Opinion de M. Cotelle, Cours de Droit administratif, publié en 1839.

M. Cotelle, tome 2, page 35, nous semble dominé par la jurisprudence de la cour de cassation et n'aborder la question qu'avec timidité; il examine ce qui a été dit et il émet ensuite son opinion sans lui donner aucun développement:

« Il est interdit, dit-il, aux entrepreneurs d'extraire des matériaux dans les enclos murés; il l'est également aux explorateurs de mines d'ouvrir des puits et galeries à moins de 100 mètres des habitations.

» Ces prohibitions respectives aux envahissements de l'industrie protègent du reste la propriété, sans restreindre aucunement le droit de jouissance des propriétaires eux-mêmes, même à l'égard de la recherche des mines.

» M. Richard a emprunté à M. Delebecque, sans toutefois citer son ouvrage, un renseignement qui n'est pas sans intérêt. La commission du Corps législatif avait proposé des modifications à la rédaction actuelle de l'article 11, tendant à établir *plus clairement*, selon la note qui accompagnait cet amendement que, « pour empêcher les recherches et » travaux d'exploitation dans la distance de 100 mètres des clôtures, » il faudrait que les propriétaires fussent aussi propriétaires des cent » mètres. »

» Cependant la modification proposée n'a pas été accueillie par le conseil d'État. M. Gendebien, l'auteur de l'amendement proposé, est demeuré convaincu, ainsi que le rapporte M. Delebecque (1), que l'esprit de l'article 11 était contraire à l'interprétation de la commission. Cependant un fait ne peut pas se diviser, et dès qu'on rapporte la note recueillie par M. Gendebien, il faut bien admettre pour exacts les souvenirs de ce législateur (2).

» Vainement observe-t-on que la discussion de l'article 11 a été très-laconique et peu sérieuse. Moins le législateur a développé sa pensée, plus il est indispensable de s'attacher au texte même de la loi.

» La loi, pour régler deux intérêts souvent en conflit, les envahissements de l'industrie et les garanties de la propriété, n'a pris du reste aucune précaution contre les propriétaires, concernant les recherches qu'ils peuvent faire eux-mêmes ou autoriser dans leurs fonds (3).

» En résumé, pour faire la recherche des mines dans la distance de 100 mètres des habitations et enclos, il faut obtenir le consentement des propriétaires des maisons et lieux clos, dans le cas même où ils ne possèderaient pas les terrains sur lesquels les recherches seront faites, dès qu'elles ne le seront, dans ces terrains, ni par le propriétaire lui-même, ni de son ordre et par ses ayant-droit (4).

» Ces principes posés, examinons l'état de la jurisprudence. »

(1) Voir page 424, 2ᵐᵉ alinéa et suiv.

(2) Voir page 402, dernier alinéa, et page suiv.

(3) M. Cotelle veut parler de l'article 12 de la loi de 1810, qui permet au propriétaire de faire des fouilles ou des recherches dans toutes les parties de sa propriété.

(4) M. Cotelle fait ici allusion à l'article 12 de la loi de 1810 où il est permis au propriétaire de faire des recherches; il pense que le propriétaire peut céder son droit.

Ceci dit, M. Cotelle passe en effet à l'examen de la jurisprudence de la cour de cassation, et il ajoute ensuite :

« Cette jurisprudence a été, il est vrai, combattue par M. Bayon dans une dissertation citée par M. Dalloz jeune, dans son dictionnaire; mais par les motifs que nous venons de développer, nous ne sommes pas de l'avis de MM. Bayon et Richard. »

Telle est la conclusion de M. Cotelle pour donner la préférence aux arrêts de la cour suprême.

4°

Opinion de M. Dufour, Traité de Droit administratif, publié en 1844.

M. Dufour, tome 3, page 638 et suivantes, nos 3115 et 3116, arrive à la question sur l'article 11 de la loi de 1810, en ces termes :

« L'article 11 INTERDIT *absolument* de faire des sondes, d'ouvrir des puits ou galeries et d'établir des machines ou magasins, *sans le consentement formel du* PROPRIÉTAIRE, dans les enclos murés, cours ou jardins et dans les terrains attenant aux habitations ou clôtures murées, dans la distance de 100 mètres desdites clôtures ou des habitations.

» On a vu que la prohibition ne s'étend pas aux travaux souterrains et que son application est du domaine de la juridiction ordinaire.

» L'article 15 PRÉVOIT *expressément* le cas où les travaux se poursuivent sous des maisons ou lieux d'habitation. Cet article se combine avec l'article 50 qui charge le préfet de pourvoir, ainsi qu'il est pratiqué en matière de grande voirie, à la sûreté des habitations de la surface.

» L'administration est maîtresse de prendre, par voie de règlement ou autrement, toutes les mesures de police qu'elle juge utiles.

» La plus ordinaire consiste à prescrire à l'exploitant de communiquer au préfet chacun de ses projets de travaux à effectuer sous les lieux habités, pour que ce magistrat les AUTORISE, les rejette ou les modifie.

» La loi lui attribue d'ailleurs expressément, sauf dans tous les cas le recours au ministre des travaux publics, le droit d'interrompre, de suspendre ou d'interdire les travaux, comme aussi de prescrire les précautions convenables par un arrêté exécutoire par provision.

« Le préfet n'interdit les travaux d'une manière absolue et définitive qu'en présence d'un danger imminent et inévitable.

» Lorsqu'il les autorise, quelques précautions qu'il ait prescrites et qu'on ait prises, le propriétaire tient de la loi le droit d'exiger du concessionnaire caution de payer toute indemnité en cas d'accident. LE FONCTIONNAIRE pourvoit à la question de sûreté; le PROPRIÉTAIRE pourvoit à la question de dommage, en se ménageant une garantie pécuniaire.

» Les CONTESTATIONS, relativement à ce dernier objet, SONT PORTÉES, dit la loi, devant les TRIBUNAUX et COURS. »

M. Dufour, en évitant de se prononcer sur l'article 11, de manière à trancher la question, se borne à dire que cet article *interdit absolument* les travaux sans le consentement formel du *propriétaire;* mais, sous le rapport de la compétence des tribunaux ordinaires, il est beaucoup plus explicite.

5°

Opinion de M. Dupont, Traité pratique de la jurisprudence des Mines, publié en 1853.

M. Dupont, tome 1er, page 309, arrive nettement à la question; sans exprimer le moindre doute sur l'interprétation de l'article 11, il nous dit :

» L'article 11 confère un droit important aux propriétaires de maisons d'habitation ou clôtures murées, C'EST D'EMPÊCHER LES EXPLOITANTS de mines de faire des sondes et d'ouvrir des puits ou galeries, ou d'établir des machines et MAGASINS à moins de 100 mètres de distance desdites clôtures ou habitations, sans son consentement formel.

» Cette prohibition atteint les concessionnaires de mines comme les explorateurs; c'est ce qui résulte expressément des termes de l'article 11 : « Nulle permission de recherches, ni concession de mine » NE POURRA, etc.... »

» La prohibition de l'article 11 est positive et absolue : ce n'est pas ici, comme dans le cas de travaux sous les lieux habités, où il y a, d'*une part*, des APPRÉCIATIONS locales à faire pour INTERDIRE ou AUTORISER; *d'autre part*, des PRESCRIPTIONS d'art à ordonner pour ÉVITER LES ÉBOULEMENTS à la surface, toutes choses qui sont exclusivement dans la COMPÉTENCE *de l'autorité administrative*.

» Aux termes de l'article 11, aucun puits ou galerie de mine ne peut être ouvert à moins de 100 mètres d'une maison ou enclos, sans le consentement formel du propriétaire de ces maisons ou enclos. La loi est dure, il faut bien le dire, à l'égard des exploitants, mais elle est la loi; *Dura lex sed lex*.

» En pareille circonstance, comme l'article 11 a pour but de défendre strictement la propriété privée, en ce qui concerne les habitations et enclos murés, on comprend qu'en cas de violation de cet article, le propriétaire d'habitation en appelle aux tribunaux, défenseurs naturels de la propriété privée, par cette raison qu'ici le texte est formel, qu'il n'y a pas d'appréciation d'art à faire sur les dangers du fait et les besoins de l'exploitation, et que le juge n'a qu'une chose à faire, c'est d'interdire tout travail à moins de 100 mètres des habitations, à moins du consentement formel du propriétaire de celles-ci.

» Ces considérations expliquent comment les tribunaux sont appelés à expliquer la prohibition spécifiée par l'article 11, tandis que les questions d'autorisation ou interdiction de travaux sous les lieux habités doivent être du ressort administratif.

» Cette compétence exclusive des tribunaux pour l'application de l'article 11 a été reconnue en maintes circonstances.... »

Ici M. Dupont invoque l'arrêt du **21 avril 1823** (1), l'ordonnance du **18 février 1846** (2), et il en conclut que la compétence des tribunaux ne saurait être douteuse, et il ajoute :

» Dans la discussion que fait le jurisconsulte Proudhon de l'article, il dit : « Qu'il est généralement interdit, même aux propriétaires des » fonds situés dans la zône extérieure de 100 mètres de largeur, d'y » pratiquer des recherches de mines, comme encore d'en obtenir, sans » le consentement formel du propriétaire de la surface, des habitations » et clôtures murées, qui sont les fonds auxquels la servitude est due. »

(1) Voir page 367.
(2) Voir page 373, 2ᵐᵉ alinéa.

» Ici le célèbre jurisconsulte va trop loin et fait erreur : il n'est pas besoin, en effet, du consentement des propriétaires des maisons d'habitation et clôtures pour obtenir la concession de mines situées à moins de 100 mètres de celles-ci. ·

» Toutes les concessions accordées par le gouvernement comprennent bien certainement quelque habitation ou clôture murée sur leur périmètre, et le gîte minéral, objet des concessions, est accordé pour toutes les portions du périmètre, sans exception.

» Sans doute, le concessionnaire ne peut pas ouvrir de puits ou galeries à moins de 100 mètres des habitations ou clôtures, sans le consentement du propriétaire de celles-ci, mais IL A LE DROIT D'EXPLOITER le gîte minéral compris DANS LES FONDS RÉSERVÉS, par des puits ou galeries ouverts à plus de 100 mètres des maisons.

» Il PEUT MÊME en certains cas, moyennant une autorisation administrative, EXPLOITER par le prolongement de ses travaux souterrains un gîte situé SOUS CES HABITATIONS !

» Car, ainsi que nous l'avons établi plus haut, les travaux de mines SOUS LES LIEUX HABITÉS *ne sont pas* INTERDITS d'une manière générale, et ILS SONT *même* PRÉVUS par l'article 15 de la loi de 1810 ! »

L'observation de M. Dupont prouve que M. Proudhon ne connaissait pas l'étendue des droits concédés au propriétaire de mines ; il croyait qu'il ne pouvait y avoir concession de la mine au-dessous des habitations ou enclos murés, ni dans les **100** mètres de distance, sans le consentement formel des propriétaires de ces habitations et clôtures.

Il est donc manifeste que M. Proudhon a commis une erreur dans l'interprétation de l'article **11**, puisqu'il y a vu l'interdiction de concéder la mine au-dessous des enclos et des habitations, et jusqu'à **100** mètres de distance. Si cela était, il serait de toute évidence qu'on ne pourrait extraire la mine dans le périmètre réservé, ni établir des travaux à la surface du même périmètre ; mais l'erreur étant démontrée sur un point, elle rejaillit sur l'autre.

En définitive, il n'a rien été dit de sérieux par les auteurs et les jurisconsultes qui ont adopté la jurisprudence de la cour de cassation, et l'on peut même soutenir que la faiblesse de leurs arguments prouve en faveur du système contraire.

On s'étonnera peut-être que nous donnions dans toute leur étendue les opinions des divers auteurs et jurisconsultes qui ont écrit ou qui ont été consultés sur l'application de l'article 11 de la loi de 1810.

Un instant nous avons hésité à le faire, nous voulions nous borner à renvoyer, au moins en ce qui concerne les auteurs, à leurs ouvrages; mais, après plus ample réflexion, il nous a paru convenable de rapporter leur argumentation toute entière.

D'une part, nous pensons que la difficulté qui divise la jurisprudence est grave; que la doctrine contraire à celle que nous désirons voir triompher est soutenue par l'autorité imposante de la cour de cassation, et que ce n'est pas trop faire que de réunir pour la combattre toutes les armes de ses antagonistes.

D'un autre côté, nous avons craint, en nous limitant à une simple citation renvoyant aux auteurs, de ne pas présenter à nos lecteurs le cadre complet de la discussion, d'affaiblir par une analyse les arguments de leur puissance et la lucidité de leur enchaînement.

Sortis de la plume d'écrivains plus exercés, plus habiles que nous, ils peuvent plus que nos raisonnements amener le succès du système que nous avons cru devoir embrasser.

§ 4.

Solution à donner à l'article 11 de la loi de 1810.

Pour donner une juste solution à l'article 11 de la loi de 1810, il ne faut y voir qu'*une simple restriction au* DROIT que *donne* une permission de recherches ou une concession de mines sur la surface.

Les conséquences qui résultent de la séparation du tréfonds ne sont point connues, et l'on ne saurait trop dire dans quelle grave erreur on tombe, lorsqu'en vertu de cet article on accorde au propriétaire d'une habitation ou d'une clôture le droit de frapper d'interdit la propriété de ses voisins.

Ce propriétaire invoque les restrictions qui sont apportées à ses droits en faveur de l'exploitation des mines, et il est autorisé à prohiber les travaux sur des terrains qui ne lui appartiennent pas.

Les droits sont intervertis ; on oppose aux exploitants de mines les modifications apportées à l'art. 552 du code Napoléon (1), quand, au contraire, elles n'ont été édictées qu'à leur profit.

Enfin, on discute beaucoup dans les arrêts de la justice, comme dans les écrits des auteurs et des jurisconsultes, sur le texte de l'article 11 de la loi de 1810, sans rechercher assez l'intention et le but du législateur en édictant cet article, et aucun d'eux n'examine le *droit d'occupation* à la surface, indispensable à

(1) Voir, page 394, 1er et 2me *attendu* de l'arrêt du 28 juillet 1852.

28

l'exploitation de la mine, ni les *restrictions* qui sont apportées à l'exercice de ce droit (1).

Le silence gardé sur le droit d'*occupation* peut, jusqu'à un certain point, être compris; car il n'est qu'implicitement exprimé dans la loi de **1810**, à l'article 44, et les tribunaux ne le distinguent même pas du simple dommage causé par les travaux souterrains (2).

L'opinion générale semble même ignorer où réside ce droit; on ne le voit pas dans la permission de recherches, ni dans la concession d'une mine. Le conseil d'État (3), les tribunaux (4) et les auteurs (5) le puisent dans les articles 43 et 44 de la loi de **1810**, et de là vient cette divergence dans les esprits et la controverse que nous avons fait connaître au paragraphe précédent.

Mais ce silence ne se comprend plus quand il s'agit du droit de *restriction*, droit qui a été accordé au propriétaire de la surface pour défendre son domicile et ses dépendances contre les envahissements des exploitants de mines. N'a-t-il pas été clairement énoncé par M. de Girardin, et n'est-il pas écrit dans la loi à l'article 80?

En effet, M. de Girardin, dans son rapport devant

(1) La cour impériale de Douai n'a vu dans l'article 11 qu'une restriction au droit établi par l'article 10, et la cour de Dijon n'a parlé de restrictions que dans son arrêt du 15 juillet 1853, sans dire que cet article 11 ne restreint que le droit d'occupation.

(2) Voir, page 220, les deux derniers alinéa.

(3) Voir, page 324, 4me alinéa.

(4) Voir, page 166, dernier alinéa.

(5) Voir, page 325, dernier alinéa.

le Corps législatif, sur le projet de loi de 1810, après avoir désigné les lieux qui ne pourraient être occupés sans le consentement du propriétaire, ajouta :

« Vous jugerez sans doute, Messieurs, que le RESPECT pour le DOMICILE d'un citoyen commandait cette RESTRICTION !... (1) »

Et d'autre part, lorsque des fourneaux à fondre le minerai de fer, des forges, etc., sont autorisés, les impétrants sont aussi autorisés à établir des patouillets, lavoirs et chemins sur le terrain d'autrui, sous les restrictions portées en l'article 11, en vertu de l'article 80, portant :

« Les impétrants sont aussi autorisés à établir des patouillets, lavoirs et chemins de charroi sur les chemins qui ne leur appartiennent pas, MAIS SOUS LES RESTRICTIONS PORTÉES EN L'ARTICLE 11 ; le tout à charge d'indemnités envers les propriétaires du sol et en les prévenant un mois d'avance. »

« *Sous les restrictions portées en l'article* 11 ; » quelle preuve plus évidente et plus directe que cet article *restreint* seulement le droit de faire des sondes, d'ouvrir des puits et d'établir des machines ou magasins!

Pesons bien les termes de cet article 11 :

« NULLE *permission* de recherches NI *concession* de mines NE POURRA, *sans le consentement formel du propriétaire de la surface*, DONNER LE DROIT DE FAIRE des sondes et d'ouvrir des puits ou galeries, ni celui d'établir des machines ou magasins dans les enclos murés, cours ou jardins, ni dans les terrains attenant aux habitations ou clôtures murées dans la distance de 100 mètres desdites clôtures ou habitations. »

« NE *pourra* DONNER *le droit*. » Cette *restriction* prouve assez que la permission ou la concession DONNE *un droit*, et que ce droit ne peut s'étendre dans les enclos murés, cours ou jardins, ni dans les terrains

(1. Voir, page 127, 3me alinéa.

attenants, sans le consentement formel du propriétaire de la surface.

Le propriétaire de la surface, désigné dans l'article 11, est celui qui peut consentir à l'occupation de sa propriété et qui peut invoquer les restrictions qui l'autorisent à refuser le consentement dont parle cet article ; mais le propriétaire de l'habitation ou de la clôture voisine ne peut donner ce consentement, ni se prévaloir des restrictions.

D'ailleurs, si l'article 11 laissait quelque doute sur la distinction à établir entre les droits des deux propriétaires, les articles 43 et 44 de la même loi lèveraient toute incertitude à cet égard.

L'article 43 porte, en effet, que l'indemnité d'occupation doit être payée au propriétaire de la surface, *sur le terrain duquel* les travaux sont établis ; et l'article 44, que, lorsque l'occupation du terrain prive ce propriétaire au-delà d'une année, il peut exiger l'acquisition du *terrain occupé* par les travaux.

En résumé, l'article 11 *restreint* le droit d'occupation ; l'article 43 en *règle* l'indemnité, et l'article 44 *autorise* à exiger l'achat du terrain occupé.

Cette solution si simple a été grandement méconnue. La cour impériale de Lyon a été la première à voir dans l'article 11 la création d'un droit nouveau en faveur du propriétaire d'une habitation ou d'une clôture, au lieu d'une *restriction* au droit d'occupation.

On verra, au titre septième, que la cour impériale de Dijon a été aussi la première à faire une fausse application des articles 43 et 44 ; elle n'établissait aucune distinction entre l'occupation et le dommage causé par suite d'affaissement de terrains, et, dans l'un et l'autre cas, elle accordait le double du préjudice causé, partageant l'erreur générale qui voit, dans le double dont parlent ces articles 43 et 44, une double indemnité, au lieu d'une *base à forfait*.

La cour de cassation a suivi la voie tracée par l'une et par l'autre de ces deux cours souveraines, et sa jurisprudence était fixée sur ces deux points, lorsqu'on a demandé, soit à la cour de Lyon, soit à la cour de Dijon, de réformer leurs propres arrêts !

En appeler à la cour de Lyon et à la cour de Dijon des arrêts qu'elles-mêmes avaient prononcés, c'était engager une lutte difficile, et l'on pouvait paraître téméraire en osant dire à des magistrats éminents qu'ils se sont trompés sur l'interprétation et dans l'application de la loi.

Cette réforme a eu lieu. L'amour de la justice a déterminé les magistrats de Lyon et de Dijon à revenir sur leurs propres arrêts.

Qu'il nous soit permis d'espérer que la cour suprême, mue par ce même sentiment, éclairée par les mêmes moyens qui ont motivé le retour de la jurisprudence des cours de Lyon et de Dijon aux véritables principes, réformera à son tour la sienne, sur le pourvoi qui a été dirigé et admis contre l'arrêt solennel de la cour impériale de Dijon du 15 juillet 1853.

Elle reconnaîtra, en audience solennelle, toutes chambres réunies, que les droits conférés au propriétaire du sol par l'article 552 du code Napoléon, sont restreints par la concession d'une mine, et que les droits conférés au propriétaire de la mine par son acte de concession sont restreints par l'article 11 de la loi du 21 avril 1810 ; mais que cette dernière restriction n'est apportée qu'à l'exercice du droit d'occupation.

Cette solution, en répandant la lumière sur les principales difficultés d'interprétation de la loi de 1810, aura pour effet :

1° De mettre fin à une lutte déplorable où tant d'intérêts divers ont été compromis depuis plus de trente ans ;

2° De renvoyer devant l'administration toutes les questions qui se rattachent à l'exploitation des mines, en dehors des indemnités ;

3° De faciliter l'application des articles 43 et 44, en établissant une distinction entre l'occupation et les dommages causés par l'extraction souterraine.

En terminant nos arguments sur le droit d'occupation, nous ferons remarquer qu'on doit nous pardonner les longs développements où nous sommes entré pour appuyer notre système et établir que l'article 11 ne peut être invoqué contre l'exploitant de mines que par le propriétaire qui subit l'exercice de ce droit. Ces longs développements étaient une nécessité ; on n'entreprend pas la réformation d'une opinion consacrée par la cour suprême sans épuiser tous les moyens de justifier une attaque que naturellement on doit d'abord supposer téméraire.

CHAPITRE IV.

STATU-QUO OU INTERDICTION A LA SURFACE.

Le *statu-quo* ou l'interdiction à la surface dérive du respect qui est dû à toute propriété et du droit accordé à tout propriétaire de pouvoir exploiter son héritage, même en cas d'enclave, moyennant indemnité envers son voisin.

Il ne résulte, d'ailleurs, que de l'application du droit commun sous la protection duquel sont placées toutes les propriétés, et ne consiste que dans la défense qui est faite au propriétaire de la surface de faire de nouveaux travaux ou de créer de nouveaux établissements nuisibles à l'exploitation de la mine dans l'étendue de son périmètre, ou pouvant paralyser le droit d'occupation de l'exploitant.

Le premier droit d'un concessionnaire de mines, c'est de pouvoir exploiter toute la substance minérale qui lui a été concédée jusqu'à son entier épuisement et dans toute l'étendue des limites données à sa propriété dans son acte de concession.

Si la loi de 1791 laissait aux propriétaires de la surface la jouissance du tréfonds jusqu'à 100 pieds (33 mètres 33 centimètres) au-dessous du sol, et si elle leur permettait d'exploiter la mine jusqu'à cette profondeur, la loi de 1810, après avoir déclaré à l'article premier que les masses de substances minérales ou fossiles renfermées dans le sein de la terre ou *existantes à la surface*, sont classées sous les trois

qualifications de *mines, minières* et *carrières*, défend,
aux articles 5 et 12, d'exploiter les mines sans
concession.

Le concessionnaire a donc droit, en vertu de la loi
de 1810, au gîte entier de la mine concédée, *tant à la
surface* que dans le tréfonds, jusqu'à une profondeur
indéfinie, en se renfermant dans les limites de sa
concession et en se conformant aux prescriptions des
articles 11 et 15, sur la distance des enclos ou
habitations, et sur le cautionnement lorsque l'exploitation arrive sous les maisons ou lieux d'habitation.

Mais ces prescriptions ne peuvent être réclamées
qu'en faveur des enclos, maisons ou habitations qui
existaient au moment de la séparation du tréfonds,
avant la concession ou exploitation de la mine, et
de là se fait sentir la nécessité d'imposer le *statu-quo* à
la surface et d'interdire tout ce qui pourrait aggraver
la condition de la propriété souterraine après sa
création, ou paralyser son exploitation ou son droit
d'occupation.

La création d'une nouvelle propriété immobilière
dans les régions souterraines est un problème pour
bien des gens ; les propriétaires du sol ne semblent même
pas se préoccuper de la demande d'une concession de
mines, et ne voient pas que les formalités d'affiches et
de publications tendent à purger leurs droits sur le
tréfonds de leurs propriétés.

Il y a plus ; on ne croit pas que la concession d'une
mine sépare le tréfonds, et qu'après la concession il
y a deux propriétés immobilières l'une sur l'autre,
distinctes et séparées.

Le fait est cependant certain, et l'on conçoit que la position de ces deux propriétés soit difficile, quant à l'exercice des droits respectifs de leurs propriétaires ; il faut nécessairement que l'une asservisse l'autre, parce que si elles sont distinctes et séparées, elles ne peuvent être indépendantes, et cet état de chose démontre la nécessité d'imposer le *statu-quo* à la surface.

Le législateur, en édictant la loi de 1810, n'ignorait pas les conséquences de la concession d'une mine ou création d'une propriété nouvelle dans les régions souterraines ; aussi, deux dispositions de cette loi impliquent le *statu-quo* à la surface : l'une interdit au propriétaire de la surface de faire des fouilles dans le tréfonds concédé, et l'autre veut qu'on se reporte, pour fixer le prix du terrain sur lequel le droit d'occupation est exercé, à la valeur que ce terrain avait avant l'exploitation ou concession de la mine.

Mais, à raison du *statu-quo* qui est imposé à sa propriété, le propriétaire de la surface reçoit une redevance annuelle ou indemnité sur les produits de la mine concédée.

Le principe du *statu-quo* a été implicitement consacré par la cour de cassation dans deux arrêts sur la même question et dans la même cause, l'un de la chambre civile, et l'autre toutes chambres réunies en audience solennelle.

Les auteurs et jurisconsultes, à l'exception de deux, sont très-éloignés de comprendre les conséquences de la concession d'une mine : les uns n'y voient qu'un droit d'exploiter la substance minérale, et laissent le propriétaire du sol dans tous ses droits; d'autres reconnaissent certaines modifications; mais il en est deux, l'un ayant écrit avant la jurisprudence de la cour de cassation, et l'autre s'appuyant sur cette même jurisprudence, qui ont reconnu que la surface séparée du tréfonds est condamnée au *statu-quo*.

Enfin, le *statu-quo* est tellement admis en principe par la cour suprême, qu'elle en fait l'application en vertu de l'article 11 de la loi de 1810; seulement cette application est vicieuse, en ce qu'elle l'oppose aux exploitants de mines, quand tout démontre qu'il n'est imposé qu'aux propriétaires de la surface et que pour favoriser l'exploitation des mines.

Pour justifier ces diverses propositions, nous examinerons successivement et en huit sections :

1º La purge des droits du propriétaire du sol sur le tréfonds.

2º La propriété de la surface et la propriété du tréfonds.

3º La nécessité d'imposer le *statu-quo* à la surface.

4º Les dispositions de la loi qui impliquent le *statu-quo* à la surface.

5º La redevance annuelle au propriétaire de la surface sur les produits de la mine concédée.

6º La jurisprudence de la cour de cassation sur le *statu-quo*.

7º L'opinion des auteurs et jurisconsultes sur les droits du propriétaire de la surface, après la séparation du tréfonds.

8° La fausse application du *statu-quo* par la cour de cassation.

SECTION 1re.

Purge des droits du propriétaire du sol sur le tréfonds.

La purge des droits du propriétaire du sol sur le tréfonds se fait au moyen d'une éclatante publicité donnée à la demande en concession d'une mine ; les affiches et les publications qui précèdent cette concession ont été l'objet d'une discussion approfondie dans le sein du conseil d'État, et cette publicité a pour but de mettre les propriétaires du sol en demeure de faire valoir leurs droits quant à l'indemnité qui doit être liquidée par l'acte de concession.

« L'ACTE de concession, dit l'article 17 de la loi de 1810, *fait après l'accomplissement* DES FORMALITÉS *prescrites*, PURGE, en faveur du concessionnaire, TOUS LES DROITS des propriétaires de la surface... »

Quels sont les droits purgés? la loi ne le dit pas ; elle s'exprime seulement ainsi à ses articles 5, 6, 18 et 42 :

« Art. 5. Les mines NE *peuvent être exploitées* QU'EN VERTU d'un acte de concession délibéré en conseil d'État.

» Art. 6. Cet acte règle les DROITS des propriétaires de la surface SUR LE PRODUIT des mines concédées.

» Art. 18. La valeur des DROITS résultant en faveur du propriétaire de la surface, en vertu de l'article 6 de la présente loi, demeurera réunie à la valeur de ladite surface, et sera affectée avec elle aux hypothèques prises par les créanciers du propriétaire.

» Art. 42. Le DROIT attribué par l'article 6 de la présente loi aux propriétaires de la surface sera réglé à une somme déterminée par l'acte de concession. »

D'autre part, la cour de cassation, par arrêt du 8 août 1839, que nous rapportons à la deuxième

section du présent chapitre, a décidé qu'il résulte
clairement de toutes les dispositions de la loi du
21 avril 1810, que la propriété du sol ne confère
par elle-même aucun droit *privatif* et *direct* sur les
mines, et que toute exploitation de mines sans concession par le propriétaire sur son terrain, est un
acte punissable de peines *correctionnelles*.

D'où il suit que les *formalités* prescrites pour *purger*
les droits des propriétaires de la surface ne sont
relatives qu'au tréfonds du sol, à sa séparation de la
surface, et qu'il s'agit de modifier les droits de ces
propriétaires de manière à établir deux propriétés
distinctes, l'une à la surface et l'autre dans le tréfonds.

Il serait d'ailleurs inutile d'avertir les propriétaires
du sol qu'une mine qui ne leur appartient pas (1),
va être concédée, si la concession ne devait pas
modifier leurs droits, et il ne leur serait dû aucune
indemnité si leurs droits n'étaient pas restreints à la
surface.

Les *droits* qui leur sont accordés *sur le produit* de
la mine les associent pour ainsi dire à l'exploitation,
et après la concession ils doivent s'abstenir de toute
entreprise *nuisible* à la propriété des mines ou
pouvant en aggraver les charges.

Les formalités d'affiches et de publications ont une
telle importance, et la propriété du sol est tellement
atteinte par la concession d'une mine, que M. le
comte Jaubert, séance du conseil du 24 juin 1809,

_____

(1) Voir page 193 et suivantes.

proposa d'appliquer les formes de publications établies par le code de procédure civile *pour la vente des objets saisis* (1).

Les propriétaires du sol sont donc appelés à défendre leurs droits, soit en s'opposant à la concession demandée pour la faire rejeter ou pour la faire restreindre, soit en réclamant contre la redevance offerte par le demandeur en concession ou proposée par l'ingénieur des mines.

Ils ont encore la voie d'opposition après la concession, si les formalités d'affiches et de publication n'ont pas été observées.

M. Cotelle, *Cours de Droit administratif*, tome 2, page **126**, fait observer que les propriétaires de la surface peuvent être lésés par la concession de la mine de différentes manières, et dit :

« Ou ils n'auront pas obtenu *par l'acte de concession* l'INDEMNITÉ qui devait être réglée en leur faveur, soit par omission de statuer, soit qu'ils soutiennent INSUFFISANTE l'INDEMNITÉ qui leur est allouée.

» Ou bien, le titre de concession leur paraîtra ne pouvoir être entendu DANS UN SENS qui blesse leurs intérêts, tandis qu'en l'interprétant DANS TEL AUTRE SENS, il leur causerait beaucoup moins de préjudice.

» Ou bien encore ils croiront pouvoir soutenir que LE TITRE EST ILLÉGAL et ne peut les PRIVER DE LEURS DROITS à la SURFACE ! »

Si au contraire le *titre est légal*, c'est-à-dire si les formalités *prescrites* ont été observées, les propriétaires de la surface subissent toutes les *conséquences* de la concession de la mine, par la privation d'une partie de *leurs droits à la surface*, moyennant une indemnité déclarée *suffisante*.

(1) Voir page 77, 2me alinéa.

Quant aux formalités qui précèdent et suivent la concession d'une mine, nous allons les indiquer dans les deux paragraphes suivants.

§ 1er.

Formalités qui précèdent la concession d'une mine.

Les formalités qui précèdent la concession d'une mine sont, en majeure partie, déterminées par la loi ; celle-ci les règle de façon à prévenir toute surprise et tout abus, en leur donnant une éclatante publicité.

Le rapporteur du projet de la loi du 21 avril 1810, M. de Girardin, en parlant de ces formalités, disait :

« Les dispositions qui tracent les règles à suivre pour demander et obtenir une concession, cesseront de paraître minutieuses, si on réfléchit que, DANS UNE MATIÈRE aussi IMPORTANTE, il était nécessaire de PRESCRIRE aux demandeurs et AUX AUTORITÉS elles-mêmes une marche assurée qui servît de garantie contre les SURPRISES et les autres ABUS (1). »

Ces formalités commencent par un tracé sur la surface, lequel est provisoirement constaté par un plan dressé en triple expédition par l'ingénieur des mines ou vérifié par lui et certifié par le préfet du département, en conformité de l'article 30 de la loi de 1810, dont la teneur suit :

« UN PLAN RÉGULIER DE LA SURFACE, en triple expédition, et sur une échelle de dix millimètres pour 100 mètres, sera annexé à la demande. Ce plan devra être dressé ou vérifié par l'ingénieur des mines, et certifié par le préfet du département. »

Quant à la demande en concession, elle doit contenir entre autre :

1° La désignation précise du lieu de la situation de

_____

(1) Voir page 129, dernier alinéa.

la mine ; l'étendue du périmètre demandé, et les limites données au tracé comprenant la surface dont le tréfonds sera séparé.

2º L'offre de payer une redevance annuelle aux propriétaires de la surface comprise dans le tracé du périmètre de la concession demandée.

3º L'engagement de payer toutes indemnités, lorsque le droit d'occupation sera exercé ou lorsque les travaux souterrains causeront des affaissements à la surface, et qu'il en résultera un préjudice.

4º La promesse d'exécuter toutes les charges, clauses et conditions qui seront imposées envers qui de droit.

Et c'est cette demande qui est adressée au préfet, et qui reçoit une éclatante publicité, en suivant les formalités prescrites aux articles 22, 23, 24, 25, 26, 27 et 28 de la loi de 1810, ainsi conçus :

Art. 22. La demande en concession sera faite par voie de simple pétition adressée au préfet, qui sera tenu de la faire enregistrer à sa date, sur un registre particulier, et d'ordonner les publications et affiches dans les dix jours.

Art. 23. Les affiches auront lieu pendant quatre mois, dans le chef-lieu du département, dans celui de l'arrondissement où la mine est située, dans le lieu du domicile du demandeur, et dans toutes les communes dans le territoire desquelles la concession peut s'étendre. Elles seront insérées dans les journaux de département.

Art. 24. Les publications de demandes en concession de mines auront lieu devant la porte de la maison commune et des églises paroissiales et consistoriales, à la diligence des maires, à l'issue de l'office, un jour de dimanche, et au moins une fois par mois pendant la durée des affiches. Les maires seront tenus de certifier ces publications.

Art. 25. Le secrétaire-général de la préfecture délivrera au requérant un extrait certifié de l'enregistrement de la demande en concession.

Art. 26. Les demandes en concurrence et les oppositions qui y seront formées seront admises devant le préfet, jusqu'au dernier jour du quatrième mois, à compter de la date de l'affiche. Elles seront notifiées, par actes extra-judiciaires, à la préfecture du département, où elles seront enregistrées sur le registre indiqué à l'article 22. Les oppositions seront notifiées aux parties intéressées, et le registre sera ouvert à tous ceux qui en demanderont communication.

ART. 27. A l'expiration du délai des affiches et publications, et sur la preuve de l'accomplissement des formalités portées aux articles précédents, dans le mois qui suivra, au plus tard, le préfet du département, sur l'avis de l'ingénieur des mines, et après avoir pris des informations sur les droits et les facultés des demandeurs, donnera son avis et le transmettra au ministre de l'intérieur.

ART. 28. Il sera définitivement statué sur la demande en concession par un décret délibéré au conseil d'État.

Les projets d'affiches et des conditions du cahier des charges de la concession sont proposés par l'ingénieur en chef au préfet, et adressés au directeur-général des mines, en conformité de l'article 24 du décret du 18 novembre 1810, lequel porte :

« Ils (les ingénieurs en chef) proposeront aux préfets et ils adresseront au directeur-général les projets d'affiches et les conditions du cahier des charges, pour toutes les concessions. »

La loi du 28 juillet 1791 exigeait que les affiches demeurassent apposées pendant *six mois ;* une loi postérieure avait réduit ce délai à deux mois, et la loi du 21 avril 1810 a adopté un délai moyen, *quatre mois.*

Durant le délai de quatre mois, il est procédé à l'instruction de la demande en concession ; les ingénieurs *proposent la redevance à payer* aux propriétaires de la surface, et si ceux-ci réclament contre la proposition ou si le demandeur en concession trouve la *redevance proposée* trop élevée, la discussion est soumise au conseil de préfecture, conformément à l'instruction ministérielle du 3 août 1810, prévoyant les cas en ces termes :

« S'il y a DISCUSSION entre les propriétaires des terrains et le demandeur en concession, RELATIVEMENT AUX INDEMNITÉS *autorisées* par les art. 6 et 42 de la loi, ou RÉCLAMATION de sa part à l'égard des REDEVANCES PROPOSÉES par l'ingénieur des mines, ces objets SERONT SOUMIS au conseil de préfecture. »

Mais le conseil de préfecture ne donne qu'un avis ; c'est au conseil d'État qu'il appartient de statuer sur la *discussion,* de régler et liquider la redevance annuelle, et l'acte de concession qui intervient ensuite , purge tous les droits des propriétaires de la surface sur le tréfonds concédé.

§ 2.

Formalités qui suivent la concession d'une mine.

Les formalités qui suivent la concession d'une mine ne sont point indiquées dans la loi de 1810 ; il en est une qui est fondamentale , c'est l'insertion du décret de concession au Bulletin des lois , et les autres sont en partie tirées de l'instruction ministérielle du 3 août 1810, où nous lisons :

« Le décret de concession ÉNONCE les *noms,* etc., la *nature* et la *situation* de l'objet concédé , il DÉSIGNE les *limites* de la concession accordée, EXPRIME son *étendue* en kilomètres carrés , FIXE les *indemnités* à payer à qui de droit.

» Il DÉTERMINE le *mode* d'exploitation qui devra être suivi par le concessionnaire, et l'OBLIGATION d'acquitter les *indemnités* envers les propriétaires de la surface, aux termes des articles 6, 42, 43 et 44.

» Un PLAN de la concession reste joint à la minute du décret. S'il y avait des changements à opérer, en vertu du décret, sur les PLANS FOURNIS, ces changements seraient exécutés sous la SURVEILLANCE de l'ADMINISTRATION GÉNÉRALE des mines, et les plans seraient, à cet

29

égard, CERTIFIÉS par le chef de l'administration et VISÉ par le MINISTRE de l'intérieur.

» Le décret de concession est adressé par le ministre au préfet du département, qui le NOTIFIE SANS DÉLAI au concessionnaire et qui en ORDONNE les PUBLICATIONS et AFFICHES dans les communes sur lesquelles s'ÉTEND *la concession.* »

Dans les trois mois de la notification au concessionnaire, il est procédé à une plantation de bornes sur les points servant de limites à la concession, aux frais du concessionnaire et à la diligence du préfet.

Cette opération de bornage est faite en présence de l'ingénieur des mines qui en dresse procès-verbal, dont une expédition est déposée aux archives de la préfecture, conformément à l'une des clauses générales de toute concession (**1**).

Le concessionnaire doit veiller à l'exécution des formalités; il est intéressé à requérir les affiches et publications qui doivent être ordonnées par le préfet; il doit aussi par prudence, afin d'éviter les oppositions ultérieures, *notifier à* TOUS *les propriétaires* de la surface le décret de concession, et leur défendre, au besoin, de faire aucuns travaux ou de créer aucun établissement nuisible à l'exploitation de la mine concédée, dans toute l'étendue de son périmètre.

M. COTELLE, t. II, page **124**, n° **2**, en parlant des affiches et publications, nous dit :

« Celui qui a obtenu la concession est intéressé à LES *requérir* et à NOTIFIER en outre INDIVIDUELLEMENT le décret *aux parties intéressées;* autrement, il risquerait de voir attaquer plus tard SON TITRE DE PROPRIÉTÉ, et de le voir déclarer NON AVENU, *sur une opposition.* »

L'opinion de M. Cotelle est appuyée d'une décision

(1) Voir, page 292, art. 1er.

du conseil d'État, du 13 mai **1818**, rendue dans les circonstances qui suivent :

La compagnie Ferry-Lasalle a obtenu la concession des mines de houille situées sur différentes communes, notamment sur celle de Mimet ; les affiches et publications prescrites par la loi n'avaient pas eu lieu dans la commune de Mimet, et, lorsque les concessionnaires voulurent exploiter la houille dans le territoire de cette commune, une opposition fut formée à la concession de la part des propriétaires du sol.

La contestation, sur cette opposition, fut portée devant le conseil d'État, qui, par arrêté du 13 mai **1818**, annula la concession relativement aux mines situées sur la commune de Mimet, en ces termes :

« Considérant que le DÉCRET du 1er juillet 1809 N'A PAS ÉTÉ SIGNIFIÉ aux sieur et dame Liotard, et que la compagnie concessionnaire N'A PAS FAIT FAIRE, dans la commune de Mimet, les PROCLAMATIONS et PUBLICATIONS prescrites par les articles 11 et 12 de la loi de 1791;

» Article 1er. Les sieur et dame Liotard sont reçus opposants envers le décret du 1er juillet 1809, LEQUEL est *déclaré* comme NON AVENU relativement aux mines de houille situées sur la commune de Mimet. »

L'opposition a été reçue par le motif que le décret n'avait pas été *signifié* aux opposants, et elle a été déclarée fondée parce que les formalités d'*affiches* et de *publications* n'avaient pas eu lieu dans la commune de Mimet.

L'importance attachée à toutes ces formalités prouve donc qu'il ne s'agit pas seulement de concéder le droit d'exploiter les mines, mais d'accorder une propriété *tréfoncière*, qui prendra rang parmi les même que c'est le propriétaire du sol qui devient concessionnaire de la mine.

» En sorte que, désormais, il se trouve propriétaire de DEUX IMMEUBLES de différente nature et consistance, là où il n'en possédait qu'UN SEUL AUPARAVANT.

» L'immeuble minier sort de cette création civile entièrement pur et dégagé de toutes les charges et hypothèques dont le fonds, dans son ensemble, pouvait avoir été grevé ; et, désormais, ces charges ne pèseront plus que sur le terrain de la surface, AINSI QUE SUR LA RENTE INDEMNITAIRE.

» Mais, postérieurement à sa concession, le corps de la mine peut être hypothéqué comme tout autre immeuble.

» Puisque le corps de la mine, une fois concédé, doit être à l'avenir passible des charges hypothécaires, comme un autre immeuble particulier, le législateur a voulu aussi qu'il fût doté des avantages qui sont attachés aux autres immeubles, en ce qui touche à leurs accessoires.

» C'est ainsi que les bâtiments, machines, puits et autres objets de travaux établis à demeure, les chevaux, agrès, outils et ustensiles servant à l'exploitation de la mine, doivent être considérés comme en étant les accessoires immobiliers. »

D'après M. Proudhon, et en cela il est d'accord avec la loi, il y a *deux immeubles* de différente nature et consistance, là où il n'en existait qu'*un seul auparavant*, avant la concession du terrain minier.

Dans un arrêt du 8 août 1839, la cour de cassation a fait l'application de tous ces principes en disant :

« Qu'au cas où la concession est faite au profit du propriétaire de la surface, elle CRÉE pour lui-même une PROPRIÉTÉ *distincte* et NOUVELLE, sur laquelle peuvent être assises des hypothèques *également* DISTINCTES et NOUVELLES.

» Que toute exploitation de la mine, AVANT d'en avoir obtenu la concession, est *spécialement* PROHIBÉE sur son terrain *au propriétaire* DE LA SURFACE, et n'est, de *sa part*, qu'un acte *punissable des peines* CORRECTIONNELLES.

» Qu'il résulte *clairement* de toutes les dispositions de la loi du 21 avril 1810, que la propriété de la surface NE CONFÈRE par elle-même AUCUN DROIT *privatif* et *direct* sur les mines, et par suite, sur les substances qui les composent. »

Et, par autre arrêt du 4 janvier 1844, la cour de

cassation a encore décidé que la propriété du sol
n'emporte la propriété du tréfonds que sauf modifications, et que la propriété des mines ne résulte que
d'un acte de concession ; elle l'a fait en ces termes :

« Attendu qu'aux termes de l'article 552 du code Napoléon, la propriété du sol n'emporte la propriété du dessous que SAUF LES
MODIFICATIONS résultant des lois et règlements sur les mines ;

» Attendu qu'aux termes des articles 5, 7 et 16 de la loi du 21 avril 1810,
la PROPRIÉTÉ des mines ne résulte que d'UN ACTE de concession délibéré
en conseil d'État..... »

Les motifs de ces deux arrêts retracent les véritables
principes de la loi de 1810 sur les mines, en établissant
que le propriétaire de la surface n'a aucun droit sur
les mines, et que l'acte de concession en fait une
propriété *distincte* et *nouvelle*.

Un homme d'État a publié, en 1848, un livre sur
la propriété en général et sur la propriété des mines,
voici ce qu'il a dit :

« Dans le moyen-âge ou dans les États despotiques, on *concédait* à
l'homme la SURFACE de la TERRE, mais on ne lui accordait pas le
FOND. Le droit de creuser des mines était un droit régalien (1) qu'on
déléguait à prix d'argent et temporairement à quelques extracteurs de
métaux.

» Avec le progrès du temps, on a compris que l'INTÉRIEUR *de la terre*,
pouvant être le théâtre d'un travail nouveau, devait devenir le théâtre
d'une PROPRIÉTÉ NOUVELLE, et l'on a constitué la propriété des mines
de façon qu'aujourd'hui il y a deux propriétés sur la terre.

» Une AU-DESSUS, celle du LABOUREUR.

» Une AU-DESSOUS, celle du MINEUR. »

Par cette indication : « *celle du laboureur*, » M. Thiers
démontre que les droits du propriétaire de la surface ne
s'étendent plus qu'au-dessus de la propriété du mineur,

_____

(1) Voir, page 215, 1er alinéa.

propriétés ordinaires (1), et qui, comme celle-ci, sera *perpétuelle*, *disponible* et *transmissible*.

Et cette propriété n'étant qu'un *démembrement* du droit du propriétaire du sol (2), *restreint* les droits de la propriété de la surface et la grève de servitudes nouvelles.

SECTION 2.

Propriété de la surface et propriété du tréfonds.

La propriété de la surface et la propriété du tréfonds, après la concession d'une mine, forment deux propriétés immobilières, distinctes et séparées ; cette concession divise ce qui ne formait auparavant qu'une seule propriété, et les droits du propriétaire *du sol* ne s'étendent plus qu'à la surface de la terre.

La loi change la qualification de ce propriétaire ; elle ne le qualifie plus que de propriétaire *de la surface*, et, par cette nouvelle qualification, elle indique la nature de la propriété qui lui reste après la séparation du tréfonds.

Ce n'est pas sans intention ni sans motifs que le législateur a voulu établir une distinction entre le propriétaire *du sol* et le propriétaire *de la surface*, et cette intention se révèle en ne laissant à l'ancienne propriété que la surface grevée d'une servitude au profit du tréfonds.

Par la concession de la mine, le concessionnaire

(1) Voir, page 219, 3me alinéa et suivants.
(2) Voir page 205 et suivantes.

devient propriétaire *du tréfonds* dans toute l'étendue du périmètre qui lui est concédé, et ce tréfonds devient une propriété nouvelle garantie et protégée par la loi comme tous autres biens, et sur laquelle on peut conférer des hypothèques et des privilèges comme sur les autres immeubles.

En effet, on lit dans les articles 7, 19 et 21 de la loi de 1810 :

« Art. 7. L'acte de concession donne la PROPRIÉTÉ PERPÉTUELLE de la mine, laquelle est dès-lors disponible et transmissible comme tous les autres biens, et dont on ne peut être exproprié que dans les cas et selon les formes prescrites par les autres propriétés, conformément au code Napoléon et au code de procédure civile.

» Art. 19. Du moment où une mine sera concédée, même au propriétaire de la surface, *cette propriété sera* DISTINGUÉE de celle de la surface, et désormais considérée comme PROPRIÉTÉ NOUVELLE, sur laquelle de nouvelles hypothèques pourront être prises..... »

« Art. 21. Les autres droits de privilège et d'hypothèque pourront être acquis sur la propriété de la mine, aux termes et en conformité du code Napoléon, COMME SUR LES AUTRES PROPRIÉTÉS IMMOBILIÈRES. »

Deux propriétés distinctes sont donc en présence après la concession d'une mine, et ces deux propriétés sont protégées et garanties par la loi, sans distinction de droit ancien ou nouveau.

M. Proudhon, *Traité du domaine privé ou de la distinction des biens*, t. II, page 433, s'exprime ainsi sur la propriété des mines :

« Par l'acte ou décret de concession, le concessionnaire acquiert à perpétuité la propriété de la mine, dont le corps se trouve désormais civilement séparé du terrain de la surface, et FORME A PART UN IMMEUBLE particulier, disponible et transmissible comme tous les autres fonds et dont on ne peut être exproprié que dans les cas et selon les formes prescrites pour les autres propriétés.

» La mine, une fois concédée, se trouve donc être un NOUVEL IMMEUBLE distinct et séparé du terrain de la surface, et ce jeu de la loi a lieu lors c'est-à-dire qu'après la concession du tréfonds on ne doit et l'on ne peut que *labourer* à la surface.

Il reconnaît ainsi que le propriétaire *du sol* n'est plus propriétaire que *de la surface* de la terre, et qu'il ne peut plus creuser ni fouiller *au-dessous,* ni élever des édifices *au-dessus.*

La cour impériale de Dijon, dans un *mémorable* arrêt du 29 mars 1854, *définit,* à l'exemple de M. Thiers, les deux propriétés, et déclare qu'un droit d'occupation sur la surface appartient au propriétaire de la mine.

« Considérant, dit cet arrêt, qu'il suffit de lire avec attention la loi du 21 avril 1810 pour demeurer convaincu que le législateur a ENTENDU, en ce qui concerne les terrains renfermant des gisements métalliques, constituer DEUX PROPRIÉTÉS *distinctes* et *séparées :*

» L'une, *composée* DE LA SURFACE, *continuant* de reposer sur la tête du propriétaire du sol.

» L'autre, *comprenant* LE TRÉFONDS, *passant* dans les mains du concessionnaire, *moyennant* LES INDEMNITÉS réglées conformément aux prescriptions des articles 6 et 42 de la loi précitée.

» Qu'en DIVISANT, ainsi qu'il l'a fait, CE QUI, JUSQUE-LA, n'avait formé qu'UNE SEULE PROPRIÉTÉ, le législateur a dû prévoir et a réellement prévu que, pour l'exploitation de la mine, le concessionnaire serait obligé d'OCCUPER, soit *temporairement,* soit *définitivement,* une partie de la surface. »

Jamais jusqu'ici les arrêts de la justice n'avaient défini la propriété des mines, ni déterminé d'une manière aussi précise les droits de chacun des DEUX *propriétaires :* à l'un la *surface,* et à l'autre le *tréfonds.*

Et la propriété du tréfonds a encore, pour l'établissement de ses travaux extérieurs, le *droit d'occuper* la propriété de la surface *temporairement* ou *définitivement.*

En résumé, soit en présence des dispositions de la loi, soit d'après tous les documents que nous avons rapportés, on ne peut nier que la concession n'ait pour conséquence de partager horizontalement la terre, et de constituer deux propriétés dans un même périmètre.

Dès-lors, plus de difficulté sur les droits des deux propriétaires :

Au *laboureur,* la propriété de la surface, grevée du droit d'occupation pour l'exploitation du tréfonds ;

Au *mineur,* la propriété du tréfonds avec son droit d'occupation sur la surface ;

Et à tous deux la même protection et la même garantie de leurs droits ; mais à l'un comme à l'autre la même obligation de respecter la propriété de son voisin, et sans que ni l'un ni l'autre puisse être exproprié en dehors des cas autorisés par la loi.

SECTION 3.

Nécessité d'imposer le statu-quo à la propriété de la surface.

La nécessité d'imposer le *statu-quo* à la propriété de la surface est une des conséquences forcées du *droit* accordé d'exploiter la substance minérale et d'établir des travaux d'exploitation dans toute l'étendue du périmètre concédé, sous les restrictions de l'article 11 et sous les obligations de l'article 15.

Le *droit* du concessionnaire de la mine est incontestable ; il a une concession qui lui permet d'extraire toute la substance concédée jusqu'à son entier épuisement ; il y a pour lui non-seulement un droit, mais il y a encore *obligation*, l'on ne saurait trop le dire ni trop le faire remarquer.

L'article 1er de la loi du 21 avril 1810 détermine ce droit et cette obligation en ces termes :

« Les masses de substances minérales ou fossiles, *renfermées dans le sein de la terre* ou EXISTANTES A LA SURFACE, sont classées, relativement aux règles de l'exploitation de chacune d'elles, sous les trois qualifications de mines, minières et carrières. »

« *Ou existantes à la surface!* » Cette disposition indique que le concessionnaire exploite sa propriété partout où elle est, c'est-à-dire à la surface comme dans le sein de la terre, en se renfermant dans les limites qui lui ont été données.

Ainsi le concessionnaire de la mine est d'abord propriétaire de tout le tréfonds où se trouve le gisement de la mine : c'est là un point non douteux, et il est encore propriétaire des affleurements de la mine lorsqu'ils arrivent jusqu'à la surface ; mais dans ce cas il ne peut exploiter ces affleurements sans payer, *tout le temps* que durera l'exploitation, l'indemnité fixée par l'article 43, sauf même à acquérir le terrain occupé ou endommagé, s'il en est requis, conformément à l'article 44.

Or, en présence de ce droit et des obligations qui lui sont imposées par la loi, n'y a-t-il pas nécessité d'imposer le *statu-quo* à la propriété de la surface? autrement il faudrait reconnaître que, dans certains cas, l'exploitation de la mine serait ou *repréhensible*, ou *ruineuse*, ou *impossible*.

C'est ce que nous allons démontrer dans les trois paragraphes suivants.

§ 1er.

Exploitation répréhensible.

L'exploitation de la mine serait répréhensible et aurait le caractère d'un délit si, après avoir extrait la mine des régions souterraines et y avoir pratiqué des excavations imposant le *statu-quo* à la surface, le propriétaire de la mine pouvait être tenu à des dommages-intérêts par le seul fait des excavations.

On dit sans cesse aux exploitants de mines : respect à la propriété de la surface, comme s'il leur était possible d'arriver à leurs propriétés souterraines et de fouiller les entrailles de la terre pour en extraire les mines, sans endommager la surface et sans lui imposer le *statu-quo*.

Le propriétaire de la mine ne peut pas extraire des masses aussi considérables sans produire des excavations ; et, après avoir non-seulement usé d'un droit légitime, mais rempli ses obligations envers la société (1), on ne saurait le rendre responsable de la restriction *forcée* que les excavations apportent aux droits du propriétaire de la surface.

Après les excavations souterraines il devient impossible d'établir au-dessus des constructions, de creuser le sol pour y pratiquer des caves et des puits, etc. ; cependant si, malgré les excavations, le propriétaire de la surface avait l'imprudence d'y créer au-dessus des édifices ou établissements qui, en surchargeant la

(1) Voir page 269, 3me alinéa et pages suivantes.

surface, donneraient lieu à des accidents, aurait-il droit à une action en dommages-intérêts?

Aurait-il également un recours contre l'auteur des excavations, s'il était privé de faire un puits?

Exemple:

Dans un village, à l'époque où la concession de la mine a été accordée, il n'existait que quelques habitations; en ce moment la population est de 8 à 10,000 âmes, et bientôt ce chiffre sera doublé par suite de l'importance que prend tous les jours l'un de nos plus grands établissements de France.

Aussi l'agglomération des habitations est telle qu'il ne reste plus de terrain à bâtir autour de l'usine, par suite des excavations souterraines, et journellement des constructions s'établissent au-dessus ou à proximité de ces excavations, là où les anciennes habitations ont été détruites par les travaux souterrains et payés *au double*, d'après la jurisprudence des tribunaux.

De nouvelles constructions remplacent les anciennes, et les propriétaires de la surface font de cette situation *une spéculation*, ainsi qu'il est attesté par une lettre du directeur des établissements du....., à la date du 16 avril 1853, dans laquelle on lit:

« La question de propriété prend en ce moment une grande importance, en ce que les terrains à bâtir sont très-rares et presque partout occupés dans le *nouveau village* de....... La conséquence est qu'on revient à l'*ancien*, et quelques propriétaires FONT DE CETTE SITUATION UNE SPÉCULATION (1).

» L'un de ces propriétaires vient de nous annoncer le projet qu'il a de vendre le terrain qui lui appartient sur le versant de...., AU-DESSUS

_____

(1) Ils réclament de doubles indemnités si leurs constructions s'écroulent, VALEUR AU MOMENT OU LE DOMMAGE EST CAUSÉ!

DE NOS PUITS et à proximité, sans s'arrêter devant de grandes fissures qui sillonnent les terrains à peu de distance.

» Son intention SERAIT DE CRÉER là UN NOUVEAU VILLAGE qui s'élèverait près de l'ANCIEN, où les maisons *disparaissent* tous les jours *après que nous les avons* ACHETÉES.

» Nous pensions pouvoir nous entendre avec ce propriétaire, *en lui offrant d'acheter son terrain* qui est d'une contenance de plusieurs hectares. NOUS LUI AVONS FAIT DES PROPOSITIONS, et il n'y a pas lieu de compter sur une solution *amiable* et *raisonnable*, nous devons y renoncer.

» En conséquence, nous vous demandons quels sont les droits des propriétaires de la surface et quels sont ceux des propriétaires de mines, d'après la loi du 21 avril 1810? »

La question posée dans cette lettre résume toute la difficulté qui existait avant l'arrêt de la cour de Dijon, du 29 mars 1854, lorsqu'il s'agissait de séparer les droits du propriétaire du sol et ceux du propriétaire de la mine.

Mais, depuis cet arrêt, la réponse à cette question est facile :

La surface *compose* la propriété de l'un ;

Le tréfonds *comprend* la propriété de l'autre,

Et le propriétaire de la surface est sans droit sur le tréfonds, tandis que le propriétaire du tréfonds a un droit de servitude sur la surface.

Mais les excavations, en imposant le *statu-quo* forcé à la surface, n'étant que le résultat de l'exercice d'un droit, ne peuvent autoriser une action, à moins de considérer l'exploitation des mines comme un trouble apporté à la jouissance du propriétaire de la surface, et d'arriver à cette conséquence, que l'exploitant de mines n'est autre qu'un délinquant passible de dommages-intérêts, sinon des peines correctionnelles.

Ne serait-ce pas méconnaître le droit du concessionnaire, nier son droit de propriété et violer les
dispositions de l'article 7 de la loi du 21 avril 1810,
si les excavations étaient un délit ou répréhensibles?

D'autre part, comment pourrait-on concilier la
prétention du propriétaire de la surface avec les dispositions de l'article 49 de la même loi, où il est dit :

« Si l'exploitation est restreinte ou suspendue de manière à inquiéter
la sûreté publique ou le besoin des consommateurs, les préfets, après
avoir entendu les propriétaires (de la mine), en rendront compte au
ministre de l'intérieur pour y être pourvu ainsi qu'il appartiendra. »

La loi du 27 avril 1838 a apporté une sanction
pénale à cette disposition; le défaut d'exploitation
entraîne la révocation de la concession de la mine,
sous réserves des droits des tiers (1).

On ne peut donc faire un crime au propriétaire de
la mine d'avoir excavé un terrain en exerçant un
droit obligatoire pour lui, et l'on doit en conclure que
le propriétaire de la surface ne peut changer, au-
dessus des excavations, la nature du sol qu'à ses
risques et périls.

§ 2.

Exploitation ruineuse.

L'exploitation de la mine serait ruineuse pour le
concessionnaire, si, pendant les travaux souterrains,
l'exploitant était ou pouvait être arrêté par l'exercice
d'un droit quelconque du propriétaire de la surface.

En effet, si, après avoir dépensé des capitaux considérables, soit en creusant des puits ou des galeries

(1) Voir page 271 et suivantes.

à travers les rochers, soit en faisant exécuter des travaux d'art, machines, magasins, etc., le propriétaire de la mine était paralysé ou entravé dans son exploitation, sa ruine serait certaine.

M. de Girardin, dans son rapport devant le Corps législatif, disait :

« Ce qu'il faut *réunir de* CAPITAUX pour établir des travaux réguliers, EST CONSIDÉRABLE ; ce qu'il faut en dépenser avant d'obtenir un produit EST IMMENSE.

» L'on assure que la compagnie qui exploite les mines d'Anzin, a travaillé pendant vingt-deux ans avant de parvenir à extraire du charbon, et a DÉPENSÉ plus de SEIZE MILLIONS pour établir toutes les machines nécessaires à leur exploitation.

» Cette somme, toute forte qu'elle est, CESSERA peut-être, Messieurs, *de vous paraître exagérée*, lorsque vous parcourrez la série des travaux à faire pour EXPLOITER une couche ou un filon DANS TOUTE SON ÉTENDUE (1). »

Si donc ce qu'il faut dépenser *est immense* et qu'il faille des *millions* pour exploiter une couche ou un filon de mine *dans toute son étendue*, on ne saurait permettre au-dessus d'une exploitation, même dans un but d'*utilité réelle* (2), la création de moulins, papeteries, manufactures ou filatures fonctionnant à l'aide d'écluses, ni l'établissement de vastes étangs qui, par suite d'un mouvement du sol, inonderaient les travaux et les paralyseraient tout-à-coup.

On ne saurait non plus permettre la construction de propriétés d'agrément, châteaux, aisances et dépendances au-dessus de la tête du mineur ; la raison, la loi et la justice s'opposent à ce que le propriétaire de

(1) Voir page 120, 2ᵐᵉ alinéa.
(2) Voir page 167, avant-dernier alinéa.

la mine soit ainsi placé à la merci des propriétaires de la surface.

Nous disons à la merci des propriétaires de la surface, parce que, s'ils conservaient le droit de créer ou d'établir au-dessus d'une exploitation de mines tout ce qu'ils auraient pu faire avant la concession, il leur serait loisible de paralyser tous travaux souterrains et d'arrêter ceux dont l'établissement aurait coûté des sommes immenses.

Dans cette position, il faut choisir entre *la ruine* de l'exploitant de mines et le *statu-quo* à la surface ; et comme la loi, dans l'intérêt public, a eu *pour objet de favoriser les exploitants*, le *statu-quo* devient la conséquence de la séparation du tréfonds et de l'exploitation des mines.

L'Empereur, à la séance du conseil d'État du 18 janvier 1810, a dit :

« La loi sur les mines doit avoir *pour objet de* FAVORISER *les exploitants...*, car l'intention du chef de l'État est de favoriser les mines (1). »

Cette *faveur* fut encore proclamée par M. de Girardin devant le Corps législatif, en ces termes :

« L'exploitation des mines doit être ENCOURAGÉE, car leurs productions sont incontestablement une richesse de plus pour la nation et une dépense de moins, puisqu'il faudrait acheter de l'étranger de quoi subvenir aux besoins de la société et des manufactures (2). »

La nécessité du *statu-quo* est ici d'accord avec le droit ; et nous pensons que l'exploitant est fondé à s'opposer à tous travaux *nuisibles* à son exploitation, et

_____

(1) Voir page 89, 1er alinéa.
(2) Voir page 133, 5me alinéa.

qu'il serait recevable à en demander la destruction, ainsi que la réparation du préjudice qu'il en aurait éprouvé.

Voici encore un exemple :

A Saint-Berain-sur-Dheune, un propriétaire de la surface vient de changer la destination de son champ ; il y fait des irrigations, et les eaux s'écoulent dans les travaux de mines.

Un tel état de choses ne pouvant être maintenu, le directeur de l'exploitation des mines de *Saint-Berain* nous a écrit à la date du 2 avril 1855 la lettre suivante :

« Un propriétaire convertit son champ en pré, dans lequel il fait des irrigations, l'écoulement des eaux se fait dans nos travaux de mines. Ce propriétaire est-il dans son droit, ou pouvons-nous l'attaquer en dommages-intérêts ?

» Remarquez qu'il est tel propriétaire qui, s'il lui prenait fantaisie d'en faire de même, *ruinerait* nos travaux. »

Nous avons répondu que non-seulement l'action en dommages-intérêts était parfaitement fondée, mais qu'en outre on était recevable à demander la suppression des travaux d'irrigation, du moment qu'ils étaient nuisibles à l'exploitation de la mine.

Mais plaçons les deux propriétaires voisins dans leurs droits respectifs :

Le propriétaire de la mine a le droit d'extraire le produit de sa propriété et de l'exploiter dans toute son étendue, il y a même obligation pour lui ; aussi, rien ne peut ni ne doit l'en empêcher, en se conformant aux restrictions de l'article 11 de la loi de 1810 et aux prescriptions de l'article 15 de la même loi, et en payant les indemnités auxquelles il est soumis par les articles 6, 42, 43 et 44.

De son côté, le propriétaire de la surface a le droit d'exploiter sa propriété, en se conformant aux lois et règlements, sans qu'il puisse rien faire qui soit nuisible à son voisin des régions souterraines ; en compensation de cet obstacle apporté à la libre disposition de sa propriété, il reçoit une part sur les produits de la mine, indépendamment de la réparation de toute espèce de préjudice qui lui est causé à la surface.

Il y a donc parfaite réciprocité entre les deux voisins sur le respect et l'exercice de leurs droits.

§ 3.

Exploitation impossible.

L'exploitation de la mine serait impossible si, après la séparation du tréfonds, mais avant l'extraction, les propriétaires de la surface avaient la faculté d'établir des clôtures, des cours ou jardins et de créer de nouveaux établissements au-dessus du gisement, dans l'étendue du périmètre de la mine.

On sait que l'article 11 oblige l'exploitant de mines à respecter les lieux clos et à s'éloigner à plus de 100 mètres, et que l'article 15 l'astreint à donner caution de payer toutes indemnités en cas d'accidents, lorsque les travaux souterrains arrivent sous les maisons ou lieux d'habitation.

Il y a des concessions de mines qui n'ont qu'une

surface de dix hectares ; quatorze concessions d'un département n'ont que de dix à cinquante hectares (1).

La modicité de ces concessions est un grand argument en faveur du *statu-quo;* car s'il n'était pas imposé, on pourrait facilement clore la superficie de l'une de ces concessions ou la couvrir de nouvelles constructions, et par là rendre toute exploitation souterraine impossible, en vertu des articles 11 et 15 dont nous venons de parler.

Après les formalités d'affiches et de publication du tracé tant de la demande en concession que de la concession elle-même, la surface séparée du tréfonds est frappée d'interdit, en ce sens qu'il ne peut y être rien fait qui soit nuisible à l'exploitation du tréfonds ou exploitation de la mine.

On le voit, l'interdiction n'est pas aussi absolue dans le périmètre du tracé d'une concession de mines que pour le tracé d'alignement d'un chemin, d'une route, d'une place ou de tous autres travaux reconnus d'utilité publique (2).

Après la concession d'une mine, c'est au propriétaire de la surface, par un sondage ou à l'aide des plans et des rapports des ingénieurs, déposés chaque année à la préfecture, à s'assurer si les nouvelles constructions qu'il se propose d'établir ne seront pas *nuisibles* à l'exploitation de la mine concédée.

(1) Ces concessions sont celles de Verchères, la Catonnière, la Roche, la Verrerie, Fouloux, Couzon, Trémolin, Trigerin, Montbrezieux, Gourdemarin, etc., du département de la Loire.

(2) Voir page 259, § 3.

Il doit donc s'enquérir du *gisement* ou de l'*allure* de la mine à exploiter ou qui est en exploitation, afin de ne point paralyser l'établissement des travaux à la surface, ni entraver l'extraction souterraine.

Le placement des travaux à la surface est naturellement indiqué par la direction de la couche ou du filon de la mine concédée, et, à cet égard, voici ce qui a été dit par M. de Girardin dans son rapport :

> « On ne peut arriver (au corps de la mine) que par des puits ; et ces puits eux-mêmes, dont le placement est toujours indiqué d'une manière absolue par le gisement ou l'allure de la mine, sont placés dans l'intérieur des terres (1). »

Mais si, nonobstant les modifications apportées à l'article 552 du code Napoléon par la concession ou création d'une propriété nouvelle dans les régions souterraines, divisant ce qui, auparavant, ne formait qu'une propriété, le propriétaire de la surface pouvait couvrir par des constructions nouvelles le périmètre dont le tréfonds est concédé, l'exploitation des mines serait subordonnée au caprice ou aux exigences de ces propriétaires.

L'article 11 de la loi de 1810, en prohibant le droit d'occupation dans les enclos, cours ou jardins et dans les terrains attenant jusqu'à **100** mètres de distance, et l'article 15 de la même loi, en obligeant l'exploitant à donner caution de payer tous dommages en cas d'accidents, ne peuvent donc s'appliquer qu'à ce qui *existait* avant la création de la propriété souterraine.

D'autre part, ce serait changer la condition de

---

(1) Voir page 136, avant-dernier alinéa.

l'exploitant et aggraver ses charges que d'augmenter
la valeur des terrains de la surface et de l'obliger à
payer les augmentations, lorsqu'il exerce son droit
d'occupation ou lorsque les excavations souterraines,
en occasionnant des affaissements, ont renversé les
nouvelles constructions ou les nouvelles plantations,
ou détruit les nouveaux travaux.

La nécessité du *statu-quo* à la surface est donc
évidente dès qu'il y a séparation du tréfonds et *obligation*
d'exploiter le tréfonds.

Obligation, parce que l'exploitation des mines concédées est obligatoire et que les excavations souterraines sont pour ainsi dire obligatoires elles-mêmes.

SECTION 4.
*Dispositions de la loi qui impliquent le statu-quo à
la surface.*

Les dispositions de la loi qui impliquent le *statu-quo*
à la surface sont précises et très-formelles; elles
interdisent au propriétaire de la surface de faire des
fouilles dans le tréfonds de sa propriété, et *fixent* le
prix du terrain occupé par l'établissement des travaux
d'exploitation de mines, valeur avant cette exploitation ou séparation du tréfonds.

Or, si le propriétaire de la surface ne peut, après
la concession d'une mine, fouiller ou creuser le
tréfonds de sa propriété, ni en augmenter la valeur,
il ne peut non plus, par voie de conséquences, y
établir de nouvelles constructions, y créer de nouveaux établissements; c'est en un mot le *statu-quo*
imposé à la surface.

Ces deux dispositions prouvent évidemment que le législateur, en les édictant, a entendu imposer le *statu-quo* à la surface, afin qu'il ne pût être établi aucuns travaux nuisibles à l'exploitation de la mine ou pouvant aggraver ses charges, dans toute l'étendue de son périmètre.

C'est ce que nous établirons dans les deux paragraphes ci-après, en démontrant :

1º Qu'une disposition de la loi interdit au propriétaire de la surface de fouiller le tréfonds séparé de sa propriété ;

2º Qu'une autre disposition fixe le prix du terrain occupé par les travaux d'exploitation de mines, valeur avant cette exploitation.

§ 1er.

Disposition qui interdit au propriétaire de la surface de fouiller le tréfonds de sa propriété.

La disposition qui interdit au propriétaire de la surface de fouiller le tréfonds de sa propriété est écrit dans l'article 12 de la loi du 21 avril 1810, lequel est ainsi conçu :

« Le propriétaire pourra faire des recherches, sans formalité préalable, dans les lieux réservés par le précédent article, comme dans les autres parties de sa propriété, mais il sera obligé d'obtenir une concession avant d'y établir une exploitation.

» DANS AUCUN CAS, les recherches ne pourront être AUTORISÉES *dans un terrain* DÉJA CONCÉDÉ. »

Dans aucun cas, même par le propriétaire de la surface, les recherches ne pourront être autorisées *dans un terrain déjà concédé,* parce que ce serait

fouiller la propriété d'autrui après la concession ou
séparation du tréfonds; l'interdiction est tellement
absolue que, lorsque la concession est accordée, le
gouvernement est obligé de faire des réserves en faveur
de minerais étrangers à la houille, et, sans cette
réserve, le concessionnaire du tréfonds pourrait s'opposer aux recherches qui seraient faites dans sa
propriété.

En effet, parmi les clauses générales du cahier des
charges de toute concession de mines de houille, se
trouve la suivante :

« Le concessionnaire de mines de houille SERA TENU DE SOUFFRIR
les travaux que l'administration reconnaîtrait utiles à l'exploitation de
minerais étrangers, et même, si cela est nécessaire, le passage dans
ses propres travaux ; le tout, s'il y a lieu, moyennant indemnité, qui sera,
selon les cas, réglée de gré à gré ou à dire d'experts, ou renvoyée au
jugement du conseil de préfecture, en exécution de l'article 46 de la
loi du 21 avril 1810 (1). »

Cette clause ou réserve imposée par le gouvernement servirait au besoin à interpréter la disposition
de l'article 12 si la concession de la mine n'entraînait
pas une complète séparation entre la surface et le
tréfonds par la création d'une propriété immobilière
nouvelle, et s'il n'était pas interdit au propriétaire de
la surface de fouiller le tréfonds séparé de sa propriété.

Sur cette interdiction, M. de Girardin s'est exprimé
ainsi dans son rapport :

« La dernière disposition de l'article 12 INTERDIT TOUTES RECHERCHES
dans un terrain DÉJA CONCÉDÉ.

» Des recherches qui auraient pour objet la mine concédée seraient
une entreprise sur la propriété d'autrui ; s'il existait DANS UN TERRAIN

(1) Voir page 298, art. 25.

DÉJA CONCÉDÉ, *une mine inconnue*, tous les motifs se réunissent pour en attribuer EXCLUSIVEMENT la recherche au concessionnaire de la première. »

« *Dans un terrain déjà concédé* ; » cette disposition de la loi, reproduite par le rapporteur, est la preuve *textuelle* de la concession du terrain minier au concessionnaire, laquelle fonde la préférence exclusive à lui accordée de la recherche dans le terrain concédé d'une mine inconnue.

Quoi de plus énergique en faveur du concessionnaire que cette limite imposée au propriétaire de la surface, de ne pouvoir *en aucun cas* être autorisé à faire des recherches dans un terrain déjà concédé, c'est-à-dire existant désormais comme propriété *séparée* de la surface et distincte d'elle !

Mais ici une controverse se manifeste : les auteurs qui ne sont point d'avis de la séparation du tréfonds, ni du *statu-quo* à la surface, nous disent que la disposition finale de l'article 12 n'est pas applicable au propriétaire de la surface.

Voici comment M. Peyret-Lallier s'exprime, t. Ier, page 236 :

« La disposition finale de l'article 12 n'est pas applicable au propriétaire de la surface. Elle n'est relative qu'aux recherches qui sont susceptibles d'AUTORISATION. On n'a pas voulu qu'elles pussent avoir lieu par les tiers DANS UN TERRAIN DÉJA CONCÉDÉ : mais le propriétaire du sol n'a pas besoin d'autorisation.

» Son droit de propriété emporte celui de faire DANS SES PROPRES FONDS les recherches et les fouilles qu'il juge à propos. »

M. Peyret-Lallier nous semble s'appuyer sur les dispositions de l'article 552 du code Napoléon pour établir le droit du propriétaire ; mais il ne fait pas attention que cet article ne confère au propriétaire du sol le droit de faire dans ses propres fonds les recherches et les fouilles qu'il juge à propos, que *sauf les modifications résultant des lois et règlements relatifs aux mines.*

Au surplus, quand *le tréfonds est concédé* à un autre qu'au propriétaire de la surface, on ne peut pas dire que ce propriétaire, après la concession, après la séparation du tréfonds, fait des recherches et fouille dans *ses propres fonds.* C'est là l'erreur de ceux qui ne croient pas à la séparation des deux propriétés.

Ajoutons que M. Peyret-Lallier reconnaît que son opinion est contredite par un auteur qu'il ne cite pas, et qu'il se borne à nous dire :

« Un auteur qui a publié un traité sur la matière a pensé que le droit de faire des recherches est interdit même au propriétaire du sol dans un territoire concédé; il s'appuie sur ce seul motif que les recherches seraient sans résultat pour lui, puisque la concession déjà accordée empêcherait tout autre que le concessionnaire d'acquérir le droit d'exploiter. »

M. Dupont n'est pas non plus de cet avis; il partage l'opinion de M. Peyret-Lallier et dit, t. 1er, page 136 :

« Le propriétaire du sol qui fait des recherches use du droit qui lui est conféré par la loi civile (art. 552 du code Napoléon), droit qui est LIMITÉ et RESTREINT par la loi de 1810, mais qui ne lui est pas conféré à proprement parler par celle-ci : la loi de 1810 a créé des RESTRICTIONS au droit de fouilles du propriétaire, par exemple, la prohibition des ouvertures de travaux à moins de 100 mètres des habitations des tiers ; mais, en dehors de ces restrictions, le propriétaire qui fait des recherches agit en vertu d'un droit antérieur. »

Voilà où conduit la fausse interprétation qui a été faite par M. Dupont sur l'article 11 de la loi de 1810 (1);

_____
(1) Voir page 429, N° 5.

le *statu-quo* n'est imposé qu'aux exploitants de mines autour des habitations et des clôtures murées ; la loi de 1810, d'après lui, n'a pas apporté d'autres *restrictions*.

Il reconnaît bien que le droit conféré par l'article 552 du code Napoléon est *limité*, même *restreint* par la loi de 1810 ; mais il n'en persiste pas moins à dire :

« Nous croyons avoir ainsi établi que l'INTERDICTION MENTIONNÉE A L'ARTICLE 12 n'atteint pas les recherches exécutées par le propriétaire du sol dans un terrain concédé, et relatives à des substances étrangères à celles de la concession, et nous partageons à cet égard l'opinion de M. Peyret-Lallier. »

Ainsi, même opinion que celle de M. Peyret-Lallier, avec cette différence qu'ils sont *divisés* sur l'interprétation de la prohibition ou *restriction* édictée dans l'article 11, sur la distance des 100 mètres (1).

Mais qu'on nous permette une dernière observation pour démontrer que l'*interdiction* des fouilles est absolue et qu'elle s'adresse particulièrement au propriétaire.

Il est inutile d'interdire les recherches de la mine concédée, parce que de telles recherches auraient pour objet, a dit M. de Girardin, de fouiller la propriété d'autrui. Ce ne sont donc pas ces recherches que la loi a entendu interdire, mais bien toutes recherches relatives à d'autres mines ; et cela est si vrai, que le gouvernement, autorisé par la loi *à concéder le terrain*, ne le concède qu'avec des réserves, en faveur d'explorateurs autorisés par lui, lorsqu'il s'agit d'autres mines que celle concédée.

(1) Voir page 407, N° 3, et 429, N° 5.

Il suit de là que, lorsqu'*un terrain est déjà concédé*
et qu'il y a séparation entre la surface et le tréfonds, le
propriétaire de la surface n'a plus le droit de fouiller
le tréfonds concédé à un autre; ce droit lui a été
retiré en vertu des modifications prévues et réservées
contre lui dans l'article 552 du code Napoléon.

Au paragraphe 2 qui suit, nous démontrerons qu'il
lui est encore interdit implicitement de changer la
nature de la surface du terrain dont il reste propriétaire après la séparation du tréfonds.

§ 2.

**Disposition qui fixe le prix de la surface occupée par les travaux,
valeur avant l'exploitation de la mine.**

La disposition qui fixe le prix du terrain occupé par
les travaux, valeur *avant* l'exploitation de la mine,
compose le deuxième paragraphe de l'article 44 de
la loi de 1810; elle porte :

« L'évaluation du prix sera faite, quant au mode, suivant les règles
établies par la loi du 16 septembre 1807 sur le dessèchement des
marais, ETC., titre XI; MAIS LE TERRAIN à acquérir sera toujours
estimé au double de la VALEUR QU'IL AVAIT AVANT L EXPLOITATION DE
LA MINE. »

Cette disposition de la loi n'a jamais été exécutée,
parce qu'on ne croit pas au *statu-quo* de la surface,
ni même à la modification qui est apportée au droit
du propriétaire du sol par la séparation du tréfonds,
et aussi parce qu'on ne voit pas le rapport qui existe
entre le tracé d'une concession de mine et le tracé
d'alignement d'un chemin, d'une route, d'une
place, etc. (1).

(1) Voir, page 259, § 3.

On ne comprend pas le renvoi à la loi du 16 septembre 1807, sur le dessèchement des marais, ETC.; l'on n'y voit qu'une question de procédure ou de compétence qui a donné lieu à un conflit entre les trois grands pouvoirs de l'Empire.

Le gouvernement a, en effet, par arrêté ministériel du 7 juillet 1837, sur la proposition du directeur-général des mines, décidé que le renvoi s'applique aux articles 56 et 57 de la loi de 1807 sur la nomination des experts et la compétence des conseils de préfecture (1).

La cour de cassation, par arrêt du 8 août 1839, a décidé également que le renvoi *a eu pour objet* les articles 56 et 57, sur la nomination des experts et concours du préfet; mais que le renvoi doit être entendu et restreint au cas où l'État se trouve avoir intérêt (2).

Et le conseil d'État, par ordonnance du 18 février 1846, a refusé d'admettre les deux interprétations données au renvoi sans en indiquer l'objet; il s'est borné à émettre une opinion contraire à l'arrêté ministériel et à la décision de la cour de cassation, et la question n'a point été dégagée de l'obscurité qui semble l'entourer (3).

Dans ce conflit sur l'objet du renvoi, des auteurs ont soutenu que la disposition de la loi devait être rayée ou réputée non écrite (4).

(1) Voir page 235 et suivantes.
(2) Voir page 236 et suivantes.
(3) Voir page 242 et suivantes.
(4) Voir page 243 et suivantes.

Selon nous, c'est là une grave erreur ; ce n'est pas sans des raisons péremptoires qu'on peut accuser le législateur d'avoir introduit littéralement dans la loi une disposition n'ayant aucune espèce d'objet ; il en est de la loi comme des conventions, il faut toujours l'interpréter dans un sens propre à lui donner effet ; et, dans le cas particulier, comment peut-on conclure à considérer comme non écrite cette disposition de l'article 44, quand on y lit que le terrain à acquérir sera toujours estimé au double de la valeur qu'il avait *avant l'exploitation de la mine ?*

N'est-ce pas là la révélation de la pensée dominante du législateur, de bien déterminer les droits du propriétaire de la surface et du concessionnaire du tréfonds, pour empêcher l'aggravation de la position de celui-ci par les travaux ou constructions qu'il plairait au maître de la surface de faire avant l'exploitation ?

La conclusion des auteurs qui suppriment une disposition de la loi prend sa source dans le désaccord qui existe entre le gouvernement, la cour de cassation et le conseil d'État sur l'objet de cette disposition.

De cette discordance il résulte bien que le renvoi n'a jamais été exécuté, qu'on a agi comme s'il n'existait pas, mais cela ne veut pas dire que ce renvoi soit une inutilité, une simple lettre morte mal à propos consignée dans la loi.

Cet état de choses durera jusqu'à ce que le *statuquo* ou l'interdiction à la surface soit très-explicitement inscrit dans les arrêts de la justice.

De ce moment seulement le *renvoi* sera compris,
ainsi que son *correctif*, portant :

« MAIS le terrain à acquérir SERA TOUJOURS ESTIMÉ au double de la
valeur qu'il avait AVANT l'exploitation de la mine. »

Ce mot : *mais*, se rattache au renvoi. La loi dit de
suite : *mais*, malgré la concession ou séparation du
tréfonds ; *mais*, malgré le *statu-quo* imposé à la surface ; *mais*, malgré le renvoi à la loi d'expropriation
pour cause d'utilité publique, le terrain à acquérir
sera toujours estimé au double de la valeur qu'il avait
avant la séparation du tréfonds ou exploitation de
la mine.

Disons à notre tour : *mais*, le propriétaire du
tréfonds ou exploitant de mine, en payant le terrain
de la surface d'après la valeur qu'il avait avant la
séparation du tréfonds ou exploitation de la mine,
se trouve déchargé d'autant de la redevance imposée
sur le produit de la mine et afférente à la parcelle
qu'il est obligé d'acquérir, et il obtient par son acquisition le rachat de cette redevance.

Tels sont aussi à notre avis les conséquences du
correctif apporté au renvoi prescrit par le second
paragraphe de l'article 44 de la loi de 1810.

Quant à l'arrêt de la cour de cassation du 22 décembre 1852, rappelons-en les motifs :

« Attendu, dit cet arrêt, que si l'article (44) de la loi précitée porte
que l'indemnité sera réglée au double de la valeur qu'avait le terrain
avant l'exploitation de la mine, il faut entendre par ces expressions :
l'exploitation au moment où le dommage a été causé, et non l'exploitation de la mine telle qu'elle existait à son origine. »

Nous croyons avoir démontré l'*indivisibilité* de

l'exploitation d'une mine concédée et la *permanence* de cette exploitation (1), et que son origine remonte à l'époque de la découverte, soit au jour où une exploitation provisoire a pu être autorisée, soit au moment de sa concession (2).

« *Avant l'exploitation de la mine*, » cette disposition serait complètement inutile si elle devait s'entendre de l'*exploitation au moment où le dommage est causé;* parce qu'il est de droit commun, de droit naturel, de réparer un dommage au moment où il est causé.

S'il ne s'agissait pas de l'exploitation à son origine, et que ce fût de l'exploitation au moment du dommage, il pourrait arriver, lorsque le propriétaire de la mine établit un nouveau champ d'exploitation, qu'il fût obligé d'acquérir le terrain occupé par les nouveaux travaux avant d'être parvenu à la mine, *avant son exploitation sur ce point*, alors qu'en résulterait-il ? la disposition valeur avant l'exploitation de la mine serait sans application, puisqu'il n'y aurait pas encore d'exploitation.

Cette circonstance vient encore démontrer que la loi entend l'exploitation à son origine, parce qu'elle est indivisible et permanente dans toute l'étendue du périmètre de la mine, et que lorsqu'elle est en exploitation sur un point de son périmètre, *elle est présumée en exploitation pour la totalité;* les nouveaux travaux ou nouveaux champs d'exploitation n'étant qu'une facilité apportée à l'exploitation qui existe.

(1) Voir, page 265, § 4.
(2) Voir, page 276, § 5.

D'ailleurs, la cour de cassation, dans l'arrêt du 22 décembre 1852, se met en contradiction avec un arrêt *solennel* du 3 mars 1841, confirmant un autre arrêt de la chambre civile, qui a refusé la protection de l'article 11 aux établissements créés à la surface *après la concession de la mine ;* en refusant cette protection la cour suprême avait implicitement refusé la réparation du dommage au moment où il est causé (1).

La contradiction que nous signalons ici prouve qu'il faut s'en tenir au texte de la loi, et reconnaître que l'exploitation de la mine est *une* et *indivisible*, et que ce texte est assez clair sans qu'il ait besoin d'être interprété.

Lorsque la loi dit que le terrain à acquérir sera payé d'après la valeur qu'il avait avant l'exploitation de la mine, elle indique de la manière la plus formelle qu'après la concession ou exploitation de la mine, le terrain *séparé du tréfonds* n'a plus la même valeur qu'avant, l'évidence le démontre.

Enfin, toutes les circonstances que nous venons d'énumérer prouvent une fois de plus que la concession de la mine impose le *statu-quo* à la surface séparée du tréfonds, et que les dispositions des articles 12 et 44 de la loi de 1810 l'impliquent d'une manière précise et formelle.

Mais on ne croit pas au *statu-quo* et l'on ne veut pas l'admettre ; de là viennent les erreurs et les contradictions.

_____

(1) Voir page 165, 5e alinéa, et 180, 3e et 4e alinéa.

SECTION 5.

Redevance annuelle au propriétaire de la surface sur le produit de la mine concédée.

La redevance annuelle au propriétaire de la surface sur le produit de la mine concédée, associe ce propriétaire à l'exploitation et l'indemnise du préjudice qui peut résulter pour lui de la séparation du tréfonds de sa propriété.

Cette redevance est imposée au concessionnaire de la mine en vertu de l'article 6 de la loi de 1810 ; elle est réunie à la valeur de la propriété de la surface en exécution de l'article 18, et elle est liquidée par l'acte de concession en conformité de l'article 42.

Ces trois articles sont ainsi conçus :

« Art. 6. L'acte de concession règle les droits des propriétaires de la surface sur le produit des mines concédées.

Art. 18. La valeur des droits résultant en faveur du propriétaire de la surface, en vertu de l'article 6 de la présente loi, demeurera réunie à la valeur des droits de ladite surface, et sera affectée avec elle aux hypothèques prises par les créanciers du propriétaire.

» Art. 42. Le droit attribué par l'article 6 de la présente loi aux propriétaires de la surface sera réglé à une somme déterminée par l'acte de concession. »

On a vu, § 1er de la 1re section du présent chapitre (1), que la redevance doit être offerte par le demandeur en concession ; que l'ingénieur des mines peut la proposer d'office ou la modifier, et que, s'il y a discussion sur le chiffre entre les propriétaires et le demandeur en concession, la difficulté est d'abord

_____
(1) Voir page 448, dernier alinéa.

soumise au conseil de préfecture, qui ne donne qu'un avis, et le conseil d'État statue ensuite définitivement.

Souvent le chiffre de cette indemnité est peu élevé, parce que le gisement des mines est ordinairement dans des lieux déserts, dans des terres incultes ou presque sans *valeur avant l'exploitation de la mine.*

Dans le département de la Loire il en est autrement; les redevances atteignent des chiffres très-élevés, et les propriétaires de la surface perçoivent des indemnités considérables, sans qu'ils aient à souffrir d'un préjudice quelconque autre que le *statu-quo* imposé à leurs propriétés.

Les indemnités pour occupation à la surface et pour accidents ou dommages causés par les travaux souterrains sont ajoutées à la redevance, et ces indemnités sont liquidées par les tribunaux ordinaires.

Vingt-deux concessions houillères ont été accordées en 1824 dans le département de la Loire; parmi ces concessions on peut citer celles de Montrambert, Méon, Terre-Noire, etc., et toutes contiennent les dispositions suivantes :

« Pour les couches de deux mètres de puissance et au-dessus, A CIEL OUVERT, la redevance SERA DU QUART du produit brut.

« PAR PUITS, jusqu'à   50 mètres inclusivement, le sixième.

»	—	de 50 à 100 mètres,	le huitième.
»	—	de 100 à 150 »	le dixième.
»	—	de 150 à 200 »	le douzième.
»	—	de 200 à 250 »	le quatorzième.
»	—	de 250 a 300 »	le seizième.
»	—	et au-delà de 300	le vingtième.

» Ces fractions diminueront d'un tiers pour les épaisseurs de deux à un mètre, de moitié pour les épaisseurs d'un à un demi-mètre, et de trois quarts pour les couches au-dessous d'un demi-mètre.

» Enfin, toutes ces fractions seront réduites d'un tiers dans le cas où le concessionnaire emploierait la méthode d'exploitation dite par remblais. Néanmoins, cette réduction n'aura lieu que dans le cas où il sera reconnu que le remblai occupera la huitième partie au moins des excavations opérées, et que la méthode procurera l'enlèvement des cinq sixièmes au moins de la houille contenue dans chaque tranche de couche en extraction (1). »

D'autres concessions, instituées en **1825**, **1841**, **1842**, **1849** et **1850**, contiennent les mêmes dispositions, et disons, à titre de renseignement pour justifier l'importance des redevances payées dans le bassin houiller de Saint-Étienne, que ces redevances se sont élevées, savoir :

En 1849, sur un total de **6,463,333** fr. 28 c., à **507,354** fr. 92 c., correspondant à **7 84** pour 0/0 *des produits bruts*.

En 1850, sur un total de **7,164,534** fr. 48 c., à **567,871** fr. 29 c., correspondant à **7 92** pour 0/0 *des produits bruts*.

En 1851, sur un total de **6,139,486** fr. 88 c., à **582,120** fr. 23 c., correspondant à **9 48** pour 0/0 des produits bruts.

Ces chiffres ont été extraits de l'ouvrage de M. Dupont, qui les tenait de M. Arnoux, ingénieur des mines du sous-arrondissement de Saint-Étienne (2).

M. Arnoux, auquel nous nous sommes adressé nous-même pour avoir les chiffres postérieurs, nous a envoyé les renseignements suivants :

» Charbons extraits dans le bassin houiller de la Loire, en 1853. . . . **19,150,867** quint. mét^{ques}.

(1) Annales des mines, 1re série, t. X, page 370.
(2) T. Ier, page 256.

» Valeur de ces charbons. 17,806,094 francs 90 cent.

» Redevances payées aux propriétaires de la surface. . . . . .   1,262,644 francs 98 cent.

Nous pourrions citer d'autres localités où les redevances sont accordées dans les mêmes proportions, afin d'établir que les propriétaires de la surface, sans éprouver d'autre préjudice que celui résultant de la séparation du tréfonds, perçoivent des indemnités considérables à titre de redevance sur la mine ; mais comme les chiffres sont indifférents et que le principe est le même, quel que soit le montant de la redevance, nous ne poursuivrons pas nos recherches ni nos citations.

Il nous suffit d'établir que cette redevance n'est accordée aux propriétaires de la surface qu'à cause du *statu-quo* imposé à leurs propriétés, et non à l'occasion d'un droit quelconque sur la mine concédée.

Les mines n'ayant jamais fait partie de la surface de la terre (1), et l'article 552 du code Napoléon n'accordant le tréfonds au propriétaire du sol que sauf les modifications résultant des lois et règlements relatifs aux mines, il est sans droit positif sur ce tréfonds ; il en a néanmoins la complète propriété jusqu'à la réalisation de ces modifications.

D'ailleurs on ne comprendrait pas qu'après avoir perçu sa part dans les produits de la mine, le pro-

_____

(1) Voir page 193 et suivantes, et, page 454, l'arrêt de cassation du 8 août 1839.

priétaire de la surface pût entraver et quelquefois paralyser l'exploitation.

Sa redevance lui est payée sur le produit brut, et cette redevance est fixée d'après l'état des choses au moment de la concession, d'après la valeur plus ou moins considérable des terrains de la surface.

D'après cela on sent la nécessité de maintenir les choses dans leur état primitif vis-à-vis du concessionnaire, en ne l'obligeant à payer les indemnités dues à la surface, *quoi qu'il arrive,* que d'après la valeur *avant* l'exploitation de la mine.

La discussion qui a eu lieu devant le conseil d'État nous indique que la redevance n'a été accordée au propriétaire de la surface qu'à raison de la séparation du tréfonds.

A la séance du 24 juin 1809, une discussion s'engagea à l'occasion de cette redevance et des droits que les créanciers inscrits du propriétaire du sol peuvent y prétendre.

M. Regnault de Saint-Jean-d'Angély dit que la redevance s'identifierait avec la surface et qu'elle s'immobiliserait avec elle.

M. l'archichancelier, qui présidait la séance, appuya l'observation en disant :

« Il faut prendre garde qu'un débiteur de mauvaise foi, qui voudra frauder ses créanciers, LEUR SOUSTRAIRA LE TRÉFONDS en obtenant une concession, et réduira leurs hypothèques à la SURFACE, qui deviendra d'une *valeur à peu près* NULLE *lorsqu'elle sera* SÉPARÉE *du tréfonds* (1) ! »

D'autre part, à la séance du conseil d'État du

(1) Voir, page 75, 1er alinéa.

9 janvier 1810, présidée par l'Empereur, M. le comte
Jaubert venait de présenter un projet en quatre
articles, sur la réalisation des modifications prévues
et réservées dans l'article 552 du code Napoléon,
lorsque M. le comte Regnault de Saint-Jean-d'Angély
prit la parole et dit :

« M. Jaubert se reporte au premier point de la discussion. D'ailleurs,
son système aurait l'inconvénient de RUINER *la* PROPRIÉTÉ. Si, par
exemple, ON CONCÉDAIT LE DESSOUS de plusieurs lieues, les propriétaires
de la surface CESSERAIENT DE L'ÊTRE DANS TOUTE CETTE ÉTENDUE. »

C'est alors que M. le comte Boulay fit observer qu'il
serait prudent de s'abstenir de toute définition et de
n'insérer dans la loi que des articles d'exécution.

L'Empereur, qui jusque-là n'avait eu qu'une opinion
incertaine sur les droits des propriétaires du sol,
comprit de suite le projet présenté par M. Jaubert ;
il vit que le tréfonds pouvait être séparé de la surface,
en vertu des réserves insérées dans la loi fondamentale sur la propriété, et mit fin à la discussion,
en la résumant ainsi :

« Il faut établir en principe que le propriétaire du DESSUS
l'est aussi du DESSOUS, à moins que le DESSOUS ne soit
CONCÉDÉ A UN AUTRE, auquel cas il reçoit une indemnité à
raison de la PRIVATION DE LA JOUISSANCE DU DESSUS.

» Au reste, dit-il, il serait utile, avant d'aller plus loin, de
savoir quelle est la législation des autres États de l'Europe (1). »

On étudia en effet la législation des autres États de
l'Europe ; puis, à la séance du 13 février 1810, les
bases de la loi sur la propriété des mines furent définitivement arrêtées.

(1) Voir, page 87, 1er, 2me, 3me, 4me et 5me alinéa.

Mais à cette séance du 13 février 1810, qui fut la dernière de la longue discussion du projet de loi sur les mines, le système des deux propriétés distinctes et séparées fut clairement expliqué par l'Empereur, et il termina son exposé en ces termes :

« Ainsi se concilient les deux dispositions du code Napoléon qui accordent au propriétaire du DESSUS la propriété du DESSOUS, et font une modification à la généralité des conséquences de ce principe.

» Pour ce qui est relatif aux mines, le droit de prélever un REDEVANCE *sur les produits* DÉRIVE DE LA QUALITÉ DE PROPRIÉTAIRE DU DESSUS ; mais c'*est à la redevance* que se borne ce droit lorsqu'il s'agit d'une exploitation de mine, et cette RESTRICTION nous place dans la *seconde disposition de* L'ARTICLE 552 du code Napoléon (1). »

L'Empereur, comme on le voit, s'appuya des réserves contenues dans la *seconde disposition de l'article* 552 du code Napoléon pour séparer le tréfonds du sol, et comme cette séparation devait porter atteinte à la jouissance du dessus, il dit que la *qualité* de propriétaire du dessus donnerait seule le droit à la redevance.

Après les paroles de l'Empereur, au moment de la clôture du débat, qui oserait soutenir qu'on ne s'y conforma point ?

M. Regnault de Saint-Jean-d'Angély, qui, sur la proposition de **M.** Jaubert, s'était écrié que son système aurait l'inconvénient *de ruiner la propriété*, se rangea à ce système aussitôt qu'il fut adopté par

_____

(1) Voir page 90 et 91, et page 92, 2me et 4me alinéa.

l'Empereur, et, à la suite d'une observation sur les droits du créancier inscrit sur le sol, il dit :

« Le créancier a un droit sur la redevance, *parce qu'elle est* REPRÉSENTATIVE *de la propriété* DU DESSUS (1). »

Enfin, en terminant la discussion sur la redevance, M. le comte Treilhard ajouta :

« On doit laisser au propriétaire le droit de vendre la redevance, sauf les droits des créanciers, et même laisser aux concessionnaires le droit de s'affranchir de la redevance *en en remboursant le capital* (2). »

L'Empereur approuva et la discussion finit.

Mais, après avoir remboursé le capital de la redevance, on ne saurait admettre que l'exploitant de mines pût être entravé dans son exploitation par de nouveaux travaux à la surface.

Dès-lors, plus de doute, la redevance imposée au concessionnaire de la mine doit être regardée comme la représentation du *préjudice* causé à la propriété de la surface par la séparation du tréfonds, et non comme un droit sur le tréfonds ou sur la mine.

Cette redevance *atténue* le préjudice qui peut résulter du *statu-quo* que la séparation du tréfonds impose à la surface, et elle remplace pour ainsi dire le tréfonds séparé de la propriété du dessus.

Voici du reste comment M. Proudhon interprète, dans son *Traité du Domaine de Propriété* (3), les articles 6, 18 et 42 de la loi de 1810 :

« Quant à l'indemnité, c'est au fonds de superficie qu'elle se rattache,

_____

(1) Voir, page 94, avant-dernier alinéa.
(2) Voir, page 95, 3ᵐᵉ alinéa.
(3) T. 2, page 469, n° 777 et suivants.

comme TENDANT A LUI CONSERVER SA VALEUR ou à en ADOUCIR la DÉGRADATION.

» Le corps de la mine se trouvant civilement séparé du sol de superficie, et libéré de toutes charges hypothécaires auxquelles le fonds en son entier était précédemment assujetti, le législateur a voulu que cette séparation et cet affranchissement n'eussent lieu qu'au moyen d'une indemnité accordée à la surface du fonds, comme POUR PRIX DU DESSOUS QUI LUI EST ENLEVÉ, et pour l'aider à supporter les hypothèques et charges anciennes qui désormais ne pèseront plus que sur cette superficie.

» Cette indemnité ou COMPENSATION que la loi appelle redevance, EST UNE RENTE FONCIÈRE passivement inhérente à la mine qui est grevée, et activement cédée en dotation au fonds de superficie.

» Le montant de cette redevance, annuellement due par le propriétaire de la mine à celui de la superficie, doit être réglé par l'acte de concession et déterminé par une proportion de quotité à fournir sur le produit de la mine, telle qu'un cinquième ou un dixième, ou autre partie aliquote de ce produit. ....

» La rente indemnitaire ou COMPENSATION dont nous parlons ici, doit être encore envisagée sous d'autres points de vue.

» Comme on l'a déjà dit, lors même que c'est le propriétaire du fonds qui obtient la concession de la mine, elle forme un immeuble à part, civilement séparé du terrain de la surface ; et ce nouvel immeuble sort de sa création civile sans rester soumis aux hypothèques ou privilèges dont le fonds entier pouvait être entièrement affecté; mais la loi veut que ce DÉMEMBREMENT DE PROPRIÉTÉ soit compensé au profit du fonds superficiaire par l'adjonction qui lui est faite de la rente indemnitaire assignée sur le produit de la mine.

» Et par cette adjonction qui a lieu de plein droit, la redevance qui en est l'objet se trouve tellement unie et civilement IDENTIFIÉE AVEC LE TERRAIN DE SURFACE, que, dès-lors, elle est frappée des mêmes hypothèques que ce terrain, et qui, précédemment, pesaient sur tout le fonds, ou qui, postérieurement, pourront être établies à la charge de l'immeuble superficiaire, d'où il résulte :

» 1° Que la vente ou aliénation du fonds de surface doit comporter aussi, pour l'acquéreur, le transport DE LA RENTE QUI EST L'ACCESSOIRE LÉGAL ET INSÉPARABLE DU SOL.

» 2° Que cette RENTE est une vraie PROPRIÉTÉ IMMOBILIÈRE, soit comme accessoire légal du fonds, soit comme déclarée par la loi spécialement passible des hypothèques qui affectent l'immeuble superficiaire.

» 3° Que c'est là une VRAIE RENTE FONCIÈRE qui, par dérogation à la disposition générale de l'article 530 du code Napoléon, doit être considérée comme irrédimable de la part du propriétaire de la mine qui en est le débiteur, à moins que CELUI-CI N'ACHÈTE AUSSI LE TERRAIN DE SURFACE dont elle fait partie, auquel cas il y aurait, quant aux arrérages, confusion de la dette et de la créance dans sa personne, tant qu'il posséderait ainsi les DEUX PROPRIÉTÉS.

» Cette rente doit être considérée comme le prix de la mine en indemnité ou comme compensation de laquelle elle est établie, ou, si l'on veut, COMME UNE SOULTE DU PARTAGE QUI S'EST OPÉRÉ DANS LE FONDS.

» Et, sous l'un et l'autre rapport, on doit reconnaître qu'elle affecte le corps de la mine hypotécairement et par un privilège du premier ordre.

» Voilà donc une rente établie en DOTATION PERPÉTUELLE au profit du fonds de surface, qui en devient d'autant plus riche par la production d'un rendage qu'il ne comportait auparavant.

» Cela paraît, au premier coup-d'œil, très-profitable au propriétaire de la surface, qui acquiert par là un revenu qu'il ne trouvait pas précédemment dans sa jouissance de la superficie; mais si l'on retourne la médaille, on n'y verra au contraire que des insignes de dommages pour le plus grand nombre des propriétaires fonciers des pays à mines.

» Et en effet la propriété superficiaire des fonds où les mines se découvrent, doit communément souffrir une grande altération de valeur, car les concessions de mines ne se font pas en suivant isolément le parcellaire et les limites des propriétés particulières dont l'ensemble renferme les masses de minerai, mais bien par étendue de cantons dans lesquels on en a reconnu le gisement.

» En sorte que souvent une concession est faite de manière à être appliquée à un terrain de surface de plusieurs lieues carrées, dans l'enceinte desquelles sont inclus en masse un grand nombre d'héritages particuliers qui TOUS SE TROUVENT FRAPPÉS DE L'INTERDIT.

» Et DÉFENSE d'y pratiquer désormais aucuns creusages ou fouilles qui POURRAIENT PORTER PRÉJUDICE au propriétaire minier; et cependant ce concessionnaire de mine ne doit le paiement de la redevance indemnitaire aux propriétaires de la surface que successivement et à mesure qu'il vient creuser et pousser ses galeries sous leurs héritages, puisque c'est sur le produit de la mine exploitée chez eux qu'il doit leur payer l'indemnité dont il s'agit (1).

_____

(1) C'est une erreur, l'indemnité est payée à tous les propriétaires de la surface du tréfonds concédé.

» D'où il résulte que, si l'extraction a commencé vers un bord du terrain compris dans la concession, il peut s'écouler des siècles avant que les galeries d'exploitation soient parvenues à l'autre extrémité ou aient circulé sous tout le canton concédé.

» Cependant, tous les héritages particuliers qui y sont renfermés restent, durant cet immense espace de temps, FRAPPÉS DE LA MÊME INTERDICTION, ce qui doit beaucoup en DIMINUER LA VALEUR, attendu QU'ON NE POURRAIT PAS DIRE à ceux qui voudraient les acheter, QU'ON LEUR VEND la propriété du DESSUS et du DESSOUS.

» On voit par là que si l'on peut dire que les pays à mines sont riches, on doit convenir aussi que ce genre de richesses appartient moins aux propriétaires du sol qu'à l'industrie générale du commerce, qui y trouve son profit.

» Qu'ici l'actualité est tout, et que les générations futures N'AURONT QU'A GÉMIR sur l'effet des richesses minières DONT ON S'ÉNORGUEILLIT tant aujourd'hui.

» O PROVIDENCE INFINIE du Créateur! il n'appartient qu'à toi de parer à d'aussi TRISTES PRÉVISIONS : reçois d'avance nos hommages SUR LES REMÈDES QUE TU SAURAS Y APPORTER! »

L'opinion du célèbre doyen de la Faculté de Droit de Dijon justifie complètement notre manière d'interpréter les *conséquences* de la création d'une propriété immobilière dans les régions souterraines ; mais après avoir reconnu que, par la séparation du tréfonds, la surface est frappée d'interdit, il en exagère les résultats.

La surface reste ce qu'elle était au moment de la concession de la mine, et le propriétaire conserve tous les droits inhérents à sa propriété (1), s'ils ne sont pas *nuisibles* à l'exploitation de la mine ou n'en *aggravent* pas les charges.

D'autre part, qu'on le remarque, l'interdiction se borne à imposer le *statu-quo*, et cet état de choses n'empêche pas que les terres qui sont au-dessus de

(1) Voir page 180, 4e alinéa.

la mine et qui sont à proximité du charbonnage, ne
doublent de valeur; nous en avons la preuve dans
la pétition que les exploitants du département de
Jemmapes présentèrent au conseil d'État et dont on a
rendu compte à la séance du 18 janvier 1810.

D'ailleurs, la découverte d'une mine est incontestablement une richesse et une cause de prospérité
pour le pays où la découverte a eu lieu; l'effet de
cette richesse et de cette prospérité s'étend sur tout
ce qui environne le champ d'exploitation, et en y
apportant l'industrie et les capitaux, le sol prend
évidemment de la valeur.

D'où il résulte que les générations futures n'auront
point à gémir sur l'effet des richesses minières, et
que c'est sans nécessité que M. Proudhon rend des
actions de grâces prématurées à la Providence.

Quant à la redevance payée aux propriétaires
de la surface sur le produit de la mine concédée,
M. Peyret-Lallier, T. Ier, page 95 et suivantes, a
écrit :

« Sous l'ancienne législation, les droits des propriétaires du sol ont
été alternativement consacrés ou méconnus. L'ordonnance de 1413
voulait que les exploitants de mines *satisfissent* ou *contentassent* les
propriétaires au dire de prud'hommes. Celle de 1548 ne leur accordait
que l'indemnité des dommages causés à la surface des fonds. En 1601,
la faculté d'exploiter fut rendue aux propriétaires pour la plupart des
mines et leur fut retirée en 1744.

» En Belgique, ils avaient droit à une portion du produit des mines
de houille ; ce droit s'appelait *terrage.*

» Dans le dernier état de la législation romaine, lorsque les propriétaires n'exploitaient pas eux-mêmes les mines existantes dans leurs
fonds, et que d'autres étaient admis à les exploiter, ils devaient payer
un dixième au fisc, un autre dixième au propriétaire du fonds : le

surplus leur appartenait comme indemnité de leurs travaux. Telle était la disposition de la loi 3 code de *metallariis*, portée par les empereurs Gratien, Valentinien et Théodose.

» Dans le département de la Loire (ci-devant province du Forez), les propriétaires étaient généralement, sauf quelques exceptions peu nombreuses, en possession d'exploiter librement les mines de houille qui se trouvaient sous leurs fonds.

» Le plus souvent ils CÉDAIENT à des mineurs de profession le DROIT D'EXPLOITER (1), à la charge de payer une redevance proportionnelle au produit de la mine, qui variait du quart au quinzième, suivant la profondeur des couches ou les frais de l'extraction.

» Quelquefois ils ALIÉNAIENT le TRÉFONDS (2) ou les mines moyennant un prix fixe, sous la réserve de la surface, ou bien ils VENDAIENT la PROPRIÉTÉ SUPERFICIELLE (3), *sous la réserve du tréfonds*. En l'absence d'une stipulation expresse, le *tréfonds* était toujours compris dans la vente du sol dont il était une dépendance naturelle.

» La loi du 28 juillet 1791 n'attribuait point aux propriétaires de la surface une redevance proportionnelle sur le produit des mines. Il ne lui était dû qu'une indemnité pour les dommages causés par l'exploitant dans ses fonds.

» Le projet devenu loi du 21 avril 1810 reconnut juste que les propriétaires eussent part aux produits de l'exploitation des mines. Napoléon prit la parole sur l'article 6, et il insista pour que la redevance à accorder au propriétaire du sol fût déterminée par l'acte même de concession : il voulut que la redevance fût sérieuse et non pas illusoire par sa modicité.

» La commission du Corps législatif, à qui le projet avait été communiqué, demanda, dans ses observations, la suppression de cet article et des articles 18 et 42 qui s'y rapportent.

» Elle s'appuyait, 1° sur la nature des mines ; 2° sur la législation française ; 3° sur la jurisprudence générale de l'Europe ; 4° sur les inconvénients graves qui résulteraient du maintien de ces dispositions.

» Elle trouvait une grande difficulté à établir et asseoir la redevance du propriétaire. La déclarer uniforme dans toute l'étendue de la con-

---

(1, 2) Après avoir cédé les droits d'exploiter ou aliéné le tréfonds, on ne pouvait pas empêcher l'exploitation ni l'entraver, ou en aggraver les charges.

(3) On distinguait déjà la superficie du tréfonds ; la vente ou la réserve du tréfonds ne pouvait pas être rendue illusoire après la séparation des deux propriétés ; il doit en être de même sous l'empire de la loi de 1810.

cession, pour les mines riches comme pour les mines pauvres, c'était
s'exposer à rendre la charge inégale et injuste.

» Si elle était assise d'après les quotités des produits, il y aurait,
» disait-elle, de grands frais pour constater sous quelle propriété se
» ferait l'exploitation, indépendamment de l'inégalité inévitable dans
» le sort des propriétaires ou des concessionnaires.

» La redevance étant atteinte, à l'instant même de la concession, par
» les hypothèques assises sur la surface, le concessionnaire éprouverait
» de l'embarras pour s'en libérer valablement.

» Convenait-il de traiter différemment les anciens et les nouveaux
» concessionnaires? les premiers étant exempts de la redevance, la loi
» ne pouvait, sans effet rétroactif, les contraindre à l'acquitter, et les
» nouveaux se trouveraient, en la supportant, dans l'impossibilité de
» soutenir la concurrence avec ceux qui en seraient affranchis. L'exemp-
» tion des anciens concessionnaires ferait naître de vives réclamations
» de la part des propriétaires évincés sans indemnités. »

» Pour refuser aux propriétaires de la surface une portion du produit
des mines, la commission les considérait comme des propriétés publiques; néanmoins elle eût consenti à leur accorder un droit de préférence pour la concession.

» Ces considérations ne prévalurent pas. Le conseil d'État persista à
regarder les mines comme l'accessoire du sol; elles en furent séparées
par une fiction légale pour former une propriété nouvelle, et le droit
du propriétaire fut converti en une redevance proportionnelle sur le
produit de l'extraction.

» D'après l'instruction ministérielle, tout demandeur en concession
doit faire offre d'une redevance aux propriétaires de la surface. Ceux-ci
peuvent la soutenir insuffisante.

» Dans le cas où ils ne s'accordent pas, la fixation est soumise à
l'avis du conseil de préfecture, sur le rapport de l'ingénieur des mines.

» L'ordonnance de concession confirme ou modifie l'avis de ce conseil,
en réglant définitivement la redevance attribuée aux propriétaires
du sol.

» Le propriétaire de la surface a contre le propriétaire exploitant une
action en délivrance du droit qui lui est attribué sur le produit de
la mine.

» Ce droit est une quote-part des matières minérales extraites; il rend
le propriétaire de surface communiste de l'exploitant jusqu'au partage
des produits de l'extraction. Le comte Berlier, lors de la discussion
du projet de loi, reconnut cette communauté; il fit observer aux

membres du conseil d'État, ses collègues, qu'attribuer une redevance proportionnelle au propriétaire, c'était établir entre lui et le concessionnaire une association forcée.

» L'action du propriétaire pour faire déterminer sa part et en obtenir la délivrance, est mixte, suivant les principes de l'ancien droit rappelés par Pothier, *Contrat de Société*, 2ᵉ partie, nᵒ 194.

» Les actions, dit ce savant jurisconsulte, qu'ont chacun des quasi-associés contre leurs quasi-associés pour parvenir au partage, sont, savoir : entre les cohéritiers, l'action *familiæ erciscundæ*, entre toutes les autres espèces de quasi-associés l'action *communi dividundo*. Ces deux actions, dans nos usages, ne diffèrent en rien l'une de l'autre. Elles sont différentes de l'action *pro-socio :* celle-ci est une action entièrement personnelle qui naît des obligations du contrat de société. Les actions *familiæ erciscundæ* et *communi dividundo* sont celles qu'on appelle *mixtes, quæ mixtam causam habere videntur, tam in rem quam in personam*. Inst. tit. des act. § 21. Elles tiennent de l'action réelle, en ce qu'elles tendent à réclamer, à revendiquer en quelque façon et à faire déterminer la part qu'a le demandeur dans les choses communes ; elles tiennent aussi de l'action personnelle, en ce qu'elles naissent des obligations que la communauté forme entre les quasi-associés, et qu'elles tendent à en exiger l'accomplissement, et à se faire raison de ce qu'ils peuvent respectivement se devoir.

» Pour opérer le partage des choses communes, on dresse la masse, ou l'état des choses dont la communauté se compose : on y comprend les choses ou valeurs retirées ou dues par quelques-uns des communistes, et, au partage, on les leur précompte sur leur part. (Pothier, n. 163.)

» Ainsi, en appliquant ces principes au règlement des droits respectifs de l'exploitant de mine et du propriétaire, si le premier avait disposé avant partage d'une partie des produits de la mine, le second pourrait exercer son action en revendication sur les matières minérales qui resteraient en nature, puisque son droit s'étend *tam in rem, quam in personam*.

» Lorsque le propriétaire a fait son option pour être payé de la redevance en argent, *il est censé avoir* VENDU *à l'exploitant la* PORTION *des produits de la mine qu'il aurait pu exiger en nature*. S'il n'est pas désintéressé, il peut révoquer son option, comme il aurait le droit de faire prononcer la résolution d'une vente, à défaut de paiement du prix, pour exiger en nature sa redevance. La jurisprudence a admis que l'article 1654 du code civil doit recevoir son application, soit à la vente des choses mobilières, soit à celle des immeubles.

» Les conventions des parties qui ne sont point contraires à l'ordre public, ni à la bonne exploitation des mines, doivent recevoir leur exécution. Telle serait la convention par laquelle le concessionnaire et le propriétaire du sol régleraient la redevance d'après un tarif différent de celui déterminé par l'acte de concession : tel serait aussi l'engagement pris par l'exploitant envers les propriétaires d'extraire un nombre déterminé d'hectolitres par jour et d'acquitter sur ce nombre la redevance convenue, soit que l'extraction eût lieu, soit qu'elle n'eût pas lieu ou qu'elle n'atteignît pas la quantité stipulée. Avant la stipulation, les contrats sont volontaires ; mais lorsqu'ils ont été consentis librement et sans fraude, leur exécution est obligatoire.

» Toutefois, si la force majeure a été un obstacle à l'extraction, il ne serait pas juste que l'exploitant fût obligé de payer une redevance sur un produit qui n'a pas existé. Le fermier ou amodiataire ne doit pas le prix du bail lorsque, par suite d'une force majeure, il ne peut jouir de la chose. C'est la conséquence des dispositions des art. 1148, 1722 et 1741 du code civil, conformes à l'ancienne jurisprudence. Ce n'est qu'en cas de refus d'exploiter non justifié, que l'exploitant pourrait être contraint au paiement de la redevance sur la quantité de houille qu'il s'était engagé à extraire.

» Mais que faudrait-il décider si l'exploitant qui se serait engagé à extraire, par exemple, 300 hectolitres par jour, n'ayant pas extrait cette quantité pendant une première période, en extrayait pendant une seconde une quantité plus considérable ? Pourrait-il appliquer la redevance due ou payée pour la houille non extraite dans un temps, à l'excédant exploité dans un autre ?

» L'affirmative nous paraît conforme à l'équité et à l'intention présumée des parties.

» On ne peut pas admettre que le propriétaire ait voulu recevoir le prix d'une chose dont l'exploitant ne prendrait pas livraison. L'obligation de payer d'avance, même avant d'avoir extrait, doit être considérée comme une clause coërcitive propre à exciter l'exploitant à ne point retarder l'extraction. Si donc, par des causes quelconques, il n'a pu, au premier abord, porter son exploitation à la quantité déterminée par la convention, mais que successivement, il ait pu la développer au point de dépasser cette quantité, il est de toute justice que l'on alloue à l'exploitant tout ce qu'il aura payé, et que le décompte soit fait en cumulant toutes les quantités extraites jusqu'au jour du règlement. Ce que je dis s'applique à la cession ou vente qui serait faite par un concessionnaire sous la condition d'une redevance de tant de centimes par hectolitre de houille, sur un nombre *minimum* déterminé. La condition devrait être observée, à moins d'empêchement par cas fortuit ou force majeure.

» S'il n'y avait qu'amodiation temporaire, la décision devrait être la même ; pourvu que l'amodiateur touche le prix convenu et dans le temps stipulé, il est désintéressé. Peu lui importe que l'extraction de la houille ait lieu un peu plus tard. Il suffit de n'être privé d'aucune partie de sa redevance sur les quantités extraites ; lorsqu'il touche des redevances avant l'extraction, c'est une avance qui lui est faite par l'amodiataire, dont il doit tenir compte sur les extractions ultérieures.

» Le propriétaire de surface, qui reçoit à titre de redevance une partie du produit de la mine, ayant intérêt à ce que l'exploitation ait lieu sous ses fonds jusqu'à épuisement du minerai, et qu'elle ne soit point interrompue, a le droit de se plaindre de la discontinuation des travaux : l'exploitant ne peut se refuser à continuer les travaux d'extraction. Aux termes de l'art. 11 des clauses générales des concessions, dans le département de la Loire, le concessionnaire doit maintenir, jusqu'à leur entier épuisement, l'activité des exploitations existantes dans l'étendue de sa concession. Il ne lui est donc pas permis de les suspendre, encore moins de les abandonner, à moins qu'il n'y soit obligé par force majeure. Proudhon, Traité du Domaine de Propriété, n. 792, pense que le propriétaire de la surface peut même requérir toutes les vérifications géologiques propres à faire reconnaître si la mine est épuisée.

» Dans le pays de Liège, les *terrageurs*, propriétaires de la terre, et les *arniers*, constructeurs d'*arcines,* ou galeries d'écoulement, qui recevaient un cens proportionnel au produit de la mine, pouvaient forcer les exploitants à reprendre et continuer leurs travaux, lorsqu'ils les avaient discontinués. Telle était la disposition de l'art. 11 de l'ordonnance de 1487, appelée *Paix de St-Jacques*, qui était la loi spéciale de la matière.

» D'après les articles 13, 17 et 18 des clauses générales des concessions du territoire houiller de Saint-Étienne, les concessionnaires sont tenus de présenter à l'administration les plans, les profils et le tracé circonstancié des travaux qu'ils se proposent d'exécuter. Le préfet, sur le rapport des ingénieurs, qui constate dans le projet d'exploitation des vices susceptibles de compromettre la sûreté et la conservation soit de la mine concédée, soit des concessions voisines, peut modifier, suspendre ou interdire l'exécution de tout ou partie des ouvrages projetés.

32

« Le propriétaire de surface qui aurait connaissance de quelques vices d'exploitation, aurait sans doute le droit d'adresser ses plaintes à l'autorité administrative pour les faire cesser. Il y aurait aussi ouverture à une action en dommages-intérêts, s'il résultait des faits constatés que le propriétaire en a éprouvé un préjudice quelconque.

» Pour le règlement de la redevance qui lui est attribuée par la loi, le propriétaire de surface a le droit de demander la représentation des livres du concessionnaire exploitant, à l'effet de reconnaître soit les quantités de substances minérales exploitées, soit leur valeur vénale.

» Le propriétaire de surface *est réputé* CO-PARTAGEANT des matières minérales extraites de son fonds, et, d'après le principe rappelé dans l'article 20 du code de commerce, la communication des livres peut être ordonnée dans les affaires de succession, de communauté et de partage de société.

» Le concessionnaire exploitant peut-il opposer au propriétaire de surface les livres par lui tenus pour constater les produits de son exploitation? Oui, si ces livres sont régulièrement tenus, par induction de l'article 11 du code de commerce. Mais s'il y avait lieu d'en soupçonner la sincérité, le propriétaire pourrait établir les quantités de minerais extraites par d'autres preuves, telles que le cubage d'après la puissance de la mine et l'étendue des galeries souterraines. Ce genre de preuve est le seul que l'on puisse employer, lorsque l'exploitant a pénétré sous la surface d'un fonds sans en avoir été averti par ses ouvriers et sans avoir prévenu le propriétaire. Dans ce cas, les tribunaux ont été dans l'usage d'ordonner une expertise pour constater la quantité de houille extraite, par le cubage des vides qui résultent de l'exploitation. Pour que l'opération géométrique du cubage puisse fournir des renseignements certains, il faut qu'elle ait lieu peu de temps après l'extraction, avant que le terrain ait subi aucun mouvement.

« Aux termes de l'article 9 des charges générales des concessions des mines du département de la Loire, le propriétaire est autorisé à placer à ses frais sur la mine un préposé pour vérifier le nombre de bennes ou tonnes de houille sorties de la mine sous ses fonds.

» Mais que devrait-on décider si les nombres reconnus par le préposé n'étaient point les mêmes que ceux énoncés sur les livres de l'exploitant. D'une part, le préposé du propriétaire qui n'a aucun caractère public, ne peut faire foi en justice; de l'autre, les énonciations des livres seraient affaiblies par les déclarations contraires du préposé. Dans cette conjoncture, les tribunaux ne pourraient se décider que d'après les circonstances et suivant le plus ou le moins de confiance que leur inspireraient les témoignages des livres ou du préposé. Régulièrement, le préposé doit chaque jour faire reconnaître à l'exploitant ou à celui qui tient ses livres, la quantité extraite des fonds de celui qu'il représente, et la faire inscrire sur les livres de l'exploitation. En cas de refus, le propriétaire doit faire promptement sa réclamation pour rendre constantes les quantités extraites.

» L'action personnelle ouverte au propriétaire de la surface contre le concessionnaire en paiement de la redevance que la loi lui attribue, est-elle restreinte au temps où il exploite la mine, ou continue-t-elle à subsister même après qu'il a vendu la concession à un tiers?

» D'une part, l'on peut dire que les concessionnaires, en demandant et acceptant une concession de mine, *souscrivent l'engagement d'acquitter les* REDEVANCES dues aux propriétaires de la surface : que ceux-ci font en quelque sorte parties dans l'acte de concession, puisqu'ils sont appelés à débattre les offres des demandeurs et à faire régler la redevance par le conseil de préfecture, si les offres sont suffisantes; que si d'après l'article 14, le demandeur est tenu de justifier de ses facultés et moyens *pour assurer le paiement des* REDEVANCES ou indemnités et l'accomplissement des autres obligations qui lui sont imposées par l'acte de concession, il ne doit pas dépendre de sa volonté, en aliénant son droit, de s'affranchir des obligations qu'il a contractées et de priver le propriétaire des sûretés que lui offre la solvabilité justifiée du concessionnaire; que s'il n'en était pas ainsi, tous les soins que prend le gouvernement pour n'accorder des concessions qu'à des personnes reconnues solvables, seraient illusoires.

D'autre part, l'on soutient que le concessionnaire, en vendant sa concession, ne fait qu'user du droit que la loi lui donne : que la redevance n'est attachée qu'au fait de l'exploitation ; qu'elle est due par celui qui a exploité la mine ; que le propriétaire de surface n'a donc d'action que contre l'exploitant ; qu'il en est de même des indemnités pour dégâts ou occupation de terrains, ce qui résulte virtuellement des articles 43 et 44 qui rendent passible des indemnités, non le concessionnaire primitif, mais les *propriétaires des mines* qui ont établi les travaux ou occupé les terrains.

A mon avis, *c'est à la* JOUISSANCE *du droit de concession* qu'est attachée la charge de remplir les obligations qu'elle impose envers les propriétaires de surface, soit pour le paiement des redevances, soit pour les indemnités de dégâts ou d'occupation de terrains. »

La dissertation de M. Peyret-Lallier sur les diffé-

rentes législations antérieures à la loi de 1810 et sur
la législation actuelle concernant la redevance perçue
sur les produits des mines concédées, établit jusqu'à
l'évidence que le propriétaire de la surface, au moyen
de cette redevance allouée comme *cession* ou *vente*
du tréfonds, ne peut, ni directement, ni indirectement, par caprice et même pour une cause d'utilité
réelle, *paralyser* ou *entraver* l'exploitation sur laquelle
il perçoit un droit, ni en *aggraver* les charges.

Mais, nous dira-t-on, les anciennes concessions et
les anciennes exploitations qui existaient avant la loi
de 1810 ne paient point de redevance.

En effet, les articles 51, 52, 53 et 54 de la loi
de 1810 portent :

« Art. 51. Les concessionnaires antérieurs à la présente loi deviendront, du jour de sa publication, propriétaires incommutables, sans
aucune formalité préalable d'affiches, vérifications de terrain, ou
autres préliminaires, à la charge seulement d'exécuter, s'il y en a,
les conventions faites par les propriétaires de la surface, et sans que
ceux-ci puissent se prévaloir des articles 6 et 42.

» Art. 52. Les anciens concessionnaires seront, en conséquence,
soumis au paiement des contributions, comme il est dit à la section II
du titre IV, articles 33 et 34, à compter de l'année 1811.

» Art. 53. Quant aux exploitants de mines qui n'ont pas exécuté la
loi de 1791, et qui n'ont pas fait fixer, conformément à cette loi, les
limites de leurs concessions, ils obtiendront les concessions de leurs
exploitations actuelles conformément à la présente loi; à l'effet de
quoi, les limites de leurs concessions seront fixées sur leurs demandes
ou à la diligence des préfets, à la charge seulement d'exécuter les
conventions faites avec les propriétaires de la surface, et sans que
ceux-ci puissent se prévaloir des articles 6 et 42 de la présente loi.

» Art. 54. Ils paieront, en conséquence, les redevances comme il
est dit à l'article 52. »

Et sur ces quatre articles, M. Peyret-Lallier, T. 2,
page 3, s'exprime ainsi :

« Les quatre articles ci-dessus, quoique placés sous deux sections différentes, sont tous relatifs aux droits des exploitants antérieurs à la loi. Je ferai en même temps des observations communes et des observations particulières aux anciens concessionnaires maintenus par l'art. 51 et aux exploitants dépourvus de titre, dont parle l'art. 53.

» Pour connaître la portée de ces articles, il est nécessaire de se rappeler dans quelle condition étaient les uns et les autres des concessionnaires ou exploitants, d'après la loi du 28 juillet 1791.

» Aux termes de l'art. 4 de cette loi, les concessionnaires antérieurs, ou leurs cessionnaires qui avaient découvert les mines qu'ils exploitaient, étaient maintenus jusqu'au terme de leurs concessions qui ne pourrait excéder 50 années à compter de la publication de la loi. Dans le cas où leurs concessions excèderaient six lieues carrées, elles devaient être réduites à cette étendue par les directoires du département, en retranchant, sur la désignation des concessionnaires, les parties les moins essentielles aux exploitations.

» L'art. 26 les assujettissait à remettre aux archives du département, dans le délai de six mois, un état indiquant la situation et la nature de la mine, le nombre d'ouvriers employés à l'exploitation, les quantités de matières extraites et les prix, et à joindre audit état un plan des ouvrages existants et des travaux faits dans l'année.

» En maintenant, sans formalité nouvelle, les anciens concessionnaires pourvus de titres réguliers, et les exploitants sans titre, à la charge de faire limiter la concession de leurs exploitations, la loi de 1810 a été judicieuse. *Elle a voulu ne pas troubler les jouissances* ACQUISES; elle n'a vu que la possession des mines pour en consolider la propriété sur la tête des possesseurs.

» Déclarer les anciens concessionnaires et les exploitants déchus du droit de continuer l'exploitation des mines, était sans doute en la puissance du législateur; puisque les uns n'avaient pas de titre et que les autres n'en avaient que de temporaires : *mais il eût été injuste de* DÉPOUILLER les exploitants expérimentés qui avaient employé leurs capitaux aux travaux préliminaires des exploitations de mines, pour en attribuer immédiatement la concession à d'autres individus qui n'y auraient eu aucun droit, et qui n'auraient pas eu la même expérience. La justice et l'intérêt général commandaient donc la maintenue de ceux qui étaient en activité d'exploitation.

» Le seul reproche qu'on puisse faire aux dispositions des art. 51 et 53, *c'est d'avoir affranchi les exploitants maintenus* de l'obligation de payer la redevance aux propriétaires de la surface.

» Peu importait qu'ils n'eussent pas été assujettis précédemment à en acquitter une ; ce n'était pas donner un effet rétroactif à la loi. La redevance eût été le prix ou la condition des droits de propriété conférés aux exploitants qui n'avaient pas de titres, ou aux concessionnaires qui n'en avaient que de précaires. Ce n'eût pas été faire payer *trop cher la* CONVERSION *d'une simple tolérance, ou d'une jouissance révocable, en une propriété* PERPÉTUELLE. »

Mais M. Richard, page 499, après avoir transcrit quelques passages du rapport de M. de Girardin (1), nous dit sur les mêmes articles :

« Il résulte de ce que nous venons d'exposer que l'article 51 ne dispense des formalités préliminaires, imposées aux demandes en concession, que les *concessionnaires* antérieurs munis d'un titre régulier, c'est-à-dire qui ait été soumis aux formalités exigées par la loi de 1791. Dans le cas contraire, il y a lieu d'appliquer les articles 52 et suivants.

» Mais cette dépense est-elle si générale et si absolue qu'elle doive être appliquée aux concessionnaires antérieurs qui ne justifieraient d'aucune convention avec les propriétaires de la surface *pour l'indemnité* DUE A CES PROPRIÉTAIRES en vertu des articles 6 et 42? Telle n'a pas pu être l'intention de l'article 51.

» C'est l'acte de concession qui doit, soit régler *la quotité de cette* INDEMNITÉ, soit constater authentiquement les conventions des parties. S'il n'y a eu aucune convention régularisée, l'administration seule est compétente pour y suppléer par une décision. Et si elle n'a point à statuer sur ce point par une disposition partielle d'un acte de concession, quand cet acte a été antérieurement rendu ou instruit, il y a évidemment lieu à une décision spéciale que le propriétaire du terrain peut toujours provoquer par les voies ordinaires en matière de règlements administratifs, c'est-à-dire par pétition introduite par la voie gracieuse, suivant ce que nous avons expliqué au n° 188. »

Nous ne pensons pas que l'opinion de M. Richard puisse être admise, en présence des dispositions formelles des articles 51 et 53 de la loi, implicitement confirmés par les articles 52 et 54 qui soumettent les anciennes concessions aux redevances envers l'État.

---

(1) Voir, pages 139, 2me, 3me, 4me et 5me alinéa, et 140, 1er, 2me, 3me, 4me et 5me alinéa.

Et nous ne voyons même pas comment la demande pourrait être formée, ni sur quels motifs elle pourrait s'appuyer, quand, au contraire, elle se trouverait repoussée par une fin de non-recevoir insurmontable, basée sur le texte de la loi.

La dispense accordée aux anciennes concessions repose sur ce que le propriétaire du sol, avant le code Napoléon, ne l'était pas du tréfonds, du moins les avis étaient grandement partagés (1).

Pour faire cesser toutes controverses et toutes incertitudes sur ce point, l'article 552 du code Napoléon a réuni le tréfonds à la surface, mais sous la *réserve expressé de reprendre le tréfonds* dans l'intérêt de l'exploitation des mines, et sans préjudice des droits acquis *antérieurement* aux exploitants ou concessionnaires de mines, c'est-à-dire *sauf les modifications résultant des lois et règlements relatifs aux mines.*

La loi de 1810 sur les mines existait déjà en projet au moment de la promulgation du code Napoléon ; la discussion de ce projet a commencé le 1er février 1806, et a fait suite à la loi fondamentale de la propriété.

D'autre part, ni le code Napoléon, ni la loi de 1810, ne pouvaient avoir d'effet rétroactif, et nul n'étant propriétaire que de par la loi, le propriétaire de la surface ne peut rien réclamer au-delà de son titre (2).

Par suite, tout propriétaire doit supporter toutes les charges ou les restrictions qui sont imposées à sa propriété par la loi, sauf indemnité.

(1) Voir page 193 et suivantes.
(2) Voir page 205.

SECTION. 6.

Jurisprudence des tribunaux sur le statu-quo à la surface.

La jurisprudence des tribunaux sur le *statu-quo* à la surface nous semble fixée d'une manière irrévocable par deux arrêts successifs de la cour de cassation ; l'un, rendu par la chambre civile, consacrant le droit de propriété du concessionnaire de mines et refusant la protection de l'article 11 de la loi de 1810 aux établissements *créés après la séparation du tréfonds* ou concession de la mine ; et l'autre, rendu par les chambres réunies en audience solennelle, confirmant l'arrêt de la chambre civile et interdisant au propriétaire de la surface tous travaux *nuisibles* à l'exploitation de la mine dans l'étendue de son périmètre.

La question qui était alors à décider par la chambre civile, était celle-ci :

« Lorsque le gouvernement ouvre une nouvelle voie de communication, route ou chemin de fer, pour cause d'utilité publique, AU-DESSUS d'une concession de mines, dans son périmètre, et que le préfet, en vertu de l'article 50 de la loi de 1810, interdit l'extraction de la mine AU-DESSOUS de la route ou du chemin et aux abords, le propriétaire de la mine a-t-il droit à une indemnité, en conformité de l'article 545 du code Napoléon ?

Voici celle qui fut ensuite soumise aux chambres réunies pour le même fait :

« Lorsque le gouvernement ou le concessionnaire d'un chemin de fer a acquis du propriétaire de la surface les terrains nécessaires à l'établissement du chemin, étant *subrogé* aux droits de ce propriétaire, peut-il, *en cette qualité*, créer des établissements *nuisibles* à l'exploitation de la mine concédée, sans indemniser le propriétaire de cette mine ?

Devant la chambre civile, on a donc examiné les droits du gouvernement, et, devant les chambres réunies, ceux des propriétaires de la surface ; mais, dans l'une et l'autre circonstance, il ne s'agissait que de savoir si le gouvernement ou un propriétaire de la surface pouvait imposer au concessionnaire de mines l'obligation de subir, sans une juste indemnité, la perte d'*une partie* de sa concession, à raison de la *création* d'un établissement *nouveau* autorisé pour cause d'utilité publique.

Les droits du gouvernement furent d'abord soumis à l'appréciation de la cour impériale de Lyon, et, après cassation de l'arrêt de cette cour, ceux du propriétaire de la surface furent ensuite examinés par la cour impériale de Dijon, en audience solennelle.

Dans ce débat, le droit de la propriété des mines a été discuté sous toutes ses faces ; mais, comme la question n'a été décidée en faveur du concessionnaire de la mine qu'après cassation des arrêts des cours impériales de Lyon et de Dijon, nous examinerons dans un premier paragraphe les droits du gouvernement, sous le rapport de l'utilité publique, et dans un second, ceux du propriétaire de la surface.

§ 1er.

Droits du gouvernement sur la propriété en général.

Les droits du gouvernement sur la propriété en général sont incontestables, lorsque l'utilité publique commande ; mais ses droits ne vont pas jusqu'à dépouiller un propriétaire sans une juste indemnité.

Ces principes ont été méconnus par la cour impériale

de Lyon dans son arrêt du 12 août 1835 (1), elle
avait refusé de maintenir le droit de propriété des
concessionnaires de mines, et accordait au gouvernement celui de paralyser ou d'interdire l'exploitation
d'une mine concédée, sans indemnité envers le propriétaire de la mine ainsi dépouillé.

Voici le résumé des faits que nous avons déjà fait
connaître (2) :

Postérieurement à une concession de mine, le
gouvernement accorda la concession d'un chemin de
fer qui est venu traverser la surface de la mine.

Dans un intérêt de sûreté publique, le préfet
interdit l'exploitation de la mine au-dessous et aux
abords du chemin de fer, en vertu de l'article 50 de la
loi du 21 avril 1810, lequel est ainsi conçu :

« Si l'exploitation compromet la sûreté publique, la conservation des
puits, la solidité des travaux, la sûreté des ouvriers mineurs ou des
habitations de la surface, il y sera pourvu par le préfet, ainsi qu'il est
pratiqué en matière de grande voirie et selon les lois. »

Les concessionnaires de la mine se conformèrent
à l'arrêté préfectoral ; mais, par suite de la défense
qui leur fut faite d'exploiter une partie du périmètre
de leur propriété, ils intentèrent une action en
dommages-intérêts contre la compagnie du chemin
de fer, et cette action fut accueillie par le tribunal
de première instance de Saint-Etienne.

Sur l'appel, la cour impériale de Lyon réforma la
décision des premiers juges et débouta les propriétaires

(1) Voir page 156.
(2) Voir page 149.

de la mine de leur demande en dommages-intérêts, par les motifs entre autres :

« Que si, en droit, les mines de houille, aux termes des articles 7 et 8 de la loi du 21 avril 1810, constituent bien pour les concessionnaires une propriété *perpétuelle* et *immobilière*, disponible et transmissible comme les autres biens, et dont on ne peut être exproprié que dans les cas et selon les formes prescrites relativement aux autres propriétés ; néanmoins, un titre spécial de cette même loi soumet ce genre de propriété qu'elle-même a créé, à une *surveillance* continue de la part de l'administration ; surveillance telle, que, suivant l'article 50, si l'exploitation d'une mine compromet la sûreté publique, la conservation des puits, la solidité des travaux, la sûreté des ouvriers mineurs ou des habitations de la surface, *il doit y être pourvu par le préfet,* comme il est pratiqué en matière de grande voirie et suivant les lois.

» Que, dans tout le territoire sous lequel gisent des mines quelconques concédées par le gouvernement, celui-ci a toujours le pouvoir incontestable d'y *établir,* d'y *ouvrir,* comme partout ailleurs, *telles voies publiques* qu'il juge *nécessaires* ou *utiles* ...

» Que, dans le cas où les travaux d'exploitation exécutés par les concessionnaires tendent à s'avancer ou *sous* le sol même des routes ou à *trop peu* de distance, et à compromettre ainsi la sûreté de la voie publique, l'autorité administrative doit bien alors interdire la continuation des travaux, sans que, d'un tel interdit, qui n'a pas du tout les caractères d'une expropriation pour cause d'utilité publique, puisse résulter aucun droit à indemnité contre le gouvernement, puisque la concession n'a été accordée qu'à la charge de subir sans cesse, *quant à la direction des travaux,* la surveillance établie par l'article 50 de la loi précitée.

» Que l'établissement du chemin de fer de Lyon à St-Etienne, quoique établi par une compagnie de particuliers, et à leurs frais, n'en est pas moins voie publique, comme si c'était le gouvernement qui l'eût établi lui-même, puisque la compagnie a *été subrogée* par son titre de concession à toutes les obligations du gouvernement, de même qu'à tous ses droits.

» Qu'en vertu *de cette subrogation* les concessionnaires du chemin de fer ont eu et dû avoir, comme l'aurait eu le gouvernement, un droit d'expropriation pour cause d'utilité publique sur tous les terrains au travers desquels ledit chemin devait être dirigé, à la charge d'une juste et préalable indemnité envers les propriétaires...

» Mais que, comme subrogés aux droits et aux obligations du gouvernement, ils ne sont pas plus que lui passibles d'indemnités envers les concessionnaires du périmètre houiller, à raison de l'interdiction qui leur a été faite par l'autorité administrative de continuer à diriger leurs travaux d'exploitation soit au-dessus du chemin de fer, soit au-delà de deux plans verticaux... »

La cour impériale de Lyon, par cet arrêt, refusait aux concessionnaires de mines la qualité de propriétaires d'immeubles, de propriétaires *incommutables*, et elle violait ainsi, après les avoir visés, les articles 7 et 8 de la loi du 21 avril 1810 et l'article 545 du code Napoléon.

Sur le pourvoi en cassation devant la chambre civile, Me LACOSTE, *avocat* des demandeurs, entre autres observations, présentait celle-ci :

« Si des règlements administratifs défendent aux concessionnaires de mines de pousser leurs fouilles trop près des habitations et des grandes routes, ces mesures ne sont RESTRICTIVES DU DROIT DE PROPRIÉTÉ qu'à l'égard de ce qui EXISTAIT LORS DE LA CONCESSION.

On conçoit, en effet, que le concessionnaire n'ait pas à se plaindre de cette limitation de son droit, puisqu'elle fait la condition de la concession ; mais il ne peut en être ainsi à l'égard des édifices ou établissements CRÉÉS DEPUIS LA CONCESSION, parce que la position du concessionnaire n'aurait jamais rien de certain.

On opposerait à tort que la loi ne distingue pas, et qu'elle défend en général toute exploitation aux abords d'une route ou d'un édifice ; mais c'est précisément parce que la loi ne parle pas d'établissements nouveaux à créer, que la DISPOSITION PROHIBITIVE d'exploiter NE PEUT PROFITER AUX ÉTABLISSEMENTS NOUVEAUX.

« Cette prohibition est une dérogation au droit commun qui doit être restreinte à l'exception qu'elle crée. Or, comme cette dérogation n'est fondée que sur le besoin de prévenir les dangers, il serait souverainement injuste qu'en créant ces dangers, à cause d'une nouvelle entreprise profitable à quelqu'un, on pût ruiner ainsi le concessionnaire de la mine pour enrichir cette nouvelle entreprise (1). »

Me PIET, *avocat* des défendeurs, invoquait les dispositions de l'article 11 de la loi du 21 avril 1810, et disait à l'appui de l'arrêt de la cour de Lyon :

« Celui qui accepte une concession de mines, SE SOUMET nécessairement aux RESTRICTIONS qui forment les conditions de son titre ; il ne peut donc se plaindre des conséquences plus ou moins préjudiciables qu'elles auront à l'égard de sa jouissance, ni surtout se prétendre privé d'un droit qu'il n'aura jamais eu.

» Il suit de là que si, dans l'espèce, un arrêté préfectoral a interdit l'exploitation de la mine jusqu'à une certaine distance du chemin de fer, l'administration a fait usage, par cet arrêté, d'un droit de police expressément stipulé par la loi de 1810, usage qui, d'ailleurs, ne porte aucune atteinte aux droits reconnus par cette loi aux concessionnaires de mines, car cette loi (art. 11) réserve aux propriétaires de la surface une zône de 100 mètres autour de leurs enclos, habitations, etc.

» Or, UNE ROUTE peut certainement être ASSIMILÉE A UN ENCLOS, de telle sorte que l'exploitation de tout ou partie de cette zône peut être interdite, sans que le concessionnaire puisse justement se plaindre (2)... »

L'*assimilation* était exacte ; mais la loi n'interdit pas

(1) Voir, page 162, 4me alinéa.
(2) Voir, page 163, 2me alinéa.

l'exploitation de la mine au-dessous des enclos et des habitations, elle ne prohibe que l'occupation à la surface, et encore l'article 11 ne protège-t-il contre l'occupation que les établissements créés *avant la concession* de la mine, *avant la séparation* du tréfonds.

La cour de cassation, par arrêt du 18 juillet 1837, cassa celui de la cour impériale de Lyon par les motifs :

« Que la loi du 21 avril 1810 déclare que les concessions de mines en confèrent la propriété perpétuelle, disponible et transmissible comme les autres biens immeubles, dont les concessionnaires ne peuvent être expropriés que dans les cas et selon les formes prescrites relativement aux autres propriétés.

» Que TOUT *propriétaire* a droit à une juste indemnité, non-seulement lorsqu'il est obligé de subir l'éviction entière et absolue de sa propriété, mais aussi lorsqu'il est privé de sa jouissance et de ses produits pour cause d'utilité publique.

» Que l'exploitation d'une mine a pour objet l'exploitation de la matière minérale qu'elle renferme ; que le concessionnaire auquel cette exploitation est interdite *dans une partie* du périmètre de la mine pour un temps indéterminé, est privé des produits de sa propriété, et éprouve une véritable éviction dont il doit être indemnisé.

» Que le droit de surveillance réservé par l'article 50 de la loi de 1810 à l'autorité administrative sur l'exploitation des mines, n'*altère en rien le droit de propriété* du concessionnaire et ne lui impose pas l'obligation de subir la perte d'*une partie de sa concession* par la *création* d'un établissement *nouveau* sans une juste indemnité.

» Que l'ARTICLE 11 de la loi de 1810 ne peut être appliqué aux établissements *formés* APRÈS *la concession*... !

» Que l'arrêt attaqué.... a violé les articles 7 et 50 de la loi de 1810, l'article 545 du code Napoléon et l'article 9 de la Charte. — CASSE (1). »

Par cet arrêt, la cour de cassation a consacré deux principes, savoir :

1º Le concessionnaire d'une mine a une propriété immobilière dont il ne peut être exproprié que dans les cas et selon les formes prescrites pour les autres propriétés, et il a droit, *comme tout propriétaire,* à une juste indemnité lorsque, *pour cause d'utilité publique,* il subit l'éviction de tout ou partie de sa propriété ou lorsqu'il est privé d'une partie de ses produits.

2º Il n'est pas tenu de subir sans indemnité la perte d'une partie de sa concession par suite de la *création* d'un établissement *nouveau,* et l'article 11 de la loi de 1810 ne protège que ce qui *existait* à la surface *avant* la concession de la mine.

Ne protéger que ce qui *existait* avant la concession de la mine ou ne pas appliquer l'article 11 de la loi de 1810 aux établissements formés *après* la concession, c'est le *statu-quo* imposé au-dessus de la mine concédée.

D'où il suit que le gouvernement ne peut pas plus que tout autre priver le propriétaire d'une mine d'exploiter une partie de sa propriété, sans lui accorder une juste indemnité.

§ 2.

Droits du propriétaire de la surface après la concession du tréfonds.

Les droits du propriétaire de la surface, après la

_____

(1) Voir page 164.

concession du tréfonds, ne peuvent s'étendre au-delà de sa propriété.

La concession de la mine opérant une séparation entre la surface et le tréfonds, le propriétaire de la surface ne peut avoir plus de droits que le gouvernement ; au contraire il en a moins, puisqu'il ne peut, *dans son intérêt privé*, rien faire qui puisse paralyser l'exploitation de la mine.

Il ne le pourrait même en offrant de payer toutes indemnités, du moment qu'il n'est pas dans les conditions déterminées par l'article 545 du code Napoléon.

Cependant, la cour impériale de Dijon, par arrêt du 25 mai 1838, rendu par les chambres réunies en audience solennelle, a décidé :

« Que la concession d'une mine qui, aux termes des articles 7, 19 et 34 de la loi de 1810, crée au profit du concessionnaire une propriété nouvelle, perpétuelle, distincte de celle de la surface et soumise à une double contribution, ne donne cependant *que le droit d'exploiter les substances minérales* désignées dans l'acte de concession.

» Que les droits *inhérents* à la propriété primitive de la surface *restent* ENTIERS, sous les modifications portées aux art. 43 et 44 qui permettent aux concessionnaires d'occuper (1), moyennant l'indemnité qu'ils fixent, les terrains nécessaires pour l'établissement des travaux de recherches et d'exploitation.

» Que, s'il en était autrement, on arriverait à cette *conséquence*, que tous les terrains compris dans le vaste périmètre d'une concession, où se trouvent souvent situées plusieurs communes, *seraient frappés d'interdiction* par le seul effet du décret de concession.

(1) C'est une erreur, ces articles ne permettent rien : ils accordent des indemnités.

» Que les propriétaires du sol ne pourraient plus, sans s'exposer à des pertes certaines, *en augmenter la valeur* par des constructions ; qu'ainsi il y aurait une espèce d'expropriation prononcée contre eux sans aucune indemnité, car celle fixée par les articles 6 et 42 n'est que la représentation de la valeur des substances minérales dont ils sont privés.

» Que le législateur, en créant une propriété nouvelle et en l'environnant de toutes les garanties nécessaires à son existence, a constamment manifesté son respect pour la propriété du sol ; et, s'il a établi une exception par les articles 43 et 44, cette exception, qui était indispensable, confirmerait au besoin la règle (1).

» Qu'ainsi, en se pénétrant des dispositions de la loi du 21 avril 1810 et de l'esprit qui les a édictées, on doit arriver à cette conclusion, que, *même après l'acte de concession d'une mine,* les propriétaires de la surface peuvent y faire toutes les *constructions* et les *travaux* qui doivent en augmenter la valeur, *creuser* le sol pour pratiquer des puits et des caves.

» Que l'État conserve le droit d'établir les chemins et les canaux que réclament les besoins de l'industrie et de l'agriculture, et que ces nouvelles constructions demeurent environnées, comme les anciennes, de toutes les mesures de protection et de conservation prévues par les articles 11, 15, 47 et 50, à moins, toutefois, qu'il ne soit démontré que les travaux entrepris par des particuliers auraient été faits, non *dans un but d'utilité réelle,* mais seulement pour gêner l'exploitation de la mine et lui porter préjudice, ce que le juge devrait apprécier.

» Que l'interdiction d'exploiter, prononcée par l'arrêté du

---

(1) Ces articles ne font exception que pour le règlement de l'indemnité ; ils fixent une *base* pour ce règlement et n'accordent point une double indemnité. (Voir le changement de jurisprudence de cette cour, page 184.)

25 novembre 1829..., n'est qu'un règlement de police auquel sont soumises toutes les propriétés (1).... »

Dans cet arrêt, la cour impériale de Dijon, tout en reconnaissant le droit de propriété du concessionnaire de mines, ne lui accorde que celui d'exploiter la substance minérale concédée, et, sans se préoccuper du droit qu'elle a reconnu, elle ne reconnaît d'autre modification apportée à la propriété de la surface *que celle qu'elle voit* dans les articles **43** et **44** de la loi de **1810**.

Puis, tout en accordant aux propriétaires de la surface tous les droits qu'ils avaient avant la concession de la mine, elle impose néanmoins la condition que les nouveaux travaux ou les nouvelles constructions *auront un but d'utilité réelle*.

Sur le nouveau pourvoi en cassation dirigé contre cet arrêt par le concessionnaire de la mine, **M.** le procureur-général Dupin, examinant la question du *statu-quo*, disait :

« Si telle était la CONSÉQUENCE *d'une concession* d'une mine, qu'elle imposât le STATU-QUO *à la* SUPERFICIE, il n'en résulterait pas seulement un dommage privé par l'INTERDICTION *aux particuliers de* BATIR ; mais tout le périmètre d'une concession de mines, souvent très-étendu, serait *frappé de la même* INTERDICTION.

» Les HABITATIONS ne pourraient plus se MULTIPLIER et s'*agglomérer* : on DÉFENDRAIT de *construire* UNE ÉGLISE, parce que le CLOCHER *surchargerait* trop la mine ; d'établir DES CIMETIÈRES pour y ensevelir les morts, parce qu'il faudrait creuser le terrain ; l'État serait destitué du droit de sillonner ce territoire par des ROUTES NOUVELLES.

» Ce serait, en un mot, le DÉSERT *imposé* dans tout le périmètre de la concession, à moins que, pour chaque œuvre nouvelle, les particuliers, les communes, l'État, ne vinssent, à prix d'argent, obtenir le consentement

(1) Voir page 166.

des concessionnaires de la mine, qui exerceraient ainsi sur le sol une espèce de suzeraineté ou plutôt de souveraineté (1). »

La question fut placée par M. le procureur-général sur son véritable terrain : le *statu-quo* ; à moins qu'à prix d'argent les particuliers, les communes et l'État, lorsqu'ils voudront, pour cause d'utilité publique, bâtir des maisons et des églises ou établir des cimetières et des chemins, ne viennent indemniser le propriétaire de la mine du préjudice qu'on lui aura causé.

Mais peut-on construire une maison, une église ou établir un cimetière, une route, sur un terrain, sans indemniser le propriétaire de la surface ou sans son consentement ?

Et si ce terrain appartient à deux propriétaires, ou s'il y a *deux propriétés distinctes* dans ce terrain, l'une à la surface et l'autre dans le tréfonds, appartenant à deux propriétaires, peut-on indemniser l'un sans indemniser l'autre ?

D'après nous, ce magistrat est tombé dans une grave erreur ; on ne pouvait ainsi dépouiller (2) un propriétaire sans l'indemniser ; ses conclusions étaient insolites, car si elles eussent été admises, c'eût été consacrer la violation de l'article 7 de la loi de 1810 et annuler la disposition qui accorde la propriété perpétuelle de la mine, dont le concessionnaire *ne peut être exproprié* que dans les cas et selon les formes tracées pour les autres propriétés.

Nous l'avons déjà souvent dit et nous le répétons

(1) Voir page 175, 2e alinéa.
(2) Voir page 84, séance du conseil d'État du 18 novembre 1809, 5e alinéa.

encore, rien de *nuisible* à l'exploitation de la mine ne
peut être autorisé ni établi à la surface après la concession.

Avec cette réserve, de ne pas *nuire à son voisin*,
le propriétaire de la surface conserve tous les droits
qui lui sont conférés par la loi, et rien n'oblige à imposer
le désert dans l'étendue du périmètre de la concession.

La cour de cassation a consacré ce principe dans
un arrêt *solennel* rendu par les chambres réunies,
le 3 mars 1841, *contrairement* aux conclusions du
procureur-général; et, après avoir visé l'article 9 de
la Charte de 1830, les articles 545 et 1382 du code
Napoléon et l'article 7 de la loi de 1810, elle a décidé:

« Que, par dérogation à l'article 552 du code Napoléon, cet
article 7 déclare que les concessions de mines en confèrent la
PROPRIÉTÉ *perpétuelle*; que cette propriété est disponible et
transmissible *comme les autres immeubles* dont nul ne peut
être exproprié que dans les cas et selon les formes prescrites
pour les autres propriétés, conformément au code Napoléon,
c'est-à-dire sans indemnité.

» Que TOUT *propriétaire* a droit à cette indemnité, non-
seulement lorsqu'il est obligé de subir l'éviction entière de sa
propriété, mais aussi lorsqu'il est privé de SA *propriété* et de
SES *produits* pour cause d'utilité publique; que, seulement
dans ce cas, l'indemnité n'est pas préalable.

» Que la concession d'une mine a pour objet l'exploitation
de la matière minérale qu'elle renferme; que le concessionnaire
auquel cette exploitation est interdite pour un fait à lui étranger,
SUR UNE PARTIE *du périmètre* de la mine, pour un temps
indéterminé, *est privé des produits de sa propriété* et éprouve
une véritable éviction dont il doit être indemnisé.

» Qu'à la vérité l'article 50 de la loi de 1810 confère à l'autorité administrative le droit de pourvoir par des mesures de sûreté à la conservation des puits, à la solidité des travaux de la concession, à la sûreté des ouvriers et des habitations de la surface.

» Que cette disposition n'altère en rien le droit de propriété du concessionnaire et *ne lui impose pas l'obligation* DE SUBIR LA PERTE d'une partie de la concession, *à raison de la* CRÉATION *d'un établissement* NOUVEAU, sans une juste indemnité.

» Que si, nonobstant la concession de la mine, LES DROITS INHÉRENTS à la propriété de la surface RESTENT ENTIERS, conformément à l'article 544 du code Napoléon, IL NE S'ENSUIT PAS que le propriétaire de la surface *ait le droit* de pratiquer *des travaux* NUISIBLES *à l'exploitation de la mine* dans l'étendue de son périmètre (1). »

Tels sont les motifs d'après lesquels l'arrêt de la cour impériale de Dijon a été cassé ; l'*utilité réelle* des nouvelles constructions ou des nouveaux travaux a été déclarée insuffisante pour faire lever le *statu-quo ;* la cour de cassation veut *encore* que ces constructions ou ces travaux ne soient pas *nuisibles* à l'exploitation de la mine.

Mais, qu'on le remarque bien, le *statu-quo* a été admis en principe par la cour de Dijon tout autant que par la cour de cassation ; elles n'ont différé entre elles que dans la condition imposée au propriétaire de la surface qui veut construire ou faire de nouveaux travaux au-dessus de la concession de la mine.

La condition imposée par la cour de Dijon était d'une appréciation difficile, car il eût fallu examiner

(1) Voir page 179.

la question d'*utilité réelle* avant d'ordonner la suppression de travaux *nuisibles* à l'exploitation de la mine.

La cour de cassation s'est, au contraire, sagement inspirée de l'esprit qui a présidé à la rédaction de la loi de 1810; elle *atténue* les effets du *statu-quo*, tout en faisant respecter la propriété souterraine, en déclarant que, si le propriétaire de la surface ne peut faire aucuns travaux *nuisibles* à l'exploitation de la mine, il n'en conserve pas moins tous les droits inhérents à sa propriété, conformément à l'article 544 du code Napoléon (1).

Mais elle a formellement décidé que l'article 11 de la loi précitée *ne protège* que les établissements *créés avant* la concession de la mine, et le *statu-quo*, si énergiquement combattu par M. le procureur-général Dupin, a été implicitement consacré par la chambre civile et par les chambres réunies.

Toutefois, la cour de cassation, à la chambre des requêtes et à la chambre civile, oppose le *statu-quo* aux exploitants de mines, en interdisant l'*établissement* de leurs travaux *sur* tous les terrains qui avoisinent une habitation ou une clôture, jusqu'à **100** mètres de distance, lors même qu'ils ont le consentement du propriétaire de la surface *à occuper*.

Elle en fait ainsi une fausse application que nous avons déjà combattue et que nous combattrons encore à la huitième section du présent chapitre.

_____

(1) Voir page 467, 2e, 3e et 4e alinéa.

Section 7.

Opinions des auteurs et jurisconsultes sur les droits des propriétaires de la surface, après la séparation du tréfonds.

Les opinions des auteurs et jurisconsultes sur les droits des propriétaires de la surface après la séparation du tréfonds, sont des plus divergentes : les uns placent la propriété des mines *parallèlement* à la propriété de la surface et reconnaissent que la surface est frappée d'interdit comme *conséquence* de la séparation du tréfonds ; d'autres ne s'expliquent pas sur cette conséquence, et les autres ne voient dans la concession d'une mine que le droit d'exploiter la substance minérale concédée et n'admettent aucune modification dans les droits des propriétaires de la surface.

- Les auteurs et jurisconsultes dont nous venons de parler, sont MM. Proudhon, doyen de la Faculté de Droit de Dijon ; Dalloz aîné, rédacteur de la jurisprudence générale : Thiers, homme d'État, ancien ministre des travaux publics : Comte, jurisconsulte : Richard, avocat ; Cotelle, professeur de droit à la Faculté de Paris ; Dupont, ingénieur des mines, et Peyret-Lallier, avocat.

§ 1er.

Opinion de M. Proudhon.

L'opinion de M. Proudhon, on le sait, est qu'après la concession d'une mine il y a DEUX *immeubles* de différentes nature et circonstance là où il n'y en avait qu'un seul auparavant, et il dit :

« L'IMMEUBLE *minier* sort de cette création civile entièrement *pur* et *dégagé* de toutes charges et hypothèques dont le fonds, dans son ensemble, *pouvait avoir été grevé;* et, désormais, ces charges ne pèseront plus que sur le TERRAIN *de la surface* ainsi que sur la RENTE *indemnitaire* (1). »

En disant que les hypothèques et les charges ne pèseront plus que sur le *terrain de la surface* et sur la *rente*, c'est reconnaître que le *terrain du tréfonds* est séparé de la surface et qu'il est remplacé par la rente ou redevance.

« Quant à l'indemnité, dit-il, c'est au fonds de la superficie qu'elle se rattache, comme tendant à lui CONSERVER SA VALEUR ou à en ADOUCIR LA DÉGRADATION. Et par cette adjonction... il résulte :

« 1° Que la VENTE ou aliénation du FONDS DE LA SURFACE doit comporter aussi, pour l'acquéreur, le transport de la rente qui est l'accessoire légal et inséparable du sol.

« 2° Que la RENTE est une vraie propriété immobilière, soit comme accessoire légal du fonds, soit comme déclarée par la loi spécialement passible des hypothèques qui affectent l'immeuble superficiaire (2). »

Arrivant ensuite aux conséquences de la séparation du tréfonds, M. Proudhon reconnaît que la surface est *frappée d'interdit*, et il résume son opinion ainsi :

« D'où il résulte que, si l'extraction a commencé vers UN BORD du terrain compris dans la concession, *il peut s'écouler* DES SIÈCLES avant que les galeries d'exploitation soient parvenues à l'AUTRE EXTRÉMITÉ, ou aient CIRCULÉ SOUS TOUT LE CANTON CONCÉDÉ.

« Cependant TOUS LES HÉRITAGES particuliers qui y sont RENFERMÉS restent, durant cet *immense* espace de temps, FRAPPÉS DE LA MÊME INTERDICTION! Ce qui doit beaucoup EN DIMINUER LA VALEUR, attendu qu'*on ne pourrait pas dire* à ceux qui voudraient les acheter, *qu'on leur* VEND *la propriété* DU DESSUS et DU DESSOUS (3). »

(1) Voir, page 454, 1er et 2me alinéa.
(2) Voir, page 488, dernier alinéa.
(3) Voir, page 491, 1er et 2me alinéa.

L'opinion de M. Proudhon n'a pas besoin de commentaire : la surface séparée du tréfonds est *frappée d'interdit*, et cette interdiction subsiste jusqu'après l'extraction de la mine.

Mais le savant professeur écrivait avant l'arrêt *solennel* de la cour de cassation, qui réduit l'*interdiction* aux travaux ou constructions *nuisibles* à l'exploitation de la mine, pour en *atténuer* les effets, et cette interdiction n'impose que le statu-quo, qui ne *diminue en rien la valeur* de la surface.

§ 2.

Opinion de M. Dalloz.

M. Dalloz (1) aborde franchement et nettement la question d'interdiction, et il n'hésite point à dire :

« Les BATIMENTS et CONSTRUCTIONS qui EXISTAIENT dans le périmètre de la concession, AVANT qu'elle ait été faite, *doivent être* CONSERVÉS.

» C'est là une CHARGE *de la propriété* que cette concession a *pour effet de créer*, et dès-lors le concessionnaire ne pourra se plaindre des mesures administratives qui tendent à protéger ces constructions, car il a dû prendre les choses dans l'état où elles se trouvaient avec toutes les servitudes établies. A cet égard, le CONCESSIONNAIRE n'est pas dans une position différente de celle de tout acquéreur qui ACHÈTE UN IMMEUBLE GREVÉ DE SERVITUDE.

» MAIS est-ce à dire que le propriétaire de la superficie pourra *impunément* FAIRE de nouveaux travaux APRÈS *la concession* et RÉCLAMER *le même privilège* que pour les ouvrages anciens? NON !

» Il doit RESPECTER *la propriété de la mine*, de même que le concessionnaire doit RESPECTER *la sienne;* il se trouve désormais en présence d'UN TIERS *dont les droits* ne sont pas moins *certains*, moins *légitimes* que les siens propres.

» Mais, dit-on, tout le périmètre de la mine, et il peut comprendre

(1) Voir, page 181, 2ᵐᵉ alinéa.

PLUSIEURS LIEUES, sera donc frappé d'une *interdiction perpétuelle* de *bâtir ?*

» Cette *objection* séduit au premier abord ; cependant, comme à sa faveur on réclame un droit qui n'irait à rien moins qu'à faire périr, au gré du superficiaire, le droit de propriété que la loi de 1810 a consacré au profit des concessionnaires de la mine, elle doit être écartée à cause de sa trop grande portée. »

En effet, si le propriétaire de la surface conservait la faculté de bâtir, l'exploitation de la mine pourrait être interdite *implicitement* ou *explicitement* sous toute l'étendue des bâtiments, si cette exploitation devait en compromettre l'existence (1).

Mais, quant à l'*objection* tirée de ce que l'interdiction dont se trouverait frappée la propriété de la surface sur un périmètre de *plusieurs lieues*, elle a été faite dans deux circonstances solennelles *sans succès*.

La *première* fois, lors de la discussion du projet de la loi de 1810, par M. le comte Regnault de Saint-Jean-d'Angély, à la séance du conseil d'État du 9 janvier 1810, présidée par l'Empereur, et il n'apparaît pas qu'elle ait été prise en considération (2).

La *seconde*, par M. le procureur-général Dupin, à l'occasion d'un débat où la question était soumise aux chambres réunies de la cour de cassation ; l'arrêt solennel qui a été rendu le 3 mars 1841, a décidé *implicitement* que, même sur une étendue de plusieurs lieues, tous travaux ou établissements *nuisibles* à l'exploitation de la mine sont interdits (3).

(1) Voir pages 459 à 469.
(2) Voir, page 87, 2e, 3e, 4e et 5e alinéa.
(3) Voir, page 180, 4e alinéa.

§ 3.

Opinion de M. Thiers.

M. Thiers, en 1848, à une époque où la société était mise en péril par les principes les plus subversifs, à une époque où l'on écrivait que *la propriété est un vol*, publia, pour combattre de tels principes, un ouvrage sous le simple titre : *De la Propriété*.

Dans cet ouvrage, à la page 20, on trouve quelques lignes sur la propriété des mines, où il est dit, qu'avec le progrès du temps, on a compris que *l'intérieur de la terre* devait devenir l'objet d'une *propriété nouvelle*, et qu'on a constitué la propriété des mines.

« De façon, dit M. Thiers, qu'aujourd'hui il y a DEUX *propriétés* sur la terre: une *au-dessus*, CELLE DU LABOUREUR : *une au-dessous*, CELLE DU MINEUR (1). »

La séparation qu'il fait entre le dessus et le dessous est basée sur les dispositions de l'article 552 du code Napoléon, qui n'accorde au propriétaire du sol la propriété du *dessous* que sauf les *modifications* résultant des lois et règlements relatifs aux mines.

Et la réalisation des modifications doit avoir pour effet de placer les deux propriétés *parallèlement*, avec les mêmes droits, mêmes garanties et mêmes protections : c'est-à-dire que le propriétaire du dessus ne peut rien faire qui soit *nuisible* au propriétaire du dessous, et réciproquement.

(1) Voir, page 455, 5ᵉ alinéa et les suivants.

§ 4.

Opinion de M. Comte.

M. Comte, *Traité de la Propriété*, T. Ier, page 427, est le premier des auteurs qui ait compris que la concession d'une mine doit apporter des modifications aux droits des propriétaires de la surface, et qui ait recherché la limite séparative entre la propriété du dessus et la propriété du dessous.

Voici ce qu'il dit à ce sujet :

« La limite qui SÉPARE *la propriété* DE LA SURFACE *de la propriété* DE LA MINE qui est au-dessous, n'est pas très-facile à DÉTERMINER.

» Jusqu'à quelle profondeur pourra descendre le propriétaire du sol, sans porter atteinte à la propriété de la mine, ou jusqu'à quelle hauteur pourra s'élever le propriétaire de la mine sans que le propriétaire de la surface ait le droit de se plaindre?

» Dans les questions de ce genre, ajoute-t-il, *il faut*, pour résoudre les difficultés qui se présentent et décider les contestations entre les concessionnaires et les propriétaires de la surface, EXAMINER *quelles propriétés* ONT ÉTÉ CRÉÉES LES PREMIÈRES. »

Il n'y a pas de limite *séparative* entre les deux propriétés. On a vu que cette limite a été réclamée ; que l'Empereur disait qu'avec le système des deux propriétés, il fallait au moins *déterminer* à quelle profondeur *doit cesser la propriété de la surface*, et que M. le comte Defermon a posé la même question (1).

Néanmoins la loi est restée muette sur ce point ; elle ne détermine pas à quelle profondeur cesse la propriété de la surface, et le propriétaire de la mine, tout en n'ayant que la propriété du tréfonds, a droit à la substance minérale concédée, *tant à la surface que dans le sein de la terre*.

(1) Voir, page 63, 2me et 4me alinéa.

La seule condition imposée aux deux propriétaires voisins, condition qui résulte du droit commun, est de ne pas se *nuire* réciproquement, sans indemnité; avec cette différence, que les travaux des exploitants de mines sont *autorisés*, tandis que ceux des propriétaires de la surface sont *interdits*, s'ils sont *nuisibles*, et peuvent donner lieu à une double action.

Ainsi, lorsque M. Comte dit qu'il faut examiner quelles sont les propriétés qui ont été créées *les premières*, il reconnaît que les travaux, constructions ou établissements créés *après la concession* ne peuvent être tolérés qu'autant qu'ils ne seront pas *nuisibles* à la propriété de la mine.

§ 5.

Opinion de M. Richard.

M. Richard, *Législation des Mines*, page 214 et suivantes, se pose cette question : « L'article 15 n'a-t-il voulu parler que des terrains bâtis *avant* la concession, ou bien le faut-il étendre aux terrains bâtis *avant* les travaux, mais *depuis* la concession? »

Examinant ensuite cette question, il dit :

« S'il s'agissait de l'indemnité en elle-même, due pour le dommage causé par le concessionnaire au propriétaire du sol, nous n'hésiterions pas à dire que l'époque où le bâtiment a été construit est absolument indifférente.

» Celui qui cause un dommage à un tiers est obligé de le réparer. Le principe est absolu, et, ne fût-il pas écrit dans le code civil, il n'en serait pas moins vrai et d'une constante application.

» Nous repousserions alors la règle posée par M. Comte, dans son *Traité de la Propriété* [1).

(1) Tome Ier, page 427.

» Le concessionnaire n'est propriétaire *que* de la mine, et il est propriétaire de *toute* la mine.

» Or, la mine n'occupe pas tout le volume de la terre inférieure; elle se présente communément en couches ou en filons, enveloppés le plus souvent d'une très-grande masse qui n'est pas mine. Cette masse reste évidemment attachée à la propriété du sol, qu'elle soit au-dessus, au-dessous ou à côté de la mine. Cette masse est seulement grevée de la servitude de souffrir les travaux nécessaires à la mine. Et s'il était possible que le propriétaire du sol en tirât un parti quelconque, il pourrait y faire tout ce que bon lui semblerait, sans que le concessionnaire pût, dans l'état des choses et en présence de l'art. 552 du code civil, s'y opposer en aucune façon, *ni exiger autre chose qu'une indemnité* EN CAS DE TROUBLE *dans l'exploitation.*

» D'un autre côté, si la couche minérale se comporte de manière à affleurer le sol en quelque point, *le concessionnaire peut en suivre l'exploitation*, en payant au propriétaire du sol tous les dommages causés, même en étant forcé de lui acheter le terrain dans certains cas (1). Voilà la limite des droits réciproques des deux propriétaires en général.

» Pour le cas des terrains bâtis, l'art. 15 pose une exception: il y a lieu, de la part du concessionnaire, outre l'indemnité qu'il devra, de fournir caution préalable du paiement de cette indemnité, caution qui n'est jamais exigée du propriétaire du sol. Pour l'indemnité, peu importe que le bâtiment qui serait endommagé ait été construit dans un temps ou dans un autre; il est endommagé, il faut payer. *La question d'indemnité de propriété est indifférente.*

» Mais la caution à fournir, il en est autrement. *Il faut que le* BATIMENT AIT EXISTÉ *ou ait été en construction* AU MOMENT *où la* CONCESSION *a été délivrée.*

» En effet, le concessionnaire NE PEUT ÊTRE TENU A DES OBLIGATIONS dont il n'a pas pu, AVANT de *demander* ou d'*obtenir* la concession, *mesurer toute l'étendue.* Il doit savoir, avant de devenir concessionnaire, à quelle somme probable s'élèveront les cautionnements qu'on pourra exiger de lui; sans quoi il pourrait arriver que les cautions à fournir absorbassent une partie trop considérable du capital qu'il a calculé devoir consacrer aux dépenses d'exploitation.

» N'a-t-on pas vu des VILLAGES *entiers se* CONSTRUIRE *simultanément* sur des terrains qui formaient auparavant des parcs de plaisance?

_____

(1) Art. 43 et 44 de la loi de 1810.

« Si, dans un pareil cas, LE TERRAIN S'ÉTAIT TROUVÉ COMPRIS dans le périmètre d'une concession de mines . *le propriétaire de la superficie aurait-il pu exiger* raisonnablement du concessionnaire UNE CAUTION *pour les travaux poussés* SOUS LE VILLAGE *entier?*

» Telle serait pourtant la conséquence nécessaire, dans un cas très-grave, il est vrai, mais possible, du système d'interprétation qui voudrait appliquer l'article 15 aux propriétés bâties depuis la concession. Nous prenons pour exemple une position extrême, afin de faire bien saisir le vice de cette interprétation.

» Mais il peut se présenter une foule de circonstances dans lesquelles la construction d'un bâtiment de quelque étendue dérangerait toutes les combinaisons financières du concessionnaire, s'il était tenu de donner caution.

» *Il ne faut pas* OUBLIER *que le concessionnaire est propriétaire;* dès-lors il est vis-à-vis de tous ses voisins *dans la condition* ORDINAIRE *du propriétaire,* sauf les exceptions prévues par la loi, telles que celles qui résultent des articles 11 et 15.

» Mais il est de principe incontestable en matière d'interprétation que les exceptions ne s'étendent pas ; restreignons donc les applications de l'article 15 dans le cercle des prévisions évidentes de la loi.

» Si le concessionnaire cause un dommage au propriétaire qui a bâti sur le terrain superposé à la concession, celui-ci lui intentera une action en dommages-intérêts, tout comme il en devra lui-même au concessionnaire si, par une construction imprudente, il lui a porté préjudice en occasionnant des éboulements dans les galeries.

» Mais il ne pourra pas exiger de caution, pas plus qu'il ne serait tenu d'en fournir. »

L'opinion de M. Richard sur la position du proprié-taire de la mine est rationnelle, et nous l'admettons sur tous les points ; nous ne différons avec lui que sur la distinction qu'il établit entre le cautionnement et le paiement des indemnités.

Pourquoi cette distinction? Le paiement est-il plus facile et moins onéreux que le cautionnement?

Mais, pour abréger la discussion, disons de suite que, lorsque l'arrêt du 18 juillet 1837 a été porté à sa connaissance, **M. Richard**, pages 443 et 444, semble avoir modifié son opinion, et voici comment :

M. l'avocat-général Tarbé, portant la parole lors de cet arrêt, a voulu aussi établir une distinction entre le cas où il s'agit de l'ouverture d'une voie *souterraine* dans le périmètre de la concession et celui où le chemin est établi *à la surface*, au-dessus de la mine : le premier cas, selon ce magistrat, devait seul donner lieu à indemnité.

C'est alors que M. Richard, après avoir déclaré que l'arrêt de la cour de cassation *est fort explicite*, ajoute :

« Il y a violation de l'article 7 de la loi de 1810, si on n'accorde pas une indemnité au propriétaire de la mine *de la part de tous ceux qui portent* PRÉJUDICE *à sa propriété*, tout comme on l'oblige à payer quand il trouble ses voisins.

» La cour n'a pas pu admettre l'étrange distinction que M. l'avocat-général prétend faire entre la surface de la terre et la région souterraine.

» A l'entendre, l'industrie minérale est une industrie secondaire qui ne mérite protection qu'après que toutes les industries de la surface auront pleine satisfaction.

» Nous avons peine à comprendre un tel mépris pour l'industrie qui produit le fer et la houille, deux matières sans lesquelles il n'y a pas d'industrie possible à la surface.

» Sans l'industrie minérale, M. l'avocat-général n'aurait pas pu écrire ces lignes de proscription dans lesquelles il veut bien reconnaître qu'une indemnité est due s'il s'agit d'un débat entre deux industriels souterrains, mais jamais si un mineur se trouve en contestation avec un des propriétaires de la surface, seuls dignes de respect d'après la loi naturelle, la loi civile et la destination de l'homme.

» Jamais les partisans les plus ardents des droits de la propriété du sol sur la propriété inférieure ne se sont avancés jusqu'à lui conférer une si bizarre suprématie.

» Nous savons quelle part leur a faite la loi de 1810, et *nous estimons que la cour de cassation* EST DANS LA MEILLEURE VOIE en ne souffrant pas que cette part s'agrandisse aux dépens de l'industrie minérale. »

Or, on a vu que la cour de cassation a décidé que le concessionnaire de mines est un propriétaire ordinaire ; que tout propriétaire a droit à une juste indemnité lorsqu'il est privé de sa propriété et qu'on ne peut, en faveur des constructions ou établissements créés *après* la concession de la mine, invoquer la protection accordée par l'article 11 de la loi de 1810.

Tels sont les principes consacrés par l'arrêt du 18 juillet 1837 et auxquels M. Richard s'est empressé de donner une complète adhésion.

D'où il suit que tout ce qu'il a dit sur le cautionnement s'applique au paiement de l'indemnité, et que les nouvelles constructions ne donnent lieu à aucune indemnité, et qu'elles sont même *interdites* si elles sont *nuisibles* à l'exploitation de la mine.

Mais, lorsque M. Richard approuve l'arrêt qui *refuse la protection de la loi aux établissements créés après la concession d'une mine*, il est manifeste qu'il rétracte tacitement tout ce qu'il a dit sur le paiement des nouvelles constructions, et il est probable qu'il eût été beaucoup plus explicite sur l'*interdiction* s'il n'eût écrit qu'après l'arrêt solennel de la cour de cassation du 3 mars 1841.

§ 6.

Opinion de M. Cotelle.

M. Cotelle, *Cours de Droit administratif*, T. II, page 3, fait remarquer que le sol qui contient des mines est l'objet d'un régime *spécial*, *exceptionnel*, et qu'il en résulte un nouvel ordre de modifications au droit de propriété ; voici comment il s'exprime :

« En vertu de la *concession* émanée du gouvernement, un autre que le propriétaire du sol intervient avec le droit de creuser des puits, de faire des galeries, de tracer et d'ouvrir à la surface les voies de communication que réclamera le propriétaire de son exploitation, sauf *indemnité* envers les propriétaires du sol.

» De là, une sorte d'EXPROPRIATION POUR CAUSE D'UTILITÉ PUBLIQUE, puisqu'*il en résulte interdiction* pour le propriétaire de la surface de FAIRE DANS SON FONDS AUCUNES FOUILLES NUISIBLES à l'exploitation de la mine.

» Tout au moins un titre de *concession de mines* devient-il, pour la surface, *une espèce de* SERVITUDE, telle que celle des usagers et autres ayants-droit qui peuvent couper du bois dans une forêt ou des herbes dans une prairie, en vertu d'une certaine ATTÉNUATION *du droit de propriété.* »

Mais, tout en reconnaissant que la concession est *une expropriation* du propriétaire de la surface ; que sa propriété est grevée *d'une espèce de servitude*, et qu'il y a *atténuation* de son droit de propriété, M. Cotelle ajoute plus loin, page 247, 2ᵐᵉ alinéa :

« Une véritable question de *propriété* que nous n'avons pas encore abordée, et qui est pendante devant les tribunaux depuis plusieurs années, c'est celle de savoir si, lorsqu'un règlement d'administration publique a circonscrit l'exploitation d'une mine dans de certaines limites, pour cause de sûreté publique et pour que l'exploitation ne s'étende pas sous la zône d'un chemin de fer, l'interdiction du massif a lieu sans qu'il soit dû d'indemnité aux concessionnaires de la mine?

» Ou si, au contraire, le dommage qu'ils éprouvent doit être assimilé à un cas d'expropriation pour cause d'utilité publique, dans lequel une indemnité doit leur être payée par la compagnie du chemin de fer? »

Ici M. Cotelle désigne les circonstances que nous avons fait connaître dans la précédente section, en donnant connaissance de l'arrêt de la cour impériale de Lyon, de celui de la cour de cassation et enfin de celui de la cour impériale de Dijon ; en parlant de ce dernier, page 255, 3e alinéa, il dit :

« Tel est l'arrêt qui va être soumis à la discussion de la cour suprême en audience solennelle. Nous faisons des vœux pour que des paroles éloquentes et *des suffrages* IMPOSANTS *viennent* AU SECOURS DE LA COMPAGNIE DU CHEMIN DE FER. »

Que conclure des vœux de M. Cotelle ? c'est qu'il approuve l'arrêt solennel de la cour de Dijon, qui a déclaré que la concession d'une mine ne donne que le droit d'exploiter la substance minérale concédée, et qu'il se place ici en contradiction avec ce qu'il a dit précédemment.

Mais que dirait aujourd'hui M. Cotelle, s'il connaissait le changement de jurisprudence de cette cour, et s'il savait que, par arrêt du 29 mars 1854, elle a reconnu que la concession d'une mine opère *un partage horizontal de la terre et concède le tréfonds ?* Il adopterait sans doute la décision solennelle de la cour suprême, qui a déclaré que, par dérogation à l'article 552 du code Napoléon, la concession d'une mine confère *une propriété perpétuelle.*

§ 7.

Opinion de M. Dupont.

M. Dupont, *Traité pratique de Jurisprudence des Mines*, T. Ier, page 313, après avoir adopté la jurisprudence de la cour de cassation sur l'interprétation ou l'application de l'article 11 de la loi du 21 avril 1810, est embarrassé des conséquences du droit qu'il accorde au propriétaire d'une clôture ou d'une habitation sur la propriété de ses voisins, et dit :

« Au sujet de la prohibition de l'article 11, nous nous poserons la question suivante : cette prohibition s'étend-elle indistinctement à toutes les habitations FAITES ou à FAIRE, *quelle que soit leur* DATE ?

» Un puits de mine est ouvert par un concessionnaire à plus de 100 mètres de toute habitation, et il est autorisé par l'administration. Un propriétaire de la surface qui construira plus tard une habitation ou un enclos muré à moins de 100 mètres du puits, ne saurait évidemment invoquer l'article 11, car, sans cela, les concessionnaires de mines ne pourraient ouvrir un puits en un point quelconque de leur périmètre sans être astreints à acheter tous les terrains environnants, dans un rayon de 100 mètres, ce qui rendrait l'exploitation des mines pratiquement impossible.

» Ainsi donc le bon sens indique qu'on ne saurait appliquer l'article 11 AUX MAISONS ET CLÔTURES POSTÉRIEURES en date aux galeries ou puits de mines.

» Il y a plus : si l'on se rapporte au texte de l'article 11, on reconnaîtra que par ces mots : « *Nulle permission de recherches, ni concession de mines, etc.,* » le législateur *a dû entendre* l'ACTE MÊME DE CONCESSION de même que l'acte de permission.

» Il suit de cette interprétation que la prohibition mentionnée par l'article 11 NE SAURAIT S'APPLIQUER QU'AUX HABITATIONS ou clôtures murées déjà EXISTANTES *à l'époque où la concession a été instituée.*

» Ajoutons que c'est en ce sens que l'article 11 a été interprété par la cour de cassation dans son arrêt du 18 juillet 1837, où l'on peut lire la disposition suivante :

« ATTENDU *que l'article 11 de la loi de 1810 ne peut être appliqué aux établissements* FORMÉS APRÈS LA CONCESSION, *et notamment aux routes souterraines pratiquées dans le périmètre de la mine.* »

» La cour de cassation, en interprétant ainsi l'article 11, a compris que les prescriptions qu'il contient étaient déjà assez onéreuses par elles-mêmes pour être renfermées dans leurs strictes limites.

» Ajoutons, du reste, que si les propriétaires de maisons et clôtures construites APRÈS *la concession* ne peuvent pas invoquer l'article 11, ILS CONSERVERONT toujours *leur recours* au civil contre les dommages *résultant d'un puits de mines ouvert dans leur voisinage.*

» Bien plus, si un ouvrage de mines est ouvert assez près de ces constructions pour en menacer la solidité sans qu'il y ait encore dégât, les propriétaires peuvent recourir à l'autorité administrative, qui est suffisamment armée par l'article 50 de la loi de 1810 et l'article 8 de la loi du 27 avril 1838 POUR INTERDIRE DE PAREILS OUVRAGES, *lorsqu'ils menacent la sûreté des habitations* de la surface et deviennent ainsi *dangereux pour la sûreté publique.* »

M. Dupont se plaît à reconnaître avec l'arrêt de la cour suprême du 18 juillet 1837 que la protection de l'article 11 de la loi de 1810 *ne peut être invoquée pour les nouvelles constructions;* mais il ne voit pas que, refuser cette protection aux nouvelles constructions, c'est les interdire, et il passe sous silence l'arrêt *solennel* de la même cour, du 3 mars 1841, où tous travaux *nuisibles* à l'exploitation de la mine *sont interdits après la concession.*

Il est tellement éloigné de croire à l'interdiction, qu'il accorde une protection indirecte aux établissements nouveaux, lorsqu'il dit que le propriétaire de ces établissements pourra réclamer des dommages-intérêts au civil et s'adresser encore à l'autorité administrative pour faire *interdire les travaux de mines* entrepris trop près de celles-ci; il en arrive ainsi à annuler les conséquences d'un arrêt qu'il approuve.

Lorsque la cour de cassation *interdit* à la surface tous nouveaux travaux nuisibles à l'exploitation de la mine, M. Dupont pense au contraire qu'on doit *interdire* l'exploitation d'une mine si elle est nuisible aux nouveaux travaux établis à la surface.

De deux choses l'une : ou les nouvelles constructions sont protégées ou elles ne le sont pas; si elles ne le sont pas, pourquoi ces dommages-intérêts et pourquoi cette faculté de faire interdire les travaux de mines trop rapprochés des nouvelles constructions?

Mais si l'arrêt de la chambre civile de la cour suprême, du 18 juillet 1837, n'était pas assez explicite, et si un doute pouvait exister sur l'interprétation à donner à la disposition qui refuse de protéger les nouvelles constructions, l'arrêt solennel du 3 mars 1841 lèverait toute incertitude, lorsqu'il interdit tous travaux *nuisibles* à l'exploitation de la mine après sa concession.

On voit donc bien que la cour suprême accorde sa protection à la propriété de la mine, lorsqu'elle interdit tout ce qui peut lui être nuisible.

D'où il suit que M. Dupont nous semble méconnaître non-seulement les principes de la loi, mais encore les conséquences de la jurisprudence solennelle de la cour suprême.

§ 8.

Opinion de M. Peyret-Lallier.

M. Peyret-Lallier, *Traité sur la Législation des Mines*, T. Ier, page 348, nous dit que la responsabilité du concessionnaire exploitant s'applique non-seulement aux édifices existants lors de la concession, mais encore à ceux qui ont été construits *postérieurement*.

« On a prétendu, dit-il, que si, au premier cas, le concessionnaire est responsable des dégradations survenues aux édifices par suite de son exploitation, il ne l'est pas au second, s'il a exploité suivant les règles de l'art, parce que la propriété de la mine emporte le droit de l'exploiter, et que le propriétaire du sol ne peut y mettre obstacle par des constructions intempestives.

» A l'appui de ce système, on fait valoir d'autres raisons : 1° l'acte de concession, dit-on, a distingué deux propriétés dans le même fonds, celle du sol et celle de la mine. Toutes les deux doivent être respectées, chacun des propriétaires ne peut rien faire qui anéantisse la propriété de l'autre ; c'est cependant ce qui arriverait si le propriétaire de la surface pouvait, par des constructions nouvelles, empêcher l'exploitation de la mine ou la rendre plus dangereuse.

» 2° L'article 15 paraît n'avoir eu en vue que les édifices construits lors de la concession ; car il est rangé dans le titre III *des actes qui précèdent la demande en concession de mines.*

» 3° Le propriétaire, en recevant la redevance que la loi lui attribue, est censé avoir consenti à l'exploitation de la mine sous sa propriété et à courir toutes les chances de cette exploitation.

» Ces objections sont plus spécieuses que solides.

» 1° La loi, en distinguant deux propriétés distinctes, l'une souterraine, l'autre superficielle, y a mis cette condition qui tient à la nature des choses et à la priorité du droit, que le propriétaire des substances minérales respectera la surface et tout ce qui y est établi pour les besoins des hommes.

» La plus ancienne des deux propriétés, non sous le rapport géologique, mais sous celui de la possession, est sans doute celle de la surface ; elle a été donnée à l'homme pour la cultiver, l'habiter, la sillonner de routes, comme la nature l'a ramifiée par les cours d'eau. Si l'intérêt général de la société commande l'exploitation des richesses souterraines, cet intérêt ne passe qu'après les besoins des populations, la sûreté des hommes, la solidité des habitations et la nécessité des voies de communication.

La concession de la mine n'a pu détruire les prérogatives de la propriété superficielle ; elle n'a pu porter atteinte aux droits inhérents à cette propriété, tels que d'élever des édifices, de cultiver, de planter, d'ouvrir des routes, des canaux, etc. Ces premiers besoins de l'homme, ces droits acquis, doivent être satisfaits ou respectés avant l'extraction des gîtes minéraux qui n'ont pas d'ailleurs le même degré d'utilité.

» La création d'une propriété nouvelle ne doit donc pas nuire aux droits de la propriété ancienne. Le concessionnaire doit jouir de la mine, mais il ne peut vouloir empêcher l'exercice du droit de propriété de son voisin. En quoi consiste son droit de propriété? évidemment dans la faculté de bâtir, planter, cultiver. Cette faculté est consacrée par l'article 552 du code civil. Aucune disposition de la loi ou de l'acte de concession ne l'a exproprié de ce droit.

» 2° L'induction tirée de la rubrique du titre III n'est pas exacte. Le titre III de la loi traite en général *des actes qui précèdent la demande en concession de mines; il est divisé en deux sections, l'une de la recherche et de la découverte des mines, l'autre de la préférence à accorder pour les concessions.* C'est dans la seconde qu'est placé l'art. 15; il s'applique au concessionnaire qui veut diriger des travaux sous des maisons ou lieux d'habitation. Il s'agit là non de travaux de recherche, mais de travaux d'exploitation postérieurs à la concession. La disposition de cet article n'exclut donc aucune des constructions, soit antérieures à la concession, soit postérieures.

» 3° La réception par le propriétaire du sol de la redevance qui lui est due sur le produit de l'extraction, ne peut pas être assimilée à un consentement à ce que l'on exploite sous ses édifices; elle prouve bien qu'il a eu connaissance de l'exploitation, mais il a dû croire que l'exploitant s'arrêterait au point où ses travaux compromettraient la solidité des habitations et la sûreté des habitants, comme l'article 50 lui en fait une obligation. On ne peut pas présumer qu'il ait consenti à laisser creuser un tombeau pour lui et sa famille; s'il eût été assez imprudent pour y consentir, le devoir de l'administration est de s'y opposer. L'ingénieur des mines qui s'aperçoit d'un danger imminent, a, dans ce cas, le droit de prescrire toute mesure de précaution et de faire cesser les travaux. »

A l'appui de son opinion, M. Peyret-Lallier invoque les motifs d'un arrêt de la cour impériale de Dijon annulé par la cour de cassation en audience *solennelle*.

Il dit ensuite, page 352, que M. le procureur général Dupin a accepté les principes posés par l'arrêt de la cour impériale, et que, si la cour suprême n'a pas adopté les conclusions du procureur général, elle n'a pas repoussé l'application des principes aux cas ordinaires de constructions.

C'est là une erreur; il nous suffit de renvoyer à ce que nous avons dit à la 6me section du présent chapitre (1), pour démontrer que la question d'interdiction ou de *statu-quo* a été examinée sous toutes ses faces et d'une manière générale.

(1) Voir page 504 et suivantes, jusqu'à 518.

Du reste, M. Peyret-Lallier rapporte lui-même le passage des conclusions de M. Dupin, rapporté à la section dont nous venons de parler (1), et il ajoute :

« Aux raisons qui justifient la responsabilité de l'exploitant, même quant aux maisons nouvellement construites, je puis ajouter que tel est l'esprit de la loi révélé par la discussion du projet au conseil d'État.

» Dans la séance du 10 octobre 1809, à l'occasion de l'art. 17 de la 4me rédaction (11 de la loi), l'archichancelier annonça que, dans des observations qui lui avaient été remises, on demandait que la disposition ne fût pas étendue aux *enclos construits* DEPUIS *l'exploitation commencée*. Mais, après les observations sur les inconvénients d'une telle restriction, l'article fut maintenu sans amendement.

» Il résulte de là que, quelle que soit la date de la construction, les concessionnaires sont responsables des dommages qu'ils occasionnent par leurs travaux aux édifices que le propriétaire du sol y élève.

« C'est dans ce sens que la loi a été interprétée par trois arrêts de la cour de Bruxelles, en date des 2 mars 1825, 5 novembre 1828 et 26 juin 1837. Le tribunal civil de Saint-Etienne a aussi jugé de même, notamment contre la compagnie des mines connue sous la dénomination de *Gagne-Petit*.

« Toutefois, si un propriétaire de surface *formait le dessein de construire* SUR UN TERRAIN EXCAVÉ *par l'exploitation des couches de mines*, ET QU'IL EUT ÉTÉ AVERTI DU DANGER qui peut résulter du mouvement du sol, avant qu'il soit consolidé, *les tribunaux prendraient* SANS DOUTE EN CONSIDÉRATION, ainsi que la cour de Dijon l'a pensé dans les motifs de l'arrêt ci-dessus rappelés, *les circonstances et les faits particuliers, lorsqu'il s'agirait de statuer sur les demandes en indemnité*.

» M. Richard, *Législation française sur les Mines*, t. 1, p. 217, pense que si le concessionnaire doit des dommages-intérêts au propriétaire qui a bâti sur le terrain superposé à la mine concédée, le propriétaire en doit lui-même au concessionnaire, si, par une construction imprudente, il lui a porté préjudice, en occasionnant des éboulements dans les galeries.

« Je ne puis admettre cette réciprocité d'obligation. Le propriétaire qui bâtit sur son sol, ne faisant qu'user de son droit, ne peut être censé avoir porté préjudice à autrui, *nullus videtur dolo facere qui suo jure*

_____

(1) Voir, page 514, 3e alinéa.

utitur, l. 55, ff. *de regul. jur.* C'est au concessionnaire exploitant à prévenir les affaissements du sol par des remblais ou des muraillements, suivant les indications de l'art d'exploiter. »

Sur ce qui s'est passé à la séance du conseil d'État du 10 octobre 1809, nous nous bornerons à renvoyer au procès-verbal de cette séance (1), et l'on verra en effet qu'on avait demandé, dans des observations soumises à M. l'archichancelier, président le conseil d'État, que la prohibition de l'article 11 ne fût pas étendue *aux enclos construits* DEPUIS *l'exploitation commencée;* mais qu'il y eut opposition de la part de MM. de Ségur et Regnault de Saint-Jean-d'Angély, et que M. l'archichancelier dit qu'il n'entendait pas les défendre, qu'il se bornait à les rappeler.

M. Regnault de Saint-Jean-d'Angély fit remarquer que les inconvénients seraient d'autant plus grands que les concessions sont perpétuelles, et M. l'archichancelier ajouta :

« Faut-il donc tout sacrifier à cette considération?

» Qu'arrivera-t-il si le nouveau système ne marche pas?

» On ÉLAGUERA, par des *décisions*, des *instructions*, des *avis*, toutes les DISPOSITIONS qui gênent, c'est-à-dire TOUTES CELLES QUI SONT EN FAVEUR DE LA PROPRIÉTÉ ; ainsi la propriété *sera ruinée*, précisément *pour avoir été* TROP PROTÉGÉE! »

Cette objection mit fin aux débats, et la cour de cassation, en décidant que l'article 11 ne protège pas *les constructions créées* DEPUIS *la concession de la mine*, est venue justifier les craintes de M. l'archichancelier ; car refuser d'étendre la prohibition de l'article 11 de la loi de 1810 aux constructions établies

(1) Voir, page 81, 6me alinéa et page suivante.

après la concession de la mine, c'est évidemment les interdire.

M. Peyret-Lallier n'a donc pas saisi la portée de la réponse de M. l'archichancelier; il n'a pas compris la *décision* de la cour de cassation, et de là vient l'erreur qu'il a commise.

En définitive, il est à remarquer que la cour de cassation n'étend pas la prohibition de l'article 11 aux établissements *créés après la concession* de la mine, et que devant le conseil d'État on demandait que cette prohibition ne fût pas étendue aux enclos *construits depuis l'exploitation commencée.*

Créés après la concession, ou *construits* depuis l'exploitation commencée, cette disposition justifie l'interprétation que nous avons donnée à la seconde disposition de l'article 44, à savoir que l'exploitation d'une mine est présumée en exploitation dans toute l'étendue de son périmètre dès qu'elle est commencée sur un point.

Et ceci explique ou interprète la disposition portant que le terrain à acquérir sera estimé au double de la valeur qu'il avait *avant l'exploitation de la mine* (1).

Maintenant, en ce qui concerne les décisions de la cour de Bruxelles et celles du tribunal de Saint-Étienne, nous dirons qu'elles devront être réformées.

Mais lorsque M. Peyret-Lallier nous dit que, si un propriétaire de la surface formait le dessein de construire *sur un terrain excavé* par l'exploitation des

_____

(1) Voir, page 254 et suivantes, § 2, 3, 4 et 5.

couches de mines, *et qu'il eût été averti du danger* qui peut résulter du mouvement du sol, les tribunaux prendraient *sans doute en considération* les circonstances et les faits particuliers lorsqu'il s'agirait de statuer sur les demandes en indemnités, il nous semble étendre le principe des indemnités même au cas où le propriétaire de la surface aurait été averti.

D'après lui, si un propriétaire de la surface a construit sur un terrain excavé, qu'il ait ou non été averti du danger, il devra toujours être indemnisé par le propriétaire de la mine, si les excavations ont été la cause des accidents survenus par les affaissements de terrain ; seulement, s'il a été prévenu, on prendra en considération l'avertissement.

Ces principes sont inadmissibles ; nous l'établirons au titre troisième ci après, en examinant les droits des propriétaires de la surface séparée du tréfonds, *après*, *pendant* et *avant* les excavations.

Quant à sa prétention de refuser tous dommages-intérêts au propriétaire de la mine, lorsque le propriétaire de la surface occasionne, par des imprudentes constructions ou autres entreprises, des éboulements dans les galeries, elle est inconcevable, et nous sommes même étonné que de tels principes aient été proclamés par un jurisconsulte aussi distingué.

Pourquoi placerait-on la propriété de la mine hors la loi, quand elle a été déclarée sacrée dans le droit et dans le fait ?

SECTION 8.

Fausse application du statu-quo à la surface par la cour de cassation.

La cour de cassation fait une fausse application du *statu-quo* à la surface lorsqu'elle oppose aux exploitants de mines les modifications apportées à l'article 552 du code Napoléon et lorsqu'elle accorde au propriétaire d'une clôture murée ou d'une habitation le droit d'interdire l'établissement des travaux de mines sur tous les terrains qui avoisinent sa clôture ou son habitation, jusqu'à 100 mètres de distance.

Elle ne s'aperçoit pas que, si la loi du 21 avril 1810 contient, pour les recherches et l'exploitation des mines, *des dispositions spéciales qui dérogent au droit commun*, ces dérogations n'ont été édictées qu'en faveur des mines et ne profitent qu'aux exploitants.

Voici du reste les circonstances dans lesquelles la cour de cassation nous semble avoir fait une fausse application du *statu-quo* à la surface, après la concession d'une mine :

La compagnie des mines de la Sibertière (Loire) a été autorisée, par arrêté préfectoral, à ouvrir un puits d'extraction de mines sur la propriété de M. de Rochetailler, comprise dans le périmètre de la concession accordée à cette compagnie.

Les consorts Nicolas, propriétaires d'un enclos muré voisin de la propriété de M. de Rochetailler, *mais séparé de celle-ci par la route impériale de Lyon à Saint-Étienne*, ont demandé la suppression du puits, comme n'étant pas à plus de 100 mètres de leur enclos.

Cette demande, après avoir été repoussée par le tribunal de Saint-Étienne et par la cour impériale de Lyon, a été accueillie par la cour de cassation, par arrêt du 28 juillet 1852, par les motifs suivants :

« LA COUR, vu l'article 11 de la loi du 21 avril 1810 ;

» Attendu que si l'article 552 du code Napoléon dispose que le propriétaire peut faire au-dessous de sa propriété toutes les fouilles qu'il jugera convenables et en tirer les produits, ce droit ne lui est accordé que sous les *modifications résultant des lois et règlements* PARTICULIERS ;

» Attendu que la loi du 21 avril 1810 contient, pour la recherche et la découverte des mines, des *dispositions spéciales qui* DÉROGENT AU DROIT COMMUN ;

» Attendu que l'article 11 de ladite loi dispose que NUL NE PEUT, sans le consentement formel du propriétaire de la surface, faire des sondes, ni ouvrir des puits dans les enclos murés, cours ou jardins, ni dans les terrains *attenant* aux habitations ou clôtures murées, dans la distance de 100 mètres desdites clôtures ou habitations ;

» Attendu que cette prohibition est absolue et ne comporte d'exception que celle admise par l'article 12 *en faveur du* PROPRIÉTAIRE ;

» Que l'article 11 ne fait point de DISTINCTION entre le cas où les terrains attenant aux habitations ou clôtures murées appartiendraient aux propriétaires desdites habitations ou clôtures murées ;

» Que la loi a voulu, par cette disposition, que non-seulement la SURETÉ, mais encore la TRANQUILLITÉ et les JOUISSANCES des propriétaires fussent respectées, et qu'elles ne le seraient pas si le concessionnaire d'une mine pouvait établir ses travaux d'exploitation *à moins de* 100 *mètres* et JUSQU'AU PIED de la clôture ou de l'habitation même du *propriétaire* voisin...

» Attendu que l'arrêt attaqué, en renvoyant les défendeurs à la cassation de l'action des demandeurs, *par les motifs que le puits d'exploitation a été ouvert par les défendeurs sur un terrain qui n'appartient pas aux demandeurs*, A FAUSSEMENT INTERPRÉTÉ l'article 552 du code Napoléon et VIOLÉ l'article 11 de la loi du 21 avril 1810 ; CASSE, etc. »

Dans *les premiers attendu*, la cour de cassation

constate que les droits conférés aux propriétaires du
sol par l'article 552 du code Napoléon subissent des
modifications et que la loi du 21 avril 1810 déroge
au droit commun ; sur ce point nous n'avons rién
à dire.

Mais ce n'est que contre les propriétaires du sol
que les modifications peuvent être opposées, et ce
n'est aussi qu'en faveur des exploitants de mines qu'il
y a dérogation au droit commun.

En rappelant ces principes, la cour suprême semble
vouloir arriver à une tout autre solution, car on ne
peut invoquer de motifs plus précis pour asseoir les
droits des exploitants de mines contre les propriétaires
de la surface.

Les autres motifs de l'arrêt ne sont pas très-
nettement développés; on fait confusion entre les
prescriptions de l'article 10 et celles de l'article 11 de
la loi de 1810, et, tout en reconnaissant une exception
dans l'article 12 en faveur du propriétaire, la cour
de cassation semble établir une distinction entre les
travaux de ce propriétaire et ceux de l'exploitant
de mines.

Elle interdit à l'exploitant, quoique subrogé au
propriétaire, ce qu'elle reconnaît ne pouvoir être
interdit à celui-ci.

Nous ne rappellerons pas les dispositions générales
de la loi de 1810 ; mais quand il s'agit d'explorer
un terrain pour rechercher des mines ou pour les
exploiter, les droits du propriétaire du sol, du gouvernement et du concessionnaire sont déterminés

dans les articles 10, 11, 12 et 15 qui s'expliquent et s'interprètent les uns par les autres.

L'article 10 est ainsi conçu :

« NUL *ne peut* faire des recherches pour découvrir des mines, enfoncer des sondes ou tarières *sur un terrain* QUI NE LUI APPARTIENT PAS, que du consentement *du propriétaire* DE LA SURFACE, ou avec l'autorisation du gouvernement, donnée après avoir consulté l'administration des mines, *à la charge d'une préalable indemnité* ENVERS LE PROPRIÉTAIRE, et *après qu'il* aura été entendu. »

En présence de telles dispositions peut-il rester quelque doute? Ne voit-on pas quel est le propriétaire qui doit donner le consentement, être indemnisé et être entendu? Donne-t-on un droit quelconque au voisin?

Mais à défaut du consentement du propriétaire, l'article 11 porte :

« NULLE *permission* de recherches ni *concession* de mines NE POURRA, *sans le* CONSENTEMENT formel du propriétaire *de la surface*, DONNER LE DROIT de faire des sondes et d'ouvrir des puits ou galeries, ni celui d'établir des machines ou magasins dans les *enclos murés, cours* ou *jardins*, ni dans les *terrains attenant* aux habitations ou clôtures murées, dans la distance de 100 mètres desdites clôtures ou des habitations. »

Ici encore accorde-t-on un droit au voisin? aucun, évidemment. Le propriétaire *de la surface* des enclos, cours ou jardins et des terrains attenant aux clôtures murées ou aux habitations, a seul le droit de faire éloigner les travaux que la permission ou la concession autorise à établir à la surface.

D'ailleurs l'article 12 maintient les droits du propriétaire en ces termes :

« Le propriétaire POURRA *faire des recherches*, sans formalités préalables, DANS LES LIEUX RÉSERVÉS par le précédent article, *comme dans les autres parties de sa propriété;* mais il sera obligé d'obtenir une concession avant d'y établir une exploitation. Dans aucun cas les recherches ne pourront être autorisées dans un terrain déjà concédé. »

Ainsi, *nul ne peut* faire des recherches dans un terrain qui ne lui appartient pas ; *nulle permission du gouvernement ou concession de mines ne peut donner le droit* d'établir des travaux dans certains lieux sans le consentement du propriétaire, et le propriétaire *peut toujours* faire des recherches, si son terrain n'est pas concédé.

La cour de cassation, en frappant d'interdit tous les terrains qui sont autour d'une clôture murée ou d'une habitation, en vertu de l'article 11 de la loi de 1810, donne pour motifs :

« Que la loi a voulu, par cette disposition, que non-seulement la SURETÉ, mais encore la TRANQUILLITÉ et les JOUISSANCES fussent respectées, et qu'elles ne le seraient pas si le concessionnaire d'une mine POUVAIT ÉTABLIR SES TRAVAUX d'exploitation à moins de 100 mètres, et *jusqu'au pied* DE LA CLÔTURE ou de l'habitation même du *propriétaire* VOISIN... »

Mais en quoi l'établissement des travaux de mines, *un magasin,* par exemple, ou *un sondage,* peut-il troubler la *sûreté* ou la *tranquillité* du propriétaire d'un enclos, si le magasin, le sondage, l'ouverture d'un puits, etc., sont établis ou faits à *quatre-vingt-dix-neuf mètres* de sa clôture (1)?

C'est en cela que consiste l'erreur qu'a commise la cour suprême ; l'article 11, en prohibant même un simple sondage ou la construction d'un magasin, n'*interdit* que l'établissement des travaux, ne *restreint*

_____

(1) Voir, page 357, ce que nous avons déjà dit sur cet objet.

que l'occupation temporaire ou la prise de possession définitive des terrains sur lesquels les travaux de mine ont été autorisés par l'administration, et cette restriction ne peut être invoquée que par le propriétaire de la surface de ces terrains, c'est-à-dire par celui auquel l'indemnité d'occupation *temporaire* ou de prise de possession *définitive* doit être payée.

Ce n'est donc pas la sûreté ni la tranquillité du voisin que la loi a voulu protéger ; nous en trouvons la preuve dans l'article 15 ainsi conçu :

« L'exploitant doit aussi, le cas arrivant de travaux à faire SOUS DES MAISONS ou lieux d'HABITATION, sous d'autres exploitations ou dans leur VOISINAGE IMMÉDIAT, donner caution de payer toute indemnité en cas d'accident. »

Les dispositions de cet article 15 sont formelles ; quand les travaux arrivent sous une maison ou une habitation, on ne peut *exiger* qu'une caution, et cependant la cour de cassation *interdit* l'ouverture d'un puits, comme elle interdirait *un magasin* à quatre-vingt-dix-neuf mètres d'une clôture !

Il y a donc là une erreur évidente qui n'a d'autre cause que la fausse application du *statu-quo*.

Il est vrai qu'en imposant le *statu-quo* autour d'une clôture ou d'une habitation, après la concession d'une mine, la cour de cassation reste fidèle au principe qu'elle a consacré par son arrêt solennel du 3 mars 1841 ; seulement elle devrait reconnaître qu'il ne doit être imposé que dans l'intérêt de l'exploitation des mines et non contre l'établissement de ses travaux.

TITRE TROISIÈME.

OBLIGATIONS ET DROITS DES PROPRIÉTAIRES DE MINES EN CE QUI CONCERNE LES CONSTRUCTIONS OU ÉTABLISSEMENTS DU PROPRIÉTAIRE DE LA SURFACE.

Le cautionnement exigé du propriétaire de la mine, lorsque ses travaux arrivent sous des maisons ou lieux d'habitation ou dans leur voisinage immédiat, et la réparation des dommages causés par les affaissements de terrain, *ne s'appliquent qu'à ce qui existait* AVANT *la concession.* — Lorsque les constructions, travaux ou tous autres établissements, créés par le propriétaire de la surface *après* la concession de la mine, *paralysent* l'exploitation de celle-ci ou *la rendent plus onéreuse,* le propriétaire de la mine *a le droit d'en demander la suppression* et de réclamer le préjudice causé par les nouveaux ouvrages.

CHAPITRE Ier.

CAUTIONNEMENT ET RÉPARATION DES DOMMAGES CAUSÉS PAR LES AFFAISSEMENTS DE TERRAIN.

Le cautionnement que la loi impose, dans certains cas, au propriétaire de mines et la réparation des dommages qu'elle exige de lui lorsque les affaissements de terrain causent des dégâts à la propriété de la surface, ne s'appliquent qu'*à ce qui existait avant la concession* ou exploitation de la mine.

Le propriétaire de mines a droit au gîte entier de

la substance minérale à lui concédée dans toute l'étendue du périmètre donné à sa concession, *tant à la surface que dans le sein de la terre.*

Son droit résulte non-seulement de l'esprit et du texte de plusieurs dispositions de la loi du 21 avril 1810, mais encore des termes formels de l'article 1er de cette loi, lequel est ainsi conçu :

« Les masses de substances minérales ou fossiles renfermées *dans le sein de la terre ou* EXISTANTES A LA SURFACE, sont classées, relativement aux règles de l'exploitation de chacune d'elles, sous les trois qualifications de mines, minières et carrières. »

Aussi le propriétaire de mines est obligé d'employer deux modes d'exploitation, selon la position de sa propriété : tantôt il exploite par des puits et galeries souterraines, tantôt par des tranchées à ciel ouvert.

Par *puits et galeries souterraines,* lorsque la mine est à une profondeur telle qu'il serait impossible de l'extraire autrement ; on voit que ce premier mode d'extraction permet aux travaux souterrains d'arriver jusque sous les maisons ou lieux d'habitation ou dans leur voisinage immédiat.

Par *tranchées à ciel ouvert,* quand la mine est au contraire à la surface ou qu'elle en est tellement rapprochée qu'il serait impossible d'établir des galeries souterraines ; ce second mode d'extraction est assimilé à une occupation temporaire ou définitive, et il est soumis à des restrictions comme le sont tous les travaux de mine établis sur la surface.

Sur le premier mode d'exploitation, l'article 15 de la loi de 1810 impose l'obligation suivante :

« L'exploitant doit aussi, le cas arrivant de travaux à faire SOUS DES MAISONS *ou lieux d'habitation*, sous d'autres exploitations, ou dans leur voisinage immédiat, donner caution de payer toute indemnité en cas d'accident... »

Sur les deux modes d'exploitation, l'article 11 de la même loi met des conditions à l'établissement des travaux à la surface ; il est ainsi conçu :

« Nulle permission de recherches, *ni concession de mines, ne* POURRA, *sans le consentement formel du propriétaire de la surface*, DONNER LE DROIT de faire des sondes et d'ouvrir des puits ou galeries, ni celui d'établir des machines ou magasins dans les enclos murés, cours ou jardins, ni dans les terrains attenant aux habitations ou clôtures murées, dans la distance de 100 mètres desdites clôtures ou des habitations »

Toutes ces restrictions démontrent de la manière la plus évidente que le propriétaire ou concessionnaire de mines a le droit d'exploiter sa propriété partout où elle est, pourvu qu'il se conforme aux prescriptions de la loi.

C'est là un point essentiel à remarquer ; car il en découle naturellement que la concession d'une mine *comprend tout le terrain minier*, à la surface comme au tréfonds, savoir :

Le *tréfonds*, moyennant une redevance annuelle perçue sur le produit de la mine par le propriétaire de la surface, en conformité des articles 6 et 42 de la loi précitée (1).

La *surface*, moyennant les indemnités accordées

(1) Voir, page 448, dernier alinéa et suivants, et page 481, section 5.

au propriétaire de la surface sur laquelle les travaux sont établis, d'après les bases *déterminées d'une manière fixe*, et pour tous les cas, aux articles 43 et 44 de la même loi.

La prise de possession du tréfonds est immédiate : l'acte de concession, après l'accomplissement des formalités prescrites par la loi, *purge tous les droits du propriétaire de la surface* (1).

La prise de possession de la surface est soumise à des conditions, à de certaines formalités ; il faut obtenir une autorisation spéciale de l'administration, respecter le domicile et ses dépendances, et régler préalablement les indemnités (2).

En somme, le concessionnaire d'une mine a autant de droit sur la surface que sur le tréfonds ; mais, en accordant *deux sortes d'indemnités* au propriétaire du sol, l'une pour le tréfonds et l'autre pour la surface, la loi opère ainsi un partage horizontal de la terre (3).

Elle distingue en effet *deux sortes de propriétés ;* nous en avons la preuve écrite dans l'article 19 de la loi de 1810 ; cet article est ainsi conçu :

« Du moment où une mine sera concédée, même au propriétaire de la surface, *cette propriété* SERA DISTINGUÉE *de celle de la surface* et désormais considérée comme propriété nouvelle, *sur laquelle des hypothèques pourront être assises.* »

---

(1) Voir, page 443, section 1ʳᵉ.

(2) Voir, page 339, section 3.

(3) Voir, page 6, 2ᵉ alinéa et suivants, et page 211, section 1ʳᵉ.

La loi, en disant que la propriété de la mine sera distinguée de celle de la surface, reconnaît l'existence de DEUX *propriétés* l'une *sur* l'autre ou l'une *dans* l'autre ; seulement elle n'établit cette distinction que pour le règlement des indemnités qui sont dues au propriétaire de la surface, d'abord pour la concession du tréfonds, puis ensuite pour celle de la surface ; mais le fait est qu'il y a deux propriétés *distinctes et séparées* dans le périmètre du terrain minier concédé.

D'ailleurs le code Napoléon, article 552, reconnaît aussi l'existence particulière de deux propriétés : celle du dessus et celle du dessous.

Mais, pour l'exploitation des mines, le partage horizontal de la terre est sans objet, puisque le concessionnaire exploite toute la substance minérale à lui concédée, *tant à la surface que dans le sein de la terre,* et que la surface est asservie à son exploitation pour l'exercice de son droit sur cette substance.

De là il résulte que les plus graves atteintes sont portées à la propriété de la surface *séparée du tréfonds,* ainsi que M. l'archichancelier de l'empire l'a exprimé à la séance du conseil d'État du 24 juin 1809, quand il dit :

« *La surface deviendra* D'UNE VALEUR *à peu près* NULLE *lorsqu'elle sera* SÉPARÉE DU TRÉFONDS (1). »

En résumé, la concession d'une mine donne le droit d'exploiter la substance minérale concédée dans

(1) Voir, page 75, 1er alinéa.

l'étendue de son périmètre, *partout où elle se trouve*, soit à la surface de la terre, soit dans le tréfonds, *sous les* CONDITIONS *édictées dans l'article* 15 *de la loi du* 21 *avril* 1810.

Elle donne encore le droit d'occuper temporairement ou *définitivement* toute la surface nécessaire à l'établissement des travaux d'exploitation souterraine ou pour les travaux d'exploitation à ciel ouvert, *sous les* RESTRICTIONS *édictées dans l'article* 11 *de la même loi.*

Les conséquences qui nous semblent résulter de la concession d'une mine ont été complètement adoptées par la cour impériale de Dijon, sur la plaidoirie de Me Senard, du barreau de Paris, dans un arrêt du 29 mars 1854.

Par cet arrêt elle a reconnu que le législateur, en édictant la loi du 21 avril 1810, a entendu, en ce qui concerne les terrains renfermant des gisements métalliques, constituer deux propriétés *distinctes et séparées*, et elle en fait la division en ces termes :

« L'UNE, *composée de la surface*, CONTINUANT de reposer sur la tête du propriétaire du sol.

» L'AUTRE, *comprenant le tréfonds*, PASSANT entre les mains du concessionnaire de la mine, moyennant les indemnités réglées conformément aux prescriptions des articles 6 et 42 de la loi précitée. »

Définie ainsi, la propriété des mines n'est plus une fiction ; elle ne diffère de celle de la surface que par les produits.

Examinant ensuite les conséquences de ce partage

et les droits du concessionnaire *sur la propriété de la surface*, la cour de Dijon a dit :

« Qu'en divisant, ainsi qu'il l'a fait, ce qui jusque-là n'avait formé qu'une seule propriété, *le législateur a dû prévoir et a réellement prévu* que, pour l'exploitation de la mine, le concessionnaire serait obligé d'*occuper*, soit *temporairement*, soit *définitivement*, une partie de la surface sur laquelle doivent s'étendre ses recherches, s'ouvrir ses puits et ses galeries, se former ses dépôts de mines et s'établir les chemins nécessaires à son exploitation. »

Puis, quant au règlement des indemnités pour *occupation temporaire* ou pour *prise de possession définitive* de la surface, la cour de Dijon ajoute :

« Qu'*en présence de cette nécessité*, et afin d'échapper aux lenteurs si préjudiciables de l'expropriation pour cause d'utilité publique, le législateur a déterminé d'une manière fixe, et pour tous les cas quels qu'ils fussent, la règle d'après laquelle seraient évaluées les indemnités dues au propriétaire de la surface, soit pour occupation temporaire, soit pour *prise de possession définitive ;* que tel a été le but des articles 43 et 44 de la loi du 21 avril 1810... »

Ainsi, d'après cet arrêt, il est accordé *concession perpétuelle du tréfonds* moyennant les indemnités réglées conformément aux prescriptions des articles 6 et 42 de la loi de 1810, et *concession temporaire ou définitive de la surface* moyennant d'autres indemnités déterminées d'une manière fixe et pour tous les cas par les articles 43 et 44 de la même loi.

Ce sont là les deux points jugés par la cour impériale de Dijon, dans des circonstances telles qu'il lui a fallu une conviction bien profonde pour abdiquer, d'un côté, la jurisprudence de l'un de ses arrèts solennels (1), et de l'autre, la jurisprudence adoptée par la cour de cassation.

Les principes consacrés par la cour de Dijon complètent la législation des mines, résument et éclairent les dispositions de la loi qui constituent la propriété des mines à *perpétuité;* ils définissent cette propriété et ils en déterminent les conséquences quant aux droits qui sont accordés sur la surface.

La propriété des mines ainsi constituée, comment ses droits peuvent-ils se concilier avec ceux de la propriété de la surface ?

Après l'extraction de la mine, si le propriétaire de la surface est assez imprudent pour établir ou créer, au-dessus des excavations, des bâtiments, travaux ou tous autres établissements, sera-t-il en droit d'exiger un cautionnement et la réparation des dommages causés par suite de l'affaissement du terrain?

Pendant l'extraction de la mine pourra-t-il placer, sur le massif de la mine ou au-dessus des travaux souterrains, des nouveaux ouvrages et réclamer en même temps un cautionnement, sauf à demander ensuite le paiement des indemnités en cas d'accident?

Avant l'extraction de la mine, ses droits sont-ils plus grands, et sa prétention à un cautionnement ou au paiement des dommages causés sera-t-elle mieux fondée, si l'extraction ultérieure de la mine occasionne des dégâts aux ouvrages créés depuis la concession ?

Nous croyons avoir établi que la concession d'une

_____

(1) Voir, page 166, la *finale* du 2me considérant de l'arrêt.

mine comprend tout le terrain minier, à la surface comme au tréfonds, et que la surface est provisoirement frappée d'interdit ou condamnée au *statu-quo*, non-seulement par respect pour la propriété de la mine, mais encore à cause du droit d'occupation temporaire ou définitif *concédé dans toute l'étendue du périmètre de la mine*, moyennant les indemnités fixées aux articles 43 et 44 de la loi de 1810 et payées *à la prise de possession*.

Néanmoins, les trois propositions ayant pour titre : *après*, *pendant* et *avant l'extraction de la mine*, feront l'objet des trois sections suivantes.

SECTION 1re.

Après l'extraction de la mine.

Après l'extraction de la mine sur un des points du périmètre du terrain minier concédé, *si ce qui existait au moment de la concession n'a point été endommagé* par les travaux de mine ou par les excavations, le propriétaire de la surface est non recevable à se plaindre des travaux ou des excavations qui ont été pratiqués au-dessous de sa propriété.

Si, malgré les excavations, il a établi de nouveaux ouvrages qui ont occasionné des éboulements, endommagé ou détruit ses édifices, il doit s'en imputer la faute et supporter toutes les conséquences de son imprudence ; il n'a point alors à réclamer ni cautionnement, ni paiement.

Mais, dira-t-on, il fallait au moins l'avertir que l'on

creusait au-dessous de sa propriété, et rien ne constate qu'il ait été prévenu.

Est-il besoin de surveiller les actions des propriétaires de la surface, de les avertir par un acte extra-judiciaire ou autrement que des excavations existent au-dessous de leurs propriétés? L'éclatante publicité donnée à la demande en concession et à la concession elle-même (1) ne les informe-t-elle pas assez que des excavations seront faites pour extraire la mine demandée et concédée?

Ils ont tous été appelés à faire valoir leurs droits sur le produit de la mine à extraire (2), et ils ont tous été avertis d'avance que leurs terrains seront *minés*.

D'où il suit que, quand des excavations sont pratiquées *avant, pendant* ou *après* les nouveaux ouvrages, ils n'ont pas lieu de manifester le moindre étonnement.

Mais si l'on accordait des indemnités aux propriétaires de la surface à cause des excavations qui existent sous leurs propriétés, ce serait interdire l'exploitation d'une mine concédée ou exposer le concessionnaire à la réparation de dommages incalculables.

Pour les éviter ou ne pas subir la perte d'une partie de sa concession par la création d'établissements nouveaux, le concessionnaire serait dans la nécessité de demander une autorisation à tous les propriétaires de la surface sous laquelle la mine est à exploiter.

(1) Voir, page 446, § 1ᵉʳ, et page 449, § 2.
(2) Voir page 448, dernier alinéa.

Or, cette autorisation lui est solennellement conférée par le gouvernement, en présence de tous ces propriétaires dûment appelés à défendre leurs intérêts et à discuter le chiffre des indemnités devant le conseil de préfecture (1).

L'acte de concession accordé par le gouvernement *est un contrat forcé,* comme le sont toutes les décisions de la justice administrative ou judiciaire, en face desquelles nous devons tous nous incliner.

S'il en était autrement, que deviendrait une concession, lorsque les propriétaires de la surface, changeant tout-à-coup la nature de leurs propriétés, y établissaient des prairies artificielles ou de nouvelles constructions, creusaient le sol pour y pratiquer des puits et des caves, des réservoirs ou des étangs, des moulins à eau ou de grandes usines?

Faudrait-il accorder des indemnités à ces propriétaires après avoir exécuté de telles entreprises, ou devrait-on les indemniser de la prétendue dépréciation apportée à leurs propriétés par les excavations, si celles-ci étaient un obstacle à de nouveaux ouvrages?

Telle serait cependant la position des propriétaires de mines si la propriété de la surface, après la concession d'une mine, n'était pas frappée d'interdit ou condamnée au statu-quo.

Mais cette interdiction est-elle difficile à supporter? non. Des indemnités sont d'abord accordées sur le produit de la mine concédée, et ensuite l'exploitation

(1. Voir, page 449, 1er alinéa.

d'une mine apporte la richesse et l'abondance dans la contrée.

Le siège d'exploitation d'une mine devient un centre industriel autour duquel une nouvelle population s'établit ; les habitations s'y agglomèrent et leur nombre devient souvent tel que ces habitations forment bientôt de nouveaux villages.

Montchanin-les-Mines est un exemple frappant de ce que nous avançons ; c'est une nouvelle commune qui vient d'être érigée dans le département de Saône-et-Loire.

Le centre de cette commune est là où la première maison a été bâtie depuis l'établissement du siège de l'exploitation houillère de *Montchanin-les-Mines*.

Avant cet établissement, le territoire de cette nouvelle commune dépendait du hameau de Montchanin, commune de Saint-Eusèbe-des-Bois, et était désignée sous le nom de *Brosses*.

Ce nom : *Brosses*, indique qu'en cet endroit il n'y avait que des mauvaises terres couvertes en majeure partie de *broussailles*, petits bois, épines et ronces.

Aujourd'hui tout est changé ; les broussailles ont été remplacées par un beau village, bien bâti, environné de terres très-fertiles et ayant au milieu une superbe église construite par les soins de la compagnie des mines.

Et les terrains qui étaient presque sans valeur avant l'exploitation de la mine, ont acquis maintenant une valeur considérable.

Après des avantages aussi grands, les propriétaires

de la surface du territoire de *Montchanin-les-Mines*
pourraient-ils se plaindre des excavations souterraines
que l'extraction de la mine laisse après elle?

Et pourrait-on admettre qu'après avoir vu leurs
propriétés prendre une valeur double, triple et même
plus grande encore, ils soient en droit de demander
des dommages-intérêts parce que leurs terres sont
condamnées au statu-quo : c'est-à-dire, parce qu'elles
ne sont plus bonnes qu'à la culture?

D'un autre côté, nous avons fait connaître que, dans
le département de la Loire, les propriétaires de la
surface perçoivent des redevances considérables sur
le produit de la mine ; qu'en 1853, sur un produit
net de 17,806,094 francs 90 centimes, les redevances
payées aux propriétaires de la surface se sont élevées
à 1,262,644 francs 98 centimes (1), et nous dirons
qu'il y a tels de ces propriétaires qui, sans éprouver
d'autre préjudice que celui qui peut résulter du
statu-quo, se font un revenu considérable : on nous a
parlé de chiffres de 15 à 20,000 francs !

Ces propriétaires ne peuvent raisonnablement se
plaindre des excavations après avoir reçu une partie
aussi large du produit de la mine qui a donné lieu à
cet état de choses (2) ; il est vrai que dans toutes les
contrées de l'empire où il y a des exploitations, les
propriétaires de la surface ne sont pas aussi grandement favorisés ou indemnisés, et que d'autres ne

(1) Voir, page 484, 1re et 2e lignes.

(2) Voir, page 488, dernier alinéa et les pages suivantes.

reçoivent même aucune indemnité sur le produit des anciennes concessions (1).

Mais la question de droit ne repose ni sur les avantages qui résultent des exploitations de mines, ni sur les indemnités accordées aux propriétaires de la surface, puisque la loi n'a soumis les anciennes concessions à aucune redevance, si ce n'est à l'indemnité pour travaux ou pour occupation à la surface, parce qu'il y a là préjudice réel pour le propriétaire.

Nous terminerons notre discussion sur ce point en rappelant ce vieil adage : *On ne peut bâtir sur un terrain miné.*

Cette défense, dictée par la prudence, est généralement acceptée ; on s'y soumet, et, dans ce cas, on n'a jamais recherché le mineur en raison des excavations causées par ses travaux, qui sont non-seulement autorisés, mais obligatoires.

Cette obligation est contenue dans l'article 49 de la loi du 21 avril 1810, lequel est ainsi conçu :

« *Si l'exploitation est* RESTREINTE *ou* SUSPENDUE, de manière à inquiéter *sur la sûreté publique* ou le besoin des consommateurs, les préfets, après avoir entendu les propriétaires, en rendront compte au ministre de l'intérieur (2), pour y être pourvu ainsi qu'il appartiendra. »

Ainsi, point de recours contre le mineur ou propriétaire de la mine, s'il n'a causé aucun dommage à ce qui existait à la surface au moment de sa concession.

---

(1) Voir, page 500, 1ᵉʳ alinéa et les pages suivantes.

(2) Aujourd'hui des travaux publics.

SECTION 2.

Pendant l'extraction de la mine.

Pendant l'extraction de la mine, pendant que l'exploitant exerce un droit qui lui a été concédé et qu'il remplit ses obligations envers la société, puisque la concession de la mine ne lui a été accordée qu'à la condition de l'exploiter, le propriétaire de la surface ne peut avoir le droit de creuser ni de bâtir au-dessus de la tête des ouvriers mineurs.

Cependant, si, contrairement à la prudence, il établissait des constructions ou créait tous autres établissements au-dessus des excavations, pourrait-il demander pour ces nouveaux ouvrages la même protection et les mêmes garanties que pour les anciens?

La négative en pareille circonstance est d'une telle évidence, qu'il n'y a réellement pas nécessité de la justifier.

Une telle entreprise pourrait devenir doublement préjudiciable aux intérêts du propriétaire de la mine, si, par suite d'un mouvement inévitable du sol, son exploitation venait à être entravée ou complètement paralysée sur ce point, et si en outre il était obligé de réparer les dommages causés aux nouveaux ouvrages par les affaissements du sol.

Les droits seraient intervertis et les obligations réciproques complètement changées; car si des indemnités pouvaient être réclamées pour dommages causés par suite des nouveaux ouvrages, l'action ne devrait appartenir qu'au propriétaire de mines, ainsi que nous nous proposons de le démontrer à la section 3 du chapitre II du présent titre.

Comment, en effet, admettre que le propriétaire de la surface puisse avoir le droit, non-seulement de nuire à son voisin des régions souterraines, mais encore de lui réclamer la réparation des dégâts causés aux ouvrages indûment ou imprudemment placés au moment où l'on *mine au-dessous* de sa propriété.

Que deviendrait alors la garantie promise à cette propriété par l'article 7 de la loi du 21 avril 1810?

Les termes en sont cependant formels :

« Il (l'acte de concession) *donne la propriété* PERPÉTUELLE de la mine, laquelle est dès-lors *disponible* et *transmissible* comme tous autres biens, ET DONT ON NE PEUT ÊTRE EXPROPRIÉ *que dans les cas* et selon les formes prescrites pour les autres propriétés, conformément au code Napoléon et au code de procédure civile. »

D'autre part, **M. de Girardin**, dans son rapport sur le projet de la loi du 21 avril 1810, n'a-t-il pas aussi proclamé les principes de protection et de garantie établis en faveur de la propriété des mines?

« Du moment, dit-il, où la loi proposée sera publiée, toutes les mines de l'empire, exploitées légitimement en vertu de droit acquis, deviennent, entre les mains de ceux qui les exploitent, des propriétés perpétuelles, PROTÉGÉES et GARANTIES *par le code Napoléon*.

» Les mines concédées à l'avenir recevront le même caractère par l'acte de concession. Ce caractère de propriété aura l'avantage inappréciable de donner aux exploitants cet esprit de prévoyance, de conservation et de perfectionnement qui semble appartenir exclusivement aux propriétaires.

» A l'instant où la loi sera publiée, les concessionnaires deviennent propriétaires incommutables; *leur propriété est entièrement* DÉTACHÉE *de la surface.* Une propriété séparée de la surface EST UNE CONCEPTION *absolument* NEUVE (1). »

Cette *conception neuve* a-t-elle été généralement bien comprise?

Non, parce qu'il n'était pas besoin de conception neuve pour n'accorder à l'exploitant de mines qu'un droit qui serait subordonné à celui du propriétaire du sol, à son caprice ou à son mauvais vouloir.

Mais si le propriétaire de la surface pouvait creuser ou bâtir après la concession, que deviendrait la défense qui lui est faite de fouiller son terrain quand il est concédé, et d'en augmenter la valeur par de nouveaux ouvrages, en le prévenant qu'en cas d'occupation définitive, il ne lui sera payé que d'après la valeur qu'il avait *avant l'exploitation de la mine* (2)?

D'ailleurs, en édictant la loi du 21 avril 1810, le but du gouvernement a été d'*encourager* et de *favoriser* l'exploitation des mines.

Sur ce point, M. de Girardin, dans le rapport que nous venons de citer, s'est ainsi exprimé :

« L'exploitation des mines *doit être* ENCOURAGÉE, car leurs productions sont incontestablement une richesse de plus pour la nation et une dépense de moins...

_____

(1) Voir, page 125, 4e, 5e et 6e alinéa.
(2) Voir, pages 470 et 475, § 1 et 2.

» Il faut donc diriger l'industrie et les capitaux vers la fabrication du fer, et, pour y parvenir, *il faut* FAVORISER *l'exploitation* du charbon de terre... (1) »

Ce n'est pas seulement dans le rapport du projet de la loi de 1810 qu'il est parlé d'encouragement et de faveur; l'Empereur Napoléon 1ᵉʳ a été aussi très-explicite à ce sujet, quand il a dit :

« LA LOI sur les mines doit avoir *pour objet de* FAVORISER *les exploitants;* car l'intention du chef du gouvernement *est de* FAVORISER *les mineurs* et non de gêner leurs travaux (2). »

Si nous n'avions pas d'autres raisons à alléguer ici, ces marques de sympathie et d'encouragement de la part du pouvoir ne suffiraient-elles pas pour démontrer que le propriétaire de la surface ne peut paralyser par de nouveaux ouvrages les travaux d'une exploitation de mines, ni réclamer ensuite le paiement des dommages causés à ces nouveaux ouvrages par les affaissements de terrain?

Mais le respect de la propriété d'autrui est une obligation sacrée ; on ne saurait en tolérer le mépris, et encore moins l'encourager, en accordant une indemnité pour des dommages inévitables quand on construit sur un terrain miné ou pendant qu'on le mine.

Des motifs nombreux et graves s'opposent donc à ce qu'en semblable occurrence le propriétaire de la mine, auteur des excavations, puisse jamais être responsable des accidents provoqués par l'imprudence, alors surtout qu'il ne faisait qu'user de son droit.

(1) Voir, page 133, 5ᵉ et 7ᵉ alinéa.
(2) Voir, page 89, 1ᵉʳ alinéa.

SECTION 3.

Avant l'extraction de la mine.

Avant l'extraction de la mine, mais après la concession du terrain minier, le propriétaire de la surface ne peut, par de nouveaux travaux ou établissements, aggraver la position du concessionnaire de mines, ni paralyser d'avance l'exploitation de sa concession.

On a vu que l'article 11 de la loi du 21 avril 1810 interdit à l'exploitant de mines d'établir *ses travaux extérieurs* dans les enclos, cours ou jardins, ni sur les terrains attenant aux habitations ou clôtures murées, jusqu'à 100 mètres de distance.

On a vu également que l'article 15 de la même loi oblige l'exploitant de mines, quand *ses travaux intérieurs* arrivent sous les maisons ou lieux d'habitation, ou dans leur voisinage immédiat, à donner caution de payer toute indemnité en cas d'accident.

La loi n'établit aucune distinction, il est vrai, entre les nouveaux et les anciens édifices; mais en était-il besoin quand elle défendait au propriétaire de la surface de creuser ou de fouiller le terrain concédé ou d'en augmenter la valeur par deux dispositions insérées dans les articles 12 et 44, portant :

L'une : « *Dans aucun cas,* les recherches ne pourront être autorisées *dans un terrain déjà* CONCÉDÉ. »

L'autre : « Mais le terrain à acquérir (pour les travaux) sera toujours estimé au double *de la valeur qu'il avait* AVANT *l'exploitation de la mine.* »

Dans l'esprit du législateur de 1810, la surface du terrain concédé devait être frappée d'interdit ou condamnée au *statu-quo*, et c'est en partant de ce principe que certaines dispositions de la loi de 1810 ont été édictées.

Mais ces dispositions sont attaquées par ceux qui n'admettent pas l'interdiction à la surface ; aussi l'une d'elles a été l'objet d'un conflit entre le gouvernement, la cour de cassation et le conseil d'État (1), et les auteurs ont fini par dire qu'elle devait être rayée.

Tandis que, lorsqu'on admet l'interdiction, on comprend la défense faite au propriétaire de la surface de creuser ou fouiller son terrain et d'en augmenter la valeur quand il est concédé ; on comprend alors cette disposition de la loi portant que ce terrain lui sera payé au ·double·, mais qu'il ne lui sera payé que d'après la valeur qu'il avait avant l'exploitation de la mine (2).

Toute obscurité cesse, et la loi du 21 avril 1810, éclairée d'un nouveau jour, semble d'une interprétation plus facile.

Nous démontrerons maintenant que ni la protection de l'article 11, ni l'obligation de l'article 15 ne peuvent être appliquées aux nouveaux ouvrages ; la discussion de ces points fera l'objet des deux paragraphes suivants.

---

(1) Voir, page 227, avant-dernier alinéa, jusqu'à la page 250, et page 254, § 2.

(2) Voir, page 12, 4e et 5e alinéa, et page suivante, 1er et 2e alinéa, et page 469, section 4, § 1 et 2.

§ 1er.

Protection accordée par l'article 11 de la loi du 21 avril 1810.

La protection accordée par l'article 11 de la loi du 21 avril 1810, si elle était appliquée aux nouveaux établissements, à ceux qui ont été formés après la concession de la mine, aurait pour résultat de paralyser complètement tous *travaux extérieurs* du concessionnaire, ainsi que nous l'avons déjà fait remarquer en traitant de la nécessité d'imposer le statu-quo à la surface (1).

En effet, s'il convenait aux propriétaires de la surface d'entourer leurs propriétés de clôtures murées après la concession de la mine, et si les dispositions de cet article 11, qui interdisent aux exploitants de mines l'entrée dans les enclos et sur les terrains attenant aux clôtures murées ou habitations, jusqu'à 100 mètres de distance, étaient applicables aux nouvelles clôtures ou habitations, que deviendraient les droits du propriétaire de la mine, *quant à l'établissement de ses travaux extérieurs?*

Toutes les concessions de mines n'ont pas plusieurs myriamètres ou kilomètres carrés ; un grand nombre n'ont qu'une surface de dix à cinquante hectares (2).

On peut donc facilement clore toute la surface d'une concession ou la couvrir de nouvelles constructions,

(1) Voir, page 457, section 3.
(2) Voir, page 466, dernier alinéa.

et en admettant même qu'on établit seulement çà et là quelques clôtures ou habitations, si l'on prohibait à l'entour, jusqu'à 100 mètres de distance, l'établissement des travaux de mines, on arriverait encore à paralyser tous travaux extérieurs.

Il faudrait au moins une distance de plus de 200 mètres entre toute habitation ou clôture, afin que l'exploitant pût exécuter la loi, si elle devait s'appliquer aux nouvelles clôtures ou habitations; il devrait en effet éloigner ses travaux de 100 mètres de chacune d'elles et les placer au milieu, de manière à observer cette distance.

De telle sorte que, si un espace de plus de 200 mètres n'était pas laissé entre chaque clôture ou chaque habitation, le placement des travaux à la surface serait impossible.

Mais la cour de cassation, dans sa haute sagesse, a décidé que la protection de l'article 11 de la loi du 21 avril 1810 ne peut être appliquée aux établissements *formés* APRÈS *la concession d'une mine* (1).

Et sur la résistance d'une cour impériale à cette nouvelle jurisprudence, la cour suprême, appelée à juger la même question, a maintenu dans un arrêt solennel sa décision première.

Ainsi l'article 11 ne s'applique pas aux nouveaux édifices; ils ne sont pas protégés contre les travaux de mines.

(1. Voir, page 165, 5ᵉ alinéa.

§ 2.

Obligation imposée par l'article 15 de la loi du 21 avril 1810.

L'obligation imposée aux exploitants de mines par l'article 15 de la loi du 21 avril 1810, si elle s'appliquait aux édifices créés après la concession du terrain minier, aurait aussi pour résultat de paralyser certaines parties, sinon la totalité des travaux de mines intérieurs.

Imposer un cautionnement et le paiement de toute indemnité en cas d'accidents ou de dommages causés aux nouveaux ouvrages, ce serait les protéger contre les travaux intérieurs; ce serait leur accorder la protection refusée par la cour de cassation et violer les dispositions de l'article 7 de la loi du 21 avril 1810, en paralysant l'exploitation de la mine.

Sur la prohibition d'établir de nouveaux établissements sur la surface d'un terrain minier concédé, Me Lacoste, avocat, s'exprimait ainsi devant la cour de cassation :

« On opposerait à tort que la loi ne distingue pas et qu'elle défend en général toute exploitation aux abords d'une route ou d'un édifice; mais c'est précisément parce que la loi ne parle pas d'établissements nouveaux à créer, que la disposition prohibitive d'exploiter ne peut profiter aux établissements nouveaux.

» Cette prohibition est une dérogation au droit commun qui doit être restreinte à l'exception qu'elle crée.

» Or, comme cette dérogation n'est fondée que sur le besoin

de prévenir les dangers, il serait souverainement injuste qu'en créant ces dangers par une nouvelle entreprise profitable à quelqu'un, ON PUT RUINER *ainsi le concessionnaire de la mine* POUR ENRICHIR *cette nouvelle entreprise* (1). »

Entraînée par ces éloquentes paroles, la cour suprême a décidé que la disposition prohibitive d'exploiter aux abords des édifices ne devait pas profiter aux établissements nouveaux.

Mais dans cette circonstance le véritable point de droit n'a pas été abordé ni discuté ; les conséquences de la propriété des mines, par rapport au démembrement qu'elle cause dans la propriété territoriale et aux restrictions qu'elle apporte aux droits du propriétaire de la surface, n'ont pas été examinées.

L'évidence a servi de règle, quand il s'est agi d'expliquer un texte comme celui de l'article 7 de la loi du 21 avril 1810.

D'un autre côté, on n'a pas encore donné de solution au second paragraphe de l'article 44, ni remarqué les conséquences de la défense imposée par l'article 12, parce que l'interdiction de la surface est loin des idées admises.

De là bien des incertitudes et des difficultés dans l'interprétation de certaines dispositions qui ne sont intelligibles que pour ceux qui admettent le *statu-quo* à la surface.

Mais, dès que ce point sera généralement admis, on n'hésitera plus à reconnaître que l'article 15 ne peut être invoqué en faveur des nouveaux ouvrages.

(1) Voir, page 162, les deux derniers alinéa.

CHAPITRE II.

SUPPRESSION DES OUVRAGES NUISIBLES A L'EXPLOITATION DES MINES, ET RÉPARATION DU PRÉJUDICE CAUSÉ.

La demande en suppression des ouvrages nuisibles à l'exploitation des mines et celle en réparation du préjudice causé par ces ouvrages, sont la conséquence du statu-quo qui est imposé à la propriété de la surface après la concession du terrain minier ; elles ne sont en définitive que l'application du droit commun, article 1382 du code Napoléon, lequel porte :

« Tout fait quelconque de l'homme qui cause à autrui un dommage, oblige celui par la faute duquel il est arrivé à le réparer. »

Cette double action ne nous semble pas devoir souffrir la moindre difficulté, ni soulever la plus légère opposition ; elle est fondée non-seulement sur la loi, mais encore sur des principes de justice et d'équité, et nous n'entrerions pas dans de plus longs développements si une telle action ne renversait pas les idées admises jusqu'à ce jour.

Elle est d'ailleurs de la plus haute gravité, puisqu'elle se rattache au droit sacré de la propriété, à ce droit reconnu et consacré par la sanction de tous les âges.

Toutefois, et qu'on le remarque, nous n'irons pas jusqu'à mettre en question le droit de propriété ; sur ce point on est d'accord, et personne ne conteste qu'après la concession d'une mine il n'y ait deux propriétés immobilières dans l'étendue du périmètre donné à la concession.

On reconnaît que ces deux propriétés sont l'une sur l'autre ou l'une dans l'autre, et que le *propriétaire du sol*, celui auquel l'article 552 du code Napoléon avait donné la propriété du dessus et du dessous, *n'est plus propriétaire que de la surface*.

Aussi, après la concession d'une mine et dans toute l'étendue du périmètre concédé, il n'a plus droit qu'à la surface de la propriété qu'il possédait en entier auparavant, et la loi du 21 avril 1810 ne le qualifie plus que de *propriétaire de la surface*, qualification qui désigne la propriété qui lui reste après la séparation du tréfonds.

Toutefois, la demande en suppression des ouvrages nuisibles à l'exploitation de la mine et celle en réparation du préjudice causé par ces ouvrages, soulèveront naturellement cette question :

Le propriétaire *de la surface du terrain minier* a-t-il le droit, après la concession de la mine, d'établir, comme auparavant, des travaux, constructions ou établissements aggravant les charges du propriétaire de la mine ou paralysant son exploitation ?

Cette question serait neuve, elle n'aurait jamais été examinée ou discutée, que nous n'hésiterions pas à y répondre négativement.

D'abord, parce que le propriétaire de mines est un propriétaire ordinaire dont la propriété est inviolable et sacrée en droit et en fait (1), et ensuite parce que

(1) Voir, page 84, 5ᵉ et 6ᵉ alinéa de la séance du 18 novembre 1809.

tout propriétaire doit respecter la propriété de ses voisins ; la loi naturelle lui en impose l'obligation.

Mais ces principes ne seraient jamais méconnus si l'on n'oubliait pas les droits concédés aux propriétaires de mines et les restrictions apportées à ceux des propriétaires de la surface, et si l'on ne persistait pas à croire que ces derniers ne perdent, par la concession d'une mine, que le droit de rechercher et d'extraire les matières minérales accordées à un autre (1).

C'est là ce qui a donné lieu à toutes les erreurs et à toutes les contradictions, et c'est là aussi ce qui fait que certaines dispositions de la loi de 1810 n'ont jamais été comprises ni exécutées.

Une autre question préjudicielle se présente encore naturellement, c'est celle-ci :

Les droits conférés au propriétaire du sol par l'article 552 du code Napoléon, *sont-ils restreints par la concession d'une mine ?*

Ainsi posée, cette seconde question est d'une solution facile, surtout quand on consulte les procès-verbaux des séances du conseil d'État dans lesquelles fut discutée la loi de 1810.

Si l'on consulte, notamment celui de la séance du 24 juin 1809 dans laquelle furent discutées les indemnités allouées aux propriétaires de la surface et la *purge de leurs droits* sur le tréfonds, on y lit les observations suivantes :

« M. le comte JAUBERT observe que la section distingue

_____

1; Voir, page 174, 2ᵉ et 3ᵉ alinéa.

deux sortes de propriétés, *celle du dessus et celle du dessous,* et qu'elle suppose que les droits du propriétaire de la surface pourront, *à l'égard du fond*, se réduire à une simple indemnité. Il demande quels seront ceux des créanciers hypothécaires relativement à cette indemnité : sera-t-elle affectée à leurs hypothèques, ou ne seront-ils, sous ce rapport, que créanciers chirographaires?

» M. le comte REGNAULT de Saint-Jean-d'Angély dit que les mines sont des propriétés nouvelles qui n'existent que par l'acte de concession; qu'elles n'ont pas pu être grevées d'hypothèques avant leur existence...

» M. l'ARCHICHANCELIER dit qu'il faut prendre garde qu'un débiteur de mauvaise foi, qui voudra frauder ses créanciers, leur soustraira le tréfonds, en obtenant une concession, même sans intention et sans espérance de réussir, et réduira leurs hypothèques *à la surface, qui deviendra d'une* VALEUR *à peu près* NULLE *lorsqu'elle sera* SÉPARÉE DU TRÉFONDS.

» Il faudrait donc avoir soin d'expliquer que, dans le cas où la concession est accordée au propriétaire, ses créanciers ont le droit de faire procéder cumulativement à l'adjudication *de la superficie et à celle du tréfonds...* »

La séparation du tréfonds et ses conséquences sont clairement exprimées ici ; puis, passant aux formalités d'expropriation du tréfonds, le conseil d'État, dans la même séance, décide que les demandes en concession *seront publiées et affichées pendant quatre mois ;* diverses observations sont encore faites pour constater l'accomplissement de ces formalités.

« M. le comte DEFERMON demande que la publication soit justifiée par un certificat du maire.

» M. le comte JAUBERT voudrait que l'on appliquât ici les formes de publication établies par le code de procédure civile *pour la vente des* OBJETS SAISIS, et particulièrement la disposition qui ordonne l'insertion dans les journaux (1). »

L'importance que le législateur attachait aux publications de la demande en concession démontre qu'il s'agit en effet d'exproprier le propriétaire du sol, d'abord du tréfonds et ensuite de la surface.

En se reportant maintenant au procès-verbal de la séance du 18 novembre 1809, on remarquera les paroles de l'Empereur :

« Il y a un très-grand intérêt à imprimer aux mines le cachet de la propriété foncière. Si l'on n'en jouissait que par concession, en donnant à ce mot son acception ordinaire, il ne faudrait que rapporter le décret qui concède, pour dépouiller les exploitants ; *au lieu que si ce sont des propriétés, elles deviennent inviolables.*

» L'Empereur lui-même, avec les nombreuses armées qui sont à sa disposition, ne pourrait néanmoins s'emparer d'un champ, car violer le droit de propriété dans un seul, c'est le violer dans tous.

« LE SECRET ici est donc de faire des mines *de véritables propriétés*, et de les rendre par là SACRÉES *dans le droit et dans le fait.*

» On doit regarder les mines comme des choses qui ne sont pas encore nées, qui n'existent qu'au moment *où elles sont* PURGÉES *de la propriété de la surface* et qui, à ce moment même, deviennent des propriétés par l'effet de la concession. De ce moment aussi *elles se* CONFONDENT *avec les autres propriétés.* »

On voit que dans cette séance on cherchait le moyen de faire des mines de *véritables propriétés*

(1) Voir, page 77, 1er et 2e alinéa.

immobilières ; rien n'était décidé et c'était encore un secret qu'il s'agissait de découvrir pour les rendre sacrées dans le droit et dans le fait.

Dans le procès-verbal de la séance du 9 janvier 1810, on voit aussi que M. le comte Jaubert fait observer qu'il faut se résoudre à rattacher le projet de loi sur les mines à l'article 552 du code Napoléon ; il présente à cet effet un projet en quatre articles.

Voici ce qui fut dit à ce sujet :

« M. le comte JAUBERT dit qu'on éprouvera toujours quelques embarras, *tant qu'on ne rattachera pas le projet à l'article 552 du code Napoléon.*

» Cet article, en donnant au propriétaire de la surface le droit de tirer des fouilles qu'il fait sur son terrain tous les produits qu'elles peuvent fournir, ajoute : *sauf les* MODIFICATIONS *résultant des lois et règlements relatifs aux mines.*

» Il ne s'agit donc plus que de fixer ces *modifications qui* RESTREIGNENT *la propriété du dessous.*

» En conséquence, M. Jaubert présente les quatre articles suivants :

« Art. 1er. *Les* MODIFICATIONS *réservées* par l'article 552 du code » Napoléon, en ce qui concerne les mines, *sont déterminées ainsi qu'il* » *suit :*

» Art. 2. Les mines ne peuvent être exploitées qu'en vertu d'un » règlement d'administration publique.

» Art. 3. Lorsque le propriétaire de la surface a obtenu la permission » d'exploiter la mine, *la propriété du* DESSUS *et du* DESSOUS reste » confondue sur sa tête.

» Art. 4. L'exploitation ne peut être accordée à un autre qu'au pro- » priétaire de la surface, qu'à la charge par l'impétrant de lui payer » une juste indemnité, et alors l'impétrant devient plein propriétaire » de la mine ; *cette propriété se* CONCÈDE, *se* TRANSMET *et* S'ACQUIERT » d'après les règles du code Napoléon, *comme la propriété des autres* » *biens.* »

» M. le comte Regnault de Saint-Jean-d'Angély dit que M. Jaubert se reporte au premier point de la discussion.

» D'ailleurs, son système aurait l'inconvénient de *ruiner la propriété*. Si, par exemple, *on concédait le* dessous *de plu-sieurs lieues*, les propriétaires de la surface *cesseraient de l'être dans toute cette étendue*.

» M. le comte Boulay pense qu'*il serait prudent de s'abs-tenir* de toute définition, *de n'insérer dans le projet que* des articles d'exécution.

» L'Empereur dit qu'il faut établir en principe que le pro-priétaire du dessus l'est aussi du dessous, *à moins que le* dessous *ne soit concédé à un autre;* auquel cas il reçoit une indemnité *à raison de la privation de la jouissance du des-sus* (1).

» Au reste, il serait utile, avant d'aller plus loin, de savoir quelle est la législation des autres États de l'Europe. »

On ne s'est pas arrêté à cette considération présentée par M. Regnault de Saint-Jean-d'Angély, que la concession du dessous *serait la ruine de la propriété de la surface* et que les propriétaires *cesseraient de l'être* dans toute l'étendue de la concession.

Mais ce qu'il faut remarquer, c'est la réponse de M. le comte Boulay, disant qu'*il serait prudent de s'abstenir de toute définition*, de n'insérer dans la loi que *des articles d'exécution*.

C'était reconnaître la justesse des observations de M. Regnault de Saint-Jean-d'Angély, et c'était éluder les conséquences de la concession.

L'Empereur ne repoussa pas ces conséquences, et il n'hésita pas non plus à déclarer que le propriétaire

_____

(1) Voir, page 87, 1er, 2e, 3e et 4e alinéa.

37

du dessus cessera de l'être *du dessous* quand le dessous sera concédé à un autre.

La proposition de **M.** Jaubert fut, ainsi qu'on le voit, implicitement adoptée.

Enfin, reportons-nous à la séance du 13 février 1810, qui fut la dernière consacrée à la discussion de la loi et dans laquelle les principes de la propriété des mines furent définitivement établis.

« L'EMPEREUR dit que le code Napoléon, en employant ces expressions : « *Le propriétaire du* DESSUS *l'est aussi du* » DESSOUS, » a voulu consacrer le principe qu'en France les terres ne sont sujettes à aucun droit régalien ou féodal, et laisser ainsi toute latitude au propriétaire; cependant le code excepte de cette disposition les fouilles des mines, parce que les propriétés *du* SOL *et de la* MINE *ne sont pas inhérentes.*

» La concession forme une propriété nouvelle, et même, dans la main du propriétaire du sol, le droit d'exploiter est une richesse nouvelle; dès-lors, il faut, à son égard, se servir des mêmes expressions qu'à l'égard de tout autre concessionnaire; il lui faut aussi un acte qui lui confère ce droit et lui donne la propriété de la concession, cette mesure est donc sans intérêt.

» Car, *propriétaire* DU SOL *et* DE LA MINE *réunis,* il peut cependant vouloir ne conserver qu'UNE *des* DEUX *propriétés.*

» Il peut vouloir les séparer, *en vendre* UNE; il faut donc qu'il ait un titre qui réglera le sort de celui qui deviendra *propriétaire* DU SOL *ou* DE LA MINE.

» Par conséquent, lorsque le propriétaire du sol obtiendra la permission d'exploiter, l'acte de concession n'en devra pas moins déterminer *la redevance* IMPOSÉE A LA MINE *en faveur du sol.* »

Puis, à la suite d'une observation de M. Jaubert, relative aux droits acquis par les créanciers inscrits sur le tréfonds ou la mine,

« L'Empereur dit que les créanciers ont un droit tant que la mine n'est pas concédée; mais que, lorsqu'elle vient à l'être, *ils n'ont plus de droit que sur la* REDEVANCE.

» Ainsi se concilient les deux dispositions du code Napoléon qui accordent au propriétaire du *dessus* la propriété du *dessous*, et font une modification à la généralité des conséquences de ce principe.

» Pour ce qui est relatif aux mines, *le droit de prélever* UNE REDEVANCE *sur les produits de la mine* dérive de la qualité de propriétaire du *dessus; mais* c'est à la redevance *que se borne ce droit lorsqu'il s'agit d'une exploitation de mines.*

» Et cette RESTRICTION *nous place* DANS LA SECONDE DISPOSITION *de l'article* 552 *du code Napoléon.* »

Arrêtons-nous ici pour faire remarquer encore que la proposition de M. Jaubert est définitivement adoptée et que la propriété des mines est une *restriction* apportée aux droits du propriétaire du dessus.

Toutefois, l'Empereur, en se plaçant dans la seconde disposition de l'article 552, ne dit pas que le *dessous* du sol formerait la propriété *du mineur*, ni que le *dessus* resterait celle du *laboureur ;* il évita de définir la propriété des mines, et, en parlant des deux propriétés, il dit simplement : les *propriétés du* SOL *et de la* MINE.

« M. le comte Regnault de Saint-Jean-d'Angély fait observer que le conseil a reconnu que *le sol et la mine* formaient, dans la main du propriétaire du sol, DEUX *propriétés* tellement *distinctes*, qu'on lui accorde la faculté de constituer *des hypothèques spéciales* SUR CHACUNE. »

Ici encore M. Regnault de Saint-Jean-d'Angély se sert des mêmes expressions que l'Empereur, et dit : « *Le* SOL *et la* MINE formeront deux propriétés distinctes, et tellement distinctes que des hypothèques spéciales pourront être assises sur chacune d'elles. »

« M. le comte RÉAL demande si la prohibition *de former des ouvertures* à une certaine distance des lieux clos ou des maisons, empêche de poursuivre la recherche sous *ces lieux*, lorsque l'ouverture a été pratiquée à la distance prescrite par la loi.

» M. le comte DEFERMON dit que cette question est cependant d'une grande importance *pour les mines de houille dont souvent les substances* SONT A LA SURFACE DU SOL, et qui n'exigent pas d'excavations.

» L'EMPEREUR dit que, *pour prévenir toute entreprise* NUISIBLE AUX VOISINS, on pourrait astreindre l'exploitant à donner caution des dommages que son entreprise peut occasionner, *toutes les fois qu'un propriétaire* VOISIN craindrait que les fouilles ne vinssent ÉBRANLER LES FONDEMENTS *de ses édifices*, tarir les eaux *dont il a l'usage*, ou lui causer *quelque tort.* »

L'intérêt général a toujours prévalu sur l'intérêt particulier, et la crainte d'*ébranler les fondements des édifices* de la surface n'a jamais entravé l'exploitation des mines.

M. Regnault de Saint-Jean-d'Angély, en présentant le projet de loi à la sanction du Corps législatif, reconnut dans son exposé que l'article 552 du code

Napoléon pose la première pierre de la propriété des mines, et il démontra que cette propriété est régie et protégée par le droit commun.

« Il est, dit-il, pour les empires des époques mémorables où le progrès des lumières, *les besoins de la société*, le changement des mœurs, la variation des rapports commerciaux, l'intérêt des manufactures et des arts, commandent une reconstruction entière *de l'édifice des lois* NATIONALES.

» Il appartenait *à un règne* PLUS GLORIEUX *encore que celui de* LOUIS-LE-GRAND, à une époque où le *temps*, l'*expérience* et le *malheur* même ont étendu les *lumières, fortifié* le jugement et *mûri* les grandes pensées, de voir *préparer, rédiger* DES CODES NOUVEAUX.

» En établissant les principes de la propriété, le code Napoléon, article 552, avait, en quelque sorte, *posé la première pierre* d'un autre monument législatif, sur lequel devait reposer *le grand intérêt de l'exploitation des mines*, DE CES RICHESSES *sans cesse élaborées* dans le sein de la terre, *sans cesse recherchées* par l'industrie, *sans cesse versées* dans la société pour satisfaire à ses besoins et accroître sa richesse.

» *Il faut (des mines) en faire* DES PROPRIÉTÉS *auxquelles toutes* LES DÉFINITIONS *du code Napoléon puissent s'appliquer*.

» Dans cette CRÉATION, le droit du propriétaire de la surface ne doit pas être *méconnu ni oublié;* il faut au contraire qu'il soit *consacré* pour être PURGÉ, *réglé,* pour être ACQUITTÉ, afin que la propriété que l'acte du gouvernement *désigne, définit, limite* et *crée* en vertu de la loi, soit d'autant plus INVIOLABLE et SACRÉE qu'elle aura plus strictement satisfait à tous les droits, désintéressé même toutes les prétentions.

» *La loi sur les mines* RENVOYANT AU DROIT COMMUN *sur toutes les règles des intérêts particuliers, on est débarrassé*

POUR SA RÉDACTION *de toutes les difficultés que présentaient* LES EXCEPTIONS *multipliées* et l'action de la juridiction administrative, tantôt trop active, tantôt trop lente, et jamais aussi tranquillisante que celle des tribunaux ordinaires.

» *Ce principe une fois découvert et établi,* LES CONSÉQUENCES *en découlent sans effort, et* LE SYSTÈME *entier de la loi se présente* AVEC CLARTÉ (1). »

M. le comte Stanislas de Girardin, membre du Corps législatif, dans son rapport, dit ensuite :

« Les auteurs du projet soumis aujourd'hui à votre délibération paraissent avoir reconnu avec votre commission :

» Que la société *crée seule* la propriété dont elle *seule assure l'exercice;* qu'elle peut le régler OU LE RESTREINDRE, suivant son plus grand avantage.

» Ainsi, elle oblige le propriétaire à céder tout ou partie de sa possession lorsqu'elle est réclamée au nom de l'utilité générale !

» L'origine et l'exercice de ce droit ont donc pour résultat le bien-être du corps social.

» Celui de séparer les mines de la surface paraissait présenter le plus d'avantage. Cette manière d'envisager la question a eu pour résultat la CRÉATION *d'une propriété* NOUVELLE.

» Prononcer que les mines sont des propriétés domaniales, c'eût été annuler l'article 552 (du code Napoléon) et non le modifier. *Cette modification offrait un* PROBLÈME *difficile à résoudre;* il a été résolu de la manière la plus satisfaisante. (2)»

La difficulté était grande, on ne peut en disconvenir; aussi a-t-on cherché longtemps devant le conseil d'État la solution *du problème* dont a parlé M. de Girardin.

_____

(1) Voir, pages 99, 1er et 3e alinéa ; 100, 1er alinéa ; 106, dernier alinéa ; 107, 2e et dernier alinéa, et 108, 1er alinéa.

(2) Voir page 122 et page 123, les deux derniers alinéa.

Mais, soit dans la longue discussion du projet de loi, soit dans les éloquentes paroles du commissaire du gouvernement et du rapporteur du projet devant le Corps législatif, on a toujours évité de définir la propriété des mines et de déterminer ses conséquences.

On trouve seulement *des articles d'exécution* dans la loi du 21 avril 1810.

Ainsi, dans les articles 7, 8, 19 et 21, on reconnait que la propriété des mines est *immobilière, perpétuelle* et *inviolable,* comme les autres immeubles; qu'elle est distincte et séparée de la propriété de la surface, et que des hypothèques peuvent être assises séparément sur l'une et sur l'autre.

Dans les articles 6 et 42, une redevance est accordée au propriétaire de la surface sur le produit des mines concédées, et cette redevance doit être réglée par l'acte de concession de la mine.

Dans les articles 17 et 18, il est déclaré que l'acte de concession, après les formalités prescrites, PURGE *tous les droits du propriétaire de la surface* sur le tréfonds, et que la redevance accordée sur le produit des mines concédées EST RÉUNIE *à la valeur de la surface* et IMMOBILISÉE *avec* cette surface en remplacement du tréfonds.

Dans les articles 1er et 15, il est établi que la mine concédée s'exploite à la surface et dans le sein de la terre, et que les travaux souterrains peuvent arriver jusque sous les maisons ou lieux d'habitation.

Dans les articles 11, 43 et 44, on accorde à l'exploitant de mines *un droit d'occupation* temporaire ou définitive sur toute l'étendue du périmètre de sa concession, *sous certaines restrictions* et moyennant indemnité accordée au propriétaire de la surface occupée.

Dans la finale de l'article 12 et dans le 2ᵐᵉ § de l'article 44, on interdit au propriétaire de la surface de fouiller son terrain concédé ; on lui défend d'en augmenter la valeur *après la* MISE *en exploitation de la mine*, et on doit appliquer les règles établies par la loi du 16 septembre 1807, pour l'estimation des terrains frappés d'interdit.

Enfin, de l'ensemble de toute la loi, complétée par les documents législatifs, il ressort que le tréfonds du sol *forme la propriété du mineur*, que le propriétaire du sol n'est plus propriétaire *que de la surface*, et qu'il y a dérogation formelle à l'article 552 du code Napoléon.

A l'appui de toutes ces preuves nous rappellerons les deux arrêts de la cour de cassation des 18 juillet 1837 et 3 mars 1841, et celui de la cour impériale de Dijon du 29 mars 1854.

On a vu que la cour impériale de Lyon, méconnaissant les droits du propriétaire d'une mine, avait accordé au gouvernement la faculté de créer un chemin de fer au-dessus de la concession de ce propriétaire, et à l'autorité administrative celle d'interdire l'exploitation de la mine au-dessous et aux abords du chemin, *sans indemnité*.

Mais la cour de cassation, après avoir reconnu que le propriétaire d'une mine a droit, *comme tout propriétaire*, à une juste indemnité, *lorsque, pour cause d'utilité publique,* il est privé de la jouissance de sa propriété ou de ses produits, a décidé que la surveillance réservée à l'autorité administrative sur l'exploitation des mines, n'altère en rien le droit de propriété du concessionnaire et ne lui impose pas l'obligation *de subir la perte* d'une partie de sa concession *par la* CRÉATION *d'un établissement nouveau.*

Elle a déclaré en même temps que la protection de l'article 11 de la loi de 1810 ne peut être appliquée aux établissements *formés* APRÈS *la concession* (1).

On a vu également que la cour impériale de Dijon, toutes chambres réunies en audience solennelle, méconnaissant alors l'inviolabilité de la propriété des mines, et résistant à la jurisprudence de la cour de cassation, avait décidé que la concession d'une mine ne donnait que le droit d'exploiter la substance minérale concédée, et que le propriétaire de la surface, même après la concession, conservait le droit de faire toutes les constructions et tous les travaux qui peuvent augmenter la valeur de sa propriété, creuser le sol pour y pratiquer des puits et des caves.

Cette doctrine a été déférée à la censure de la cour suprême en audience solennelle, et elle y a été vivement soutenue par M. le procureur général Dupin, en ces termes :

« AVANT LA CONCESSION *d'une mine,* le propriétaire *du sol* était propriétaire du dessus et du dessous du fond et tréfonds à toute profondeur ; il avait dès-lors LE *droit* de bâtir, de creuser, d'extraire les pierres, tourbes, matériaux divers ; LE

_____

(1) Voir, page 164, dernier alinéa, et page 165, 2e et 5e alinéa.

droit d'amonceler les terres sur un point ou de les ravaler et
de les aplanir, de faire des chemins pour faciliter les exploitations, les transports, les circulations; LE *droit* de faire des
irrigations, des réservoirs, des étangs; de creuser des puits
artésiens, d'aller à la profondeur inouïe de 1700 pieds et plus.

» PAR LA CONCESSION d'*une mine*, de quoi le propriétaire
du sol est-il privé? d'une seule chose, du droit accordé à un
tiers de chercher les matières minérales qui sont l'objet de la
concession et de les extraire de leur gisement. Pour cet objet,
et pour cet objet seul, le concessionnaire devra payer au
propriétaire *du sol* une indemnité qui ne s'applique qu'à cela...

» Du reste, le propriétaire *primitif du sol* conserve tous
les droits qu'il avait avant la concession de la mine. Il ne faut
pas se demander si quelque droit lui est accordé, il les avait
tous; il faut seulement voir ce qui lui est strictement enlevé et
se dire qu'il conserve le surplus au même titre qu'auparavant,
aussi librement, aussi parfaitement, *optimo jure*.

» En conséquence, il faut dire qu'il conserve non-seulement
le droit de maintenir toutes les constructions établies à la
surface au jour de la concession, *mais le droit d'en établir
de nouvelles*; c'est là le droit de la surface, le droit essentiel
de ceux qui l'habitent, le droit consacré par le code Napoléon
dans ses articles 544 et 552.

» Il suffit qu'il n'attaque pas la mine, *seul objet* de la
concession, *seul objet* distrait de son tréfonds, *seul objet*
qu'il soit tenu de respecter.

» Si un seul des autres droits du propriétaire de la surface
lui était enlevé, il ne serait plus seulement privé de la mine,
seule chose qu'on ait distraite de son fonds et dont on l'ait
indemnisé, *mais le sol se trouverait asservi à la mine;* CE
SERAIT UNE VÉRITABLE SERVITUDE, *altius non tollendi, ampliùs
non ædificandi*.

» Une telle gêne, une telle dépréciation de la surface, s'il eût été dans l'intention du législateur de l'imposer au propriétaire du sol, eût exigé une seconde indemnité, une indemnité telle, par exemple, qu'on la règle pour les servitudes de places de guerre; mais aucune indemnité de ce genre n'est imposée aux concessionnaires des mines, parce qu'aucune servitude de ce genre n'est imposée par la concession au propriétaire de la surface.

» Et en effet, si telle était la conséquence d'une concession de mines, qu'elle imposât le *statu-quo* à la superficie, il n'en résulterait pas seulement un dommage privé *par l'*INTERDICTION *aux particuliers de bâtir;* mais tout le périmètre, souvent très-étendu, d'une concession de mines, *serait frappé de la même* INTERDICTION.

» Les habitations ne pourraient plus *se multiplier* et s'agglomérer; on défendrait de *construire une église*, parce que le clocher surchargerait trop la mine; d'*établir des cimetières* pour y ensevelir les morts, parce qu'il faudrait creuser le terrain; l'État *serait destitué* du droit de sillonner ce territoire par des routes nouvelles; ce serait en un mot le DÉSERT *imposé dans tout le périmètre de la concession* (1). »

La question était nettement posée; il s'agissait de savoir si, par la concession d'une mine, la surface du périmètre concédé demeurait frappée d'interdit?

Les conclusions du célèbre procureur général étaient pour la négative, et il soutint que si le *statu-quo* était imposé à la surface, il n'en résulterait pas seulement un dommage privé, *par l'interdiction de bâtir*, mais que tout le périmètre serait frappé de la même *interdiction*.

(1. Voir, page 171, 2e, 4e, 5e et 6e alinéa, et page 175, 1er et 2e alinéa.

La cour suprême, toutes chambres réunies, a évité de donner une réponse précise ; mais, en faisant l'application du droit commun à la propriété des mines, elle a néanmoins rejeté dans son arrêt les conclusions de M. le procureur général et subordonné l'interdiction à une question de fait.

Il en est de cette décision comme de la discussion devant le conseil d'État ; on ne saurait la remettre trop souvent sous les yeux de nos lecteurs.

« Vu l'article 9 de la charte constitutionnelle et l'article 545 du code Napoléon, relatifs à l'indemnité due à ceux *qui sont dépossédés de leur propriété* POUR CAUSE D'UTILITÉ PUBLIQUE ;

» Vu aussi l'article 1382 du code Napoléon, d'après lequel tout fait quelconque de l'homme qui cause à autrui un dommage, oblige celui par la faute duquel il est arrivé à le réparer ;

» Vu enfin l'article 7 de la loi du 21 avril 1810 sur les mines :

» Attendu que, *par dérogation à l'article 552 du code Napoléon*, cet article 7 déclare que les concessions de mines en confèrent la propriété perpétuelle ;

» Que cette propriété est disponible et transmissible *comme les autres* IMMEUBLES, *dont nul ne peut être exproprié* QUE DANS LES CAS *et selon les formes* POUR LES AUTRES PROPRIÉTÉS, conformément au code Napoléon, *c'est-à-dire sans indemnité;*

» Attendu que TOUT PROPRIÉTAIRE *a droit à cette indemnité,* non-seulement lorsqu'il est obligé de subir l'éviction entière de sa propriété, mais aussi lorsqu'il est privé de SA JOUISSANCE et de SES PRODUITS *pour cause d'utilité publique* ; que seulement *dans ce cas* l'indemnité ne doit pas être préalable ;

» Attendu que la concession d'une mine a pour objet l'exploitation de la matière minérale qu'elle renferme ;

» Que le concessionnaire auquel cette exploitation est

interdite, *pour un fait à lui étranger*, SUR UNE PARTIE DU
PÉRIMÈTRE DE LA MINE, pour un temps indéterminé, *est privé
des produits de sa propriété* et éprouve une éviction véritable
dont il doit être indemnisé ;

» Attendu qu'à la vérité l'article 50 de la loi du 21 avril 1810
confère *à l'autorité administrative* le droit de pourvoir par
des mesures de sûreté publique à la conservation des puits, à
la solidité des travaux de la concession et à la sûreté des
habitations de la surface ;

» Mais que cette disposition *n'altère en rien le droit de
propriété* du concessionnaire et ne lui impose pas l'obligation
de *subir la perte d'une partie de sa concession, à raison*
DE LA CRÉATION *d'un établissement* NOUVEAU, sans une juste
indemnité ;

» Attendu que si, nonobstant la concession de la mine,
les droits inhérents à la propriété de la surface restent entiers,
conformément à l'article 544 du code Napoléon, il ne s'ensuit
pas que le propriétaire de la surface *ait le droit de pratiquer*
DES TRAVAUX NUISIBLES *à l'exploitation de la mine dans
l'étendue de son périmètre* (1). »

Cette décision n'est point un arrêt d'espèce, car
elle décide formellement et pour tous les cas :

1° Que le concessionnaire de mines a une propriété
ordinaire de laquelle il ne peut être exproprié que
pour cause d'utilité publique, et qu'il a droit comme
tout propriétaire à une juste indemnité.

2° Que les règlements ou arrêtés administratifs ne
peuvent, pour un fait postérieur à la concession d'une
mine et étranger au concessionnaire, lui imposer

_____

(1) Voir, page 179 et 180, les premières dispositions de l'arrêt.

l'obligation de subir la perte d'une partie de sa concession sans une juste indemnité.

3º Que, quels que soient les droits du propriétaire de la surface, il n'a pas celui de pratiquer des travaux nuisibles à l'exploitation de la mine dans l'étendue de son périmètre, et que dans ce cas l'article 1382 du code Napoléon lui est applicable comme à tout autre.

D'un autre côté, la cour impériale de Dijon, par son arrêt du 29 mars 1854, a complété la jurisprudence solennelle de la cour de cassation, et elle a achevé elle-même la réformation de son arrêt solennel cassé par la cour suprême, en définissant *la propriété des mines*.

« Considérant, dit-elle, qu'il suffit *de lire avec attention* la loi du 21 avril 1810 pour demeurer convaincu que le législateur, en ce qui concerne *les terrains renfermant des gisements métalliques*, *constitue* DEUX PROPRIÉTÉS *distinctes et séparées :*

» L'UNE, *composée de la* SURFACE, *continuant à reposer* sur la tête du propriétaire du sol ;

» L'AUTRE, *comprenant le* TRÉFONDS, *passant dans les mains du concessionnaire de la mine*, MOYENNANT INDEMNITÉS réglées conformément aux prescriptions des articles 6 et 42 de la loi précitée.

» Qu'en *divisant*, ainsi qu'il l'a fait, ce qui jusque-là n'avait formé qu'une seule propriété, LE LÉGISLATEUR *a dû prévoir et a réellement prévu que*, pour l'exploitation de la mine, le concessionnaire serait obligé d'occuper, soit *temporairement*, soit DÉFINITIVEMENT, une partie de la surface.

» Qu'en présence de cette nécessité et afin d'échapper aux lenteurs si préjudiciables de l'expropriation pour cause d'utilité publique, *il a déterminé d'*UNE MANIÈRE FIXE *et pour tous les cas*, quels qu'ils fussent, la règle d'après laquelle seraient évaluées les indemnités dues au propriétaire de la surface, soit pour *occupation temporaire*, soit pour PRISE DE POSSESSION DÉFINITIVE ; que tel a été le but des articles 43 et 44 de la loi du 21 avril 1810 [1].

Mais, avant les arrêts de la cour de cassation, et dès-lors avant celui de la cour impériale de Dijon, un profond jurisconsulte avait déjà dit que l'indemnité accordée sur le produit des mines concédées tend à conserver *à la surface sa valeur primitive* et à en adoucir la dépréciation ; que cette indemnité doit être considérée *comme une soulte du partage*, et que la surface est frappée d'interdit jusqu'après l'extraction de la mine.

« D'où il résulte, dit-il, que, si l'extraction a commencé vers un bord du terrain compris dans la concession, *il peut s'écouler* DES SIÈCLES *avant que les galeries d'exploitation soient parvenues à l'autre extrémité* ou aient circulé sous TOUT LE CANTON CONCÉDÉ.

» Cependant tous les héritages particuliers qui y sont renfermés restent, durant cet immense espace de temps, *frappés de la même* INTERDICTION, ce qui doit beaucoup en diminuer la valeur, attendu qu'*on ne pourrait pas dire à ceux qui voudraient les acheter qu'on* LEUR VEND *la propriété* DU DESSUS et DU DESSOUS.

» On voit par là que si l'on peut dire que les pays à mines sont riches, on doit convenir aussi que ce genre de richesses appartient moins aux propriétaires du sol qu'à l'industrie générale du commerce qui y trouve son profit.

» Qu'ici l'actualité est tout, et que les générations futures

_____

[1] Voir, page 185, tous les alinéa de l'arrêt.

n'auront qu'à gémir sur l'effet des richesses minières dont on s'enorgueillit tant aujourd'hui.

» O PROVIDENCE INFINIE DU CRÉATEUR ! *il n'appartient qu'à toi de parer à d'aussi* TRISTES PRÉVISIONS : *reçois d'avance nos hommages* SUR LES REMÈDES *que tu sauras y apporter !* (1) »

Le seul remède que la Providence a su y apporter, c'est de permettre au propriétaire de la surface toutes les constructions ou établissements qui ne sont pas nuisibles à l'exploitation de la mine et qui ne gênent ni ne paralysent les travaux d'exploitation du concessionnaire.

M. Thiers n'a-t-il pas aussi, en **1848**, reconnu le partage horizontal de la terre dans son livre sur la propriété (2)?

En résumé, la discussion de la loi de **1810** devant le conseil d'État, la loi elle-même, la jurisprudence solennelle de la cour de cassation, la nouvelle jurisprudence de la cour impériale de Dijon et l'opinion des auteurs qui ont, à l'exemple de ces deux cours, approfondi la question, ne laissent aucun doute sur la *séparation* du tréfonds et l'*interdiction* de la propriété à la surface.

Avant l'arrêt de la cour impériale de Dijon, du **29 mars 1854**, malgré la jurisprudence solennelle de la cour de cassation, la propriété des mines était demeurée, dans l'opinion publique, à l'état de problème, et ses conséquences étaient ignorées.

(1) Voir pages 490 et 491.
(2) Voir, page 455, 4me alinéa.

Mais si, méconnaissant les prescriptions de la loi, et si, foulant aux pieds les décisions de la cour suprême, les propriétaires de la surface créent des établissements nuisibles à l'exploitation de la mine, quelle sera l'étendue de l'action du propriétaire du tréfonds? Dans l'examen de cette question nous discuterons les points suivants:

1° Quels sont les travaux ou établissements nuisibles à l'exploitation de la mine?

2° Les travaux ou établissements nouveaux nuisibles à l'exploitation de la mine doivent-ils être supprimés?

3° Les dommages causés par le propriétaire de la surface au propriétaire de mines doivent-ils être réparés?

SECTION 1re.

Quels sont les travaux nuisibles à l'exploitation des mines?

Quels sont les travaux nuisibles à l'exploitation des mines? Nous croyons devoir donner quelques éclaircissements sur ce point, parce que, selon nous, l'arrêt solennel de la cour suprême dont nous venons de parler a été méconnu jusqu'ici, même par la chambre des requêtes de cette cour (1).

On n'a pas compris cette disposition par laquelle il a été déclaré que rien ne peut obliger le propriétaire d'une mine à subir la perte d'une partie de sa concession par la création d'un établissement nouveau, sans être justement indemnisé.

(1) Voir, page 12, 3me alinéa. et page 248, 5me alinéa.

Et l'on n'a pas remarqué qu'il a été décidé en principe, d'une manière générale et absolue, que le propriétaire de la surface n'a pas le droit de pratiquer *des travaux nuisibles à l'exploitation d'une mine dans l'étendue de son périmètre.*

Nous avons donc à discuter quels sont les établissements et quels sont les travaux auxquels sont applicables ces dispositions prohibitives.

Les établissements qui obligent le propriétaire de mines à subir la perte d'une partie de sa concession, et les travaux qui sont nuisibles à son exploitation, sont ceux qui aggravent la position de l'exploitant et qui paralysent l'extraction de la mine ou qui causent un tort quelconque à ce dernier par un fait *postérieur* à la concession.

Parfois les couches de la mine sont à une très-petite profondeur, et même leurs affleurements arrivent jusqu'à la surface; on est alors obligé de les exploiter à *ciel ouvert.*

Nous citerons, comme exemple de ce genre d'exploitation, des travaux entrepris par la compagnie des mines de Blanzy, en vertu d'un arrêté de M. le préfet de Saône-et-Loire, du 21 avril 1855 :

« Nous, Préfet de Saône-et-Loire,

» Vu la demande des concessionnaires de mines de houille de Blanzy, tendant à obtenir l'*autorisation* d'occuper, *pour l'exploitation à* ciel ouvert de la couche dite de *Lucie,* deux parcelles de terrain situées commune de Saint-Vallier, appartenant aux héritiers Fricaud ;

» Vu le plan des lieux annexé à cette demande;

» Vu l'acte extra-judiciaire par lequel la demande a été signifiée aux propriétaires de ce terrain ;

» Vu le rapport de l'ingénieur en chef des mines, en date du 20 avril 1855 ;

» Vu les articles 43 et 44 de la loi du 21 avril 1810.

» CONSIDÉRANT que l'*exploitation de la houille* NE PEUT ÊTRE FAITE PAR TRAVAUX SOUTERRAINS dans les parcelles dont il s'agit, et qu'il est par conséquent nécessaire que les concessionnaires PUISSENT LES OCCUPER *pour y établir une exploitation à* CIEL OUVERT [1] ;

» ARRÊTONS :

» *Article* 1er. MM. Jules Chagot, Perret-Morin et Cie sont autorisés à occuper deux parcelles de terrain situées sur la commune de Saint-Vallier, *section* A, et faisant partie de la propriété de Barras, qui appartient aux sieurs Victor-Nicolas *Fricaud*, Claude-Louis *Mielle*, Jules-Nicolas *Fricaud*, et aux dames Fiacre *Renaud*, Cécile *Fricaud*, épouse de Jean-Marie *Callard*, et Fiacre-Nicole-Victorine *Fricaud*, épouse de Jean-Baptiste *Chapuis*.

» Le périmètre de ces deux parcelles est désigné sur le plan qui demeure annexé à la minute du présent arrêté par les lettres A, B, C, D, E pour l'une, et A, B, C, D pour l'autre; la surface de la première est de 74 ares 43 centiares, celle de la seconde est de 43 ares 70 centiares.

» *Art.* 2. A défaut de conventions amiables, l'indemnité à payer aux propriétaires desdites parcelles sera réglée par les tribunaux compétents, conformément aux articles 43 et 44 de la loi du 21 avril 1810.

» Le règlement et le paiement de cette indemnité auront lieu sur les poursuites de la partie la plus diligente.

» *Art.* 3. Le présent arrêté sera notifié aux propriétaires des parcelles de terrain ci-dessus désignées, à la diligence et aux frais des impétrants.

» *Art.* 4. Une expédition du présent arrêté sera adressée à M. le Sous-Préfet d'Autun, qui devra en délivrer une copie certifiée aux concessionnaires de Blanzy; une autre expédition en sera adressée à M. l'Ingénieur en chef des mines, CHARGÉ D'EN SURVEILLER L'EXÉCUTION *en ce qui le concerne.*

Le propriétaire de la mine a donc le droit d'exploiter tant à la surface que dans le tréfonds du terrain concédé.

Mais si depuis la concession des mines de Blanzy, et si avant la prise de possession du terrain, les propriétaires eussent établi des constructions, les

[1] Voir, page 482, 5e alinéa, où cette sorte d'exploitation est prévue.

concessionnaires eussent été dans l'alternative d'en demander la suppression ou de subir la perte de la mine qu'ils exploitent en ce moment à ciel ouvert.

Telle eût été leur position ; et s'ils n'avaient pu obtenir sans payer d'indemnité la suppression des ouvrages nouveaux et le rétablissement des lieux dans l'état où ils étaient au moment de la mise en exploitation de la mine , cette position aurait pu être impunément *aggravée* et leur exploitation *paralysée* par de nouveaux ouvrages.

§ 1er.

Ouvrages aggravant la position du propriétaire de mines.

Les ouvrages qui aggravent la position du propriétaire de mines sont ceux qui gênent ses travaux tant à la surface que dans le sein de la terre , ou qui rendent son exploitation plus onéreuse.

Le propriétaire de mines est gêné dans son exploitation lorsqu'il ne peut établir ses travaux ou son matériel d'une manière complète ; c'est-à-dire, selon ses besoins et les circonstances qui l'obligent à des travaux de secours ou de sauvetage en cas d'accident ou en présence d'un danger.

L'exploitation est plus onéreuse lorsque les nouveaux ouvrages établis par le propriétaire de la surface donnent lieu à un travail plus considérable et dès-lors plus dispendieux, ou quand la valeur de la surface occupée ou endommagée par les travaux de mines a été augmentée au-delà de celle que le terrain avait *avant la* mise *en exploitation de la mine.*

Dans ces deux cas, que l'exploitation de la mine soit gênée ou rendue plus onéreuse, les nouveaux ouvrages évidemment nuisibles doivent-ils être supprimés?

C'est là ce que nous discuterons bientôt.

§ 2.

Ouvrages paralysant l'exploitation d'une mine.

Les ouvrages qui paralysent l'exploitation d'une mine sont ceux qui sont *établis au-dessus* d'une couche ou d'un filon de mine ou qui reposent *sur le massif* même de la couche ou du filon.

On comprend, en effet, que lorsque des ouvrages sont établis sur la mine, ils doivent avoir pour résultat d'en paralyser complètement l'extraction; il y a impossibilité d'établir des galeries, surtout si l'exploitation doit être faite à ciel ouvert.

Il en serait de même si le *toit de la mine* n'était pas d'une épaisseur suffisante pour supporter un nouvel édifice établi sur la surface; il y aurait encore là impossibilité d'extraire la mine et danger pour les ouvriers mineurs.

Il faudrait que le propriétaire de la mine subît la perte d'une partie de sa concession ou qu'il fît supprimer les ouvrages ou établissements nouveaux.

Si donc une maison, une église, un cimetière ou une route (1), un clos, un parc, un étang ou une

_____

(1) Voir, page 175, 2ᵉ alinéa.

usine avaient été établis dans ces conditions après la concession de la mine, devraient-ils être supprimés?

Nous allons répondre à cette question.

SECTION 2.

Les travaux ou établissements nouveaux nuisibles à l'exploitation de la mine doivent-ils être supprimés?

Les travaux ou établissements nouveaux nuisibles à l'exploitation de la mine, créés par le propriétaire de la surface sur ou dans le terrain minier concédé, doivent-ils être supprimés?

L'affirmative n'est pas douteuse : il ne peut être permis au propriétaire de la surface, par de nouveaux travaux ou établissements quelconques, d'aggraver la position du propriétaire de la mine ou de paralyser son exploitation sur une partie du périmètre de sa concession.

Il y a obligation pour le propriétaire de la surface comme pour tout autre de respecter la propriété d'autrui, obligation qu'impose le droit commun autant que la raison et l'équité.

Mais, lorsque la cour de cassation dit que le propriétaire de la surface n'a pas le droit de pratiquer des travaux nuisibles à l'exploitation de la mine, ne décide-t-elle pas implicitement qu'ils doivent être supprimés?

Seulement il faut établir une distinction entre les ouvrages autorisés pour cause d'utilité publique et ceux qui ne le sont pas.

§ 1er.

Ouvrages nouveaux autorisés pour cause d'utilité publique.

Les ouvrages nouveaux qui sont autorisés pour cause d'utilité publique doivent être respectés par le propriétaire de la mine, surtout lorsque l'administration lui interdit d'exploiter au-dessous et aux abords du nouvel édifice.

L'interdiction d'exploiter une partie de la concession de la mine est une véritable expropriation donnant lieu à une juste indemnité qui doit être réglée amiablement ou par experts ; seulement, dans ce cas, l'indemnité ne doit pas être préalable.

C'est dans ce sens que cette question a été résolue deux fois par la cour de cassation dans la même cause ; la première fois par la chambre civile, et la seconde par toutes les chambres réunies en audience solennelle.

Nous n'insisterons donc pas pour démontrer que, si, par suite d'un établissement autorisé pour cause d'utilité publique, le propriétaire de mines est privé d'une partie de sa concession, il a droit comme tout autre propriétaire à une juste indemnité.

§ 2.

Ouvrages nouveaux non autorisés dans un intérêt public.

Les ouvrages nouveaux qui ne sont pas autorisés dans un intérêt public, n'étant pas protégés par l'article 11 de la loi de 1810, *rentrent dans la catégo-*

rie des quasi-délits, s'ils sont nuisibles à l'exploitation de la mine concédée.

Peu importe quel est l'auteur de l'entreprise ; qu'il soit propriétaire de la surface, voisin ou non du propriétaire de la mine, la loi n'établit aucune distinction entre ceux-ci et tous autres délinquants.

Tout fait quelconque de l'homme, dit-elle, qui cause à autrui un dommage, oblige celui par la faute duquel il est arrivé à le réparer.

C'est là un principe de droit admis et consacré en faveur du propriétaire de mines par la cour de cassation dans l'arrêt solennel dont nous avons parlé.

Et en effet quelle serait la conséquence de cette disposition, si le propriétaire de la mine n'avait pas le droit de demander la suppression de tous travaux ou établissements nuisibles à l'exploitation de sa propriété ?

Quelle serait aussi la conséquence du refus que fait la cour de cassation d'accorder la protection de la loi de 1810 (article 11) aux établissements créés après la concession, si les travaux ou établissements nouveaux ne devaient pas être supprimés quand ils sont nuisibles à l'exploitation de la mine ?

Notre conviction est telle sur la nécessité de supprimer les ouvrages nouveaux non autorisés, que nous n'avons pas hésité à conseiller l'acte extra-judiciaire dont la teneur suit :

« L'AN *mil huit cent cinquante-cinq*, le 4 septembre, à la requête de MM. Jules Chagot, Perret-Morin et Cie, gérants de la compagnie des mines de houille de Blanzy, dont le siège social est à Paris, rue de la

Chaussée-d'Antin, nº 10, lesquels font élection de domicile au Montceau, commune de Blanzy, à la direction d'exploitation,

» J'ai, Philibert Ferry, huissier, reçu au tribunal civil séant à Autun, résidant à Montcenis, soussigné :

» Signifié et remontré au sieur Antoine Tremeau, propriétaire-cultivateur, demeurant au Quart, commune de Blanzy, en son domicile, où étant et parlant à sa femme :

» Que l'acte de concession d'une mine, aux termes de la loi du 21 avril 1810, OPÈRE *un partage horizontal* de la terre et CONFÈRE aux concessionnaires *la propriété* PERPÉTUELLE *du sous-sol*, de laquelle il ne peut être privé ou exproprié *que dans les cas déterminés par la loi commune;*

» Que les requérants, comme concessionnaires de la mine de houille de Blanzy, *sont propriétaires du sous-sol* DANS TOUTE L'ÉTENDUE *du périmètre de leur concession*, notamment à Blanzy, lieu dit le Quart, où ledit sieur Tremeau s'est permis d'élever des constructions nuisibles à l'exploitation de la mine à eux concédée *antérieurement;*

» Que par ces constructions le sieur Tremeau *a surchargé le sol ou toit de la mine;* que cette surcharge peut occasionner des éboulements dans les galeries souterraines et y causer de graves accidents, et que les craintes des requérants se trouvent justifiées par les affaissements qui se sont produits à la surface, à l'endroit des constructions :

» Que, d'un autre côté, les affaissements ont causé de tels dommages auxdites constructions, qu'elles sont aujourd'hui menacées d'un écroulement qui les rend inhabitables et nécessite un prompt déguerpissement des lieux ;

» Pour quoi sommation est faite audit sieur Tremeau, de : 1º dans le jour, quitter les lieux par lui habités dans les constructions dont s'agit, aux offres toutes gratuites que lui font les requérants de lui donner provisoirement un logement, situé au lieu dit le Méplier, commune de Blanzy, sans que lesdites offres puissent être considérées comme une obligation desdits requérants, et au contraire sous les réserves les plus expresses qu'ils font de reprendre ledit logement quand bon leur semblera ; 2º dans la huitaine des présentes, enlever et faire disparaître les constructions qui menacent la sûreté des ouvriers mineurs et les travaux d'exploitation souterrains ;

» Sinon et faute par le sieur Tremeau de déférer à la présente sommation dans les délais ci-dessus fixés, les requérants protestent de le rendre responsable de tous les accidents qui peuvent survenir, et de se pourvoir tel que de droit par-devant les tribunaux, dont acte.

Nous ne nous dissimulons pas toute la gravité de cette sommation, quoiqu'elle soit appuyée par les principes de la loi du 21 avril 1810.

Néanmoins, le succès de l'action ne peut être douteux en présence de la jurisprudence solennelle de la cour suprême, jurisprudence qui interdit au propriétaire de la surface de *pratiquer des travaux* NUISIBLES *à l'exploitation de la mine* dans l'étendue de son périmètre.

La demande en suppression dépend uniquement de la double question de savoir *si les constructions sont postérieures* à la concession ou exploitation de la mine, *et si elles sont nuisibles* à cette exploitation.

Mais le propriétaire de la surface, qui s'est laissé guider par l'opinion générale, trompé par les tribunaux eux-mêmes sur les droits accordés aux concessionnaires, inspire un intérêt qu'on ne peut méconnaître sans se montrer d'une extrême rigueur.

Et si en droit nous n'hésitons pas à soutenir les conséquences de la propriété des mines, en fait nous n'osons pas, *quant à présent*, conseiller de porter la demande en suppression devant les tribunaux.

Nous pensons que dans ce cas il vaut mieux rester sur la défensive, et attendre l'action en réparation des dommages causés aux constructions indûment établies, si le propriétaire de la surface est assez imprudent pour venir se plaindre.

Ajoutons qu'en pareille circonstance la nécessité dirige le concessionnaire de mines et lui sert de conseil dans la défense de ses droits.

SECTION 3.

Les dommages causés par le propriétaire de la surface au
propriétaire de mines doivent-ils être réparés ?

Les dommages causés par le propriétaire de la
surface au propriétaire de mines doivent-ils être
réparés? Cette question si simple peut, au premier
aperçu, paraître oiseuse, car tout le monde répondra
affirmativement et beaucoup n'en comprendront pas
la portée.

Il est, en effet, de principe incontesté et incontestable que tout fait quelconque de l'homme qui cause
un dommage à autrui doit être réparé, et ce principe
nous semble avoir été appliqué par la cour de cassation
à la compagnie qui, comme subrogée au droit du
propriétaire de la surface, a établi un chemin de fer
dans le périmètre d'un terrain minier concédé (1).

Mais l'opinion générale est tellement éloignée
d'admettre le *statu-quo* à la surface, quoiqu'il ait été
vainement combattu par M. le procureur général
Dupin devant la première magistrature de l'Empire,
que plusieurs auteurs distingués persistent à soutenir
que le propriétaire qui *bâtit* ou qui *creuse* sur son
propre terrain ne fait qu'user d'un droit légitime.

On soutient ainsi que, quand même le propriétaire
de la surface fait des constructions ou des fouilles
nuisibles à son voisin des régions souterraines, il ne
peut être présumé causer un dommage à autrui en
usant de son droit de propriété.

(1) Voir, page 167, dernier alinéa, et pages 179 et 180.

On change pourtant de langage lorsque la question est débattue entre deux voisins de la surface ; le propriétaire de la surface qui établit des constructions ou qui pratique des fouilles *nuisibles à son voisin de la surface*, tout en n'usant que de son droit de propriété, est tenu de réparer le dommage causé.

Pourquoi le propriétaire du tréfonds ne serait-il pas protégé par la loi tout autant que le voisin de la surface? N'a-t-il pas comme lui une propriété dont les droits ne sont ni moins certains ni moins légitimes?

D'un autre côté, si l'exploitant de mines cause quelques dégâts à la surface, tout en n'usant que de son droit de propriété, n'est-il pas tenu à la réparation des dommages? Et jusqu'ici n'a-t-on pas accordé le double du préjudice causé au propriétaire de la surface?

Nous disons *jusqu'ici*, parce que la cour impériale de Dijon, par son arrêt du 29 mars 1854, a détruit, contrairement à sa propre jurisprudence et à celle de la cour de cassation, cet étrange usage *de la double indemnité* accepté par tout le monde, et surtout quand il s'agissait de l'application des articles 43 et 44 de la loi du 21 avril 1810 (1).

Du reste, c'est là un point que nous traiterons aux titres septième et huitième.

Enfin, l'arrêt solennel que nous avons si souvent invoqué et que nous invoquerons encore, n'a pas pu convaincre ceux qui professent une opinion contraire.

---

1. Voir, page 13, 3e alinéa, et les pages suivantes.

Pour démontrer combien les principes de la loi et ceux consacrés dans la décision solennelle de la cour suprême sont généralement mal compris, nous rappellerons l'opinion de deux auteurs distingués qui ont écrit, l'un en 1842 et l'autre en 1853.

Dans deux § nous résumerons leur opinion, et dans un troisième les principes de la loi du 21 avril 1810.

§ 1er.

Principes professés par M. Peyret-Lallier.

M. Peyret-Lallier est tellement éloigné d'admettre la moindre modification au droit du propriétaire de la surface, qu'il soutient que la disposition finale de l'article 12 de la loi de 1810 n'est pas applicable à ce propriétaire. — Voici ce qu'il dit :

« La disposition finale de l'article 12 n'est pas applicable au propriétaire de la surface. Elle n'est relative qu'*aux recherches qui sont susceptibles d'autorisation*. On n'a pas voulu qu'elles pussent avoir lieu *par les tiers* DANS UN TERRAIN DÉJA CONCÉDÉ; mais le propriétaire du sol n'a pas besoin d'autorisation. Son droit de propriété emporte celui de faire DANS SES PROPRES FONDS *les recherches et les fouilles qu'il juge à propos* (1). »

Ainsi, point de modification au droit conféré par l'article 552 du code Napoléon, M. Peyret-Lallier n'en admet pas.

Pour toute réponse sur ce point, nous rapporterons ici les dispositions de l'article 12, dont il fait, selon nous, une fausse interprétation.

(1) Voir, page 472, 4e alinéa.

« Le PROPRIÉTAIRE, dit cet article, pourra faire des recherches, sans formalités préalables, dans les lieux réservés par le précédent article, comme dans les autres parties de sa propriété; *mais il sera obligé d'obtenir une concession avant d'y établir une exploitation.* DANS AUCUN CAS *les recherches ne pourront être autorisées* DANS UN TERRAIN DÉJA CONCÉDÉ. »

Dans aucun cas, les recherches ne pourront être autorisées ou permises *dans un terrain déjà concédé;* il est manifeste que c'est là une défense qui dérive de celle qui est faite au propriétaire d'exploiter la mine sans concession.

Mais, après la concession du tréfonds, après que le propriétaire de la surface est destitué de la propriété du tréfonds, peut-on dire que ce propriétaire, lorsqu'il fait des fouilles, les fait *dans ses propres fonds?* Non, il fouille la propriété d'autrui.

Pour les constructions, M. Peyret-Lallier invoque l'arrêt solennel de la cour impériale de Dijon, quoique cet arrêt ait été cassé par la cour suprême, et il ajoute:

« M. Richard, législation française sur les mines, T. I, p. 247, pense que si le concessionnaire doit des dommages-intérêts au propriétaire qui a bâti sur le terrain superposé à la mine concédée, le propriétaire en doit lui-même au concessionnaire, si, *par une construction imprudente,* il lui a porté préjudice en occasionnant des éboulements dans les galeries. Je ne puis admettre cette réciprocité d'obligation.

Le propriétaire qui bâtit *sur son sol,* ne faisant qu'user de son droit, NE PEUT ÊTRE CENSÉ *avoir porté préjudice à autrui* (1). »

Toujours point de modifications aux droits du propriétaire de la surface; M. Peyret-Lallier ne s'in-

(1) Voir, page 537, 7e et 8e alinéa.

quiète nullement de ceux du propriétaire du tréfonds, il n'en parle même pas, et il soutient que les décisions de la cour de cassation du 18 juillet 1837 et du 3 mars 1841 sont des arrêts d'espèces qui ne s'appliquent pas au cas ordinaire de construction : c'est là une erreur (1).

Quant à M. Richard, il invente un singulier système : il admet la réciprocité des dommages, mais il dit que le propriétaire de la mine doit payer le préjudice causé aux nouvelles constructions (2).

§ 2.

Principes professés par M. Dupont.

M. Dupont n'admet pas non plus de modifications aux droits du propriétaire du sol en faveur du concessionnaire de mines, et au sujet des fouilles il dit :

« Le propriétaire du sol qui fait des recherches use du droit qui lui est conféré par la loi civile, DROIT *qui est* LIMITÉ *et* RESTREINT par la loi de 1810, mais qui ne lui est pas conféré, à proprement parler, par celle-ci.

» La loi de 1810 a *créé des restrictions* au droit de fouilles du propriétaire ; par exemple, la prohibition des ouvertures de travaux à moins de 100 mètres des habitations des tiers ; mais, en dehors de ces restrictions, le propriétaire qui fait des recherches agit en vertu d'un droit antérieur (3). »

On le voit, selon M. Dupont, la loi de 1810 n'aurait apporté de restrictions qu'aux droits réciproques des

(1) Voir, page 584, 2e alinéa, jusqu'à la page 590.
(2) Voir pages 526 et 527.
(3) Voir, page 473, 4e et 5e alinéa.

propriétaires de la surface , et si l'article 11 *limite* et *restreint* le droit de fouilles de l'un d'eux , ce ne serait qu'au profit des propriétaires de clôtures ou d'habitations, qui pourraient dès-lors empêcher, jusqu'à **100** mètres de distance de leurs propriétés bâties, tous travaux de recherches sur des terrains qui ne lui appartiennent pas (**1**).

Ainsi les restrictions apportées aux droits des propriétaires de la surface n'auraient été édictées qu'en faveur des clôtures ou des habitations, et nullement en faveur de l'exploitation des mines ; M. Dupont ajoute :

« Nous croyons avoir ainsi établi que l'interdiction mentionnée à l'article 12 *n'atteint pas* les recherches *exécutées par le propriétaire du sol* dans un terrain concédé.... et *nous partageons à cet égard l'opinion de* M. Peyret-Lallier (2). »

A l'égard des nouvelles constructions, **M. Dupont** reconnaît, avec la cour de cassation, qu'on ne peut invoquer en leur faveur la protection de l'article 11 ; mais il prétend que les propriétaires conserveront toujours leur recours au civil, à raison des dommages qui leur seront causés.

« Bien plus , dit-il encore , si un ouvrage de mines est ouvert assez près de ces constructions pour en menacer la solidité , sans qu'il y ait encore dégât, les propriétaires peuvent recourir à l'autorité administrative, qui est suffisamment armée par l'article 50 de la loi de 1810 et l'article 8 de la loi du 27 avril 1838, pour interdire *de pareils ouvrages* (3).

(1) Voir, page 429 , n° 5.

(2) Voir page 474 , 2ᵉ alinéa.

(3) Voir , page 532 , dernier alinéa.

Mais *accorder la réparation des dommages* causés aux nouvelles constructions ou *interdire les travaux de mines* à cause de ces constructions, c'est les protéger et c'est méconnaître la jurisprudence solennelle de la cour suprême, qui décide au contraire que le proprié-priétaire de mines ne peut être privé d'*une partie de sa concession* par la création d'un établissement nouveau, et qui interdit au propriétaire de la surface *tous travaux nuisibles* à l'exploitation des mines.

C'est là une règle de droit générale et absolue que les tribunaux, les auteurs et les jurisconsultes ne doivent jamais oublier.

D'où il suit que M. Dupont, en suivant l'opinion de ses devanciers, n'a pas saisi l'esprit de la loi de 1810, ni compris les arrêts de la cour de cassation.

§ 3.

Principes de la loi du 21 avril 1810.

Les principes de la loi du 21 avril 1810 n'ont été bien compris que par l'Empereur Napoléon 1er et quelques conseillers d'État, notamment par M. le comte Jaubert, auteur de la proposition qui devait rattacher cette loi à la seconde disposition de l'article 552 du code Napoléon.

Mais on n'a pas oublié la vive opposition de M. Regnault de Saint-Jean-d'Angély, ni la prudente réponse de M. le comte Boulay, et l'on a vu aussi comment s'exprima M. l'archichancelier sur les conséquences de la séparation du tréfonds.

On n'ignore pas non plus quel ascendant Napoléon exerçait sur les grands Corps de l'Empire, et l'on ne peut douter que la loi de 1810 toute entière n'ait été édictée d'après les inspirations de son génie.

Aussi suffit-il de se reporter à la discussion du projet de cette loi devant le conseil d'État, présidé par l'Empereur, et aux principes qu'il posa dans la séance du 13 février 1810, pour acquérir la certitude *que les plus grandes restrictions* ont été apportées à la propriété de la surface.

Il est vrai que l'Empereur, en se plaçant dans la seconde disposition de l'article 552 du code Napoléon, ne dit rien de la séparation du tréfonds ; ce silence indique assez clairement qu'il a voulu éviter de définir la propriété des mines et n'édicter dans la loi que des articles d'exécution, selon la proposition de M. le comte Boulay.

En effet, rien dans la loi ne définit la propriété des mines et n'en détermine les conséquences ; *mais la jurisprudence de la cour de Dijon, du 29 mars 1854, supplée à l'insuffisance des dispositions de la loi.*

Du reste, nous le répéterons encore, pour bien comprendre la loi de 1810, il faut en faire une étude assidue et surtout ne point omettre l'examen de la discussion devant le conseil d'État.

Quant à nous, ce n'est qu'après avoir longuement médité sur toutes les dispositions de cette loi que nous avons osé aborder la discussion de tous les grands principes sur la portée desquels les esprits les plus éminents n'ont pu jusqu'à ce jour tomber d'accord.

Préparé à un examen aussi sérieux, nous avons été à même d'apprécier les opinions de chacun, et nous n'avons rien admis à la légère. Aussi nos convictions sont-elles bien profondes, et il n'est aucune des idées que nous avons admises que nous ne soyons prêt à justifier et à défendre.

Bientôt, nous osons l'espérer, il sera généralement admis que la concession d'une mine opère un partage horizontal de la terre; que le tréfonds est séparé de la surface, et que le concessionnaire, en devenant propriétaire du tréfonds, a, *pour tous les besoins de son exploitation*, un DROIT *d'occupation sur toute l'étendue de la surface* du tréfonds concédé.

Mais ce droit ne peut être exercé que *sous les restrictions* édictées dans l'article 11 de la loi de 1810, par respect pour le domicile et les jouissances domestiques du propriétaire *de la surface à occuper*.

De plus, on reconnaîtra que tous travaux du propriétaire de la surface, nuisibles à l'exploitation de la mine, *sont interdits* et donnent lieu à la réparation du préjudice causé; tandis que tous travaux du propriétaire de la mine, nuisibles ou non à la surface, *sont autorisés* et ne donnent lieu qu'à indemnité.

Ici finit la discussion des points les plus importants de notre travail; le second volume ne sera, en quelque sorte, que le *manuel* du mineur.

Toutefois, avant de terminer cette partie de notre travail, nous croyons nécessaire de faire remarquer que, lorsqu'il s'agit de solliciter de grandes réformes dans la jurisprudence des tribunaux et de combattre les opinions de magistrats éminents, d'auteurs et de jurisconsultes éclairés, on ne peut avoir la prétention de soutenir la lutte avec la seule aide de ses propres forces; nous avons dû préparer les pièces officielles avant d'entrer en matière.

Il faut, quand on aborde la discussion des points controversés, accumuler pour la défense de théories nouvelles les documents et les preuves.

Et quand toutes les questions tournent dans le même cercle, à savoir *quels sont les droits concédés au propriétaire de mines* ou quels sont ceux qui restent au propriétaire de la surface après le partage horizontal de la terre, il est facile de voir qu'il a dû en résulter des répétitions et des redites pour lesquelles nous demandons indulgence.

Aussi nous sommes revenu souvent aux dispositions de la loi et aux points importants de sa discussion ; nous avons préféré les reproduire textuellement, plutôt que d'y renvoyer ou d'en rapporter la substance, chaque fois que nous avons cru devoir donner une nouvelle interprétation à la loi et attaquer des principes admis jusqu'à ce jour.

Du reste, nous avouerons que pour réussir nous avons espéré davantage de la justesse de nos idées que de la forme sous laquelle nous les présentons à nos lecteurs.

FIN DU PREMIER VOLUME.

TABLE.

___

TABLE 615

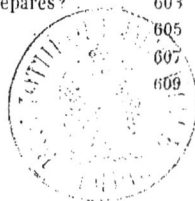

FIN DE LA TABLE.

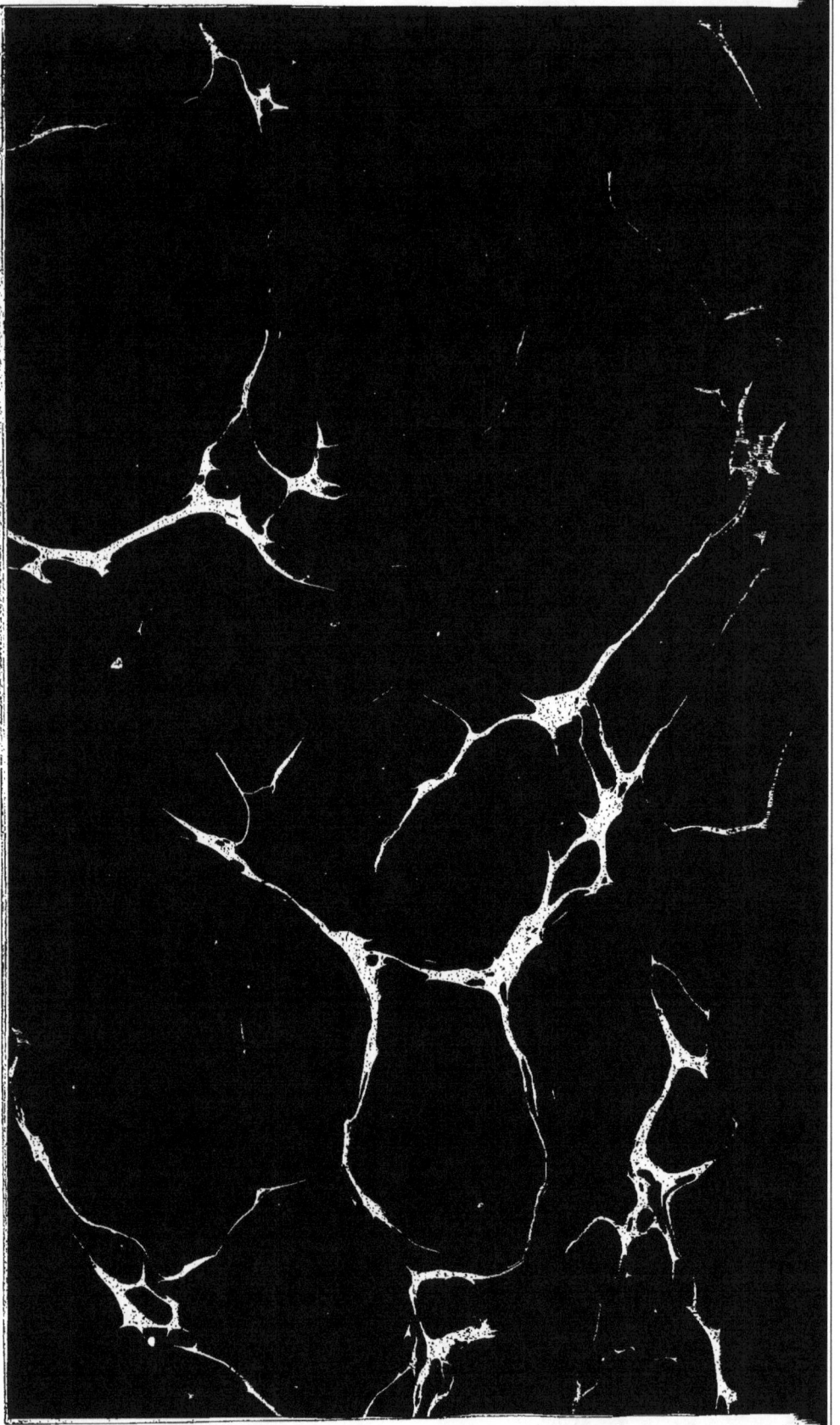

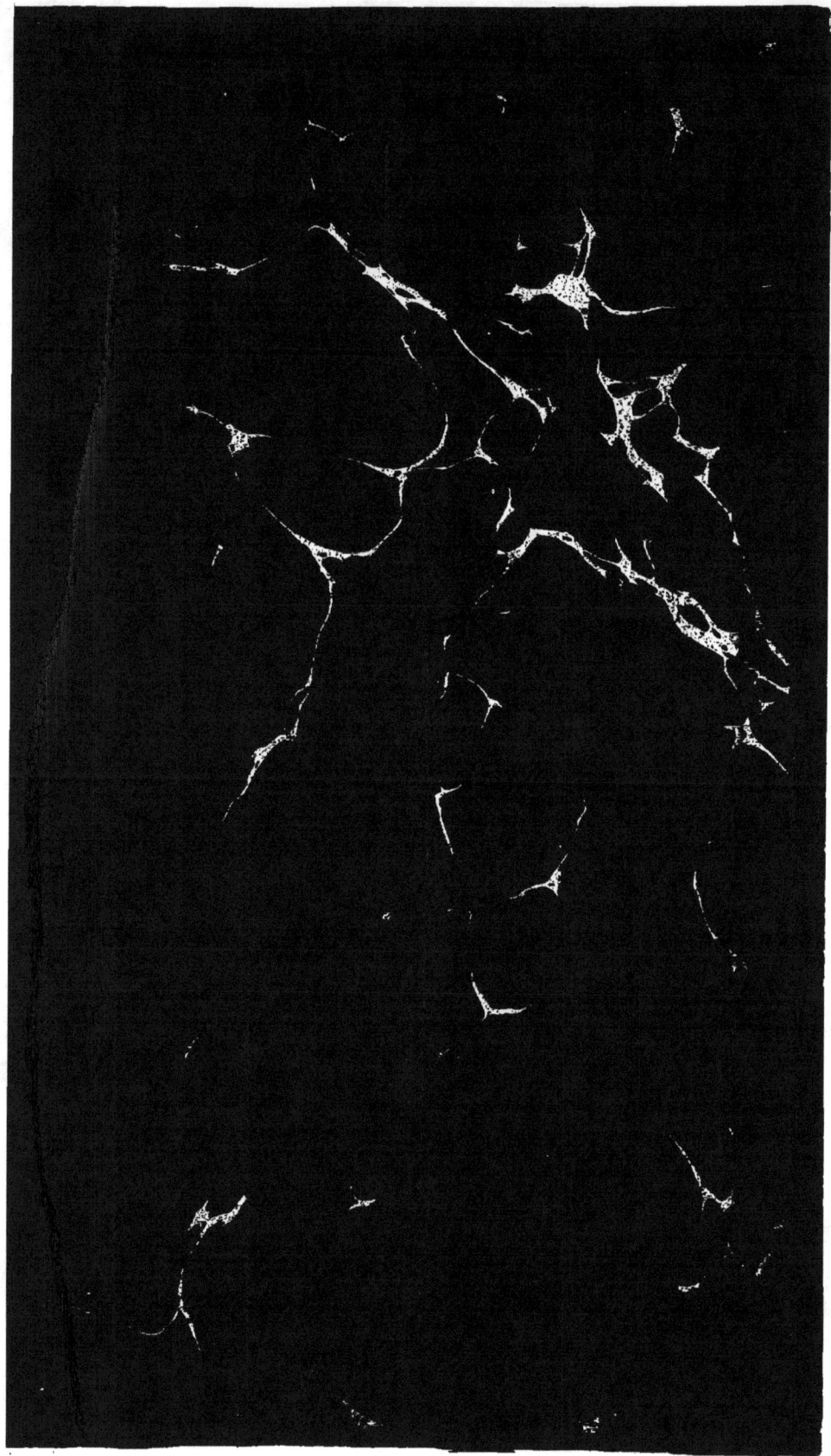